情报与反情报丛书

情报搜集

复杂环境下的规划与实施

[美] 韦恩·霍尔（Wayne Michael Hall） [美] 加里·西腾鲍姆（Gary Citrenbaum）/著
孟 林/译

U0951686

Intelligence Collection

How to Plan and Execute Intelligence Collection in Complex Environments

金城出版社
GOLD WALL PRESS
·北京·

Translated from the English Language edition of *Intelligence Collection: How to Plan and Execute Intelligence Collection in Complex Environments*, by Wayne Michael Hall and Gary Citrenbaum, originally published by Praeger, an imprint of ABC-CLIO, LLC, Santa Barbara, CA, USA. Copyright © 2012 by Wayne Michael Hall. Translated into and published in the Simplified Chinese language by arrangement with ABC-CLIO, LLC.

No part of this book may be reproduced or transmitted in any form or by any means electronic or mechanical including photocopying, reprinting, or on any information storage or retrieval system, without permission in writing from ABC-CLIO, LLC.

Simplified Chinese translation copyright © 2024 by GOLD WALL PRESS CO., LTD

All rights reserved.

本书中文简体版由 ABC-CLIO, LLC. 授权金城出版社有限公司独家出版。

本作品一切权利归**金城出版社有限公司**所有，未经合法授权，严禁任何方式使用。

图书在版编目（CIP）数据

情报搜集：复杂环境下的规划与实施 /（美）韦恩·霍尔（Wayne Michael Hall），（美）加里·西腾鲍姆（Gary Citrenbaum）著；孟林译 . -- 北京：金城出版社有限公司，2024. 8

（情报与反情报丛书 / 朱策英主编 . 第二辑）

书名原文：Intelligence Collection: How to Plan and Execute Intelligence Collection in Complex Environments

ISBN 978–7–5155–2151–0

Ⅰ. ①情… Ⅱ. ①韦… ②加… ③孟… Ⅲ. ①军事情报－情报搜集 Ⅳ. ① E87

中国版本图书馆 CIP 数据核字 (2021) 第 016365 号

情报搜集：复杂环境下的规划与实施

QINGBAO SOUJI FUZA HUANJINGXIA DE GUIHUA YU SHISHI

作　　者　[美] 韦恩 · 霍尔　加里 · 西腾鲍姆
译　　者　孟　林
策划编辑　朱策英
责任编辑　李晓凌
责任校对　王秋月
责任印制　李　滨
开　　本　700毫米 × 960毫米　1/16
印　　张　36.25
字　　数　594千字
版　　次　2024年8月第1版
印　　次　2024年8月第1次印刷
印　　刷　北京科信印刷有限公司
书　　号　ISBN　978–7–5155–2151–0
定　　价　139.00元

出版发行　**金城出版社有限公司**　北京市朝阳区利泽东二路3号　邮编：100102
发 行 部　(010) 84254364
编 辑 部　(010) 61842989
交流邮箱　jinchenglxl@sina.com
总 编 室　(010) 64228516
网　　址　http://www.baomi.org.cn
电子邮箱　jinchengchuban@163.com
法律顾问　北京植德律师事务所　(电话)18911105819

目录

第二部分 作战行动与高级搜集

第四部分 高级搜集的综合

序言（一）

> 战争并不是活的力量对死的物质的行动，它总是两股活的力量之间的冲突。[1]
>
> ——卡尔·冯·克劳塞维茨（Carl von Clausewitz）

美国陆军退役准将韦恩·霍尔主笔，与加里·西腾鲍姆博士合作撰写了两部著作，并在书中将克劳塞维茨的这句名言与当今这个非常规战争的世界联系在一起。第一本书是《情报分析：复杂环境下的思维方法》（*Intelligence Analysis: How to Think in Complex Environments*, 2010）[2]，它为实现“高级分析”（advanced analysis）提供了一种全面的认知途径。而在新书《情报搜集：复杂环境下的规划与实施》（*Intelligence Collection: How to Plan and Execute Intelligence Collection in Complex Environments*，2012）中，两位作者为情报分析开发出一套思维体系，并将其应用到“高级搜集”（advanced collection）的世界当中。两部著作综合在一起，便可以提供变革性的解决方案，将认知技能应用到现代冲突当中。近年来，有人指责称，美国情报界一些最重要的分析成果并未呈现出足够的想象力、严谨性和行动相关性。在反驳这种说法的过程中，这两部著作便是开路先锋。

本书将带领读者穿越霍尔描述的思维“高地”。在如今的非常规战争里，非线性问题集便是它的重要特征，如果可以穿越思维“高地”，情报

[1] 译文引自：克劳塞维茨著、军事科学院译，《战争论》（商务印书馆，1978 年第 1 版），第 27 页。——译注

[2] 中译本 2020 年 6 月已由金城出版社出版。——编注

搜集人员就可以为高级分析人员及其指挥官提供支持，让他们可以应对非线性问题集构成的挑战。虽然两位作者的观点来自孙子、克劳塞维茨、戴维·基尔卡伦（David Kilcullen）、博伊德（Boyd）和彼得雷乌斯等理论家的经典军事思想，但不论是谁，只要熟悉近年来伊拉克或阿富汗的事态，就不会对两位作者探讨的作战环境感到陌生。在此环境下，情报搜集挑战主要与民众有关，因为（动能[1]和非动能）战场经常出现在市区当中，那里即使谈不上混乱不堪，也算得上鱼龙混杂，哪怕极其微小的起因，也能生成完全不成比例的严重结果。简言之，这是一种非线性作战环境，它产生的原因是当今世界出现复杂局面，从而带来多种强大的力量。

霍尔以一种令人信服的方式，描述了这种作战环境的意外变化：干扰不断，任务多变，决策必须迅速并且几乎没有犯错的空间，角色和任务的种类繁多，而且持续面临压力，必须获得相关知识以便降低风险，减少不确定性。在这种环境下，情报分析人员和搜集人员必须考虑多种原因，以便解释经常模棱两可的结果。和往常一样，主动权一直都是制胜的法宝，因此不难理解指挥官希望情报界提供简单直接、毫不模糊的预测。不幸的是，非常规作战环境将持续产生“黑天鹅”（详见第 12 章），精确预测也在克劳塞维茨所说的“战争迷雾”中渐渐消失。本书两位作者以极大的热情捕捉到这项挑战，以认知学术语从根本上对其进行定义，然后深入挖掘它的核心。结果就是为情报搜集人员和分析人员提供了一套思维体系，可以作为切实可行的备选方案去替代精确预测。他们提出的“预知”（precognition）概念就是一个极佳的范例。

对霍尔和西腾鲍姆而言，预知的概念源于复杂性理论（complexity theory）。这种现代理论核心内容是，情报分析人员和情报搜集人员找出证据，证明敌人确实采取行动，为其后续的破坏性活动设置条件，同时他们要警惕那些提示复杂适应系统（complex adaptive system，CAS）出现的证据，这种系统小至个人或小的团体，大到较大的群体彼此“碰撞、联合、

[1] 这里的“动能”（kinetic），用来指称枪炮等以弹药动能来制造伤害的武器，及以此发动的战争。简单来说，动能武器泛指一切能够利用动能制造伤害的武器，而动能战争（kinetic war）则是真正打响了的战争，它又称“热战”，是冷战（cold war）真正的反义词。—— 译注

颠覆或倾轧”。这就是两位作者关于“思维高速公路”的版本，认为它是高级情报搜集人员和分析人员精心构建的一种认知路径。有人认为，指挥官和决策者一直在非常规战争中谋求主动权，对他们来说，这项建议就是一种很有应用前景的切实响应——这个说法是令人信服的。两位作者断言，它可以为指挥官提供手段，让他们可以提前改变或影响原因，以免造成不可接受的后果。简言之，它提供了夺取主动权的可能性。

在此背景下，霍尔和西腾鲍姆认为，高级搜集与高级分析相互结合，本身就是一种武器系统。因此，它能在非常规战争及混合战争中引发行动，产生后果；它还能像更加传统的武器系统那样，集结、调动或蜂群聚集资产。毋庸置疑，这是一个变革性的主张，它意味着我们需要针对情报界原有的结构和流程，做出颠覆性的创新，因为这种结构和流程大部分仍是与冷战思维相关的线性挑战的产物。这种创新存在引发争议的风险……但两位作者依然勇敢地踏入了官僚政治的舞台。

他们要求其目标受众，也就是高级搜集人员和分析人员具有胆识。他们希望分析人员能够根据情报搜集需求，向搜集管理人员提供明确而且令人信服的指导意见。相应地，人们也期待“分析—搜集”团队能够凭借在思维领域掌握的高超技能，充满自信地向指挥官和决策者提出建议，以便他们能够在作战环境下开展实际行动。顺便说一句，霍尔和西腾鲍姆认为，小分队（营、连、排）指挥官在非常规战争中至关重要，因此，即使是战略层面的情报搜集系统，也应当为他们提供优先支持。这项建议也包括“点持续监视”（point persistent surveillance），对此霍尔建议调整情报界的现有架构，增加一个“国家点持续监视中心”（National Point Persistent Surveillance Center），以支持小分队的行动。

这些只是本书涵盖的广袤认知领域中的几个例子。在复杂的作战环境中，要想规划、执行、评估和调整非常规战争行动，就需要情报提供支持，而霍尔和西腾鲍姆将自己的研究称作定义这种情报支持的第一步。他们太谦虚了，因为这样的描述并不完备。本书远不止是针对军事专业人士的实用性指南。事实上，本书将通过认知和元认知（metacognition）等抽象理论，带领勤勉的读者踏上一段奇妙的旅程。学海无涯。在本书中，孙子和波西格（Pirsig）的理论通俗易懂，小分队的战争和混合战争也是如此。部分原因在于本书是两位作者深入认识复杂性之后撰写的作品。或许更加重要的是，这是因为他们始终坚持“思维高速公路”，也是因为他们承认在现代冲突中，我们所能掌握的最重要工具其实就是人类的头脑。

关于如何利用思维工具来实现维护国家安全这个问题，如果你想要获得现有的最优思路，不妨阅读本书。

欧文·罗克（Ervin J. Rokke）博士
美国空军退役中将

序言（二）

美国陆军准将威廉·“比利”·米切尔（William “Billy” Mitchell）是“制空权”理念的实践者，他极其杰出，虽是有争议的人，但颇有远见，早在1925年便已指出，我们正处于一个新时代的开端。米切尔将军宣布“航空时代”到来之后的80年间，过往事件无疑证实了他的先见之明。这一次，定义新时代的将不会完全是人类高超的技术能力，虽然在米切尔将军看来，这些技术力量正是控制天空这个领域所必需的。取而代之的决定性力量是，我们是否有能力抢在敌人和竞争对手之前，获取、开发、分析和分发信息。

“外行说战略，专家谈后勤。”在“9·11”袭击事件之后的10年里，这句军事谚语已经发生了“变革”：可以肯定的是，“外行”仍在“说战略”，但越来越多的“专家”却开始谈论信息。无论是在阿富汗或伊拉克，还是在不久前的利比亚，军事专家吃尽苦头才学到一个教训——孙子那句“知己知彼”的箴言，变得比以往任何时候都更加重要。主流作战框架（冲突定义、域的所有权、得到支持和提供支持的关系，以及战术维度的反叛乱、反恐战争，或势均力敌或几乎势均力敌的竞争对手之间的战争）首先取决于能否抢先获取信息，以及先发制人采取行动。

在信息时代的战争中，对于认真开展活动的情报、监视和侦察（intelligence, surveillance, and reconnaissance，以下简称情监侦）从业人员来说，本书是他们的必读书籍。在新的战斗背景下，当然还有在情报工作中，“我们的思维方法”，就是我们这些军事专业人员用以应对挑战的知识结构和基础，已经成为获取成功的主要的、非动能的驱动力量。纵观整个战争历史，我们比以往任何其他时刻都更有必要调整、排布和集成我们的情报搜集和分析能力，以容纳输入，生成输出。而判断是否实现这种能力的标志是，其容量、变化、复杂性和速度均有提升。霍尔与西腾鲍姆接受了这种 21 世纪军事交战中关于信息的新基础，并使用通俗易懂的术语对其进行定义。最重要的是，他们为专业情报人员制定了全新的思维体系，为我们提供了一种实用且极具创新意义的手段，可以让我们快速获取和生成具有决策质量的、对于 21 世纪行动至关重要的信息。

认为我们的现代情报搜集和分析活动是关键的“武器系统”，它可以而且应当与更加传统的动能武器系统一样，能够被我们集结、调动或调整适应，这便是霍尔和西腾鲍姆的核心理念，也是他们最常使用的解决方案。这无疑会引起争议，不过大胆的创新思维通常都会引起争议。然而，两位作者正确观察到（而且了解情况的读者几乎不会否认），我们情报界在制度方面的“烟囱”，过去经常被用来隔离、保护和控制信息，而现在可能会成为我们的最大障碍，让我们在应对快速演变环境中的复杂性和不确定性时举步维艰。

我将极力向专业情报人员和政策制定者推荐本书。技术高速发展，将会搜集越来越多的数据，但只会驾驭这些快速发展的技术是远远不够的，因为近年来我们的能力不断发展，在技术方面已经做得足够好了。现在我们必须在思维上更加大胆，在态度上坚守决心、富于创新、积极进取，以此支持“搜集—分析”的集团。在这个信息和知识在战场上举足轻重的新时代（正如比利·米切尔欢呼当时新兴的“空军为王”时代一样），此书极具开创性，也对我们提出了更高的要求。

戴维·戴普特拉（David A. Deptula）
美国空军退役中将

前 言

> 柏拉图的洞穴之喻阐释了灵魂的具身感官的迷惑混乱，以及我们依靠感官来确定现实的现代两难困境……人是被锁链束缚在山洞中的囚徒，自孩提时代起便一直处于这种不幸的状态之中……日复一日，所有囚犯都只能看到自己的影子，最终开始相信影子是洞穴中唯一真实的东西，并且认为自己是不存在的……当一人逃离山洞，来到阳光下的时候，他看到了物质世界的终极真实。他彻底晕头转向，很长一段时间都认为自己看到的是神秘的幻象……当他回到洞穴后，他要如何向囚友们解释自己所见到的“幻象”？没错，我们要如何解释自己对幻觉的迷恋呢？[1]

本书探讨的是变化，也就是我们元认知（关于思考的思考）的变化，它是我们对情报搜集行动开展思考的基础。元认知提供了一种概念框架，供情报人员开展思考、规划、执行、评估和调整情报搜集。为此，本书将推动读者进入一片人迹罕至却又波涛汹涌的未知海域，开始一次思维之旅，并在即将撞上浅滩以及半没水下的礁石之前，让我们的思维能够预测并发现它们，最终抵达深海，亦即我们的思维“高地”。[2] 我们必须在“高地”上进行深度思考。我们需要一种思维体系，以便在我们参与的智慧战争中，超越并击败敌人。高级搜集的目的非常明确，那就是发现不易察

---

[1] Fred Alan Wolf, *The Spiritual Universe* (Needham, MA: Moment Point Press, 1999), 46–47.——如无特别说明，本书注释均为原书注释，后文同。

[2] Robert M. Persig, *Zen and the Art of Motorcycle Maintenance* (New York: Bantam Books, 1974), 111.

觉、差别细微且转瞬即逝的观察指标（observable），因为这些指标能揭示隐藏之敌是否存在及其活动情况，以及指挥官所开展的活动，其与敌方民众之间的言语互动，还有他们在复杂的非常规战争行动中的活动、互动、交易和行事等举动所造成的不易察觉的后果。

本书提倡的思维体系，让情报搜集人员可以预测并理解主动权、意志和非线性等的重要意义。这种思维也让高级分析人员和高级搜集人员能够进行全面、富有想象力和主动出击式思考。它可以帮助人们以主动出击的方式，迫使敌人在智慧战争中与自己交锋，让他不断地与我们接触、对抗，然后感受到失败的恐怖，最后将我们的意志强加于他。在这样的交锋中，我们希望敌人能充分认识到自己只有两个选择：死亡或停战。他必须认识到，自己的敌人是一头敏捷而且聪明的“巨兽”，还是一个“网络的网络”（network of networks），在精神和意识形态上都属正义一方，而且训练有素、装备精良，可以在陆、海、空、天、信息和网络等一切冲突领域中制胜。

我们发现自己身处一场“知识战争”（knowledge war）之中。[1] 在探索这场知识战争时，我们发觉自己正在茂密的丛林中徘徊，而且正在一路走向悬崖。这悬崖让我们得以窥探黑暗深渊——未来。人们来到悬崖边后会面临三种选项，两种极其可怕但可以轻易选择，一种相当美好但很难抉择。第一个选择是**故意停滞不前**。第二个选择是一次又一次**重复当前的做法**，幻想结局会有不同，形势将会好转。表面看来这是采取了行动：人们忙来忙去，想要做些什么去改善情报状况。但实际上却是在剜肉补疮：看似好转，实则恶化，只是暂时结痂而已。只不过当我们选择揭痂观察，就会发现“停滞不前”的恶疾依旧存在。对于个人及其组织来说，相比攻击病根，更加简单的做法是选择一条简单的出路，即以不同的名义，一次又一次地重复着同样的事情，然后在陈述设想、开展评估和追加报告中，声明自己正在做出改变并已经取得进展。

困扰我们的难题之一在于，我们将人的理智思维困在洞穴中，自以为

[1] This idea comes from my first book, *Stray Voltage: War in the Information Age* (Annapolis, MD: Naval Institute Press, 2003).

了解现实，这正是柏拉图提出洞穴之喻时，借苏格拉底之口说出的观点。在我们的洞穴中，人们发现自己缺少一种思维体系，没有它就无法走向未来。另外，有时我们过于主动地充当了传统智慧的传播者，即停滞不前（就算有变化，通常也是组织形式上的；如果领导层出现问题或变动时，美国人要做的第一件事就是重组），这是笃信机器可以做到人类可以做到的一切，也是不愿投入足够的资源和时间去培养高级分析人员和高级搜集人员的思维能力，不去提升他们的思维，让他们能够发挥潜能。

我撰写此书和其他作品[1]是为了帮助这些从事思考工作的人员，以便他们在走到上文提及的悬崖边缘时，可以采取第三种选项，即“**飞渡**”（fly）。他们若坠入停滞的深渊，一次一次地做着同样的事情，但却幻想可以出现不同的结果，那么我们可能会因为现在做出的选择，而输掉未来的冲突。

如您所见，我可以肯定地断言，虽然暴力一直都是人类必须背负的枷锁，但冲突中的无形因素已经变得越来越重要了。这里使用“无形因素”（intangible）一词，专指出现在人类思想和心灵中的那些东西——他们的感知和解读方式，他们的期望、想法、决策和行为，他们为确认所做选择的质量而寻求的反馈，以及他们在面对混乱又令人困惑的环境时所做的调整适应。这个陈述对所有类型的冲突来说都很重要，但在应对以下威胁时更加重要：混合战士兵、非常规战士兵、叛乱分子、恐怖分子、贩毒团伙、非法移民团伙、网络攻击者、大规模杀伤性武器持有者、藏身于幽深且坚固目标中的人员、移动式导弹带来的无处不在的威胁，等等。

如果现在我们的军队被迫战斗，肯定会选择与常规军队作战，因为美国拥有庞大且强大的常规军事力量。然而，不论我们的常规作战能力如何，冲突仍会发生，而且往往不会是我们国家所期待甚或做好准备的那种。相反，我们的敌人会在非常规的背景（使用不对称的战略、战术、工具和手段）下与我们交战。在这些背景下，在任何一种冲突态势中，民众、人口密集的组织、住宅区、城市、国家和地区始终都是非常重要的。

---

[1] Hall, *Stray Voltage*; and Hall and Gary Martin Citrenbaum, *Intelligence Analysis: How to Think in Complex Environments* (Washington, DC: Praeger Security International, 2009).

因此，我们的情报工作必须帮助我方指挥官进入这种极其复杂且充满变化的作战环境当中，让他们制定和执行决策时的速度和质量都能胜过所有竞争对手。

在美国未来将会陷入的那些冲突中，我们要对抗的或试图影响的对象，是各种行动灵活的组织、思维敏捷的人员以及高速运行的机器。因此，我们思维、组织流程和搜集中的敏捷性都将变得非常重要，同时我们要研究反制措施，以挫败敌人旨在获得敏捷性优势的努力。这些反制措施必须设法获得并保持以下七种优势中的一种、两种或全部，它们是：主动权、节奏、动力、决策、知识、位置和组织。

在这种战争中，高级分析人员和高级搜集人员在开展思考时，必须有某种**思维体系**作为基础。我为情报搜集设计了这样一种体系，亦即本书。我的思维体系可以为人们提供一种重要工具，方便他们在面对生活在信息时代的复杂适应系统，即面对适应能力强、经验丰富又长于想象的敌人，自带复杂性和困难性的非线性作战环境，以及令人眼花缭乱的个人生活和组织事项时，可以使用这种体系来开展思考。我认为，情报人员，以及事实上一切复杂适应系统都会认同并使用本书中的许多观点和概念，并将它们应用到自己目前的工作或生活中。

非线性正是我们面临的许多挑战的特征。有趣的是，非线性并非全新的概念。自从人类在愤怒中举起第一根木棒以来，参与战争的人们已经认识到它的意义和影响。过去10年里，我们的参战人员一直身处复杂的作战环境（operational environment，OE）当中。他们已经适应环境，并圆满完成任务，而现在他们要回归了。所以，尽管情报人员往往能够了解并且理解何为非线性，原因是他们生活在一个非线性的时代，并且拥有一些应对冲突的经验，但却发现自己所在的宏观组织在思考和运转的时候，仍然采用过时的工业时代官僚式行动方法。克劳塞维茨和孙子都曾说起我们讨论的这种现象，只是没有将其命名为“非线性”而已。这两位伟大的理论家都曾被迫在混沌中寻找秩序，并分别在自己的著作《战争论》和《孙子兵法》中写下了各自的经历。在本书和《情报分析：复杂环境下的思维方法》中，我将讨论非线性，以及高级分析人员和高级搜集人员必须考虑的因素。这两本书的思维体系是一体的，目的正是让人们在这样的环境中，提升自己的学识。

简言之，美国别无选择，只能在禁止其动用全部或部分军事力量的作战环境下开展行动。无论现在还是过去，美军在开阔地形、空中、海上和海底以及太空中，针对常规部队发动战争的能力仍然是无与伦比的。然而，如此强大的力量并不意味着不再有竞争。没错，我们的竞争对手仍会发动竞争，但是会以不对称的形式发动——在城市、茂密丛林、山区、网络空间和经济领域进行。另外最重要的一点是，他们试图通过迄今为止在信息战争和信息行动中发现的认知影响和心理影响等“软”功能元素，赢得全球民众的心灵和思想。数据能以光速在世界各地接收和发送、图像能够瞬间出现在互联网和电视上、即时讨论、社交网络和“距离的消亡”[1]等基本概念，描述了我们这个时代的特征，它们将一直存在下去。

我们的竞争对手会选择开展行动，继续对抗美国的战略利益。因此，他们会在任何常规手段都难以企及的地区（城区、农村、山区和丛林地区，以及太空、网络空间，甚至地下和海底），综合运用意识形态、宗教信仰、金钱、毒品、政治力量、恐怖主义、信息行动以及军事手段，开展自己的行动。这种竞争的强度、行动范围、行动战略和概念，以及用于竞争的武器类型等都将得到加强。我们的敌人和竞争对手作恶多端，小至叛乱、恐怖主义、犯罪、毒品走私、军火走私，大至发射地对地导弹、使用大规模杀伤性武器、开展信息行动，以及从事海盗活动，所有活动的目的都是削弱美国的常规军事实力。把美军部队拖入城市之中，就会让非常规势力获得优势。这种以“机动”来获取位置优势的做法，将会削弱美国的军事力量，因为美国的军事指挥官在开展行动时必须受到约束限制，也就是必须减少人员伤亡，减少对居民和商业活动造成的附带损害。非常规势力会迫使美军进入城市和复杂地形开展行动，这样就可以大大削弱原本非常强大的常规情报分析和搜集力量。相比开阔地形，美军的技术力量更加难以在城市里施展。

但这不代表完全无计可施。即使这些敌人彼此联网，在上述背景下

[1] Francis Cairncross, *The Death of Distance* (Boston: Harvard Business School Press, 1997), xi, 41.

开展行动且拥有所有优势，高级分析人员和高级搜集人员也可以找到他们的位置，辨别他们的意图，但这需要非常优秀的思维能力。我们正处在一场愈加复杂的“智慧战争”当中，敌人是适应性强、善于学习、日益强大并且彼此联手的敌人。这是人类思维之间的战争，我们绝不能输。有位作家说过：“即便是隐形之物，最终也能被人找到。万物皆有质量，因此也皆有重力。每个物体在介质中移动都会产生旋涡，并且会因此消耗能量。”[1] 这个理论告诉我们，在这种马赛克般复杂的行动中，应当怎样实现高级搜集：必须在**正确的时间**、**正确的地点**，在**正确的活动**中，寻找观察指标，如此才能将这一理论付诸实践。当然，如果高级分析人员和高级搜集人员并不具备高水平的思维能力，就无法开展这种极具特定性的情报搜集工作。

有此发现殊为不易，何况我们在找到所要寻找的东西之后，正确的行动将会更加难以部署。美国将要面临的是那种狡诈多变、适应性强的敌人，他们会融入当地民众当中，几乎不会在我们希望的时机露面。然而，他们也有一些绝对不变的东西，能帮助睿智的高级分析和高级搜集工作的从业人员用来对抗他们的优势。虽然“拼尽全力、攻敌所长”这个观点在某些人看来是违反直觉的，但事实上完全可行。也就是说，在人脑和机器的共同努力下，可以将敌人所认为的优势变为劣势——在思考人的意志时，这是一项重要的考虑因素。例如在现代冲突中，一切敌人在本质上肯定是进攻性的。这意味着他必须要规划、执行并评估进攻行为。为此，他必须规划并实施多项条件设置活动（condition-setting activity），以便能够成功发动攻击。这种有趣的情况揭示了高级搜集的重要任务：搜寻并找出这些条件设置活动，即在正确的时间、正确的地点，搜集正确的观察指标，以及正确的敌人活动。美军指挥官和政府决策者在掌握了解这些条件设置活动及它们之间的联系之后，便会如有神助，并能够先发制人、抢占先机。有人会说，敌人会反制美国及其联盟伙伴的情报搜集活动，会试图欺骗美国的情报搜集行动。但无论如何，

[1] Martin Libicki, “The Small and the Many.” In *In Athena’s Camp: Preparing for Conflict in the Information Age,* John Arquilla and David Ronfeldt (Santa Monica, CA: RAND, 1997), 194.

他都会把条件设置一事付诸实践，也就是说，此举将与攻击同步，同始同终。

高级搜集正如高级分析的双胞胎一般，它是**在所有领域，即陆、海、空、天、信息和网络等领域，以创造性的方式设计和使用技术、网络、人力和开源等搜集资产，追踪不易察觉、差别细微且往往转瞬即逝的观察指标、征候和特征**。高级搜集为情报搜集工作提供了基础，并回答以下问题：第一，我们为何搜集；第二，在何处搜集；第三，于何时搜集；第四，我们搜集什么；第五，进行搜集的背景是什么；第六，成功标准是什么；第七，预想的搜集工作与指挥官决策或政策制定等活动的关系。

高级搜集的目的另有不同。第一，它可以找出观察指标，从而找到它（们）所代表的目标。这些观察指标可能很不易察觉、差别细微且往往转瞬即逝，但却能揭示隐藏之敌是否存在及其活动情况。第二，在非常规战争行动中，指挥官所开展的活动，其与敌方民众之间的言语互动，以及他们在复杂的非常规战争行动中的活动、互动、交易和行事等举动将造成不易察觉的后果，而这项工作正是搜集与这些后果相关的数据。第三，高级搜集在非线性作战环境下开展行动，搜集数据，帮助人们做出快速有效的决策。

读者会得出这样的结论，认为本书呼吁美国情报系统做出一些改变。如果我们选择不按照本书建议做出改变，那些拒绝改变的人就必须明白，他们未能利用好美国最强大的能力。我相信改变是必要的，它让我们得以对情报搜集工作和搜集计划的执行工作进行深度思考，但我的看法并不是彻底否定我们现有的系统。现有系统在某些方面做得很好，但它必须在许多思想和行动领域有所改进，这样我们才能有望**将情报作为武器系统，有望打赢能够左右美国安全的智慧战争**。我也不是在暗示现有情报搜集人员和组织是无能的，今天仍然有许多人在搜集规划和工作执行中表现非常出色。但可以肯定的是，为了在未来冲突中战胜我们的敌人，美国情报搜集系统必须做出一些改变，从而提升人员、组织和机器的能力，更好地提供充足的数据、信息和知识，以便能够在所有冲突中提供支持，最终成功开展行动。

为支持军事和非军事行动，特别是在人口密集的城市作战环境中开展行动，高级情报搜集工作必须具有以下特点：第一，从国家层面到战略层面的各种支持彼此同步，以协调方式形成整体；第二，思维敏捷、组织灵活、搜集迅速；第三，具有清晰性；第四，具有特定性；第五，具有准确性；第六，具有相关性。此外，情报分析、组织和搜集人员所提供的数据、信息和知识，必须有助于决策的制定，必须及时；它们对于那些接受广泛知识界的持续观察、培养和馈赠的主体（思维、技术搜集设备、计算机、搜集人员、非传统来源和方法、公开来源、数据库和针对特定目标的传感器）来说，也必须清晰易懂。这看起来非常简单，但它既不是一个简单的概念，也不是一项简单的任务。事实上，本书提议的内容是一项艰巨而又棘手的工作。

我们必须改变情报组织、流程、传感器部署情况和人力情报（HUMINT），以批准、培养并保护情报搜集力量所带来的优势，因为这种力量经过专门设计，可以在前线部署战术指挥官和其他情报接收方（通常是连级部队）需要此类支持时，随时随地提供这种支持。此外，美国安全机构通过情报分析来推动情报搜集工作，但实际工作的方式必须改变，以支持那些面临严峻情报搜集挑战（比如伊朗问题）的人员。在提供这种支持的过程中，我们希望能够唤起我们国家的栋梁之材及其隐性知识和经验，网络化的作战环境，以及如今我们称之为情报系统的体系中自带的高性能机器，以便根据我们指挥官开展行动时所在的动荡环境的具体情况，进行集结、调动、蜂群聚集，以及最终解散众多情报力量，比如人员、搜集设备、计算机、数据、数据网络、组织、知识以及虚拟知识环境（virtual knowledge environment，VKE）。

可惜，戴维·加吕拉（David Galula）、罗歇·特兰基耶（Roger Trinquier）、毛泽东、劳伦斯（T. E. Lawrence）、戴维·基尔卡伦、约翰·纳加尔（John Nagal）和弗兰克·基特森（Frank Kitson）等众多伟大的理论家，并没有在情报问题上花费太多的时间，当然也没有仔细研究情报分析或者搜集，而且在情报的重要性和复杂性等问题上，他们只是轻轻地一笔带过。他们当然承认情报的重要性，但几乎没有对此开展实质性的思考。基特森可能是其中做得最好的一位，他对反叛乱中的情报问题开展了较为深入的思考，详见他所撰写的《低强度行动》（*Low Intensity Operations*）第 102—122 页。他在书中描述了一个假设的场景：一名连长尝试进行思考，研究如何对付森林地区的叛乱分子。我发现，基特森在他那本书中提供的异常分析（anomaly analysis），刚好是我在本书中开展研究时的绝佳案例。

依我之见，人们不可能在非常规战争环境中找到确定性。但有人提倡利用技术传感器、网格和现代通信来实现这种能力，这很可悲，因为他们的观点是错误的。为何我持反对观点呢？首先，战争“从业人员”提出的理论告诉我们，所有的战争都是肮脏、混乱且不可预测的。例如，克劳塞维茨告诉我们：

> 作战双方的相互作用就其性质来说是与一切计划性不相容的。[1]

在未来的所有冲突中，特别是棘手作战环境下发动的非常规战争和混合战争中，人力情报搜集将是非常重要的。但如果可能的话，我们必须将它与其他情报类别绑定在一起，找出情报搜集资产的最佳混合，以便实现搜集协同。为什么会是这样？我认为机械类搜集资产在城市中是无效的。在情报搜集中，挑战来自思考并找出藏身合法活动中的敌人及其关系网的过程。正是在这些棘手的搜集环境下，我们发现从事普通合法事务的人们，所处的文化背景非常复杂，比如太多的人员、太多的车辆、太多种类的基础设施、深层隐藏的目标，以及太多的涉及人类事物的重要无形要素（比如人类感知、解读、期望和行为）。此外，文化和态势的观察指标，甚至某些功能观察指标虽然存在细微差别，但难以看出、难以理解或是从文化角度难以察觉。对此，技术传感器都是无效的。更重要的是，这种观察指标往往稍纵易逝。时任美国陆军中校的麦克马斯特（H. R. McMasters）强调了这一概念，并暗示人力情报的重要性。他的这一想法来源于他令人叹服的研究文章《地基上的裂痕》：

---

[1] Carl von Clausewitz, *On War* (Princeton, NJ: Princeton University Press, 1976), 139.（译文引自：克劳塞维茨著、军事科学院译，《战争论》[商务印书馆，1978 年第 1 版]，第 120 页。——译注）

> 索马里的经验表明，有人以为传感器以及可以搜集和评估信息的其他技术手段能带来军事确定性，但这种想法是非常愚蠢的。[1]

在非常规战争作战环境中，特别是在城市中，确定性是难以捉摸的，将来也是如此。复杂适应系统，也就是人员、组织和功能彼此间互动不断。而且，任何作战环境中的各项元素一直都在运动变化，基础设施会历经初建、运行、老化和弃用的过程。在确定性和可预测性通常不可能实现的作战环境中，人类希望能够**预期**并且发现的，就是其所开展行动的环境是无处不在的，而且是十分复杂的。作家纳齐姆·塔利布在《黑天鹅》一书中，针对不确定性有以下讨论：

> 不确定性是我们的定律……了解如何在信息不完整的条件下行动是人类最高和最迫切的追求。[2]

并非只有塔利布在思考人类和不确定性。克劳塞维茨在其皇皇巨著《战争论》中也谈到了不确定性，但他带我们走进的却是另一个不同的领域。正是在这个领域里，高级分析人员和高级搜集人员依照他的逻辑，登上了思维“高地”，开始深度思考。克劳塞维茨指出：

> 虽然人的理智总是喜欢追求明确和肯定，可是人的感情却往往向往不肯定。人的感情不愿跟随理智走那条哲学探索和逻辑推论的狭窄小道，因为沿着这条小道它会几乎不知不觉地进入陌生的境界，原来熟悉的一切就仿佛离它很远了，它宁愿和想象力一起逗留在偶然性和幸运的王国里。在这里，它不受贫乏的必然性的束缚，而沉溺在无穷无尽的可能性中。[3]

---

[1] H. R. McMaster, “Crack in the Foundation,” Student Issue Paper, Center for Strategic Leadership, U.S. Army War College, Vol. 503-03 (November 2003), 24.

[2] Nassim Nicholas Taleb, *The Black Swan* (New York: Random House, 2007), 57.

[3] Clausewitz, *On War*, 86.（译文引自：克劳塞维茨著、军事科学院译，《战争论》[商务印书馆，1978 年第 1 版]，第 41 页。——译注）

有人认为在非常规战争作战环境中无法实现精准预测，在他们的论证中，最有力的论点来自对复杂性及其“助手”，也就是非线性的认识。非常规战争和混合战争中的非线性，会让我们不可能精确预测出人类互动的结果。阿朗·贝耶臣博士在解读克劳塞维茨和非线性时，提供了支持这个假设的证言。他指出：

> 《战争论》中一直都在谈论一个观点，即每场战争在本质上都是一次非线性现象。战争开始后，将以人们无法分析预测的方式改变自己的特征。[1]

贝耶臣在谈到克劳塞维茨时继续指出：

> 他明白，寻求精确分析的解决方案的做法，并不适用于解决战争造成的问题这一非线性现实，因此认识到我们预测任何冲突的过程和结果的能力都是非常有限的。[2]

还有几位专家在期刊甚至书籍中发表了关于非常规战争的观点。例如，戴维·基尔卡伦博士在其近作《意外的游击战》（*The Accidental Guerrilla*）一书以及不少期刊中，撰写了大量关于非常规战争及其众多内容的文章。我在前文说过，特兰基耶、加吕拉、毛泽东、劳伦斯、基特森和纳加尔等理论家，也提供了关于非常规战争（因为我们只关注游击战和反叛乱战争）的有力理论基础。

美国海军陆战队 1940 年版的《小型战争手册》（*Small Wars Manual*, FMFRP 12-15）就写得不错，只是没有足够充分详细地对情报展开思考，

---

[1] Alan D. Beyerchen, “Clausewitz, Nonlinearity and the Unpredictability of War,” in *Coping with the Bounds: Speculation on Nonlinearity in Military Affairs*, Tom Czerwinski (Washington, DC: NDU Press, 1998), 163.

[2] Alan D. Beyerchen, “Clausewitz, Nonlinearity and the Unpredictability of War,” in *Coping with the Bounds: Speculation on Nonlinearity in Military Affairs*, Tom Czerwinski (Washington, DC: NDU Press, 1998), 163–64.

未能以此支持非常规战争和混合战争。可惜，这些理论家和他们的书籍都没有足够深入地研究情报理论，未能为这种新式“武器系统”提供思维基础或思想体系。

这种对强大力量的认可和利用极其关键，因为它可以支持指挥官执行非常规战争中那些必然存在的多种不同任务。《情报分析：复杂环境下的思维方法》是我的上一部作品，也是我力求填补情报工作中现有空白的努力。因此，我在那本书中提供了用于情报分析的思维体系，并在本书中提供了用于情报搜集的思维体系。这两个概念、很多重要观点以及未来发展方向，三者紧密结合，形成一个完整的整体，除非能够承担巨大的失败风险，否则就不要奢望去打破它。这两本书及其中的思维体系，可以鼓励人们运用其所包含的假设观点，并以此作为起点，认真探索高层次的认知和深层次的思考，因为高级分析人员和高级搜集人员需要这种认知和思考，才能进行可靠的情报分析和搜集，以支持指挥官在所有作战环境中的决策流程。

改变思路，将情报看作一种无形的进攻性武器系统并加以使用，这种转变将是一条通往救赎和成功但却艰辛无比的漫长道路。有趣的是，我们的最高军事和政治领导人总在强调，美国军队要做好在各种作战环境下作战的准备，但他们并没有对敌人、民众、非线性作战环境、情报分析和搜集等进行深度思考。由此可见，我们所有人都必须提高自己“如何思考”的能力，以便将来可以利用我们国家目前尚未实现的优势。为了我们国家的繁荣和安全，必须要将本书所述理念变成现实，以极高标准全力执行，并对其进行完善，作为21世纪情报工作的理念和行动概念。本书就是我为这项重要工作贡献的绵薄之力。

韦恩·霍尔
美国陆军退役准将
于美国弗吉尼亚州萨福克

第一部分

高级搜集的基础

[第1章]

作战环境

> 情报或是以第三次浪潮[1]的形式出现，这意味着它能反映信息、通信和知识在社会中的新作用；或是变得成本高昂，不具备相关性，又或者以危险方式误导他人。[2]

大多数非常规战争类冲突都是在城市作战环境中发动的，但这种环境会对情监侦的效率和效果产生不利影响。技术传感器、卫星和飞机在开阔地形上空可以正常工作，但在城市作战环境下，其效果就会大打折扣。城市作战环境可对情监侦造成负面影响，原因很多，主要有以下几点。

第一，人们在城市中生活、互动和活动，这意味着我们必须在他们开展活动以及出现变化时，跟进、追踪并了解这些活动和变化背后的动机。人们常常会根据互动对象、天气情况，以及其他可以影响自己生活和动机的因素，改变自己互动、交易、活动和行为的方式。人们会隐瞒事情，隐瞒动机和意图，并会表现得与他人并无二致。所有这些因素，都会使得针

---

[1] 第三次浪潮（Third Wave），是美国未来学家阿尔文·托夫勒（Alvin Toffler）提出的概念。托夫勒在《第三次浪潮》中指出，人类社会已经历了农业革命和工业革命这两次浪潮，现在正进入第三次浪潮。在第三次浪潮中，决定性的力量就是技术，而关键技术是电子工业、宇航工业、海洋工程和遗传工程等，其社会结构以多样化和多元化为特征，否定权威，强调重视个体。——译注

[2] Alvin and Heidi Toffler, *War and Anti-War* (Boston: Little, Brown, 1993), 154.

对首要目标，即人类开展的情报搜集活动变得格外困难。第二，许多类型的汽车都在城市中行驶，执行许多功能。车辆和人一样，可以消失在地下、建筑内或者是桥梁隧道等的公共设施中。在大部分情况下，传感器无法探测到地下或者建筑的内部。车辆是流动的，而且能够轻易“隐身”，这些特性大大增加了在城市类非常规战争的作战环境中，人们开展情报搜集工作的难度。第三，任何一座城市的公共设施都是庞大而又复杂的，它们对敌军和友军部队来说也是至关重要的。村庄甚至丛林和山区的基础设施（道路、桥梁、地下线缆、电视信号等）同样极其复杂，只是特点完全不同。高级搜集人员必须时刻掌握所有设施的内部结构，以便顺利开展情报搜集行动。基础设施对城市居民的福祉同样也很重要。此外，一切非常规战争作战环境下的公共设施，都会经历初建、运行、老化、弃用和重建。第四，复杂适应系统一直在运转，在繁忙城市中尤其如此。就我们的目标而言，复杂适应系统就是由“许多主体（它们可以是细胞、物种、个体、公司和国家）组成的动态网络，它会经常性地与其他以完全不同且不可预测的方式运行的复杂适应系统，以复杂的方式开展互动，另外还会经常性地进行自组织、学习、调整适应、活动，并对其他主体所进行的活动做出回应”。[1]

复杂适应系统可以是二元体、三元体，也可以是由人员、组织、细胞式小分队、节点和网络组成的更加庞大的群体。因为复杂适应系统主要是由人构成的，所以他们彼此之间的互动、学习和调整适应等情况是难以预测的，即使在那些来自同一社会同一文化背景的人眼中也是如此。复杂适应系统在情报搜集人员生活中极其重要，其原因较多，我们将在本书其他章节反复讨论。简言之，复杂适应系统会出现**倾轧**、**碰撞**、**颠覆**和**联合**，有时是偶然的，有时则是故意的。这种系统彼此总是在竞争或者合作。它们会从自己的活动及环境影响中学习，也会与敌人彼此竞争。通过不断学习和自我调整，它们可以推动作战环境的动态变化与混乱无序。复杂适应系统身边总会有思维相近的同类系统，而且它

[1] M. Mitchell Waldrop, *Complexity: The Emerging Science at the Edge of Order and Chaos* (New York: Touchstone Books, 1992), 11.

们彼此吸引靠近。正是通过这样的方式，自杀式炸弹袭击者与其招募者彼此吸引靠近。复杂适应系统可以预料或尝试预料的那些活动，能够提高本系统对这种环境中出现动荡做出响应的概率，提高本系统在这种动荡中生存下来的概率。有趣的是，复杂适应系统可以协同进化。它们必须找出并且运用反馈，目的是生存下来，自我调整目标和任务，以及学习竞争对手是如何学习和自我调整的。如果更加深入地研究复杂适应系统的活动，我们不难发现，情报人员能在很多地方找到并影响此类系统的活动。比如上文提到，复杂适应系统需要反馈，也在寻找反馈。模型可以指导这个流程。规则可以影响这种模型，影响对目标和任务的选择，并且会与复杂适应系统收到的反馈共同作用，影响这个系统的评估流程及自我调整情况。只要人们是复杂适应系统或聚合群体，就都会使用模式。在思考社会/人际模式、技术模式、功能模式和组织模式等四种模式时，我们还会遇到异常，即正常情况中出现的变化，它可以帮助那些思考高级分析和高级搜集的人员开展更加深度的思考。

复杂适应系统可以形成聚合群体，当然我们必须认识到，是什么“胶水”让复杂适应系统得以保持群体状态的，是什么“助推器”推动它们开始运动的，是什么“点火剂”点燃了“助推器”，是什么敏感变量激活了“点火剂”，又是什么条件让当前变量成为敏感变量的（即在面对外部刺激时，能够变得活跃或表现敏感）。但从本质上讲，复杂适应系统活动的结果是无法预测的。在本书中，我们将把复杂适应系统视作城市作战环境的主要“行为体”加以讨论，因为高级搜集专家必须设计搜集活动，以求发现与复杂适应系统相关的观察指标。

在复杂的城市作战环境下，所发生的事情都是非线性的。复杂适应系统在非线性环境下可以蓬勃发展。非线性意味着“一切问题，只要其中的一个或多个变量需要人们求解，就不能写成各独立项的线性总和”。[1] 非线性环境还有更加重要的特征，包括：

少量的输入可能生成不成比例的结果。

[1] Wikipedia, http://en.wikipedia.org/wiki/Nonlinearity.

整体往往大于各个部分的总和。

存在非加和性。

存在活动的不可复制性。

造成结果的原因很多，而且往往很难找出。

难以做出精确预测。

复杂适应系统是存在的，是有影响力的。

群体是存在的，是有影响力的。

敏感变量是存在的，是有影响力的。

协同进化是存在的，是有影响力的。

存在不断的波动、动荡和变化。

反馈是重要的。

杂乱规则是存在的，是有影响力的。

背景和互动是重要的。

被观察者与观察者之间的关系是重要的。

随机性是重要的，也是有影响力的。

自相似和自组织是存在的，是有影响力的。

作战环境的非线性性质非常重要。必须把它视作高级搜集中批判性思维的重要内容，对其进行思考。“在美国军事和非军事的力量和组织如何与作战环境互动”这个问题上，它不但重要，而且能够施加影响力，因此必须在作战环境的背景下加以讨论。非线性问题所能生成的结果，与其原因在数量上是不成比例的，因此很难解决，而且往往不可能做出任何程度的精确预测。从相关性这个意义上讲，在复杂环境下，少量的活动或事件可以导致海量的结果，而且这些结果的影响力远远大于初因事件。必须认识到这一点，因为在我们尝试预料、认识和影响二阶和三阶效应时，这方面的认知显得尤为重要。此外，如果复杂环境看起来是混乱的，那是因为一切都在运动和变化。人员、组织、基础设施、企业、宗教、习俗和环境的其他重要方面，都会经历诞生、成长、衰减、死亡和重生。人员、机器、组织、宗教和文化等彼此混合，促成动荡，也促成了运动的出现。混沌中存在秩序，但人们必须更加深入地了解环境，才能找到深藏不露的秩序。这种秩序可以提示线索，比如让你发现在某个繁忙城市里，在人们正常的忙碌活动和都市喧嚣之下，叛乱分子正在设置条件，准备发起行动。复杂性还意味着环境极度波动，导致出现看上去恍若混沌一般的现象（亦即变化、动荡或无序）。读者只需认识到一点，那就是混沌和复杂性一直都能对军事行动施以极大的影响力。我们可以追溯历史，研究孙子和克劳塞维茨等人，因为他们可以让展开思考的人们认识到，后者可以在混沌中找出秩序，即使是在繁忙的城市作战环境这种令人难以置信的混沌中也是如此。关于这一点，《孙子》告诉我们：

> 纷纷纭纭，斗乱而不可乱也。浑浑沌沌，形圆而不可败也。[1]

克劳塞维茨还认识到冲突中天然存在混沌。他指出，指挥官如果能够头脑清醒，性格果断，并且具备“眼力”，那么这些就是穿透战争迷雾的最佳方法，也是当人们因为激动和恐惧而提供通常是自相矛盾和夸大其词的报告时，读懂这些报告的最佳方法。此外，复杂环境总是会受到变量的剧烈影响。有些变量，比如天气，我们已然司空见惯。但是城市作战环境中的某些变量已经变得非常敏感：一旦适 当的条件被激活，敏感变量就会导致群体过度运动，造成影响。变量涉及变化。变化往往是诱因或刺激所诱发的。有些变化是稳定的，是可以理解的。但当敏感变量发挥作用时，一切都将是不稳定的，不可理解的。波动的敏感变量如果存在，往往就会作为催化剂去加速递归，造成结果呈指数式激增；关于递归的例子，比如前面讨论的二阶和三阶效应，以及它们与更多群体的级联式连接。此外，在敏感变量不断影响城市作战环境中的事件的同时，也会有能够发挥影响力的机会之窗——一些属于友方，一些属于敌方，还有一些属于东道国国民、中立方和东道国的各级政府。

事实证明，在复杂环境下，人们很难辨别造成结果的原因。这种现象古往今来一直存在，正如克劳塞维茨在《战争论》中告诉我们的那样：

---

[1] Sun Tzu, *The Art of War*, trans. and ed. Samuel B. Griffith (London: Oxford University Press, 1963), 92.（译文引自：孙武，《孙子兵法》[上海古籍出版社，2006 年第 1 版]，“势篇”第 50 页。——译注）

> 但是，象（像）世界上其他活动一样，在战争中组成整体的一切都是彼此联系着的，因此每一个原因，即使是很小的原因，它的结果也会对整个行动的结局发生影响，都会使最后的结果有所改变，尽管改变得很小。同样，每一个手段也必然会影响到最终的目的。[1]

对高级搜集人员来说，如果原因可以影响结果，那么思考并认识这些原因就显得极为重要，尽管这是一个荆棘载途的过程，因为非线性这个无处不在并且具有极高影响力的“幽灵”总是存在，并将一直存在。例如，人们经常会犯逻辑错误，并因此在因果之间建立起错误的联系。此外，一个结果可以由许多原因引起，一个原因也可以造成许多结果。这些因果的存在及其关系，令高级分析人员和高级搜集人员的思考工作变得更加难以完成。但无论有多困难，我们也必须思考、寻找和发现事件或结果的因果关联，因为它可以让我们了解过去，从而做好准备，面对未来。只要能够认识、寻找并发现哪些原因可能与假定的未来事件（结果）存在关联，就可以为指挥官提供先发制人的能力，也就是抢在结果发生之前，应对正在出现的条件，因为这些条件确实造就了生成结果的因果关联。这个理论就是预知的核心内容。在进行预知时，我们需要发挥想象力和思考力，预测敌人必须做什么，寻找他必须借助条件（原因）导致什么事件或结果发生，找到这些关系或原因，以便指挥官能够先发制人。这就是高级分析和高级搜集中预知这个重要的概念。我们讨论这种关于因果关系的拓展观点，是因为它是高级搜集人员必须理解的东西。这种详细的推理流程可以让人看出，高级分析人员（他们可以推动高级搜集）和高级搜集专家正在进行越发复杂的思考，这样二者就能以团队合作的方式，开发出情报搜集的最佳混合方案，以实现搜集协同（collection synergy）这个目标。

非常规战争作战环境是复杂的、流动的，主要是因为城市的性质是繁

---

[1] Carl von Clausewitz, *On War* (Princeton, NJ: Princeton University Press, 1976), 158.（译文引自：克劳塞维茨著、军事科学院译，《战争论》[商务印书馆，1978 年第 1 版]，第 148 页。——译注）

忙的，人和机器是运动的，数据和射频能量在以肉眼看不见的方式运动，复杂适应系统也在不断地倾轧和碰撞。此外，我们的敌人在城市作战环境下开展行动，希望可以完成自己的战略和目标。他们认为这是安全的避风港，因为这是他们自己的城市作战环境，对美国的个人和组织来说这里是相当陌生的。城市作战环境是危险的，因此是公认的安全庇护所，这种理念对嵌入美国当地的叛乱分子[1]来说非常重要，因此对高级搜集人员来说也必须是非常重要的。答案很简单，因为不能允许叛乱分子将城市作战环境视作无懈可击的基地。尽管如此，叛乱分子在城市作战环境下却有如鱼得水的感觉，而且在美国情报搜集系统的窥探之下，他们基本上仍然是不可见的。为何会是这样？对美国情报分析人员和搜集人员来说，生活在这种环境下的人，他们的相貌、语言和行为全部都是异国他乡的。但所有这些人对叛乱分子和恐怖分子来说都非常重要，对美国军方和其他政府机构来说也非常重要。为了能够有效发挥作用，叛乱分子的相貌和言谈举止酷似当地民众，在许多情况下他们就是当地民众中的一员，这些人必须规划协调一致的进攻行动，必须为这些行动设置条件，必须参与这些行动。它们必须通过一个能够自我调整适应的网络来开展行动。他们必须动用人员支持自己的网络。因此，他们无法防范情报分析和搜集。尽管如此，叛乱分子仍将利用城市地区来设置条件，以求行动能够成功，但他们也会选择时机，冒险进入开阔地形，或是与美国军队进行激烈的战斗。除非美国军队能够预料、拒止或影响叛乱分子的活动，否则后者通常会掌握主动权。主动权往往会带来所有领导者都梦寐以求的其他优势，也就是**节奏**、**动力**、**决策**、**知识**、**位置**和**行动自由**。

城市是流动的，商业是不断变化的，民众开展各种活动，种族具有多样性且彼此互动，再加上活动、交易和行事的程度也都是波动的，因此叛乱分子或恐怖分子很容易融入庞大的城市当中，大部分人可以继续隐匿。孙子可以帮助我们认识城市作战环境中的绝对流动性，他提出的理念是：“兵无常势，水无常形”。[2]这个概念适用于高级搜集，因为在现代非常规

[1] T. E. Lawrence, *Seven Pillars of Wisdom* (New York: Random House, 1926), 196.

[2] Sun Tzu, *The Art of War*, 101.（译文引自：孙武，《孙子兵法》[上海古籍出版社，2006 年第 1 版]，“虚实篇” 第 68 页。——译注）

战争情报搜集专家的工作中有一项内容，就是必须能够帮助指挥官和参谋认识和利用作战环境中的湍流，即孙子所说的“势”。

全球化是一个额外的复杂因素，而且已经到来；它使信息能够近乎实时地迅速流向地球的各个角落。弗朗西斯·凯恩克罗斯在其著作《距离的消亡》中，讨论了全球化的通信部分和信息革命。她在书中写道：

> 距离的消亡是沟通成本的一项决定性因素，在21世纪上半叶，它将是影响社会的唯一一个最重要的力量。技术变革有能力彻底改变人们的生活方式，这次也不例外。[1]

不幸的是，凯恩克罗斯的讨论仅限通信。为了认识将会发生非常规战争的现代作战环境，我们必须在多种背景下研究“距离的消亡”。例如，请思考“不复存在”这一措辞。这则终日不绝于耳的预言是关于今天和未来的，它意味着有了快速廉价的交通，人们就可以在几个小时内环游世界，而不再是过去的几个月。亚当·霍尔在其著作《奎勒的奔跑》中，探讨了这种“不复存在”的状态：

> 所有地方还是一动不动。时间的感觉正在溜走，因为时间也是一种幻觉，它是三维现实的一部分，然而三维现实在这个地方已经不再具有任何意义。[2]

身处世界某一个地方的人，可以与世界任何一个地方的人进行即时的计算机聊天。时间的影响不复存在。人们的移动速度极快，因此可以迅速离开信息素或热点，也就是离开上次肉体休息或从事活动的地方。从情报搜集的角度来看，时滞非常重要，理论上它与距离的消亡是相互矛盾的。但毫无疑问，距离的消亡仍然是一个重要的现象，因为官僚决策往往就是让所搜集数据发生延误的罪魁祸首。此外，人们可以在虚拟

---

[1] Frances Cairncross, *The Death of Distance* (Boston: Harvard Business School Press, 1997), 1.

[2] Adam Hall, *Quiller's Run* (New York: Jove Books, 1988), 111–12.

现实中进行替代旅行，并以“虚拟化身”的方式[1]，出现在房间、隧道和洞穴中，但这时他仍然可以与别人交谈，提供意图，做出非语言行为，共享思想、观点和知识，以及“看见、闻味、触摸”。无论是敌是友，人们都可以在几分钟或几小时内跨越国家，穿越边境。在所有反叛乱理论中，庇护所这个概念都因“不复存在”的理论而出现了极大的拓展和深化。距离的消亡已对所有人产生了惊人的影响，无论对朋友、敌人、陌生人还是竞争对手，都是如此。运动是高速的，再加上人员和信息的快速流动，已对所有冲突造成了极大的影响。因此，这种影响已经并将继续影响所有作战环境中的情监侦工作。

我们未来的敌人将会利用全球化的许多特点来为自己谋取优势，而且这种做法将是常态，不会只有个例。如此一来，这个敌人就能获得更大的优势，领先于这些试图遏制其活动并消除其影响的外国人。这一现象被托马斯·弗里德曼称为技术的民主化：

> 它使越来越多的人拥有越来越多的家用计算机、调制解调器、移动电话、光缆系统和互联网连接，而且它们比历史上任何时候都能到达越来越远的地方，进入越来越多的国家，速度越来越快，程度越来越深，价格也越来越低。距离的消亡已经到来，因为人们环游全球只需几个小时，而不是几天。人们可以在世界各地即时通信——信息已经成为构成“全球化地球”（global earth）一词的中坚力量。[2]

作战环境还有一个特点能对高级搜集行动产生重大影响，那就是人们可以轻易获得技术。通信、警报、图像、红外线、视频和计算机等，对任何人都是可用的，而且便宜快捷，易于使用。坏人（基于我们对“坏”的定义）可以获得尖端技术的轻易程度，很可能远胜在某个外国城市行动

[1] Wayne M. Hall, *Stray Voltage: War in the Information Age* (Annapolis, MD: Naval Institute Press, 2003), 153–54.

[2] Thomas L. Friedman, *The Lexus and the Olive Tree* (New York: Anchor Books, 1999), 46–47.

的美国士兵。由此可见，技术是中立的。这确实意味着城市中的信噪比将是巨大的：电子和射频能量是不可见的，但却无处不在；数据将通过手机、固定电话、对讲机、计算机、数码相机和电子阅读器（比如亚马逊的 Kindle 和苹果的 iPad），持续不断地流动着。当美军士兵步行或驱车进入这种数字作战环境时，他们就会发现自己已被无形的网络或数据组成的矩阵所包围。搜集人员必须摄取海量数据并对其进行处理，在主要由不具有相关性的数据组成的海洋中，寻找具有相关性的碎片。出于必要，我们的思考往往是从宏观视角出发的，因为我们的情报搜集活动必须汇集大量数据，目的是找到那些重要的碎片，并尝试达到及时性标准。此外，数据量是过剩的，技术装置也很充足，这意味着高级搜集人员必须有能力重点监视**特定地点**，有能力预测在某个公寓或企业特定位置，哪些电子元件和技术是正常的，且有能力搜索并发现异常——而其合作伙伴，也就是高级分析人员，能够在这些异常中挖掘到足够的意义，让指挥官能够据此做出快速有效的决策。城市作战环境中的技术和数据数量庞大，意味着高级搜集人员将会和高级分析人员一样，在同样的深度和广度上，与敌人进行一场智慧战争。在这场以未来为目标的竞赛中，谁能在思考时胜过敌人，并根据思考结果采取果断行动，胜利就会花落谁家。因此，美国需要借助高级分析和高级搜集类书籍阐述的思维体系，装备本国的分析人员和搜集人员。

数据、信息和知识对每个人都是可用的。技术的价格极其低廉，因此世界各地的人们，无论经济地位如何，都能用到某种技术。这样一种可用性，再加上通信和相互联系，对那些试图通过战略通信或信息行动影响他人的人来说，却是不好的消息。在这一行动路线中，重点在于思维的三个方面：第一，人们是如何**感知**的；第二，人们如何**解读**所获得的数据；第三，从他们的感知和解读来看，他们**期望**自己思考的下一阶段是什么。此外，世界各地的人们往往会根据原始数据做出决策，请回想一下 2005 年日德兰邮报漫画事件。不幸的是，我们的敌人可能会操纵这些数据，让涉事民众按照他们希望的文化视角来解读这些数据，而不是按照我们希望的方式去解读我们发出的信息。数据被感知和解读后，可以非常轻易地生成海啸般巨大的二阶和三阶效应，不仅仅发生在事发地点附近，而且会在世界各地引发骚乱；所有骚乱都是彼此关联的，都是存在纽带的，都是黏合成为一个巨大群体的，都是在某种力量的推动下进行运动的，都是在非线性作战环境所特有的某个非常敏感的变量突然出现之后被启动的。非线性的概念及其附属观点，也就是少量输入往往可以生成大量输出，只有在思考信息革命、全球化、连通性，可即时访问数据、信息和知识等（但不作解读）对美国军队来说意味着什么时，以及在本书研究中，特别是对高级搜集专家来说意味着什么时，才是正确无误的。没错，我们生活在一个非常有趣的时代。

世界各地的通信变得更加容易，再加上廉价快速旅行的出现，加强了所有人之间的**连通性**[1]。在我们所说的流动的城市作战环境中，如果某些事情以这样或那样的方式发生，其结果将会产生涟漪，并生成能量波，就像鹅卵石被扔进池塘一样。如果是非常规战争，连通性可以强化网络的诞生、连通、增长、运行、衰减、渐变，有时甚至会消亡，这不仅仅体现在某个城市或某个社区的某条街道上，它对大洋彼岸遥远的人们来说也是如此。关于这一点，米切尔·沃尔德罗普（M. Mitchell Waldrop）在其著作中提出的观点，可以帮助我们理解连通性概念的重要意义：

> 一个又一个例子传递着相同的信息：一切都是彼此关联的，而且往往具有令人难以置信的敏感性。轻微的扰动并不总是一直保持轻微。在适当的情况下，最细微的不确定性也会增加，直到系统的未来变得完全不可预测，换言之，就是变得混乱。[2]

从另一个角度来看，连通性对美国的军事行动有着巨大的影响力。概念、软件和硬件，以及通过博客、脸谱网、YouTube、推特和聊天室彼此

[1] 在《情报分析：复杂环境下的思维方法》中，连通性是联系分析中的重要内容。而在本书中，分析人员和搜集人员必须使用五种联系：技术联系、社会/人际联系、功能联系、组织联系和思维联系。高级分析还假设联系的强度、能量来源和衰减等都是存在的。所有这些都将与高级搜集产生关联，因为高级搜集必须找出与联系分析相关的观察指标。

[2] Waldrop, *Complexity*, 66.

互相连通的能力，都可以放大连通性——这一切都在互联网上发生，都在人们使用海量的或大或小的计算机时发生。这种连通性使人们能够与完全陌生的人共享自己的思想、情感和观点，并建立数字对话和数字友谊。它使人们能够进行虚拟旅行，具体做法是通过虚拟角色实现，又或是更加简单直接，通过智能代理甚至数据包来实现。

在了解军事人员开展行动之地的文化时，我们所说的连通性就是其中一项极其重要的内容。这当然意味着，美国情报活动必须首先开展高级搜集，以便考虑**将数据用作搜集工具**，对出现在推特和脸谱网的相关信息开展搜集。在执行这种行动时，搜集人员必须明白，这些文化和技术的流程和程序，以及它们所创造的连通性，可以并将会被敌人用于规划、执行、演练、训练、推演、筹备和实施物理打击，以及规划、执行和评估针对民众思想的无形攻击，因为民众正是此类打击的目标。

在思考作战环境时，高级搜集专家必须思考是什么将人们连接起来的，人们为什么要彼此连接，连接的本质是什么，实现连接的联系（共有五种联系：技术联系、社会 / 人际联系、功能联系、组织联系和思维联系，我们将在本书探讨高级搜集的连通性时详加讨论）的强度，以及在联系的强度或动力来源衰减之前，联系可以存在多长时间。为了帮助理解，我们可以把联系之间的连接想象成花园或森林中的蛛丝，在这里，蛛网的纤细丝线便是蜘蛛的连接。当风和阳光最有利于我们的视觉和感知时，通常我们可以看到蛛丝，但大多数时候这些丝线是不可见的。这是一种奇怪的感觉：明明知道所有这些连接确实存在于花园之中，却也知道我们大部分时间是看不见它们的。当我们试图理解发生在城市甚至农村作战环境中的数百种连接时，我们也可以把那种将人们连在一起的东西视作“细缕”——“薄薄的一丝或一缕，比如烟尘；或者是纤细的痕迹”[1]，或是看作鬼火——“夜晚在沼泽上方盘旋或飞过的磷光，可能是由腐烂的有机物排放的气体自燃后引起的（又称修士灯、南瓜灯或妖精之火）”。[2] 我们将在第 8 章“寻觅蛛丝”一节中，使用更长的篇幅详加讨论。

---

[1] Dictionary.com unabridged (v. 1.1), http://dictionary.reference.com/ browse/wisp (accessed March 3, 2008).

[2] Dictionary.com, http://dictionary.reference.com/browse/ignis fatuus (accessed March 3, 2008).

我们提出这些不同的方法，以此观察那些可以连接人员、组织和功能的联系，原因有二：第一，为了理解连通性这种现象，高级搜集专家必须知道哪些东西可以连接万物；第二，为了理解连通性并对其开展搜集，高级搜集专家必须针对那些可以将人员、组织和动机聚集在一起的连接，将其外观可视化，再将其时而可见、时而不可见的原因可视化。这个观点预示着本书后面将会出现关于被观察者和观察者的讨论。这些概念所涉及的推论，正是我们对作战环境和非常规战争行动进行思考后得出的，即持续监视非常重要，而耐心正是一切具有这种性质的情报搜集行动的基石。

边境孔隙（porosity of borders）是高级搜集最重要的特征之一。存在孔隙，意思就是“可以穿透的，或是像筛子似的”。[1] 违禁品、战争物资、招募人员、资金和车辆都是发动叛乱所必需的，它们在某个据称中立的国家的某个边境地区频繁越境穿梭，确实构成了一个相当严重的问题。当前的例子是叙利亚和伊拉克、伊朗和伊拉克，以及阿富汗和巴基斯坦。劳伦斯就把“拥有庇护所”列为六项叛乱原则中的一项。[2]

孔隙还涉及人员和载具（车船飞机）及其越境活动。几个世纪以来，走私一直都是许多人的生计所系，走私者已经变得非常擅长秘密运送人员、车辆和物资。例如，目前美国的边境线漏洞百出，非法毒品和非法外国人可以越境流动。在南方和北方边境，偏远且无人居住的沙漠和森林延绵数公里，降低了当局治理孔隙的能力。事实证明，这些边境地区极难维持治安，原因就是这些天然存在的孔隙：独行道、小路、地道、公路和空中走廊等，为人们提供了利用和扩大孔隙的手段。贿赂、谋杀和敲诈勒索等，也都极大地加剧了身陷非常规战争的国家的边境孔隙。那么，我们为什么要讨论孔隙与高级搜集的关系呢？

很简单，高级搜集专家将针对高级分析人员制定观察指标，在几乎一切可以想象出的非常规战争作战环境下，沿着边境开展情报搜集。因此，他们必须知道是什么造成了边境孔隙，以及走私者和其他坏人又是如何运

[1] Dictionary.com, http://dictionary.reference.com/browse/porous (accessed August 13, 2009).

[2] James Schneider, “T. E. Lawrence and the Mind of an Insurgent,” *Army* (July 2005), 31–37.

送人员、资金、物资，在所关注边境地区越境穿梭的。他们必须进行深度思考，以了解现存孔隙的大小，然后设计搜集方案，以便能够捕获高级分析人员开发出的观察指标，跟踪（合法但敌对的）移动活动，将正常的移动与犯罪活动加以区分，并提供必要的及时性、特定性、准确性、相关性和清晰性，以便指挥官和其他决策者据此做出快速有效的决策。最后，高级搜集专家必须了解和理解在重点边境地区，越境穿梭的物理、信息和网络等活动的内在关系。这个看似微不足道的论断其实非常重要，因为它极大地拓展了高级搜集专家的知识要求。

文化在所有类型的非常规战争行动中都是非常重要的。这是一个显而易见的陈述，但我们想将它作为重点再次强调。不过我们谈论的是“理解”(understanding)，而不是“感知”(awareness)。一个人必须理解叛乱分子活动时所处的文化，以便研究他们如何利用这种文化，获得前文列出的七种优势中的一种或多种。为了说明作战环境的文化及其对高级搜集造成的巨大影响，请思考这样一个例子：仇外主义者往往会居住在作战环境里。仇外主义是指“对陌生人或外国人持有异常的恐惧或仇恨”。[1] 这种状态会对情报分析和搜集造成相当有害的影响，因为在城市作战环境中，一个主要的信息源就是个人，以及他们搜集的人力情报。如果人们对外国人持有过度的恐惧，那么来自民众的数据流就会变慢，慢于所有主动出击型搜集专家希望收到的速度。很简单，任何非常规战争行动都必须为民众提供安全的生活环境；它必须非常安全，足以将民众与美国军队和政府机构打击的叛乱分子、恐怖分子或犯罪分子加以分隔。不幸的是，总会有一小部分民众支持或至少同情叛乱分子发动叛乱的理由和叛乱活动。这种支持可以创造安全的庇护所和场地，让叛乱分子可以躲在占领军或为民众所憎恶的支持政府的外国人身后阴影中，为叛乱设置条件，以及实际发动叛乱行动。但许多人支持叛乱分子或恐怖分子，因为他们害怕不这样做将导致恶果。例如，在今天的阿富汗，一位经验丰富的军人作家告诉我们说：

[1] WordNet 3.0, http://dictionary.reference.com/browse/xenophobic (accessed April 13, 2008).

关于塔利班武装的“宣传”[1]，有这样一个极好的例子，那就是使用夜间信件。塔利班领导人强迫多个省份的当地农民……种植罂粟而不是普通作物，并使用夜间威胁和恐吓的手段，宣称要惩罚反抗者，以及要求观望者改变信仰。[2]

这是高级搜集中的一个重要观点。它的意思是，以下道理不言自明：要想让人们听从劝告，保证他们是守法和诚实的，那就必须让他们能感知到安全，而且这种安全感必须在白天和晚上都是存在的。高级搜集有一项特别的作用和任务，那就是必须尽可能搜集当地民众的态度、安全感，以及他们感受到的合法政府、美军部队与政府机构之间的连通性等情况，并以分析方法予以度量。针对反宣传和反叛乱行动这两种力量进行“效果”评估，以得出具体的结果，这是冲突背景下一切反叛乱活动中至关重要的一个方面。为了强调这个假设，时任美军陆军中将戴维·彼得雷乌斯于2006年在《军事评论》（*Military Review*）上发表文章，针对反叛乱中文化的重要性，提出了自己的真知灼见：

文化感知（cultural awareness）是力量倍增器；它反映了我们的认识，即关于文化“地形”的知识可以与地理地形的知识同等重要，有时甚至更加重要。这一观察结果承认，在许多方面人是决定性的“地形”，我们必须使用研究地理地形的方法来研究这种地形。[3]

在思考高级搜集和文化时，我们似乎面临着一个无法回避的严峻命题：要么我们在了解和理解开展行动所处文化的流程中，可以做到充分详细，足以**在进行高级搜集时取得优势**，并让行动取得成功；要么我们的搜集任务宣告失败。既然我们希望能在与非常规战争的部队、特工和网络开

[1] 在西方语境下，宣传（propaganda）是贬义词，与我们通常所说的“宣传”完全不同。——译注

[2] David Kilcullen, *The Accidental Guerrilla* (New York: Oxford University Press, 2009), 52.

[3] David Petraeus, “Learning Counterinsurgency: Observations from Soldiering in Iraq,” *Military Review* (January–February 2006), 8.

展的脑力“战斗”中获胜，那么高级搜集专家就必须对自己在开展行动时所处的文化有极深的了解，其程度足以执行高级搜集所需的高级认知功能，又或者足够为自己的知识和理解提供支撑基础，具体做法就是与来自某个情报机构（如果成立了这个机构的话）或某个组织有序、科目明确的虚拟知识环境的主题专家，开展虚拟或现实的互动。因此，高级搜集专家必须了解历史、神话、符号学、隐喻、文化的条件功能，了解周边邻里，必须理解人们的工作和休闲活动，掌握某种文化中人们衣着打扮，互动、交易、行为和举止的方式，以及结婚、生子和死亡的风俗。美国陆军《战地手册 3-24》（*Field Manual 3-24*）可以帮助我们思考文化和高级搜集，因为它做出如下解释：

> 若要成功发动反叛乱行动，文化知识就是至关重要的。美国人关于“正常”或“合理”的观点并非普世。相反，其他社会中的人员往往在何为合理、行为是否适当、宗教虔诚的程度高低和有关性别的具体规范等问题上，持有不同的观点。因此，在外部观察者看来不正常或奇怪的事情，在某个群体的成员看来可能是不言自明的正常情况。[1]

这个观点看似显而易见，但对从事高级分析和高级搜集的紧张脑力劳动者来说，却是尤为重要的。高级分析人员需要对文化有极深的了解和理解，以便设计出文化和态势等方面的观察指标，而高级搜集专家也需要对文化有极深的了解，以便使用现有的搜集方法，以及创新和创造新的情报搜集来源和搜集组合，汇集与高级分析人员孜孜以求的观察指标有关的数据。

有个命题我们曾在前文提起，但仍值得再次强调：必须了解和理解笼罩作战环境的文化，以确保高级搜集行动取得成功。一种集体的、看似不可改变的、文化维度的世界观，可以影响人们的感知、思想、活动、解读、期望和行为。世界观与针对无形要素开展情报搜集这项活动有特定的

[1] U.S. Army, *Field Manual 3-24*, Counterinsurgency (Washington, DC: HQ Department of the Army, December 2006), 1–15.

关系；关于无形要素的例子，比如个人和团体如何感知世界，他们如何将数据融入自己的文化背景，以及他们如何形成关于当前事态和未来的预期。按照这个思路，处于某个文化中的人们，在很大程度上正是他们自己**"统觉"**（apperception）的产物。这个术语是心理学家威廉·詹姆斯在19世纪末创造的，看起来它刚好可以描述我们在思考高级搜集时，尤其是思考针对文化和态势等观察指标开展情报搜集时，到底应该考虑哪些情况。统觉是"一个关于理解的流程，借此，在事物上观察到的新性质才能与过去的经验产生相关性"。[1]詹姆斯认为，教育、文化、抚养、宗教、历史、神话和习俗可以培养一个人的统觉。一个人统觉的本质可以指导他对真理、结果、事件和世界观展开思考。[2]统觉不仅可以决定一个人**感知**传入数据的方式，而且可以决定他**解读**该项数据的方式，另外还可以决定他的**期望**到底是什么。采用常规技术传感器和技术流程很难发现文化和态势的观察指标，因为它们通常是转瞬即逝的，一直是模棱两可、不易察觉和离散的，因此，高级搜集专家必须掌握关于关系的知识和理解，才能调整旧的情报搜集方法，设计出新的搜集方法，最终在搜集工作中取得成功。

为什么关于统觉的讨论对高级搜集而言极其重要？我们已经提供了一个原因：它可以培养人们思考、感知、解读和设定期望的方式。但它也为高级搜集做出了另一项重要的贡献。也就是说，统觉可以培养并塑造行为的具象化显现，即形成文化互动、活动、行为或交易。显现（manifestation）是"一种具象形式，借此，某人或某物（比如人、神或观点）可被实际展示给他人"。[3]情报搜集专家可以将文化显现作为研究起点，发现关于人们如何活动、反应、互动和表现行为的线索。在高级搜集为情报分析人员和指挥官寻找的观察指标中，这些显现便占了其中很大的比例；因此，高级搜集人员及其搭档，也就是高级分析人员，必须了解统觉、文化显现，以及由此生成的文化和态势等观察指标，有时还有功能观

---

[1] *American Heritage Dictionary of the English Language*, 4th ed., Houghton Mifflin, 2004, Dictionary.com, http://dictionary.reference.com/browse/apperception (accessed July 18, 2009).

[2] William James, *Psychology*, ed. E. G. Allport (New York: Harper & Brothers, 1961), 120.

[3] *American Heritage Dictionary*, Dictionary.com http://dictionary.reference .com/browse/manifestation (accessed July 18, 2009).

察指标。这些观察指标正是高级搜集专家与高级分析人员组成团队并开展分工合作时，所努力追求的东西。

文化与技术的关系是高级搜集专家必须考虑的另一个主题。文化，不论是历史文化还是流行文化，都在培养人们思考、信任和使用技术的具体方法。即使在世界上最贫穷的地区，人们也会有手机、计算机和电视。他们会发送短信和即时消息，有的地方还可以使用聊天室和博客。他们可能会接触到网络游戏，以及 YouTube、推特和脸谱网等流行的文化现象。特别是计算机、现代电话通信和遍及全球的庞大通信带宽，已被证明是实现学习、培训、信息共享、资金转移等的伟大机制。计算机和通信可以推动远程规划，以及协调和同步，并让彼此连通的人们接入知识中心，供他人租赁使用；这些知识中心可以提供相当高级的最新知识，帮助人们进行规划、执行计划和评估结果，并不考虑善恶问题。

敌军、民族国家[1]、犯罪分子、贩毒分子、恐怖分子和叛乱分子，他们就是我们在非常规战争中的敌人的全部补充力量，他们可以使用技术，针对构成非常规战争的那些活动，进行规划、筹备、训练和演练、指挥和控制、执行，以及评估。这意味着，与美国利益相悖的人员也可以获得大规模杀伤性武器，以及用于制造简易爆炸装置和车载改良爆炸装置的大型炸弹——关于此类武器，在这里仅举两例。我们的敌人也在不断寻找杀手级应用[2]，以求获得显著的技术优势，超越美国、它的盟友，以及它所在联盟中的伙伴。我们所说的杀手级应用，并不是用来验证我们是否需要计算机、电子表格或文字处理器的计算机程序。我们关于杀手级应用的理解，是马镫、航空母舰、原子弹等等，它们可以极大地改变我们对战争的认识。我们的情报系统不能忽视这场以未来为目标的“竞赛”，因为这是一场美国必须获胜的比赛。我们稍后会更加深入地探讨杀手级应用，不过我们的对手确实都是惊才绝艳之辈，他们意志坚定，可以不惜一切代价以求赢得胜利，也可以接受任何牺牲——这就是克劳塞维茨所说的动机的力量和目标的价值，他也正是借助这些概念来

[1] 民族国家（nation-state），指的是欧洲近代以来，通过资产阶级革命或民族独立运动建立的、以一个或几个民族为主体的国家。——译注

[2] 杀手级应用（killer app），在计算机领域是指极受欢迎的计算机应用软件。——译注

解释意志的。在这场较量中，高级搜集人员将会发挥重要作用。因此，我们必须得出结论，认识到高级搜集不能只包括思考，它还必须涵盖冒险闯入技术的世界，以求发现当前正在开展的活动，并帮助高级分析人员发现异常、倾向、群体、联系、模式和趋势，因为这些要素可以发出提示，让我们发现有人想在未来规划并执行某些活动，以便进一步推动反叛乱分子的事业。当然，这也意味着，除了针对观察指标（比如功能观察指标）开展更加传统的情报搜集之外，高级搜集人员还必须冒险将数据用作搜集工具，在聊天室、网站和数据库中，在推特和脸谱网上，甚至在博客里开展这项工作。

关于作战环境和高级搜集还有一项极具影响力的内容——我们必须思考**基础设施**。在对文化开展的一切评估中，基础设施都是非常重要的。毕竟，能或不能满足民众基本需求的正是基础设施。民众是重中之重，因此，如果在他们头脑、内心或精神中有事情发生，那么基础设施必将是一项非常重要的推动因素。基础设施通常非常复杂，涉及技术、功能和程序等方面。基础设施能否发挥效用，会影响人们感知和解读自己所在环境的方法，也会影响他们构建对未来的期望。此外，住宅或企业的基础设施也可以是一项关键指标，指示是否存在敌对活动。因此，从技术、功能和文化的意义来看，关于"什么是正常的"这一基线极其重要，因为它可以发现异常、峰值或零值（零值的意思是，正常情况下应当使用基础设施时，实际上却没有使用）。不难看出，应当掌握关于基础设施的知识，因为这对高级搜集人员来说极其重要。

有一个关于基础结构的非常有用的定义，它可以帮助设置条件，便于人们开展这方面的讨论。基础设施是"为一个国家、城市或地区服务的基本设施和系统，比如交通和通信系统、发电厂，以及学校"。[1] 尽管这个定义并未涉及基础设施的所有重要方面，但它确实为我们的思考提供了一定的架构。不幸的是，要想掌握关于一个城市、周边邻里或街区的基础设施的知识，在技术上、功能上和文化上的要求都是极其苛刻的。它通常需要来自某个特定文化的各类工程师的技术知识，还需要有了解这个特定

[1] Dictionary.com, http://dictionary.reference.com/browse/infrastructure (accessed July 18, 2009).

地点的本土文化专家，以及了解该地区居民如何与构成此地基础设施的机器和流程或程序进行互动的本土文化专家，以便首先能将需求解构成观察指标。但在我们关于高级搜集的研究中，特别需要强调的是，需要高级搜集专家设计出关于传感器、人力情报搜集、非传统搜集资产和开源搜集的最佳混合方案，让这些资产作为一个整体开展工作，以搜索并找出与基础设施这个复杂主题相关的观察指标。高级搜集专家及其合作伙伴，也就是高级分析人员不能轻视基础设施的细节。此外，还有一个堪称衍生但其实是同时出现的观点，那就是高级分析人员必须研究技术、文化和功能等三种基线，而高级搜集专家必须研究技术、文化、功能、传感器、数据流和网络、人力来源，以及通信等七种基线。这些基线必须始终都是当前最新的，以便高级搜集人员可以使用它们来设计情报搜集策略，从而通过异常、倾向、群体、联系、模式和趋势等分析，根据高级分析人员开发出的观察指标进行对比，最终开发出情报行动和决策所需的五种观察指标中的一种、两种或全部。

这个观点的推论和推理思路是，作战环境极其复杂，因此参与非常规战争行动的人员，无论是进行战斗、人道主义、重建，还是进行情监侦，都必须认识微观和宏观层面；前者是指周边邻里，后者是指居住邻里的人们如何能够随时与世界各地的人们连接和互动。多亏存在这种不可思议的连通性，一个地点发生的事情才能在其他地点产生影响，这就是现代行动背景对所有高级搜集行动最有影响力的特征之一。

在一切城市作战环境中，数据都是无处不在的。换言之，数据存在于一切地点当中，也存在于一切事物当中。因此，高级搜集人员、作为伙伴的分析人员及其指挥官，不仅必须通过情报搜集来获取数据，而且必须**将数据用作搜集工具**。搜集到数据之后，他们必须努力去理解自己每天所“畅游”的数据海洋。由于不可能看到所有数据，也不可能对所有数据进行分类，高级搜集人员在自己搜集和使用数据，以及将其提供给作为伙伴的高级分析人员时，必须小心谨慎，而这些情报分析人员将借助机器，把数据转化为信息，再把信息转化为知识。此外，大型城市环境的数据量极其庞大，而其他背景下的数据则要稀疏许多，因此更加难以找到、解读和使用。例如，农村反叛乱作战环境中数据具有稀缺性，使得风险变得更加难以管控，因为数据的稀缺性增加了不确定性，也因此更加难以做出有效决策。数据稀缺和数据过剩一样难以处理。时至今日，身处阿富汗的指挥官们就在经历这种情况。

本章探讨了行动背景，它被军方称为作战环境。它的影响力极大，可以左右城市环境中军事和非军事行动的结果。还可以影响美国指挥官及其下属开展的所有思考、决策、活动和评估。它不断演变，实际上是在不断地变形，变化出不同的形状、形式和特征。在冲突这种作战环境下，人们可以发现人员、组织、文化、信仰、态度、动机、技术和需求之间发生的碰撞、联合、颠覆和倾轧。

通读本章开门见山的讨论之后，读者可以就“复杂作战环境对高级搜集的影响”这个问题做出一些推断。随着本书不断深入探讨，这些推断将再次被提出和探讨，被读者所理解。那么，读者应当从第 1 章得出什么推断呢？本章一共提出 11 个观点，应该会在读者的脑海中激发更加严肃的思考。

- ★ 第一，未来的冲突行动往往是在城市当中，或是在散落着小型村庄的恶劣地形中进行的。这种环境不利于开展情监侦行动，意味着美国情报系统必须首先彻底评估其开展行动时所处的行动背景，以便让情报搜集行动生成可用数据、信息和知识，并评估来自己方活动和竞争对手的反馈，从而开展学习和自我调整适应，最终完成任务。
- ★ 第二，非线性是生活中不可改变的事实，它可以对高级搜集专家的思考和活动产生巨大的影响。非线性告诉我们少量输入往往可以导致大量输出，复杂适应系统可以碰撞、联合、颠覆和倾轧，结果是不可预测的，敏感变量是重要的，整体大于其部分之和，混沌和混沌中存在的秩序都是重要的，等等。
- ★ 第三，作战环境是不断变化的：运动、成长、衰弱、消亡，有时还会复活。因此，作战环境就像是生态系统。变化要求高级搜集人员以及他们的组织和机器在思考时具有敏捷性，以自我调整，适应作战环境和敌人。
- ★ 第四，全球化对全世界的民众产生了惊人的影响。它为人们带来了数据和信息，无论他们身处何方。它使民众的声音能够被听到。而且，全球化使民众变得重要、强大和有影响力。

★ 第五，伴随全球化出现的是（凯恩克罗斯提出的）距离的消亡。这种现象能让人们以现实或数字的方式高速运动：若在现实中，就是几小时内环游世界；若是数字方式，就是光速运动。这意味着我们的敌人也能在极短的时间内，运动、通信、协调、训练、同步、行事、接收反馈和自我调整适应。

★ 第六，技术对作战环境的影响越来越大。本章介绍了“技术是中立的”这个概念，即敌方和友方都可以利用技术来获得优势。许多技术领域的事项发生时肉眼是不可见的，这意味着高级搜集人员必须与高级分析人员合作，以“看见”数据、射频能量、电子发射、热量等的技术类交换，这样才能帮助指挥官做出决策。

★ 第七，作战环境涉及连通性。高级搜集专家必须从**微观视角**来观察连通性，即观察在住宅、企业、邻里、社区或行政区内，人们在物理、社会和电子等方面的连通性。但他们也必须从**宏观视角**来感知连通性。也就是说，居住在所关注邻里的人们，可在一秒之内，与周围城市、地区、国家的人们，以及与邻国和世界其他国家的人们建立联系。这种连通性可以具体显现为进入脸谱网、MySpace、YouTube 和博客等媒体。这意味着高级搜集也必须进入这个由社会、物理和数字等层面的交互性和连通性构成的世界。

★ 第八，在许多冲突态势中，我们关注的国家存在边境孔隙。因此，边境孔隙需要得到高级搜集人员的重视。这意味着高级搜集人员必须知道孔隙的大小、形成的方式，以及文化（历史）和技术对它的影响。这也意味着高级搜集人员必须知道历史上人们是如何击败那些企图减少孔隙的尝试的，必须了解叛乱分子或恐怖分子的庇护所对非常规战争作战环境的严重影响，又是如何与孔隙存在相关性的。

★ 第九，文化对高级搜集有极大的影响力。因此，高级搜集人员必须掌握这种知识和理解，又或者必须在情报机构内部设立一个知识支持团队，抑或掌握虚拟知识环境等外部来源，以此帮助自己理解目标文化的错综复杂之处。在当前和未来等行动背景下，高级搜集专家将根据其合作伙伴，也就是高级分析人员开发出的文化和态势等观察指标，有时还有功能观察指标，提供情报搜集服务。

★ 第十，高级搜集人员必须了解和理解民众、技术、文化和基础设施之间的关系。基础设施是文化的关键部分，因此也是作战环境的关键部分。基础设施对民众有着很大的影响力，并会成为敌人争夺的目标。美国的反叛乱人员竭力保护基础设施，并利用它们来帮助维持稳定和生活质量，而叛乱分子往往竭力摧毁基础设施的关键部分，以彰显美国和东道国的无能，并让民众将基础设施困境归咎于美国和东道国。

★ 第十一，本章讨论了现代作战环境中数据的丰富性，即使在最落后和最原始的社会中也是如此。话虽如此，但一些环境中的数据还是多于另一些环境的。因此，高级搜集人员必须搜集大量数据，并希望它们能够得到分类。但在某些环境中，例如在农村叛乱环境下，搜集人员有时几乎没有传统数据可供搜集，而且数据不但稀疏，还会发生变化，这将是美国指挥官面临的严峻问题。

接下来，我们将深入探讨“敌人”，并从一般意义的视角，针对在前文讨论的作战环境类型中开展行动的敌人，探讨他们的特征、优势和弱点。

[第2章]

敌　人

接下来，我们将简要地重点讨论作战环境中的“敌人”。我们的敌人已经不同于我们过去面对的那些对手；但好在我们参与了伊拉克和阿富汗的战事，也多亏有其他国家的经验（例如2006年以色列在黎巴嫩南部的经验），我们现在得以更加深刻地认识到种种挑战的跨度能有多大，我们又将如何战胜这些挑战。我们正在并将继续经历一场长期的斗争，而情报专业人员发现在这场斗争的中心，存在着全球性、机敏狡诈、技术能力极强并且具有自我调节适应能力的威胁。这种威胁的意图是杀死美国人，并将自身意愿以及与美国价值观背道而驰的生活方式，强加给我们和我们的朋友。这些敌人选择在自己的地盘上活动，以此抵消他们所认为的美国优势，尽可能减少他们眼中自身存在的劣势和弱点，并优化他们眼中的自身优势。他们会利用全球化、技术获取途径、文化和基础设施，因为现代冲突正是在这些条件中爆发的。

我们的情报机构正在与这个强大的敌人进行一场旷日持久的“智慧战争”。当然，我们在这场智慧战争中的目标是，智胜敌人，料敌于先，抢在对方发动攻击之前予以挫败，或是打破敌军之间的同步——先发制人。要想做到这一点，高级分析和高级搜集就必须结成密切伙伴关系开展工作，而现代指挥官也必须将自己的情监侦视为一种极其宝贵的“武器系统”，因为这个系统可以创造有形和无形的行动和结果。考虑到美国的常规军事力量，非常规战争敌人必须非常聪明，擅长自我适应，原因就是美国常规部队的人数和火力远远胜过他们——这正是人们在城市战斗中，首先会召集常规部队的两个根本原因。

在未来冲突中，我们的敌人具有一些特点，因此很难被人注意，遑论被发现了。因此，高级搜集专家面临的挑战就是要理解背景、文化、敌人，以及**它们是如何互动、纠缠和相关的**。为了能支持指挥官做出决策，高级搜集专家开展思考的广泛程度，应当胜过以往任何时候，这样才能获得更加深度的知识，开发必要的情报搜集手段，借此找到隐藏极深但其实完全不同的关系，从而找出隐藏极深的敌人。他们必须以有效且具有创造性的方式，发现、追踪并压制嵌入当地的恐怖分子和叛乱分子。要打败非常规战争敌人，高级搜集人员必须证明自己的思维更胜一筹，自己驾驭的机器也优于敌人拥有或从全球贸易中购买的一切设备。因此，高级搜集人员首先必须意识到自己正在与敌人进行极其激烈的斗争。敌人希望保持隐身和自由的状态，以执行必要的条件设置活动和实际进攻行动，而美国高级搜集专家及其伙伴，也就是高级分析人员则希望找到并压制敌人，判断友方和敌方的活动是否满足行动成功的标准，并对随后和后续活动进行同样的判断。

一、不可见性

美国高级搜集专家搜索并找出各种联系和关系：敌人的、民众的、中立组织的、商业公司的，还有我们自己的。敌人的蜂巢连接或其他联系就像是花园里的蛛丝。我们再次重复这个比喻：当我们站在花园里，太阳恰到好处挥洒光芒，微风轻轻地拂过我们的面庞，有时，我们会看到一根细到难以看清的坚韧蛛丝。但转眼间，这根游丝就从我们的视野中消失了。有趣的是，我们知道它在那里，但我们再也看不到它了。叛乱分子和恐怖分子等的联系也是如此，涵盖机械联系（射频能量、光纤电缆、微波传输）、步行信使和其他信使、运送物资的后勤人员、运动专家、社会关系、情报搜集资产、组织的功能和流程，以及直接开展活动的人员。一切都是可以移动的，有了这种移动性，变化和运动就能轻易发生了。有时，我们可以看到支持敌人的网络的运动、联系和活动；而其他时候却没有看到此类活动的迹象。因此，我们会一直倾向于认为敌人的网络是不可见的。此种现象是这个敌人掌握的一项明显优势，他肯定会发现这一点，并利用这些特点，在复杂的非常规战争环境下获得其他优势。

在大都市的广袤地区，非常规战争敌人会让他自己、他的节点和他的联系，融入所有其他活动当中，从而让高级搜集人员和机器看起来像是在不停地“稻中寻针”——而且每天都有新的不同稻草被扔进来。反叛乱专家戴维·基尔卡伦曾在其著作《意外的游击战》中提出以下观点，帮助我们理解高级搜集专家面临的任务有多艰难：

> 叛乱分子的任务是攻击一个可以轻易识别但更加强大的敌人，然后消失在幕后，以免遭到报复。反过来说，反叛乱行动最棘手的难题也正是在人群中找到敌人：找出并消灭敌人，远比第一步寻找敌人要容易得多。这是叛乱的根本不对称性造成的，即政府强大但醒目，叛乱分子弱小但很难找到。[1]

挑战是艰巨的，因为叛乱分子通常看起来很像当地人，他们都来自相同的种族，有着相同的宗教背景，说着相同的语言，有出色的安全部署，非常偏执，不愿在光天化日之下出没或做事。叛乱分子藏身于他们网络之中，秘密开展行动，安全性高，保密性好。他们擅长隐藏和秘密行动，这种天赋代代相传，另外许多人是在专制政权的艰苦生活条件中幸存下来的，因此掌握了出色的生存技能。这些深藏不露的节点和联系可以移动、变化和变形，因此很难被人发现，也很难受到影响。这些发动叛乱的敌人往往受过教育，富有创造力，而且非常聪明。他们擅长学习，并能迅速与同党共享自己的学习心得。

美国情报搜集专家正在参加一场竞赛，力求搜索、发现并维持学习优势和思维优势，领先于城市作战环境中天然存在的那些敌人。归根结底，他们必须智胜敌人，料敌于先，看穿敌人在想什么，下一步活动会是什么。友方情报搜集专家试图跟踪叛乱分子的活动，但这些活动不断发生变化，原因是敌人有能力从自己犯下的错误和美国做出的响应中吸取教训，另外他们还

[1] David J. Kilcullen, *The Accidental Guerilla* (New York: Oxford University Press), 60.

可以在刚刚获得知识之后，迅速共享给自己所在网络中的其他同党。

叛乱分子、恐怖分子及其支持者对作战环境和基础设施的了解程度，远远胜过美国士兵或美国政府官员，他们还利用这些知识和理解来为自己谋利。拿破仑时代著名的理论家约米尼男爵告诉我们，这并不是一项新的挑战：

> 每个武装的居民都知道最小的小路在哪里，也知道它们通向何处……指挥官们也都了解这个国家，而且可以随时了解入侵者最轻微的动向，然后采取最优措施来挫败入侵者的计划，而入侵者却不掌握关于被入侵者动向的信息，也没有条件派遣部队去获得此类信息……就像盲人一样……就像是堂吉诃德，拼命地攻击风车。[1]

因此，我们可以得出结论：在非常规战争中，高级搜集人员担负一项极其重要的任务，那就是搜集关于不断变化的作战环境的相关情况，并向上级提供其所需要的数据，令其可以获得关于作战环境的足够知识，从而在叛乱分子生活和活动的地形和基础设施中，智胜这些敌人。当然，要想在不断变化的作战环境中，定义哪些情况才是相关的，那么执行这项工作的人选就必须是在最低战术层面（连及以下）行动的“三位一体”，即高级分析人员、高级搜集人员，以及指挥官或行动人员。

二、思维敏捷性和组织敏捷性

得益于适者生存，叛乱分子和恐怖分子学会了在心理上、身体上和组织上保持敏捷性。敏捷性（agility）的字面意思是“快速思考并得出结论的能力；思维的敏锐度；快速且轻松地移动的力量；灵活，旨在掌握敏捷性的练习”。[2] 这些非常规战争敌人必须迅速学习和自我适应，如此才

[1] Baron De Jomini, *The Art of War*, trans. Captain G. H. Mendell and Lieutenant W. P. Craighill (Westport, CT: Greenwood Press, 1862), 27–28.

[2] Dictionary.com Unabridged (v. 1.1), http://dictionary.reference.com/ browse/agility (accessed July 9, 2009).

能生存下去。这样的敌人要想达成目标，就要拥有组织结构，也就是网络。敏捷性意味着其网络可以变形，变换位置、联系、节点和命脉（也就是人）。敏捷性意味着这些非常规战争敌人有时会执行自我净化（self-cleansing），这种观点来自医学领域。联系可以自我净化，叛乱分子便利用这个流程，保证自己的联系以及关键的中心和节点等是活跃的、紧张的、灵活的，并在需要时让它们消失。为了更加全面地理解这个概念，我们借用科学中自我净化的概念，也就是细胞净化，被称为自噬（autophagy）：

> 一种净化流程：这种垃圾运输机制可以让细胞的细胞质（细胞核外的原生质）与衰老的蛋白质碎片及其他废弃物结合，然后被清理出去。这样就可以翻新细胞质，让任何细胞都能重获新生。[1]

这种自我净化虽然是非常规战争敌人掌握的一项优势，但也为手段高超的情报搜集人员提供了肥沃的土壤，因为净化可以带来新人，但新人隐匿自身活动的水平逊色于被其取代的老人。新人会在文化、物理和技术等方面犯错，而高级搜集人员却必须在正确的时间和地点开展观察，在这种错误出现时发现正确的观察指标，不论是白天或黑夜的任何时间，也不管天气条件究竟如何。高级分析人员将向高级搜集专家提供这方面的详细且具体的指导，以帮助完成这项复杂的任务。

非常规战争敌人还可以估算自己的行动、评估搜集的数据、开展思考和学习，以此迅速自我调整适应，从而提高自己的敏捷性。未来的敌人可以使用平面网络，并综合运用低技术通信手段和高技术通信手段，以此观察经验、形成推论并决定如何利用自己的观察结果、做出评估、开展学习、进行自我适应，然后再次做出尝试。这是一个令人钦佩的快速自我适应的周期，最终可以实现我们所说的敏捷性。未来敌人的网络是扁平的，具备协作能力，并能综合运用低技术媒介和高技术媒介，因此可以提供敏捷性。当然，这意味着高级分析人员和高级搜集人员必须预料到敌人敏捷

[1] Vojo Deretic and Daniel J. Klionsky, "How Cells Clean House," *Scientific American* (May 2008), 74.

性的状态及其“燃料”（即学习和共享），努力阻止、减缓或推动其进入一个不断增加的熵状态，以便使友军比我们未来敌人学习的速度更快，并变得更加敏捷。这的确是相当苛刻的要求，因为我们的情报和行动人员工作时的环境等级森严，当中充斥着情报“烟囱”[1]，但缺乏相关的、及时的、具体的数据、信息或知识输出；原本，这种数据、信息或知识输出，不论是战术小分队指挥官还是高级别的指挥官都应该是可以使用的。

三、保密和行动安全

叛乱分子、恐怖分子和其他敌人拥有出色的行动安全，而且可以深藏不露。他们的生存完全依赖于保密和行动安全。在许多有利于非常规战争的地方，人们一直生活在咄咄逼人的秘密警察的显微镜下。因此，他们会敏感地观察到或直觉地感受出哪怕是最轻微的变化，会谨言慎行，躲藏在文化噪声的范围之内，不越雷池半步。这些人中许多都在支持非常规战争敌人，或者实际上他们自己就是“全职”的叛乱分子或恐怖分子。这些叛乱分子给情报搜集专家带来了巨大的挑战，因为他们会使用文化噪声和充满文化色彩的欺骗活动来掩饰自己的活动。有作者在《军事评论》上发表文章，重申了这一观点，现摘录如下：

> 阿富汗和伊拉克的社会性质特殊，因此民众成为隐藏、伪装和欺骗方面的专家。忠诚只会留给家人、好友、同乡，以及同一氏族或部落的成员。[2]

他们如何将保密和行动安全的基本原则付诸实践？对于高级搜集人员来说，这是一个非常重要的问题，因为美国的一切情报搜集活动，即使只是在

[1] 美国情报界各情报科目的组织系统，传统上一直是烟囱（stovepipe）式的，基于单个项目或活动组建的垂直架构，主要特点是自成体系，不能共享资源或互访数据，有时也被称为“谷仓”或“井”。——译注

[2] Lester W. Grau, “Guerrillas, Terrorists, and Intelligence Analysis,” *Military Review* (July–August 2004), 44.

几公里高的空中，都必须考虑敌人的反监视、早期预警、欺骗和行动安全。

所有重要的敌人都使用反监视系统来提供相应手段，以拒止或迷惑针对己方重要地点、节点、人物和活动的监视。反监视手段可以是人员，可以是机器，也可以是二者的综合使用。反监视可以是高技术，可以是低技术，也可以是二者的综合使用。一切反监视计划或活动的重要特征都将包括以下几点：第一，观察人员始终不被发现；第二，早期预警速度极快，以便在反监视系统检测到美国的监视活动时，受其保护的人员、地点，或是条件设置活动之类的活动，就可以马上采取行动；第三，预料到美国的情报搜集系统将以怎样的方式，尝试实施自己试图拒止的监视；第四，综合运用低技术手段和高技术手段，以挫败、迷惑或拒止美国的搜集活动；第五，综合运用反监视和早期预警，以及精心演练且易于执行的欺骗活动和掩人耳目的活动。此外，聪明的反监视规划人员总会试图开展推演，以预测美国的地面和航空搜集将以怎样的方式，尝试监视敏感的目标或活动，然后利用商业市场有售的三维地理信息系统（3D/GIS）建模，设计出反监视计划，以此预测美国情报搜集规划人员可能计划针对哪些死角实施搜集，并加以拒止，因为美国认为敌人的反监视专家无法在死角里发现自己的搜集活动。

敌人的意图、活动和条件设置活动都会保密，公开时也会受到严格的行动安全的重重限制。出于这个原因，非常规战争敌人掌握的优势一直都比美国的搜集更胜一筹，因为他们可以选择在哪里行动，如何行动，以及如何融入所在城市的民众和活动当中。最重要的是，敌人会避免使用手机，也很少冒险离开自己的地盘。聪明的敌人非常清楚自己的联系、模式和趋势，知道异常分析和倾向分析对美国高级分析和高级搜集系统的重要性。敌人将仔细考虑美国情报分析人员和搜集人员将以怎样的方式，针对热辐射的来源、基础设施的使用情况、对食物和水等必需品的依赖情况，以及武器、资金和招募人员的来源等，开展思考和搜集。敌人会评估我们的思考方式、搜集方式，以及**我们是以怎样的方式，思考他思考我们的方式的**，并据此采取行动来保护自己，以及拒止、欺诈或转移我们的注意力，不再关注他的敏感压力点。因此，高级搜集人员必须预料并且认识到，敌人会尝试掩饰、隐藏和开展具有欺骗性的行动安全举措（即主动行动安全），以获得主动权；有了主动权，再加上运动和活动时的保密，最终便可获得机动自由。

四、网络

这个网络很难看到或被可视化，很难想象，很难寻找，很难找到，也很难对其施以影响。它具有（有形和无形）特征、功能、目的、连接彼此的联系、节点，以及各种各样的形状和形式。对于在各类非常规战争作战环境中规划和执行任务的任何叛乱组织来说，这是它们获取力量的方式。一般来说，叛乱网络具有以下几个特征：

1. 它很难消灭，但若被发现，可被瘫痪。
2. 任何网络都具有功能、有形和无形特征、形式、连接彼此的联系、节点、目的和依赖关系。
3. 大型城市环境下的网络活动，往往是西方人用眼睛和头脑所无法发现的，这是因为组成网络的人的自身特点，他们努力隐藏，并努力利用文化来获取明显优势。此外，这些敌人潜伏于其开展活动时所处的文化当中，事实上，他们往往就是来自这种文化的。
4. 由于少量非法活动发生在大量合法活动当中，非法活动可以得到掩盖。
5. 敌人对其网络的依赖是绝对的，因为不依赖网络，他们就无法成功开展行动。另外，还有一些更加重要的依赖对象，比如保密、安全、情报（反馈）、信息的运动、学习和自我适应的能力、民众支持、目的、意图、金钱，以及招募活动。
6. 网络的联系变化无常，有时是可见的，有时似乎是不可见的，但它们对网络的正常运转乃至生存都是至关重要的。
7. 所有叛乱网络都具有必要的功能，例如安全、情报、规划、后勤、运输等，以及有形和无形特征。

网络是难以描述的；它不能被压缩或处理成数学公式、程序评估和审查技术图表，因此无法帮助具有工程背景的人员理解它的特征、目的和行动。我们公认的一个情况是，敌人的网络对其行动的成败影响极大。此外，所有网络都有一些共性，支持叛乱的网络更是如此。我们简要讨论一下最重要的共性可能都有哪些。叛乱分子必须得到民众的支持，这样才能生存和发展。叛乱网络可以体现一种哲学：组织、学习、领导力、恢复力和保密性。敌人的网络是一种组织结构，目的是完成策略，以及达成目标和目的。敌人的网络依赖学习、自我适应、优质情报、动机、目的、资金、招募人员、保密、安全，以及数据、信息和知识的流动。此外，敌人的网络是稳健的，因为它在多个单元和联系遭到破坏时，仍然可以存活。

叛乱网络的链接包括：技术、社会/人际、组织、功能，以及思维和意图。这些联系是会经常出现和消失的连接。敌人的网络大部分在组织和功能上都是扁平的、去中心化的。但这并不意味着此种网络没有等级结构。真实的情况恰恰相反。在所有的网络中，都会有人领导其他人去完成目标或目的。在网络中，信息共享和移动的速度极快，这让人们能够迅速做出决策，反过来又能让人们迅速采取行动、评定结果、做出评估、开展学习，以及进行自我调整适应。网络可以迅速自我调整，适应不断变化的环境，并依靠宝贵的最新数据来发展壮大。敌人首脑有权独断专行，不必像西方国家那样，在传统的组织结构中逐层决策。这些敌人只需处理任务式的命令及其首脑的意图。

在美国高级搜集专家和高级分析人员的眼中，敌人的行动网络往往是不可见的。这些网络是敌人获得力量的主要方式。有位著名作家曾经著书解释称，网络的通信能力和恢复能力是极其强大的：

> 某个……网络的拓扑还能够适应不断变化的环境，解决执行普通计划时不可预见的障碍……行动中存在许多不确定性，以及许多不可预见的障碍……在信息处理器组成的网络中，这个网络可以有效处理大量信息，不会使任何单个处理器过载。小世界网络[1]的自组织式枢纽和节点组成的拓扑，或是团（clique）的密集式拓扑，都可以很好地实现这一功能。多个节点之间的水平通信是可能的，这让它们能够在本地解决自己的问题，不必将问题向上提交……小世界网络和小世界团具有灵活性和本地主动权，与等级

[1] 小世界网络（small-world network），介于规则网络（所有节点仅与最近节点相关）和随机网络（所有节点随机相关）之间。在这种网络中，大部分最近节点并不相关，但途经相邻节点，只需几步便可相关。——译注

制度的僵化形成鲜明对比；虽然等级制度不能很好地自我调整，难以适应模糊性，但在实施控制方面还是非常出色的。[1]

五、意志和动机

敌人既有牺牲的意愿，也有实现目标的动机——这就是关于“意志”（will）的概念。敌人的意志是一种独特的力量，它极其重要，甚至连美国高级分析人员和高级搜集人员都要开展深度思考，研究它究竟意味着什么，从而帮助指挥官决定采取何种方式，对抗这种孪生力量。高级分析人员和高级搜集人员还必须了解如何开展情报搜集，以发现和评估那些与意志相关的要素所能造成的后果。对于所有从事高级分析和高级搜集的人员来说，意志都是一个非常重要的研究课题。因此，我们必须思考这一概念，以便理解它的含义，并确定它对高级搜集的意义。

意志与动机（motive）高度相关。这两个术语彼此交织、密不可分，它们总是可以决定冲突的结果。意志和动机往往掌握在叛乱分子或恐怖分子手中，因为他们会发动战争，以消耗敌人、挑衅恐吓、拖延或争取时间，来打击东道国的意志，并挑战那些提供支持的国家，目的是让自己能够长时间地坚持这项“事业”，并不惜一切代价也要继续坚持下去。在非常规战争中，谁的意志和动机最强，谁就占据优势，但这种优势往往掌握在叛乱分子手中，因为他们不在乎花费多长时间，也不在乎一切物质或精神的代价，只求能够赢得胜利。西方国家处理意志问题往往为时已晚，在与其他国家的人民打交道时仍然对此感到困惑。请回想越南战争的情景。美国领导人并不理解北越人想要获胜的意志，也不理解他们宁愿忍受艰难困苦、哪怕坚持战斗一千年也要死守这份意志的坚定决心。他们打击了美国民众的战略意志，并令后者相信继续在越南参战的想法并不值得坚持，坚持只会让美国人的生命和财富遭受损失，也会令国内各大城市街头的法律和秩序荡然无存。越南人赢了。

---

[1] Marc Sageman, *Understanding Terror Networks* (Philadelphia: University of Pennsylvania Press, 2004), 165.

意志就是下定决心，忍受极端的困难和牺牲，以求达到目的或目标。号称拥有坚持到底的意志固然不错，但人们必须拥有相应的能力或潜力，这样才能做到意志想要做到的事情。动机也是一个具有相关性的有趣术语。动机是"导致人们以某种方式采取行动，去做某种事情的东西"。[1] 它与激励有关，也就是激发人们参与行动的东西；还与诱因有关，也就是"引导人们采取行动或做出行为的东西，但它不是内心的某种冲动"。[2] 在这场意志的较量中，个人诱因往往会屈从于群体或全体民众的意志。如果一方失去力量，意志也会随之而去。如果一方丧失意志，即不论力量如何，民众或政治领导人都不准备继续为赢得胜利做出必要的牺牲，这时他们必输无疑。奇怪的是，在非常规战争作战环境下，民众的意志时而高昂、时而低落，这是因为情绪会因激励而爆发，有诱因吸引人们接受激励，以及民众对人类生命的基石，即人们赖以生存之安全的感受发生了变化。高级分析人员和高级搜集专家必须考虑很多因素，这样才能处理意志问题。有些考虑因素更加重要，比如：

能力；
决心；
目的；
战争的三位一体[3]；
文化；
信仰；
自尊；
感知和思考；
优势与劣势；
动机强度；
坚持；
重心；
备选结果；
统觉；
自我；
压力点；
世界观；
目标的价值。

让我们稍费周章，探讨一下在未来冲突中，意志和动机是如何相互关联的，以及二者事实上又是如何相互依赖的。克劳塞维茨对意志进行了简短的讨论，这可以作为参考依据，帮助我们厘清思路。克劳塞维茨指出：

---

[1] Dictionary.com, http://dictionary.reference.com/browse/motive (accessed July 20, 2009).

[2] Dictionary.com, http://dictionary.reference.com/browse/motive (accessed July 26, 2009).

[3] 这个概念出克劳塞维茨，他将战争定义为暴力性、不确定性和政治从属性的结合体。——译注

> 要想打垮敌人，我们就必须根据敌人的抵抗力来决定应该使用多大的力量。敌人的抵抗力是两个不可分割的因数的乘积，这两个因数就是现有手段的多少和意志力的强弱……但是意志力的强弱却很难确定，只能根据战争动机的强弱作概略的估计。[1]

对于许多参与非常规战争的敌人来说，意志和动机就是他们手中掌握的优势。通常，意志和动机都是很难理解的，更遑论其对行动和活动产生的影响了，另外人们也很难判断这些行动和活动是否有效。通常，意志和动机藏身于许多无形因素当中，比如人们感知、解读和期望的方法，以及他们思考、规划和行事的方法。这些意志和动机的显现形式，往往都是以文化为导向，而且总是关于一个人思想和灵魂中发生的事情，但它们恰恰很难满足美国技术搜集系统的量化渴求。因此，非常规战争中的主官还会得到另外一种保护：其复杂的意志和动机就像护城河一样将其安全护于当中。敌人一定认为，在正确评估叛乱或非常规战争中的意志和动机强度方面，美国军方必须存在不足，遑论采取措施，搜集哪些事项能够打击意志和动机。

在现代的许多情况下，动机可能来自宗教。在反对波斯湾、中东和印度尼西亚政府而发动一场旷日持久的全球战争，以建立极端宗教统治这个问题上，“基地”组织的暴力激进主义者既有意志和能力，也有动机。他们中的许多人，头脑里充斥着宗教狂热和激进主义信条，愿意放弃最重要的东西，即用自己的生命来推动他们的事业。但宗教并不是助长这种意志的唯一原因。其他强大的意识形态也可以助长这种意志，推动这项“事业”的发展，比如民族主义、仇外心理、权力，以及自我扩张。意志和动机是高级分析和高级搜集当前的明确目标，因为不论从历史上看，还是考虑到当今时代的迫切要求（面临制约因素、必须取胜的压力，以及随后要求降低风险和减少不确定性的请求），它们对取得胜利都是极其重要的。当务之急也是非常明确的：“高级分析—高级搜集团

---

[1] Carl von Clausewitz, *On War* (Princeton, NJ: Princeton University Press, 1976), 77.（译文引自：克劳塞维茨著、军事科学院译，《战争论》[商务印书馆，1978 年第 1 版]，第 27 页。——译注）

队”必须学会如何开展工作，对抗我们未来敌人的意志和动机。但任务不止于此。这个团队还必须借助民众、中立方、商业公司和东道国政府，理解促成意愿和动机的因素都有哪些，并且把它们一一找出。这是一项极难完成的工作。因此，也是我们面临的挑战的本质。

六、主动权的重要性

不幸的是，敌人往往掌握着主动权，这才是非常规战争的本质。毛泽东本人就是一名优秀的游击队员，日本于二战期间侵占中国，他便撰文讨论抗日游击战争中主动权的重要性。毛泽东写道：

> 游击战争的主动性是什么呢？一切战争的敌我双方，都力争在战场、战地、战区以至整个战争中的主动权，这种主动权即是军队的自由权。军队失掉了主动权，被逼处于被动地位，这个军队就不自由，就有被消灭或被打败的危险。[1]

如果敌人能够自由地运动和攻击，就会掌握极大的优势，因为他可以让我方友军和联军对其做出反应。他将努力让决策周期保持领先地位，让友军做出响应而不是被动反应，另外还能迫使对手做出响应。因此，高级搜集必须成为“发现者”和“汇集者”，搜集关于五种观察指标的数据，另外还必须开发出搜集组合方案并加以使用。这是一种预期分析（anticipatory analysis），可以推动高级搜集针对五种观察指标中的一种、两种或全部五种，开展情报搜集活动。高级搜集是至关重要的，比如说，它可以发现敌人发动攻击前设置条件的活动。高级搜集可以提供最佳搜集混合，以便在正确的时间、正确的地点，在正确的活动中，搜集正确的观察指标。敌人必然已经掌握了主动权，而高级搜集是能从其手中夺走主动权的重要力量。

---

[1] Mao Tse-tung, *On Guerrilla Warfare*, trans. Samuel B. Griffith II (Urbana: University of Illinois Press, 1961), 98.（译文引自：毛泽东著，《毛泽东选集》[人民出版社，1991 年第 2 版]，第 410 页。——译注）

七、人力情报搜集

任何非常规战争敌人都有一项巨大的优势，那就是搜集情报的能力。究其根本，敌人其实就是复杂适应系统。他会与其他复杂适应系统彼此联合，形成群体。如前所述，复杂适应系统就是人或组织，它会与其他复杂适应系统竞争或合作，以完成目标和目的，并寻求反馈，以此开展学习，并自我调整适应。复杂适应系统需要依赖情报搜集，将其作为自己的主要机制，开展评定、搜集数据、评估所搜集的数据、开展学习，以及自我调整适应。如果没有这些复杂活动，复杂适应系统组成的群体就会衰弱并死亡。在非常规战争这种想定情景中，复杂适应系统组成的群体将在这个过程的大部分时间里，依赖民众提供的人力搜集。敌人的人力情报搜集往往是低级的，即依靠出租车司机、小贩、妇女、妓女、垃圾车司机、监视人员、线人，以及运送和安装传感设备的人员。人力情报搜集是一切非常规战争敌人开展行动时的一项基本手段。戴维·基尔卡伦证实了阿富汗叛乱分子喜好并擅长情报搜集，他写道：

> 叛乱分子的优势在于，他们在侦察和情报搜集方面表现出高超的技巧，让当地村民和秘密干部进行近距离目标侦察，还会登上群山顶峰，或是在（阿富汗境内的）山林之间昼夜活动，进行远距离观察。[1]

非常规战争敌人的情报搜集有一项巨大的优势，那就是搜集多样化。也就是说，各种各样的人员、功能和地点提供了种种数据碎片，然后情报人员及其上级使用计算机（如果有计算机的话）和自己的头脑将这些碎片融合成数据，再将这些数据综合成知识。这并不是一种新的优势。二战期间，毛泽东在领导游击队对抗侵华日军时，也认为这是一项非常关键的功能。毛泽东的情报思想可在其关于抗日游击战争的相关论述中得到体现，具体如下：

> 情报是计划游击作战的决定性因素。敌人在哪里？实力有多

---

[1] Kilcullen, *The Accidental Guerilla*, 56.

强？打算做什么？装备、补给、士气又如何？他们的领导者是聪明果敢、想象力丰富，还是愚钝不堪、心浮气躁？……游击队的情报网组织严密，无处不在……必须把每个人都当作特工，无一例外——老人和妇女、赶牛车的男孩、牧羊的女孩、农场工人、店主、学校教师、牧师、船夫、拾荒者。当地干部应要求所有人提供各种能够想象得到的情报。他们也确实提供了。[1]

无怪乎情报成为非常规战争敌人掌握的一项利器。搜集情报的主要力量并不是价值百万美元的机器和复杂流程，而是来自各行各业的人员，这里贡献一点儿信息，那里贡献一点儿数据，这些努力单看起来似乎无关紧要，但如果这些输入聚合在一起，不但极具启迪性，而且可以很好地支持敌人在行动区开展的计划，也就是在正确的地方发动正确的攻击或进攻行动，以获得正确的战果。保罗·斯坦顿少校是美国陆军的一线退役军人，他就敌人人力情报搜集的效果做出如下阐释：

叛乱分子持续监视我方士兵的活动。如果没有反制对策，他们就可以轻易确定我方士兵何时巡逻，何时不巡逻。[2]

这段话摘自 2006 年他在《军事评论》上发表的文章，表明叛乱分子开展人力情报搜集的能力相当强大，以及我方绝对有必要反制这种能力；另外，高级搜集专家在规划如何针对观察指标开展情报搜集时，也绝对有必要全面考虑敌人的这种能力。

那么，敌人的情报搜集要想取得成功，需要哪些根本性的增强因素？可能存在以下几种。第一，非常规战争敌人的网络中有许多人员执行此功能。个人如果被捕，几乎什么都不知道，因为敌人首脑除了让他们找出特定问题的特定答案之外，什么也没告诉他们——没有告诉他们原因或理由。第二，敌人让其情报搜集人员融入正常的民众活动当中。

---

[1] Mao, *On Guerilla Warfare*, 22–23.（此处译文为译者观点。——译注）

[2] Paul T. Stanton, “Unit Immersion in Mosul, Establishing Stability in Transition,” *Military Review* (July–August 2006), 69.

第三，敌人知道自己要打击的是什么，也知道自己在为哪个目标设置条件。因此，美军和联军很难预料这个敌人将于何时何地，以何种方式发动袭击，以及必须设置什么条件才能发动这项袭击。第四，敌人可以掌握多样性。他可以从多个方向来研究这个问题，而他的搜集策略是搜集互不相关的数据，然后将其重构，并综合成能够用以达成使命的知识，从而创造并选定与其目标和目的具有相关性的结果。第五，敌人思维敏捷，行动也很敏捷。如果他手下某个情报搜集人员出问题，他还有大把人手可以替代，又或者再派遣一个当地人员，继续实施被捕人员未完成的任务。第六，敌人会隐藏或遮掩情报搜集活动。他可以使用欺骗和转移视线等手段，将人们的注意力从预定目标身上引开。第七，我们并没有使用一种持续且深思熟虑的方式，思考、阻碍或操纵非常规战争敌人的情报搜集活动。我们还没有弄清楚这个敌人的情报搜集实力，也几乎没有专门的搜集资产（包括人力情报）可以用来挫败其情报搜集。毋庸置疑，高级搜集呼吁纠正属于敌人的增强因素，并呼吁在此过程中，消灭敌人手中的情报搜集力量，让它在未来无法继续使用。

八、民众的支持

可以肯定，如果没有叛乱分子所嵌入的民众提供支持，或至少是被动同谋，他们是无法生存的。一些民众会主动支持这个网络，而另一些只会间歇提供支持，但动力通常是金钱而非意识形态。劳伦斯在《智慧七柱》中告诉我们：

> 在我看来，这似乎证明了在我们面对的叛乱里，存在一个坚不可摧的基础……民众对其态度友好，一百人中大约有两个会主动参与，其他人则是默默同情，不会出卖这些少数人的运动。这些主动的反叛者具有保密和自控的优点，而其补给能力在速度、持久性和独立性等方面也有优势。[1]

[1] T. E. Lawrence, *Seven Pillars of Wisdom* (New York: Anchor Books, 1991), 192.

没有民众的支持，非常规战争敌人是无法生存的。为什么民众会支持叛乱分子而非政府？原因有很多，可以是害怕叛乱分子或恐怖分子的报复或勒索，可以是仇外心理，可以是与一切外人战斗的意愿（基尔卡伦在其著作《意外的游击战》中对此进行了探讨），可以是政治动机或宗教思想，也可以是仅仅需要工作和工资。在民众当中，有些人（我们通常称他们是“左右逢源”之人）会让高级搜集人员面临的挑战更加棘手，因为他们在一天当中的很多活动都是完全合法的，只在其他时间进行（对美国和政府而言）非法的活动。这些民众会为非常规战争敌人提供安全屋、炸弹工厂、藏身处所和给养。这些民众会在敌人的网络中执行许多功能，其中某些还是关键功能。

在利用民众运行自己的网络时，这个非常规战争敌人发现自己处于进退两难的困境。一方面，他必须保持保密状态和行动安全，所以他必须使用“熔断机制”[1]，不能冒险向网络中的人员透露太多情况；他必须保持彼此之间是绝缘的，以避免网络遭到渗透，避免暴露敌人的活动甚或他的联系和节点。另一方面，他也必须向民众下达指令，要求他们完成不同的任务，发挥不同的作用，以便提供成功运行网络所需要的各个具体事项，比如情报搜集、运输、信使、后勤、医疗支持等。因此，叛乱分子经常会向美国情报搜集系统提供用来掩人耳目的人员，目的是转移注意力或制造噪声。这种“艺术”形式只有手段高超的叛乱分子才能做到。戴维·加吕拉是来自法国的反叛乱专家，他在强调这个观点时表示：“其实，叛乱分子最为青睐的伎俩，就是误导反叛乱人员，好让他们逮捕那些反对叛乱的人员。”[2] 顺着这个思路继续深入，我们发现叛乱分子还会提供上当受骗者或实际上是用来掩人耳目的人员，以此愚弄美国高级搜集人员。因此，友方情报搜集专家必须针对叛乱分子想要欺骗美国情报搜集活动的机制和意图，保持警惕，做好计划，密切观察。

事实上，民众正是这种网络的命脉。在支持敌人网络的民众里，大家都在隐秘行事，因为没有人想被抓住。尽管如此，在支持敌人网络的民众里，有人这样做是因为受到了某种奖励措施的激励。

---

[1] 熔断机制（cutout），字面意思是保险丝，即中间联络人。此类人员居于上线与特工之间，但知情有限，即使被捕也无法泄密，作用正如电路里可以熔断的保险丝。——译注

[2] David Galula, *Counterinsurgency Warfare* (Westport, CT: Praeger Security International, 1964), 87.

通常，叛乱分子或恐怖分子就是民众的一员，在美军开展行动的特定作战环境的喧嚣中，他们的言谈举止与其他人并无二致。这些支持该种网络的人员各不相同，或是擅长行动安全，或是精于人力情报技能。然而，再厉害的人也会犯错。这些错误会让看似不可见的东西变得可见。但当犯下错误时，这些错误的性质通常都是文化、技术，或是个人和行为上的，而且大多是迅速发生的。对于心怀抱负的情报搜集专家来说，这方面的知识可以提供一些指导，让自己可以进一步了解应当如何对高级搜集开展思考。由于正在审查的错误的性质较为特殊，美国情报部门将很难预料、主动搜索和注意这些错误，或是即使注意到，也很难理解它们。因此，我们必须借助高级分析的拥趸所提供的支持，开发并使用文化、态势、功能、生物特征和技术等观察指标。接下来，我们将继续讨论这种观察活动的其他方面。

九、低技术和高技术

敌人有能力使用自己从公开商业市场购买的非常高科技的设备。精密的通信和计算技术在市场有售，能以极低的价格提供给所有人。例如高性能笔记本计算机、云计算、推特、脸谱网、YouTube、聊天室、电子邮件、卫星电话、红外线报警器、夜视设备，以及高度复杂的可视化和数据库程序——这些程序可以帮助敌人手下理解复杂情况、开展训练或实施协调，以及进行信息行动和心理行动。敌人也有可能选择走向绝对相反的极端，那些害怕被发现和消灭的人更是如此。也就是说，他们可能会选择不使用技术，或是选择使用非常古老的技术，这种技术虽然在速度或计算能力等方面存在缺陷，但也确实具有优势，那就是可以妨碍美国情报搜集人员的工作。因为对于人员来说，他们接受的是当今高级技术的训练，所以这种技术已经显得过时或不可想象，而对于机器来说，程序员为其编程的基础是今天和明天的思维和知识，并非昨天的东西，所以机器也无法理解这种技术。敌人也有能力使用高技术和低技术的组合来进行通信、指挥和控制（比如可用于遥控简易爆炸装置的车库开门器）、预警、后勤、筹资、招募、培训、学习和调整计划。这种方法对情报搜集人员及其合作伙伴，也就是高级分析人员来说是一种危险的欺骗，因为在许多情况下，美国情报搜集系统无法对低技术的通信或计算设备进行搜集。另外，如果人们接受的培训是如何针对尖端技术开展情报搜集，那他们往往会在面对某些目标人员时束手无策，或者至少不知所措，因为后者并不会去做前者期望的事情，而是会在进行规划、执行计划和评估结果时，使用不太先进但更安全的技术。

十、非常规作战人员的弱点

非常规战争敌人并不是没有劣势和弱点。高级搜集专家必须了解这些弱点，知道如何成功地对其进行情报搜集。我们的敌人并不完美。他们也是人，是人就会犯错。此外，作战环境的实体部分，以及克劳塞维茨极力介绍的那种无所不在的阻力，能够影响哪怕是经验最丰富的非常规战争敌人的活动，并导致大量错误浮出水面。这是因为如果身处必须迅速采取行动的态势当中，又突然面临意外情况，那么任何人都有可能犯错：

> 在战争中一切都很简单，但是就连最简单的事情也是困难的。这些困难积累起来就产生阻力，没有经历过战争的人对这种阻力是不会有正确的概念的……在战争中，由于受到预先考虑不到的无数细小情况的影响，一切都进行得不理想，以致原定的目标远远不能达到。只有钢铁般的坚强意志才能克服这些阻力，粉碎各种障碍，当然机器也就受到很大的损伤。[1]

高级搜集必须预测敌人对阻力的预期，并观察与阻力相关的错误，这样高级分析人员才能迅速利用由此搜集到的数据。在这些错误中，有些是阻力引起的，有些与阻力无关，因此它们对高级分析人员和高级搜集专家来说是极其重要的。

我们来更进一步，深入研究非常规战争敌人的一些具体弱点。在狂

[1] Clausewitz, *On War*, 119–20.（译文引自：克劳塞维茨著、军事科学院译，《战争论》[商务印书馆，1978 年第 1 版]，第 95—96 页。——译注）

热者和激进主义者身上，存在一个最不易察觉但也最为重要的天然弱点，那就是他们感知、解读、思考和期望结果的方法。我们在前文讨论过，社会、文化、统觉、自尊（心），以及最终的信仰和关系等，都有助于使非常规战争敌人成为现在的样子，帮助他以自己的方式进行感知和思考。通常，狂热者和激进主义者都是心存傲慢的，但这种傲慢非常容易被人利用。首先我必须保证的是，我们不会提供任何支持或反对宗教的声明。相反，我们是在尝试为这种关于狂热和激进主义（二者总是同时出现）的论断提供一种解释。所有激进主义者都相信自己信奉真神和宗教的道路是唯一并且正确的道路。我们在非常规战争中面对的这些激进主义者，比任何人都更加坚信这一点。毕竟，如果有人可以与真神对话，知道真神是站在自己一边的，那他自己怎么可能是错的呢？如果你知道的就是真相，怎么可能还会有其他道路呢？我们的许多非常规战争敌人都会说“真神保佑”，寥寥数语，凸显的却是他们极度傲慢，以及只会依赖真神，听天由命。世间万物并不是非黑即白，非对即错，非好即坏，但这样的道理他们完全不能理解。这种极化思维方式并不是世界运转的方式，因为我们是复杂适应系统，彼此间的互动几乎总是被模糊性所掩盖，而且与结果相关的可能原因会有很多，有些是我们想听到的，有些却与我们的信仰和思维体系相悖。我们必须研究这些信念，因为它们可以针对敌人如何感知、思考、计划、行动、获得反馈和自我调整适应等情况，发挥深刻并且深远的影响。如果真理并不存在，或是不断变化，或在旁观者眼中只是谎言，那么因为知晓真理而产生的信仰，再加上傲慢态度，反而会令敌人容易被人预判，无法防范先发制人（我们将在稍后加以讨论）、易被欺骗，以及容易患上所谓的“奥兹曼迪亚斯综合征”：

> 这里的含义很简单，也很容易理解：我们不能被傲慢所驱使，相信自己掌握了其实并未掌握的优势，或是相信自己总是洞悉真相。这种傲慢会使我们的思想受到我称之为“奥兹曼迪亚斯综合征”的东西的影响。珀西·比希·雪莱（Percy Bysshe Shelley）在其史诗《奥兹曼迪亚斯》（*Ozymandias*）中，描绘了这样一座巨大的雕像，它最初的神情极度傲慢，过去也曾极其宏

> 伟，但如今已然损毁，半埋在遥远的沙漠之中。在这场关于欺骗的伟大游戏[1]中，人们不能任由狂妄自大玷污自己的思想，让自己的头脑成为智慧荒原上的一片废墟。[2]

相信自己知晓真理，以及毫不在意自己的狂热心态，这两种思绪似乎可以通力协作，让人产生无法防备的盲点。也就是说，他们会观察情况，也试图思考，但却会败给拙劣的思维和逻辑错误，并没有意识到自己已经犯错；因为他们无法理解的是，如果自己知晓真理，并有能力正确解释自己事业背后存在的真神和宗教，自己怎么可能会犯错误。对于高级分析人员和高级搜集人员来说，必须了解狂热者和激进主义者的这个无法防御的盲点，必须关注行为、活动、互动和交易等当中出现的异常。如果我们学会在正确的时间、正确的地点，针对正确的观察对象，使用正确的搜集组合来实施观察，就一定会发现异常。此外，如果狂热者听到的东西刚好印证他们关于真神、真理或宗教的认识，他们往往就会马上得出结论（这就是过度简化的逻辑错误）。他们也需要殚精竭虑，才能理解这其中的纷繁芜杂，然而正是这些纷繁芜杂构成了指向结果的众多原因。在这方面，他们往往会过度简化态势，抓住一个可以导致结果的简单原因，因为这样才符合他们过度概括且过度简化的世界观，并最终巩固他们的刻板印象。高级分析人员和高级搜集人员在设计和执行高级搜集行动时，必须考虑到这些错误。

我们继续讨论心理弱点——敌人会在进行**批判性思考**时犯错。毫无疑问，敌人将不得不在进行思考和规划时做出假定。因此，他的假定可能是错误的。但如果敌人能与我们有些许相似之处，就会拥有特定机制去追踪自己的假定，并验证这些假定的有效性。因此，高级搜集人员必须从敌人的角度出发，研究他的假定，弄懂这些假定可以引导他开展什么思考，采取哪些行动。作为高级搜集人员的合作伙伴，高级分析人员也将在这项重要工作上提供帮助。敌人有时也会在听到或看到媒体提供的信息之后，

[1] 伟大游戏（great game）就是间谍活动。——译注

[2] Wayne Michael Hall, *Stray Voltage: War in the Information Age* (Annapolis, MD: Naval Institute Press, 2003), 127.

犯下**过度概括**的错误，进而得出刻板印象，这当然会对其判断产生有害影响。此外，敌人还会轻易犯下**“后此谬误”**这种逻辑错误。它是“一种逻辑谬误，认为时间序列意味着因果关系”。[1]这种谬误可以发生在高级分析和高级搜集的时间和地点等参数上。非常规战争敌人也很可能犯下**错误因果关系**的过错，这将导致他在思考某些事情、行动或事件发生的原因，以及思考某些结果与其原因之间的关系时，在推理流程中出错。此外，他有时会使用**过时的数据、信息和知识**，因此会因数据污染或延迟而出错。敌人也可能犯下**镜像思维**这种认知错误。也就是说，他会把自己的价值观，以及感知和思考的方式强加在我们身上，从而引发有可能彻底错误的风险。这些思维方式以及潜在的认知和逻辑错误，对我们的高级搜集人员来说尤其重要，因为他们正在开展高级搜集推演，以求智胜敌人，并发现敌人隐匿活动的尝试。

有趣的是，敌人融入民众的方式，以及依赖民众支持自己网络的方式，这二者既是优势，也是劣势。我们在前文已经讨论过，这是一项优势，因为许多叛乱分子来自当地民众：叛乱的节点和联系位于所关注文化的特定周边邻里，其给养和栖息地点来自民众内部，任何网络赖以生存所必需的许多功能也都来自当地民众。因此，我们必须得出这样的结论：民众是一种绝对的优势。

但另一方面，敌人依赖民众提供所有这些支持，正是美军可以且必须利用的一项明显劣势。因为依赖当地民众，所以民众开始使用技术，以支持敌人的网络，履行自己的职能，但这一点也可以被高级搜集和主动出击型美国指挥官所利用。即使敌人拥有最佳的行动安全，他也需要依赖民众来支持自己的网络，然而这些民众却不一定总是能够熟练地实现高度的行动安全。此外，敌人必须使用安全屋、炸弹工厂、藏匿地点、后勤存储区和资金节点。因此，敌人及其支持者将会消耗能量，这么做不但是为了能够开展行动，也是为了生存需要。他们会造成热辐射、消耗电力、使用电信、使用水并生成污水、生成垃圾、使用备用发电机、使用汽车和卡车，以及使用工具等，这些都会消耗能源，并从垃圾堆中释放可以暴露实情的

[1] WordNet 3.0, Dictionary.com, http://dictionary.reference.com/browse/ post hoc ergo propter hoc (accessed July 20, 2009).

信号，比如热量、红外线辐射、气味、声音、电子和烟雾等。如果高级搜集人员知道在哪里搜索，并掌握了正确的观察指标，就可以发现不同于正常能量消费的偏差，从而为寻找和发现敌人的节点、联系、活动以及提供支持的民众的这项任务需求，做出非常巨大的贡献。因此，敌人与民众关系密切，敌人需要依赖民众，以便完成其网络运转的许多重要方面，但这些因素使得他无力防范美国高级搜集人员的情报搜集行动。

顺着这个思路继续深入讨论，我们发现并非所有民众都能熟练运用人力情报技巧和行动安全。因此，他们将不断地犯下文化、技术和功能等方面的错误，并被美国高级搜集定位。在这种情况下，如果高级分析人员通过预期分析，预料到这些错误将会发生，并向高级搜集人员提供分析结果，即具体的观察指标，以及必要的时间和位置指向，那么高级搜集就会发挥良好的效用。此外，如果美国的指挥官们有了适当的策略和主动出击的态度，并妥善运用资源，就可以将敌人从民众中解聚出来；如果没有民众，敌人就无法正常运转，甚至无法生存。基尔卡伦在《意外的游击战》一书中阐释了关于解聚（disaggregation）的观点，为我们提供了一个极好的思路。他将阿富汗的一个道路建设项目描述为“一种实施政治手腕的工具，目的是在当地民众、当地游击队和该地区的塔利班核心领导层之间制造分裂”。[1] 戴维·加吕拉强调了解聚的重要性，他指出：

> 控制的目的是切断或至少极大削弱民众与游击队之间的接触联系。这要通过监视民众的活动来实现。不久之后，反叛乱人员就可以熟悉民众，认识每一个居民，这时就可以轻易发现异常行为。如果将被占领村庄分割为若干小块，每块派遣一队士兵，只让他们在这块区域执勤，这样就可以加快了解居民的进程。[2]

在所有反叛乱行动中，分隔民众与叛乱分子一事都必须是重中之重。在针对这项弱点时，高级搜集可以发挥重要作用，因为指挥官会实施多项

[1] Kilcullen, *The Accidental Guerilla*, 41.

[2] Galula, *Counterinsurgency Warfare*, 82–83.

行动来分隔民众与叛乱分子，并且必须不断评估行动成效，而高级搜集活动可以提供数据，以此生成开展这项评估所需的信息和知识。

为了壮大声势，非常规战争敌人需要采取进攻行动，并且会为这些行动绑定政治目标或目的。历史告诉我们，此类行动范围较广，大至伏击、狙击、复杂袭击、简易爆炸装置袭击和车载简易爆炸装置袭击，小到自杀式炸弹袭击者、绑架和暗杀。与之相关的事态发展还有非常规战争敌人开展基尔卡伦所说的“武装宣传”[1]：恐吓、勒索，以及不断争夺信息优势（即敌人试图利用媒体、现代通信和计算机设备，对外传递消息）。敌人还在当地和世界各地发动复杂的计算机网络攻击。他会通过推特、MySpace、博客、聊天室和普通电子邮件，使用社交网络这种手段来招募新人、培训人员、制订计划、协调活动、转移资金、购买商品和实施欺骗。非常规战争敌人必须要能发动攻击，这样才有存在的意义。

任何非常规战争敌人实施的进攻性举措和行动，都会包括致命行动和非致命行动，前者的例子有自杀式炸弹袭击者和简易爆炸装置，后者包括武装宣传、借助媒体发动信息行动，以及通过互联网开展招募等。敌人的进攻行动必须组织有序、彼此同步，这样才能在正确的时间和地点执行。所有这些活动都需要规划、训练、演练和移动，另外还有**设置条件**这个最重要的准备活动。有趣的是，他所做的一切行为都必须包含设置条件的活动，这样才能提高己方成功的概率。其主动进攻的活动和设置条件的措施将在多个领域，即陆、海、空、天、信息和网络空间实施。他必须实施这些活动，否则他将变得无关紧要。但同样重要的是，由于一切都是相互关联的，我们可以研究各个领域、众多活动和不同层面冲突中的联系和关系，以此搜索并发现连通性。在宏观意义上，这些连通性可以为高级分析人员和高级搜集专家提供机会之窗，使指挥官有机会抓住主动权。

当然，如果敌人发动混合战争，这时友军的弱点将变得更加不利，因为在混合战争中，敌人会尝试综合运用常规行动、恐怖主义活动、叛乱、信息行动和犯罪活动等来实现某个目标或目的，从而获取优势。弗兰克·霍夫曼（Frank G. Hoffman）于2009年在《联合部队季刊》

---

[1] Kilcullen, *The Accidental Guerilla*, 59.

（*Joint Forces Quarterly*）发表文章，将这种战争称为“混合战争”（hybrid warfare）。在这种战争中，敌人是黎巴嫩真主党之类的组织。2006 年，在黎巴嫩南部地区，真主党与一支非常强大的以色列常规部队交战，其间综合运用高技术能力、信息行动，以及恐怖主义、叛乱、幽深且坚固目标、地对地导弹、反装甲导弹、无人机、巡航导弹等，取得了不俗的战绩。此类策略给高级分析人员和高级搜集人员带来巨大的挑战，因为这将在知识和思维，以及针对各种目标和背景开展情报搜集等方面提出挑战。美国联合部队司令部前司令詹姆斯·马蒂斯将军在 2009 年的一次演讲中，探讨过这个话题：

> 确实，我们必须能够与混合战争中的敌人作战，这可能会与第二次黎巴嫩战争有几分相似；我们正在深入研究那场战争，知道当时高技术巡航导弹可以打击军舰，藏身于民的敌人可以引爆简易爆炸装置，他们使用了网络战，开展了出色的信息作战行动，还学会了如何影响国际媒体——只要是我们听说过的，就一样也不会少。[1]

关键在于，虽然有人将混合战争视作敌人掌握的优势，但我将其视为敌人潜在的弱点。如果我们对付的敌人只是叛乱分子或恐怖分子，那么对这个敌人展开思考，找出这个敌人，以及评估行动结果等问题就要困难许多；相比之下，如果这个敌人大量采取各种活动，以求实现自己的目标，此时前面那个问题就要简单多了。要想发动混合战争，就需要实施多种活动，有些是常规行动，而另一些在本质上其实是恐怖主义活动、叛乱活动和犯罪活动。所有这些活动都需要设置条件。如果敌人冒险开展常规行动，那他就一头扎进了美国情报系统非常熟悉的领域。虽然我们不擅长对付那些以恐怖主义、叛乱和网络战争作为策略以求实现目标的人，但这些行动本身极其复杂，敌人需要付出相当大的努力，才能让这种行动在正确的时间和地点发生，并发动攻击，以创造正确的结果。这样就会导致敌人在规划、决策、执行、管理和控制所有这些不同活动（有些活动需要的指

---

[1] James Mattis, “Joint Warfare in the 21st Century,” Foreign Policy Institute Speech, March 2009.

挥和控制不但复杂，而且存在权限等级，比如导弹发射）时，暴露出这方面能力中的真正弱点。当然，这意味着在混合战争中，高级搜集人员必须异常敏捷，必须开展深度思考，必须能够力求以最优方式综合运用多种传感器，并让这些传感器同步工作，以满足指挥官的严苛至极的那些标准：**及时性**、**特定性**、**准确性**、**相关性**和**清晰性**。

非常规战争敌人是不可见的，这让他具备显著优势。如果我们看不到这个敌人，看不到他的网络、节点、联系、设置条件的活动、功能性活动和生存活动，他就拥有了**机动自由**，当然也就掌握了主动权，可以决定发动致命或非致命战斗的条件、位置和地点。但关于我们所认为的这种不可见性，敌人也可能在思维和行为上存在弱点。如果美国高级分析人员和高级搜集专家能够揭开文化、技术和功能的幕布，也就是敌人认为能让自己不可见的那些东西，那么他的优势可能就会变成弱点。揭开用以掩盖敌人网络和活动的幕布，我们就能看到联系、互动、交易和行事，但这绝非易事。我们所说的是在棘手背景下开展工作，比如在大城市、遮天蔽日的丛林、洞穴、隧道、巨大的地下掩体，以及实施指挥和控制的建筑群内等。它们的性质特殊，因此综合运用上述各项能力都很难对其进行了解和理解。

我们谈论的这种态势还与另一个复杂的问题纠缠在一起。解决这个问题，一个要求是需要了解敌人的网络，因为他要利用这些网络来规划和执行行动，以及生存、招募、培训、提供医疗保健，并为今后任务做好准备。如果继续深入思考，就会发现解决这个问题还需要了解文化，了解人们之间和各组织之间的关系。该问题还有另外一个要求，就是需要理解文化和敌人是如何思考和使用技术的。最后，这个问题还涉及预测敌人如何感知和思考作战环境、民众、美国，以及敌人自己。如果他傲慢自大，自以为知晓真理，很容易被发现、消灭或操纵。

不论是在所有的作战环境下，还是在执行战术组合的所有方面时，敌人都必须行动、移动和行事，因此他必然会生成模式和趋势。模式和趋势让高级分析人员可以轻易识破敌人，因为他们会开展模式、趋势、异常、联系和群体等分析，以此制定观察指标。有了非常详细的观察指标，高级搜集就可以搜集模式和趋势，以及由此产生的因果关系，也就可以有力地帮助揭开敌人的保密和嵌入等幕布；正是这层幕布，让敌人相信自己是不可见的。

在本书关于敌人弱点的讨论中，最后必须讨论的是敌人的依赖关系。我们思考的目标之一，就是必须从敌人的视角出发，去发现他的优势，并将其转化为劣势。同样的思路也适用于依赖关系。如果他依赖民众支持，我们就必须切断他与民众的联系。如果他依赖情报，我们必须反制他搜集数据的手段，并针对他将数据重构为信息、评估信息、将信息构建为知识等的方法，以对我们有利的方式施加影响。因此，在我们通过深度思考，认清他的弱点之后，我们就必须解构这些弱点。解构的结果就是使用高级分析的 14 个认知要素，生成 5 种观察指标。只有结合其他观察指标时，某个观察指标才是最有效的；我们很少看到观察指标可以单独起作用。高级搜集人员与高级分析人员合作，开发出情报搜集资产的最佳混合和组合方案，以便能够以协同方式开展工作，从而根据观察指标所示，寻找和发现敌人的依赖关系。当然，一旦搜集发现敌人弱点，并且在分析人员将搜集数据重构为信息，再将信息综合为知识之后，指挥官就可以决定如何利用这些弱点了。在非常规战争敌人身上存在一些更加明显的依赖关系，即依赖以下几项要素。

（一）动机

许多非常规战争敌人都依赖某个动机，这样才能开展自己的活动。动机是一项优势，这是克劳塞维茨关于意志的最重要观点之一。如果动机消失或萎缩，非常规战争敌人就会相应变弱。随着意志不断削弱，愿意牺牲的程度及开展行动的能力也会随之萎缩。因此，高级搜集人员必须帮助高级分析人员找出非常规敌人开展行动的动机，并就如何利用这种依赖关系提供建议。

（二）保密

非常规敌人依赖保密。其保密手段包括使用自己信任的人员、利用熔断手段、不向网络支持者透露非必要信息、昼伏夜出、保持严格的行动安全标准、保持反监视和早期预警，及以分布式方式通过网络来调动人员。这样，他就可以掌握主动权，在他认为可以最大程度保密的时间和地点，调动手下，开展活动。敌人必须保证良好的行动安全，以此保持良好的保密性。因此，美国情报力量必须在这一子集上开展搜集，即我们必须以敌人的行动安全为目标开展情报搜集，必须将其削弱。

关于非常规战争敌人在实现行动安全中的机制、流程、程序、模式和执行规则等事项，以前是否有人开展过情报搜集，是在什么时候？我不知道这个问题的答案，但它应该激起所有高级分析人员和高级搜集专家的重视。我知道，如果有人从小在秘密环境中成长，他天生就会保密，又因生存需要必须保密，因此非常善于隐藏，那么在追捕此人的时候，我们必须使用后门或间接方法来追踪这种依赖（保密的）关系。显然，高级情报分析人员和高级搜集人员必须思考、了解并且理解是什么为敌人提供了保密手段，借助情报分析和搜集找出这些手段，并建议指挥官采取行动来利用这种依赖关系。

（三）民众支持

我们已经讨论了民众，也讨论了民众对非常规战争敌人的重要性。显然，民众支持是一切叛乱的优势。但叛乱分子对民众的依赖也是一个劣势。优势和劣势能否来自同一个群体？答案是肯定的，这是因为对立物之间古老的互动关系，赫拉克利特（Heraclitus，公元前535—前475）将其称为“对立统一”（unity of opposites）。很简单，敌人需要民众，这样才能生存和履行自己的“职责”。如果民众支持敌人，为其提供隐藏手段、治疗和补给，那么民众就是提供优势的强大来源。敌人必须不断得到民众的支持，不断利用民众，让他们执行这个网络的功能。

如此说来，我们能够做些什么呢？正是在民众为敌人所履行的这些职能当中，我们可以发现劣势。高明的情报人员和指挥官可以利用敌人对民众的这种依赖关系。笔者将其称为**使用间接方法搜集叛乱分子网络**。也就是说，许多普通民众或是知道敌人就在周边邻里，知道他正在开展活动，但却保持被动放任的立场（骑墙派），或是以主动参与的方式支持他的网络。骑墙派的这些行为，虽然很不起眼，却足以表明存在偏离正常邻里基线的情况（用高级分析人员的话说，就是异常）。主动出击式的高级搜集行动必须找到能够标示这些行为的观察指标，因为如果我们的情报搜集人员知道需要寻找什么，以及在何时何地去寻找，那么即使只是提供给敌人的被动支持，也足以暴露他的行踪。此外，我们在前文已经指出，主动支持敌人的民众是会犯下错误的，不论是文化、技术还是功能等方面的错误。高级搜集行动可以监视特定的地点或位置，以搜索并发现这些错误。错误就是某种结果，而结果必有原因，另外还有连接因果的联系。所有这些关于敌人及其与民众关系的特点，都是可以利用的劣势。

（四）庇护所

敌人依赖庇护所。这些庇护所可以是现实的，也可以位于网络空间。如果敌人毫发无损，他就可以得到人员、金钱、发动战争所需物资和信息。如果庇护所毫发无损，它就是强大的资产，事实上更是实力的来源。劳伦斯强调必须拥有庇护所，他写道："在我看来，事实证明我们面对的叛军拥有一个坚不可摧的基地，不但可以保护他们不受攻击，而且可以让他们不必害怕攻击。"[1] 因此，友军指挥官必须消除敌人庇护所的安全性和功能性。他的做法是让手下的"高级分析—高级搜集"团队找出这个庇护所，确定它的具体位置，弄清一直出入边境的都是什么以及一直流入冲突所在国的又是什么，然后确定出手的最佳时机，以便能在敌人从庇护所转移人员、资金和补给时，让他损失最大。最后，还要了解允许这种庇护所及其诸多活动存在的境内境外关系。

（五）情报

敌人必须掌握优质情报，这样才能发动攻击，并保持政治和军事等方面的主动权。我们需要再次援引劳伦斯的观点，因为他在《智慧七柱》中告诉我们：

> 此类规则的必然结果就是完美"情报"，这样我们就能在确定无误中制订计划。首席特工必须是统帅本人；他的理解必须是毫无错误的，概率在此毫无用武之地。如果士气建立在知识的基础上，那它就会被无知所摧垮。当我们对敌人了如指掌时，才能不再如坐针毡。在搜集新闻时，我们必须比所有普通职员付出更多的努力。[2]

事实上，如果没有出色的情报系统，叛乱分子就不必奢望能够存在。他的系统不会像我们的那样复杂，但也不必如此复杂。在混合战争

[1] Lawrence, *Seven Pillars*, 196.

[2] Lawrence, *Seven Pillars*, 194.

中，敌人无疑将会拥有各种情报搜集能力，包括人力情报搜集的低级线人、人力情报的高级来源、一部分无人机、一部分通信情报，以及一部分顶空情报（通常来自卫星供应商）。敌人将在网络空间搜集数据，并将使用不涉密的开源数据、信息和知识等，来规划和执行自己的行动。敌人还将非常擅长预测美国情报搜集，擅长利用这种能力来支持自己的欺骗计划，以欺骗美国情报搜集，让他们的目光远离真正的重心，以及擅长反制美国情报搜集，并且确实予以实现，具体做法是在美国尝试通过地面、航空、人力、网络和开源等情报手段，以获得特定数据、信息和知识时，对其实施反监视措施。如前所述，高级搜集人员必须针对敌人设置的条件和他的网络，以及主动或被动支持敌人的民众开展情报搜集。我们现在需要在这个清单上增加一条，那就是必须针对敌人的情报搜集活动开展搜集，以便能够“打开机会之窗”，从而蒙蔽敌人的双眼，操纵敌人的思维。

（六）欺骗

如前所述，敌人是一个不对称的对手。也就是说，他在人数、武器、指挥和控制、空中力量、海上力量等方面都远远逊色于美国常规部队。因此，他必须选择在哪里战斗（通常是城市），以什么方式战斗（通常使用混合战争、恐怖主义、叛乱和犯罪行为等战术），以及使用什么武器战斗（信息行动、小型武器、火箭弹、大规模杀伤性武器），以此抵消上述提及的美方优势。敌人是不对称的对手，因此必须智胜我们，必须以更快的速度做出更好的决策，这样才能生存。敌人在认知层面开展此类尝试时，最喜欢使用的策略就是欺骗。关于欺骗，不对称战争敌人似乎读过伟大军事理论家孙子的著作，因为他留给我们一段关于欺骗的精彩格言：

> 兵者，诡道也。故能而示之不能，用而示之不用，近而示之远，远而示之近。利而诱之，乱而取之……微乎微乎，至于无形；神乎神乎，至于无声，故能为敌之司命……[1]

[1] Sun Tzu, *The Art of War*, trans. and ed. Samuel B. Griffith (London: Oxford University Press), 66, 97.（译文引自：孙武，《孙子兵法》[上海古籍出版社，2006 年第 1 版]，“计篇”第 7 页，“虚实篇”第 60 页。——译注）

这些深刻的思想为我们提供了理论起点，让我们可以由此出发，去追踪敌人的这项优势，亦即欺骗。欺骗极其复杂，可以让人不知所措——这正是敌人使用它的理由，而且几乎没有人或机器可以对欺骗进行深度思考，预测和观察欺骗，并将计就计。但这也正是我们对“高级分析—高级搜集”团队的期望。他们必须仔细思考敌人尝试欺骗的方式，将自己的推测结果解构成发动欺骗的可能性，再把它们放在自己正在处理的问题集这个背景下分析，开发出观察指标，并据此开展情报搜集。如果能够发现敌人的欺骗措施，就可以为指挥官提供另一种先发制人的方法，进而从敌人手中夺取主动权。

我们关于敌人的这些讨论有何意义？如果说在城市作战环境中，主动权正在坐等那些主动出击并且勇敢果断的一方前来夺取，这时需要怎么做才能与敌人交战？高级搜集人员怎样才能抵消敌人的优势，并利用敌人的弱点和依赖关系为我们服务呢？读者必须明白，**高级搜集人员可以抵消敌人可能拥有的任何优势，无论这个敌人有多厉害，也不论作战环境有多棘手**。正是通过对情报分析和搜集进行高级和深度的思考，我们才能学会预测敌人和民众的行动，开发具有特定性的观察指标，理解我们所对付目标的文化和基础设施（通常是指目标所在的城市或其地盘上的文化和基础设施），并设计搜集方案，以求快速明了地根据必要观察指标搜集数据。

现在，读者已经准备就绪，可以进入本书第二部分，深入了解更多关于高级搜集的细节。我们将在下一章指出非常规战争充满了意外变化，并对此详加讨论，另外也会指出并讨论在未来百年内美国将会参与的冲突中，在针对敌人开展高级搜集行动时，这种意外变化的特性所能造成的影响。

第二部分

作战行动与高级搜集

[第3章]

非常规战争的意外变化及影响

本章篇幅极短，探讨主题是非常规战争的意外变化，另外也探讨了一些重要的主题，因为我们需要在各个章节之间建立关联，并且在这些章节中的各个观点之间建立关联，以此展开并建立逻辑；在此过程中，便需要这些重要主题将想法和观点关联起来。本章还给出一些提示，可以帮助读者理解后面章节中出现的观点。本书并不涉密，因此不会介绍哪些标准或流程可以用来评估情报搜集。我们并不了解情报搜集人员是如何评价自己如今的工作成绩的，因此只能根据给定的当前态势提出假设，也就是假设应当如何对此展开讨论，以及假设可能如何对此予以驳斥。我们提供的是关于评估的概念，因为我们相信这是评判成功与否的标准。读者可以发现，要想实现这项主张，必须满足以下两方面的要求：指挥和控制成功的判定标准，以及决策成功的判定标准。

我们很难在非常规战争中开展情报搜集，在城市作战环境中更是如此。这个现象在第一章已作讨论。敌方、友方、民众、东道国政府、警察和安全部队、跨国公司、非政府组织，以及其他势力鱼龙混杂，使得情报分析和搜集面临严峻挑战。这种复杂性正是撰写本书的原因之一。此外，我们当今和未来的敌人都很强大，而且适应能力极强，但只要拥有缜密的思维、主动出击式的分析和搜集，以及有效的决策，我们就可以在当前和未来将其击败。

我们在前言中已经指出，情报系统必须经历重大变革，才有能力支持非常规战争行动。我们不能带着骄傲自满的心态，去完成情报分析和情报搜集在支持非常规战争中的作用、使命、规划和具体执行。读者在阅读第1章和第2章时，应该已经开始沿着这条思路，初步形成了自己的结论。这并不是普通的作战环境，它只会变得更加复杂。这也不是普通的敌人，他只会在学习、调整适应和改变中变得更加强大。然而，有些情况是我们在第1章没有涉猎的，比如非常规战争中己方指挥官及其支持力量必须处理的敌对活动范围，以及非常规战争环境中做出决策的独特之处，及该种环境中存在的机会。正是这一系列潜在威胁，造成了情监侦行动在支持非常规战争时要面对的复杂境况。

我们将稍费周章，探讨一下非常规战争威胁的范围。反叛乱就是一种非常规战争。它并非新生事物——多年来许多政府一直都在打击叛乱分子。一些叛乱旷日持久，造成严重的损失。我们（美国）曾在一次非常规战争——20世纪60年代的越南战争中遭遇失败。在过去若干年，美国军方和政府已经学到很多东西，了解了开展反叛乱行动的正确方法和错误方法——基本上都是在“重挫于伊拉克”这所学校里学到的。如今，美国又在阿富汗卷入了一场类型完全不同的战争，但这仍然是非常规战争。关于非常规战争有这样一点，那就是我们必须承认有些国家有能力开发大规模杀伤性武器及其运载技术，还擅长欺骗、伪装、掩护和隐藏，当然也善于在地下和花岗岩山体中建造幽深且坚固目标，所以这种复杂境况将变得越发复杂。他们拥有多款威力巨大的机动导弹，射程可以覆盖整个周边区域。关于非常规战争还有一点，那就是己方指挥官和士兵必须打击毒枭。坚持打击毒品生产，坚持打击外国毒品入境美国，这当然是国家安全问题，但无止境的消费、贪婪、巨额资金、高技术，以及强大、适应性强、极具创造力的敌人等因素，也能起到推波助澜的作用。在非常规战争中，还存在其他类型的犯罪分子。美军、叛乱分子、恐怖分子和贩毒分子相遇并交战后会留下遍地疮痍，这时能够在此境地活下来的也只有犯罪分子。他们或是成群结伙，或是单打独斗，具体情况取决于他们只是求财，还是想要扩张势力。这些犯罪分子都很可怕，但他们的动机只是贪婪和利益，而叛乱分子和恐怖分子的动机往往是意识形态和理想。

第2章在援引马蒂斯将军时提到混合战争中的部队，既有高技术的，也有低技术的，这些部队将深藏地下，并将在一段极长的时间内进行艰苦卓绝的备战。而那些发动混合战争的人，将会借助自己的武器储备，使用简易爆炸装置、车载简易爆炸装置乃至暗杀等种种手段，另外也使用火箭弹、导弹乃至地雷、机枪和坦克等。通常来说，他们的优势在于熟悉地形，以及准备时间较长等，就像以色列部队于2006年夏在黎巴嫩南部时那样。在非常规战争参战人员面对的种种活动当中，海盗问题是最后一个讨论焦点，因为海盗之祸已经有所抬头，理由是海盗也会给非常规战争中的情报分析人员、情报搜集人员和指挥官带来挑战。潜在活动的范围、动机的范围、激励的范围、意志（愿意牺牲以求实现目标和能力的意愿），以及数百个地点，数百个可能的互动、交易、行动和行为，凡此种种，让非常规战争成为一个令人无计可施的艰难挑战。

在大型城市作战环境中，存在一种逻辑轨迹，所有高级搜集人员都必须理解这种轨迹，这样才不会被它的凶猛暴烈、持续混乱、（一目了然但各不相同的）连通性和必然性所挫败。也就是说，在所有大型城市作战环境中，存在一个底层事实，它可以影响其他一切，尤其是情报搜集专家和指挥官的思考，因为他们都需要宝贵的知识才能做出决策。它来自作战环境的复杂性，威胁的性质，以及必要的影响力——有了这种影响力，我们才能迎击敌人、夺得和守住主动权，并彻底击败这个敌人——不仅是在他自己的头脑中将其击败，还要在他所依赖的民众的头脑中将其击败。

需要指出的是，存在这样一个事实，即**城市总是在不停地运动和变化**。我们已经讨论了复杂适应系统是如何在这种流动性中发挥作用的。居住在城市里的芸芸众生都在做着自己的决策，也在执行这些决策——每个人都在影响整个群体。基础设施每时每刻都在变化。在这种瞬息万变的背景下，任务也会发生变化，有时变化速度极快。任务迅速发生变化，于是决策流程也随之发生变化，也就是重新规划、重新决策，以及重新执行（有形的和无形的）行动；而且必须不断重新开展评估。决策发生变化之后，支持决策的知识需求也随之发生变化，即要求降低风险，减少不确定性。人们迫切需要具有可行动性的准确知识，这给情监侦系统带来了压力，主要是给负责提供“具有可行动性”知识的高级情报分析人员和高级搜集专家带来了压力。他们所做的一切，最终须能够帮助决策者做出比敌人更快更好的决策。

罗素·格伦博士提供了一些思考，可以帮助解释这个逻辑：

> 城市空间中的密度极高，这直接导致了时间上的密度也以相近倍数放大。基础设施、人员和活动越来越多，但其栖身的空间却越来越小，这意味着态势将以更快的速度发生变化。会有更多的事件在特定时间内发生。军事主官必须要在单位时间内做出更多的决策。其结果是，用以做出决策的时间极大减少。计划和备选行动方案的寿命也会变得更短。[1]

作战环境的这些特点增加了对可用知识的需求。对知识的需求主要集中在对优质早期分析的需求上，因为这样才能开发观察指标，从而推动高级搜集。因此，情报搜集必须是多方面的、敏捷的、兼具传统和非传统的，在某些情况下还必须是精确的。

在非常规战争作战环境中，决策流程将会困难重重。决策周期极其苛刻，因为美国要求指挥官做出快速有效的决策，但作战环境的特点较为特殊，因此很难避免发生重大错误。指挥官面临的问题是，会有混乱不堪的数据以狂轰滥炸之势输入他们的大脑和机器当中。他们将面对一系列不断变化、令人眼花缭乱的事实。这些指挥官开展思考时，将会受制于自己思维和行为所受的诸多约束和限制。他们需要不断地与各项假定的有效性做斗争。假定总是与我们如影随形，因为在非常规战争环境中，存在大量的未知因素，而且敌人也在以自我适应的方式开展学习。但指挥官需要学会提出如下要求：情报系统应当针对与敌人相关的观察指标，或与作战环境相关的假定开展情报搜集。数据流入之后，便可确认充当规划和决策基础的假定是有效或是无效的，这样一来，指挥官通常就可以避免做出无效或错误的假定。但这方面我们做得不算太好，结果就是情报分析人员、情报搜集专家，以及指挥官和行动人员在开展思考和规划时，所依据假定的

[1] Russell W. Glenn, *Heavy Matter: Urban Operations' Density of Challenges* (Santa Monica, CA: RAND, 2000), 5.

错误概率与正确概率往往是不相伯仲的。指挥官还需要认识到自己有可能犯下认知错误，需要鼓励手下参谋和红队[1]在自己犯下此类错误的时候，帮助自己认识和改变自己的心理流程。他们必须知识渊博，了解大量的批判性思维元素，才能认识到联盟、东道国和中立方何时会犯认知错误；然而，这些错误深深植根于指挥官所要面对的民众文化当中，并因此受到该种文化的影响。因此，还需要本土民众和主题专家提供帮助，好让指挥官能够发现并找出与自己合作的人员因受文化影响而犯下的认知错误，这样他就能克服这些错误，做出正确决策。

在非常规战争中，决策并非只是关于杀戮和破坏的，还涉及军事力量在对敌作战中的历史作用和历史使命。在非常规战争中，民众需要获得安全、稳定和身为人类的尊严，还需要有能力抚养子女、接受教育和获得信仰自由，这些需求才是最重要的。民众会受自己文化的制约，因为文化决定了他们如何看待世界，如何感知，如何思考，如何解读数据、信息和知识，期望是什么，如何看待技术，以及如何看待外来者的干涉。文化影响了他们对安全的看法和期望。文化还影响他们如何看待关键社会资产，即清洁水、医院、医药、教育、排污系统、预期寿命等存在或缺失的情况。非常规战争敌人正是将自己嵌入文化当中，并借助能够适应文化的网络来实施敌对活动。民众会支持敌人的这个网络，也会在提供支持的过程中，经常性地犯下社会、文化和技术等错误。这些错误可以帮助高级搜集人员搜寻网络的节点、联系和功能。因此，指挥官必须做得更好，而不是只去简单考虑民众，或只是知道民众的存在。

民众是冲突中最重要的重心——得民心者得天下。因此，指挥官必须非常了解文化，并理解它的复杂性和个中关系。他必须影响生活在文化中的人们，因此必须利用文化来获取优势，但这对于我们的指挥官和参谋来说将是巨大的挑战，因为他们来自完全不同的文化。因此，高级搜集专家的大部分工作是规划背景、设置条件，以及制定传感器的混合和组合方案，利用人力情报、非传统搜集工具、开源情报和网络搜集，以帮助指挥

[1] 红队（red team），是在测试网络安全时负责模拟攻击者的团队，这里泛指虚构的对抗敌方。——译注

官做出评估，观察他的说服、沟通、哄骗、安抚民众和政府，以及向其做出解释等工作是否得当。此类无形评估必须成为未来非常规战争行动中，所有高级搜集行动的一项重要内容。

不幸的是，在非常规战争环境中，关于知识，存在一项严重的副作用，那就是**衰减**。具体解释如下。一直以来，共有三种知识可以发挥作用：现有知识、增值知识和新知识。**现有知识**几乎不能让非常规战争指挥官感到满意。因此，他们必须寻找其他知识，或是能够**令现有知识增值**的主题专家。而这需要耗费时间。知识专家或拥有正确经验的人们可以令知识增值，因为现有知识已经衰减失效了。衰减的原因是作战环境的意外变化、基础设施发生的变化、复杂适应系统在与其他复杂适应系统竞争或互动时产生的自我调整等。有时，我们不可能再令现有知识增值；因此，指挥官需要**新知识**。而问题是，构建新知识是需要时间的，有时它要多于我们手头的可用时间。在城市非常规战争行动中，指挥官必须了解这三种知识的具体情况，它们与知识衰减的关系，增值和构建新知识所需的时间，以及这种延迟将以怎样的方式，导致敌人夺取主动权。

让事情变得复杂的是，人们在使用数据的同时，必须对它持怀疑的态度；这些数据将会变成信息，并最终变成知识，而且因为它将有助于管理风险，减少未知因素，所以将是非常重要的。也就是说，数据用户必须迅速检查数据的延迟性、真实性（是否为真）、不可否认性（数据是可以归因的）和纯度（服务质量），并且必须知道哪些处理器已经过载，哪些数据因为看似无害，就被搁置在处理现场，因此未被查看。如果指挥官仅凭数据便做出决策，那么他们面临的风险和不确定性会很高——在任何情况下，对任何指挥官来说，这都不是让人羡慕的处境。数据、信息和知识，它们与风险和不确定性的关系造成了决策者面临的两难困境。面对这种困境，非常规战争环境中的所有指挥官都须进入最佳决策状态，也就是说，其下属为其提供的数据、信息或知识，足以匹配他们的决策风格或舒适区，让他们可以处理风险和不确定性。如果在形成知识的流程中耗时过长，就会导致彻底瘫痪，并将决策优势拱手让人；但如果时间太短，也许只能根据数据做出决策，从而使风险和不确定性达到自己不愿看到的水平。

在任何非常规战争中，冲突各方的指挥官和领导者都在谋求主动权，希望能够找到并掌握在自己手中。主动权就是在整个行动当中，设定或规定行动条件（美国陆军《战地手册 3.0》）。主动权是一种积极的力量；掌握主动权后，我们只需花最小的力气，就能迫使敌人或竞争对手做出反应。反应是一种消极的能量消耗，因为这时我们无法控制局面，往往无法以更快、更有效的决策周期与敌人对抗。在做出反应时，我们必须消耗极大的能量，才能勉强跟上对方的脚步，甚或消耗更多的能量，以求从对方手中夺取主动权。所以，这是一场无休止的争夺主动权的斗争。主动权也很重要，因为它打开了通往其他六种观察指标（节奏、动力、决策、知识、网络和现实中的位置，以及机动自由）的大门。这与我们前文讨论的毛泽东关于主动权的观点略有不同。毛泽东告诉我们说，主动权极其重要，**领导者必须设置条件，以求夺取主动权**：

> 所以主动权是从正确的情况估计（敌我双方的情况）和正确的军事政治处置产生的。不合客观情况的悲观的估计和随之而来的消极的处置，无疑地将丧失主动权，把自己抛入被动地位。但是同样，不合客观情况的过于乐观的估计和随之而来的冒险（不需要的那种冒险）的处置，也将丧失主动权，而最后归入悲观者一路。主动权不是任何天才家所固有的，只是聪明的领导者从虚心研究和正确地估计客观情况，正确地处置军事政治行动所产生的东西。[1]

非常规战争指挥官必须不断地在所有领域寻求主动权。例如，他必须制订信息行动应急计划，以应对任务顺利或不利等不同情况。指挥官必须要求手下高级分析和高级搜集人员对分析和搜集等进行推演，以此争取主动权。在此类推演当中，他们会研究敌人的问题集，以及敌人为了发动对其而言最为重要的攻击，而必须实施的条件设置活动，然后解

---

[1] Mao Tse-tung, *On Guerrilla Warfare*, trans. Samuel B. Griffith II (Urbana: University of Illinois Press, 1961), 100–101.（译文引自：毛泽东著，《毛泽东选集》[人民出版社，1991 年第 2 版]，第 412 页。——译注）

构这些步骤（使之成为需求），开发出五种观察指标，最后开展情报搜集。数据开始输入，再被重构和综合，此后指挥官便有机会先发制人、欺骗敌人、迫使敌人重新同步，又或者消灭敌人。这种先发制人的能力也是一种方法，可以让人谋求主动权、运用资产拿到主动权，以及掌握主动权。

沿着这个思路继续探讨。高级分析和高级搜集让非常规战争指挥官有机会开展预知，以夺取主动权。预知的含义是什么？它是“关于未来事件或态势的知识”。[1] 在预知中，高级分析人员和搜集人员将就敌人、民众和非政府组织的活动开展想象，其中最重要的内容便会成为问题集。例如，如果问题集是关于攻击基础设施的，那么结果可能就是炸毁一座在经济或政治上具有重要意义的桥梁。有因才有果。当然，原因在与结果产生关联时，其关联纽带是一种联系、两种联系……或全部五种联系合而为一。有趣的是，我们想象的这些原因，正是敌人设置条件活动中的诸项要素。构成原因的人和组织，就是聚合成群体的复杂适应系统。复杂适应系统总是在寻找目标和目的。复杂适应系统总是在与其他复杂适应系统竞争或合作。复杂适应系统总是在情报搜集中寻找反馈，并对反馈数据进行评估。如果反馈数据是有价值的，复杂适应系统就会将数据重构为信息，再将信息综合为知识。模型可以驱动这些复杂适应系统的功能，当然，规则（文化、社会习俗、模因、信仰、价值观等规则）可以影响模型的运行方法。规则还可以影响复杂适应系统解决问题的方法，影响其进行推理的方法，以及使用理性方法（从敌人视角来看是理性的）进行思考的具体方法。在我们所说的这些活动真正发生之前，它们都只发生在我们情报人员和指挥官睿智头脑里的想象和预测当中。

这个观点在我们的研究当中极其重要，但却极其复杂，所以请允许我从另一个思维视角加以解释。我所追加的这个解释可以进一步提供关于聚合群体的见解，因为这些群体正是导致结果出现的原因，并提供了结果存在的理由。在第 1 章讨论复杂非线性环境时，我们提到复杂适应系统是

---

[1] Dictionary.com unabridged (v, 1.1), http://dictionary.reference.com/ browse/precognition (accessed July 22, 2009).

极其重要的，也提到它们是如何碰撞、联合、颠覆和倾轧的。我们还介绍了聚合。在聚合流程中，复杂适应系统（最小的人类复杂适应系统是个人，最小的群体是二元体）开始聚集，是因为“胶水”开始将它们黏合在一起。如果被点燃，“助推器”会让处于群体状态的复杂适应系统向前运行。在非常规战争环境中，经常会出现让变量变得敏感的条件，而敏感变量可以形成“点火剂”并点燃“助推器”。了解这一流程之后，下一步就是指挥官意识到自己必须进行推演，从而假设这些群体可能生成的行动、结果或后果。他们还应当意识到可能存在二阶和三阶效应，意识到某些情况下可能存在蝴蝶效应[1]的影响。通常，蝴蝶效应、二阶和三阶效应会导致突然性；思想和行动有时也会瘫痪，严重影响决策。在高级分析中，情报分析人员可以将这些可能的（假设的）态势视为范例或问题集，并开始寻找它们成为可能的原因。接下来，分析人员会在收到要求分析这些群体的“胶水”“助推器”“点火剂”的需求之后，解构这些需求，并很可能会在主题专家的帮助下，认真思考由此得出的观察指标，了解在相应条件导致变量变得敏感，进而成为“点火剂”并点燃“助推器”之后，群体便开始形成、点燃和运行。在他们正确认识了群体的“胶水”“助推器”“点火剂”和提供火花的敏感变量等事项以后，他们就能知道哪些原因可以导致这些理论上的结果或后果，并着手将当时已经成为情报需求的东西（假设、期望、预感或疑惑），解构成一个、两个……或是所有类型观察指标的组合，然后与高级搜集专家合作，在这些预计应当出现的群体正在形成之际，观察、监视并找出这些群体，以及相应的原因。

指挥官就像是罗马双面神雅努斯[2]，伫立于战场之上，同时注视现在与未来。他是观察者，有机会影响被观察者，有机会改变环境以影响被观察的对象，并有机会操纵、扼杀、推动或延缓那些与可能结果相关的新

[1] 蝴蝶效应（butterfly effect），是指一股极其微小的自然力，有可能在一段时间内不断累积，最终产生相当大的影响。这种说法出现的时间是1980—1985年，之所以这样命名，是因为有人说蝴蝶一旦扇动翅膀，就有可能产生气流，最终发展成为巨大的风暴，详见http://dictionary.reference.com/browse/butterfly+effect (accessed June 19, 2010)。

[2] 雅努斯（Janus），是罗马神话中的保护神，掌管开始与终结。传说雅努斯有两副面孔，一前一后，可以分别注视过去和未来。——译注

生原因。这是多么强大的手段啊！他能获得主动权，能影响结果，又或者至少能抢在不可避免的情况发生之前，或是刚刚问世之际，做好迎接它的准备。

关于非常规战争，有这样一条标语："欢迎来到这个世界，这里因果关系不但复杂至极，而且能够呼风唤雨"。在其他任何形式的斗争中，人们都再难找出明显的、看似不同甚至不可见的因果关系的严重性、复杂性，以及它们对结果的影响。这些因素极其重要，可以左右非常规战争中行动成功与否，因此指挥官及其参谋必须了解因果关系，并在他们动用脑力、体力和机器开展工作时，真正地将理论付诸实践，从而让自己能够预测并理解未来结果的未来原因，理解已经发生的后果或结果所归于的原因。我们在前文讨论预知时，已经讨论了指挥官如何利用因果关系，预测和操纵未来可能发生的事情。现在我们需要暂停一下，先来讨论下面两个问题：第一，因果关系为什么如此重要；第二，我们如何把前文已经讨论过的关于因果关系、主动权和预知的理论，真正付诸实践。

在讨论开始之前，先来回顾一下克劳塞维茨的观点，以帮助我们澄清因果关系的概念，帮助我们将理论转化为实践。克劳塞维茨严肃地思考了因果关系。在其开山之作《战争论》中，他用一段极其明确的文字，探讨了因果关系：

> 人们探讨的原因离开事件越远，人们需要同时考虑的其他原因就越多，并且还要辨别这些原因对事件可能产生多大的影响。如果找到一次会战失败的原因，那么当然也就找到了这次失败的会战影响整个战争结局的原因。[1]

从这个观点中我们能推断出什么呢？推论之一，就是我们认识到多个复杂的原因可以直接对结果造成影响，也会直接与结果产生联系。如果作战环境是非线性的、复杂的，那就很难厘清这些联系，但如果人们知道

[1] Carl von Clausewitz, *On War* (Princeton, NJ: Princeton University Press, 1976), 159.（译文引自：克劳塞维茨著、军事科学院译，《战争论》[商务印书馆，1978 年第 1 版]，第 149 页。——译注）

"如何思考"，那就极有可能厘清。推论之二，就是在能够产生复杂结果的复杂态势中，结果是有许多原因的，而且所有原因都很复杂，所以说要想为可能的结果寻找可能的原因，以人们的智慧来说很难做到。另外还有一个相关的观点，就是很少能有高级分析人员和高级搜集人员预测出所有结果的所有原因，并对此开展分析和搜集。作战环境太过复杂，阻力遍地，因此我们无法假定自己知晓绝对真理，或知晓所有结果的所有原因。尽管如此，情报分析人员和搜集人员可以根据文化、态势、敌人和背景等对结果的影响，思考并预测可能结果的某些最重要原因。由此看来，应对这一挑战的最佳方法，就是使用计算机和软件与人类思维开展合作，因为在这场旷日持久的智慧战争里，在这个特定的领域中，计算机很可能是高级分析人员和高级搜集人员的重要盟友。推论之三，就是我们可以思考并研究尚未发生的结果的原因，以预测未来事件，还可以运用智慧，沿着理论原因跟踪至已经发生的结果或后果，以帮助我们理解在特定的态势或结果中，哪些预测是正确的，哪些预测是错误的。推论之四，就是如果我们能够预见某个结果，并考虑到哪些可能的原因会造成这个结果，而且如果"高级分析—高级搜集"团队能够将这些理论原因解构成观察指标，那么高级搜集人员就可以准确地寻找并发现机会，进而提供给指挥官，使之有可能抢在理论原因变为现实之前，先发制人地处置这个原因，或将其改变，以求**提前确定结果**，或至少以积极的方式去改变结果。这个流程是必然发生的，我们可以将其称为**"原因变形"**（cause metamorphosis）。当我们在所有类型的非常规战争态势中，以及针对假设结果开展高级搜集时，原因变形就是一个极其重要的目标。在理解了这个思维流程之后，高级搜集专家必须设计出情报搜集人员的最佳混合或最佳组合方案，以找到能够观察、跟踪并影响原因变形的那些观察指标——不论是事前预判，还是事后检讨，都应如此。

刚刚我们共同探讨的问题，就是如何将克劳塞维茨的精辟理论，运用到今天和明天的世界里，以及如何运用高级分析和高级搜集，开发出一种全新的工作方法，**使指挥官能够在结果发生之前或发生当时，对导致结果的原因进行干预**。不管结果及其原因之间的关联多么难以察觉，都要对二者进行思考，这种做法在高级分析、高级搜集，以及指挥和控制中都是非常重要的。为了支持这个观点，我们在此引述一位著名经济学家言简意赅的陈述："重大结果的原因往往关联较远，甚至几不可察。"[1] 这也是一个非常切实可行的方法，让我们可以在高级分析和高级搜集中运用正确思维，以此夺取有形和无形的主动权。

我们来进一步探讨因果关系这个复杂的问题，再次回头查看克劳塞维茨的理论，并与他一起讨论因果关系：

> 但是，象（像）世界上其他活动一样，在战争中组成整体的一切都是彼此联系着的，因此每一个原因，即使是很小的原因，它的结果也会对整个行动的结局发生影响，都会使最后的结果有所改变，尽管改变得很小。同样，每一个手段也必然会影响到最终的目的。[2]

这段话非常重要，可以帮助我们识别并操纵模式和趋势，因为它们实际上就是**结果**或**后果**，或是一个更大结果的**子结果**或**子后果**。例如，每个引人关注趋势都是由模式构成的。每个趋势都包含了有意义的部分，即已经发生的事情，以及由某个事物引发的事情。这就是因果之间的联系。于是问题就变成了：我可以确定我所认为的趋势中存在因果关系，并将其找出吗？如果能，我可以推出当前的因果关系吗？我可以预测未来的因果关系，从而帮助我理解正在研究的趋势吗？这个趋势的强度和可见度是会继续增加，还是衰减？增加或衰减的原因又是什么？

每个因果关系或是简单，或是复杂，而且程度各有不同。在一座城市的反叛乱或非常规战争中，大多数发生的事件、行动、互动、交易和行为，都没有简单的非对即错或非黑即白式的因果关系——这个观点可以追溯到我们在前文关于敌人及其狭隘激进主义信仰的讨论，即真理是可以知晓的，而且他们知晓真理。相反，睿智的情报分析人员和搜集人员组成的团队必须深度思考，必须使用最佳搜集组合或混合来寻找原因（已经发生

[1] Steven D. Levitt and Stephen J. Dubner, *Freakonomics* (New York: HarperCollins, 2005), 11.

[2] Clausewitz, *On War*, 158.（译文引自：克劳塞维茨著、军事科学院译，《战争论》[商务印书馆，1978 年第 1 版]，第 148 页。——译注）

的原因或潜在的原因），并继续对大量的因果关系进行推演，因为这些因果可能与所研究的模式或趋势相关。但这段文字提醒我们，应当谨记因果关系的复杂性，及以不可见方式与结果产生联系的隐藏原因，并认识到存在休眠结果，它将一直等待唤醒，之后可以对美国的指挥官和政府工作人员施加影响。

考虑到因果关系的相关性，睿智的指挥官会告诫手下“高级分析—高级搜集”团队，要求他们必须思考模式和趋势，以及相关的因果关系（它们是构成模式或趋势的已发生事件），但也要做到以下几点：第一，考虑结果和原因会发生在哪种环境当中；第二，理解克劳塞维茨的“阻力”对结果及其原因的影响；第三，了解作战环境的条件和影响；第四，承认模式和趋势存在衰减，造成它们的原因也是如此；第五，认识到需要搜集资产组合，以寻找连接因与果的蛛丝马迹；第六，针对新形成的趋势及其原因，寻找它们不断消亡和诞生的情况，以及它们的影响，即使在趋势转化为意识和影响之际，已有观察者观察其诞生情况并记录趋势的特征，也应如此。

对于在非常规战争作战环境下开展行动的指挥官来说，这种关于因果关系的讨论意味着什么？这意味着在高级分析的指导和指挥下，高级搜集必须搜索、找出并为指挥官或行动人员提供思维方法，以主动操纵那些看起来极具影响力的条件，从而让已被确定的原因得以发展巩固，最终与新生成的结果或后果产生联系。对于在非常规战争环境下开展行动的指挥官及其参谋来说，必须掌握这种能力，以便影响结果，即寻找、改变和保住主动权。这种处置因果关系的能力远比某个具体的情报问题更加重要，因此我们才会在此提请读者加以重视。这其实是一种决策与指挥和控制的能力，是当今身处险境的指挥官所必需的能力。它是将情报分析和搜集用作武器系统，而并非将其视作一种分销商品。

从本章所述的简短讨论出发，我们可以得到许多初步推论，其中最重要的包括：

★ **必须将非常规战争中的情监侦视作武器系统。**情报搜集生成的数据、信息和知识，以及随后进行的人类思维和机器运行（可以生成知识，开展决策和理解复杂的作战环境），实际上就是指挥官用来创造结果的武器。为了创造出理想的结果，指挥官必须集结并调动人员、计算机、搜集设备、数据、数据网络、知识、组织和虚拟知识环境。指挥官总是在调动并发射这种或那种形式的动能武器系统，以此创造结果。现在，他们必须在适当的时间和地点，将高级搜集和高级分析的巨大力量集结起来，并在适当的时间和地点将它们创造的聚合群体解散或拆分。这一理念表明指挥官的思维开始发生变化，因为这个想法威力无穷，可以为他们提供思维力量、机器力量、组织流程和组织知识，以便执行这些重要的指挥和控制功能。

★ **因果关系非常重要**。显然，有一个推论难以反驳，那就是非常规战争作战环境中充斥着重要而复杂的因果关系。高级分析和高级搜集人员必须了解因果关系的理论和实践，训练自己进行非常充分的深度思考，以便能够在自己愿意时，开展这种“分析—搜集”双重活动。有两个视角可以驱动人们对因果关系开展思考。第一，因果关系是一种事后检讨，是对某些活动开展审查的工作结果。此举效果显著：人们进行深度思考，以发现可能的原因，并利用这种思维流程来帮助开展情报搜集，以搜集未来的类似结果。第二，因果关系可以用来进行事前预判[1]，可以抢在计划实施之前，审查它是否存在缺陷，或以类似的方式，在因果关系发生之前做出预测，以判断某个结果或成果未能如期而至的原因。

★ **指挥官必须提供指导和意图**。指挥官必须了解手下的高级搜集和高级分析人员、流程、机器和功能，必须了解己方的常规武器平台。指挥官必须能够在任何一个规划周期当中，提供持续、早期且非常特定的指导和意图，以便为情报分析人员和搜集人员提供足够的时间，让他们为成功设置条件——数据、传感器和知识架构。他们还必须制定，或者至少批准并阐明一个非常详细的情报行动概念，以便能从概念上引导情报人员和行动人员浏览高级分析和高级搜集的细节。这样一来，所有参与人员不仅能够理解指挥官的意图，而且能够理解这个意图在地面、地下、空中、水上和网络空间等领域的

---

[1] Gary Klein, *Sources of Power: How People Make Decisions* (Cambridge, MA: MIT Press, 1998), 71.

具体概念。

★ **进行详细的推演**。指挥官及其参谋必须在进行高级分析（特指为获得主动权，也就是超越军事决策流程所做的高级分析）的流程中，开展详细的推演，必须在进行高级搜集的流程中，针对相应的情报搜集和搜集结果的细节做出推演。这是高级分析人员与高级搜集人员各自工作细节发生交汇的地方。例如，情报分析人员处理一个将会生成动能或非动能结果或后果的问题集，并阐明这种结果的可能原因时，这些原因就会成为需求，还将被解构成五种观察指标。高级搜集人员会推演传感器、人力情报、非传统搜集资产和开源情报将以怎样的方式组合起来，才能形成最佳混合方案，从而在正确的时间、正确的地点，使用正确的观察指标，寻找正确的活动，进而提供正确的搜集结果。指挥官必须参与这个流程，因为如果他们认为情报分析和搜集是一种非常规战争武器系统，就必须了解具体情况，并参与这些活动，因为搜集结果将推动资源的使用，并定义其手下参谋中的这些“要员”将以怎样的方式，满足指挥官在优先情报需求和信息需求中阐述的需求。

★ **必须确保对当前可用数据、信息和知识的访问权限**。指挥官知道数据极其重要。他们的一切活动都需要数据。不幸的是，找到或开发可用数据是一项非常棘手的任务。因此，指挥官必须为数据环境设置条件，就像他们会为了使用直升机、搭建飞机临时降落点和微波塔而设置条件一样。他们必须考虑搭建能够确保取得成功的数据、传感器和知识等环境，就像高级分析人员和高级搜集专家必须搭建同类环境一样。为了确保做到这一点，高级搜集专家和高级分析人员等为指挥官履行这项职能的人员，必须了解下一个任务是什么，指挥官完成这项任务的意图，以及相关的精确指导，即指挥官期望获得哪些信息来支持自己的决策，又期望从手下“高级搜集—高级分析”团队获得哪些信息。当指挥官的工作进展至为数据设置条件时，就必须定义延迟、诚意、数据损坏、服务质量、标准和互操作性、相关性、数据质量、数据准确性和不可否认性等标准。他们必须确立基线，以确保成功进行异常分析和倾向分析的条件已经到位，并确保人员和机器不断向这些关键基线提供当前数据。他们会为分析和搜集人员提供支持和指导，以便为正确类型的传感器设置条件，另外还会提供许可，让这些人员可以实现搜集协同、同步和最佳混合，以便能在正确的时间、正确的地点，集结起传感器的"云"或蜂群，令其使用正确的观察指标（在高级分析和高级搜集的术语中，就是分析采样率[1]）去寻找正确的活动。指挥官还必须参与搭建一个可运行的内部和外部知识环境，以帮助满足广泛的知识需求，这种需求是在各种非常规战争作战环境下，由大量的各种任务生成的。因此，指挥官会希望确保手下情报人员，以及工程、民政、法律、执法和联络等人员都有各自的利益社群和实践社群，以便做好准备，可以迅速投入行动，帮助和促进重要知识的构建工作。这是关于指挥重点，以及指挥和控制的功能。它不仅是"高级搜集—高级分析"团队提出的需求，还适用于所有需要知识、数据和传感器支持的参谋人员。

★ **必须强调组合、协同，以及指挥和控制**。如果没有大力强调在指挥方面创造搜集协同，没有大力强调将搜集与指挥决策同步，高级搜集就不会有效。搜集协同就是汇集与任务有关的数据，实现方法是选择正确的传感器组合，再以正确的最佳混合方案加以运用，从而在协同努力的情报搜集行动中发挥作用，使搜集资产能够补充优势，克服个体缺陷，形成一个总体能力远远超越各部分能力相加的整体，最后在正确的时间、正确的地点，针对正确的目标，并在正确的观察指标指导下，对这些资产进行部署。搜集协同必须依靠有机[2]的外部传感器、人力情报搜集、非传统搜集资产和开源搜集。搜集协同将依赖于一个新的情监侦的指挥和控制的概念，即借用传感器时间——我们将在下一章详细讨论。可以这样说，在这个紧要关头，必须借用并同步传感器时间，也必须付出努力，而这些都是指挥官的责任。指挥官必须在情报系统中发挥指挥方面的影响力，

[1] 分析采样率（analytic sampling rate），就是分析驱动的采样率。——译注
[2] 有机（organic），是指具有组织属性，或属于某个组织。——译注

打破“所有权”的概念、“烟囱”式的架构，以及等级森严的情报搜集官僚机构有时以效率的名义，强加给下属的冷漠。

★ **预知非常重要**。如前所述，预知是思考、安排、寻找和掌握主动权的一种极佳方法。为了开展预知这种抽象的活动，指挥官及其参谋需要进行深度思考，“花费时间，付出精力，针对一个主题进行深度的批判性思考”。预知需要广泛的文化、技术和功能等方面的知识。这需要广泛理解并实际运用克劳塞维茨在《战争论》中阐述的理论。这需要情报人员非常睿智，知道如何深度思考问题集，知道敌人如何感知、思考、规划、行动、评估和自我适应，也能够切合实际地想象敌人的目标和目的是什么，以及叛乱或恐怖分子首脑必须采取什么进攻行动，才能创造出其所追求的无形结果。然后，还需要人们能够开动脑筋，从假设结果出发，想象出最合理的各种原因——在现实中就是所设置的条件，而且它们必须出现，也必须获得影响力，以生成理想的结果。“分析人员—搜集专家”团队将原因解构为观察指标，然后设计出传统和非传统的情报搜集的最佳混合和组合方案，借助观察指标来搜索并搜集数据。指挥官必须学习这一流程，必须准备有形和无形的行动和活动供其使用，以便他们决定采用哪种先发制人的手段，创造出他们希望的、与指挥和控制以及任务有关的结果。这不是头脑简单者能够胜任的脑力劳动——它极其棘手，而且需要太多的工具（比如合成环境和三维分层可视化等），如果我们选择在预知行动中使用它，那么我们现在就可以用到所有这些工具。预知必须成为所有指挥官所受教育的项目之一，他们也必须将其视为一种工具，用于在复杂的城市作战环境中与棘手的敌人交战，以及在为恐怖主义和叛乱设置条件，并在有相应网络活动发生的文化中，与其民众的智慧（整体智慧及个人智慧）作斗争。

★ **无形要素及其评估非常重要**。在所有非常规战争态势中，敌人都是很难了解和理解的，我们在第 2 章已经简单地讨论了我们的敌人。我们在第 1 章介绍了作战环境，它也是很难了解和理解的。另外，我们还讨论了文化和民众。民众深深嵌入盛行并且持久的文化之中，其重要性不可否认。我们不能控制、杀死或囚禁所有民众。民众也正是几个世纪以来叛乱活动想要争取的目标。指挥官必须认识到了解民众详情这项挑战的全貌；这里的“了解民众详情”，就是指当民众、文化、恐怖分子、叛乱分子和犯罪分子倾轧、碰撞、颠覆、联合以及蓄意解散时，了解构成行为、运动、活动、互动、交易和变化的复杂关系。因此，摆在指挥官面前的最重要策略，就是必须将民众及其文化，与叛乱分子、恐怖分子和犯罪分子加以区分。

指挥官必须在必要时刻，对核心恐怖分子和叛乱分子采取动能式的严厉解决方案，但他们将会发现这种行动才是例外，而非常规操作。大多数时候，指挥官会设计出非动能行动，以此影响人们感知和解读数据和信息的方法，并塑造他们的期望。对这些一般性的无形活动来说，必然存在可以补充和完成每项无形活动的活动和行动，它们不仅数量极多，而且彼此关联。指挥官必须掌握极具针对性和特定性的专项知识，如此才能设计出这种“软实力”的行动和活动，而且他必须掌握一种可行方法，以便在这些活动开始之后，评估活动的结果。毕竟，在非常规战争的反叛乱领域，人类才是斗争中最为重要的因素。正如反叛乱专家戴维·加吕拉告诉我们的：“他们的主要任务……是赢得民众的支持。”[1] 加吕拉早在 45 年之前，就对这个问题开展了广泛的思考，并撰文加以研讨，重申“承认人类在一切反叛乱中的重要性”这个观点早已有之。高级分析可以帮助设计因果关系（这里“因”指的是行动），而高级搜集可以在解构指挥官关于情报和信息的需求这个认知阶段结束之后，根据分析团队提出的观察指标，开展情报搜集活动。指挥官必须在使用无形要素和评估结果这些脑力和体力工作中，同时参与前端和后端的活动。这不仅仅是一项情报活动，还是一项关于规划、决策，以及指挥和控制的功能，指挥官必须接受这个巨大的挑战，才能在所有非常规战争活动中取得胜利。

★ **必须定义高级搜集和高级分析成功的判定标准**。在非常规战争情报

[1] David Galula, *Counterinsurgency Warfare* (Westport, CT: Praeger Security International, 1964), 77.

这个有限的世界，指挥官需要提出成功的标准。也就是说，指挥官需要准确定义自己期望高级分析和高级搜集在支持任务成功方面能够做到什么，就像他们定义对传统武器系统的期望时一样。要想设计出此类标准，就需要对高级分析和高级搜集进行思考和深入了解，还需要明确在帮助定义任务成功标准方面，指挥官对高级分析和高级搜集的具体期望内容。根据指挥官关于成功的判定标准做出推测，人们就可以判断出应当如何衡量这些标准。一些标准是可量化的、可衡量的，比如在解构优先情报需求成为观察指标后，得到的关于优先情报需求的满足程度，以及关于如何和何时根据生成的观察指标成功开展情报搜集，还有此种搜集的成功程度等问题的判断。其他标准，比如所搜集数据的质量及其对完成任务方面的贡献，则更加主观。但说到技术系统开足马力，在思维层面开展行动，然后陈述可以保证成功的技术能力（比如在特定时间框架内传输 90% 的数据，或一架"捕食者"无人机在站[1]多少小时或拍摄多少张图像），以此判断任务确已圆满完成，这种情况是绝对不会发生的。相反，我们需要的是这 90% 的数据传输率在完成任务方面所做的贡献，"捕食者"拍摄图像的质量和在满足指挥官优先情报需求方面的贡献，以及情报分析人员在满足这些需求时，或是发现自己并不知晓但与指挥官的任务成功标准有关或可以产生关联的东西时，可以直接使用的全动态视频的数量。

★ **先发制人对于获得主动权非常重要**。在阅读了前两章和本章之后，读者应该可以推出结论，认为在使用了高级分析和高级搜集之后，我们确实有能力以先发制人的方法，挫败非常规战争敌人（无论是叛乱分子、恐怖分子、犯罪分子还是他们的组合）的活动，有能力以先发制人的方法，挫败那些旨在创造无形结果的社会、经济和信息等行动，令其无法产生不利且看似无法控制的结果。当然，在实施先发制人时，我们必须假定敌人既会警惕被我们先发制人，又会警惕已被我们观察，进而分析其针对我们设计好的先发制人所做的

[1] 在站（on station），指飞机进入指定阵位，也就是空中待命。——译注

反应。这就是思维的“钟摆”效应，即我们能自己思考，也能思考敌人是如何思考自己的，还能思考敌人如果认为我们正在思考他是如何思考的，这时又将如何进行思考，等等。但在认知意义上，这是很难实现的。不过在这种情况下，观察者（我们的高级分析人员和高级搜集人员）正在观察被观察者（敌人甚至民众），并通过他们自己所做的解读，以及友军指挥官随后采取的行动，来影响被观察者，及笼罩当前局势的环境背景。因此，我们必须警惕敌人会怀疑存在先发制人，也必须明白这个狡诈的敌人很可能确信自己将被先发制人，于是制造偏离，使用欺骗，甚至针对我们率先发动的先发制人计划，抢先发动先制。

本章是一个承上启下的部分。它可以将前两章与后面的章节连接起来，因为后面的章节会更加具体地侧重讨论高级搜集。我们在情报工作中所做的一切，都必须与指挥官和其他决策者有所关联，高级搜集也不例外。事实上，非常规战争的情况非常复杂，但其逻辑却是非常清晰的。也就是说，高级分析和高级搜集是一种 21 世纪的武器系统，我们设计它的目的就是减少错误——错误的原因是制约因素、不可靠的模式，以及动态趋势最不可能的前景，也就是随时有可能进入浴缸曲线 [1] 的谷底，并在这时提供支撑。我们还设计了新时代的武器系统，以对抗非线性的另一个特点：随机性。高级搜集可以帮助消除偏见、错误认知、错误模式和错误趋势等错误，从而降低不确定性，并帮助管理风险。这个系统是具体的，也是心理上的，存在于指挥官、行动人员，当然还有高级分析和高级搜集人员的头脑中。只有认识到这些之后，指挥官才能获得预知或因果关系等威力巨大的观点，确保高级搜集系统是可靠的，可对任务、无形结果的重要性，以及非常规战争作战环境中的评估等工作负责。这个承上启下的章节如桥梁一般，在介绍高级搜集的本书中，其所连接的“远岸”便是后文的其他部分。下一章是本章第一个连接的环节，探讨主题是**搜集综合与矛盾**。

[1] 浴缸曲线（bathtub curve），又称“U 形曲线”，一般用来描述故障率。在这里作者可能是误用，因为这种曲线的谷底是故障率最低的时候。——译注

[第4章]

非常规战争的情报搜集矛盾

要阐明高级搜集的概念，首先必须讨论在对现有情报搜集系统进行思考时，在此流程中出现的一些矛盾，并讨论该系统将如何做好准备，以迎接非常规战争。因为本书并不涉密，所以我希望读者可以明白其中仍然存在限制：有些是可以讨论的，有些是不能讨论的。

“矛盾”（contradiction）是一个重要的术语。就我们这项思维工作的目的而言，“矛盾”的意思是“不一致、差异或逻辑上的不可调和”。[1]我们将逐步深入，在“高级搜集的批判性思维”一章中对辩证法[2]进行探讨；并指出，矛盾就是可以推动辩证法的那些动机和行动的引擎。例如，在提出正题之后，矛盾就会导致反题浮出水面；而人们讨论反题时又会生成矛盾，它可以激发人们寻求新的合题；矛盾还会让合题生成新的正题，从而让辩证法的循环周而复始、延绵不断。困扰我们思维的矛盾无处不在，它来自人们，来自互动，来自政客的言论，来自互联网，也来自新闻

[1] *American Heritage Dictionary of the English Language*, 4th ed., Houghton Mifflin, 2004, Dictionary.com, http://dictionary1.classic.reference.com/browse/contradiction (accessed May 18, 2009).

[2] 辩证法是一种解读方法，最早用于将某些特定实体或事件与某个绝对观念联系起来。这时，某个肯定命题（正题，thesis）必然会与一个同样肯定但明显与之矛盾的命题（反题，antithesis）彼此对立，这种相互矛盾可以在关于真相的更高层面得到调和，形成第三个命题（合题，synthesis）。详见 Dictionary.com, http://dictionary.reference.com/browse/ Hegelian+dialectic (accessed June 19, 2010)。

媒体。它可以干扰我们思维的平衡感，让我们感到不适；矛盾可以折磨我们的意识和潜意识，迫使我们或是解决这个矛盾，或是让它淡出我们的意识，再透过我们的“犹大之眼”[1]，进入我们无意识的黑暗之中，最终归于虚无。

美国拥有相当出色的情报搜集系统。它的技术搜集系统是当今世界最先进的，它那令人震撼的强大能力也是无与伦比的。事实上，美国的情报搜集系统正是一项国家优势。它是几十年来在人们努力工作、专注奉献，以及政府高瞻远瞩，大力投入资源之下建立起来的。美国的情报搜集系统及其机器、人员、组织和流程，得到的资源和重视远远超过了美国的情报分析系统。

这个搜集系统诞生于二战后的冷战时期。因此，建立它的目的是为了对抗苏联这个拥有庞大常规力量的国家，是为了反制地对地导弹、水面舰艇、潜艇，以及由坦克、装甲运兵车和大炮组成的庞大常规军队。这个搜集系统也在不断地得到开发和改进，以对抗苏联的指挥和控制系统。它成效显著，事实上它正是苏联解体的一项主要原因。这个系统一直都在出色地为国家服务，并将继续出色地为国家服务——它可以出色地处理常规问题，即反制常规部队，以及反制常规军事人员、民族国家领导人，以及民族国家问题集。但当处理美国在非常规战争中面临的一些问题集时，它的表现就没有那么出色了。

高级搜集是对当前情报搜集系统所做的补充；作为一种工作方法，它可以支持处置非常规战争中的某些特定方面，以及此类战争中数量众多的各种敌人、作战环境、民众和复杂问题集。因此，这种方法适合处置所有敌人、所有层面的战争、所有作战环境，以及所有问题集。这是怎么做到的？很简单，高级搜集假设存在一种方法，可以用来思考所有问题中的情

[1] 犹大之眼（Judas eye）是一种窥视孔。在二十世纪的二三十年代，如果有人想进地下酒吧，老板或门卫可以让他进来，但如果怀疑他是执法人员，也可以不让他进来，无须理由。在这种情况下，我们可以说犹大之眼能隔开我们的意识与潜意识。通常，我们说的这种“窥视孔”可以允许潜意识中的思维能量和深层思考进入意识之中。这样一来，矛盾就可以得到解决，它们也会返回，消失在潜意识之中，又或者会留在我们的意识之中，侵蚀我们的幸福感。

报搜集事宜。其他方法是存在的，也是应该使用的，因为高级搜集并不自称是绝对真理。它也不主张对情报搜集系统进行革命，毕竟当前系统并不存在任何严重错误。它确实需要稍微“重新装配”，以适应时代的迫切需要。我们设计高级搜集的目的，就是支持在复杂非常规战争作战环境中开展行动的指挥官，帮助他们对抗种种威胁，因为这些威胁能够自我适应和学习经验，最常在大型城市地区开展行动，并且能够与复杂地形的众多不同特征相提并论。

本章提供了一扇通向高级搜集世界的大门。它介绍了现有情报搜集系统中某些无须保密的小缺点，以及该系统在涉及非常规战争时的内在矛盾。本章结束之后，下一个合乎逻辑的步骤，就是以简短的文字，开展广泛的讨论，介绍一些克服最关键矛盾的方法。

在非常规战争中，低级战术小分队才是负责开展行动的单位。我们所说的低级，指的是在指挥链中的战术等级较低。在美军中，陆军的旅战斗队，海军陆战队的团战斗队及其所辖连和排，空军的中队及中队以下部队，以及海军的各艘军舰，将始终在非常规战争中最先受到攻击。在非常规战争中，地面是至关重要的，因为敌军与我方争夺民众，但民众却是在地面生存以及从事社会性和功能性活动。如此说来，旅战斗队、团战斗队和营连排等部队的任务就是打击叛乱分子，并试图提供安全和稳定的环境，因此将会负责实施主要部分的行动，原因是这些部队及其所部官兵会与民众生活在一起，开展打击叛乱分子和恐怖分子的行动，从事重建和人道主义行动，并以主动或被动的方式，发动争夺民心的信息行动。

在冷战时期，军事规划、执行和决策的重点，都会集中在战争和指挥的作战和战略等层面。如今，情报支持的优先等级必须赋予小分队，即营、连、排。事实证明，这个新的重点是很难实现的。多年以来，在小分队层面开展行动的人员，从国家情报系统那里得到的支持，与作战和战略层面获得的支持完全不可同日而语——在情报分析和情报搜集领域尤其如此。原因很简单。如果面对的是常规敌军，它拥有战略级和作战级的核武器，还拥有大量常规军事力量，可在相对开阔的地形作战，这时如果将情报支持的绝大部分力量提供给作战和战略层面，将会是非常有意义的做法。在战术层面作战的人员，在现实中开展日常作战行动时发现，作战和战略层面的情报搜集所能提供的支持，其质量并不足以满足自己在**特定性**、**及时性**、**准确性**、**相关性**和**清晰性**等方面的标准。他们在很大程度上是正确的。因此，随着时间的推进，美国战术部队的结构开始了不可阻挡的演变，其有机搜集资产开始朝着被认为是自给自足的方向发展。这种情况在如今绝大部分时间里一直存在。但在非常规战争的低级决策环境中，领导者做出的决策必须迅速，而且必须正确。这些领导者必须管理风险，必须一直努力设法将不确定性降至自己满意的水平，因为克劳塞维茨提出的“阻力”概念，所以他们深知，在一切作战环境中，在一切作战行动里都会存在不确定性。虽然领导者既不能预见所有阻力（意外的偶然事件）并为之做好准备，也不能预测非线性环境下的未来，但如果能够获得相关知识，特别是如果这些知识符合假设的标准，那么他们就可以极大地降低不确定性，妥善地管理风险。

一、矛盾1：关联国家支持与非常规战争的战术作战行动

如果国家的重心是那些在非常规战争作战环境中开展行动的低级战术人员，那为什么这些人员不能一直从国家层面获得他们需要的支持，即在他们需要支持的时间和地点，以他们需要的特定水平提供支持？毕竟，只要是在国家层面，我们总能找到一些非常睿智、经验丰富并且知识渊博的人员（其所拥有的技术，在部队部署地区并不常见），获得当前数据的最佳途径，以及最强的搜集力量。现有情报搜集系统有多个天然存在的矛盾，这便是其中的第一个。根据定义，接受这种矛盾状态，就会把人们推入一种次优能力状态，其实就是迫使人们在事实上接受一种平庸状态，但人们在当面谈话时是不会承认这种状态的。这个矛盾的解决方案相当复杂。

这种情况之所以存在，是因为（在我们的例子中，）成立管理情报搜集的官僚机构的目的是满足冷战的需求，必须保持高效运转。此外，我们可以稍作推测，在战术层面很可能存在一种看法，认为国家和作战层面的人员其实并不知道战术层面的指挥官到底需要什么，即使他们知道，他们也无法满足当地指挥官在数据、信息和知识等方面提出的标

准。[1] 在这种情况下，战术指挥官认识不到协同作用的力量，认识不到如果情报搜集、主题专家和数据支持等力量，能够组成一个从国家层面直达战术层面的相对无缝的连续体，情况可能变得多么美好。毕竟，如果你认为某个理想不可能实现，你就很难把它想象出来。此外，前线部署的战术指挥官和参谋人员也不会相信，在华盛顿轻松上班的人能够或将会一直（不分昼夜，全年无休地）提供科目明确、组织有序和协调一致的支持，以此满足战术需求。关于这些看法，确实存在例外，因为有些国家机构为战术层面提供了出色的支持，但这既没有达到我们所说的程度，也没有达到我们所说的水平。

国家层面的情报人员有他们自己的看法。当然，这意味着时至今日，也确实有为战术部队提供过一些极其出色的国家支持。但这并不意味着该种支持是持续的，也不意味着它达到了足够的水平，可以让小分队的指挥部发挥能力，为非常规战争行动做出贡献。我们认为本来应该是可以如此的。此外，这也并不意味着该种支持可以纳入搜集协同，并专注开展非常特定的点持续监视行动，以此支持班、排、连、营。这就是本书剩余部分的讨论核心。人们在国家层面得到的看法是，角色、任务和工作生产的结构是自然、成熟和严谨的，不会向所有前线部署的陆军和海军陆战队的低级战术部队（旅战斗队和团战斗队，以及营、连、排、班）提供持续支持。

此外，人们有时会听到这样的废话：“哦，我们位于国家层面，我们不做战术层面的支持”，或是“我们所做的事情与战术层面人员是不一样的”。虽然少数人员更加开明，确实希望能为战术层面提供国家层面的支持，但他们也悲哀地接受了一种现实：即使试图这样去做，也是极其困难的，因为他们是在对抗一种巨大的权力，即官僚机构根深蒂固的规章制度，它们不但消耗时间和资源，甚至不允许例外，更遑论允许新的工作方法了。很简单，人们身处这种困境时，就会被迫接受以下现实：要想击败官僚系统，使其屈服，并将国家层面的支持提供给战术层面的行动，简直

---

[1] 1973—1991 年，笔者（此处指韦恩·霍尔）在 4 个不同的步兵师服役，共计 12 年，那时知道这些都是真的。笔者不能十分肯定地说今天的想法并未改变，但直觉告知确实如此，而且在近 3 年多的时间里，笔者因领导 30 次高级分析研讨会而获得的轶事证据也证明如此。

难如登天。

最后，关于向战术层面持续提供国家层面的情报搜集、主题专家和数据等支持的理念，还有一些人并不愿意接受，他们给出这样的理由：“其实，这种类型的支持只能提供给联合特种作战司令部，因为他们拥有国家层面的优先等级，而战术人员明明有自己的情报搜集任务，为什么还要国家层面提供这种支持？再说，我们要做的事情已经足够多了。”令人惊讶的是，这个论点很有市场，而且经久不衰。它表明，人们认为我们所经历的战争是莫名其妙的小插曲，并不会一直持续下去。它还表明，在非常规战争行动中，成千上万为国家执行艰难任务的人，其实并不是国家层面的优先事项，也不是国家层面的日常工作，因为其他活动得到该层面组织和个人的更多重视。

二、矛盾2：判断情报搜集的质量[1]

情报搜集的“质量”非常重要。笔者相信所有情报专业人士都会认同这个陈述。但笔者必须要问，**质量意味着什么？领导者如何对其做出判断？**不幸的是，人们和组织可能会落入量化这个陷阱——遥控驾驶飞机的轨道数量、飞行任务或飞越的次数、数据量、人力情报搜集报告的数量等。但笔者不得不问的是：如果这些是领导者和管理人员使用的标准，那么这些量化描述符是否真的可以帮助他们做出判断，确定这个数量是不是我们应当寻求的数量？在我们这里，负责拍摄全动态视频的遥控驾驶飞机的轨道数量可能是85个，飞行时长可能是数百个小时，工资表上的雇员可能有数百人。但这些搜集资产能否生成有价值的数据，完成任务规划、决策、风险和不确定性评估，以及满足高级分析和高级搜集所要求的情报需求等工作？

请思考一下，因为“质量”是一个很难理解的术语，因此，我们很少对它进行充分的定义。它在不同的个人或不同的组织中有着多重意义。因此，我们可以得出结论，认为这个术语的含义是模糊的。如果我们以诚实

[1] 作者这里使用“质量”一词来表示“数量”的概念，类似经典物理学中牛顿的观点：质量就是物质的数量。——译注

反省的方法自我审视，那么我们将认为，我们可能会发现自己在辨别质量意味着什么，以及如何找出判断质量的标准时，存在严重的不连续性，甚至是严重的混乱。

此事非常重要，而我们对此开展讨论的起点，就是将高级分析和高级搜集中的“质量”定义为：描绘精细程度或卓越等级的特性；[1] 人类（指挥官、决策者、监控人员、分析人员和搜集人员）的一种思维存在，也就是人们在思考时，会有意识和下意识地对情报产品或情报搜集活动进行判断，判定所进行的分析或搜集活动是否生成了充分并且符合规定的条件和标准，足以用来做到以下四点：第一，帮助满足情报的六项需求；第二，在实现目的或目标成就（在此种情况下，就是完成任务）方面做出相关贡献；第三，帮助指挥官或决策者做出决策；第四，帮助评估有形和无形行动的结果。当然，对于申请者指定的及时性、特定性、准确性、相关性和清晰性等标准来说，上述活动可以为这些标准做出贡献，而这些正是人们对精细或卓越做出判断时所需要的输入。在这方面的讨论中，多个质量压力点构成了我们所研究的宏观质量，它们是我们案例的相关性、原始需求的质量、解构工作的质量、分析侧指导搜集侧的信息（AGCM）的质量，以及搜集活动生成的数据输出的质量。因此，当我们判断高级搜集的质量时，我们必须审核上述各个部分，然后必须审核由较小群体组成的较大群体，以确定质量充足或不足的程度。

情报搜集的质量必须与决策者的需求、规划需求和情报需求等直接相关。因此，在判断情报搜集人员的表现时，我们需要有方法来判断情报搜集是否提供了数据、信息或知识，**以满足指挥官提出的需求，或充分支持前线部署指挥官的决策流程。这是值得关切的使命**。虽然我们承认所采集的全动态视频的帧数和千兆字节数、飞机飞越顶空的次数、线人的数量、遥控驾驶飞机的轨道数量（架次）、报告的数量（包括人类在内的多种搜集资产）、飞行分钟数，以及所覆盖的重要地点（比如指定关注区域）等有可能都是真的，但它们不应成为判断质量的唯一手段。

---

[1] *Collins English Dictionary*, complete and unabridged 10th ed., Dictionary.com, http://dictionary.reference.com/browse/quality (accessed September 7, 2011).

这个问题非常重要，因为在组织更多情报搜集活动、购买新的搜集资产或修改培训和组织等方面的设计时，质量判断就是主要的反馈系统。因此，指挥官、决策者和参谋人员必须深度参与情报分析和情报搜集的质量判断。此外，不可将质量判断的工作交由情报分析人员或情报搜集人员完成，因为正是这种做法，才让情报分析和情报搜集变得自私，变得对本应具有相关性的目的或目标（这是搜集情报的初衷）而言毫无意义。但决策者和政策制定者等人员与资源使用情况（无论是用于分析还是搜集）之间的纽带（联系）必须是明确的，必须能够用以判断结果的质量。

情报对指挥官来说太过重要，对其在非常规战争环境中的决策来说也太过重要，因此情报系统必须能够对这些在战场做出艰难决定的指挥官负责。当然，我所说的指挥官，等级向下直至连级。责任制的核心必须是情报对非常规战争指挥官提供支持，以及高级搜集以何种方式为这些指挥官的工作做出贡献。它可以提供关于情报搜集的深度思考，帮助指挥官完成任务，具体做法如前文所述，就是判断人员和机器的情报搜集活动是否出色地满足了指挥官的标准（**及时性**、**特定性**、**准确性**、**相关性**和**清晰性**），以及这些情报搜集活动的产品是否出色地帮助前线指挥官做出决策。也就是说，在对非常规战争行动提供高级搜集支持中，指挥官及其参谋人员需要判断人员、机器和组织的表现，以此判断它们能否出色地帮助指挥官做出决策，帮助指挥官实现任务成功的标准，以及它们能否满足获得支持的指挥官提出的需求（优先情报需求、信息需求、假设、期望、预感和疑惑）。传统上可以证明情报搜集任务取得成功的指标，比如飞机飞越的次数、数据报告数量、关于数据架构的服务质量、图像数量等，现在基本上都难入前线指挥官的法眼了。

三、矛盾3：搜集协同

下一个矛盾是，我们仍然无法规划和实现“搜集协同”[1]。搜集协同对

[1] 搜集协同可以使用人力情报、街头人力情报、非传统搜集手段和方法，以及开源情报等去创建多种搜集组合，这时组合所能实现的能力，大于将资产进行简单相加得出的结果——搜集协同的目标是形成搜集合力，让整体努力大于各部分相加之和。

于非常规战争行动能否成功极其重要，因此指挥官应坚持认为它是情报和行动条令的组成部分，涉及将数据、信息和知识，与指挥官的决策及随后开展的行动、评估和反馈的循环行动进行的同步，更是如此。搜集协同应当是一切情报搜集计划的组成部分，不论是寻找高价值目标，还是以搜集方式检查市场上的日常互动，从而分辨人们所吃食物的类型。

这种矛盾的根本原因是什么？第一个原因是联合搜集系统无法通过自动化数据手段，轻松地进行“交谈”和给出提示。第二个原因是我们没有足够复杂的自动化工具，所以无法将动态的地面、航空、国家技术手段和人力情报搜集行动等纳入同一个系统；如果存在这种系统，它就可以创建搜集协同，并不断进行自动化调整，以便根据前线指挥官的需要，随时保持这种协同状态。第三个原因是长期存在的组织模式，这种模式处置搜集需求的方法就是按照预先确定的优先次序，对资产进行切割，再将切好的某一些“小块”发送给一个组织，另一些发给另一个组织，这样就可以自动建立起数字和组织的壁垒，不管“所有权”归谁，机器都将无法根据观察指标对情报搜集力量进行提示和组织，让它们聚焦目标，开展情报搜集。所有权问题作为直接或间接原因，可以造成许多问题，进而导致这种矛盾，另外还会妨碍机器，使其无法做到在自我优化并“借来”传感器时间，从而获得短暂机会窗口的同时，保证不会干扰借出时间的传感器所支持的主要任务。

敌人开展行动时所处的作战环境难以应对，而敌人本身适应能力很强，学习能力也强，两项相加，便创造出一个极其复杂的背景，让即使是最简单的情报搜集任务也变得困难重重。因此，多年以来，人们一直梦想着能够拥有必要的资产，以此协调、同步和设计出正确传感器的最佳混合方案，以抵消自己的劣势，补充原本的优势。自动化的供给和暗示[1]是协同的组成，它们一直都是创建搜集协同时不可或缺的组成部分。举一个不算太久远的例子。当年笔者（此处指韦恩·霍尔）担任战区 J2[2]（情报人

[1] 供给和提示（tipping and cueing），指使用同源数据来提示卫星查看特定区域，或使用同源信息去提示卫星搜集特定数据。——译注

[2] J2 是美军参谋长联席会议下属的情报部门。——译注

员）时，一直希望可以使用机器连接 U2[1] 与“护栏通用传感器”[2]。笔者的设想是让 U2 与“护栏通用传感器”自动通信，利用 U2 的成像能力，提示“护栏通用传感器”启动情报搜集能力。多年以后，这项工作的许多部分都已实现，但仍束之高阁，原因是联合搜集传感器、处理器和数据流之间并没有实现良好的通信。如今，这项技术可以用来创造搜集协同，让两个来自不同军种的联合传感器合作，以便在国家力量的支持下，针对某个战区的单个目标开展情报搜集工作。

但对于高级搜集来说，挑战变得更加棘手。为了支持非常规战争中的搜集协同，我们不仅要引入并同步上述两种航空搜集资产，还要引入并同步全动态视频、无人航空系统（UAS）、地面传感器、地面人力情报搜集、非传统搜集资产，以及国家和战场层面的技术搜集设备，并让它们集中力量，在正确的地点和时间，针对正确的目标，根据正确的观察指标开展情报搜集。

四、矛盾4：借用搜集时间的能力

下一个矛盾就是，如果情报搜集资产已被其他优先事项锁定，我们就无法向其借用传感器时间。这种矛盾是一种过分“自残”，即不向各部门的情报搜集人员提供相应的许可、流程、自动化工具，以及情报资产和培训，让他们无法向各类传感器**借用搜集时间**。因为这些传感器通常为其他组织所拥有，虽在提出请求的部队所在地附近执行情报搜集任务，但可根据不同的优先等级，针对其他目标开展情报搜集。

借用的传感器时间可能是几秒钟，或是几分钟，甚至是几个小时。“借出”的可以是传感器、人力情报搜集、非传统搜集资产和开源搜集等，此刻这些来源可能正在针对其他目标或根据其他优先事项开展情报搜集工作，也可能因为需求发生变化，正在进行重新配置或重新定位。有时，它们并没有位于能够支持自身主要任务的最优地点，因此有条件允许我们假设的这个部门借用几分钟的传感器时间。然而，我们的目标不是借

[1] U2 是美国空军一款高空侦察机。——译注

[2] 护栏通用传感器（guardrail common sensor），是美国空军一款机载信号情报搜集平台。——译注

用一个传感器，让它去做一件特定的事情，而是要借用位于搜集范围内的多个传感器，只要有适合的传感器，哪怕只是为我们假设的这个部门做出些许贡献也好。可以借出的传感器或人员的工作模式可能正好低于峰值，比如航空图像搜集资产转向、位于死角、监测频率无状况（有一个简单的网络机器人警报装置，如果发生重要事件，它就会发出警报），或是角度或视场较差。我们的设想是让软件接收我们假设部门提出的这个要求，计算地面和航空传感器的最佳混合方案，并创造周期性的传感器协同，所有这些的目的，都是为了能在正确的地点、正确的时间，根据正确的观察指标，对正确的目标开展情报搜集。有件事似乎很合乎逻辑，那就是小分队应该能够使用软件，以完全自动化的方式，从位于同一区域但承担更高优先等级任务的传感器那里，借用少量的传感器时间。这种做法可以为高级搜集做出贡献，应当成为常态。

这个矛盾令人头痛不已，而它之所以会持续存在，有这样几个原因。第一，传统智慧光鲜亮丽，不但仍然很有市场，而且相信它的人很多。它高高在上，口号响彻云霄，还用不祥的阴影笼罩大地，其信奉的理念是“我们以前没有这样做，因此现在也不应该这样做”。幸运的是，我们在对组织文化进行认真思考和深入了解之后，发现传统思维往往都是错误的。不幸的是，即使是错误的，它仍然是强大的、不透明的，而且它得以持续存在的原因只是出于习惯，并不是对我们参与冲突的行动背景有用。[1] 第二，存在所有权和势力范围的问题。如果一个传感器是为一个部门工作的，那么他们通常不愿放弃分配给自己的时间的任何一部分，去帮助另一个存在需求的部门。据称，正在执行战略或作战任务的传感器，不会有自动化或官僚机构的程序（不论是人工程序还是机械程序）让它可能短暂借出传感器时间或搜集人员时间（几分钟或几秒钟），供我们假设存在需求的部门使用。第三，官僚机构的规章制度、烟囱式的情报搜集流程，以及对国家技术手段的强力控制等因素都是长期存在的，也让此类活动无法发生。这些规章制度会将非常规战争中的战术指挥官困于现状，令其束手束脚，无意中造成了对有机资产的过度依赖。这样的思维和组织

[1] Steven D. Levitt and Stephen J. Dubner, *Freakonomics* (New York: HarperCollins, 2005), 11.

流程抑制了我们的努力，难以通过调动和共享传感器时间的方法来搜集协同。第四，笔者描述的那种类型的软件并不存在，人类的计算速度不够快，无法创造出最佳混合方案，因此无法最终创造出搜集协同，也就无法将众多短暂的时间片段拼凑成同样短暂的情报搜集群体，让它像聚光灯一样，不规则地开灯关灯。

五、矛盾5：当地人力情报搜集

下一个令人不解的搜集矛盾，就是美国陆军在条令和程序等方面设限，阻止小部队主官**招募和使用街头情报搜集人员**。为了探讨这个矛盾，我们首先会讨论什么是街头情报搜集人员，使用他们时需要什么，并阐述为什么他们是重要的。接下来，我们将确定这个矛盾的诸项要素。最后，我们将提出如何解决这一矛盾，而这也将是下一章讨论的主题。

关于街头情报搜集人员，我们谈论的到底是什么人？在这方面，情报搜集人员的身份是保密的。线人（informant）也很重要。顺便说一句，无论是国防部的术语词典还是陆军的《战场手册 2–22.3》，都没有给出“线人”的定义。于是笔者去其他地方寻找这个重要术语的定义。“线人”的定义是“告发他人的人；具体来说，就是专门为了钱，做出向警方通报他人犯罪活动之举动的人”。[1] 低级人力情报线人是“通知消息或提供信息的人”。[2] 在执法行动领域，线人是“向执法官员秘密提供犯罪活动信息的人”。[3] 与此讨论有关的其他定义可见《国防部军事和相关术语词典》（*DoD Dictionary of Military and Associated Terms*）中的“秘密行动”（clandestine operation），它被定义为“由政府各部或某机构以保密或隐瞒的方式发起或执行的行动”。这一出版物继续写道：“秘密行动不同于隐蔽行动（covert operation），因为它的重点是隐瞒行动，而不是隐瞒发起方的

[1] *Merriam-Webster's Dictionary of Law*, Dictionary.com, website: http:// dictionary.reference.com/browse/informant (accessed August 2, 2009).

[2] Dictionary.com unabridged (v. 1.1), http://dictionary.reference.com/ browse/informant (accessed August 12, 2009).

[3] Definitions.USLegal.com.

身份。”[1] 第 1–02 号联合出版物指出，来源（source）是“赖以获得信息的人员、事物或活动。在秘密行动中，来源是人（特工），通常是外国人，为了情报目的从事情报活动”。[2] 受训情报搜集人员是“接受专业搜集培训并合格的人员，领受并执行情报搜集任务，向个人（人力情报来源）搜集信息，以满足情报的信息需求”。[3] 由此，我们可以看出“线人”与“来源”之间存在微妙差别，虽然很小，但极重要。低级线人与战术、作战或战略层面的人力情报来源有极大的区别。低级街头情报搜集人员或线人可以来自底层、中层或上层阶级。人力情报来源往往比低级搜集人员更加重要，位置更加合适，能力也更强。如果人力情报来源是战术性的，就意味着情报搜集人员具有搜集资质，是为了情报目的而从来源那里获取信息的。这里所说的来源，并不一定身居要职或位高权重，只是碰巧在正确的时间掌握了具有相关性的数据或信息；这一点正是战术来源有别于作战或战略来源的地方。[4] 官方在联合条令中指出，来源是：

> 在秘密活动中，[来源是]一个人（特工），通常是外国人，为情报目的从事情报活动。在审讯活动中，[他是]提供信息的任何人，无论是否掌握将被用于情报目的的信息。在这种情况下，受控来源或是从事情报活动，或是在情报活动的控制之下，他知道该信息将被用于情报目的。非受控来源是自愿提供信息，他可能知道或可能不知道这些信息将被用于情报目的。[5]

关于情报搜集人员，本书还将其称为观察人员、移动人员、（设备）

---

[1] U.S. Department of Defense, Joint Staff, Joint Publication 1-02, *DoD Dictionary of Military and Associated Terms* (Washington, DC: Joint Publication 1-02, March 17, 2009), 91.

[2] U.S. Department of Defense, Joint Staff, Joint Publication 1-02, *DoD Dictionary of Military and Associated Terms* (Washington, DC: Joint Publication 1-02, March 17, 2009), 507.

[3] U.S. Army, *Field Manual 2.2-3*, Human Intelligence Collector Operations (Washington, DC: Headquarters, Department of the Army, September 2006), 1–4.

[4] 这是笔者于 2010 年 1 月，通过电子邮件与美国陆军人力情报专家、三级准尉丹尼尔·福斯特（Daniel Foster）交谈的内容。

[5] U.S. Department of Defense, *DoD Dictionary*, 507.

安装人员和线人，他们会四处走动，也会逗留于一处；我们把他们安排在特定的地方，再给他们分派特定的问题。他们往往属于高度孤立、高度同质的人口群体，可以是流浪汉、乞丐、妓女、毒贩、普通罪犯、出租车司机和拾荒者。最重要的是，他们拥有我们想要的东西——大脑、嗅觉、听觉、视觉，以及可以发现变化的能力，尤其是奉命在发生变化时，进行观察和报告的能力。当然，这些来源需要某种形式的通信以接收命令，而且他们需要高度个人化的激励措施，以激励他们成为我们"眼睛、耳朵、鼻子和双手的替代品"。理查德·舒尔茨和罗伊·戈德森在其著作中，对我们这个想法提供了正确的补充意见：

> 你的大部分线人都不是经典意义上的招募特工。你建立了一个网络，网络成员就是你经常遇见并与之互动的当地人……它的运行功能有点儿像巡警——不断地与自己的邻居交谈和互动，并密切关注他们；最重要的是，还要瞪大眼睛，紧盯当地态势的微小变化或新的发展动态。[1]

为什么街头情报搜集人员对连级指挥官及其下属非常重要？第一，这些搜集人员极其关键，可以帮助指挥官及其下属了解**与更加广泛的当地结果（影响）相关的当地原因**。第二，这些搜集人员可以警告指挥官及其下属当心突发事件。第三，此类搜集人员对指挥官的决策流程也是至关重要的。舒尔茨和戈德森提出这种想法，意在强调街头情报搜集人员的重要性："只有电子监控是不行的。它可能会有帮助，但只有当地人力情报才会告诉你敌人计划做什么，以及计划在哪里做。"[2] 两位作者认为当地人力情报可以满足对"基本情报"的迫切要求，并在其著作中继续强调，称我们必须使用"基本情报"：

---

[1] Richard H. Shultz Jr. and Roy Godson, "Intelligence Dominance: A Better Way Forward in Iraq," *The Weekly Standard* 11, no. 43 (July 31, 2006), 3.

[2] Richard H. Shultz Jr. and Roy Godson, "Intelligence Dominance: A Better Way Forward in Iraq," *The Weekly Standard* 11, no. 43 (July 31, 2006), 3.

> [它是]“关于你职责范围内的日常生活的全景”。基本情报是在特定地理区域内的，关于所有关键的政治、社会和宗教的活动以及领导者的信息。它详细阐述了他们将以怎样的方式，与彼此和周围民众进行沟通和互动的。它可以指出所有主要的金融、政治、社会和宗教网络。[1]

要想使用基本情报，我们必须要有时间，以金钱作为激励，了解文化、语言和特定地区，掩护身份的假履历，愿意冒险的人员，使命感，耐心，设置的条件等，以求预测变化和预测由此引起的线人变化，尽早建立低级搜集网络，并持续保持此中天然存在但长期脆弱的联系。

在非常规战争中，在交战各方争夺的城市街道上，存在数百名潜在的低级搜集人员。不是所有人都会接到任务，也不是所有人在接到任务之后，都能提供有价值的信息，但他们就在当地，而且没有人会注意到他们。如前所述，他们拥有思维，还有眼睛、鼻子以及可以正常工作的大脑——我们必须使用前述所有人类特有的属性。最重要的是，各种类型的激励措施激励了所有街头情报搜集人员。同样重要的是，敌人总是试图利用这样的搜集人员，因为他们是其情报的主要来源。这种认识表明，在一切非常规战争作战环境下，反人力情报和反监视等斗争极其激烈，又十分重要。我们在此必须重申一个原本不言自明的声明，那就是关于街头人力来源和线人，他们的姓名、任务和活动必须保密，也必须严加保护，否则他们可能性命不保。

这项保密要求具有操作性和务实性；它不应也不能限制低级指挥官使用街头情报搜集人员。尽管如此，根据陆军关于人力情报的战地手册之规定，只有受过训练的情报搜集人员才能招募和管理人力情报来源。这种限制规定其实就是在正式排斥小分队主官：只要他们没有经过正式培训并被认证为真正有资格开展人力情报的特工，就不得在自己生活和工作的周边邻里招募和管理情报搜集人员。原话是这样说的：“这些经过专门训练和

[1] Richard H. Shultz Jr. and Roy Godson, “Intelligence Dominance: A Better Way Forward in Iraq,” *The Weekly Standard* 11, no. 43 (July 31, 2006).

认证的人员，是唯一获得授权，可以开展人力情报搜集行动的人员，尽管反情报特工在进行反情报行动时，也在使用人力情报搜集手段。”[1]

在非常规战争中，在城市作战环境下，这种排斥性规定是没有意义的。为什么？因为非常规战争作战环境是一种不断变化的非线性环境，它包括不断变化和运动的人们，以及混有叛乱分子的基础设施——这些叛乱分子看起来与居民一模一样，能够很好地嵌入其中，往往还藏得很深。在这个作战环境中，人们才是其中的重心，他们中的大多数是过着普通生活的合法居民，但有些是敌人网络的支持者，为叛乱分子或恐怖分子工作。这种环境也住着普通人，他们会察觉到麻烦或陌生人的存在，也会采取有意识和潜意识的行动予以回应，这些行动表现出来，就是文化观察指标。这种环境还住着其他人，特别是那些参与支持秘密叛乱网络这种敌对活动的人，他们会在技术、文化和功能等方面犯错。在这种环境下，存在变化、运动、交易、互动和行为，它们都是文化性的，大多时候都是不易察觉、差别细微且转瞬即逝的。在这种环境下，这座令人担忧的城市的大部分地区，每天都处在混沌的边缘，“一切都被困在一个由激励、约束和联系构成的庞大非线性网络中”。[2] 但这个特点并未否定相关要求，连长仍然必须保持谨慎，不能危及情报搜集人员的生命。在利用低级搜集人员提供的大量数据和信息的同时，他们必须知道如何保持谨慎。此外，连长应该向上级报告当地情报搜集人员提供的数据和信息，因为这可能帮助更高级别的人力情报人员和高级分析人员拼凑出整个情况。一位在人力情报领域经验丰富的美国陆军三级准尉告诉我们说：“如果巡警有告密者或线人，侦探或卧底有情报来源，通常他们离犯罪就更近了，但关注点也应当更加集中。这与我所研究的指挥官与线人之间的关系，或情报搜集人员与低级线人之间的关系非常相似。”[3]

然而，要想进行创新和创造，指挥官及其手下至少要拥有些许“感知”能力；但愿他们不仅能够理解显著变化意味着存在混沌，更重要的

[1] U.S. Army, *Field Manual 2-22.3*, 1–4.

[2] M. Mitchell Waldrop, *Complexity: The Emerging Science at the Edge of Order and Chaos* (New York: Touchstone Books, 1992), 65.

[3] 这是笔者于 2010 年 1 月，与美国陆军人力情报专家福斯特交谈的内容。

是，还要理解有时虽然细小微妙的变化已经发生，但他们往往很难察觉，因为只有当地人或属于所研究文化的人们才能发现。在这种环境下，低级战术指挥官及部队往往会败给非线性环境的敏感性；也就是说，正如作者米切尔·沃尔德罗普告诉我们的那样："在正确的环境下，即使是最轻微的不确定性也会不断变大，直到系统的未来变得完全不可预测——一言以蔽之，就是陷入混乱。"[1] 这并不是说连长应当忽视战术或作战和战略层面的人力情报来源、训练有素的战术人力情报人员甚至专案官，或将他们的潜力贬至最低，只相信单打独斗的低级搜集人员；而是说上述三类人员应当通力合作，因为不论是将这些人力情报来源相加，还是将它们视作整体，其价值都远远高于每个单独的来源。另外这也表明，在创建搜集协同时，不但应该在作战层面、指挥层面或某个情报科目内部建立，还应当囊括各个情报搜集群体，将它们作为自己的组成部分和存在理由。关于使用低级街头情报搜集人员的理由，我们还有最后一点需要强调，请读者思考以下观点：低级指挥官必须向周边邻里和街头的人力情报搜集人员下达任务，此举的目的不但是获得具有特定性和针对性的数据，了解敌人及其网络的活动情况，还可以帮助评估自己在设计和应用致命、非致命、有形和无形的活动和结果时，看看哪些没出问题，哪些出了问题。

传统的限制方法是有意义的，如果是在一个线性的、静态的作战环境下，对抗一支不会改变、不会自我适应、不会临场发挥，也不会不断提高能力的常规部队，这是完全可以接受的。如果小分队主官并非孤立无援，并未与上级组织相隔甚远（有时相距很多公里），而且生活在当地民众之中，这也是完全可以接受的。如果有足够的人力资源来提供必要的大量数据碎片，以感知和理解在变化时具有混乱不堪、不易察觉、差别细微和转瞬即逝等特点的环境，这也是有意义的。如果指挥官的角色和任务没有改变，如果风险最小，不确定性始终很低，而且如果敌人处于一种"可以预测"的指挥和控制架构，也就是分等级、有组织的指挥和控制架构，那么这也是完全可以接受的。

然而，如果是在非常规战争作战环境下，对抗嵌入民众当中的敌人，

[1] Waldrop, *Complexity*, 66.

而且他们所在的网络是不断运动、变化且非常扁平化的，那么这种约束就是没有意义的。在大型城市环境下，在非常规战争作战行动中，在一切可以想象的情况下，街头人力情报搜集活动对指挥官及其下属来说都是至关重要的。关于街头人力情报搜集活动，首先是寻找，然后接收数据片段，它们来自平凡无奇、单调乏味甚至一无是处的普通大众，然而正是这些人构成了繁忙运转之城市的内部结构和日常活动。除了“主动投诚者”提供的求之不得的随机输入之外，小分队主官需要专注自己收到的特定需求和观察指标。街头人力情报搜集活动，其实就是使用适当的激励，鼓动人们提供专注于目标而非随机或任意的数据片段，而搜集这些数据片段所依据的观察指标，是分析高级搜集需求（优先情报需求、信息需求、假设、期望、预感和疑惑）后生成的。

六、矛盾6：虚拟知识环境

下一个矛盾是，没有可行的虚拟知识环境来支持高级搜集行动。关于虚拟知识环境和高级搜集，我们说的到底是什么？在非常规战争中开展情报搜集，要求高级分析人员和高级搜集人员都应具有极其精确且最新的知识、理解和认知能力。例如，高级搜集人员不能只是简单地知道“思考什么”，而是必须知道“如何思考”。这些高级搜集人员必须掌握复杂的技术、文化和功能等方面的知识，也必须知道应用这些知识的高级思维技巧。

作战环境的运动和变化持续不断、嵌入式敌人融入民众当中、诚实公民（非常规战争中的敌人就嵌入这些民众之中）的活动数量众多但又各不相同、这些行为体的交织融合，以及不同竞争对手的利益和动机因相互冲突而彼此碰撞，这一切造就了美国情报系统面临的复杂性。这样一种作战环境、非常规战争敌人、复杂并且各异的民众，以及竞争对手的彼此碰撞，就是美国情报搜集专家面临的主要挑战。具体来说，纵观近代，美国的情报搜集系统一直都是以技术为导向的；如果它寻找的目标正好属于技术情报搜集的范畴，那它就可以神乎其神。但如果是根据人类动机、意志、激励、诱因、互动、情感、知觉、思想、规划、决策、行动、自我适应和无形因果等方面的观察指标，开展情报搜集活动，那么这方面的能力已经大大降低，并将一直保持低迷状态。

在这种环境下，情报搜集的关注焦点出自高级分析人员之手，即由他们为情报搜集专家提供非常特定的观察指标。在这种情况下，观察指标是“物理、生理、情感等属性，可以通过直接观察或测量的方法，确定上述一个或所有属性是否存在”。[1] 这种观察指标是文化、技术、功能、态势和生物特征等五种特征中的某一种，或多种形成的组合。要想满足这些观察指标，就需要掌握大量的知识。然而，这个问题将变得更具挑战性，因为作战环境、敌人和民众一直在不断发生变化，因此相关数据、信息和知识的半衰期都很短。这口“大锅”里烹煮民众、敌人和竞争对手等“食材”，它是所有高级搜集专家眼中的食人恶魔，也是毁灭源头。

高级搜集人员眼中的第二个毁灭源头，就是美国情报搜集系统的官僚主义。因为变化发生的速度极快，对可用数据、信息和知识的需求也会随之出现，所以情报搜集系统必须迅速改变、调整适应和改变重点。虽然当地战术搜集资产可以迅速重新定向和做出调整，但官僚系统以流程为导向，不但极其烦琐，而且进度缓慢，另外僵化的规定通常可以管辖作战、战区和国家等层面的高级资产。官僚制度追求效果，惩罚不遵守其规章制度的人员和组织，还要求形式必须正确，其流程和要求极其耗时，这些令情报搜集人员发现自己已经成为流程的“奴隶”，而不是具有创造性的对话者，自然也就无力满足因个人搜集能力变化不定而造成的需求。俄罗斯作家费奥多尔·陀思妥耶夫斯基（Fyodor Dostoevsky）可以帮助我们了解是什么理由导致在非常规战争的冲突中，前线人员即使正承受伤亡，仍然如此盲目地坚持流程：

> 人类是一种别扭的生物，或许就像棋手一样，喜欢下棋的过程，而不是棋局的结果。谁知道呢……也许人类在地球上努力的唯一目标，就存在于这个永不停歇的实现流程中；换句话说，在

---

[1] *American Heritage Dictionary*, Dictionary.com, http://dictionary.reference .com/browse/observable (accessed February 19, 2009).

于生活本身，而不在于将要实现的事情。[1]

指挥官需要的情报搜集资产，应当像空中支援或野战炮火支援那样，可以聚集在一起，可以组合、集结、解散，可以改变和紧盯目标，所有这些动作都是由知识极其丰富的情报搜集专家驱动的。但是，指挥官发现系统是缓慢的、迟钝的、自我满足的，它满足于（官僚定义的）有效性，但它不仅毫不敏捷，更可悲的是，在我们讨论的冲突类型中，它并没有保证持续有效。我们将在本书继续深入思考，并将讨论解决这个矛盾到底需要什么。

我们可以得出结论，指出任何高级搜集人员掌握的数据、信息和知识，都不足以用来开发出具有创造性的搜集组合（这种组合应当与其他具有创造性的搜集组合彼此相关），也就无法满足高级分析人员的求知欲并符合特定的观察指标。因此，军方自然应当拥有一个可以用来支持高级分析和高级搜集的虚拟知识环境[2]。

这就是矛盾所在。为什么会出现这样的矛盾？答案很简单，因为并不存在组织有序、训练有素并且科目明确的虚拟知识环境。高级搜集人员希望能用组织有序、训练有素的方式使用某个组织有序的系统，并希望虚拟知识环境可以保证满足一定的质量要求，希望得到主题专家、数据科学家和卓越中心的支持，从而帮助自己获得必要的认识，最终设计出高级搜集，以及执行与高级搜集相关的其他许多重要任务（比如维持七种基线）——但他们想要的这种系统并不存在。因此，在大多数情况下，掌握高级搜集知识的人员只能被迫自力更生。他们管理电子表格和流程的工作

---

[1] Dostoevsky, Fyodor. “Notes from Underground.” In *White Nights and Other Stories, The Novels of Fyodor Dostoevsky*, Volume X, from the Russian by Constance Garnett (New York: The Macmillan Company, 1918), 75.

[2] 虚拟知识环境可以提供一个概念和技术的框架，以此将涉及向后方专业知识和机构求援的想法和实践标准化，因为“向后求援”正是前线部署的指挥官和参谋人员难以掌握或执行的。虚拟知识环境可以将信息域凝聚成一个有组织的、虚拟的、下一代的融合过程。虚拟知识环境可以发挥三项不同的作用：第一，提供数据、信息和知识，以支持指挥官和情报分析人员、规划人员和军事行动人员；第二，提供专业化知识，帮助处理情报工作的细节事务；第三，提供认知和知识方面的必要手段，帮助指挥官、行动人员和情报分析人员做出决策、掌握主动权，并领先于敌人的决策周期。

过于繁重，几乎没有时间开展复杂高级搜集所必需的深度思考（耗费时间和精力，对特定主题进行深度的批判性思考）。我们的高级分析和高级搜集人员所需要的，是能够随时访问虚拟与现实中的统计人员、主题专家和卓越中心，从而帮助自己做到以下几点：一是调整现有的搜集资产；二是开发搜集资产的组合方案；三是规划、开发和执行搜集资产的最佳混合方案，以满足分析采样率[1]和现存的搜集标准；四是创造新的搜集方法，或创造可向虚拟知识环境提供的其他新需求，以帮助推动新搜集的设计工作，从而支持高级分析驱动的观察指标、采样率和标准。

七、矛盾7：小型隐蔽地面测量与特征情报设备

下一个矛盾是没有策略、计划和资源，因此无法持续开发和使用小型测量与特征情报设备，即无法使用隐蔽传感器来听到、看到、闻到和触摸目标附近和不远处的振动。我们已经介绍了越发棘手的作战环境，可以自我适应并且已经网络化的威胁，以及情报人员在大型城市作战环境开展行动时遇到的困难等。每个问题都要求动用高级传感器，但其能力过于强大，因此所处置的态势需有“迫切”作为描述形容词。

我们身处这个复杂作战环境中开展工作时，在讨论这一矛盾时，我们想要集中讨论的部分难点，却是我们期望看到、找到或搜集到的东西。这就是说，我们几乎无法发现显而易见的真理，或更加显而易见的事实。我们能够发现的最好结果就是数据碎片，我们的分析人员和机器必须首先通过高级分析的“重构”流程，将这些碎片识别出来，然后将其混合，或是更好一些，像编织成一块布头或挂毯那样足够牢固，足以让指挥官管理

[1] 分析采样率，是指高级分析人员与搜集专家合作，设计出搜集（技术、人力、开源）采样率，以便在正确的时间、正确的地点，寻找正确的观察指标和正确的活动，并让后续搜集工作重点关注事件（活动和持续时间）。这时还要考虑以下几项因素：一是必要的时间长度，这样才能搜集充足的数据，做出准确的决策（也就是说，传感器精度本身往往就是关于搜集行动持续时间的函数）；二是事件持续时间；三是预计的事件发生频率；四是假警报的可能性。高级分析人员必须制定出这项采样率，并且通常与高级搜集人员合作，以提出关于它的公式。

风险，降低不确定性，并快速做出有效的决策。正是思想、意图和动机等开始以不易察觉、差别细微、模棱两可的方式，发生、调整或异常显现时，我们才能希望情报搜集架构在观察指标的驱动下，能够在这个流程中找到我们所寻找和搜集的特定目标。有些显现来自运动的物体，有些是声音和气味，有些是人们犯下的错误（主要是技术、文化和功能等方面的错误），还有一些是地球表面的扰动。因此，异常分析的作用及其对情报搜集的影响越发暴露无遗，对于能否成功地规划、执行、评估和调整在非常规战争中开展的作战行动一事，也将是成败攸关的。

从这种情报搜集支持中得出的推论是显而易见的。也就是说，我们的情报搜集必须在领受命令之后迅速启动，将航空、地面、人力情报搜集、开源和非传统搜集资产和手段等，以最佳方式混合，并以集结、机动和蜂群出动等方式，针对特定的“点”进行情报搜集，目的是在高级分析驱动的观察指标和标准指导下，实施点持续监视行动。这意味着，我们的高级搜集设备必须有能力看到目标、识别行为、密切关注可被人类观察和测量的有形和无形属性，有能力在一个由航空、地面、网络、太空、水、人类传感器、搜集资产和开源情报等网络组成的自组织网络中，检测声音、气味、颗粒、热量和人为错误，即使目前因为所需能力存在技术不足而受到限制时也能如此。由此得出的进一步推论是，我们需要极其智能的网络，当然这意味着我们需要非常小型、非常智能、可以联成网络的视频设备和测量与特征情报设备来提供服务。

这里出现的矛盾并不会使读者感到意外。当然，这个矛盾是，我们没有将力量部署到位，无法执行所描述的任务；我们没有将军方和国家的那些实验室，以及实验室里大量非常聪明的博士科学家组织起来，因此无法发动一场思维战争，完成我们正在讨论的事情；我们没有现成的思想和组织流程，无法完成如此迅速的开发和执行工作。因此，我们并不具备必要的情报培训和教育条件，无法思考、规划和执行高级搜集行动，也就无法在针对目标地区开展军事行动之前和期间提供支持。不幸的是，这些矛盾汇总在一起，造成的结果就是我们将继续试图在复杂且不断变化的作战环境中，针对不断进行自我调整适应的敌人开展情报搜集。多数情况下，我们都在使用过去试图使用的同样技术及人类工具、方法、手段和程序，在战区和战略层面的作战行动中更是如此。

八、矛盾8：点持续监视行动

下一个矛盾是，我们没有能力组织和执行高级搜集点持续监视行动，以支持战术小分队（营、连、排，有时甚至是班这一级的组织），而且也没有能力根据需要经常这样做，或是长期这样做。

在继续讨论之前，我们先来回顾一下点持续监视的含义：

> 某个传感系统（或多个系统的组合）提供高置信度的能力，让人相信重要事件发生时不会检测不到。点持续监视的监视方案可以有效地消除时间、空间和范围等方面的差距，同时维持可接受的端到端报告延迟，并将假警报率保持在可以接受的限度之内。点持续监视可在正确的地点和时间，针对特定的观察指标开展工作，以发现文化、态势、技术、功能和生物特征等五种观察指标中的任何一种。[1]

我们稍后会更加详细地讨论点持续监视。在非常规战争和高级分析中，点持续监视是一项非常重要的，或许是极其关键的需求。我们需要它，因为在所有态势中，敌人都将是聪明的，适应能力极强，能够利用周边事物隐藏，能够融入所在环境及其居民的互动、活动、交易和行为当中，以实现自己的意图。想找出他极难，更遑论辨别他的意图和设置的条件了，在大型城市的作战环境中更是如此，因为在那里，他可以完美地融入其他所有文化活动当中。高级搜集强调必须找出五种观察指标，而这些观察指标在显现成实体的时候，往往是不易察觉、差别细微、模棱两可和转瞬即逝的，需要人力情报搜集与地面和航空等传感器以最佳方式混用，在特定地点开展情报搜集。情报集团必须开展团队合作，形成合力，以这

[1] Working definition, U.S. JFCOM JUOO, “Persistent Surveillance of Specific Points,” white paper, March 2007.

种方式监视并报告这些观察指标。这种能力必须配备在旅战斗队或团战斗队，以及营、连级别的组织当中。

国家层面的情报搜集虽然能力惊人，却没能为营、连、排在城市作战环境中开展的作战行动，提供充分、及时、具体的点持续监视支持。这的确是逻辑上的矛盾。让我们更深入地探讨这个矛盾。

这个矛盾并不容易解决。它极其复杂，而且看起来极易混淆，原因在于它如同一只非常善于伪装的变色龙，能够以多种不同的形式出现。这些形式有哪些？在回答这个问题的时候，我们发现有四种混淆形式，它们结合在一起，便可形成强力阻碍，让战术部队和国家机构无法规划和执行点持续监视行动，也无法评估行动的结果。

- 首先是第一种形式。我们发现它是一种思维方式：假定点持续监视能力类似特种作战组织使用的力量，因此不应也不能提供给旅战斗队、营、连和排等的作战行动。这种想法的根源，似乎在于整个情报界极力为特种作战部队提供开展点持续监视所必需的精确数据、信息和知识。我们也听到过非常类似的言论，有人会说，这种能力对陆军和海军陆战队的战术部队来说其实相当不错，但成本实在太高了。
- 在我们自认为关于现实的“真理”[1]和信念的“洞穴”中，存在第二种形式：人们通常喜欢做自己及所在组织擅长的事情，即区域监视，因为这是我们的机器和处理能力最适合做的事情。另一方面，点持续监视是非常难以实现的。它需要高级思维、自我推导出的前科学（prescience，前文已有讨论）、预先规划、寻求搜集和分析协同，以及融合人员、机器和组织等的知识和经验，以此提供必要的支持。但这种支持不能局限于开展作战行动的单个特种作战部队，而是要提供给在复杂作战环境中活动的众多战术部队——这些部队试图辨别真伪，同时隐藏在人们的视线之外，并且嵌入复杂适应系统，也就是人员、组织和活动的旋涡当中。

[1] Plato, *Republic*, Book 7, trans. B. Jowett, ed. with introduction Louise Ropes Loomis (New York: Walter J. Black, 1942), 398.

* 关于个人和组织阻碍向战术部队提供连续的点持续监视支持的情况，第三种形式就是我们缺少能在前线使用的传感器，但却需要在一段时间内一直使用此类传感器的力量。我们已经讨论过的矛盾包括小型测量与特征情报设备、图像和视频设备、高级光学设备，以及复杂的数据和传感器的网络，因此我们无须进一步回顾这点不足。
* 阻碍连续的点持续监视这个概念的第四种形式是一种组织限制，或许用"障碍"一词来形容会更加准确。它是一种自我施加的限制，也就是没有一个持续运转的**情报集团**，因此无法处置大型官僚机构那往往极其迟缓的活动。例如，要想从各个国家层面的情报机构抽调人员和机器，提供点持续监视能力所需的专项分析和搜集支持，需要的工作量极其庞大，而且必须重点突出、目的明确。他们想象不出我们如何才能将这种无比庞大的、足以支持国家层面专项情报的工作量，提供给同样需要专项支持的众多小分队。由于想象力方面的局限，人们并没有认真讨论这种能力。因此，这个矛盾一直悬而未决，事实上更是出于失调这个原因越演越烈，完全没有明显的改善迹象。

造成这个矛盾的另一个原因就是，人们只做自己擅长做的事情。被种种量度指标所驱动的人员和组织，会非常喜欢广域搜集器数据真空法。它能在地球大片区域的上空搜集海量数据，并有能力紧盯特定的重点关注区域，这些都是令人叹为观止的。它能扫过极其广袤的区域，还能将大量数据"吸"入数据管道或发送到机载处理器，这些令人叹为观止——对远离城市运动的人们来说更是如此。这里所说的城市，包括非常规战争作战环境、敌人，以及至关重要的民众。当然，民众都是笼罩于当前文化之下的。可是，这种能力是否真的会对战术层面的士兵产生影响？我们是否有足够的时间筛选与战术士兵相关的数据？这些数据是否与重点区域的重点关注点相关？这些数据是否有可能成为信息，并最终成为知识，帮助指挥官管理风险和降低不确定性？相关的数据是否会被切割，然后搁置在处理现场，也就是搁置在大型情报机构的数据整理流程之中，并因此未被查看？许多情报力量的真空式工作方法能否迅速调整关注重点，以处理特定的点持续监视问题。此类问题要求我们必须遵守五种标准（前文已有讨论），快速彻底地解构六种情报需求（优先情报需求、信息需求、假设、期望、预感和疑惑），或是战术层面的当地指挥官或主官急需的点持续监视搜集行动。

如前所述，美国的技术传感器非常强大，能够获取大量数据。基本来说，我们可以将手中许多传感器称为可吸收海量数据的广域“真空吸尘器”，并假定其他人将对所有这些数据进行分类，从中找到具有相关性的东西。这在**自我推导出的前科学**[1]这种将来时态中尤其难以做到，但它更容易想象得到，甚至在事后检讨这种法医取证式的事后行动模式中也更加容易做到。

虽然我们已经颇费周章地讨论了作战环境、敌人，以及指挥官的指挥和控制等内容，但在我们思考这番讨论中辩证和矛盾的部分时，被我们称为**“情报无关性”**（intelligence irrelevance）的恶灵应该会一直困扰我们。根据不涉密的资料及估计，美国每年对情报系统投入大约2000万美元，我们难道不应该设计出一个变通版本的点持续监视系统，将战术层面的小分队指挥官与战区和国家层面的情报搜集资产对接，使之能够为了自己领导的部队，为了与自己血肉相连的民众，也为了自己的祖国，更好地去履行职责？

九、矛盾9：分析侧指导搜集侧

下一个重要但却令人束手无策的矛盾，就是高级情报分析人员没有办法将自己的需求和解读，以直接和经常的方式传递给分布式情报搜集网络。这种对搜集理由进行直接的交流和解读，原本应该是一种自然而然的契合——情报搜集人员和分析人员之间的直接并且持续的关系，应该可以让情报搜集系统在分析的驱动下，生成具体的结果。

这里的矛盾在于，如果说情报分析人员想将特定的需求直接传递给虚拟搜集系统的组件，那么无论这件事有多重要，也不能允许这种直接连通的做法一再发生。真实情况是，情报搜集人员在陈述需求时会使用机器格式，

[1] 自我推导出的前科学是，强迫我们的大脑去凝视未来，以预料后续的行动和活动，这样高级搜集人员就可以开展设置条件的活动，以此支持指挥官。前科学包括预知或预见。人工刺激需在前科学之前，因为我们有时必须在没有经验帮助的情况下运用前科学，而这就需要人工刺激，或至少找出先验影响，帮助我们对事件做出预知。

而且非常不具有特定性，输出也不是分析驱动的，而是机器驱动的。如果面对在常规军事行动中以目标为导向的地面部队，这种等级森严、目标驱动的系统足以胜任。不幸的是，在非常规战争中，并不存在纯粹以目标为导向的作战环境或敌人。因此，令人遗憾的是，我们经常发现，尤其是在大型城市作战环境中经常发现，人和机器对待人力情报搜集问题的态度依旧，就像是在开阔或起伏的地形上对抗以目标为导向的常规敌人作战一样。

官僚思维驱动的情报搜集系统颟顸无能，并不鼓励前线部署的情报分析人员提供非常具体的指导，帮助分布式情报搜集系统支持在非常规战争中开展的作战行动。事实上，在某些情况下，情报分析人员和搜集人员的合作不够紧密。禁止这种互动的正是官僚主义，理由是必须严格遵守职能关系和流程。然而，人员、组织和机器可以达成更高的效率，以此操作一个大致扁平的网络，而且这个网络可以促进情报分析人员与搜集人员的直接互动，反之亦然。如果分析人员能够与分布式情报搜集系统合作，并向其提供具体要求，搜集人员就可以做到：第一，了解分析人员所处的作战背景；第二，具体了解分析人员正在寻找的是五种观察指标中的哪些；第三，了解分析人员提出请求的理由；第四，确切了解分析人员期望搜集人员在具体行动中达到的标准——**及时性**、**特定性**、**准确性**、**相关性**和**清晰性**。本书讨论了一个我们称之为“分析侧指导搜集侧的信息”的事物，它目前尚处于酝酿阶段。

十、矛盾10：国家层面搜集与战术层面搜集的互动

下一个矛盾是，关于战术层面士兵是否可以获得国家层面情报搜集支持的问题，美国情报界一直保持压制的态度。从他们的声明[1]中我们可以看出，高层领导人承认小分队是非常规战争中最重要的组织——过去是这样，将来也是这样。我们知道，这些组织的主官在复杂的作战环境中开展行动，对抗适应性强的敌人，并与非常重要、变化无常而且较为敏感的民

[1] Robert M. Gates, speech at National Defense University, September 2008; James Mattis, “Joint Warfare in the 21st Century,” Foreign Policy Institute Speech, March 2009.

众互动。我们还知道，战术指挥官及其下属指挥官需要最具体和最新的数据、信息和知识，以此管理风险并将不确定性降低到可接受的水平，从而做出快速有效的决策。如果我们的陆军士兵、海军水兵、海军陆战队队员和空军飞行员身处这些遇到困难的组织当中并面临危险，如果我们相信组织有序、科目明确和专注重点的国家情报支持可为他们提供持续的不对称优势，让任何敌人都无法击败他们，那我们为什么不能重组或开发出一种新的方法，在需要的时间和地点，以旅战斗队、团战斗队和营、连、排主官需要的形式提供这种支持？

如果人们试图厘清这个矛盾的根源，就会从这个问题的两个方面出发，思考各种各样的理由。从国家层面来看，如果这个矛盾完全为真或部分为真，那一定是由于下列原因中的一种，或几种的综合。它们是：第一，我们居于战略层面，因此我们不支持战术层面；第二，我们不会进入细节层面，也就不会去满足战术指挥官的全部五项标准；第三，缺乏特定性和及时性，无法满足战术指挥官的标准；第四，我们只处置政策事务，并不参与当地情报行动，但涉及我们自己的前线支持小组时除外；第五，我们的章程中并未规定应当提供协调的合力支持；第六，如果战术指挥官想要使用美国情报界这种国家层面的资源和力量，该名指挥官就必须改变自己的标准，使之匹配美国情报界在官僚意义上所能做到的事情，否则就应当选择不要这种支持；第七，战术指挥官拥有自己的搜集资产，难道这些资产并不足以满足他的需求吗？

从战术层面来说，如果这个矛盾为真，那我们将不得不听到一些理由。从战术层面的主官、分析人员和搜集人员那里听到的话可能是这样的：其一，我们从来没有得到过国家层面的帮助，所以为什么要问；其二，在我们需要国家层面情报系统支持的时候，我们并没有收到支持，或是收到的支持并不符合我们的标准，因此我们已经拥有并且正在使用自己的情报分析和搜集系统，因为在我们提出需求的时候，它们是确定可用的；其三，在我们需要国家层面人员的时候，他们可能刚好不在，因为我们工作的地方不分日夜、周末或假日；其四，国家层面的人员无法理解我们的作战背景，遑论我们的需求了；其五，对国家层面的情报界来说，我们的标准太难理解，遑论达到标准了；其六，不存在所谓情报集团；其七，我们只信任自己触手可及且可以控制的东西。

这些观点可以告诉我们什么呢？第一，如果这个矛盾为真，那么矛盾双方都有误解存在。第二，很少有人将一体化的美国情报系统视为敌人需要面对的不对称威胁。第三，战术层面的人们有一种不信任感，因为他们坚信端坐在数千公里外办公室里的人们，不可能向在前线出生入死的人们提供任何东西。第四，很少有人以整体方式看待情报，因为这种观点认为情报是一种合力，是敏捷的，是一个可以自组织的集团，相信整体和协同是可以寻求的，也是可以实现的；并且认识到较低层面的情报对较高层面是有价值的，正如较高层面的情报对较低层面也是有价值的。第五，在非常规战争行动中，战术层面是最重要的战斗层面；因此，整个情报架构（有一天我们可以称之为集团）必须满足的标准，应当适用于提出请求人员所处作战背景，而不是相反。第六，存在一个庞大的情报官僚体系，它可以扼杀想象力和敏捷性，让人无法满足标准，也让人不可能以统一合力的方式开展工作；它让前线部署的情报分析人员无法与分布式情报搜集系统直接通信。

这个矛盾至少有一部分是真实的，而且这个部分极其重要。如果不去解决这个问题，就意味着我们在努力开展情报工作时，在为非常规战争中的主官提供支持时，只能继续提供表现欠佳的情报分析和搜集能力——然而它们原本可以表现得更好一些。我们拒绝解决这个矛盾的时间已经太久；因此，我们必须从现在开始解决它，以便继续本书的探讨之旅。我们将在下一章开始相关探讨，看如何以团队合作的方式克服这个矛盾和其他矛盾。

十一、矛盾11：特定性悖论

悖论是“看似自相矛盾或荒谬的陈述或命题，但实际上表达了一种可能的真理”。[1] 有个例子是这样的：“死亡和孤独的沉默声震耳欲聋。”在第4章的这个小节，我们将讨论特定性悖论。高级搜集中这个矛盾的实质到

[1] Dictionary.com, http://dictionary.reference.com/browse/paradox (accessed August 11, 2009).

底是什么？

这个搜集悖论围绕的是一个简单的概念：为非常规战争提供的情报支持，其本质是特定性。我们使用特定性要素来开发观察指标，它可以左右情报搜集系统的观察焦点。特定的知识可以决定情报搜集专家采取什么样的方法，针对情报搜集人员和人力情报搜集，如艺术家一般设计出正确组合和最佳混合等方案，以此提供高级分析人员要求的情报搜集，根据他们制定的观察指标开展搜集。分析人员和机器将数据重构为信息之后，这些特定性要素可以帮助解读数据。特定性要素可以帮助我们将信息综合成知识，其质量足以帮助做出快速有效的决策。有了特定性要素的帮助，我们就可以开始理解作战环境、敌人和民众，以及理解这三者的混合是如何变得重要的，又如何像是有了生命一样开始自行发展的。有了特定性要素的帮助，我们就可以开始理解作战环境中非线性特性的影响，理解非线性是如何影响我们对群体、趋势、复杂适应系统、敏感变量，以及结果或后果的原因等所做的思考及对它们的使用情况，并预测二阶和三阶效应引发的如海啸般巨大的结果。

话虽如此，谁在情报界处理特定性要素？需要具备什么才能被称为是特定的？为什么这会成为一个问题？我们可以在下面的思考中找到这三个问题的答案。第一个问题，“特定”的反义词是“模糊”。当然，没有人希望生成或收到“模糊”的数据、信息或知识。人们想要特定的数据、信息或知识。但不幸的是，由于没有时间、存在其他同样重要的优先事项或是不愿意深度思考，人们往往满足于思想或结果中的模糊性，不去进行深度思考；然而深度思考不仅是“感知”所必需的，也是“了解”和“理解”所必需的，而且后两种活动可以让人达到更高的思想水平。

高级分析可以驱动高级搜集开展情报搜集，以寻找特定性要素。那么第二个问题就是，高级分析到底是关于什么的？很简单，高级分析不仅要求思维的特定性，而且要在特定性要素的基础上发展壮大。由于高级搜集是高级分析的行动支撑，因此它也必须是特定的。既然特定性要素如此重要，那是什么原因让人们无法提升特定性的程度呢？第一个抑制因素是不断变化的作战环境、适应性极强的敌人，以及民众。即使人们想让自己具有特定性，往往也很难做到，原因是一切复杂的非常规战争作战环境天然都是波动的、动态的。第二个抑制特定性的因素是知识衰减。如果环境是动态的，任务是不断变化的，那么知识就必须是有价值的、具有相关性的和当前最新的，这样才能帮助指挥官管理风险、减少不确定性、解读行动反馈，以及后续评估结果。但有价值的知识是很难获得的，而且在非常规战争的作战环境中，这种知识的有效半衰期很短暂，因为作战环境是变化无常的。造成特定性悖论的第三个因素是将情报界人为地划分为不同的“阶层”和“烟囱”[1]。它们通过组织设计、流程、行动规则和行业理念，让战略层面的人们难以认识到具有特定性的重要意义，因为有了足够的特定性，就可以在战术层面的行动中直接提供特定的知识支持。第四个因素是情报分析人员和搜集专家都没有充分理解知识的力量。如果他们充分掌握了足以让自己具备特定性的知识，或是找到可以帮助自己为现有知识增值的人员（例如可以借助灵敏的地面和航空传感器的技术能力，其灵敏程度应当足以识别出身体气味、低语或插进土里的铲子），他们就可以掌握和利用我们所说的“知识优势”。第五个因素是**“时间的暴政”**（tyranny of time）。这意味着人们在非常规战争中开展行动时，如果已经处在冲突爆发的边缘，则往往没有时间去掌握甚至要求获得特定的知识。让问题变得更加复杂的是，在上级总部，人们确实有时间让自己具备特定性，但他们却有许多其他事情要做，因此不会花费时间让自己具备特定性，以此支持战术层面情报分析人员或搜集人员的要求，为其提供特定的知识。许多要求都是希望位于华盛顿特区的高级决策者提供政策支持，因此他们将大部分时间都用于思考和掌握这种可以支持政策的宏观知识，而不是向下深究前线部署部队指挥官要求的特定性要素。让问题更加复杂的是，战术、作战和战略层面的人员并不掌握组织有序、科目明确的方法，因此无法访问正确的知识、主题专家或数据，也就不能将其转化为信息或知识，或是无法访问正确的卓越中心（比如美国橡树岭国家实验室的卓越中心），因此无法寻求主题专家的帮助、搜索现有的数据库，或是找到充足的战术层面知识，以此满足自己对特定知识的需求。

---

[1] “阶层”无法纵向沟通，“烟囱”无法横向交流。——译注

第三个问题，需要具备什么才能被称为是特定的？答案就是**当前知识**和**重要知识**，也就是技术、文化或功能方面的详细知识。我们应当牢记这个答案：知识是实现特定性的关键，但并非所有知识都是。知识也有可能是不适当的、不相关的，或过时的。有时人们找不到自己需要的相关知识，因此必须掌握新的知识。虽然“知识”这个词看起来非常简单，但要想掌握和使用知识，其实一点儿也不容易。此外，生产知识的工作往往需要时间——找到知识需要时间，找到合适的专家以掌握合适的知识需要时间，更新现有知识需要时间，掌握新知识也需要时间。在战术层面，时间非常稀缺，因为非常规战争的复杂环境天然就是瞬息万变的。

十二、矛盾12：视角的冲突

这是与我们研究有关的最后一个矛盾，它可以增加我们的不协调感和认知失调，我们发现这种感觉的本质就是视角存在冲突：一方是前线部署士兵的视角，另一方是端坐在华盛顿特区及其他高级别指挥部里，开展重要工作的技术官僚的视角。[1] 那些身处前线部署地区并在战术层面执行任务的人，上至战区，下至营及以下，如果他们发现在国家层面的情报界，人类头脑、组织力量、机器、数据库和隐性知识可以生成巨大的潜力，同时也悲哀地发现，虽然这种巨大的潜在力量本应用来帮助非常规战争中最需要帮助的人——战术层面的士兵，但这些士兵基本上都没能用到这股力量，这时他们就会意识到矛盾的存在，其情感和理智也会受到冲击。这个矛盾来自被身份危机困扰的国家情报界（在这个背景下，“界”[community] 这个词属于用词不当）。一方面，情报界的人员似乎认

[1] 关于这种矛盾的讨论既不是贬斥“官僚”一词，也不是暗示在美国首府华盛顿特区情报系统工作的人们的工作十分轻松。事实上，他们的作战环境在难度和复杂性等方面，等于或超过任何前线部署人员在外国作战环境中所面对的问题，只不过不是经历枪林弹雨或分离势力等而已。这里提请读者思考的是，如果我们组成团队，开展合作，以求打破范式，为他们赋予希望变革的意志，那就必须改变或努力修正促成这种矛盾的要素，或是笔者在本节论述的其他事项。

为，自己存在的理由就是为非常高级别的政策制定者提供支持。另一方面，越来越多的人认为，国家情报界必须做出改变或自我调整适应，为非常规战争中的棘手任务提供适用的情报支持。这就是说，钟摆开始摆动，开始意识到不仅必须将最好的情报提供给军和师级部队，还必须提供给连和排级指挥部，以及在非常规战争中开展各种活动的组织。国家情报界必须解决这个身份危机，学会以另一种方式相信和思考，以提供它能提供的国家层面的巨大情报支持，同时满足前线部署的连长、排长的严格标准和要求，以及向其下达政策任务的上级的严格标准和要求。这确实是一项艰巨的挑战。

我们将会体验到一种严重的挫败感，因为我们在意识到这种潜力的同时，同样会清楚地意识到，如果试图将国家情报界统一起来，释放它的全部力量，让联合行动能够如闪电般精准地针对目标，解决非常规战争中战术层面士兵在面对极其困难任务时，遇到的那些非常特定的问题，那么这种尝试也将是徒劳无功的。指出这种矛盾不是为了责备或指责；相反，是为了劝告他们像一个真正的集团那样工作，从而为战术层面的士兵提供国家情报界统一后的那种全面而又强大的力量，有针对性地处置在连、营和旅战斗队、团战斗队等各级指挥部中非常特定的问题。

居于战术层面的人们通常并不知道国家和战略层面的人们在做什么，也不知道后者在支持自己这个问题上的态度——这种普遍缺乏知识和理解的情况加剧了这个矛盾。而让这个矛盾更加严重的是，战术层面的人们有时并不信任来自国家情报界的产品，有时也不相信国家层面会在自己需要的时候提供支持。

这个矛盾存在于在截然不同环境中工作生活的人们的思维中，以及执行不同任务的人们的思维中。因为相关人员和组织具有不同的经验、思维和背景，所以彼此间存在的人际关系和组织等关系加剧了这个矛盾。如果位于华盛顿特区的大型情报机构派人员部署在前线，那么这种关系会相当和谐。不幸的是，这种部署方案很难提供给所有的旅战斗队、营、连等级别的指挥官和参谋人员。不管怎样，前线部署行动人员希望情报是及时的、特定的。他们希望情报的数量非常充足，足以管理风险，将不确定性降至可以接受的水平，并提供足够特定的知识来帮助自己做出快速有效的决策。位于华盛顿特区的情报分析人员和搜集专家生活在一个完全不同的世界，他们多年来只处理在官僚意义上优先的事件和支持。因此，及时性和紧迫性成为一个关键压力点，既存在于国家层面各情报机构之间，以及小分队之间，也存在于这两类部门之间。

通常，大型官僚机构需要很长时间才能醒悟，听到在非常规战争中执行复杂危险任务的前线战术指挥官要求实现变革和提供支持的呼声。由于许多文职分析人员从未投身前线军事组织，从未在地面、海上、水下或空中等复杂作战环境中开展工作，自然无法深刻理解在非常规战争作战环境中开展行动的士兵的日常经历。然而，缺乏理解的问题并非华盛顿层面的情报分析人员和搜集专家所独有，它也存在于战术层面军事人员的头脑之中，因为他们并不了解这些情报分析人员和情报专家的工作所在地，即华盛顿各情报搜集机构的政治环境和工作条件。有时，战术层面的士兵既不理解，也看不出有任何理由需要自己尝试去理解国家层面的情报分析人员和搜集专家赖以工作的官僚领域。两个阵营的人员和组织之间存在鸿沟，但填充这个鸿沟的却是一片庞大又深邃、混乱狂暴的不信任“海洋”；这才是该矛盾的本质。

关于非常规战争中情报搜集矛盾的讨论至此结束。可以这样说，本章旨在厘清事实，介绍了在现状与需要我们（情报分析人员、情报搜集专家和情报组织）做出的改变之间，存在一些矛盾，让读者可以了解非常规战争到底意味着什么，并在开展大量推论分析之后，学会如何支持那些彻底投身复杂非常规战争作战环境中的战术士兵。本章讨论的矛盾只是诸多矛盾中最重要的几个——肯定还有更多，而且有些可能更加重要。此外，前文已经提到，我们要强调指出的是，只要抱着协作、合作并且目的明确的态度，努力团结一致，我们国家就可以发展出相对于敌人的真正“不对称”优势。虽然这一次，优势落于强者之手，我们的敌人并没有能力与之匹敌，但我们必须更好地团结一致，不断寻求在各级指挥部中实现人员、组织和搜集人员之间的协同互动。随着时间的推进，即便本书内容可能变得有些过时，但专注、协同、合作、协作，以及合力等原则将始终不变。上面讨论的各项矛盾，不管影响程度有多大，都在阻碍我们通过合力所要追求的目标。我把这些矛盾一一列出，并将其视作需要解决的重要问题。

而且，解决它们的方案也将成为工作框架，针对如何改进情报搜集，使之成为高级情报搜集。在继续讨论之前，我们来回顾一下这些矛盾，这个小练习可以为后面几章内容提供铺垫。在本章中，我们找出并简要讨论了以下矛盾：

矛盾 1：关联国家支持与非常规战争的战术作战行动；

矛盾 2：判断情报搜集的质量；

矛盾 3：搜集协同；

矛盾 4：借用搜集时间的能力；

矛盾 5：当地人力情报搜集；

矛盾 6：虚拟知识环境；

矛盾 7：小型隐蔽地面测量与特征情报设备；

矛盾 8：点持续监视行动；

矛盾 9：分析侧指导搜集侧；

矛盾 10：国家层面搜集与战术层面搜集的互动；

矛盾 11：特定性悖论；

矛盾 12：视角的冲突。

这些矛盾是有意义的，也是有影响力的。从定义上看，它们会造成人们的认知失调，令其在逻辑上感到不协调。应当由我们去了解为什么会存在这些矛盾，为什么它们会引起认知失调，为什么它们会造成逻辑上的不协调。当然，这意味着我们必须承认上述矛盾可以影响我们的视角、思维，以及将思维转化为行动的能力。它们会形成阻碍，让我们关于情报搜集的信仰和思维难以发生必要的转变。

下一章，我们将从宏观视角讨论需要什么才能解决这些矛盾。本书将在后面若干章节中，继续深入研究高级分析的特定性要素。从宏观的角度来看，可以提供必要的具体方法，解决我们在本章中讨论的各个矛盾。

[第5章]

克服情报搜集矛盾的宏观视角

讨论进行到这里，简单来说，理想状态就是国家情报可在必要的时候，随时支持连、排甚至班所开展的行动，这样我们在第 4 章讨论的矛盾就可以得到解决。不幸的是，这种解决矛盾的方法需要开展大量的工作。我们必须做些什么才能解决它们，好让我们能够继续前进？从非常宏观的理想主义视角来看，本章介绍了可能解决这 12 个矛盾的方法。在下一章中，我们将提供如何执行这些解决方案的具体细节。首先，我们简要讨论一下矛盾 1。

一、克服矛盾1：关联国家支持与非常规战争的战术作战行动

要想解决矛盾 1，我们需要华盛顿特区有这样一个情报组织，它能专门开展组织和调动资源的工作，以求协调和同步国家情报搜集、主题专家、计算机、通信和数据，满足前线小分队指挥官及其手下主官提出的需求，并且能够一直满足前线指挥官的严格标准。我们将这样的组织称为国家点持续监视中心。它将负责实现搜集协同，以支持小分队的点持续监视行动。例如，小分队这种战术组织中的传感器专家、人力情报人员、电气工程师、土木工程师、石油工程师、医学专家、文化专家、犯罪专家等，几乎没有办法设计出必要的搜集组合方案，或是关于各种传感器和搜集资产的最佳混合方案；然而只有这样，才能在一个下至单兵情报，上至国家

层面情报的庞大情报集团中，形成**情报合力**。

这个国家层面组织成立后，其宗旨是在解决小分队面临的这个痼疾时，不是只解决一次，也不是仅在特殊情况下解决，更不是仅为高级别的特种作战部队解决，而是长期地、为前线部署战术小分队（旅战斗队、团战斗队和营、连、排）指挥官解决这个问题。这意味着从理论上讲，如果某个班长被赋予最高优先等级，那么即使他只有一个仅负责周边邻里的当地巡逻队，只能对某个个人住宅中的可疑藏匿物品发动突击搜查，他也可以收到以综合形式提供的国家层面和战区层面的情报搜集资产、计算机、可视化图像和知识，以及本国最具智慧的人才提供的专业支持、本国最先进机器处理和展示的最新高等级数据，和本国顶级可视化专家处理过的数据。

这样类型的高级搜集是情报集团的工作，并不只是这个层面或那个层面，这个部队或那个部门的责任。这种组建真正集团的理念威力惊人，但要想实现它，就需要在思维、组织、奖励，以及我们开展多媒介协作的方式等方面做出改变。这种高级搜集支持就是与前线部署小分队合作，设计出最佳混合方案，将传感器和人力情报结合起来，将情报搜集力量集中于一点，也就是利用正确的时间、正确的地点、正确的活动和正确的观察指标，以寻找和开发持续的搜集协同，将人力情报搜集、开源和非传统搜集资产（低级搜集人员以及非政府组织、跨国公司和安全公司）等，与太空、航空和地面的技术搜集设备结合起来，并执行基线（七种基线，将在后文讨论）更新工作。这种支持必须保证持续可用，供处于危险境地的年轻人使用，它不能仅仅是某次特殊行动的例外。设计这种国家情报支持并为之调动资源的目的，是为了满足使用该种支持的那些主官规定的标准，因为他们了解环境、民众、文化和敌人，会在规划和执行任务期间不断收到反馈，并能够评估和调整结果，以提高人员和机器的工作成效。这种支持机制是一种强制性需求，因为随着时间的推进，不同文化彼此碰撞，美国军方正在进行重组，以迎接即将到来的一系列非常规战争。如果国家层面的情报力量不能直接对接执行作战行动的小分队主官，我们就是在故意放弃一个强大的、国家层面的、不对称的，而且是任何敌人都无法战胜的力量。

二、克服矛盾2：判断情报搜集的质量

解决这个矛盾的方法其实一目了然，但极难落实。这个一目了然的解决方案就是，根据情报搜集对前线部署指挥官决策所做的帮助、对任务规划所做的帮助，以及能否满足非常规战争中天然存在的六种对情报和信息的需求（优先情报需求、信息需求、假设、期望、预感和疑惑），以此判断情报搜集的质量。这种方法论可以提升各个行动之间、决策人员之间以及各个组织之间的现有联系，也可以提升这三个类别之间的现有联系。它让指挥官及其参谋能够向情报搜集组织和人员提供有用的反馈。也就是说，这种方法论可以针对情报搜集是否见效这个问题，提供来自指挥部的反馈意见，供相关人员用于开展规划、决策、执行以及评估和反馈。这种来自战术前线人员的评估输入，对那些负责规划、操作和评估所有类型搜集结果的人员来说，是极其宝贵的。

我们并不是批评在情报界各组织内部使用可量化度量标准的做法——这种度量无疑会非常有用，可以帮助这些组织内部的机器和流程做出调整。但真正用以检验情报搜集质量的标准是，它对指挥部的规划和决策、参谋活动，以及评估相应行动造成的结果等工作所做的贡献——这些行动旨在提供决策急需的反馈循环，无论做出决策的是战术前线指挥官、战略指挥官还是决策者。

因为在非常规战争的作战环境下，事件展开的速度极快，所以作战环境的逻辑决定了决策速度必然节奏极快。因此，对于一切用于开展质量判断的模式来说，面临的障碍之一就是如何应对这种节奏极快、动荡混乱的决策环境。人们在对搜集质量做出直接判断时，必须克服的另一个障碍是如何将搜集与观察指标关联起来——观察指标就是根据指挥官的意图、任务、指导和思维联系等生成需求，再将这些需求解构后得出的。在解构和标记软件的帮助下，机器和人可以将观察指标与需求关联起来，并在主动情报搜集行动中保持这种不可见的联系。当数据碎片开始返回时，这些联系就可以将它们存储起来，人和机器就能快速、高效、有效地对它们进行分类，以及找出它们之间的关系。搜集到的数据数量庞大，决策和行动的速度极快，这些无疑会阻碍所有纯粹传统的手段，使之无法将指挥官及其

参谋人员或其他决策者，与多个情报搜集机构关联起来——这些机构原本有望在非常规战争行动中为他们提供支持。因此，我们需要借助自动化，以最大程度完成某些特定评估，从而加快双方——战术部队与国家情报搜集力量的人员和组织，各自工作流程的速度。

三、克服矛盾3：搜集协同

这个矛盾需要大量工作才能克服。解决它意味着必须按照前文定义，创建搜集协同。在一切态势中，总会存在某种程度的协同，具体情况取决于我们能否让情报搜集人员、小型传感器和非传统搜集资产足够接近目标，以发挥效用。能否接近重点目标，与航空搜集和国家技术手段充分自愿的周期性（所有情报搜集活动都将根据分析人员定义的采样率和频率执行）是密切相关的，因为这样才能在某事应当发生之际，有效地识别敌人的存在、活动和不活动情况，并识别短期、长期和暂时的情绪、态度、期望、解读，以及它们后来具象化而显现出的民众行为。或许，如果自动化和智能软件能被不断地小型化和改进，就可以帮助解决目标不可感知的限制，但如果能够改善情报搜集专家的思维方式，肯定也会有所助益。

人们需要让搜集协同去克服情报搜集面临的一些重大限制。这种限制能使高级搜集难以集中力量关注目标，进而妨碍其在城市非常规战争环境中发挥最佳性能。我们在前文已有讨论，部分此类情报搜集挑战如下：

- 加深加固的指挥所和其他目标。
- 敌人有一个“网络的网络”，它是不可见的、扁平的、不断变形的，它部分是人、部分是机械、部分是基础设施、部分是功能网络；该网络拥有众多的支持者；恐怖分子和叛乱分子在一个非常繁杂的文化环境中，不停开展令人眼花缭乱的活动，将少数敌对活动嵌入众多合法活动的背景当中。
- 各个节点深藏不露，技术、社会 / 人际、功能、组织和思维等五种联系数量众多，而且不断运动变化。
- 敌人不常露面，因此无法观察，这种做法可以拒止技术搜集能力，不论无人机或全动态视频的系统和操作人员如何出色，依然无济于事；

敌人使用各种老生常谈的手段来隐藏自己，比如变换使用高技术和低技术、熔断机制、阴谋诡计、欺骗行动、声东击西和转移注意力等，引开美国情报搜集者的注意力，使之不再关注叛乱分子的活动，并使用虚假的异常、模式和趋势，来迷惑“高级分析—高级搜集”团队。

- 与当地民众、宗教领袖和政治领袖一起，选定目标，并接收关于（有形和无形的）行动是否奏效的反馈。

不幸的是，我们的技术传感器在应对这类挑战时**如果孤立无援**，有时就会表现欠佳。一位知名作家强调说：

> 众所周知，利用卫星可以看清车牌（以及特征）。但它几乎不会告诉你在那辆破烂不堪的丰田车里，坐的到底是无辜平民、自杀式炸弹袭击者，还是恐怖分子头目。[1]

我们的要求仍然是针对非常棘手并且隐藏极深的潜在目标进行情报搜集，并使用一种、两种或所有五种观察指标，在“正常”海洋中辨别异常与正常。在这种情况下，高级分析人员就是行动人员，因为他们将借助分析侧指导搜集侧的信息，告诉搜集人员应当搜集什么（将在后文深入讨论），并与战斗及文职行动人员就该项指导开展协调工作。

不幸的是，这方面的挑战并不仅仅针对人员或软件；最棘手的挑战是组织，另外还有行动规则和组织规则、政策，以及阻碍人们掌握足够的力量或实现足够的协作和自组织，从而实现搜集协同的那些规定。由此看来，自组织是一个非常重要的概念，可为我们的思维活动提供补充。它是“一个吸引和排斥的流程；在这个流程中，一个系统的内部组织，通常是一个开放式系统，可在没有外部来源的指导或管理的情况下，增加复杂性”。[2] 下面一段话摘自米切尔·沃尔德罗普的《复杂性》一书，它可以帮助我们理解为什么对于这项讨论来说，自组织不但非常重要，而且是具有相关性的。

[1] Ralph Peters, “Our Strategic Intelligence Problem,” MR Insights, *Military Review* (July–August 2006), 113.

[2] http://en.wikipedia.org/wike/Self-organization.

> 这些互动非常丰富，可以让系统以整体方式进行自发式的自组织活动。因此，人们试图满足自己的物质需求，为此通过无数的个人买卖行为，不知不觉间将自己组织成一个经济体；它出现的时候，并没有人负责此事，或是有意识地加以规划……这些复杂的自组织系统是可以自我适应的，因为它们并不是像地震中岩石滚动那样，仅仅被动地对事件做出响应。无论发生什么事，它们都可以主动地尝试将此事转化成自己的优势。[1]

为了帮助人们实现搜集协同，从宏观角度来看，必须做到以下几点。第一，情报搜集专家必须理解协同意味着什么，理解它能提供什么优势。退役海军上将威廉·欧文斯是美国参谋长联席会议前副主席，他在《消除战争迷雾》一书中指出："有一项关于技术和战争的关键教训：协同增效必胜。"[2] 在这方面，无论如何困难，高级搜集人员都需要学会针对搜集协同这个问题开展思考，并以主动出击的方式，去规划和执行那些能够产生协同增效的行动。第二，情报搜集专家需要软件来帮助自己思考、规划、执行和评估搜集协同行动。这种软件必须能够做出某些低级决策，因为在处理这些低级决策时，机器可以比人类做得更好；它也必须与人类合作，为其提供选项，看怎样才能帮助人类实现搜集协同。第三，情报人员需要有个地方来试验概念、工具、组织设计、虚拟知识环境、复刻的非常规战争作战环境、真实数据，以及行动规则，以确定哪些是有效的，哪些是无效的。第四，一切部队在前往潜在敌对领土之前，其所开展的部署前训练和战备，或是任务预演训练都需要包括搜集协同。关于这一点，高级分析和高级搜集人员必须与真正的传感器、真正的人力情报、低级线人和线人、真正的非传统搜集资产、开源情报，以及各种情报科目，比如信号情报、地理空间情报和人力情报等合作。

搜集协同是有可能实现的，尤其是考虑到情报搜集人员的素质，以

---

[1] M. Mitchell Waldrop, *Complexity: The Emerging Science at the Edge of Order and Chaos* (New York: Touchstone Books, 1992), 11.

[2] William Owens with Ed Offley, *Lifting the Fog of War* (New York: Farrar, Straus, and Girous, 2000), 80.

及美国军方拥有强大软件，或很快就能成型的强大能力时更是如此。但也存在阻止实现搜集协同的障碍，它们是一些相当棘手的问题：了解和理解搜集协同的意义；广泛地规划和协调（技术和人力）搜集资产，并避免彼此冲突；工具的集成与开发；改变人们的思维和信念，从而改变组织的风气；抛弃过时的传统观点，因为它独裁式的存在会排斥搜集协同；以及迷宫般的行动规则和组织规则，还有在许多情况下会阻碍人们开展工作的规定。这样一来，搜集协同就会不停地被种种事件所打断，因此从成型之初便已失效，即使想要褒扬也无从谈起。

想要规划和执行相应活动以支持搜集协同，就要付出大量的努力。有位专家对此解释道："对资产的利用和控制活动进行'定制'是非常关键的，这是因为所支持的部队在能力、人员配备、通信路径和战斗力整体水平等事项上面临重重困难。"[1] 在对这个陈述和我们自己的思路进行思考时，我们必须让人和机器以动态二重奏的方式工作，但如果能有正确的编程，那就是由机器来推动不断实现搜集协同，因为人类执行计算和排序的速度并不够快，无法推动实现绝对基本和绝对关键的复杂互动和协调。在对这个难题进行思考之后，我们可以得出结论，指出人类和软件的挑战无须太多困难即可克服；但沟通和协作在组织方面需要面临的挑战，将是令人头痛不已、极具挑战性而且问题严重的，遑论创建持续的搜集协同了。

四、克服矛盾4：借用搜集时间的能力

情报搜集系统**"隶属于"**人和组织。它们可以是某个特定小分队的有机组成部分，或者上级总部可以根据一系列的优先顺序和相关规定，派它们前去支持相应的小分队和组织。因为所有高质量传感器（技术和人力）都是低密度、高需求的，所以必须对提供支持的请求、支持的持续时间、报告的渠道和技术指导等进行裁决。情报搜集开始支持某个小分队后，它就会开始响应该分队下达的任务。这意味着会有得到支持的组织，也会有

[1] Martin Schwerzler, "Collection Management in the COIN: A 3rd Infantry Division Perspective," *Military Review* (July–September, 2008), 26.

得不到支持的组织，因为类型合适的搜集资产数量不足，无法充分满足在非常规战争行动时出现的各种需求。

一旦就直接支持、一般支持或加强一般支持等增援做出决策，接受支持的小分队便很难将情报搜集资产转交给另一个小分队，即使自己并没有充分利用该项资产的能力时也是如此。因此，情报搜集启动之后，就会吸引多种形式的竞争或对抗，比如友方情报搜集对抗敌方搜集、多个友方争夺资产的使用权、友方情报搜集对抗敌方的反监视和欺骗、友方情报搜集对抗当地民众，以及友方在作战环境中对抗其他竞争对手。

因为所有渠道都很严格，所有规则都很严苛，所以很难想通如何才能获得足够的传感器时间，为所有希望开展点持续监视行动的小分队执行该种行动。尽管如此，解决方案还是有的，具体如下：在分配好传感器和人力情报搜集之后，要想实现这个解决方案，即让人能够以正确方式共享传感器和搜集人员，还需要进行以下几项活动。第一，高级分析人员必须提供使用者需要的分析驱动的采样率（他们需要包括人力情报搜集在内的传感器的最佳混合方案），以便在正确的地点、正确的时间集中力量，寻找正确的活动和观察指标。第二，各小分队需要达成一致意见，商定是否需要共享传感器时间，是否有必要为传感器、人力来源或线人开展某些准备工作。此外，我们还需要软件来优化传感器和人力情报搜集的理论模型的算法，然后运行数学计算，以实现搜集协同（最佳混合方案），从而满足分析人员的采样率要求。第三，软件需要向离自己足够近的传感器“借用”传感器时间，以帮助提出请求的小分队开展点持续监视行动，但前提是这些传感器的负载不会因自己支持这个小分队而达到峰值。这种借用少至几秒钟，多则几分钟。只有当工作的传感器正在靠岸、位于死角、返回基地进行维护或补充燃料、任务有变、掉头或位于（对被支持小分队）不利的某段道路或轨道时，才会出现借用的情况。第四，我们需要优化地面和航空传感器以及人力情报搜集，以提供搜集的最佳混合方案，用于以下情况：高级分析人员假设敌人将会采取行动，或者当这位高级分析人员进行预测时，民众会将自己感知和头脑中的东西具象化，显现为行为、互动、活动、交易和行事。这样一来，指挥官就能知道自己设计的行动是否进展顺利了。

有位专家提出以下观点，可以帮助读者理解我们在优化方面所做的工作：

> 信息技术的每一个趋势，都能让人搜集越来越多的战场数据，编织一个越来越精细的网格，以此捕捉越来越小和越来越隐蔽的目标。[1]

这种网格观点非常匹配技术、人力和非传统搜集工作等的最佳混合方案。为了使这种理念发挥作用，情报分析人员和搜集专家都必须了解万事万物之间的连通性，认识到联系的重要性，了解需要做到哪些事情，才能克服重重困难，将复杂的多重原因归于单一结果，并且理解在所有情报搜集行动中，对初始条件的敏感性是相互交织、彼此关联的。毋庸置疑，我们如今并不具备这样的能力；然而，我们需要像前文所述的那样开发这种能力，试验这种能力，在情报试验中测试这种能力，在国家训练中心、二十九棕榈村[2]和联合战备训练中心钻研这种能力，并最终在非常规战争的情监侦行动中实际应用这种能力。

五、克服矛盾5：当地人力情报搜集

在这个矛盾的最核心处，人们可以发现若干问题，正是它们导致了我们的不适，因为它们与在大型城市地区持续开展非常规战争时的基本要素并不兼容，另外也导致了认知失调。关于其中的一个问题，请思考一下“来源”这个术语。正如前面提到的，来源是“赖以获得信息的人员、事物或活动。在秘密行动中，来源是人（特工），通常是外国人，为了情报目的从事情报活动”。我们不仅要考虑这个词的定义，还要考虑它能让我们从中推论出什么，也就是说，它暗示了这是高级人力情报行动。在这种行动中，专案官负责招募来源，并为此花费时间，支出资源（时间和金钱），通常还会使

---

[1] Martin Libicki, “The Small and the Many,” in *In Athena's Camp: Preparing for Conflict in the Information Age*, John Arquilla and David Ronfeldt (Santa Monica, CA: RAND, 1997), 195.

[2] 二十九棕榈村（29 Palms），位于美国加利福尼亚州，驻有世界上最大的海军陆战队训练基地——海军陆战队航空兵地面作战中心。——译注

用测谎仪来审查这个来源，以确认他是否欺骗自己，并相信随着时间的推进，这个来源可能会被事实证明是极其有价值的。

通常来说，我们刚刚描述的是高级来源——如果人们有时间处理的话，它就是非常重要的，必须非常小心才行。我们一致认为，应当要求训练有素的人力情报行动人员来执行此类情报来源工作。这里的讨论也会涉及战术人力情报来源，这种来源可以在战术层面找到，但无论怎样发挥想象力，他也不会是高级来源。然而，如果我们考虑的是一个低级街头情报搜集人员，他就不是我们正在讨论的人员类别。

通常，低级来源或线人今天可能是重要的，明天可能就不再重要了，这是因为任务是波动的，作战环境也在不断变化。花费大量的金钱和时间，寻找、招募、培训、测谎，然后依赖这些来源，这种做法得不偿失。**事实上，我们应该称其为低级搜集人员，并将他们类比为缉毒警探等警官掌握且一直都会定期使用的那种线人**。连长及其手下主官需要招募和掌握低级线人、观察人员、移动人员，以及小型隐蔽地面传感器的安装人员。就具体情况而言，和在开展执法工作时一样，这种线人对连长和排长来说具有不可或缺的价值，可以帮助他们执行反叛乱任务工作和很多其他事情，另外还可以帮助他们保持持续的态势感知。

另一个问题则是将认知失调（因此也是一个矛盾）带入了这场讨论之中：看起来，似乎我们之所以会自我施加限制，是因为时代不同了，整个大环境不同了，作战环境不同了，敌人也不同了。如果我们想提高自己的能力，以便能在非常规战争中执行情报行动，我们必须改变自己的信念和传统观点，以求能够克服这种思维方式。正如兰德公司的一位国土安全和反叛乱专家所说的："反叛乱任务的性质特殊，它对情报搜集的传统思维方式构成了挑战。"[1] 关于非常规战争中的反叛乱行动，可以肯定的是，情报搜集需要保证特定性、及时性、精确性、准确性和相关性。情报搜集需要根据文化观察指标以及其他四种（技术、态势、功能和生物特征）观察指标开展工作，并由各种人员和传感器提供多种输入，这样搜集才能得以

[1] Brian A. Jackson, "Counterinsurgency Intelligence in a 'Long War': The British Experience in Northern Ireland," *Military Review* (January–February, 2006), 77.

执行。不幸的是，在非常规战争环境中，许多人力情报搜集将一直依赖于低级本土情报搜集人员（线人、观察人员、移动人员以及传感器的安装人员），因为绝大多数的技术搜集设备在城市里是难以开展工作的，尤其如果目标看起来是和别人没有区别的人，或是一个基本上不可见的，在大部分情况下断开关联，只有本土民众才能认出、解读和理解的网络时更是如此。目前的《反叛乱手册》极力赞扬“每位士兵都是传感器”这句话的智慧，但士兵却不能亲自开展这种低级人力情报搜集。布莱恩·杰克逊博士是一位资深物理科学家，目前是兰德公司国土安全研究项目的副主任。他提出以下观点，可以帮助我们理解这句话的有效性：

> 在反叛乱战区里，即使有可能利用每个士兵的眼睛和耳朵，但也总会有安全部队无法进入的区域。因此，反叛乱分子一定会依靠该战区里其他的眼睛和耳朵——叛乱分子赖以藏身的普通民众的眼睛和耳朵……公众在日常工作时，几乎肯定会观察到在安全部队眼中堪称价值不可估量的活动，或无意听到具有这种价值的信息。[1]

因此，不应当让接收这些数据输入的情况成为偶然事件。相反，为了解决这个矛盾，我们必须找到一种方法，从民众中选一些人出来，让他们监视某些特定的事情，以便向我们预警将要发生的危险，并让他们在我们认为重要的时间和地点，看到、闻到或听到事情。专案官招募并训练高级来源的标准方法耗时太长，在这种环境下不会奏效，因为我们需要大量的低级线人，这样才能在这瞬息万变的作战环境中执行这种搜集。不论训练有素的专案官还是其他拥有人力情报“资质认证”的人员，我们都无法在需要的地点，获得我们需要数量的人员；此外，这些专案官通常会将自己手中的稀缺资源用在更高质量的来源身上，并不会用来满足小分队指挥官所部低级搜集人员的需求。因此，在非常规战争中，应当允许连长和排长执行此类关键行动。

---

[1] Brian A. Jackson, “Counterinsurgency Intelligence in a ‘Long War’: The British Experience in Northern Ireland,” *Military Review* (January–February, 2006), 78–79.

关于低级人力情报搜集行动中的这个固有矛盾，相关讨论的最后一点是：它对非常规战争中人力情报搜集的影响是多方面的。作战环境的性质特殊、敌人变得越发聪明，再加上敌人网络是复杂的，这些因素意味着以前执行人力情报搜集的老办法，如今不能满足我们需要的标准了。这种观点背后的推理思路是这样的："低级线人再多，也不及少数几个更高质量的线人。"这种逻辑必然有其市场；否则，人力情报搜集手册就不会连篇累牍地对美军连长施加重重限制，并让他们为这种官僚强加的限制自行寻找变通办法。但真正正确的逻辑讲得很清楚，我们一直站在这场百年战争的最前沿。可以想见，未来那些适应性极强的不对称敌人，必然会不停地将我们拖入城市作战环境，以消除我们压倒性的常规作战优势，并尝试动用民众和文化来为自己制造优势，从而拒止我们技术传感器的能力。坦率地说，我们的情报系统并不需要像这种矛盾会引发问题那样，自己再制造类似问题——当我们在陌生文化的城市开展作战行动时，自然出现的挑战和限制就足够我们手忙脚乱了。

话虽如此，让我们听一听著名英国反叛乱专家弗兰克·基特森将军的观点，可以帮助我们摆脱这种挥之不去的尖锐矛盾。他撰写的《低强度行动：颠覆、叛乱与维和》是反叛乱领域的经典著作。他在书中探讨了许多关于打击叛乱分子的重要思想，只是没有哪个能比我们现在正在讨论的问题更加重要。首先，基特森断言，在叛乱的过程中，许多低级搜集人员将变得比少量的高级来源更有价值。他是这样论述的："但是，随着颠覆力量不断发展壮大，目标也将迅速变得更加庞大，形势也更不安全。为了更加有效地对付这些团体，人们将需要更多的信息。"[1] 随着叛乱愈演愈烈，人们也越发需要更多的信息。虽然很难找出叛乱分子首脑，但其作用和任务不断发展，因此需要的网络也不断发展。网络不断发展壮大，需要的人员就会越来越多。人员越多，弱点也就越明显，因为这些人员，哪怕是隶属支持这个敌人并且深藏在某个文化当中的网络，也是会犯错误的。但通常只有本地人碰巧出现在正确的时间和地点时，才会发现这些错误。基特

[1] Frank Kitson, *Low Intensity Operations: Subversion, Insurgency, and Peace Keeping* (St. Petersburg: Hailer, 1971), 72.

森指出：

> 大量低级信息在战术意义上的用途，优于少量高级材料……这意味着，在陆军看来，如果一个情报组织依赖的是大量低级来源，那它就比只关心少量高级来源的组织更有价值。[1]

军方战术部队需要这种低级但数量众多的来源或线人，因为他们迫切需要做到以下几点：第一，获得及时性；第二，挫败可能具有破坏性的暴力攻击，特别是在实际执行之前刚发现的攻击；第三，打乱敌人设置的条件，从而掌握主动权；第四，获得大量不断变化的态势感知输入；第五，构建并解读数据，再由分析人员和机器将潜在的二阶和三阶效应的影响综合起来，用这种方法将数据转化为信息，最终将信息转化为知识；第六，了解民众的感知、解读和期望；第七，必然需要着眼民众这种低级来源，从中寻求并接收多个数据输入，以了解美国开展行动后造成的有形和无形的结果。在这方面，基特森通过以下观点，再次帮助我们进行推理：

> 但绝对有必要了解以下事实：开发背景信息的主要责任属于作战行动的指挥官，而不是情报组织……所有旨在保持和重获民众忠诚的行动，都与搜集背景资料的过程息息相关，原因是民众能否提供背景资料，取决于他们所持的态度。[2]

这些都是非常睿智的观点，原因有二。第一，基特森观点的意思是，前线战术指挥官应当有能力招募和管理自己的来源或线人，并与更高级的训练有素的情报搜集人员协调和同步这些活动，这一点非常重要，也是他们必须做到的。基特森还告诉我们说，所有可能的技术搜集都无法取代人类，特别是无法取代本地人，在城市非常规战争环境中看

[1] Frank Kitson, *Low Intensity Operations: Subversion, Insurgency, and Peace Keeping* (St. Petersburg: Hailer, 1971), 73.

[2] Frank Kitson, *Low Intensity Operations: Subversion, Insurgency, and Peace Keeping* (St. Petersburg: Hailer, 1971), 96–97.

到、听到、闻到或触摸事物。但是，这种信息来源必须通过激励措施来激发，必须尽可能地受到保护，必须在搜集什么、何时搜集、何地搜集等问题上，接受战术指挥官的指示。第二，基特森的观点强调了高级搜集中某个主要定理的重要性：在非常规战争城市作战环境中，针对手段高明的叛乱分子或恐怖分子开展的情报搜集，很少会得出事实、真理或结论。事实上，该理论说的是需要根据具有相关性的需求，生成非常特定的观察指标，据此开展情报搜集，以生成数据碎片，再由人和机器将其重构为信息，然后由人类将信息转化为知识，以便能为指挥官提供足够的"全景"，从而为他们的决策周期提供输入。兰德公司有位反叛乱专家指出，这种做法正是基特森提出的：

> 这些来源可以提供大量低级信息，这是对高级情报所做的补充，二者相加，就可以提供关于叛乱行动的全景。这种做法是由曾任英国上将的弗兰克·基特森爵士提出的，它要求情报搜集时采用混合军事情报、执法情报和情报机构传统做法等的方法。[1]

重申一下，整个推理流程并不是在贬低高级人力情报的巨大价值。它只是提出建议，指出为了缓解这个矛盾造成的影响，我们在进行人力情报搜集时，需要开展三个方面的搜集：一是低级搜集人员提供数据的搜集，二是战术层面的人力情报来源开展的搜集，三是高级来源开展的搜集。特别是在叛乱的早期阶段，必须渗透规模很小、受到重重保护、嵌入极深的目标。这些类型的行动需要训练有素的人力情报人员，让他们进行规划、执行、评估和调整等工作。虽然这种行动非常重要，但它并没有足够的深度和广度，无法满足忙于开展规划的指挥官及其参谋乃至政治家和其他政府官员对人力情报搜集的需求。三种人力情报搜集都很重要；但如果不能主动与其他两种混合，任何一种情报搜集本身都将无所作为。低级搜集行动努力应当且必须在流程中尽早获得优先处理，因为它是为了设置条件，有了条件才可以开展高级搜集行动。然而，随着叛乱之势不断发展壮大，四处蔓延，以及美国军队开始发挥作用并与当地民众打成一片，战术层面

[1] Jackson, "Counterinsurgency Intelligence," 77.

人力情报来源行动的数量，以及低级线人和线人行动的数量都必须有所增加，越来越多地发挥作用，并获得越来越多的关注和资源。随着叛乱力量不断扩大，低级搜集活动，也就是使用线人，以及观察人员、移动人员和设备安装人员等群体的做法，必须被赋予最高的优先等级，因为他们聚成群体后所做的贡献，能让指挥官极其敏锐地感知街道和周边邻里的动向，由此即可度量反叛乱行动的成败。由于“时间的暴政”，高级搜集人员和相关指挥官必须在危机来临之前，以尽可能大的程度开展这种类型的人力情报搜集。此类活动将在本书稍后部分，也就是探讨高级搜集的条件设置活动及其他讨论中加以论述。最后强调一点，人力情报搜集必须由责任感强、纪律严明、训练有素的战术指挥官来执行。

六、克服矛盾6：虚拟知识环境

当然，虚拟知识环境的任务就是提供当前最新的、具有相关性的专家知识，这种知识不仅用于思考和规划复杂情报行动，而且用来对其加以执行和评估，从而支持前线部署指挥官。高级分析和高级搜集都需要一个训练有素、组织有序、科目明确的虚拟知识环境来提供持续支持。尤其重要的是，虚拟知识环境必须为前线部署人员提供随叫随到的主题专家、传感器专家、数据工程师和卓越中心等支持，这样他们就能够执行复杂的高级分析和高级搜集行动。目前存在一些形式的虚拟知识环境——人们为其冠以各种名称，比如“求援”(reach) 和“向后求援”(reach back)。虽然其中有些活动做得非常出色，但却不能持续展开，正如我们在上一章讨论的那样。

国防部需要建立一种虚拟知识环境，但它不能仅限于机密环境。此外，虚拟知识环境必须是组织有序、科目明确和训练有素的。虚拟知识环境需要主题专家，但他们必须是真正的专家，必须掌握当前最新的知识，并且能够与前线部署的各级军衔的陆军士兵、海军水兵、海军陆战队队员和空军士兵（包括军衔较低的高级搜集专家）真正合作。这种类型的虚拟知识环境还需要有常规惯例或工作流程，以此帮助判断数据、信息和知识的准确性。这种虚拟知识环境必须能够以最高保密等级工作，同时保留与未获许可人员合作的能力，比如远程连线的大学教授，或是在民营企业实验室工作的博士。国防部现在需要建立此种虚拟知识环境，将它作为试点项目，通过试验来评估虚拟知识环境在支持非常规战争行动方面的功效，最终决定是否为这种知识库配备工作人员并将其投入运转——它将专门用来提供当前最新的可靠数据、信息和知识，以便补充前线部署的指挥官及其参谋已经拥有的数据、信息和知识。

七、克服矛盾7：小型隐蔽地面测量与特征情报设备

在非常规战争中，地面搜集与航空或太空搜集同样重要，甚至更加重要。地面搜集就是使用人力情报搜集、非传统搜集资产和方法，以及传感器。本节将探讨如何解决这个矛盾，在这里，我们将只讨论小型隐蔽地面测量与特征情报设备。

为什么小型隐蔽地面测量与特征情报设备对非常规战争行动极其重要？答案很简单，很明显，也很直观，但令人困惑的是它很难推广。小型隐蔽地面测量与特征情报设备非常重要，它可以辨别气味、感知热量和热量差异、识别污水、听出离散的声音、感知燃烧、辨别烟雾成分以及感知地面变化的土壤偏差。

小型隐蔽地面测量与特征情报设备必须体积较小，功能强大。在此背景下，"强大"一词有两层内涵。首先，这些设备在灵敏度和传感器范围方面必须是强大的。由于很少可能在目标旁边放置小型传感器，它们必须在一定距离以外工作，因此它们要有一定的灵敏度和射程。其次，这些小型设备必须根据命令，以自组织的方式与其他传感器联网。和其他一些功能一样，这些小型设备必须使用功能强大但体积很小的电池，以确保用户安装的传感器可以长期工作。相关人员必须接受培训，以规划它们的使用安排，以及监督它们的安装工作。

据笔者所知（了解的只是不涉密的情况），测量与特征情报能力今天可能存在于国家和军事实验室中，但不是以这种概念所要求的小型、隐蔽和联网的方式进行的。不过，组装和测试这种设备并不需要太多努力。它们对高级搜集至关重要，尤其是对发展规划和实施点持续监视行动的能力

更加至关重要。美国国防机构可以做到这一点，但他们需要有情报人员非常熟悉非常规战争中关于作战武器的决策流程，让他来撰写行动理念，以此指导这种能力的发展。

八、克服矛盾8：点持续监视行动

时至今日，美国军方已经有能力在两个层面进行点持续监视行动。其一，特种作战部队已经可以像我们在本书中呼吁的那样，规划和执行点持续监视。其二，旅战斗队等某些作战部队有能力执行所需类型的点持续监视，以帮助解决这个矛盾，但此能力较为有限。

关于本书介绍的这种能力，我们不仅需要赋予旅战斗队，而且要用于支持营、连和排的行动。如果旅战斗队、团战斗队及以下部队有能力开展点持续监视，这样做的好处是显而易见的，不过我们仍然需要在此再次强调。也就是说，由于敌人机敏狡诈，适应性极强，而且可以嵌入民众，由于需要时间开展信息行动，以及等待其他特别行动的结果逐步展开，再加上必须跟踪造成结果或影响的多种原因，因此，对点持续监视的特殊需求极其明确，希望它能像战争迷雾中的灯塔一样照亮前方。有作者在《军事评论》上撰文证明了这个观点，以下为摘录内容：

> 持续监视的优势之一，就是利用多个情报科目观察一个给定区域。在普通行动中，我们几乎经常只会使用一个资产（通常是无人机）来提供支持，这会给我们造成更多的问题，而且这时只有一个来源可以报告情况。[1]

实现“真正”的持续监视是非常困难的，但是组织多个资产观察某个特定的点，这种观点还是相当合理的，因此有必要收录在本书当中。事实上，如果我们将“点持续监视”替换为“持续监视”，就会立即发现这位文章作者和我们的想法是一致的。更进一步说，这位作者的陈述可以在非

[1] Schwerzler, “Collection Management,” 27.

常规战争行动中，向旅战斗队、团战斗队及以下级别的指挥层面，就持续监视能力事宜提供非常有用的行动需求。

然而，小分队没有能力持续开展点持续监视行动，如果此类行动展开，他们很少能得到国家情报界的全力支持，也很难得到国家、战区和作战等层面情报搜集活动的统一支持。在美国特种作战部队、美国旅战斗队和团战斗队，以及小型战术部队之间，他们在执行点持续监视的能力方面存在差异，但这种差异并不能否定实施这种监视的必要性，特别是如果敌人变得越发狡诈，也越发深度融入所在文化甚至藏身地下时更是如此，举例来说，就像以色列人于2006年在黎巴嫩南部所经历的那样。我们需要的正是高级搜集所要求的，那就是让各级部队（从旅战斗队和团战斗队开始，向下直至排级）有能力规划、执行和评估点持续监视行动，而在这些行动的背后，需要情报界团结一致，连续不断地提供人员、机器和组织等方面的全部力量。

了解这些观点之后，我们来回顾一下点持续监视是什么，然后讨论为什么它在非常规战争行动中如此重要。在本书语境下，它是：

> 某个传感系统（或多个系统的组合）提供高置信度的能力，让人相信重要事件发生时不会检测不到。点持续监视的监视方案可以有效地消除时间、空间和范围等方面的差距，同时维持可接受的端到端报告延迟，并将假警报率保持在可以接受的限度之内。点持续监视可在正确的地点和时间，针对特定的观察指标开展工作，以发现文化、态势、技术、功能和生物特征等五种观察指标中的任何一种。[1]

点持续监视的概念涉及一种分析驱动的、上下波动的采样率，它使用的是地面传感器和航空传感器，以及人力情报搜集、开源和非传统搜集资产。在本书语境下，采样率既有广义视角，又有狭义视角。前者是指在正确的时间、正确的地点和正确的活动中，使用正确的观察指标。后者包括

---

[1] Working definition, U.S. JFCOM JUOO, *Persistent Surveillance*.

三点：一是重访次数，即情报搜集人员和人力情报搜集在观察或感知地面上特定的点，或是地下某个区域（比如洞穴、掩体和地道）时，重复访问的次数；二是思维群体，即在少数人或组织当中，普遍流行的个人思维和组织思维聚合而成的群体；三是各种的“点”，即网络空间中的时间、地点和活动。

高级分析人员可以开发和驱动采样率。当事件、活动、互动、交易、碰撞和倾轧应当发生时，采样率就会与分析判断保持一致。分析人员可以提供特定性要素，以此推动情报搜集。这种类型的复杂搜集行动不仅需要多个传感器，而且需要人员、传感器和组织以协同方式组合，全力满足向下直至连、排级别的战术小分队的需求和标准。如果情报分析人员确定存在一个可能可以采取行动的窗口，这时分析驱动的采样率应该是最高的，并且他们必须将窗口的存在及预期持续时间等情况通知所有情报搜集人员。[1] 高级分析人员可以根据自己的预期分析，要求提高或降低采样率。

必须执行点持续监视行动，以此支持非常规战争活动，这是一项绝对需求，没有任何事情可以改变。对点持续监视的需求是不言而喻的，但规划、执行、评估和调整点持续监视的方法则不尽然。虽然关于点持续监视的细节将在稍后部分深入讨论，但以下几点有助于解释为什么点持续监视非常重要，好让读者能够评估这个矛盾的性质、清晰度和强度，而且我们希望，至少可以让读者能够直观地理解如何克服或解决这个矛盾。

★ 点持续监视行动是针对异常和倾向，监视和搜集相关数据的必要手段。异常的重要性在于它可以帮助理解及区分正常人群和异常人群的互动、活动、交易和行为。倾向的重要性在于可以识别发生在特定时间和地点的微小变化，而这种变化可以预示未来的存在状态或事务状态。倾向不仅是微小的，而且转瞬即逝。因此，我们需要有能力在正确的时间、正确的地点和正确的活动中，使用正确的观察指标来看到、听到、闻到。这种能力必须可以随着时间的推移保持不变，因为耐心往往是情报搜集活动取得成功的真谛，在考虑异常

[1] Working definition, U.S. JFCOM JUOO, *Persistent Surveillance*.

分析和倾向分析时更是如此。

- ★ 点持续监视行动是更加狭义的区域持续监视行动。不过，在特定地点发生的事情必然是执行区域持续监视行动的理由。
- ★ 点持续监视行动是至关重要的，因为它可以搜索和积累数据，并将数据移交给高级分析人员，以便他们能够执行异常、趋势、模式、联系、倾向、预期和群体等的分析和预知。
- ★ 点持续监视行动是高级搜集策略，也是人员、组织、传感器和流程的融合，它能以系统且严格的方式，满足处于高级分析中的前端分析思想流程核心的五种观察指标。
- ★ 点持续监视行动可以提供相关数据，让高级分析人员能够思考细节。

最后，点持续监视如果能像我们建议的那样敏捷，就可以提供相应手段，将已经集结的群体思维、组织和机器进行调整并专注于目标，以及迅速改变它们的关注焦点，以便发现不易察觉、差别细微、不断变化和快速运动的观察指标。

点持续监视对非常规战争而言非常重要，原因是敌人及其网络支持者的力量越发强大，也越发难以捉摸。点持续监视的重要性在于，它可以在指挥官做出决定并采取行动之前，帮助他管理风险，并将不确定性降低到可接受的水平。点持续监视的重要性也在于，它可以提供帮助，尽量减少不必要的平民伤亡和附带损害。点持续监视的重要性还在于，它可以识别在民众的感知和思维流程中到底发生了什么。我们讨论的这种点持续监视能力自然是可能实现的，但这需要付出一些努力才能做到。我们正在讨论的问题是，小分队是否有能力向国家点持续监视中心寻求情报集团支持，因为其在规划和执行点持续监视行动，以及评估行动结果时，是需要这方面支持的。这种支持需要情报集团的各个组成部分彼此同步，形成合力才能完成。这个情报集团应该包括国家点持续监视中心，另外可以提供虚拟知识环境、战区和国家层面的传感器、机器的力量，以及组织流程的力量，让它们汇集在一起，共同支持指挥官，同时这个集团所能提供的搜集数据，可以满足前线指挥官在特定性、及时性、准确性、相关性和清晰性等方面的标准。

我们需要国家点持续监视中心对战术小分队提供支持，以便协调、同步和实现搜集协同，也需要它与虚拟知识环境合作，以便实现这种强大的能力。这个中心在支持前线部署小分队时，将以矩阵组织的形式开展工作。也就是说，该中心将与情报界所有不同的组织、人员和资产合作，开发正确的组合，正确的数据、信息和知识，以及正确的关注重点和质量控制，以实现这一设想。同样，我们必须开发并展示这样的能力，证明它的价值，而且必须对它的许多部分进行测试，最后在非常规战争行动中使用这项能力。

九、克服矛盾9：分析侧指导搜集侧

为了支持非常规战争行动，指挥官及其参谋需要非常特定的数据、信息和知识。高级分析人员开发出特定的观察指标，以此驱动情报搜集活动去寻找特定的数据、信息和知识。但是关于这个问题，需要做的事情就不止是达成我们最初的想法了。也就是说，分析人员需要将自己的特定想法传递给居于总部和情报链上游的高级搜集人员，以及位于世界各地的分布式情报搜集系统（蜂巢思维[1]）。这种通信必须尽早发生，并且必须内容明确，这样才能帮助前线部署的高级分析人员和高级搜集人员的助手，让他们了解态势、作战环境、敌人、分析人员开展情报搜集的目标和原因，以及支持小分队提出的标准。以下观点证明了这种“指导”的重要性：

> 他们（外部机构）必须从规划阶段就参与其中。他们需要

[1] 蜂巢思维（hive mind）的临时定义是：

★由人员、机器和组织组成的扁平、互联和聚合的网络，它可以学习、自我适应并且关注特征明确的目标，同时保持无限的敏捷性。

★由相似和不同的复杂适应系统组成的更大群体，这些复杂适应系统以集结、调动和蜂群聚集等方式汇集，共同移动，共同运行，共同创造能量和结果；如果发现或识别出某项需求，这个群体就可以共享关于不断变化的环境的数据，并在以自组织方式运行时进行自我调整。

★蜂巢思维虽然是一种边缘网络（一种分布式计算范式）实体，但也可以借助自身众多“大脑”获得的自动输入和人工输入，接受并遵循初始指导和方案修正。

> 知晓优先情报需求、指定关注区域、作战行动图、敌方态势、任务和目的、关于生产何种产品的一般性概念，以及具体的交付期限。[1]

这段引文明确阐释了为什么需要详细的、当前最新的分析侧指导搜集侧的信息（这个问题将在后文以更加全面的方式讨论）。然而，分析人员并不是在真空中拟定这则信息的。事实上，他们将与高级搜集人员合作，拟定并发送这则信息。

这个矛盾可以轻易克服。很简单，分布式情报搜集系统需要了解高级分析人员的作战背景、五种观察指标、分析原理，以及标准。主要的障碍在于，高级分析人员不能与分布各处的搜集专家直接交谈，要想克服这一点，就需要改变我们的制度化思维，并重拾勇气和决心去改变那种过于强大的传统思维，因为它经常会令我们在支持非常规战争的情报行动中，无法取得任何进展。我们必须改变官僚体系的流程和程序，因为时至今日，它们仍然会令分析人员无法开展这种简单的沟通活动。这项能力需要在三个领域得到发展。第一，为了实现这项能力，我们可以培训人们学会使用高级分析人员拟定的分析侧指导搜集侧的信息，并将其发送给支持这些分析人员的搜集专家。第二，我们需要拟定一种自动化的分析侧指导搜集侧的信息，并开发出一种可以自动更新初始指导信息的方法。第三，我们必须克服官僚体系的障碍和禁令，因为它们会阻止分析人员开展当面沟通，妨碍自动化机器与搜集专家开展交流。我们的分析侧指导搜集侧的信息看起来很容易理解和编写，但这是假象，事实上它很难理解和拟定。[2]

---

[1] Schwerzler, "Collection Management," 27.

[2] 在《情报分析：复杂环境下的思维方法》中，我们提起过举办小型研讨会，帮助情报分析人员学习高级分析一事。我们的学生似乎已经理解了"分析侧指导搜集侧的信息"背后蕴含的理论，但是当我们和导师小组要求他们使用想定情景，深入思考并撰写此项信息时，发现他们一直颇为吃力，直到他们对此进行反复练习之后，情况才有所好转。

十、克服矛盾10：国家层面搜集与战术层面搜集的互动

时至今日，这种互动仍时有发生，而且有时确实非常有效。我们的目标是改进这种互动，以便国家情报界可以提供小分队指挥官所需的支持，既能满足小分队的标准，又能在整个行动中不间断地提供这种支持。这也意味着国家层面的情报分析人员和搜集人员可以获得小分队的数据、个人预感，以及担忧等。为了满足这个目标，需要进行以下几项活动。第一，国家和战术层面的人员需要了解在这个拟议的伙伴关系中，与自己对应的合作人员的背景、需求，以及面临的制约因素。高级战术分析人员和高级搜集人员必须接受基础培训，了解国家技术手段在现实中的工作原理、面临的限制、拥有的能力，以及领受任务的性质。只有彼此了解之后，我们才能为国家技术手段系统铺平道路，使之进化成为我们所设想的响应式自适应网络。第二，国家情报界支持小组需要明白，他们能够满足小分队指挥官的严格标准。第三，这些战术层面的领导者以及为其提供支持的国家层面的搜集小组都需要明白，自己应当作为协同整体而非单独实体继续工作，这样做不但是重要的，而且是可行的。第四，国家情报界必须明白，他们（不论是分散的还是有组织的）都必须符合在非常规战争中开展作战行动的小分队指挥官的标准。在此期间，双方都会从这项合作中获得巨大的好处，但确切地讲，小分队指挥官将从国家情报界的大脑、机器和组织力量综合中获益最多。

十一、克服矛盾11：特定性悖论

要想克服这个矛盾，就需要让特定性成为战争和指挥的所有层面的“思维方法”。它还要求领导者将实现特定性的方法提供给自己的组织：培训和教育他们如何思考特定性、使用机器来帮助实现特定性、设法将特定性投入使用，以及在组织层面向所有的人员、流程和机器强调特定性。

如前所述，非常规战争行动要求很高——在每个行动中都要求非常特定的数据、信息和知识。当然，一直存在的挑战就是如何发现数据、信息和知识并为其增值，以及开发出新的数据、信息和知识；这些数据、信息

和知识在不断变化的作战环境中，既具有相关性，又具有特定性。不幸的是，特定性需要知识——当前的、本地的和相关的知识，这种知识通常是文化、社会习俗、模因、统觉、功能、敌人、基础设施、技术、周边邻里或村庄，甚至生物特征等方面的知识。如果高级分析人员或虚拟知识环境可以向高级搜集专家提供特定性要素，那么这位专家很快就可以拟定必要的搜集组合方案，确保非常规战争中的作战行动取得成功。不幸的是，在寻找和发现战术小分队指挥官所需特定性的旅程中，这才仅仅是第一步。

一个能够正常运转的情报集团出现后，所需要的特定性要素就会出现——就是真正的字面含义。我们回顾一下前文的讨论，集团开展“统一的、勤劳的、虚拟的和现实的情报活动，它的目的是实现已经得到充分理解的目标或目的，但这些目标或目的是在不断变化的，从而导致前线部署组织必须连续不断地进行动态的自我适应”。情报集团可以是自组织的，这意味着它的复杂适应系统可以自行开展组织和行动，无须接受监督式的直接编辑或指令，而且它能以蜂群方式聚集情报分析人员、搜集专家和机器，以此支持身处险境的人员。但它并未做到这些。无法组建和维持真正的情报集团，这一点直接造成了这个特定性悖论。

有趣的是，统一的国家情报力量可以针对在非常规战争作战环境中开展行动的前线部署部队，提供持续并且特定的情报支持，这种能力是存在的，也是可以持续执行的。试想，美国可以让情报界以支持性集团的形式开展工作，以此提供显著的不对称优势。仅仅是承认这种可能性，就应该让我们有理由抱有希望。我们确实看到了偶尔出现希望的迹象，例如大型情报组织的领导人在谈及愿景陈述和战略计划时，字里行间就会显露这种迹象。尽管如此，只有在官僚机构习惯接受的愿景，同时也是他们描述其发展道路的愿景当中，才会有关于这种能力的只字片语，但官僚机构几乎不会将其贯彻实施，并不相信在支持全球非常规战争行动时，可以使用这种专注目标、及时和具有特定性的人类力量和机器力量。

十二、克服矛盾12：视角的冲突

我们已经讨论了造成这种矛盾的视角冲突。仅仅因为存在这种矛盾，就使得情报界无法在非常规战争的世界成就伟业，也使得开展行动的小分队无法借助最好的数据、信息和知识，来优化自己在作战行动中的活动。对于在任何非常规战争作战环境中开展的情报搜集和作战行动来说，这都是一种清晰明确而又现实存在的限制或抑制因素。

有多种方法可以帮助克服这种矛盾。我们来研究其中的几种。在讨论之初，我们必须对国防专业人员（无论是文职人员还是军事人员）开展教育，让他们了解非常规战争要求极其严苛的性质。特别是国家情报层面的相关人员，需要了解非常规战争的概念、学说、“技术、战术和程序”（TTP），以及理论体系。国家情报层面的高级分析人员和高级搜集人员，需要了解在任何非常规作战环境下，作战环境、文化、敌人、民众、基础设施、动机、激励，以及该环境中各种各样的竞争对手将以怎样的方式彼此纠缠，共同造就一个相当棘手而且似乎无从下手的作战环境。

此事的核心问题在于，在非常规战争这个舞台上，最重要的演员就是小分队主官。他们就是普罗大众中的一员。他们也是规划和执行作战行动的人员。这些小分队的指挥官及其手下主官，每天都要做出数百个可能在作战和战略层面造成重大影响的艰难决策。他们是最需要国家情报界援助的人员。国家情报人员应当处理非常规战争情报问题，即了解概念、敌人、作战环境、文化、民众等；同理，前文讨论过，前线指挥官也必须理解国家情报系统的能力，了解民众、传感器、机器和组织能为自己的日常决策周期提供哪些支持。

要想深入探讨最重要观点的本质，前线指挥官必须打消以下看法：居于华盛顿或其他高层总部的人员无法帮助自己，因为他们不在实地，无法切身感受自己感受的东西。尽管如此，每个层级的指挥部都有自己的作用和任务，每个层级也都可以帮助其他层级执行任务。特别是小分队指挥官必须认识到，情报界各机构提供的高级别协作支持，可以帮助执行自己手下无法执行的任务，比如保持基线，通过大量机器并行的方式提供文化、功能和机器等技能，进行统计分析和三维地理空间信息系统可视化，提供主题专家支持，以及提供访问卓越中心的权限等，以此支持自己完成任务。

还有一点非常必要，就是人们必须创造性地设计可变通的情报搜集行动，以克服大型官僚机构中存在的反创造性偏见等制度性思维。有许多方法可以满足小分队指挥官的需求，因为人和机器都可在需要时执行备选的工作方案。处于压力之下的年轻人掌握巧妙的变通方法，可以借此绕过停滞不前的，或者至少也是死气沉沉的官僚主义。但他们不应该把所有的宝贵时间都花费在变通上。这种变通行为并不是在否定官僚机构的必要性；它只是意味着在需要的时候，情报搜集人员可以在现实中集结起来，执行变通方案，以满足在非常规战争中开展行动的人员提出的需求，然后在不再需要时解散。此外，他们必须提供必要资源来建立搜集协同，还必须形成点持续监视能力的概念，并且（连续地）真正实施这种能力。点持续监视能力可以大大提高小分队指挥官的能力，不仅是针对敌人进行情报搜集的能力，还有针对其他行动（包括信息行动、建设项目，以及散布目标文化中人员会相信的信息）的成果进行情报搜集的能力，以及针对态度、情绪、接受能力、对消息所做的解读、期望，以及最重要的看法等要素的波动情况，开展情报搜集的能力。他们必须有变通办法来规划、执行和评估点持续监视行动。

在当前探讨深度的基础上更进一步，我们就可以发现一种非常积极的特征突现行为，它的成因是人们创造出真正的情报集团，并且不断加以使用。下列因素可以为各级指挥部的情报能力做出极大的贡献：国家层面与战术层面之间强有力的互动和工作方法；在规划、运行和评估国家情报搜集和分析支持等工作的成果方面具有经验；"进入学习和决策流程的无数反馈循环"，它们来自战术层面人员向战略层面人员提供的反馈，以及战略层面人员向战术层面人员提供的反馈。

如果国家层面的情报界和战区层面的情报部门可以提供一个由大量传感器组成的仓库，而且它们可以根据指挥官的需要进行自组织并以蜂群方式聚集，那么也是极有裨益的——这将是"情报预备队"。达成这种可能性需要开展大量的工作、试验和演练，但它可以是运用情监侦来"战斗"的一种强大形式，也是指挥官在强化决策时使用的一种强大"武器"。需要大量的智能软件，才能让这种观点成为现实，并进行自组织、数据交换、向用户报告，以及空域避碰。人们必然会认为，小分队指挥官需要集结和调动传感器的能力，正如他们会集结并调动火炮、攻击直升机，以及完成常规渡河任务的工程设备。

这项讨论的最后一个关注点是，小分队指挥官、高级分析人员和高级搜集人员需要组成非常规战争“联合行动小组”，以这种方式开展合作，从而最大限度地为非常规战争中的实际作战行动提供情报支持。显然，我们必须认真地对情报集团开展训练、（综合）演练和科目训练，让它能够支持各级战争和指挥，此时它的各个组成部分将集结成“情报合力”，作为一个整体开展工作。

至此，本章告一段落。本章篇幅较短，探讨了如何克服 12 个非常规战争的情报矛盾；它们正是我们在第 4 章中提出并讨论的 12 个命题。我们讨论的重点是提供相应方法，解决这 12 个一直困扰我们的矛盾，因为它们导致我们在认知和组织方面出现相当严重的不和谐：

矛盾 1：关联国家情报支持与非常规战争的战术作战行动；

矛盾 2：判断情报搜集质量；

矛盾 3：搜集协同；

矛盾 4：借用搜集时间的能力；

矛盾 5：当地人力情报搜集；

矛盾 6：虚拟知识环境；

矛盾 7：小型隐蔽地面测量与特征情报设备；

矛盾 8：点持续监视行动；

矛盾 9：分析侧指导搜集侧；

矛盾 10：国家层面搜集与战术层面搜集的互动；

矛盾 11：特定性悖论；

矛盾 12：视角的冲突。

在讨论中，我们提醒读者谨记，矛盾是“不一致、不符合或逻辑上的不一致”。[1] 针对我们在第 4 章提出的 12 个情报矛盾，本章提供了一些解决思路。

本章的探讨都是描述性的，而且绝对不是规定性的。重点在于让人们以变革为目标向前发展，从而提供更好的情报支持，服务于那些履行伟

[1] *American Heritage Dictionary of the English Language*, 4th ed., Houghton Mifflin, 2004, Dictionary.com, http://dictionary1.classic.reference.com/browse/contradiction (accessed May 18, 2009).

大且无私职责的人，即在非常规战争中执行作战行动的小分队指挥官。本章的讨论并没有确切地说明如何提升美国情报力量，才能使之以最佳方式开展工作，支持非常规战争。相反，本章宽泛地概述了一些改进措施，如果能被接受，将极大地帮助解决上述矛盾。我们解决这些矛盾的方法可以自行向前发展，并在我们的头脑中获得动力，直到我们一头撞上反对变化的砖墙——这种阻力天然存在于所有长期存在的传统智慧当中，存在于大型官僚机构的停滞倾向当中，也存在于缺乏深度思考这种令人惊讶的现象当中。而深度思考又是必不可少的，它可以提供今天的情报支持，可以做好准备，进而改善明天的情报支持，还可以影响未来的情报支持，具体做法是将以下设想变为现实：将情报行动视作指挥官和决策者的机动力量和21世纪武器系统，让它们生成情报成果，支持自己的决策。在第4章和本章中，我们宽泛地探讨了我们正在面对的这些矛盾的性质，正是它们阻碍着我们前进。另外，我们也讨论了发现如此明显的东西并将其变为现实的重要性；当然，这正是情报的巨大潜力和力量，也就是可以成为决策者手中的机动力量和支持力量。了解这些观点之后，我们将继续下一个讨论话题。它将探讨高级搜集的基本要素，从而让我们更好地理解高级搜集。

[第6章]

高级搜集的基本思想

我们已经讨论了非常规战争的棘手之处。许多类型的非常规战争敌人都有其独特有棘手之处：他们是叛乱分子、恐怖分子、海盗、毒品专家、犯罪分子、流氓公司、民族国家，以及此类敌人的集合体。从我们的角度来看，他们就是不法分子，远离世界各地文明社会的主流。许多难以发现、难以看到的网络，正在支持他们的行动。虽然敌人网络的某些部分是机械的，或面向目标对象的，但这些网络的大多数部分仍是人类。不幸的是，人类的**活动**、**互动**、**交易**和**行为**，非常难以通过技术传感器看到、发现和解读。由于他们的动机、对成功的执着、动机和意志，所有非常规战争敌人都很危险，因此说他们是“残忍无情的”并不为过。他们深藏或嵌入山间、城市、丛林、洞穴和掩体之中。非常规战争敌人几乎完美地融入了他们所处的环境之中。他们以群体形式出现，开展行动，然后解散。他们刻意极力拒止美国国防机构的情报分析和搜集力量。**有趣的是，他们必须主动出击，必须规划并执行带有暴力色彩却又具有政治导向的行动，必须评估行动的结果，必须自我调整或自我适应**——他们必须以某种方式或方法发动攻击，否则就会消失在虚无之中。在这句话中，我们找到了他们的致命弱点。如果没有这种主动进攻的思维定式，非常规战争的武装分子基本上毫无用武之地。

我们还讨论了复杂作战环境对非常规战争行动的影响。在所有非常规战争指挥官的心目中，作战环境必定排名靠前。但我们必须谨记，了解和理解作战环境时需从以下几个角度入手：一是我们如何看待作战环境；二是敌人如何看待作战环境；三是我们认为敌人如何看待作战环境；四是敌人认为我们如何看待作战环境；五是我们判断出敌人如何看待作战环境之后，我们认为敌人是如何看待我们这种判断的；六是敌人判断出我们如何看待作战环境之后，敌人认为我们是如何看待敌人这种判断的。我们剖析作战环境，进而理解每个组成部分是如何与整体作战环境产生关联的，它们是如何影响整体作战环境的，以及作战环境是如何影响我们自己、我们的敌人和我们正在争取的民众进行感知、思考、规划、决策，以及根据反馈做出调整的；无须多说，这时作战环境的重要性是显而易见的。

现在，我们准备概括并讨论高级搜集的 19 个基本要素。在本书语境下，“基本”（elemental）指的是高级搜集的基础原则或首要原则。本章也是过渡章节，由此方可继续本书下一部分的讨论，也就是深入研究高级搜集的细节和详情。关于高级搜集的基本思想共有以下 19 点，我们将使用不同的篇幅和描述方法加以介绍。

一、作战环境的重要性

前文已对非常规战争作战环境进行了宽泛的构建和讨论，接下来我们继续以更加详细的方式介绍作战环境，这时必须谨记它是高级搜集的基本要素，是非常重要的。如前所述，作战环境会对非常规战争行动中已经发生或没有发生的一切情况造成重大影响。这些环境差异极大，有复杂城市环境，有伊朗山中深藏并且加固的目标，有零星点缀着几座小村庄的阿富汗干旱山区和沙漠，有索马里海盗，也有菲律宾和南美洲的茂密丛林。一切都是各不相同的，一切都极具挑战性，一切都各有各自的功能，但一切也都存在一些共性。共性之一，尽管所有这些环境看起来都令人生畏，但都有一些可供高级搜集专家和高级分析人员利用的方面和特点。共性之二，敌人必须在这些复杂的作战环境中开展行动。他们也是人，因此也会犯错。他们在现实世界面临的限制，与那些试图找出并消灭他们的美国情报人员是一样的。敌人必须运动起来。他们必须感知、思考、规划、决策、通过行动来执行决策、评估结果，并自我调整适应。他们必须生存下去。他们必须与民众，也就是各方都希望通过非常规战争争取的目标开展互动。共性之三，复杂的作战环境破坏了敌人的整体能力。作战环境的性质和特点迫使敌人进行自我调整，有时还会迫使他们做出于己不太有利的选择。共性之四，敌人试图融入所有这些复杂的作战环境，并利用它们作为掩护，事实上这种做法将会开启一扇大门，让高级分析和高级搜集专家与作战部队的行动人员组成团队，开展非常谨慎的情报搜集。这样的工作需要多个地点，以最佳方式混用搜集资产，使用精心拟定的观察指标来驱动情报搜集，以及开展点持续监视行动。

基于我们关于作战环境、敌人和各种非常规战争行动性质的观点，我们为读者提供一个一般性建议供其考虑。也就是说，高级搜集专家设计情报搜集方案，以此搜索并汇集与情报搜集相关的数据，再将这些情报搜集同步，以提供必要的数据、信息和知识，以便决策者可以做出快速有效决策。在所有类型的非常规战争行动中，有一种类型的搜集需求是一直存在的，那就是搜集相应数据，好让高级情报分析人员能够为决策提供高质量信息——其质量足以减轻风险，并将不确定性降低到可以接受的水平。当然，不确定性能否达到可以接受的水平，取决于指挥官及其他决策者的个人决策风格。此外，高级搜集行动可以寻找和发现五种观察指标中的某一种，或多种的组合。

然而，高级搜集专家在设计情报搜集活动的同时，还有其他的棘手任务需要执行。高级搜集必须做到以下几点：一是在正确的地点和时间进行情报搜集，寻找正确的活动，并根据分析环节设计的正确观察指标，搜集与之相关的数据；二是优化使用搜集传感器和来源的混合方案；三是将情报搜集与指挥官的行动决策同步；四是要求情报集团和虚拟知识环境提供人类的知识和机器的专业指导；五是与高级分析人员合作，就可能采取的行动、可能造成的结果和可能开展的评估向决策者提供建议；六是运用创造性思维来帮助设计搜集方案，以此寻找和发现友方行动造成的有形和无形后果；七是监视可能导致变量变得敏感的条件是否出现，监视群体的“点火剂”是否存在并被激活，并监视导致群体产生运动的“助推器”，以及将这些群体黏合成更大整体的“胶水”。情报搜集人员的思考速度，以及为其提供支持的机器的运转速度都必须很快，快过敌人尝试采取行动、对友军活动做出响应，或选择备选行动方案时的速度——高级搜集正是以这种方法做出贡献，帮助赢得主动权。

要想设计出相应的设想、手段、技术和组织，并以此推动高级搜集，这似乎是一项令人生畏的任务，但却是完全可以实现的。当今美国的实力在于受过良好教育的聪慧人才数量众多，乐于效力，甘于奉献，另外他们掌握的技术也很强大，加之本书介绍的核心基础理念可以带来一往无前、不断推进的思维力量，如此看来，这个断言更是非常恰当。然而，这种能力并没有给当前的理念、架构或学说发展方向等带来极大的进步；只有在这种发展进步当中，高级搜集的种种观点才能拼尽全力，求得生存与发展。简单地讲，就是为了规划和执行非常规战争作战行动，以及评估行动的结果，我们必须大幅改进我们的情报搜集和分析（正如《情报分析：复杂环境下的思维方法》一书中所讨论的那样）。

未来的非常规战争即将到来，届时我们可以拥有两项显著优势。第一项显著优势是，我们拥有一群才华横溢的人员。我们只需帮他们学会如何思考，为他们提供教导和领导，根据需要指引他们努力的方向，并让他们在这一系列变化中自由发挥即可。第二项显著优势是，他们能够有目的地利用技术，坚持高级分析和高级搜集的核心理念，从而帮助我们比敌人更好更快地进行思考。但是，对于负责规划和操作高级搜集行动的人员和机器来说，要想最大限度地提升二者的表现，美国情报搜集专家还需要提高认知能力，偶尔还需要得到虚拟知识环境专家的帮助。我们的情报人员需要大力建模，这样可以形成一种能力强大的“潜意识”，以便复制作战环境，开展关于敌人的推演。这种建模“潜意识”还必须帮助评估各种搜集主体的组合是否可行，是否具有优势，以实现搜集协同和综合数据环境，从而了解敌人、环境，以及叛乱分子或恐怖分子所嵌入之民众的文化内涵。

二、高级搜集专家必须像敌人那样思考

我们应当拟定高级搜集方法，以此对抗非常规战争敌人，这项工作难度极大，令人望而生畏，原因之一就是我们模仿敌人思考时，无法达到我们搜集行动需要的程度。可以这样说，思考敌人通常属于情报分析人员

的任务范畴，但随着我们慢慢认识到非常规战争的各种特征，我们逐渐意识到思考敌人的这项工作，同样必须是高级搜集专家需要承担的关键任务和使命。原因何在？第一，如果我们试图针对非常规战争中的武装分子开展情报搜集，也就是搜集他的活动、互动、交易、行为，这时我们就必须尽可能像他那样思考问题，这样我们才能知道他是如何看待我们所搜集的事项的，以及他是如何尝试拒止我们的搜集活动的。第二，敌人总是会有目标、任务、目的、意图、策略，以及技术、战术和程序。高级搜集人员必须像敌人那样思考，因为这样的了解和理解才能告诉高级搜集人员必须采取哪种搜集组合方案。在《安德的游戏》一书中，马泽·雷汉（Mazar Rackam）这个角色为我们提供了一些关于这种观点的启示。他指导年轻的安德说：

> 我现在是你的敌人，一个你从未遇到过的、比你更聪明的敌人。这里没有老师，只有敌人。敌人会怎么做，只有敌人才会告诉你；只有敌人才能教会你如何毁灭与征服；只有在敌人面前才能暴露你的弱点；也只有敌人才会告诉你他的长处。游戏的唯一规则就是如何打败敌人，如何阻止他打败你。从现在起我就是你的敌人，也是你的老师。[1]

思考和理解敌人进行感知、思考、规划、决策、行动、接受反馈和自我调整等方法的细节，这项工作必须是高级搜集人员“如何思考”范式的组成部分。关于这一主张还有另外一个理由，伟大的战争理论家克劳塞维茨提供了特别正确的观点，并且强调了高级搜集人员有义务去了解和理解关于敌人的知识。他说：

> 因此，继续进行的军事活动所引起的处境上的任何变化，都必须对敌人更加不利，至少在理论上必须这样。[2]

[1] Orson Scott Card, *Ender's Game* (New York: Tom Doherty Associates, 1977), 262–63.

[2] Carl von Clausewitz, *On War* (Princeton, NJ: Princeton University Press), 77.（译文引自：克劳塞维茨著、军事科学院译，《战争论》[商务印书馆，1978 年第 1 版]，第 27 页。——译注）

高级搜集人员必须（从敌人的视角去）了解敌人的优势和劣势，了解他真正的关注点，以及他对达成目标的决心，而不仅仅是去了解他的公开声明。这些才是他最内在的思维流程，而它们具象化之后，便会显现为我们看到的行动和行为等。“劣势”这个词很有意思。首先，它是一个相对术语，它会迫使我们（从对方的视角去）思考什么才是我们竞争对手的优势和劣势，这种劣势对其思考的影响程度会有多大，以及我们可以做些什么来缩小或放大这种劣势。“劣势”的意思当然是指处于不利环境或态势下的一种状态。其次，我们必须（从敌人的视角去）了解敌人的目标、目的、能力、弱点、策略和成功标准。最后，我们必须（从他的视角以及他的敌人的视角去）了解和理解他用什么方法来判定自己是处于优势或劣势。例如，从一般意义来看，高级搜集人员是否有必要从叛乱分子的视角和思维流程出发，去了解他们的优势和劣势呢？了解之后，高级搜集人员在与高级分析人员开展合作时，又能否成为真正的合作伙伴，而不仅仅是负责提供情报搜集支持的人员或组织？是否应当进一步了解敌人关于自身优势和劣势的看法，以便高级搜集人员能够设计具有特定性的情报搜集行动，去针对那些构成敌人看法的各项要素，搜索并发现相关数据，进而发现敌人明显的优势，甚至隐藏得很深的劣势？

关于这项主张还有一个理由，我们可以再来看看克劳塞维茨的观点：

> 我们可以想象，在战争动机很弱、局势很不紧张的情况下，即使是非常微小的、几乎看不出的可能性，就足以使不利的一方让步。如果另一方事先已经看到这一点，那么他当然会去努力实现这种可能性，不会首先去寻找并走上彻底打垮敌人这条弯路了。[1]

在这段话中，克劳塞维茨探讨的是一方将担忧和恐惧灌输给敌人一方，并额外施加影响，使他们更加坚信失败的前景。从这个意义上说，克劳塞维茨正在帮助这个假想敌将事件、活动、数据和信仰“重构”成

[1] Carl von Clausewitz, *On War* (Princeton, NJ: Princeton University Press), 91.（译文引自：克劳塞维茨著、军事科学院译，《战争论》[商务印书馆，1978 年第 1 版]，第 51 页。——译注）

一幅完整的全景图。**行动**、**互动**、**交易**和**行为**等四种活动，可以在具象化后显现为输出，它们极其谨小慎微、不易察觉、差别细微，而且往往是模棱两可、转瞬即逝的。我们感兴趣的还有敌人解读数据的方式、他的短期和长期期望、他感知事物的方式，以及他的行为动机。因此，高级搜集专家必须对高级分析的基本知识有所了解，才能有效地设计情报搜集活动，以便根据高级分析人员提供的观察指标，找到这些显现出来的现象。由此，高级分析人员便可以让高级搜集人员努力搜索一切数据形式的证据，以证实决策者是否成功地让敌人按照自己的计划，将数据重构为信息。

鉴于读者认可对此类高级搜集人员思维的需求，那么人们自然就会产生以下几个疑问：第一，我们能否让高级搜集人员充分掌握开展这些活动的知识？第二，我们开发出的情报搜集来源，组合之后生成的搜集协同，是否足以按照指向这个问题的观察指标，搜索并发现相关数据？第三，我们能否令组织具有敏捷性、灵活性和协作能力，足以执行这种情报搜集行动？答案是响亮的“可以”，因为我们渴望做到这一点。

此外，高级搜集人员必须能像敌人那样思考，因为情报搜集人员想要搜索的东西，往往不易察觉、模棱两可、模糊不清，而且转瞬即逝。这意味着高级搜集人员必须要了解敌人是如何思考的，这样才能设计搜集方案，去搜集相关数据，了解敌人是如何感知、思考、规划、决策的。依据这种思维，指挥官可**进行规划、做出决策、采取或执行行动、评估行动的结果、接收反馈，以及（作为复杂适应系统）自我调整适应**，从而继续努力完成任务，或寻求备选方法来实现自己的目标。

充分思考敌人的感知、思考、规划、决策、结果评估和自我调整适应，可以帮助高级搜集人员学习如何集中力量，实现搜集（包括人力情报、技术情报、非传统搜集资产、低级线人、开源）的最佳混合。在所有高级搜集人员的工具箱中，必须要有一个工具是用来思考敌人模型的。这个模型具体如下：

- 目标；
- 策略；
- 战术和技术；

- ✶ 意志；
- ✶ 资源；
- ✶ 制约因素；
- ✶ 作战环境的影响；
- ✶ 敌人如何感知、思考、规划、决策、行动、寻求反馈和自我调整适应；
- ✶ 关键的活动和功能；
- ✶ 敌人如何看待我们对他们的看法，以及我们对自己的看法；
- ✶ 优势和劣势；
- ✶ 敌人成功的标准；
- ✶ 我们努力想要发现敌人，了解敌人，对此敌人考虑如何予以反制。

在使用这种模型时，高级搜集专家并不是在尝试了解和理解高级分析人员所了解和理解的一切。相反，这位专家已经掌握了大量知识，足以贡献情报力量，推动与高级分析人员和行动人员进行讨论。这些讨论可以生成指导意见，选择和拟定可能的最佳搜集组合，搜索特定的数据碎片；这些数据碎片是以非常特定的采样率，根据非常特定的观察指标开展情报搜集后获得的，它们可以帮助满足或回应我们在前文讨论过的六种需求。高级搜集人员还可以利用这些知识来理解什么是质量：为了找到相关数据，以便友军指挥官可以抢在敌人做出决策之前先发制人，自己的情报搜集系统必须做到什么，必须表现得多好，系统输出是什么，以及系统必须达到什么标准。本书提供的动力可以加强高级搜集专家对于所用国家情报搜集系统的了解和理解，同时优化情报搜集资产，创造搜集协同。最终目标是使用两种不同的思维模型，拖慢敌人的决策周期，加快友方指挥官的决策周期。[1] 如果使用这些模型，高级搜集人员就可以掌握必要的思维手段，可以理解敌方复杂适应系统将以怎样的方式，尝试拒止、迷惑、混淆和反制友方的情报搜集活动，以及寻求、搜集、评估、学习和根据反馈自我适应。

在这些知识中，最重要的就是敌人和其他竞争对手将以怎样的方式，

---

[1] "观察—定位—决策—行动"（OODA）循环是美国空军上校约翰·博伊德（John Boyd）提出的，"预期—推演—观察—定位—决策—行动—测量—修改"（AWOODAM^2）循环是笔者（退役准将韦恩·霍尔）提出的。

尝试预测我方的情报搜集活动，尝试通过反监视行动、欺骗、熔断和掩人耳目等手段（在发生非常规战争的复杂作战环境中，这些手段将是可行的）来拒止这些活动。当然，聪明的敌人想要混淆或模糊某些数据，认为我们会搜集这些数据，提供给我们的高级分析人员和指挥官。这项工作极其复杂，需要进行搜集推演，而且经常会用到三维地理空间信息系统建模。高级搜集人员可以使用这种工具，帮助识别决定性因素并从中获得优势；这些因素是指死角、视线和视场等，不仅可以从敌人的视角出发，而且可以从友方的传感器、观察人员和移动人员的视角出发。另外，具有自适应性的敌人会思考观察者和被观察者之间的关系，如果认为有人正在监视自己，就会改变自己的行为。因此，高级搜集专家必须深度思考自己的情报搜集活动，深入了解敌人是如何思考的，他的想法会受哪些条件的影响，以及他就我们对他的看法做出判断之后，将在何时以及如何改变自己的活动。

三、开展高级搜集行动的必要条件

正如我们所推测的，在高级搜集和高级分析中，民众是关注的焦点和优先重点。叛乱分子、恐怖分子和美军都想要争取民众。通常，民众居住在大城市里，很难渗透，也很难理解笼罩他们的文化。指挥官缺乏对该种文化的了解和理解，这对他的预期决策提出了挑战，进而导致控制主动权的斗争出现问题。

在高级分析中，人员和组织构成的群体往往会成为指挥官关注的重点，因此也是高级分析人员和高级搜集人员关注的重点。可惜人海茫茫，我们很难关注到这些群体。笔者假定，在进行高级分析时，通过例外分析和搜集，指挥官可以找到将这些群体黏合在一起的“胶水”。这种“胶水”可以是意识形态、社会习俗、传统、家庭关系、社会关系和邻里关系。一旦人们和人群（复杂适应系统）开始聚合成为群体，它就会因为“助推器”的能量而进行运动。“助推器”可以是仇恨、报复、恐惧、仇外和贪婪。“助推器”可以让群体产生运动：“点火剂”提供燃烧，让“助推器”“点火”并启动，从而导致群体运动，并且加速，最终与其他群体结合。很多时候，正是敏感变量在这个过程中导致了点火；当然，我们也会关注到底是哪些条件让变量变得敏感的。这个过程可以引发恶名远扬的二阶和三阶效应，如果用科学术语来表述的话，就是“蝴蝶效应”。**高级搜集人员努力搜集相关数据，以求找到“胶水”“助推器”“点火剂”和敏感变量，以及导致变量变得敏感的条件**。因此，高级搜集人员必须了解民众和文化——正是这些文化，在人们互动、交易、行动和行事时，影响了人们的感知、思想、信仰，以及它们随后显现出来的具象化形式。

民众中的不同群体可能会以主动或被动的方式支持敌人，其中的原因各不相同，例如恐惧、胁迫、认同叛乱分子散布的消息和所处的困境、仇外心理等。劳伦斯向我们讲述了民众的重要性，他的这番言论出自《智慧七柱》：

> 民众对其态度友好，一百人中大约有两个会主动参与，其他人则是默默同情，不会出卖这些少数人的运动。[1]

由于民众对叛乱分子和友军指挥官都是极其重要的，高级搜集人员在努力优化情报搜集时，必须开拓思维，并充分了解文化和民众，因为指挥官开展非常规战争行动，正是处于文化和民众组成的环境之中。掌握这些情况，就可以改进情报搜集的行动和活动，为整个非常规战争任务做出贡献。

四、高级搜集形成合力

高级搜集人员必须将情报行动、高级分析和高级搜集视作整体。我们必须认清这个整体，因为指挥官的设想、作战概念和意图可以通过需求，驱动情监侦的“连体双胞胎”，也就是高级分析和高级搜集。我们可以让大脑思考整体，这时我们使用的是对立统一、辩证法、整体论（holism）、协同、碎裂

[1] T. E. Lawrence, *Seven Pillars of Wisdom* (New York: Random House, 1926), 195.

（fragmentation）、聚并（coalescence）、贯融（coherence）、关系、整体等思维模型，而且整体还可包裹其他整体，进而形成更大的整体、群体和组合。

高级分析通常可以指导高级搜集的行动和活动。这是高级分析和高级搜集通用的公理。我们可以在理解的道路上将思路向前推进一步，指出高级搜集可以根据分析驱动的观察指标和分析采样率，从情报角度寻找和发现与目标相关的数据片段或碎片。在机器的帮助下，高级分析人员可以通过重构的方式，将这些生成的数据片段编织成信息，再通过综合认知行为将信息转化为知识。这种互动可以沿着循环的轨迹进入指挥官或政策制定者的头脑之中，因此它也是复杂适应系统进行直接反馈的管道；复杂适应系统可以根据高级搜集人员和高级分析人员提供的情况，进行自我适应和调整。因此，行动、分析和搜集这个整体，以及复杂适应系统的自我适应，二者对任务成功都是至关重要的。

沿着这个思路再进一步，可以发现行动、分析和搜集之间的互动是关于**合力**的一个例子，它必定存在于所有情报行动当中，从而确保三者是贯融的，而且都很有价值。从这个角度来看，这个整体确实大于它各个部分相加的总和。在现实中，在这个“三位一体”（高级分析人员、高级搜集专家和行动人员）中，谁都不能单独以最高性能运行，所以他们不是简单相加的关系——如果我们正确思考，就会发现**相互依赖**才是关键。相互依赖是指**双方彼此依靠**，并不是简单的**相互关联**，这时它是一种互惠的关系。从作战整体性这个角度来看，我们可以发现作战驱动情报，情报驱动作战。关于这种观点，美国陆军《反叛乱手册》是这样解释的：

> 情报和作战行动之间的关系是动态的。即使是在非常了解敌人的有利环境下，所有作战行动也都需要情报工作的支持。情报可以驱动作战行动，成功的作战行动可以生成额外的情报……因为情报和作战行动彼此密切关联，所以情报搜集人员必须直接关联自己支持的分析人员和行动人员……情报搜集人员不应该被动等待行动人员提交需求；相反，他们应该密切监视作战环境，并

根据他们自己对行动人员需求的理解提出建议需求。[1]

如果没有这种合力，行动人员就不能在作战环境中集结并调动情监侦，以响应的方式提供特定支持，而且此时其敏捷性应当是合乎要求的，这样一来，在调整工作重点的时候，它的速度就可以快到足以左右战术指挥官的决策。在本书语境下，“集结”意味着“相当大的集合、数量或质量”[2]，而“调动”意味着“情报搜集人员、大脑、计算机和数据网络进行有计划、有规则的运动”。

五、高级搜集策略

下一个宏观的基本观点是，高级搜集人员必须学会使用高级搜集策略来开展行动。这项策略的存在理由是，有效并高效地利用搜集资产，可以帮助指挥官完成总体任务，特别是可以帮助他做出快速和有效的决策。要想制定和颁布此类情报搜集策略，就需要掌握高级分析和高级搜集等知识的人员。

在制定情报搜集策略时，高级搜集专家设计的策略将涵盖传感器、计算机、处理器、数据网络、组织和人员。这种全面的方法要求高级搜集专家设定**情报搜集成功条件**，因为实施这种策略通常需要做到以下几点：第一，获得相关数据库的访问权限；第二，设计和填充并更新情报搜集基线；第三，设计和实施数据路径；第四，协同指挥位于美国本土和战区内的数据处理站；第五，让传感器运动起来，并让其得到维护。此外，高级搜集专家必须针对执行人力情报的人员与传感器的组合，开展协调和同步工作，以实现最佳的混合方案，以此根据高级分析人员在分析驱动的采样率中规定的要求，针对观察指标开展情报搜集。

为了完成这些耗时而又复杂的任务，高级搜集人员必须提供工作重点，并将机器和人员汇集在一起，结成共生关系。他们还必须设计传感

---

[1] U.S. Army, *Field Manual 3-24, 3-33.5, 3-25.*

[2] *American Heritage New Dictionary of Cultural Literacy*, 3rd ed., Dictionary.com, http://dictionary.reference.com/browse/mass (accessed October 29, 2009).

器、搜集人员和公开来源的组合和最佳混合，必须按照分析驱动的采样率与分析人员合作，必须让搜集人员和机器集中力量，在正确的时间、正确的地点，找出正确的观察指标。

我们还发现，思考高级搜集策略时，应当承认需要高级搜集人员，让他们在机器的支持下，提供意图，并在接下来借用传感器时间时提供指导，同时继续寻求并实现搜集协同。二者对点持续监视行动来说至关重要，因为高级搜集专家必须根据指挥官和高级分析人员的指导，进行规划、协调和同步。这样一来，我们就可以看出为什么在许多环境下都极难制定和实施高级搜集策略，而当部队在大型城市环境中开展行动时，这样做将更加困难，因为这时我们发现成千上万的生态系统在不断地变化、变形、生存、衰减和消亡，同时城市基础设施也有新的部分正在诞生。

六、判断高级搜集的质量

如前所述，情报搜集集团（包括国家层面的情报组织）中的高级搜集专家必须坚持质量衡量标准，以判断他们在决策者的成功或失败中做出多少贡献。我们所说的标准，是情报搜集的表现，以及所指情报搜集是否在指挥官完成任务、做出决策和满足需求等方面做出贡献。对于支持非常规战争的情报搜集，在评估其有效性的时候，高级搜集专家必须要让自己的用户成为“终审法官”，由他们来评价高级搜集的机器、程序和组织的表现，以及高级搜集人员自己的工作。这些用户必须回答以下几个问题：一是情报搜集是否满足需求？二是搜集努力是否符合决策者的标准？三是搜集努力是否有助于指挥官进行规划、做出决策、开展行动，以及评估行动的结果？四是情报搜集是否向指挥官和部队提供了有价值的反馈，让他们自我适应？五是情报搜集表现是否如预期的那样良好？这种评价系统应该是一个全面的整体，应该在各个搜集层面部署到位。它必须包括情报搜集的各个重要方面，因为它们可以左右情报搜集的成败，以及数据的质量和及时性。

除非根据每一位提出需求的指挥官或决策者的标准来思考情报搜集结果，否则对高级搜集有效性所做的判断几乎没有价值可言。从一般意义上讲，这些标准就是：

★ **特定性**：开展情报搜集，提供符合用户定义的确切性标准的数据。分析人员、行动人员和指挥官总是在定义他们正在寻找的东西，以及正确的时间、地点、活动和观察指标，以此辨别目标活动。例如，特定性标准可以是特定的十字路口、房屋、企业、电力节点、颜色、预期行为、服装款式、胡子长度、鞋子颜色，以及预料敌人网络的支持者会犯的人为错误，即文化、技术、态势或功能等。

★ **及时性**：必须达到指挥官及其参谋人员的“信息价值的最早时限”所驱动的标准，因为这与指挥官的规划活动是联系在一起的。这还意味着使用“信息价值的最晚时限”和“信息价值的最早时限”——它们与指挥官的决策周期是联系在一起的，特别是与决策支持模板，以及目标关注区域和指定关注区域都是联系在一起的。

★ **准确性**：地点应当确切，预期活动或疑似关注目标应当精确。某社区里的一间房屋或一家企业，很可能会被列为标准，但也会被分配一个 8 位数或 10 位数的坐标，或是基本百科全书编号[1]——比如情报界和美国空军已经开始使用这种编号了。

确切还包括对死角的精确测量。死角会对高级搜集活动造成严重的影响。也会影响到是否可以对指定关注区域和目标关注区域做出定义，而这种定义工作可以帮助确定优先搜集地点，以及指挥官及其情报分析人员和搜集人员认为将会出现敌人活动的地方。

精确性是一个相关但略有不同的术语。它是分析人员认为敌人或民众活动将会发生的时间和地点的精确程度。高级搜集专家必须处理非常具体的时间要素，特别是在点持续监视行动中，分析人员提供分析驱动的采样率，以缩短高级搜集人员需要大幅增加情报搜集的窗口期。

这里重申一下我们之前的讨论。可以驱动高级搜集的分析采样

[1] 基本百科全书编号（basic encyclopedia number），是美国国防情报局管理的现代化集成式数据库（MIDB）为目标分配的编号，为 8 位数字字符，再加上国家、经纬度等其他文字描述，便是“基本百科全书”。它的前身是“轰炸百科全书”，是美国在冷战时期编纂的轰炸目标名录。——译注

率的含义是：高级分析人员与搜集专家合作，设计出（技术、人力、开源等）情报搜集的采样频率，以便在正确的时间、正确的地点，寻找特定的观察指标和正确的活动，并让后续搜集活动重点关注事件（活动和持续时间）。还要考虑以下几项因素：一是必要的时间长度，这样才能搜集充足的数据，做出准确的决策（也就是说，传感器精度本身往往就是关于搜集行动持续时间的函数）；二是事件持续时间；三是预计的事件发生频率；四是假警报的可能性。

分析驱动的采样率要求情报搜集专家必须与高级分析人员合作，坚持寻求传感器和人力情报的最佳混合方案，以便在分析人员希望的时间和地点，创建采样率规定的搜集协同。分析驱动采样率的工作安排必须满足相应标准，以实现最佳混合方案并借用传感器时间，从而在精确的时间框架内和精确的物理位置上，搜集本书讨论的五种观察指标。这种类型的点持续监视行动必须极度精确，因此只能有一台机器和一个复杂的软件程序适合执行这项行动。

★ **相关性**：与某一愿望、使命或特定态势相关、适配或关联。这可以说是最重要的标准，但也是最难描述的标准。在此种情况下，情报搜集及其输出必须与指挥官的任务相关。要想全面理解这个标准，我们必须进行更加深度的思考。具体而言，相关性意味着情报搜集及其输出必须与前线部署指挥官的感知、规划、决策、任务执行、行动、结果评估和调整等活动直接相关或关联。相关性意味着，情报搜集必须根据指挥官对风险模糊性的容忍程度，为指挥官管理风险的努力做出贡献，而且情报搜集系统必须能够帮助指挥官容忍不确定性。指挥官容忍不确定性的程度各不相同，情报搜集必须根据他们不同的个人偏好，酌情减少不确定性。相关性还描述了指挥官与时间的关系，原因是情报搜集必须与其正在处理的问题相关，这时它与作战环境进行各种互动，受到绝对并且无可辩驳的时间限制。此外，高级搜集必须找到软目标和硬目标，前者是指人员、组织及其行为表现，后者的例子是在大城市合法居民区内为叛乱分子准备的安全屋。

★ **清晰性**：接受情报搜集支持的小分队或指挥官及其参谋人员，希望明确情报搜集输出的呈现方式：是否清楚、是否明了、以何种形式，或是何种媒介组合。清晰性是指图形应当清楚、明了，甚至包括图像可能包含的像素数。高级搜集人员在满足所支持小分队对图像清晰性的迫切需求时，必须始终使用赖以判断图像清晰性的美国国家图像解译等级量表。可惜知易行难。有时，时间限制可以约束对国家图像解译等级量表的需求，也可以限制战术小分队的带宽。清晰性还涉及语言是否清楚，因为情报搜集人员必须用申请方的语言与其沟通。对于含糊不清或模棱两可的语言，人们几乎无法分辨，也几乎不能容忍。此外，提出请求的分队也有一定责任去仔细思考，从而向情报搜集人员阐明自己所希望的清晰性标准和需求。关于清晰性标准的例子，可以是要求搜集输出使用国家图像解译等级量表来表示，报告为单页，提供图形、三维飞行成像、蓝图、房间尺寸、窗户高度、墙壁结构、线条图，利用计算机辅助设计（CAD）来合成地下设施——这是在不了解真实情况时，工程师利用计算机生成图纸，描述自己对建筑的构想。

七、高级搜集必须进行的五种解聚

在开展情报搜集以支持非常规战争行动时，高级搜集必须开展五种解聚工作；这五种解聚必须发生，这样我们的指挥官才能取得成功。解聚是什么意思？五种解聚都是什么？为什么每种都很重要？高级搜集专家应当如何思考和执行这项重要的任务？我们先来回答第一个问题。如果某个特定居民区正在爆发叛乱或恐怖活动，这时叛乱分子和恐怖分子往往与当地民众混杂在一起。用非专业人士的话来说，这意味着我们正在尝试通过高级分析和高级搜集，针对包含叛乱分子或恐怖分子的民众中的某个群体（单人、双人、多人聚合而成的群体，以及组织）开展解聚工作。不幸的是，这种解聚并非易事，部分原因在于密度。一位研究城市反叛乱行动的学者是这样告诉我们的：

一个城市的活动密度是秘密行动的“天然斗篷”。日常生活中的变化不太可能被人注意到，因为城市日常生活本身往往就是不断变化的。[1]

关于城市和城市生活的令人不快的现实，以及叛乱分子完美融入大城市的方法，无不在提醒人们注意这样一件事：思考解聚，尝试开展解聚行动，以及评估我们的行动和活动的结果等，都将是非常难以实现的。

无论我们选择强调哪条道路，高级搜集仍有很多工作要做，这样才能针对指挥官为解聚这些嵌入特定社会的叛乱分子而开展的活动，找到与此项活动有效性相关的数据，从而判断这些活动是否有效。它还可以发挥巨大作用，决定指挥官设计并提供激励的行动是否有效，而有了这些激励措施，只要叛乱分子提议聚合，民众马上就会予以拒绝。

现在，我们来探讨第二个问题：高级搜集必须提供关于哪五种解聚的数据？第一，我们在上一段已有讨论，解聚就是区分叛乱分子与民众。第二，在我们考虑聚合时，某些事物会导致人们、组织或功能聚集或黏合。这就是前面提到的“胶水”。在高级分析人员的指导下，高级搜集专家运用情报搜集的“三巨头”（大脑、机器和计算机）开展工作，以找到相关的数据，让高级分析人员和指挥官找到并发现能将人员、组织和功能聚集或黏合为聚集体的“胶水”。不幸的是，这种“胶水”很难寻找，因为我们几乎无法找到实物。就其本质而言，这种“胶水”就是共同的信念、感知、组织参与、社会团体、商业活动等。第三，除了“胶水”可以让事物聚集以外，我们发现联系也可以将关注的群体与其他群体关联在一起。这样的联系共有五种：技术联系、文化联系、功能联系、组织联系和思想联系。第四，人们可以找到一种或多种能够导致群体运动的“助推器”。这些“助推器”可以是愤怒、仇外心理、恐惧、信仰、事业和嫉妒。第五，要想产生运动，“助推器”就必须点火。因此，我们还必须考虑“点火剂”，而它可以是敏感变量。不是所有的变量都是敏感的，因此不会总是可以点火，启动“助推器”。我们必须考虑哪些条件在激活之后可以触发变量，使之变得敏感。当我们思考群体

---

[1] Russell W. Glenn, *Heavy Matter: Urban Operations' Density of Challenges* (Santa Monica, CA: RAND, 2000), 23.

时，大多时候我们不得不思考并处置无形要素，也正是它们让高级搜集活动非常具有挑战性。此类情报搜集行动必须搜集无形要素，比如情绪、士气、决心、动机、对诱惑和激励的响应、感知、想法、恐惧、仇恨、嫉妒、仇外心理，以及信仰。

八、非传统搜集资产和方法

下一个基本观点涉及高级搜集和非常规战争，这时我们发现非传统搜集资产的负载相当沉重。在我们看来，非传统搜集资产是多种多样的：搜集或汇集关于敌人数据的毫不起眼的人类和地面技术传感器；我方武装部队开展活动的城市里的民众；作战环境，以及其中所有相互关联、相互作用的元素和流程。我们谈到的这些情报搜集人员，指的是大量低级和街头情报搜集人员。非传统搜集人员也可以包括隶属于非政府组织、跨国公司和其他国际企业，以及安保公司的人员。非传统搜集资产可以是线人、观察人员、移动人员和（设备）安装人员，也可以包括小型隐蔽测量与特征情报设备和摄像头。

在传统语境下，美国军方依靠的自然是航空和太空搜集。这些搜集资产在针对地球表面静止或移动的物体、被摧毁的建筑、防御工事甚至交通通行能力开展工作时，成效极其显著。在传统行动中，美国情报部门可以定位敌人的指挥和控制节点，监听指挥和控制活动，当然还可以定位并监视武器系统、后勤和运输部队，以及各种车辆。在传统行动中，航空和太空搜集生成的图像是非常有价值的，因为它可以显示位置、运动方向、车辆状况、武器系统，以及指挥和控制设备，还可以让我们了解战损评估。此外，在某些态势下，来自航空和太空的测量与特征情报搜集，可以出色地帮助开展功能性活动，比如探测地球表面变化，揭示车辆行驶、挖掘活动和建造掩体等活动的位置。

如果非常规战争行动发生在城市、丛林和崎岖山区，并且行动的攻击对象是深埋地下的加固目标，这时出现的与军事有关的运动物体，就不会是传统工业时代的敌人使用的那些，比如坦克、装甲运兵车和火炮。在一座城市里，会有成千上万个移动的目标，如人类及其交通工具，以及基础设施及其众多的零部件。在一座城市里，每小时会有成千上万个电话，因此针对相关目标开展截获和全球定位的做法是极其困难的，有时甚至是不切实际的。在一座城市里，人员、组织、交通工具和基础设施一直都在不停地运动变化着，一刻也不会停歇。通常，不论哪种房屋和企业，其外观、行为、声音和气味都很相似，因此人们很难成功区分敌对活动与合法活动。

因为目标是有形的，又与地形有关，所以在常规行动中，可以单独使用航空和太空搜集资产，以此评估指挥官发起行动的结果，从而提供极大的帮助。但在城市里，在非常规战争的态势下，人员、组织及其活动才是最重要的。因此，多种航空和太空传感器的价值下降，在某些情况下还会被否定，在作为单一来源开展情报搜集时更是如此，因为指挥官需要了解转瞬即逝的、属于人类的、以感知为导向的思维活动和具象化显现，也就是被我们称为人类行为、活动、互动和交易的东西。可以这样说，如果我们前文讨论的情报搜集策略可以为搜集人员提供意图和指导，使之能够**使用传感器组合开展工作，并辅之以人力情报搜集，且指导他们在正确的时间、正确的地点，针对正确的目标和观察指标开展情报搜集**，那么航空和太空情报的价值就会大大提高。

我们已经讨论过，在非常规战争中，高级情报搜集的工作焦点必须是人员、人员的环境、嵌入环境的敌人，以及支持敌人的基础设施，因此，在城市背景下，在成功实施的情报搜集行动中，许多情况下都必须使用人类和非传统的传感器。不幸的是，在人力情报搜集中，以及在使用小型摄像机和测量与特征情报传感器时，也存在一些严重的不足，比如保障电力供应、选择正确的位置、找出可行的身份掩护“故事”，或是确保观察人员、移动人员，或在居民区和商业区安放小型传感器、进而根据分析生成随任务下发的多个观察指标以开展监视活动的人员的安全。这种活动都是固定不动的，任何一种都很容易被人发现，而且非常危险。由此看来，由于人员及其活动往往意义模糊、难以区分，并与普通的城市喧嚣融为一体，所以实际上可能有成千上万的活动都是重要的。高级情报搜集有责任发现与人类相关的重要数据。这项任务就像是在一个或多个装满成千上万根不断运动或转动的细针的大箱子里，寻找一根或几根具有相关性的细针一样。

我们在思考这个基本观点时，首先可以探讨一下为什么航空技术情报的价值有时会受到质疑。一些航空技术情报传感器是非常有价值的。例如，每个指挥官都想获得全动态视频。报纸和新闻杂志大量刊登文章，谈论具有全动态视频功能的遥控驾驶飞机可以飞行多个轨道（或出动多个架次），向地面站发送高达几太字节的数据。不幸的是，它们并没有类似的方法探讨必须开展的深度思考，也就没有研究多架次遥控驾驶飞机的问题，无法告诉操作人员要查找什么，在哪里查找，为什么要查找，什么时候查找，以及所搜集数据必须达到的标准。这些文章没有讨论数据过载的问题，没有讨论我们没有足够的分析人员，因此无法筛选这些“吸尘器”式搜集工具获取的海量数据。这些文章也没有讨论情报分析人员和情报搜集人员在如何进行深入和批判性思考方面，确实缺乏高质量的培训和学习。

航空信号情报搜集工具、航空红外、航空前视红外、航空高光谱图像和航空多光谱图像等，在某个时间必定会生成有价值的数据。然而，在考虑这个问题时，我们不得不得出结论，认识到有些时候，技术情报搜集在质量和能力方面存在明显局限性，无法为前线指挥官的决策活动做出贡献。通常，这些局限性可以克服，具体做法是使用最佳的传感器混合和组合方案，以及航空传感器彼此间的“供给和提示”。这些局限性也可以通过航空传感器与人力情报搜集和技术地面搜集相结合的方法来克服。然而，如果小分队指挥官是在超大城市里开展行动的，那么航空搜集工具面临的局限性的原因就更多了，有些是物理原因，有些是文化原因，还有一些是因为数据环境的规模过于庞大——我们将发现自己不是在一大堆稻草里找一根细针，而是在十万堆稻草里找一根细针。可以肯定的是，如果小分队是在超大城市里开展工作的，但依赖的却是单源的技术航空搜集工具和单源的全动态视频，这便是一项明显的弱点，而且如果当中涉及高层建筑或人口超过 100 万，这时情报搜集成效的退化就会更加严重。

现在，让我们思考一下航空技术搜集的一些局限性。第一，城市作战环境中存在大量噪声，其中虽有几个敌对或者至少值得关注的信号，但却被深藏在数千个，也许是数百万个不断变化的信号之中。第二，可以指导搜集的观察指标必须以人类为目标——他们在做什么，如何活动，如何互动，如何做出行为，如何进行交易。因为这些活动的含义往往模糊不清，且与无数其他活动类似，所以技术搜集设备很难决定如何找到有价值的数据。要想在这些类型的行动中成功开展情报搜集，就要动用人员，因此机械航空传感器很难提供特定性，也就很难发现、察觉和区分人类导致的声音、运动和气味。此外，航空技术传感器通常无法辨别叛乱分子和恐怖分子的意图，除非我们非常幸运，面对的是一个不太聪明的敌人。此外，航空传感器和其他类型的太空传感器也会遇到困难，难以针对大城市里的敌人网络开展情报搜集。这种情况的原因有很多：网络是不可见的，网络和网络活动的本质仍是人类的活动，网络中联系和节点不断诞生、衰减和死亡，网络节点和联系可以变形和运动，连接网络节点的网络联系的强度和动力源将会衰减，以及网络愿意忍受自我净化活动，以求安全并减轻网络中关键敌人心中那种通常极为偏执的担忧。

九、情报集团支持非常规战争指挥官

为非常规战争中战术指挥官提供其所需要的高质量情报，需要国家情报界领导者的认真工作。首先第一步，情报系统必须思考、运行，并评估以集团形式工作的人员和组织的表现。如前所述，我们使用的“集团”这个术语，指的是“一个具有一定规模、复杂性和风险的有组织的活动，它是整个情报系统集中力量，作为一个整体来完成特定的情报分析、情报搜集、机器和主题专家等任务”。我们设想，情报集团应该是一个单个的、居于国家层面的情报组织（国家点持续监视中心），其资源供应、组织形式和人员配备等都有明确的目的，即在高级情报分析和高级情报搜集等方面提供“合力”，同时向准备部署或已经置身险地并正在进行非常规战争军事行动的指挥官提供情报支持。

理想状态的“集团”必须做出高质量的贡献和高价值的表现，因此面临必须满足战术情报指挥官要求的压力，并由此产生焦虑和紧张等负面能量，再注入集团自身。判断集团是否满足成功标准，就需要看活动（分析、搜集或机器的工作情况）是否很好地满足需求，能否很好地在完成任务、做出决策、规划任务和满足指挥官提出需求等方面做出贡献。我们还可以将集团当作一种虚拟知识环境来开展工作，并且可以提供一个组织有序并且科目明确的方法，获得前线部署人员需要的专业知识，从而执行解构情报需求或拟定五种观察指标等分析任务，以及搜集任务。

当前的情报搜集系统，如果还是现在的组织、装备和训练水平，是不能满足非常规战争的严苛要求的。原因很简单。它做出调整和决策的速度过慢，等级过于森严，无法满足对输出的特定性要求，无法响应非常规战争中最重要人员（营、连、排和旅战斗队等的指挥官）提出的严苛且不断变化的需求和标准。此外，我们的众多情报组织通常会使用耗时、费力并且僵化的官僚程序、规章和制度来约束情报行动。当然，这就意味着它们不能满足战术指挥官的数据、信息和知识等需求。

有人可能会争辩称，前线部署指挥官可以也应该独立解决他们自己的情报问题，因为国家层面的情报分析人员和搜集专家通常并不执行战术任务。毕竟，他们（战术指挥官）拥有自己的情报分析人员和搜集资产。这个观点看似有理，实则不然。如果说国家情报界拥有庞大的知识、学识、组织和机器等力量，可以成为专职、专注并且坚定的伙伴，我们又为什么要让前线部署战术指挥官自力更生呢？我们认为，答案在于我们不能接受还有情报行动是孤立无援的、完全独立的。事实上，**我们需要一个有效的情报集团，它可以利用情报搜集和分析的整体力量，为我们前线部署战术指挥官提供人类已知的最优质情报**。

本书提倡的友好情报集团，可以支持战术小分队针对敌人的网络开展作战行动，也可以提供更高水平的情报支持。情报集团可以为战术边缘的细胞式小分队和人员赋能，让他们可以快速准确地开展活动，原因就在于它有能力集结和调动人员、搜集工具、计算机、数据、数据网络、组织、知识，以及虚拟知识环境。我们设想的这种集团是一个网络化的团队，由才华横溢、充满动力和精明能干的人员组成，可以提供情报支持。在这个集团里，组织和人员频繁、彻底、自愿地共享数据、信息、知识、人力、计算能力和传感器。

我们必须设法组建这种理想的情报集团。这种集团可以不断自我更新，具体方法就是自我净化，也就是有目的地调整那些自我妨碍的程序，以及种种不良的表现。它还可以通过协作来自我改进，可以共享数据、信息和知识，还可以不断地根据学习成果进行自我适应。在这一点上，情报集团与其所在的不断变化的非线性作战环境，当然还有敌人的网络，都在**共同进化发展**。我们理想的国家情报集团可以不断地努力自我改进，具体做法是借助指挥官的评估、深刻的行动后审查，以及针对高级情报分析和高级搜集等领域的人员和组织，不断开展认知和心理运动等方面的培训和教育。在我们理想的情报集团中，提高下属认知能力是领导层的一项相当重要的职责，不能把它留给偶然事件。

在理想的情报集团中，搜集专家甚至会下大力气，搜寻那些最难找寻和最难发现的目标，比如藏身住宅或企业里，或地下掩体和洞穴中的敌人。目标虽然棘手，但并不能吓退高级分析和高级搜集等领域的人员和组织。因此，高级分析人员和高级搜集人员组成细胞式小分队，以主动出击的方式开展深度思考，并不断努力利用预测来为指挥官提供机会，使之能以先发制人的方式，寻找、发现并夺取主动权。然而，情报搜集的对象也可以是更加抽象的问题集，例如指挥官实施影响民众这项任务时，就可以用它来辨别其所采取的活动是否取得良好效果，这些可以通过民众的感知、思维、互动、行动、交易和行为输出等的具象化显现加以判断。人们一定会想到的是，为了参加争夺主动权的战斗并赢得胜利，必须有一小批符合要求的分析和搜集专家充当预备队。这种预备资源可以奉命或获准进行自组织，并以蜂群形式分配给有需要的前线部署的高级搜集和分析人员，提供其所需的深度知识、机器和基线开发支持。

十、集结、调动和蜂群聚集搜集资产

现代情报是一种极其重要的反叛乱武器系统，足以左右任务成败以及行动效果。在正式讨论之前，我们必须开宗明义。我们必须提供一些关于集结、调动和蜂群聚集的例子。首先，我们讨论的是所有情报搜集资产——技术、人类、非传统（本书定义的）、开源和网络等。其次，当我们讨论集结、调动和蜂群聚集搜集资产时，我们着眼的范围极其广泛，包括：人员、搜集设备、计算机、数据、数据网络、组织、知识，以及虚拟知识环境。

接下来，我们将明确解释一下我们讨论的到底是什么。“集结”（mass）的意思是“非贯融的微粒、部分或物体组成的集合，且被认为构成了一个整体”。[1] 因此，它能以自己所独有的方法，完美地呈现聚合理论。但在这里，聚合群体就是大量搜集资产的集结，这一点我们在前文已经解释过。“调动”（maneuver）是指“通过让部队在行动区域运动的方法来调用部队，并结合火力，以此获得相对于敌人的优势地位，从而完成任务”。[2] 情报搜集资产的调动基本上会遵循这个定义，但我们对其稍加改动，变成“通过让搜集资产在作战环境中运动的方法来调用部队，并结合其他搜集资产，以此针对复杂作战环境的敌人、其他竞争对手和民众，获得相对于他们的优势地位”。“蜂群聚集”（swarm）的意思是“人或动物聚合成为群体，尤其是指数量庞大，并且处于混乱或运动中的情况”。[3] 当我们思考蜂群聚集时，我们想到的是许多东西作为一个整体，开展工作、运动和活动。它启动的速度非常缓慢，数量也很有限，但最终“蜂群”将包括成百上千的人员、搜集设备、计算机、数据、数据网络、组织、知识和虚拟知识环境。

情报搜集是一种威力强大的武器，如果集结、调动和蜂群聚集的话，尤其可在复杂的非常规战争作战环境中发挥巨大的影响力。如果我们面临的情况是难以找到敌人，但必须找出或发现棘手目标，若不发现并影响这些目标及其支持网络就可能产生严重后果，以及难以辨别指挥官针对民众采取的行动是否会造成无形后果等，这时我们就要考虑开展点持续监视行动的必要性，这个陈述就会显得尤为贴切。

根据定义描述，集结是将大量事物和人员凝聚成一个整体的行为。集结需要时间、努力、避碰、同步，并最终“去集结”（demassify）。情报搜

---

[1] *American Heritage Dictionary of the English Language*, 4th ed., Houghton Mifflin, 2004, Dictionary.com, http://dictionary.reference.com/browse/mass (accessed February 8, 2010).

[2] U.S. Department of Defense, *DOD Dictionary of Military and Associated Terms*, Joint Publication 1-02, as amended through October 31, 2009.

[3] *American Heritage Dictionary of the English Language*, Dictionary.com, http://dictionary.reference.com/browse/swarm (accessed February 8, 2010).

集人员永远不需要盲目集结。相反，如果高级搜集人员计划创造出搜集的最佳混合和组合方案，他们就会在以下四个方面做出明智的决策：第一，集结什么；第二，在哪里集结；第三，如何集结；第四，他们是出于什么特定原因，才会先要集结搜集工具、数据网络和计算机等。集结工作的成果就是形成群体。他们在开始详细规划之前，头脑中就已经有了关于集结成果的设想。这就是说，设计搜集协同的可能性已经在我们的脑海中显现成形了。关于集结情报搜集人员的情况，以及其他规划方面的考虑，更多细节可以参阅本书第 9 章关于情报搜集规划的小节，了解关于高级搜集规划的讨论。

调动是旨在实现相对优势的运动。“相对”的意思当然是指相对于对方、竞争对手或敌人的情况。克劳塞维茨提出的观点可以帮助诠释这一点：

> 战争并不是活的力量对死的物质的行动，它总是两股活的力量之间的冲突，因为一方绝对的忍受就不能成为战争。[1]

当然，关于调动的概念，还有一点是不会变化的，那就是移动某一方的力量来源（例如部队），以获得相对于对方、竞争对手或敌人的优势。这种优势表现为主动权、节奏、动力、知识、决策、位置和行动自由。优势存在于现实、心理和情感当中。调动可以在这三个领域或范围内生成优势。我们认为，只要规划得当、执行有力，而且评估迅速以便提供反馈并实现自我适应，那么指挥官就可以调动高级分析和搜集，在现实、心理和情感等领域，实现相对于各类敌人以及民众的优势（在复杂的作战环境下，在涉及反叛乱行动的情况下更是如此）。关于分析和搜集的调动，还有一些更好理解的类似情况，比如舰艇、飞机、地面和太空力量的调动。这时人们创造的结果大多都是相似的，比如心理和情感方面的影响。但接下来便无法比较了。例如，在调动情报搜集时，人们可以“调动”搜集设备、数据网络、计算机、分布式情报搜集系统、虚拟知识环境和带宽，以

---

[1] Clausewitz, *On War*, 77.（译文引自：克劳塞维茨著、军事科学院译，《战争论》[商务印书馆，1978 年第 1 版]，第 27 页。——译注）

创造优于敌人、对方、竞争对手或民众的心理和情感优势。

蜂群聚集也是一股强大的力量。“蜂群聚集”的意思是“大量聚集，并朝着一个目标移动，比如蜂群前往新的蜂巢，或是对攻击做出响应，或是许多人或物体聚在一起，作为一个整体共同运动，以实现某个目标或目的”。在我们的语境下，蜂群聚集涉及人员（分析人员、搜集人员、主题专家）、搜集设备、计算机、数据、数据网络、组织、知识和虚拟知识环境。以此为背景，无须太多想象力便可理解，蜂群聚集可以跨越功能或类别的界限，可以产生于世界任何一个地方，而且不可见的情况远远多于可见的情况。蜂群聚集可以适用人类聚合而成的群体，比如情报集团的分析人员或搜集专家，这时他们蜂拥而动，前去支持一个面临极大压力、已经或即将去往前线部署的情报分析人员。蜂群可以是传感器聚合而成的群体，比如无人航空载具或无人航空系统组成的机群，它们可以寻找和发现包含观察指标但却极其模糊的数据。蜂群可以是分散在世界各地的计算机聚合而成的群体，作为一个并行计算系统运行，为用户带来超级计算机的力量。蜂群可以是我们前文向读者介绍过的以蜂巢思维形式集结的人才群体。蜂群可能是将许多数据网络聚集在一起，以提供尽可能最大的带宽，以此向规划和执行交战活动的人员，或是评估交战结果的人员输送数据，或在他们之间输送数据。事实上，所有这些蜂群的变体还可以聚集起来，组成一个超级蜂群，为指挥官提供巨大的潜在力量。这种能力确实是一种威力巨大的武器系统！

十一、借用传感器时间、协同作用、最佳混合和组合

开发最佳混合和组合是一个基本观点，因为协同形式的整体式情报搜集总是要比单源搜集努力更加有效。我们可以借助美军各军种的分布式通用地面站，也就是在世界各地分布式部署的搜集资产以实现优化，目前这项工作已经取得一些良好进展。然而，所有类型的分布式通用地面站从一开始就缺少统一的概念，它是一种关于分析的中心化思想，所以这些地面站没有对高级分析和高级搜集带来的好处进行记录。

尽管在这方面已经取得一些进展，但小分队往往只能在自身有机能力

范围内开展工作，因为他们不能寄希望于得到上级总部的传感器支持。因此，更有意义的做法是去探讨借用传感器时间的理念，而这里所指的传感器已在使用，正在支持上级总部执行优先等级更高的任务。

借用传感器时间的概念到底是什么意思呢？具体来说，航空搜集资产对机载传感器的使用效率其实是很低的。如果平台返回基地去补充燃料或接受维护，在它们转弯或改变飞行高度时，如果传感器因为处于闲置状态，或没有目标事件发生，所以没有开展情报搜集活动，那么这时不论是分散还是聚合，都有可能产生未使用的传感器时间，而这种时间刚好可以为小分队的搜集活动提供补充。此外，一些传感器平台是多用途的。这意味着，如果一个传感器正在为“拥有”它的部队忙碌工作，那么其他传感器应当“有空”，可以“出借”，从而满足优化和搜集协同的要求。但我们也介绍过，借用传感器时间的做法，将会改变我们对“所有权”的认识，要求我们集中力量去实现有效性和“共享”。共享传感器时间还需要开发新的软件或集成现有系统，以优化传感器组合，从其他传感器处借用传感器时间，并根据分析驱动的采样率来匹配搜集组合。

由于美国军方和情报部门习惯性地在所有权系统中分配传感器，因此如果有人并不拥有所需要的传感器，但却借用了传感器时间，这就是一个敏感的问题。尽管如此，如果所有权系统保持不变，那么在这里或那里借用几分钟或几秒钟的做法，对于拥有传感器的组织来说是完全透明的。利用软件可以完成所有的工作，而人类“中介”将确保质量是可控的，确保“学习”软件和突现行为不会导致借用时间超出规定和指定的机器参数。

高级搜集需要综合使用（有人和无人的）航空搜集、国家技术手段、人力情报搜集、低级搜集人员、非传统搜集工具和方法，以及开源情报。这些组合必须以最佳方式混合，帮助人们根据由分析采样率和分析侧指导搜集侧的信息所规定的时间表，成功开展点持续监视行动。这种贯融努力可以实现搜集协同，在这种协同作用中，整体大于各部分的总和。

只有通过组合、关系、贯融和协同，高级搜集才能有望根据不易察觉的、转瞬即逝的、模糊不清的、模棱两可的五种观察指标所提出的苛刻要求，成功开展情报搜集。例如，高级搜集必须对离散的目标和活动进行情报搜集，比如我们在探讨聚合时介绍的“胶水”“助推器”“点火剂”，及敏感变量和导致变量变得敏感的条件。高级分析人员和高级搜集人员必须设法识别出一目了然并且看似完全不同的因果关系，这在很大程度上是模式分析、趋势分析和联系分析的组成部分，这种做法可以针对所有叛乱分子和恐怖分子，甚至以混合方式聚集起来的人员和组织，以及他们的互动、活动、交易和行事，识别出其中固有的异常和倾向，不论它们是明显的，还是难以注意到的。

十二、将间接方法用作开展高级搜集的策略

与高级搜集基本原理有关的另一个基本观点是，非常规战争要求情报搜集使用间接方法，以此搜索、发现和提供数据，力求了解非常规敌人。我们说使用间接方法开展情报搜集时，到底想要表达什么意思？使用间接方法开展情报搜集，就是针对支持敌人网络的人员、疑似该网络中敌方行动人员的家人，以及可疑商业或活动的信息分发系统等开展搜集。我们应当认真研究这种方法，因为通常来说，敌方主要行动人员不会在现实中或以电子方式现身，但支持他的人员却会做出一些事情，让我们借此找到这些人员，就像信息素可以引导“前线部署”的蚂蚁返回蚁丘一样。在使用间接方法开展高级搜集时，高级搜集专家的思维是理性的，情报搜集活动往往是差别细微、不引人注目的，并且极力着眼二阶和三阶关系，观察支持敌人网络中的人员在文化、技术和功能等方面犯下的错误。

我们将以更加详尽的方法，深入探讨使用间接方法开展高级搜集这个重要的主题。第一，我们必须回答字面上的一个问题：为什么我们渴望使用间接方法，帮助我们解决情报搜集问题？这个答案相对易于理解和应用，即作战环境具有非线性的性质，它导致了不断发生的变化、对初始条件的敏感性，以及不可预测性。另外，复杂适应系统的碰撞、倾轧、颠覆和联合，使得作战环境让人难以理解。这种复杂性也使得人们难以做出关于高级搜集行动的决策。敌人可以利用这种现象，提升我们找到他的难度，因为他把自己嵌入所在环境当中，融入日常普通时间做着普通事情的一群群普通人的活动当中。第二，敌人学习和自我适应的能力极强。如果有人不但能够嵌入环境，嗜好保密，并且承认美国军方和非军方情报机构

有能力寻找和发现自己，而且还增添了上述能力的话，他就可以让情报搜集难以取得成功。第三，如果作战环境是复杂的，敌人自我适应能力极强，且又融入民众当中，就会为情报搜集设置相当棘手的条件，从而在很大程度上将美国巨大的情报搜集优势边缘化，在许多情况下甚至可以将其彻底抵消。第四，在非常规战争的情报搜集中，最重要的目标是人类，也就是他们的心理活动和身体行为。不幸的是，人类的思维是不可见的，行为是不易察觉的，活动中存在微妙差别，另外在繁忙城市建筑区还有大量噪声，这些因素使得情报搜集非常难以开展。在人类感知世界、解读数据输入后传入意识当中、展现期望、思考、规划、行动和做出行为时，没有任何一台机器可以针对他们做到这些事情的方法开展情报搜集。在最好的情况下，我们也只能让多台机器拼命工作，执行复杂搜集任务；即使这样，在众多技术搜集工具共同努力之后，也必须有人力情报搜集为其增加清晰性，提升可理解性。因此，我们必须考虑使用间接方法开展高级搜集，以此作为对我们已掌握情况和正在搜集情况的补充。

在进一步深入讨论之前，我们必须考虑一些适用的理论，这些理论可以为我们提供见解，帮助阐明关于使用间接情报搜集策略事宜的观点。著名军事理论家孙子曾经讨论过军事冲突中的普通力量和特殊力量，以此阐释开展战争的间接方法。孙子云：

> 三军之众，可使必受敌而无败者，奇正是也。凡战者，以正合，以奇胜。故善出奇者，无穷如天地，不竭如江河。奇正相生，如环之无端，孰能穷之？[1]

这是先贤之见，我们可以用在高级搜集上。虽然运气好的话，使用直接方法开展情报搜集的做法偶尔也会奏效，但主要来说，它还是必须充当上文提到的普通力量，用来引发扰动，或帮助创造条件，以间接方法开展情报搜集。使用直接方法开展情报搜集，可以是使用无人航空系统监视

[1] Sun Tzu, *The Art of War*, trans. and ed. Samuel B. Griffith (London: Oxford University Press), 91–92.（译文引自：孙武，《孙子兵法》[上海古籍出版社，2006 年第 1 版]，“势篇”第 46—47 页。——译注）

关键基础设施，同时使用非传统搜集资产监视可疑行动，以便根据高级分析人员向高级搜集专家提供的观察指标开展情报搜集。使用直接方法开展情报搜集，还可以是监视住所，间接方法则是针对支持敌人网络和目标的非法活动的人员，寻找并跟踪其家族网络中的远亲。英国军事理论家利德尔·哈特针对间接方法，提出了以下观点：

> 然而，在进行深度思考之后，我开始意识到间接方法有着更加广泛的应用，认识到它是所有领域的生命法则，亦即一种哲学真理。人们认为，在处理人类因素占据主导地位的一切问题时，能否实现这一点，正是能否实际取得成功的关键所在，而意志的冲突往往源于对利益的潜在关注……间接方法的观点与人类历史上最有影响力的因素，也就是“思维对思维的影响”中的所有问题密切相关。[1]

这种想法帮助我们认识到，对间接方法开展思考的做法，是深度思考中一个可行的办法，它对思考、规划、执行和评估高级搜集行动，以及接收其反馈并据此自我调整适应等来说都是极其必要的。使用间接方法意味着我们在搜集关于敌人，当然还有民众的数据时，不能经常性地只想到一种方法，而是要考虑多种情报搜集方法，以及多个情报搜集领域。有这样一个例子，就是在信息领域开展的网络情报搜集，当人们使用“捕食者”无人机在现实中针对既定目标开展情报搜集活动时，它可以提供相应补充。

针对复杂作战环境中的人员和组织，使用间接方法开展情报搜集，这样可以发现敌人网络的重要性和力量。敌人的关系网可以构成一种有组织的架构，供其工作、睡觉、规划、演练、治疗、做出决策、执行计划、评估行动结果，并根据搜集反馈内容进行自我适应或自我调整。他的关系网通常具有恢复性。也就是说，一旦受到冲击或影响，这种网络可以从挫败中恢复过来，或是再次变得和以前一样强大或更加强大。网络在很大程

[1] B. H. Liddell Hart, *Strategy* (London: Faber & Faber, 1967), xx.

度上是不可见的，没有砖石砂浆式的实体建筑或严格的等级制度可言。然而，敌人的联系是真实的，也是脆弱的。敌人的网络有多种联系：技术联系、社会联系和人际联系、功能联系、组织联系，以及思维联系。这些联系兼具外在和内在的力量，并经常会经历我们所说的“联系衰减”(link decay)，即联系的外在和内在力量逐渐削弱。人是一切网络中最重要的组成部分，也正是网络存在和运行的目的所在。人们可以提供支持，好让网络得以继续生存。人们发挥这个作用的途径，是互动、活动、交易和行事。联系可以不断地变化和变形。人们使用联系，并为网络赋予目标感，从而导致网络的变形和变化。使用和支持网络的人是会犯错的。这些错误是技术性、文化性和功能性的。高级搜集的任务就是观察错误，搜集与之相关的数据，并获得这些数据，因为如果错误是在正确的地点和时间发生并被我们看到，而我们设置条件以便观察错误的出现，那么错误就一定会出现。

此外，使用间接方法开展情报搜集的做法之所以能在情报搜集策略中占据重要地位，原因正是因果关系。我们稍费周章，解释一下这个概念。在复杂的作战环境中，所有活动都会有结果的发生。结果就是后果或影响，而且一直在发生。它是某种原因的后果，是某种结果的制造者，又或是人类活动的原因。所有的后果（结果）都有原因，在分析生成的最终结果中，没有哪个结果是完全无法解释的，尽管它们经常看起来像是无法解释的。高级分析人员会在自己的深度思考中找出因果关系。有的结果已经发生，分析人员将在时间和空间中回溯，寻找这些结果的原因。这位分析人员使用法医取证式的方法，找到因果关系中的结果，制定观察指标并以此指导高级搜集，从而寻找和发现导致未来结果的类似原因。高级分析人员从事的又一类思维工作是预测结果，比如预测车载简易爆炸装置。高级分析人员必须拟出关于这种结果之原因的假设，再将假设解构，并使用由此生成的观察指标，驱动高级搜集在这些原因生成时寻找并发现它们，而不是在事实发生后再这样做。此外，高级搜集会以主动出击的方式寻找能将群体黏合在一起的“胶水”、导致群体运动的“助推器”、点燃“助推器”的“点火剂”、作为“点火剂”的敏感变量，以及能让变量变得敏感的条件。高级搜集人员还必须寻找观察指标以证明是否存在“驱虫剂”[1]，因为这种“驱虫剂”可以导致群体运动减慢并最终死亡。

我们解释所有这些例子的原因，是它们可以帮助我们理解如何使用间接方法，去思考和跟踪敌人的网络。然而，为了使用间接方法，高级搜集专家必须了解自己的敌人、敌人的网络、作战环境，当然还有技术、人类和非传统等搜集资产，以优化搜集的组合，以此寻找并找到数据碎片，供高级分析人员将其编织成完整的意义。

十三、情报搜集的敏捷性

情报搜集的敏捷性是高级搜集中一个非常重要、根本性的方面。敏捷性是一种力量或能力，它可以轻易并且有效地转移或改变关注重点。要想实现敏捷性，就需要在人员、组织或机器（比如航空传感器）中保持高度灵活。敏捷性可以是实体的，比如在现实中运动的传感器就是例证。此外，敏捷性可以是心理功能，比如能够停下我们手头正在进行的事情，立即专注开展其他主题或任务所需的深度思考。敏捷性还可以是组织上的灵活性。网络是一种完美的组织设计，可以变化、自我适应和协同进化，但等级制度却并非如此。

高级搜集中的敏捷性是不可或缺的。它涉及我们一直讨论的三个方面：物质、精神和组织这三个领域，以及相关活动。为了支持非常规战争，高级搜集必须能够预测变化，能够设置条件以求在未来环境中取得成功，并且能够保持较高水平的熟练程度和能力，以满足指挥官在不断发展变化的作战环境中提出的不断变化的标准。高级搜集组织和高级搜集人员的头脑必须是敏捷而灵活的，这样才能最大限度地提升情报搜集效能。

不幸的是，等级森严的组织并不以物质、精神或组织的灵活性而闻名。因此，在非常规战争中，我们经常发现这样一项令人极度恼火的挑战：我们希望运用美国情报行动来支持战术小分队指挥官，但它们却受制

[1] 这个观点来自笔者在高级分析课程中的学生——普鲁伊特（Prewitt）上士。在参加了为期两周的高级分析研讨会之后，普鲁伊特上士对所学内容开展思考，之后发来一封电子邮件，建议添加“驱虫剂”，以此作为“助推器”的补充。

于等级森严、官僚颟顸的规章制度。这些规章制度促进的可能是谨慎，以及抗风险的思维和行动，而不是敏捷性；然而必须具备敏捷性，才能在面对多个扁平的、能够自我学习和自我适应的、不断运动的，具备高度敏捷性的敌人网络时，成功与之开展竞争。我们将在本书接下来的部分，努力解决这一挑战，因为敏捷性在所有非常规情报搜集行动中都很重要。

十四、深度思考

我们继续讨论支撑高级搜集的思想基础，下一个基本观点涉及深度思考的概念。我们使用“深度思考”（deep think）一词，它的意思是“花费时间，付出精力，以深度和批判性的方式，对一个问题展开思考”。[1] 深度思考是人们能够以高标准执行高级搜集的必要条件。

高级搜集专家必须学会在日常生活中进行深度思考，因为人们会追求完美，所以深度思考无处不在，并嵌入一切人类活动之中。高级搜集人员如何运用深度思考的认知技能？毕竟在过去，情报搜集管理人员主要必须考虑每个传感器的细节和相关的请求机制，以便这种搜集能对其组织问题发挥作用。这种推力并没有消失。然而，当非常规战争要求开展高级搜集时，高级搜集专家就必须拓宽和深化自己的思维，才能有效地发挥作用。他们必须学习如何深度思考敌人、民众、搜集协同、搜集资产的能力和局限性、搜集的最佳混合、五种观察指标、搜集敏捷性、为高级搜集设置的条件、因果关系，了解什么是群体以及如何寻找群体的“胶水”“助推器”“点火剂”和敏感变量，以及学习如何发现指挥官下令开展有形和无形的行动后，其所造成的结果。在了解了这些认知挑战之后，我们将如何继续探讨深度思考？

深度思考的最初任务是，我们需要开展更加特定的思考，在上一段讨论中浮现出的广泛思绪的基础上开展思考。如前所述，高级搜集专家必须了解和理解以下几点：所有搜集（技术、人力、开源、街头情报搜集人员行动、非传统搜集资产、网络空间）功能与其他系统的关系，如何找出并移动

[1] Wayne Michael Hall and Gary Martin Citrenbaum, *Intelligence Analysis: How to Think in Complex Environments* (Washington, DC: Praeger Security International, 2009), 100.

数据，以及如何根据随后生成数据的位置、访问权限和流动情况，开展自我适应。正如读者所猜测的那样，作战环境提出的要求，以及在复杂的作战环境中寻找和理解敌人的难度，要求高级搜集人员必须更加深入地了解作战环境和敌人，以及民众、跨国公司、非政府组织和其他政府机构。

在这种语境下，知识并不仅仅是感知或被告知这些要素。在我们的语境中，“知识”指的是“有组织的信息综合体，或在获得了多项事实并将其组织成综合体之后的理解和认识”。[1]“理解”指的是“清楚地认识某个事物的特征、性质或细微之处”。[2] 高级搜集专家需要知道如何以理性方式开展思考。因此，这位专家必须设计出专门用来搜集相关数据碎片的搜集组合和搜集群体，此类数据碎片应当与前文提到过的六种情报需求相关，涉及指挥官的意图、设想、指导和行动方案拟定等。高级搜集人员还必须深入了解某些特定关系，以便理解和拟定搜集的最佳混合，从而创造出我们所讨论的搜集协同。

高级搜集专家还必须深入广博地了解和理解知识，并通过这些知识去搜集相关国家和城市基础设施的数据，以及相关复杂地形的数据，因为我们的上级正是在这些地方开展非常规战争行动的。基础设施往往是我们开展作战行动时所处文化的独特之处的缩影，因此，关于高级搜集专家的两种观点将以不可分割的方式，交织成一个关于知识、认识、群体和观点的“整体”，而且我们的上级和相关人员开展作战行动时所处的特定文化，还将极大地影响并塑造这些构成要素。此外，高级搜集人员必须进行批判性思维，并利用自己所了解和理解的东西，来进一步深化自己的深度思考。我们稍后将讨论批判性思维和高级搜集，但当本书讨论至此之际，我们已经可以很有把握地宣称，高级搜集使用的批判性思维包含以下 9 项要素：一是深度思考；二是反省；三是像敌人那样思考；四是非线性的影响；五是 12 种逻辑错误；六是辩证法；七是因果关系；八是层、包与关系；九是搜集的协同、整体和组合。

[1] Dictionary.com unabridged (v. 1.1), website: http://dictionary.reference .com/browse/information (accessed April 5, 2008).

[2] Dictionary.com unabridged, based on the Random House Dictionary, 2009.

十五、执行非常规战争行动的指挥官是焦点所在

支撑高级搜集的另一个基本观点是焦点（focus）的概念。我们必须理解这个概念与高级搜集的关系，以及它存在的理由，也就是为执行非常规战争活动（比如规划、决策、执行、评估结果和调整）的指挥官及其参谋提供**可用数据**。

指挥官需要有价值的数据。机器和分析人员可以借助高级分析中的重构这种认知流程，将数据编织成信息。高级分析人员可以将这些数据转化成信息，再将信息综合成知识，以此支持指挥官。

我们必须问一问自己，为什么这是现代冲突中的一个重要进程。因为指挥官必须要做出决策。不幸的是，在非常规战争行动中做出决策的做法非常危险，因为环境、敌人和民众等要素可以纠缠、斗争和变化，从而导致相关人员对不同的数据、信息和知识提出永远无法满足的需求。每一个做出决策的指挥官总是会遇到任何决策都会包含的两个基本要素：**管理风险**，以及**尝试减少不确定性**。所有指挥官都知道，任何决策都蕴含风险，以及不同程度的不确定性，即便在最理想的情况下也是如此。执行非常规战争行动的指挥官深知数据与根据数据做出决策之间的关系，也就是说，不确定性越大，风险就越高。**要想降低风险，减少不确定性，就需要及时的、当前最新并且有价值的知识**。不幸的是，现有的知识往往差强人意；因此，指挥官手下的参谋必须为现有知识增值。又或者，这些参谋人员可以搜索并找出对指挥官有直接价值的现有知识。最坏的情况是必须构建新的知识，因为这样做是需要时间的。不论哪种情况，都需要大量的专业知识，但此类知识却是很难获取的。高级搜集专家正处在这场斗争的夹缝中间，同时还要提供用来启动重构流程的数据。重构（recomposition）被定义为“人类和机器驱动的、针对所搜集数据进行的重新汇编，目的是获得信息、知识和认识”。[1] 高级搜集专家还可以针对指挥官和为其提供支持的高级分析人员，帮助他们寻找和搜集与主动权相关数据。主动权是

[1] Hall and Citrenbaum, *Intelligence Analysis*, 299.

"在整个行动当中，设定或规定开展活动的条件"。[1] 只要掌握**主动权**，就有机会把握并利用前文提到的其他六种优势：**决策、知识、节奏、动力、位置、行动自由**。高级搜集专家可以帮助提供数据，以便使用和评估以上七个优势的结果。然而，指挥官往往必须首先利用高级搜集生成的数据、信息和知识，以此寻找、发现、获得和保住主动权，这样就可以设置条件，以便利用其他六种优势，并让他知道自己的规划和执行工作的结果如何，同时提示他开展后续活动。高级搜集的这项内容与目的密切相关，因此它可以提供能量和紧迫性，让人们开展所有情报搜集活动都必须开展的工作，也就是规划、执行、评估和调整搜集行动。

我们已经指出，高级搜集的焦点就是在各种复杂的非线性作战环境中，开展非常规战争的指挥官。指挥官在某种环境下开展作战行动时，必须满足这个环境的要求，因此会使用优先情报需求和信息需求，为高级分析人员和高级搜集专家提供指导。优先情报需求（priority intelligence requirement）是"一项情报需求，它被陈述为需要获得情报支持的优先事项，好让指挥官和参谋人员可以了解敌人或作战环境"。[2] 信息需求（information requirement）是"关于敌人的信息，以及关于作战环境其他相关方面的信息，需对其开展搜集和处理，以满足指挥官的情报需求"。[3] 这两个术语曾为情报搜集提供关注的重点。指挥官还可以向高级搜集人员提供搜集意图、搜集设想和搜集行动方案，描述指挥官希望实现的设想或概念。不幸的是，在非常规战争的态势中，有时有些指挥官会选择让自己的优先情报需求保持静止。这种使用一成不变的优先情报需求的做法令人惊讶，因为非常规战争作战环境是在不断变化的；这时，指挥官将在这些环境中不断做出不同的决策，因为他们发现任务也出现了变化。为了提供指导高级分析人员和高级搜集专家时所需的灵活性，我们使用了本书多次提及的六种需求：优先情报需求、信息需

[1] U.S. Army, *Field Manual 3-0*, Operations (Washington, DC: Headquarters, Department of the Army, February 2008).

[2] U.S. Department of Defense, *DoD Dictionary of Military and Associated Terms*, October 2008.

[3] U.S. Department of Defense, *DoD Dictionary of Military and Associated Terms*, October 2008.

求、假设、期望、预感和疑惑。假设（hypothesis）是“一个命题或一组命题，可以针对发生的某个特定集合的现象做出解释，它或是一种断言，仅可用作指导调查研究的临时猜想（权宜假设），或是根据既定事实，被认为是高度可能的”。[1] 期望（expectation）是“前瞻或预期的活动或状态”。[2] 预感（hunch）是“先兆或猜疑”。[3] 疑惑（mystery）是“因表现出的特征或性质过于模糊，从而引发人们的好奇或猜测的任何事件、事物或人”。[4] 假设来自推演。高级情报分析人员和高级搜集人员将假设当作需求使用，并将其解构为观察指标。然而，这种假设是从采取活动、做出反应和实施反制等心理训练中衍生而来的，是关于他们相信正在发生或将要发生的事情所做的陈述性声明。

创造力是高级搜集的另一项基本内容。事实上它是至关重要的，足以左右高级搜集对非常规战争行动提供支持的成败。关于创造力，具体指的是什么？很简单，这是关于寻求情报搜集无能为力或存在不足时的备选方案。我们将对这项要素的重要性进行探讨，具体如下。非常规战争作战环境将变得越发复杂，而且在此过程中，并没有缓解的迹象，因此我们必须认识到它的影响。随着作战环境变得越发复杂，我们便知道非常规战争敌人也在随着时间的推进，变得愈加聪明，适应能力也变得更强，因为他在行动、评估、学习和自我适应这个永恒的循环中，不断地学习、调整，并对我们做着一样的事情。他随时可以重返战斗，但在适者生存以及协同进化和自我适应的流程中，他变得更加聪明，也更加强大。从某种意义上说，我们的敌人正在与他们的敌人（也就是我们）、作战环境和民众协同进化，并不断地自我调整，去适应全球化中许多极具影响力的层面、联系或关系，比如数据的即时移动、视频的力量，以及能在很短的时间内，在世界各地移动时的极快速度、低廉价格和轻易程度。

过去，美军倾向于依赖单源的信号情报。今天，我们似乎还没有摆脱单源思维的束缚，只不过现在我们最依赖的单源似乎是全动态视频，而

[1] Dictionary.com, http://dictionary.reference.com/browse/hypothesis (accessed August 29, 2009).
[2] Dictionary.com, http://dictionary.reference.com/browse/expectation (accessed April 20, 2008).
[3] Dictionary.com, http://dictionary.reference.com/browse/hunch (accessed April 20, 2008).
[4] Dictionary.com, http://dictionary.reference.com/browse/mystery (accessed April 20, 2008).

且信号情报有时会发往前线。笔者的预测是，我们将不得不调整方向，使用具有可塑性的搜集资产最佳混合方案。也就是说，由于环境是变化和动荡的，我们将不得不以最佳方式混合使用搜集资产，但又由于环境是混乱的，我们将不得不根据时间、地点、背景和行动等情况，迅速调整搜集资产的最佳混合方案。

在面对困难或看似不可能完成的情报搜集任务时，高级搜集专家才会处于最佳状态。他们乐于应对混乱环境的挑战，并将以主动出击的姿态开展思维战斗，想出极具创造性的方法来克服障碍，比如物理现象、敌人的对策、城市的密度增加和无序扩张、地下和山中的目标，以及在针对人类、围绕人类和为了人类开展情报搜集时遇到的困难。凭借这种态度，高级搜集专家便可以创造出各种搜集方法，在即使最棘手的搜集环境下，也能针对最狡猾的敌人开展情报搜集。他们寻求主题专家、机器、数据科学家和知识工程师，以及拥有科目明确、组织有序的虚拟知识环境的卓越中心提供帮助。在支持虚拟知识环境的诸元素（主题专家、卓越中心，以及生成并操作虚拟数据的组织）中，不论是一个、两个，或是所有元素，都将协助高级搜集专家生成创新方法，从而混合、匹配、组合和连接所有类型的情报搜集，为用户生成派生数据，同时满足需求方的标准。

在创造力方面，高级搜集人员经常运用的一种技巧就是辩证法。辩证法是一种思维方法，是通过包含正题（命题）、反题（正题的对立面或备选）和合题（将正题和反题分解再组合，形成一个新的观点）的思维流程，产生、发展和否定新的观点。矛盾可以推动这个流程，并培养创造力。在本书语境下，辩证法是：

> 特指与黑格尔有关的一种思维流程，它通过陈述一个正题，发展出与之矛盾的反题，再将它们分解并组合，形成一个贯融的合题，从而获得真理。[1]

---

[1] *American Heritage Dictionary of the English Language*, http:// dictionary.reference.com/browse/dialectic (accessed March 23, 2008).

为了能让我们对辩证法的肤浅讨论落到具体层面，请看我们在高级搜集中使用辩证法的做法，它与黑格尔在讨论宏观历史事件和互动的力量时，用以解释这种力量的大趋势和大变化时的方法相去甚远。我们化用黑格尔精妙的宏观思想体系，将其缩小后便得到了开展创造性思维的方法。我们讨论的具体是什么？如前所述，我们在高级搜集中使用的辩证法主要有三个部分，即正题、反题和合题。正题是“命题或假设”。当一个人陈述正题时，通常会生成矛盾。矛盾是“认知失调；不连贯；差异；逻辑上的不一致”。[1] 矛盾是辩证法的催化剂，弗雷德里克·科普勒斯顿解释黑格尔的思想时说道：

> 矛盾的出现正是辩证运动的动力。对立的概念之间会发生冲突，以及在命题中解决一个冲突，即可引发另一个矛盾，正是这样一种特征，**驱使着思维无休无止地前进，走向一个理想的领域、一个包罗万象的命题、一个完整的真理系统**[2]……对黑格尔来说，正是因为不可能满足于一个纯粹的矛盾，所以思维才会继续前进，继续克服矛盾，形成下一个合题。[3]

于是，因为矛盾作为催化剂发挥作用，所以正题（命题）的对立方出现了，那就是反题，其意义正如“反”字所示。反题也是命题，但与正题相反，或者至少是不一样的。反题也不会没有矛盾；因此，不管有没有诱导力量的催动，矛盾很快就会出现，并让这个命题发展演化，成为不同于正题或反题的东西，甚至成为全新的东西——这就是合题。它具有创造性，也是全新的。但它不会持续太长时间，因为矛盾又将出现，并制造新的正题，只要参与创造的人们希望它能继续，这个创造循环就会一直继续下去。作战环境、敌人和民众不断发展演化，便提供了一种天然的动力，可以刺激思维和事物不断地变化和运动。由于辩证法对高级搜集极其重要，我们还将在

[1] *American Heritage Dictionary of the English Language*, http://dictionary1. classic.reference.com/browse/contradiction (accessed May 18, 2009).

[2] 加粗为作者自行添加。——编注

[3] Frederick Copleston, *A History of Philosophy*, vol. 7 (New York: Doubleday, 1963), 176.

探讨批判性思维的章节，对其进行更多的讨论。

十六、低级搜集人员

这是粗略的初步讨论，目的是奠定基础，留待本书后文对低级搜集人员（线人、观察人员、移动人员和设备安装人员）进行更加深入的讨论。以整体方式使用这些搜集资产，这正是关于高级搜集的又一个基本观点。虽然使用非传统搜集资产来补充传统情报来源的做法并不鲜见，但界定“非传统”的含义，并表明在开展高级搜集行动以支持非常规战争时，它对行动成败至关重要，却没有得到应有的重视和资源。因此，我们来回顾一下非传统搜集资产的含义，再探讨一下为何它们极其重要，足以左右我们在非常规战争行动中的思维流程和活动情况。

十七、非传统搜集资产的重要性

我们在本章稍前的“非传统搜集资产和方法”一节中，探讨了非传统搜集资产和方法。在本节中，我们将讨论它们对高级搜集的重要性。

为什么非传统的低级搜集人员如此重要？答案很简单。在出现了非常规战争行动的复杂作战环境中，这些情报来源将从两个角度出发，四处走动，看到、听到、闻到、触碰许多有价值的东西。从被动角度出发，如果有事件发生，而他们碰巧在事发地点，我们就可以与他们讨论此事。从主动角度出发，我们可以要求他们去寻找、看到、听到、闻到或触碰某个特定目标，比如房屋、商业活动或普通活动，并为他们的工作支付报酬。尽管他们既没有受过训练，也没有配备装备，无法成为高级情报来源或间谍，但他们也在克服间谍技术不足的问题，也就是以被动或主动的方式，描述自己在数百个地方看到、听到、闻到、触碰的数百条他们认为值得报告的数据。伟大的反叛乱专家弗兰克·基特森将军证实，使用许多非传统搜集人员是有价值的：

> 有些人希望在拟定搜集作战情报的方法时，依据旧式原则，也就是认为少数优质来源优于众多劣质来源，也有些人认为从作

战角度来看，大量低级来源是必不可少的，这两种观点之间很可能会出现重大分歧。[1]

我们可以进一步提炼基特森的观点，并建议读者运用判断，拟出最优的解决方案：使用所有可用情报来源，不分优质还是劣质，根据置信度对其进行加权。

这是一系列发人深省的观点。它简单明了地指出了使用这两种方法的理由。它还可以引发许多其他推论。如在使用高级来源和低级来源时，人们对置信度更高的情报搜集方法赋予的权重，高于那些置信度较低的方法。此外，我们必须学会以三记连发“组合拳”的方式，开展思考和搜集。第一拳对应关于关键情报来源的较为陈旧的观点，这些来源可以提供高级别的渗透行动，但数量有限；第二拳对应更加传统但处于战术层面的搜集资产；第三拳对应许多低级搜集资产，这些情报来源可以从许多地方，针对作战环境中的许多目标，以吸尘器的方式搜集数据。再一个推论是，我们必须学习敌人出色运用低级搜集人员的做法。他们在民众中拥有许多低级搜集人员，在我们的前线行动基地拥有并使用一些情报来源，在政府高层也拥有一些来源。这种以整体方法运用非常规战争人力情报的做法具有很大的潜力。另外介绍一个稍后开展的讨论：在所有作战环境下，叛乱行动一旦爆发，将会迅速发展变化，这时居民区会有无数的低级搜集资产，他们就是以某种形式调动的搜集人员。

我们在此介绍的观点不多，只是初步认识了低级搜集人员在所有反叛乱行动中的重要性。我们将在第 9 章“高级搜集的基础知识”中，更详细地讨论这一基本思想。

十八、高级搜集中数据的重要性

关于高级搜集的最后一个基本观点是，我们需要考虑数据的重要性和

---

[1] Frank Kitson, *Low Intensity Operations: Subversion, Insurgency, and Peacekeeping* (St. Petersburg, FL: Hailer, 2007), 23.

复杂性。我们需要数据——这正是高级分析人员下达任务，要求高级搜集专家提供的东西。**国家高度重视传感器，因此数据洪流必然流动，为了控制这种流动的数据，高级分析人员和高级搜集人员需要下达任务，搜集特定情况，并学会将搜集到的数据分类，存放在具有相关性的存储容器中，以便快速开展分析和综合，然后交付给指挥官的一种反馈循环**。从广义上讲，搜集的数据必须及时、相关、准确、特定和清晰。请回想一下，分析人员和机器将输入的数据重构为信息，此时这些信息便具有一定的意义。高级分析人员，不论机器是否提供帮助，都在开展综合工作。有了综合，指挥官便可掌握相应知识，可以采取行动，或选择按兵不动。他们应当从数据出发，这样最终才能找到或构建知识；因此，数据在所有的指挥和控制流程中都是至关重要的。我们必须考虑数据是如何搜集到的，以及它被接收并注入美国的数据存储库和处理器之后，最终将会怎样。

搜集数据时，必须考虑哪些因素？第一，我们必须考虑高级搜集专家是如何寻找和搜集数据的。我们必须考虑如何要求传感器、人力情报搜集和非传统搜集资产，从特定位置、针对我们的搜集对象、在我们希望的时间提供我们需要的数据，这些数据应当包括正确的活动、行为、情感具象、感知、期望、解读和动机。我们必须了解作战环境、敌人和民众，以及他们是如何相互影响的，这样一来，当数据搜集人员提供大量搜集到的数据时，我们就能知道应该从中寻找哪些数据和输入。第二，我们必须考虑分析人员和数据科学家将如何处理数据。因此，我们必须考虑他们操作数据的机器，以及他们是如何注入和显示数据的。第三，我们必须考虑带宽。如果分析人员正在搜寻的数据需要很大的带宽，搜集专家就必须与数据组网专家合作，以获得正确的带宽，并在必要时变更路由。第四，高级搜集人员必须考虑地面传感器的组网问题。总体来说，高级搜集专家和数据组网工程师在接到命令之后，必须将已经安装的地面传感器彼此组网，再与数据注入点联网，发送数据，然后恢复休眠状态以节约电力。第五，如前所述，高级搜集专家和数据组网工程师必须考虑如何“清洗”污染数据，这种数据来自许多各不相同的人力情报低级线人，以及小型隐蔽地面传感器——后者可以为来自前者的大量数据提供补充。第六，高级搜集人员必须**将数据视为一种搜集工具**，而不仅仅是一种商品、情报搜集的预期输出，或搜集活动的输出。我们将学会向“智能特工”下达任务，让它们入侵数据库、手机和计算机硬盘驱动器，为我们搜集其他数据，并让它们游走于网络空间的数据网络上、进入光纤电缆内，甚至进入敌人的情报搜集和早期预警设备，开展潜伏和监视。我们所描绘的这些作用，与数据的现有作用稍微不同，这就需要发挥想象并开展实验，好让这种想法得以成为现实。无论怎样，数据时代已经来临，我们必须勇敢地大步向前，抓住机会，将数据视作活跃的情报搜集工具，并让数据代替自己，在网络空间中旅行。第七，我们还必须考虑质量。也就是说，这些数据是否具有很高的价值，是否非常及时并具有很高的相关性，足以让我们相信它可以在四个方面有所助益？这四个方面是：第一，帮助指挥官做出决策；第二，帮助指挥官及其参谋制订计划；第三，帮助指挥官员及其参谋掌握主动权；第四，帮助指挥官及其参谋学习和自我适应。在微观意义上，我们必须考虑数据的以下特性：准确性（真实性）、服务质量（对数据的性能和质量所做的保证）、延迟（延误）、发起人的诚意（专业知识、货币等）、不可否认性（发起人身份已知，且不可否认）、对任务的贡献，以及与手头问题和任务的相关性。

本章即将告一段落。它是非常关键的一章，介绍了支撑高级搜集的基本思想。读者在这寥寥数页中读到和思考的，正是关于高级搜集的总体概念中的基本观点。如果没有这些观点，我们就很难深入探讨高级搜集的细节。因此，在本章结束之际，我们列出了本章出现的 19 个基本观点[1]。它们是：

- ★ 了解和理解作战环境是非常重要的。
- ★ 像敌人那样思考是必不可少的。
- ★ 民众是在非常规战争中开展高级搜集行动的必要条件。
- ★ 高级分析、高级搜集和行动等必须是三位一体的，以合力方式作为一个整体运行。
- ★ 制定和执行高级搜集策略是非常重要的。
- ★ 高级搜集的质量 / 效能度量必须与非常规战争指挥官的任务完成情

[1] 此处所列 19 个观点，与前文 18 个小标题详述内容并未完全对应，可能是作者有所遗漏。——编注

况、对需求的支持情况，以及对指挥官所定义标准的遵守情况联系起来。

- ★ 高级搜集应当进行五种解聚，对象为：民众中的叛乱分子、黏合群体的“胶水”、连接群体的联系、移动群体的“助推器”，以及点燃群体“助推器”的“点火剂”。
- ★ 非传统搜集资产，以及由小型隐蔽地面传感器结成的组合并不常见，但都是必不可少的。
- ★ 情报集团必须支持执行非常规战争行动的指挥官。
- ★ 必须可以集结、调动、蜂群聚集和解散搜集资产。
- ★ 借用传感器时间、搜集协同、最佳混合和组合是一个关键的概念。
- ★ 必须使用间接方法开展高级搜集行动。
- ★ 情报搜集的敏捷性是非常重要的。
- ★ 深度思考是非常重要的，它对高级搜集行动具有非常关键的影响力。
- ★ 所有高级搜集的焦点都是指挥官及其非常规战争的行动和活动。
- ★ 高级搜集在现实、网络空间、思维等领域的访问权限是非常重要的。
- ★ 必须在规划、执行和评估高级搜集行动中发挥创造力。
- ★ 必须使用低级搜集人员。
- ★ 高级搜集行动中的数据是必不可少的。

本章最后提供了一个机会，让我们得以讨论高级搜集的一些理想情况，它们将是人们和组织的努力目标。这些理想情况是在我们阅读了本书前 6 章并开展思考之后，将脑海中浮现的思绪加以综合而形成的。我们可以提出哪些关于高级搜集的理想情况？在我们逐步了解高级分析基础的旅程中，在本章结束之际，我们想到了 10 种理想目标。它们是：

1. 高级搜集人员和行动重视非常规战争中战术和作战层面的小分队指挥官，满足他们的意图、需求（优先情报需求、信息需求、假设、期望、预感和疑惑），以及标准（及时性、特定性、准确性、相关性和清晰性）。
2. 高级搜集人员可最大限度地提升情报搜集活动的效果，具体做法是大力优化搜集资产，以实现正确的搜集组合，从而实现搜集协同，在此基础上规划、执行和评估情报搜集，并根据评估结果调整情报搜集。可以同步成功开展（全源）搜集，从而实现这一理想目标。

3. 指挥官和情报人员将高级搜集视作一种武器系统，我们可以借此集结、调动和蜂群聚集情报搜集，将其力量集中于一点，以便事后解散。这种武器系统生成的数据、信息和知识极其重要，可以左右指挥官任务的成败。因此，我们可以在作战环境中进行集结和调动，增加执行优先行动的力度，还可以借助有效的同步，快速切换关注重点，聚焦位于另一个地点的另一个部队，而且切换速度远比在繁忙的城市中移动资产要快得多。这些类型的行动可以让人看到，思维和组织的敏捷性对非常规战争行动的成功才是至关重要的。
4. 高级搜集人员可以搜集相关数据，好让非常规战争指挥官能够评估其软行动和硬行动的结果。这意味着高级搜集组合是有效的，可以搜集的数据涉及信息行动，心理行动，与民众共享真相，民众对数据的解读、期望和感知，以及在美国指挥官引发刺激之后，民众的活动、反应、互动、交易和行事等的方式。
5. 高级搜集行动是敏捷的，因此能够在特定时期和特定地点，专注于寻找特定的观察指标。高级搜集人员可以像敌人那样思考，了解并理解敌人的使命，他思考、规划和执行任务的方式，以及他对美国情报搜集能力的看法，还有他能够采取和将会采取哪些措施，来对抗他所认为的这些能力。
6. 第 5 个理想情况必然导致的结果是，高级搜集人员将从以下几个视角去了解和理解作战环境：美国情报分析和搜集部门的视角、敌人的视角，以及民众的视角。
7. 高级搜集不能一直只使用传统信息来源。事实上，因为敌人具有自适应性，作战环境又在不断变化，所以高级搜集会使用非传统的搜集资产和方法，包括低级搜集资产。因此，这是整体性的群体，是一个“网络的网络”。高级分析可以利用指挥官提出的需求，开发出观察指标，以此推动这个“网络的网络”开展工作。我们可以丰富这个网络，具体做法就是借助一个由高级分析和高级搜集组成的可行集团，它的延伸范围极广，从一线作战环境，到各地首府，到合作伙伴，到分布式分析和搜集系统，到华盛顿特区，再到美国的其他所有地方。

8. 国家层面情报机构的人员、机器、组织和知识库，可以不断地为战术和作战层面的指挥官提供支持，同时满足前线指挥官提出的标准和情报搜集成功标准，但不会要求前线指挥官去满足国家机构的情报搜集标准。非常规战争颠覆了传统世界：过去是金字塔式的支持，重点放在作战和战略等较高层面，但如今必须得到"驯服"，接受训练，以便向旅战斗队、团战斗队和连、营等的指挥官提供最优先支持，满足他们的标准，并接受他们对所提供服务的质量进行审查和判断。[1]
9. 高级搜集人员可以利用美国富有创造力的人员，设计出一个涵盖高级分析和高级搜集的系统，它不仅包括航空、海上、太空、网络和信息搜集，还包括有效的地面搜集。这种地面搜集就是大量释放小型、网络化、消耗品式的传感器，把它们精心安放在预期的热点及其周边，以此为航空、太空、网络和人类情报搜集行动提供补充。
10. 高级搜集人员应当始终进行深度思考。高级搜集人员应当学会如何思考，为"思考什么"这个一直都很重要的工作提供补充。"如何思考"和"思考什么"配对结合，可以使高级搜集专家做好准备，去思考、规划、决策、执行搜集行动，借助指挥官及其参谋的反馈去评估结果的成败，并相应地做出适应或调整。

本章提出的 19 个观点，便是构成高级搜集的基本思想。本章还提供了 10 种理想目标。读者不但会关心这些理想目标是否正确，还会关心个人和组织能否意识到它们，能否将它们付诸实施。本章有一则警告讲得非常明白：要想成功地设计并执行高级搜集，就必须理解、支持、坚持和贯彻高级搜集的 19 个基本观点，以及 10 种理想目标。至此，我们已准备就绪，可以开始第三部分的讨论了。第三部分将深入探讨高级搜集的具体内容。因此，下一章将讨论高级搜集的增强因素。

---

[1] 这个想法来自退役将军加里·勒克（Gary Luck），他多年来一直在思考这个问题。他设计了一种非常生动的图表，可以展示情报在过去是如何支持作战和战略层面的行动的，以及现在必须如何做出改变，以支持小分队层面的行动。

第三部分

高级搜集的具体内容

[第7章]

高级搜集的增强因素

高级搜集难以实现思考、规划、执行和评估。在继续讨论之前，我们先来回顾一下：**高级搜集是技术、网络、人类和开源等搜集资产在所有领域（陆、海、空、天、信息和网络）的创造性设计和应用，以寻找离散的、不易察觉的、差别细微的，通常是转瞬即逝的观察指标、征候和特征**。高级搜集有一个明确的目标：发现不易察觉的、差别细微的，通常是转瞬即逝的观察指标，揭示行踪隐秘的敌人的存在及其活动。它还包括：规划（有形和无形的）活动；评估指挥官采取的行动，各方争夺的民众与指挥官之间的言语互动，以及民众的活动、互动、交易和行为等导致的往往相当难以察觉的结果；针对复杂适应系统开展评估活动后生成的数据、信息和知识，提出如何自我适应的意见。这个过程必须迅速展开，因为与我们开展竞争的复杂适应系统也在评估、学习和自我适应。所有这些与复杂适应系统相关的活动，都发生在复杂的非线性背景下，同时正在准备执行或已经开始执行非常规战争行动。高级搜集中的每一个要素都可以单独工作，但其活动的效果并不是最佳的。为了最大限度地运用高级搜集的概念，我们需要引入一些最重要的增强因素，如果高级搜集专家正确使用这些因素，就可以极大地改进高级搜集。

本章介绍高级搜集的增强因素。高级搜集专家都曾接受过高级搜集这门学科的训练，他们搜集活动的成败，往往取决于这些重要增强因素中每一项能否成功地做出贡献。本章在解释这些增强因素的同时，还恳请读者认识到它们的重要性，以及了解它们是如何贴合高级搜集的总体框架的。关于这些增强因素，其中有些尚未问世，因此我们强烈敦促将其实现，使之成为高级搜集和今后大规模情报行动的必要辅助手段。高级搜集共有九个增强因素：一是搜集资产的访问活动；二是五种观察指标；三是七种基线；四是为高级搜集设置的条件；五是情报搜集实验；六是虚拟知识环境；七是借用传感器时间并进行优化；八是分析侧对搜集侧的指导；九是高级搜集策略。

一、访问棘手目标

访问（access），现在就是，将来也一直会是有效情报搜集的隐患。一般来说，访问涉及现实、知识和情感，以及网络等领域。现实中的访问，对于在搜集目标上方或以一定角度飞行的传感器来说是重要的。知识和情感方面的访问，就是以有别于现实方法的其他方法进行访问，即借助信息、音调、潜意识、书籍、论文、电子邮件、简报等。哪怕是退一步讲，这种类型的访问也是存在问题的，因为很难知道访问是否确实发生，以及如果确实发生，也很难知道此举会对目标的思维或情感造成什么影响。只有当行为具象化，显现为活动、不活动、交易活动和互动活动之后，才能让我们管中窥豹式地了解这种访问。

在非常规战争中，在现实中获得对于棘手目标的访问权限是非常重要的，但通常是非常困难的。敌人制造这种困难，目的就是保护自己正在思考的、准备去做的和已经在做的事情。正是通过这些事情，我们的情报搜集活动才能真正获悉敌人的意图；在建筑深处、洞穴隧道之中，以及地下掩体的深处，萦绕着关于其意图的喃喃低语。问题在于，非常规战争敌人通常擅长保护自己的意图。他预料到我们为了认清他的意图，会去尝试侵入这些深藏不露的加固目标，并对此予以拒止。这样一来，我们别无他法，只能在他的意图付诸实践之前进行预测，即针对他为了将意图具象成结果，或是为决策者提供先发制人的选项而必须实施设置条件的活动，若高级搜集发现有证据显示存在此类活动，便应对此开展情报搜集。我们将这个流程称为预知。

对于高级搜集人员来说，要想访问敌人、支持敌人网络的人员以及民众的思维和情感，便是另一类棘手的挑战。这三个访问方面的问题与分析和搜集有很深的关系，如果我们只是在非常规战争行动开始之后才开始研究这些问题，我们的情报搜集就会处于明显的劣势。再者，如果早在叛乱活动或恐怖主义浪潮开始之前，我们的高级搜集能力已经建立并开始工作，我们就能把握良机，通过情报搜集人员的视觉、听觉、嗅觉和触觉，代替自己进行访问。当然，最好是通过已经存在的长期、可信的关系来实现这种访问，以免偏执的敌人抓住时机，抢先控制住针对所有关键的人和事物的反监视措施，因为人和事足以左右所有成功的叛乱分子和恐怖分子的生死存亡。

如果能够访问敌人使用的计算机、手机和互联网连接，以及民众中的部分人口，那么这种做法确实可以为高级搜集提供良机，但这不是情报搜集专家在军事训练和教育机构里正常学到的那种情报搜集来源。我们认为，它应该是高级搜集人员手中可用的搜集能力套件中的一件工具。这并不是说高级搜集人员是在真空中思考、规划和执行网络情报搜集的。第一，网络情报搜集工作需要技能高超且训练有素的人员来规划、执行和评估。第二，网络情报搜集需要广泛开展设置条件的活动，并与其他相关机构广泛协调。

高级搜集人员必须思考和规划所有类型的高级搜集行动的访问事宜。事实上，访问问题太过重要，因此得以跻身高级搜集的条件设置活动之列。因此，我们在讨论访问事宜时，将会简短并且聚焦主题。我们需要提出更多的观点，帮助读者理解这个问题：虽然访问事宜确系难题，但我们有一些解决办法，即使我们是在非常规战争的态势开始出现之后才开始着手处理，也是如此。

- ★ 其一，有时直接访问明显太难实现，甚至或许是不可能的。例如，直接访问任何敌人深藏地下的指挥和控制掩体（比如2006年黎巴嫩南部时的情况），似乎是不可能的事情。然而，我们也可以考虑某些间接方法，比如网络、测量与特征情报、第三方、食物和水的补充情况、排泄物和尿液的排放和气味、灯光和电力流动，或是计算机和计算机维护。此外，我们可以着眼于备用电力生产器件（例如发电机）、计算机、电气、供水和污水维修人员及其文化习惯和可能出现的错误、热力和通风系统、用于清除山体滑坡和碎片的工程设备，甚至指挥和控制现场的工作人员的家庭关系。即使这些都是硬目标，解决棘手挑战的办法也是始终存在的。不过，要想设计出情报搜集行动，就需要程度极高的合力；至于说设计出可以驱动搜集活动的观察指标，就更需如此了。

★ 其二，在考虑访问事宜时，理想情况是拥有可以执行飞越任务、拥有临时降落点、并且可以维修待命的无人航空系统、摇控飞机甚至固定翼飞机。对于这种预测工作，美军各军种就做得很好。而要预测哪里会发生叛乱或恐怖活动、范围扩大的毒品行动或新的海盗活动，就要困难多了。为了便于讨论，鉴于我们的高级分析人员非常清楚下一个非常规战争的热点可能会在哪里，我们想做以下几件事情，来确保我们的高级搜集工作能够实施访问活动。第一，我们希望人力情报人员招募低级搜集人员。我们将考虑和建立网络并提供现成的技术，以便在本地和国际上传输数据。第二，我们可以准确预测叛乱和恐怖行动的发生地点，并在合法的掩护（比如公共服务工作、垃圾处理行动、仪表读数、邮政投递等）下，开始着手安放小型隐蔽传感器。第三，我们可以启动基线来加强高级分析，比如异常分析、预期分析、高级搜集等。我们需要七种基线（文化、技术、功能、传感器、数据流和网络、人力资源）、非传统搜集人员和通信，以满足高级搜集专家的需求。

二、观察指标与非常规战争

观察指标极其关键，可以在目标、地点、时间、原因和方法等方面，指导高级搜集规划、执行和评估，并根据评估反馈对高级搜集行动做出调整。在进一步扩展我们对观察指标的了解和理解之前，我们首先要对观察指标进行定义，然后解释为什么我们使用“观察指标”而不是“征候”“信息基本要素”“特征”，然后解释五种观察指标都是什么，最后解释它们是如何使用的，以及它们为何会在高级搜集行动中如此重要。“观察指标”（observable）是“物理、生理和情感属性，缺失一种或全部时，都是可以直接观察或测量的”。[1] 征候（indicator）“用于情报领域时，指的是一则信息，它反映了敌人采取或拒绝行动方案的意图或能力”（《国防部军事及相关术语词典》）。特征（signature）是“一种区别性或识别性的标记、特点或属性；存在于自然物的外在或内在的特点”。[2] 我们选择强调“观察指标”一词，是因为我们需要高度的特定性，所以我们放弃了含义更加广泛的“征候”一词。但我们又不希望太过特定，因为这样一来，在我们紧盯观察指标时，就会仅仅将文化和功能这两种指标抽取出来，然而这些观察指标原本可以指导情报搜集系统，令其提供与我们目标有关的数据，因此，我们也没有选择使用“特征”一词。

非常规战争（其实是所有类型的冲突）需要我们拓展关于这一点的思考。因为作战环境非常复杂，种类繁多，再加上叛乱分子、恐怖分子或犯罪分子等敌人具有极强的适应性和学习能力，所以非常规战争需要一个更加宏观的视角，以此看待我们如何推动情报搜集在正确的时间、正确的地点、正确的活动中，使用正确的传感器或人力资源，寻找和搜集非常特定的观察指标。通常，军事和非军事情报机构都有一种强烈的倾向，就是只愿使用功能观察指标，以此指引情报搜集去聚焦目标。我们认为这种方法背后的理念太过狭隘，并不适用非常规战争。我们选择的替代方案是使用五种观察指标，即文化、功能、技术、态势和生物特征。[3] 我们从《情报分析：复杂环境下的思维方法》一书中借用了关于这些问题的讨论，以此补充我们在这里的讨论，即为什么我们选择使用五种观察指标，共同指引情报搜集去聚焦目标和下达搜集任务。相关讨论摘录如下：

> 如前所述，关于观察指标，情报分析和搜集必须寻找、设计和采纳不止一种类型的观察指标。分析人员的知识库必须广泛，

---

[1] *American Heritage Dictionary of the English Language*, 4th ed., Houghton Mifflin, 2004, Dictionary.com http://dictionary.reference.com/browse/observable (accessed February 19, 2009).

[2] Dictionary.com unabridged (v. 1.1), http://dictionary.reference.com/ browse/signature (accessed December 6, 2009).

[3] 这五种观察指标出自笔者的《情报分析：复杂环境下的思维方法》(Washington, DC: Praeger Security International, 2009) 一书。

这样才能使用这五种观察指标，或者分析人员必须能够访问那些掌握了适当深度知识的人和组织，这样才能设计、使用和理解借用上述指标搜集到的数据。这些观察指标可以驱动情报搜集，以及指引情报搜集聚焦目标；但它们又过于特定，过于依赖知识驱动，所以必须来自手段高超的高级分析人员，因为一般来说，情报搜集管理人员并不具备必要的认知技能和知识技能，无法设计这种非常特定的观察指标。这五种观察指标的定义分别是：

★ 文化观察指标：观察或测量到的有形或无形属性，它源自某个特定种族人群的生活方式。

★ 态势观察指标：观察或测量到的有形或无形属性，可在作战环境下被发现，具有多种变量，或在处于多种环境下的时候，可以表明活动或行为的存在或不存在。

★ 技术观察指标：观察或测量到的有形或无形属性，它源自识别或认出作战环境中的技术部分，包括支撑某种文化的基础设施，以及任何作战环境中所固有的可见和不可见的电子活动和能量。

★ 功能观察指标：观察或测量到的有形或无形属性，它属于某一类的功能或某一种的活动。比如说，功能观察指标可以是一个叛乱分子将制造炸弹的部件从一个地方移动到另一个地方，或是一个叛乱分子开展心理行动或设置路边炸弹。

★ 生物特征观察指标：观察或测量到的有形或无形属性，它属于人类独有的生理排放物或散发物，比如心跳、血压、视网膜温度、攻击性程度、出汗、化学物质排放、姿态、快速眼动或不眨眼等。[1]

这五种观察指标来自高级分析人员。尽管高级搜集专家并不掌握相关的知识、经验或专业知识，无法设计出这些类型的观察指标，但他们可以开发出机器和人的搜集组合方案，以此开展情报搜集，寻找这些观察指标。他们还可以对来自大量传感器和情报搜集人员的数据流进行设计处理，以便能

[1] 这五种观察指标出自笔者的《情报分析：复杂环境下的思维方法》(Washington, DC: Praeger Security International, 2009) , 38。

为“编织意义的织布机”提供“丝线”；在这台织布机中，数据变成信息，信息变成指挥官需要的知识，从而帮助管理风险，并将不确定性降低到可接受的水平。当然，这意味着高级搜集人员必须与高级情报分析人员组成团队，开展合作，以便拟定正确的观察指标，并使用正确的搜集资产组合来寻找和搜集需要的数据，用于开展态势认知（situational understanding）和做出决策。这些观察指标既能单独工作，也能以彼此组合的方式工作。

在我们对高级搜集进行研究时，我们得出以下结论：提供观察指标的做法，是高级搜集在非常规战争作战环境中能够有效工作的唯一途径。为什么五种观察指标对高级搜集来说如此重要？第一，我们必须考虑、应对和利用作战环境的异常变化。第二，在任何非常规战争行动中，最重要的就是民众——那些支持叛乱分子或恐怖分子的人，那些主动攻击的敌人，那些我们称之为“骑墙派”的人，以及那些我们称之为“被动者”的人。为了能够针对民众开展情报搜集，我们需要在功能观察指标的基础上，新增态势、功能、技术、文化和生物特征等观察指标。然而我们已经看到，即使是功能观察指标的定义也已经发生改变，不再是纯粹的以军事目标和战损评估为导向的解释，而是一个更加适用于针对民众开展情报搜集的解释。这里所指的民众，生活在大型、复杂的作战环境当中，比如一座城市，或至少是相当复杂的地形——在后一种情况下，大小城镇之间的地形特征是不利于出行的。此外，如果指挥官需要评估自己为了创造无形成果而开展的行动和活动，就需要有人提供观察指标。为了响应指挥官的这种期望，高级搜集人员会使用这五种观察指标当中的一种、两种或者全部。

这五种观察指标源自高级搜集中的一个基本认知要素，名为“解构”（decomposition）。“解构”的意思就是“将一个观点或活动拆解为多个基本要素，以识别意义或推动实现更加完整的理解”。[1] 高级分析人员可以解构情报需求（实际上还会解构其他很多东西，但为了本文讨论的目的，我们只讨论六项需求的解构）；我们在高级分析和高级搜集中使用六项需求，它们是优先情报需求、信息需求、假设、期望、预感和疑惑。解构的

[1] 这五种观察指标出自笔者的《情报分析：复杂环境下的思维方法》(Washington, DC: Praeger Security International, 2009) , 77。

结果就是生成五种观察指标。如果我们能把观察指标组合起来，它们的效果才是最好的。这五种观察指标中的一种、两种或任意组合，都可以提供给高级搜集专家，让他们驱动所有类型的情报搜集活动。不幸的是，即使是高级分析人员也不一定具有相关的专业知识或经验，有时会无法设计出这五种观察指标。那些参与解构的人员最终也会执行重构和综合等认知功能。这样一来，解构人员便可与高级搜集人员开展密切合作，并与情报搜集活动保持联系。最终，高级分析人员会汇集已被机器和人员快速汇集并分类存储的数据，以便推动将数据转换为信息的工作。由此，通过我们称之为综合的认知活动，信息变成了知识。当然，知识可以实现意义构建和态势认知，并会影响所有指挥官的决策流程。

观察指标已经变得越发重要，因为我们意识到，只要高级分析人员通过分析侧指导搜集侧的信息，将观察指标传递给情报搜集人员，观察指标就可以为搜集提供能量，并引导情报搜集行动去聚焦目标。因为分析侧指导搜集侧的信息非常重要，所以它才是高级搜集的九大增强因素之一。由此可以得出一个有趣的推论，就是观察人员通过分析侧指导搜集侧的信息，获悉了自己、传感器或机器将要搜寻之事项的细节之后，就会踏入作战环境之中，并因此**改变现实中的作战环境、敌人甚至民众**。为什么会这样？原因很简单。只要他们知道了自己以及人类或机械传感器将要寻找和发现的东西到底是什么，他们就会在进入作战环境时，设法在诸多可能性中寻找同一性，并在诸多可能性当中，专注寻找他们认为将会成真的那一两个。自此开始，他们的选择和解读就开始发挥影响，令遵循复杂性理论的作战环境发生变化。他们向搜集资产提供的解读式指导以及随后提供的报告，将会导致提出请求的小分队或其指挥官决定是否采取行动。于是，观察人员便通过观察活动，间接地影响作战环境中的结果、敌人和民众。

还有一种情况，也是只需让观察人员进入作战环境，然后这个简单的举动便可引发变化，那就是敌人开始思考甚至预料到我们会开展这种情报搜集，做出这种解读，于是抢在我们了解真相之前开始采取行动。这种预知行为可以在美国情报搜集人员和分析人员的思维中、民众的潜意识和思维中，以及敌人的潜意识和思维中引发变化。它还会影响到普通人，如果这些人认为自己正在遭到监视，或是情报系统正在自己的工作地点、上班途中，或是生活、娱乐以及从事社会和宗教活动地点附近搜集情报，就会如此。盖瑞·祖卡夫在《物理之舞》一书中有这样一段文字，可以帮助我们更好地认识这一现象。祖卡夫从我们已知存在、正在发挥影响力但却无法看到的亚原子世界中得出一些推论，指出："量子力学这门新兴的物理学科可以明确地告诉我们一点，那就是如果不改变现实，就不可能对现实做出观察……量子力学认为，并不存在客观现实这种东西。我们不能把自己剔除在画卷之外。"[1] 他还指出："为了应用量子理论，物理世界必须分为两个部分。一个是观察系统，另一个是被观察系统……顺便说一句，除非能与观察系统发生互动，否则被观察系统是不可能被观察到的。"[2] 现实世界的这一特点，对高级分析人员和高级搜集专家来说极其重要。也正是出于这个原因，再加上其他原因，我们美国陆军和战斗支持机构等的教学体系才必须将复杂性理论和量子力学等纳入分析和搜集课程当中。

我们发现使用这五种观察指标时会遇到几个挑战：

- ★ 作战环境瞬息万变，因此我们的需求要随之变化。需求不断变化，因此观察指标也要不断变化。在高级搜集行动中，观察指标不断变化，导致扰动永不停歇。
- ★ 今天，由于组织设计的原因，情报搜集人员和分析人员之间的合作，没有达到我们认为最优的程度。传统观点指出了造成这种隔阂的原因，即金钱、功能分隔、现实结构，以及看起来并不相同的角色和任务。这种合作伙伴关系只会出现在某些特种作战部队中，以及一些前线部署部队的融合中心里。合作伙伴关系似乎在这两个地方的效果极佳。在开展高级分析和高级搜集时，我们需要情报分析人员和搜集人员通力合作，以团队中合作伙伴的身份相互补充，以合力方式不断践行互补关系。
- ★ 当前明显需要关于分析和搜集等的推演方法、综合环境，以及用于高级搜集的虚拟角色。高级搜集专家需要这样一个地方，让他们可以使用自己选择的搜集组合，"播放"脚本或想定情景。具体来

[1] Gary Zukav, *The Dancing Wu Li Masters* (New York: Bantam Books, 1979), 30–31.

[2] Gary Zukav, *The Dancing Wu Li Masters* (New York: Bantam Books, 1979), 69–70.

说，他们需要看到传感器和搜集人员的表现如何，敌人是如何针锋相对的，民众将如何应对搜集想定情景，数据将以怎样的方式移动，在敌人实施反监视行动的情况下找到他的位置的可行性，以及如果克劳塞维茨的“阻力”（意外的偶然事件）突然出现并扰乱了搜集均衡之际，他们可以采取哪些措施。我们应该使用非常智能的软件程序，我们可以调用虚拟角色来“扮演”敌人的反监视措施，甚至是他的技术和人力等搜集资产的行动。在这项努力的幕后完成编程工作的人员，必须具备敌人和民众的种族和文化等背景——我们自己也将在此背景下开展行动，以减少我们对镜像思维的偏好，不让我们西方工程师式的思维定式和偏见左右推演和建模的输出结果。

★ 针对文化和态势等观察指标进行情报搜集的做法，很可能是高级搜集中最重要的一环。但我们发现，要想设计出这样的观察指标，其实是一件很有挑战性的事情。另外，要想选用传感器和情报搜集人员，令其针对这类观察指标进行情报搜集，也是一件很有挑战性的事情，难度极大。文化和态势等观察指标的问世，可以帮助克服这个极具挑战性的难题，但我们需要非常努力地思考，以便能在文化领域提出关于情报搜集的解决方案。

★ 叛乱分子、恐怖分子、支持敌人网络的人员、民众、组织，以及人和组织聚合成的群体等复杂适应系统变化多端，不可预测，这对使用五种观察指标来指导情报搜集的工作提出了挑战。如果美军、敌人和民众等复杂适应系统彼此互动，我们就会看到四种结果：碰撞、倾轧、颠覆和联合。没有一种是可以精确预测的。

★ 还有一个挑战，那就是情报搜集机构的架构和思维方式更加适应的其实是过去，而不是现在和未来。在过去 50 年的时间里，现有的情报系统，也就是分析和搜集系统并没有发生实质性的变化。[1] 当前的挑战是，如何利用我们现有的系统，为其注入创造性和敏捷性，以便能在高级分析和高级搜集中，搜寻五种类型的

[1] Adrian Wolfberg, Adrian. “Full-Spectrum Analysis: A New Way of Thinking for a New World,” *Military Review* (July–August 2006), 35–42.

观察指标和其他观点，同时还要保证极有可能成功地找到与它们有关的数据。

以下观点可以让我们开始思考，了解如何才能克服这些看似巨大的挑战，以及高级搜集面临的限制：

★ 了解城市复杂环境天然就是非线性的、快速变化的。开发出搜集传感器和搜集人员的流程、程序、同步和工具，以提升我们在开展情报搜集活动时的敏捷性，并有能力做到更具针对性。

★ 培训和教育情报搜集专家，让他们进行深度思考，开展搜集推演，了解如何生成观察指标，如何处理根据观察指标（通过情报搜集）得到的数据，以及帮助他们学习如何开发出组合和最佳混合。

★ 设计情报搜集方案，以便针对"软实力"结果、互动的文化部分，以及旨在改变态度、情绪、行为、解读、期望和看法的蓄意行动所造成的无形结果。

★ 设计知识环境（现实的和虚拟的），它应当训练有素、科目明确、灵活多变、在知识方面具有机器导向的敏捷性；或者换句话说，能够快速地思考、行动和调整方向。

★ 研究复杂适应系统的倾轧、碰撞、颠覆和联合等现象，以及由此产生的"信息素"，并针对它们开展工作。在认识这些现象的同时，我们还必须设计情报搜集方案和后面所搜集数据流的架构，以克服在搜集复杂适应系统时遇到的挑战。

★ 拟定需求，以高级搜集来支持非常规战争行动。特别是帮助人们学会思考六种需求，也就是我们前文已经介绍过的优先情报需求、信息需求、假设、期望、预感和疑惑。

★ 帮助人们理解以下关系的重要性：

  * 解构、观察指标、搜集、数据、信息与通过重构和综合得到的知识；
  * 高级搜集与高级分析；
  * 敏捷的高级分析和高级搜集，与不断波动的作战环境；
  * 六种相关需求及其输出的使用情况。

三、七种基线

高级搜集需要大量基线。基线是“基本的标准或水平；一个或多个特定值，可以用来进行比较或控制”。[1] 高级分析人员也需要基线，但主要只需三种，以帮助通过异常、趋势、聚合、联系、模式、倾向、批判性思维、技术、文化和符号等分析，开展分析解构、重构和综合。在高级分析中使用基线，便可开发五种观察指标，好让高级搜集人员可以向搜集来源和资产下达任务。

但高级搜集更加复杂，所以我们必须添加更多的基线，以汇集我们需要的增强因素，以此推动高级搜集。高级搜集必须具有这些基线，才能正常运转。在建立基线的概念时，必须使用易于理解的灵活架构，以及高度相关的彻底的本体论。本体论（ontology）是“一种明确的形式性规范，说明如何描绘对象、概念、被认为存在于某个关注领域中的其他实体，以及它们之间的关系”。[2]

我们定义了七种基线，它们可以是心理层面的、书面的，也可以是使用软件进行实例化的模板，如下所示：

★ **技术基线**：一种心理模板，其所包含的诸项元素可以作为技术规范，让人们可以寻找和发现技术流程、散发和排放等方面的异常情况，它们来自某座房屋、基础设施的某一部分、活动、互动、交易、行为、交通工具、周边邻里、聚居区，甚至夸张地讲来自整座城市。

★ **功能基线**：一种（心理、书面或软件）模板，其所包含的诸项元素可以作为正常功能标准，据此可寻找和发现与个人或小组流程所需或期望的功能或指定行动、职责和活动有关的差异。

★ **文化基线**：一种（心理、书面或软件）模板，它可以作为社会中某项要素的常识和价值的标准，让人衡量或比较某个特定居民区的事物；这种基线可以指示某个特殊群体的特殊生活方式，或是由其生成。

★ **传感器基线**：一种（心理、书面或软件）模板，其中的事实和数

[1] Dictionary.com, http://dictionary.refrence.com/browse/baseline (accessed March 31, 2008).

[2] Free On-line Dictionary of Computing, Dictionary.com, http:// dictionary.reference.com/browse/ontology (accessed September 2, 2009).

据，描述的是用以提供支持的有机传感器的能力、优势和局限性。它包括地面传感器以及国家技术手段，并可随着新的技术解决方案、情报搜集人员使用的新光学设备和新的地面传感器技术能力的问世而更新。这种基线包括陆军在地面和空中的所有传感器，以及美国的中央情报局、国家安全局、国家地理空间情报局、国家侦察局和其他机构的能力。

★ **数据流和网络架构基线**：所有的传感器，不论是地面、空中还是人力的搜集资产，都必须报告自己搜集的数据。数据需要传输路径，这样才能移动到处理器或直接送抵用户，从而重构为信息。数据流和网络架构基线能以可视化的方式，展示现有网络、其服务质量、延迟情况、当前和潜在带宽，以及数据被操作和集结，从而支持优先等级最高行动时，现有网络能力激增的情况。数据流和网络架构基线可以描述排、连、营、旅战斗队和团战斗队乃至指挥链上更高等级部队的网络及其能力。

★ **人力资源基线**：当部队部署前线时，它们必须有一个关于现有搜集人员、潜在搜集人员，以及已建立的低级和高级人力情报网络等的基线。搜集人员基线必须包括光学设备、电话、计算机、夜视设备，以及可能使用这些技术的当前和潜在搜集人员的培训状况。这种基线关于搜集人员的名单有三种，也就是历史悠久的黑、白、灰名单。和所有基线工作一样，在某些特定地点，比如特定的居民区、城市或地区，必须保证这种基线是最新的，另外还必须让其他城市与那些已经“感染”叛乱或恐怖分子、正在发生非常规战争行动的城市保持彼此连通。

★ **通信基线**：具体地讲，这种基线是指商业和政府的音频通信，即座机、手机、微波、高频、低频和低功率，以及光缆等通信。它是敌友各方人员开展交谈，发送短信、即时消息，发布推特、博客，以及传输图像的能力。这种基线是非常规战争指挥官开展行动时所处作战环境的基础设施的组成部分。必须将带宽可视化，另外为了理解媒体管道、交换机、路由器、天线、发射塔（手机和微波等信号）、电视塔和广播，以及短波和高频无线电等家庭传输等方面内容，也必须将它们可视化。

这些基线对高级搜集来说至关重要，原因有以下几个方面。第一，高级搜集人员向搜集资产下达任务，要求针对使用这些通信管道的人员开展情报搜集。第二，搜集资产必须报告或推送搜集的数据。高级搜集人员必须认清诚意、延迟、带宽、弯管[1]、真实性、不可否认性和服务质量，以便判断搜集工作的质量和及时性。第三，高级搜集人员需要当前最新的基线，以帮助设计搜集的最佳组合，并寻求实现搜集协同。这些基线必须有标准场（standard field）和标准化本体论。但基线的结构又必须是灵活的，以便前线人员能够根据自己的任务和功能需求，开发出新的场，确定新的关系，并接收或输入新的数据。

所有基线都有一个致命的弱点，即**所有基线都必须保证是最新的，这样才能有用**。不幸的是，正与你在阅读这几页内容时所见所想的那样，这是一项复杂的工作，而且非常耗时。处于旅战斗队和团战斗队，以及营、连和排等层面的人员，并没有足够的时间或具有足够知识水平的人力，因此无法参与这些持续并且耗时的工作，也就无法保证高级搜集和高级分析基线是当前最新的。因此，我们必须依靠事先商定的分工来管理这项关键任务。前线部署的高级搜集人员力求保证这七种基线是当前最新的，而能够并且应该对此提供帮助的力量包括情报集团（如果它已经成立了）、高级搜集监视人员，支持虚拟知识环境的诸要素，以及专注研究基线最新内容和输入的美国专家。

四、设置四种条件

高级搜集人员必须设置条件，以便能够成功地规划和执行情报搜集行动。如果没有规划、协调、同步，以及与参谋人员合作，思考、规划和执行这些设置条件的工作便无法展开。**数据**、**传感器**、**知识**和**访问**这四种设置的条件虽然与高级分析中为分析设置的条件有关，但还是存在一些重要

[1] 弯管（bent-pipe）是一种卫星通信模式，是指将卫星当作透明的转发节点，用以转发数据和信息的通信链路方法。——译注

的差异，足以将这四种条件与为分析设置的条件区分开来。另外，它们还涉及高级搜集的其他内容，比如高级搜集基线；但它们又具有极大的差异性和重要性，足以证明它们是高级搜集的重要增强因素。

（一）为数据设置条件

高级搜集人员可以搜集分析人员和指挥官依赖的数据；因此，他们必须思考并设置数据环境，以便自己在下一个分支、事件或问题集当中，在面临决策问题时，支持需要开展的情报搜集活动。他们还需要数据来了解情报搜集的来源、方法、能力和局限性，不论是传统的还是非传统的搜集资产，都是如此。高级搜集人员在搜索和使用数据时，不能仅限于机密来源。由于他们的许多详细思考都将涉及非传统的搜集人员，以及如何使用现成的搜集设备，他们将会需要使用非机密的、通常会对公众开放的商业数据库。

为数据设置条件是对所有高级搜集人员的一项强制要求。没有其他人会代替他们承担这项工作。但这并不是说，他们在这项工作中是孤军奋战的。关键在于，高级搜集专家必须把事情掌握在自己手中，并向技术人员提出和陈述数据需求；而技术人员通常在信号参谋部门，或是更高级别，比如联合特遣队或作战司令部 J2 的技术参谋部门。在储存情报搜集人员所需数据的数据库中，有些不对公众开放，或是专有的，或需要付费才能访问和使用。因此，当时间和条件合适时，高级搜集人员必须做好付费使用这些数据库的准备——这笔费用是其所在组织应当承担的责任。此外，任何数据库都有身份识别和密码等要求，这些都需要时间来处理。不同数据库的构建方式各有千秋。对所有情报搜集专家来说，如果他们想在开放互联网或军方保密网络的封闭门户中搜索数据，那么数据的准确性（真实性）将是一个难题，甚至是一个无法回避的挑战。情报搜集专家、高级分析人员和技术专家将组成团队开展工作。为了能够针对分析驱动的观察指标开展情报搜集，“分析—搜集”团队将开发出各类搜集资产，再根据这些类型，构建相应的数据架构。这项工作是搜集专家的首要职责。因此，高级搜集专家会主动出击，驱动数据架构的开发工作，以便下级搜集人员能够按照高级分析人员提供的观察指标进行情报搜集，之后再从他们那里接收搜集数据。当然，这项接收工作就是处理数据，并将数据提交给高级分析人员及其机器，从而将数据编制成信息和知识，进而帮助指挥部做出决策。

（二）为搜集资产设置条件

为搜集资产（传感器、开源、数据和人力情报搜集）设置条件，这是高级搜集人员无法回避的工作，实际上这正是他们的强项。他们必须在这方面发挥出色，特别是因为许多传感器和所有情报搜集人员都需要时间来进行准备、下达任务、（在某些情况下）接受培训、设计数据、开展通信和设置光学设备，另外还有安装和协调，以便投入使用，开展行动。这种努力绝非易事，但却必不可少。

在高级分析人员和高级搜集人员持续合作的伙伴关系中，在设置条件以获得正确类型的搜集资产这个问题上，高级搜集人员承担首要责任。必须由高级搜集人员来确定需要哪些东西，从而满足高级分析人员在五种观察指标中阐释的需求，以及在某些情况下，在颁布和分发分析侧指导搜集侧的信息时阐述的需求。然而，即使情报搜集专家负有首要责任，也不能将这种需求留给搜集专家独自处理。原因很简单，情报搜集专家无法像分析人员那样去理解未来，也无法理解由此得出的决策，以及汹涌而来的数据、信息和知识需求。分析人员必须参与这种工作。正是分析人员通过解构得出的观察指标，驱动了传感器或人力情报开展情报搜集时参照的对象、时间、地点、原因，以及搜集标准。如果分析人员预测出下一个任务是什么，指挥官的意图和指导是什么，必须做出什么决策，以及需要什么知识来帮助管理风险和减少不确定性（二者都是做出最佳决策的必要条件），那么此时这项需求就会变得更加复杂。此外，分析人员的预测可以帮助确定哪些观察指标可以驱动情报搜集，预测哪些具体类型可以满足未来信息需求的技术传感器和人力情报，及它们精确的位置和数据流。高级搜集人员可以与高级分析人员、数据技术专家，及开展军事决策流程以推演行动可行性的规划人员和行动人员合作，以预测未来的活动情况、指挥和控制的考虑事项，以及作战行动的类型。

（三）为知识设置条件

高级搜集人员必须为自己开展工作所需的知识设置条件。设置好这些条件之后，就可以帮助了解知识能够提供什么。笔者在《杂散电压：信息时代的战争》一书中写道：

> 对所有人类来说，根本性的教训就是必须努力运用知识去做些事情，从而创造出持久优势。由此可知，在任何冲突中，真正重要的是人或机器如何处理信息，从而将其转化为知识，并管理知识，好让人们在运用知识，以及思考、规划和做出决策时，速度比竞争对手更快，水平也更高。[1]

知识对规划和执行等工作来说是至关重要的——这两点正是获得力量的方法。众所周知，高级搜集人员需要知识，这样才能设计出搜集组合和最佳混合，设计出开展情报搜集的非传统方法，设计出利用现有搜集组合的创新方法。前线部署的情报搜集人员既没有受过培训，也不具备经验，因此无法寻找或使用现有的知识，无法构建出新的知识，也无法设计足够好用的情报搜集方案，在所有非常规战争行动中，在其固有的棘手、复杂且不停反复的作战环境下开展工作。有了知识，高级搜集专家就可以朝着与情报搜集有关的目标奋进。毕竟，我们并不是在讨论如何选择一个人尽皆知的传感器，以及与之对应的功能目标或观察指标。事实上，我们谈论的首先是一种哲学理念，它让我们能够以整体方式进行思考，想一想是什么构成了这些整体，是什么使整体的各个部分保持凝聚并统一行动，以及人们是如何寻找数据碎片的，因为这时人们知道，与这些碎片有关的数据将借助设计巧妙的情报搜集活动，回到自己的手中。

（四）为访问设置条件

高级搜集人员必须始终为其搜集人员设置条件，使之能够访问想要寻求的东西。有时这涉及飞越（领空）许可，有时这涉及临时降落点的保护机制，有时还涉及访问的领域，比如空中，因为那里也会有其他活动发生。高级搜集的规划人员必须考虑访问是如何与设置条件时的其他三项要素，即搜集、数据和知识产生关系的，必须考虑四项要素将如何充分互补，以便形成搜集协同。此外，高级搜集的规划人员和管理人员的知识必须兼具深度和广度，如此才能充分思考这个复杂的问题。最后，他们还必

[1] Wayne M. Hall, *Stray Voltage: War in the Information Age* (Annapolis, MD: Naval Institute Press, 2003), 60–61.

须在很早的阶段便了解指挥官的计划和意图，这样才能执行通常相当复杂的官僚协调；必须开展这种协调，才能保证设置条件的工作在所有行动领域，即陆、海、空、天、信息和网络等均可顺利展开。

高级搜集专家必须使用指挥官的未来任务和决策来构建知识环境，因为他们需要这种环境才能设计出搜集的组合和最佳混合。鉴于指挥官在决策时对不确定性和风险有着各种偏好，情报搜集专家必须预测知识需求到底会是什么。虽然高级搜集人员在设计搜集方案，以求根据五种观察指标开展情报搜集的流程中，并不一定必须寻求主题专家或卓越中心的支持，但他们需要预见自己可能需要哪种主题专家，好让他们规划自己专业知识不足的那些情报搜集工作。高级搜集专家必须始终尽早着手寻求这种知识支持，因为需要主题专家的需求会彼此竞争，所以在事后才试图寻求知识帮助的做法会出现问题。

在设计搜集组合、设计最佳混合、找到搜集数据的创造性方法、处理搜集关系，以及理解环境的诸项要素（比如基础设施、宗教活动），从而为传统的和无形或非传统的情报搜集活动（比如识别情绪、士气、解读、期望和看法）设计情报搜集方案之际，为了能够胜任这项工作，高级搜集人员将会向谁寻求帮助？毫无疑问，他们将会求助于情报集团、非政府组织、商业实体（比如公司）、机构间的人员和组织、本土主题专家，当然还有虚拟知识环境（我们稍后将对其开展深入讨论）。这项知识工作极具挑战性，但也极其关键，能够左右高级搜集专家的工作成败。在人力情报搜集这个领域，不会有高级搜集专家了解关于每一个传感器和所有搜集人员的一切情况。因此，高级搜集专家必须预料到自己将会需要的专业知识，这种思维技巧可以帮助他们弥补自己（在组织和个人等层面）的缺陷。

五、开展情报搜集实验

只有集中力量，持续进行三种类型的实验，高级搜集才有可能蓬勃发展。第一种，它需要尝试情报机构的组织发展，处理情报流程，解决棘手的情报问题，并改变组织结构，通过这些实验了解在全球作战环境中开展情报搜集时，如何应对面前不断进化的威胁。第二种，高级搜集人员将自行开发一种联合实验策略并给予大力支持，目的是制定高级搜集概念，了解敌人的看法，以及非线性作战环境对组织、搜集和认知流程的认识和影响。对情报搜集所做的实验还会使用创造性的观点、新的技术、新的组织设计、新的工作流程，以及新的组织流程，另外商业规则、政策、工具和程序等也将得到应有的重视和工作投入。这是我们创造的一个可以协同进化的流程，目的是专门用它来设计高级情报搜集行动，同时确保来自情报界的概念制定人员和实验设计人员，能够理解并使用这种常驻在高级搜集人员、组织和技术中的强大力量。第三种，在非常规战争中，战争的等级是模糊的，让人难以区分。在非常规战争的情报行动中使用战争级别的做法，有时会混淆人们对自己的角色和任务的理解。然而，我们所说的高级搜集实验可以跨越战争的不同等级，并发现这些等级在非常规战争行动中也是模糊的。例如，国家层面的情报搜集人员必须向战术层面的决策者提供及时、准确、相关、特定和清晰的数据、信息和知识。战术层面的人员必须向战略层面的搜集人员提取数据，并与他们开展沟通，而且这一切无须受限于僵化的等级制度。

高级搜集的概念和技术必须经过严格的实验，目的是找到最佳的认知流程、实践、软件、组织设计和概念框架。除了继续其当前的行动方案以外，高级搜集还必须致力于开发未来的概念、组织、流程和程序。但我们所说的这些实验，必须要让情报集团内部实现连贯统一这个理想状态，服务于以下这个现实，即我们可以切实并且迅速地做到哪些事情，从而帮助战术小分队士兵在思考能力和决策水平等方面更胜往昔。所以说，这个集团将利用对高级搜集开展实验的机会，在现实世界和虚拟世界中，把情报集团整合起来，以便努力解决棘手的情报问题（从战术层面到作战层面再到战略层面的战争和指挥等问题），同时还要影响未来；这样一来，高级搜集就能在当前和未来的时间框架内，智胜自己面临的敌人。

六、虚拟知识环境

虚拟知识环境可以提供概念和技术的框架，以此将当前关于“向后求援”的观点和实践标准化。它可以将信息领域的各个不同部分凝聚起来，形成一个有组织的、虚拟的、下一代的融合流程。虚拟知识环境有三项不同的任务：第一，为指挥官和高级搜集专家提供数据、信息和知识支持；第二，提供专业化知识，帮助处理高级搜集的具体问题；第三，提供认知和知识的必要手段，帮助高级搜集人员思考和应用相关知识。

我们所说的这种能力在今天已经不复存在。它本应继续存在，也本可继续存在。但对于此事，人们的态度往往是狭隘的、保守的。他们已经被“这是什么”完全吸引，所以并不考虑“这可能是什么”。我们能够找到的东西都是临时拼凑的，它既不是组织有序的，也不是科目明确的，而且此类拼凑安排的依据主要都是人与人之间的关系。特别值得一提的是，各级高级搜集专家必须不断寻求、发现和利用世界级的人才和尖端技术，帮助提供关于复杂高级搜集挑战的高等级、有价值的知识。一位著名的决策理论专家为我们提供了以下具有高度相关性的见解，详细介绍了在解决问题时使用专家的重要性：

> 专家是以一种不同的视角看待这个世界的。他们可以看到我们其他人看不到的东西。专家们常常并没有意识到，我们其他人无法察觉到对他们来说似乎是一目了然的东西……许多专家可以看到对其他所有人来说不可见的东西：新手没有注意到的模式；异常，也就是并没有发生的事件，以及其他不符合预期（总体情况，又称态势感知）的事件；事物运转的方式；机会和临时事件；已经发生的事件（过去），或将要发生的事件（未来）；小到新手无法察觉的差异；自身的局限性。[1]

不幸的是，高级搜集行动往往需要在接到通知后立即开展，而且时间框架是有限的，因此规划此类行动所需的高等级、当前最新的知识，也就很难找到和使用了。此类知识很难找到，是因为环境、基础设施、人类

[1] Gary Klein, *Sources of Power: How People Make Decisions* (Cambridge, MA: MIT Press, 1998), 147–49.

互动和组织活动都在以极快的速度发生和变化，这意味着主题专家的正确性可能只有一天，第二天就会变得过时和无关紧要。此外，使用知识时也会遇到挑战，因为持续的变化、运动、能量排放，以及文化的变量和常量，随时左右知识的“快照”，以及这些“快照”在一幅幅播放时所创造的连续画面。例如，关于城市的知识就很难使用，因为这些知识往往已经过时，可能不够精确，或者没有考虑到文化、基础设施或普通的考量和应用。高级搜集的主题专家必须掌握的知识应当非常充分，足以帮助高级搜集专家设计最佳的搜集方案，而不必理会环境变化造成的困难。开展高级搜集时，不仅需要了解详细且最新的知识，而且需要有能力使用这些知识，直接解决高级搜集问题。因此，任何规模的传统参谋机构，在很大程度上都不可能掌握必要的专业知识，因此无法以连续方式获得足够充分的特定知识；这样一来，如果想要针对高级搜集开展规划、执行和评估，以及根据评估建议做出调整，这个意愿就会产生知识方面的问题和挑战，但所获得的特定知识并不足以处理所有这些问题和挑战。高级搜集可以使用虚拟知识环境来克服这个不足。

高级搜集专家本身必须是真正的专家，不仅应当擅长使用虚拟知识环境，而且应当擅长**率先发现知识空白**。这种空白可以通过以下两种方式中的一种加以克服：在情报搜集的等级系统内寻求援助，或使用虚拟知识环境。情报集团是否有能力满足任何特定的情报搜集需求？这个问题会受到集团其他方面的诸多影响，即现有搜集专家的能力和经验的水平，以及集团成员响应认知援助请求的速度。此外，在情报搜集集团中，前线部署甚至庇护所里的人员可能没有能力去回答问题、构建知识，或为现有知识增值，又或者并不愿意参与高级推演。如果发生这种情况，主动出击型高级搜集专家就会迅速选择从组织有序、科目明确的虚拟知识环境那里寻求支持。

七、借用传感器时间和使用优化工具

美国现在没有、以后也不会有数量充足的传感器和情报搜集人员，因此无法满足所有态势下所有人提出的数据、信息和知识等需求。虽然搜集资产的"库存"较低，但对它们提出的需求却总是很高，这便造成了一种充满敌意、不愿共享的占有资产的环境。这种彼此竞争的环境对高级搜集来说是不利的。事实上，它正在削弱旨在支持非常规战争指挥官的整体情报努力。看起来，这似乎是一个相当棘手的问题：低密度、高需求的搜集资产所处的情报搜集官僚机构等级森严、纷繁复杂，它规定必须完美地提交搜集表格，这一点有时比实际需要和搜集需求的紧迫性还要重要，另外分配系统纵容占有，并不鼓励共享。在外界看来，它的模样确实只有莎士比亚才能准确描述：

> 我们所有的昨天，不过替"傻子"们照亮了到死亡的土壤中去的路。
>
> 熄灭了吧，熄灭了吧，短促的烛光！
>
> 人生不过是一个行走的影子，一个在舞台上指手画脚的拙劣的伶人，
>
> 登场片刻，就在无声无臭中悄然退下；
>
> 它是一个愚人所讲的故事，充满着喧哗和骚动，
>
> 却找不到一点儿意义。[1]

我们应该怎么办？我们不可能扭转情报搜集的官僚机构，使之迅速开展一场持久的变化，所以在推动系统做出改变的同时，我们还可以做出变通。也就是说，我们可以开发流程、程序和软件，从其他机构"占有"的传感器那里借用传感器时间，让借来的传感器专注于最需要用到它的地方。当然，这种方法假定美国高级搜集资产拥有的软件，可以快速执行传感器软件所必需的多重连续数学计算。它还假设"人在环中"[2]，假设在传

---

[1] William Shakespeare, *Macbeth*, Act 5, Scene 5, The Harvard Classics (Danbury, CT: Grolier Enterprises, 1980), 388.

[2] "人在环中"(human in the loop)，相应的概念还有"人在环上"(human on the loop)和"人在环外"(human out of the loop)。这是军事人工智能的概念，指的是自主武器的自主程度，或者说人类对机器的控制程度，三者对应的分别是武器"半自主""受到监督的自主""完全自主"。这里指的是人类可以控制对传感器的借用活动。——译注

感器转向、下降或上升、返回基地补充燃料、巡飞以等待预料事件发生等情况下，程序可以借用传感器的时间（几秒或几分钟）。这种思路背后的理念是，我们在使用传感器和其他搜集资产时，面对它们马赛克般碎片化的作用和任务，在分配、切分和占有的过程中，并没有优化传感器的使用活动。我们需要从所有传感器和搜集资产中挤出效率，使用“占有者”通常不会使用或不会想起的东西。这种软件工具不仅必须能够借用传感器时间，与机载传感器软件通信，保证人类处于这个循环之中，并以近乎实时的方式，将传送至接收总部的数据流可视化，而且必须能够优化传感器，以实现搜集协同。这项工作极其复杂，因为如果提出请求的分析人员认为被分析和搜集的显微镜所审视的活动是重要的，那么分析驱动的采样率就是可变的。你猜得没错，人类没有可能执行这种无穷无尽的复杂计算，但只有这种计算才能借用传感器和搜集资产的时间，才能创造搜集优化，并通过它实现搜集协同。

八、分析侧指导搜集侧的信息[1]

在高级分析人员和高级搜集专家持续合作的伙伴关系中，高级分析人员可以开发并提供特定的指导和指示，供高级搜集专家和分布式情报搜集系统使用，分析与搜集之间没有中层管理人员。高级分析人员和高级搜集人员可以组成团队，合作制定此类信息；但高级分析人员必须拥有领导权，可以决定在信息中加入哪些东西。我们认为，高级分析人员必须提供以下几项内容：一是针对**行动背景**，为搜集人员提供特定的指导和建议；二是针对用以开展情报搜集的**观察指标**，提供详细描述；三是**分析原理**（比如预感等特定想法）；四是**标准**（及时性、特定性、准确性、相关性和清晰性）。

高级搜集专家和分布式情报搜集网络必须学会像敌人那样思考，并从敌人的视角去解读他们的传感器可能看到什么，以及他们对美国高级搜

[1] 笔者摘选了《情报分析：复杂环境下的思维方法》中许多关于高级分析人员、高级搜集专家，以及他们在非常规战争分析和搜集方面合作伙伴关系的观点。笔者从那本书中摘选了许多观点，这里只是其中之一。

集工作所做的预测又是什么。在《安德的游戏》一书中，作者奥森·斯科特·卡德关于主人公安德·维京（Ender Wiggin）的思考，可以帮助我们理解这个观点。具体如下：

> 他发现自己把在战斗学校里学到的知识都用在了模拟器上。每隔几分钟，他就会重新设定模拟器视角，让它旋转以免陷入颠倒的方向。他常常从敌人的角度观察自己的位置。能像这样控制真是太美妙了，他可以看到战场上的每一点状况。[1]

在反叛乱和非常规战争中，情报搜集必须具有指向性和特定性。要想具有特定性，就需要掌握深刻的、当前最新的知识。这些知识来自手段高明的高级情报分析人员，正是他们指导高级搜集人员开展工作。为什么会是这样？很简单，关于敌人、作战环境和民众的情况，以及三者是如何相互交织、相互作用的，即使是高级搜集人员，也不可能像高级分析人员一样了解得那么清楚。在情报搜集中，高级搜集专家有太多的东西需要学习、了解和演示，因此不必充分了解非常规战争作战环境的这三个要素，也一样可以与高级分析人员的知识和理解一较高下。由此可知，情报分析人员在指导情报搜集时，必须使用自己的前端分析，也就是解构的结果。

即使处在城市行动的混乱和动荡之中，也必须要有提供给情报搜集人员的这种指导活动。分析人员知道混沌中存在秩序[2]，并且会指导搜集去检验假设，监视某个特定位置，解开疑惑，或是获得关于分析预感的知识。有位专家在自己的书中对“混沌边缘”做出了解释，刚好可以诠释情报分析人员向搜集人员提供特定的指导，以此指导情报搜集时的具体阶段、方法和目的，具体如下：

> 相反，所有这些复杂系统都以某种方式获得了将秩序和混沌归于一种特殊平衡的能力。在这个平衡点（通常被称为混沌边

---

[1] Orson Scott Card, *Ender's Game* (New York: Tom Doherty Associates, 1977), 260.

[2] Sun Tzu, *The Art of War*, trans. and ed. Samuel B. Griffith (London: Oxford University Press, 1963), 92.

缘）上，系统的各个组成部分永远不会固定在某个位置上，但也永远不会溶解在动荡之中。在混沌边缘，生命具有足够的稳定性可以自我维持，有足够的创造力可以赢得“生命”之名。在混沌边缘，新观点和创新性永远蚕食着现状的边缘。[1]

这段文字的意思是，高级搜集专家必须窥视拥挤不堪的混沌，也就是非常规战争作战环境，以及其中的搜集传感器和人员的适当组合和最佳混合，以找到高级分析人员要找的东西。高级搜集专家不但知道应当思考什么，还知道应当如何思考，因此可以创造出一种无可匹敌的精神力量组合。高级搜集专家以这种方式开展工作，即可成为强大的助力，帮助高级分析人员对作战环境**“消除模糊性”**（disambiguate，使看起来不可见的东西变得可见；使看起来令人不解的东西变得可理解；使看起来模棱两可的变得清楚明白），从而将看起来不可见的东西变得可见。这种“厘清”的转变流程极其关键，它可以左右美国在这场“智慧战争”中的成败，因为在这场战争中，美国正在与实力强悍的叛乱分子、恐怖分子和非国家组织（比如哈马斯和真主党）针锋相对。不幸的是，这种分析为高级搜集专家，以及为分布式情报搜集网络随后将要开展的活动提供的特定指导，与传统智慧是背道而驰的。关于情报分析人员和搜集人员应该做什么和不应该做什么的问题，这些年来传统智慧越管越多。它强行施加严苛的官僚规章制度，阻止情报分析人员和搜集专家的信息网络实现扁平化（从而实现共享和合作），也阻碍了分析人员向高级搜集人员提供特定指导。

如果高级分析人员可以直接与高级搜集专家，也就是针对不同情报科目的搜集行动，创建、执行或控制这些行动组合的人员开展交流，那么搜集人员、组织和机器的工作成效将大为改观，优于现在依靠那些经常“好心办坏事”的方法和设备时的情况。为了重申重点，现将这种“分析侧指导搜集侧的信息”使用的框架提供如下：

---

[1] M. Mitchell Waldrop, *Complexity: The Emerging Science at the Edge of Order and Chaos* (New York: Touchstone Books, 1992), 12.

★ 行动背景：
  * 敌人；
  * 友军；
  * 作战环境对友军、敌人和民众的影响。
★ 特定的观察指标，即功能、生物特征、态势、文化、技术。
★ 预料某些行为或假定其他现象的分析理由、这些行为或现象的发生地点和时间；通报的指导和其他各种指示，比如预测敌人在面对可能的美国情报搜集时采取哪些反制措施。
★ 标准：
  * 及时性（时间限制、愿意承担风险以遵守时间限制）；
  * 有价值信息具有价值的最晚时间和最早时间；
  * 特定性（细节，例如“在这个十字路口仔细盯着一个人，此人站在拐角处，身穿长袍，脚穿跑鞋，拿着手机，没戴首饰，满头大汗”）；
  * 准确性（坐标、使用全球定位系统表示的精确定位、指定关注区域的大小和形状，以及目标关注区域）；
  * 相关性（与任务、意图、优先情报需求、信息需求，或其他来源的情报需求是相关的）；
  * 清晰性（国家图像解译等级量表、具体性、清晰描述、确切地址、需要监视的确切活动）。

九、情报搜集策略

高级搜集专家负责制定用以执行自己工作的策略。否则就是在制造混乱。虽然所有情报搜集组织都由某个系统负责分配工作，并负责确定工作的优先次序，但使用动态高级搜集策略的做法，既是任何一种非常规战争的必要辅助，也是它的增强因素。借助情报搜集策略，高级搜集人员就可以提供关注焦点，锁定指挥官的意图和行动概念，并设置条件以便掌握集结、调动甚至蜂群聚集的能力，而且对象不仅是传感器，还可以是人力情报搜集、带宽、动态和学习网络，以及机载传感器和分布式处理器，以加快速度去处理数据并向有需要的用户分发数据。

尽管时不时总会有那么一位高瞻远瞩、远见卓识的领导人，出面设计和使用综合了现实和虚拟等情报搜集力量的团队，并制定接下来这个团队使用的高级搜集策略，但也需要对这种方法进行充分解释，并将其编入联勤条令之中，以此推动情报搜集活动的培训和教育、装备开发、领导者培训，以及组织设计。高级搜集策略可以提供一种方法，供人学习如何思考、规划和执行棘手的情报搜集任务。因此，**高级搜集专家必须深刻理解高级分析人员需要情报搜集提供什么**。搜集专家必须了解敌人，并了解他将如何尝试拒止美国的情报搜集努力，还必须了解民众，并了解如何针对他们感知、思考、解读和期望的东西，搜集与之相关的数据，以及针对他们在交易、互动、活动和行为中表现出来的东西，搜集与之相关的数据。在我们关于高级搜集的论述中，策略是“为了达成某个特定的目标或结果，需要采用的计划、方法，或一系列的手段或谋略”。[1]

高级搜集策略可以出现在所有层面，上至四星战区[2]，下至企业的情报支持团队。**高级搜集策略会不断调整变化，因为民众、敌人和作战环境都在不断变化，因此，指挥官的任务、计划和决策也会变化**。然而，不会变化的是指挥官对高级分析人员和高级搜集人员施加的持续压力，要求他们生成可用数据、信息和知识，帮助管理风险，以及将不确定性降低到可以接受的水平。

因为高级搜集需要组织有序才能变得有效，所以必须要有高级搜集策略，好让稀缺的搜集资产可以聚焦重要事项，以及对传感器和人力情报搜集进行调动、集结和蜂群聚集，从而满足指挥官的需求。另外，还必须拟定优先事项和图例说明，供情报搜集专家用来向上级领导通报面临的挑战和所做的决策。这些领导也可以叫停或下令采用变通办法。此外，高级搜集策略还可以为情报搜集人员的领导提供必要手段，好让他们可以帮助搜集人员解决冲突、克服障碍，以及找到在开展情报搜集时最可行的冒险方案。

可以驱动高级搜集策略的部分特定需求包括：有能力应对快速变化、

[1] Dictionary.com, http://dictionary.reference.com/browse/strategy (accessed April 27, 2008).

[2] 主官为四星上将的战区，即美国最高等级的战区（司令部）。——译注

有能力预测高级搜集活动的后续行动和敌人可能的反应，以及有能力开展专项情报搜集，重点关注特别棘手的情报搜集目标——这时很有可能获得预期结果，但失败或出现意外后果的风险也很高。使用情报搜集策略还有助于确定和实施领导者的优先事项，并持续强调必须满足指挥官的优先情报需求、信息需求、假设、期望、预感和疑惑，因为所有这些都是在复杂的非常规战争环境中做出决策所必需的。如果情报搜集专家是部署在前线的，那么在彼此竞争的信息需求中，指挥官的优先情报需求和信息需求将始终居于首位。然而，我们也需要其他类型的需求，因为这样才能拓宽情报搜集的关注焦点，处理好因指挥官激发而开展的广泛规划和决策援助等工作。

为了避免彼此竞争需求而造成的削弱效应，高级搜集人员将同时采用两种高级搜集策略。关于第一种，高级搜集人员将在资深搜集管理人员的指导和督导下开展工作。此人是最资深、最有经验的高级搜集专家，深受上级情报官和指挥官的高度信任。这位情报搜集专家负责领导其他高级搜集人员，与高级分析人员对接合作，进行条件设置和高级搜集推演，以及实施高级搜集策略。情报搜集专家还将指导高级搜集中的低级人员，帮助他们应对以下情况：限制条件、等级森严的情报搜集系统中固有的官僚挑战、作战行动方面的挑战（比如在针对民众开展行动后，有针对性地搜集关于无形结果的情况），以及敌人用来实施敌对的、看似无形的“网络的网络”的运行活动等。

第二种高级搜集策略来自高级搜集专家个人的思考。这种高级搜集策略可以提供手段，可以用来贯彻所有搜集需求，也可以决定哪些需求不能满足，以及为何不能满足。对于所有高级搜集工作来说，高级搜集专家可以作为初始的对接接口，与高级分析人员、虚拟知识环境的知识协调人员，以及更加庞大的情报集团对接合作。如前所述，高级分析人员和高级搜集专家将把分析侧指导搜集侧的信息分发给情报集团、分布式情报搜集人员、虚拟知识环境，当然还有指挥官和行动官（operation officer）。在拟定分析和搜集的策略后，再将它们共享出来，这样做可以让寻找相关数据时付出的努力保持连贯统一；这项战略可以帮助指挥官管理风险和降低不确定性，从而提高他做出正确决策的能力。

高级搜集策略的部分要素如下所示：

- ★ 高级搜集的**任务**和**优先事项**，以及了解其他高级搜集人员正在做哪方面的工作，以求达成目标；也就是在正确的时间和地点，针对正确的活动开展情报搜集，从而满足分析驱动的五种观察指标。
- ★ 高级搜集中关于高级搜集行动的**设想**，包括所需的最佳混合和组合、搜集协同和具体开展的情报搜集行动等，以便能在整体背景下对高级分析和决策做出补充；此外，这个整体是由旨在满足指挥官情报需求的分析、搜集和行动等构成的，应当结构完善，持久运行。
- ★ **作战环境**：第一，它对友方、敌方、民众和中立方的影响；第二，敌人和民众如何看待作战环境对自身活动的影响，以及他们如何看待“美军认为作战环境可以影响友军和敌方的行动”这个看法。
- ★ **敌人**：他们如何看待美国情报搜集人员，又是如何尝试干扰美国数据搜集行动，以此模糊、欺骗、遏止和（往往还有）混淆清晰性的。
- ★ 高级搜集工作的**目标**。
- ★ **微观策略**，用来在高级搜集中实现情监侦的同步、组合和聚焦，从而实现搜集协同。
- ★ 为高级搜集**设置的条件**，包括数据、传感器、知识和访问。
- ★ 完成高级搜集任务所需的**资源**。
- ★ 妨碍高级搜集任务的制约因素以及如何解决这些**制约因素**。
- ★ 使用**红队**来检验支撑高级搜集思维的假定，使用其他方法来检验高级搜集人员思维中可能存在的缺陷（比如镜像思维和后此谬误）。
- ★ 具有特定性的**指导**。

在本章即将结束之际，我们可以很有把握地假定，高级搜集需要依靠重要的增强因素才能取得成功。在本章中，我们介绍并解释了依据什么理由，假设这些可以增强高级搜集的特定因素。我们非常肯定还会有其他的增强因素，因为我们在本书中提供的内容仅仅只是一个开始。本章讨论的几个增强因素，能让高级搜集变得更加强大，远胜单独使用时的情况。虽然高级搜集的概念可以自行发展，但对这些增强因素来说，一个、两个、多个组合或所有因素的存在和影响，能够成倍增强高级搜集的能力。我们来回顾一下。按照它们在本书中的出场顺序，高级搜集的增强因素有：

1. 访问；
2. 五种观察指标；
3. 七种基线；
4. 为高级搜集设置的条件（数据、传感器、知识和访问）；
5. 实验；
6. 使用虚拟知识环境；
7. 借用传感器时间并进行优化；
8. 分析侧指导搜集侧的信息；
9. 高级搜集策略。

在这九个增强因素中，没有一个是易于理解、制定和维持的。然而，这九种增强因素全都是至关重要的，可以让高级搜集发挥最大的潜能。虽然今天的情报搜集人员无疑已经做到了一些本章讨论的事情，但仍有许多方面没有得到实现，或者在许多情况下甚至没有被认为是重要的，因此并未予以讨论，遑论投入资源去实现和维持了。我们可以把这种并不理想的事态归结于多个原因：学说缺位，本章讨论的各项需求不被承认，高级领导人所做的假定非常糟糕，作用和使命仍是传统的，组织的文化和结构（包括资金）存在问题，培训和教育不足，以及在部署前供分析任务预演的建模和仿真也很有限。当然，本章的建议是，绝对有必要启动这些增强因素，并提供资源，好让它们快速成熟起来，以支持高级分析。

阅读和思考本章提供的信息之后，就可以让读者如我们所愿，设置好自己的思维定式。也就是说，读者现在应该已经推断出高级搜集的巨大威力，前提是他们学会将它视为一种重要的武器系统，可以让我们在这场既有形又无形的“智慧战争”中，用来对抗强大的敌人。高级搜集与高级分析相互结合，这时效果才是最好的，因为这两个概念是不可分割的。

本章还带领读者踏上了探究高级搜集复杂性的简短旅程。许多事情必须融合在一起，这样才能利用高级搜集中与生俱来但往往处于休眠状态的力量。但没有哪件事情可以轻易做到，因为对于某些增强因素来说，每项因素都包含许多方面，它们必须以整体方式运行才能有效。然而，谁能反驳每一个、几个或所有九个增强因素的价值？反驳它们所做的贡献，即帮助释放高级搜集乃至其合作伙伴，也就是高级分析所固有的巨大力量？在理解了这个观点之后，我们便做好准备，可以进入下一章的讨论了。在下一章中，我们将简要总结支撑非常规战争行动的高级搜集的基本原理。

[第8章]

高级搜集的基本原理

宁静的、过去的教条不适用于风雨交加的现在。形势严峻，我们必须顺势而起。我们的情况是新的，所以我们必须重新思考，重新行动。

——亚伯拉罕·林肯（Abraham Lincoln）

高级搜集就是思考如何看待支持非常规战争行动所必需的情报搜集。它是一种思考方式，但肯定不是一种教条。当然存在关于情报搜集的其他思考方法。毕竟，美国在整个冷战期间积累了强大的情报搜集能力。这一惊人成就也有助于推动苏联的解体。1989 年，苏联解体，我们 50 多年来开展情报搜集时一直紧盯的庞然巨物顿时失去了光环，渐渐也失去了重要性。然而，很快其他挑战和问题便出现了，它们使美国情报界的能力不堪重负，比如我们在巴拿马和巴尔干开展的行动、第一次海湾战争、我们在索马里的经历、“科尔”号（Cole）美国军舰爆炸事件，以及打击“基地”组织日益强大的恐怖主义力量等。“基地”组织是全球恐怖分子组成的小型团体，越发展现出能够以同步的方式规划和实施针对多个目标的多次袭击。2001 年 9 月 11 日之后，我们于 2001 年在阿富汗发动了“持久自由行动”(Operation Enduring Freedom)，又于 2003 年发动了“伊拉克自由行动”(Operation Iraqi Freedom)，这期间他们一直在与我们作战。至少现在看来，伊拉克的叛乱似乎得到了控制，但我们在阿富汗的反叛乱行动如今仍在继续。

在这些年里，我们的思想家和富有远见的领导人一直都在敲响警钟，指出我们正面临着一场类型完全不同的战争。美军退役上校黑姆斯（T. X. Hammes）等人士将这种战争称为第四代战争[1]。我们政府的某些高层领导人已经认识到非常规战争已经到来，甚至将非常规战争的概念发展成熟，形成混合战争的概念。混合战争可将各种工具、战术和战略结合起来，使不对称的弱小部队能够与更加庞大、更加强大的常规部队一争高下。前美国国防部长罗伯特·盖茨（Robert Gates）和时任美国联合部队司令部司令的詹姆斯·马蒂斯（James Mattis）将军已经发出警告，呼吁当心不对称战争这种迅速发展的战争模式，以及美国需要如何改变关于冲突的认识，才能应对这种威胁并将其挫败；而且不仅是像在过去的常规战争中那样击败一次，而是要在美国政府及其联盟伙伴的所有力量的合力之下，在多年的持续交战中不断获胜。

从宏观角度来看，事实证明，在动用情报行动投入非常规战争方面，美国情报界进展缓慢。此类战争要求在组织、人员、机器，以及指挥和控制方面做出巨大的改变。它似乎要求大型官僚组织做出的变化实在太多，因此它们无法很好地自我调整适应，就不能在全球范围内领先于敌人，不能进行深度并且特定的情报分析和搜集——但我们的前线战士和政府其他领导人需要它们，因为只有这样才能与敌交战并获取胜利。其结果是，我们显然缺乏关于情报的正确和深度的思考，难以用来支持非常规战争，而且缺乏必要的情报分析和情报搜集，难以支持世界各地开展此类行动的指挥官。这样说既不是为了谴责，也不是为了劝诫。它只是在说，美国情报界花了很长时间，才认识到发动冲突的方法已经改变，也才学会如何长期支持这种已然变化了的方法，而不仅仅是把它当作暂时的异常情况。此外，这个说法也在肯定以下事实，那就是我们为支持非常规战争所需的情报分析和搜集，与旨在支持冷战中常规部队的情报支持有很大的不同。一位知名学者就这个问题提供了如下见解：

[1] 第四代战争（fourth-generation warfare），是指利用非常规战争、不对称战争、游击战、信息战、网络战等去中心化的战争形式，目的是抵消或规避常规军事力量的优势。——译注

> 尽管情报系统的最高层进行了长达五年的改组工作，但我们仍然更加适合查探昔日苏联军队和舰队的动向，而不是了解和发现恐怖分子。[1]

他在这篇文章中指出，我们可以而且必须做得更好。我们需要一个用于开展情报搜集的思维体系——本书便提供了这样一种体系。在这方面，高级搜集的思维体系如下所示：

- ★ 它是由命题、元素、原理和公理组成的科目明确、组织有序的严谨集合，它的表述方式有以下四种：思维模型、心理流程、解读，以及专为支持高级搜集思维而设计的定义。
- ★ 它是一个认知流程，这时人们拥有可以“针对思考开展思考”的必要手段，从而足以在非线性和线性的环境下，以及在涉及高级情报搜集的特定态势中，进行推理、深度思考、做出决策和解决问题。
- ★ 这是一条可以奋力进取并且踏上思维“高地”的光明大道，必须这样才能进行深度思考；对所有从事高级搜集的人员来说，这是他们都必须学会并且运用的深度思考。[2]

美国军方需要一种基础的哲学理念和某种非常深度的思考，以便能向我们的战术小分队主官，以及作战甚至战略层面领导者提供其所需要的情报，好让他们在非常规战争行动中发展并保持足以压制敌人的明显优势。这种陈述看似无误，实则空洞，因为它需要讲得更加具体。我们已经讨论了作战环境会向所有参与非常规战争的人员提出棘手至极的挑战。我们还思考了非常规敌人，即他们的种类范围、学习和适应能力、动机，以及意志。如前所述，这些敌人能力卓越，实力强大，能够很好地融入大多数非常规战争作战环境所固有的繁忙活动当中。我们还讨论了非常规战争需要

---

[1] Ralph Peters, “Our Strategic Intelligence Problem,” MR Insights, *Military Review* (July–August, 2006), 113.

[2] 这是关于高级搜集思维体系的临时定义。这是一个正在成型的过程，因此会随着时间的推移而不断改变。不管怎样，我们需要一种可以用来开展搜集的思维体系，而本书便提供了这样一种体系。其他人只能使用我们提出的思维体系，并且无疑会开发出更好的体系。因此，在我们看来，我们为广大同僚提供了一种开发可用思维体系的方法。

情报支持做到哪些事情，也讨论了当我们根据情报系统目前的人员配备、组织和装备水平，思考这些要素是否能够针对小分队在战术层面的指挥和作战事宜，为非常规指挥官及其参谋提供支持的时候，所能发现的矛盾。最后，同样最重要的一点是，我们认识到在非常规战争中，在所有类型的想定情景、特定问题集和作战环境中，民众都是非常重要的。敌人、作战环境和民众混为一体，便如同巫婆熬煮的“大锅”，而在这时，高级搜集专家不难听到女巫唱起“不惮辛劳不惮烦，釜中沸沫已成澜”[1]的歌声。

高级搜集可以针对作战环境、敌人和各方都在争取的民众开展情报搜集，并可提供足够的搜集力量，针对这个“三巨头”中的任何一个单独开展搜集，或是针对三者整体开展搜集，因为它们在非常规战争作战环境中交织在一起，彼此间的联系密不可分。因为非常规战争所涉及的许多情报需求都是无形的东西，也就是心理流程、期望、解读、思想、激情、沮丧、情绪、愤怒、报复、暴怒等，所以二阶和三阶效应的重要性也就变得显而易见。鉴于这些结果、它们背后的原因，以及它们对美国反叛乱行动的潜在影响，任何情报搜集活动，无论是传统的还是适用于非常规战争的，都必须针对民众及其“隐藏”的思想和感情，搜集与之有关的、通常转瞬即逝的、模棱两可的、不易察觉的和差别细微的观察指标，另外还必须针对我们非常熟悉的对象和更加“有形”的目标开展情报搜集。

不幸的是，美国的情报搜集系统难以调整适应，无法针对较新种类的观察指标（比如文化观察指标）开展搜集。它仍然非常强大，可以在开阔地形、海上或海底、空中和太空针对目标开展搜集。然而，如果是在城市中开展行动，又如果目标是数量较少的敌人，而且嵌入繁忙的民众活动和不断变化的基础设施之中，则现有情报搜集力量的表现就没有那么理想了。它在山区的表现同样欠佳，因为那里敌人的数量很少，而且住在洞穴和隧道中。它在叛乱分子和恐怖分子以及贩毒集团活动的茂密丛林中也表现欠佳。可悲的是，它仍然过分专注于技术搜集手段，没有使用技术、人力、开源和非传统（低级搜集人员）的组合和混合方案开展工作，因此无

[1] William Shakespeare, *Macbeth*, Act IV, Scene 1, *The Globe Illustrated Shakespeare: The Complete Works Annotated*, ed. Howard Staunton (New York: Gramercy Books, 1993).

法满足部署前线的指挥官的需求，也就无法达到我们必须要求实现的质量水平。

为了应对非常规战争作战环境提出的挑战，美国情报系统必须让技术传感器和人力情报搜集变得**敏捷、特定**和**可以预测**：敏捷性要体现在精神、组织和现实层面，特定性就是钻研特定情况，以求发现非常特定的观察指标，可预测性就是设计和使用空中和地面的技术传感器，以及传统高级人力情报和街头情报搜集人员的最佳混合。**这个国家层面的情报系统必须遵从前线小分队主官提出的五种标准，即及时性、特定性、准确性、相关性和清晰性**。必须将情报搜集在完成任务方面所做的贡献，以及上述标准本身，视作判断情报界工作好坏（即质量等级）的依据。如果情报搜集系统的体量相当庞大，而且官僚气十足，那么它就很难提出合理程度的保证，让人相信它能按照用户定义的质量或周期完成任务。

一、针对关系开展情报搜集

高级搜集可以提供必要的思维手段，让人们针对情报搜集开展深度思考，以寻找和跟踪关系。关系（relationship）是心理、组织、行动、功能、技术、基础设施、文化和社会等方面的联系，以及由此产生的互动和行为。为了让讨论更加具体，我们花几分钟思考一下“关系”这个术语，以便更好地理解它的意思。在本书中，我们将“关系”定义为“一种联系、关联或牵涉”。[1]“关系”一词意味着通过某种方式产生联系，例如社会、功能、技术等的联系。关系构成了世界上各种重要的东西。关系对非常规战争来说是至关重要的，因此对高级搜集来说也是至关重要的。不幸的是，关系往往很难辨别、注意或理解（它们可能存在、运转，并导致能量消耗，但我们却看不到它们）；它们往往是抽象的，表现为短暂的联系；它们也会经历诞生、成长、衰减、死亡和重生这个周期。关系可强可弱，但在其存在期间，在特征、外表、功能和力量等方面几乎不可能不发

[1] Dictionary.com unabridged (v. 1.1). http://dictionary.reference.com/ browse/relationship (accessed September 7, 2009)

生变化，或者至少不可能不发生扰动。高级搜集的目的就是发现或察觉这种变化或扰动。

非常规战争中的所有问题集都会涉及某种关系。在这些关系中，大多数都很难甚至不可能看到或触摸到，因为它们并非实体，而是心理、精神、无形和思维里的东西。因此，我们必须发挥想象力（“通过视觉或其他感官或思维去感知”[1]），识别出那些值得我们关注研究的关系。

很多时候，关系是以联系的形式出现的，即技术、社会/人际、功能、组织和（或）思维联系。幸运的是，我们可以进一步缩小思考范围，因为在理想状态下，关系涉及实体事物和对象，但我们绝对不能满足于仅仅思考和发现存在于实体事物和对象中的关系。在此类冲突中，在此类作战环境下，我们还会寻找更多的关系，涉及民众、他们的文化、他们的建筑，以及他们的活动、互动、交易和行事。再次重申，我们无法看到出现在人们头脑里的关系，因此我们所能目睹的，只能是行为的具象化显现，它可以宣示关系的存在，或预期出现的行为没有出现。当我们开始思考并启动连通性思维（connectedness thinking），从而理解关系的重要性之后，我们得出结论，即在通常情况下，除了我们自己头脑中的关系，其他关系都不是真实存在的。如果我们既不思考，也不寻找涉及我们高级搜集能力的关系，那它们就不存在于我们的头脑当中；但它们很可能真实存在于其他人，比如敌人和民众的头脑以及基础设施当中。因此，我们必须像竞争对手或民众（我们关注民众为对手提供的支持）那样去感知和思考，以便从他们的角度去理解联系（关系和连通性）。

二、满足范围更广的情报需求

高级搜集的工作目的，一直都是满足行动指挥官的情报需求和信息需求（我们在本书中一直讨论的那六种需求）。非常规战争需要处理范围更广的需求，原因有以下几个。第一，高级搜集人员面对的是非线性环境。非线性就是动荡和变化，因此需求会不断发生变化。第二，在开展高级搜

[1] Dictionary.com, http://dictionary.reference.com/browse/discern (accessed September 9, 2009).

集的作战环境中，存在许多参与者。需求的广度是惊人的，为了在需求中开发出非常特定的观察指标，人们应当具有知识的深度也是惊人的。我们用来处理需求的思维方法是，高级分析人员解构需求，从而提出观察指标，然后使用观察指标去向高级搜集专家下达任务，或要求他们设计出搜集组合，以及传感器和人力情报搜集的最佳混合，目的是根据这些观察指标开展搜集工作。这项情报搜集生成的数据，可以通过重构成为信息，通过高级分析人员的综合工作最终成为知识。当然，知识可以帮助指挥官做出决策。这种工作需要极高的技术水平和思维水准。高级搜集专家及其合作伙伴，也就是高级分析人员，经常会向知识渊博的人士求助，比如请求本土专家帮助进行解构、拟定观察指标、创建搜集组合、规划数据关联、将数据重构为信息，以及进行综合。高级搜集人员应当理解用以生成观察指标的思维体系，开发出搜集资产的最佳组合，使用分析采样率，为数据、知识和搜集等设置条件，以及认识到情报搜集的输出就是数据……这是他们规划工作中非常重要的一环。他们还必须了解在数据转化为信息和知识之后，将会发生什么，以及这些数据又将如何有助于决策。

三、为非常规战争指挥官决策提供支持

高级搜集可以主动支持指挥官的决策。如前所述，高级搜集可以提供数据，帮助指挥官阐明和管理风险，降低不确定性，并评估指挥官下令开展的行动和活动的结果。尽管如此，不确定性并没有消失。我们只能希望学会应对不同程度的不确定性，正如一位学者撰文讨论的：

> 因为有太多的因素相互作用，从而决定了战争的条件，所以不可能实现确定性或保证结果。由于战争是复杂的，克劳塞维茨强调机会是普遍存在的，强调指挥官需要运用直觉，寻找机会，并将战争的不可预测性转化为优势。[1]

---

[1] H. R. McMaster, "Crack in the Foundation," Student Issue Paper, Center for Strategic Leadership, U.S. Army War College, Vol. 503-03, November 2003, 19.

麦克马斯特在这篇文章中指出，不可预测性会助长二元论。也就是说，我们认为不可预测的东西，会在类似的意义上，为敌人带去不可预测的困境。因此，冲突的各方都参加了一场竞赛，争相减少己方的不确定性，增加对方的不确定性。

高级搜集是一种反馈机制，可以帮助指挥官开展学习，并对自己的非常规战争行动做出调整，调整依据就是他们为了能在思维、情感和现实等层面对目标施加影响，从而采取行动或活动所取得的效果。所有的行动、评估和调整，以及它们发生的时间框架，都与指挥官的预期结果具有相关性。不幸的是，我们必须对反馈保持警惕，原因在于：

> 看起来，敌人似乎自然会投入情报搜集资源，用以监视与其为敌的部队试图获得反馈的尝试，或是证实或拒止他们所做假设及决策的真实性。[1]

因此，在高级搜集的众多作用中，监控敌人的反馈机制，以及监控敌人如何尝试监视我们关于自己行动的反馈机制，将是指挥和控制这个决策流程中的重要内容。这个理念非常符合我们在前文介绍过的概念，即运用克劳塞维茨提出的关于让敌人丧失取胜的意志和决心的观点。我们可以使用情报分析和搜集来影响敌人的重构，换言之，就是有目的地阻止和操作他的反馈数据流，以便在其手下分析人员或其他人员尝试将数据转化为决策所需的信息和知识时，对他们实施影响。当然，在任何系统（比如反馈系统）问世并开展活动之后，人们都必须了解它自然开始时的模式是什么样子的。学者米切尔·沃尔德罗普曾撰写书籍，提出以下观点来帮助我们思考这个问题："你在任何系统中都能发现模式，但大量积极反馈和消极反馈混在一起，无法帮助产生模式。"[2] 模式在这个流程中是非常重要的，因为不论它恒定不变还是发生扰动，都可以帮助分析人员理解这种在诱导

---

[1] Wayne M. Hall, *Stray Voltage: War in the Information Age* (Annapolis, MD: Naval Institute Press, 2003), 24.

[2] M. Mitchell Waldrop, *Complexity: The Emerging Science at the Edge of Order and Chaos* (New York: Touchstone Books, 1992), 36.

下发生的重构流程是否成功。

高级搜集人员可以搜集相应数据，好让指挥官有能力预测敌人的活动。有这样一个例子：敌人设置条件以便发动各种攻击，并操作这些设置以便夺取和保持主动权，即使敌人并不知道自己已经丧失了主动权——直到指挥官认为现在可以让敌人首脑知道为止。

高级搜集可以支持指挥官努力去思考、寻找、夺取和保持主动权。为什么会这样呢？其实原因非常简单。高级分析可以指挥高级搜集的关注焦点。要想将搜集能量和搜集重点聚集于一点，预期分析便是其中的重中之重。预期是主动权的关键所在。预料到敌人接下来的袭击目标，以及预料到他为成功发动袭击而进行的条件设置活动都是非常重要的，因为只有这样，我们才能寻找和发现让他开展条件设置活动的一个或多个原因，以及这些原因与结果（也就是袭击或其他攻击行动）即将产生的联系。敌人会发动攻击，试图用这种方法迫使美国不停地做出反应，原因在于他是在尝试保持主动权。有了主动权，任何一方都可以利用前面讨论过的其他六种优势，来创造于己有利的环境。

多位著名的理论家都在盛赞掌握主动权的一方所能积累的优势。指挥官可以开展预期分析和主动出击式搜集，发现敌人设置的条件，然后找出并使用先发制人举措中固有的选项，挫败敌人设置条件的活动、将要开展的相关活动，以及因此踌躇满志的心态。在《反叛乱 28 条》（*28 Articles of Counterinsurgency*）的“第 28 条”一节中，戴维·基尔卡伦针对所有反叛乱行动中的主动权问题，为我们提出一些非常睿智的建议：

> 不管你还有什么其他事要做，一定要保持主动权。在反叛乱中，主动权就是一切。如果敌人正在因你而做出反应，你就控制了环境。只要你能动员民众，你就会胜利。如果你因敌人而做出反应，那么即使你大量消灭或俘虏敌方人员，接下来他也仍然控制了环境，而你最终将会失败。在反叛乱中，敌人可以发动绝大多数的攻击，可以出乎意料地打击你，也可以用快到你无法做出反应的速度撤退。不要一味地被人牵着鼻子走：专注民众，构建自己的解决方案，进一步推演你的计划，只有在敌人挡道时才与

之战斗。这样既能获得主动性，又能保持主动性。[1]

不可否认，毛泽东是有史以来最重要也最有名的领袖之一。毛泽东在1937—1945年的抗日战争中，从游击队的角度赞扬了追求主动权、为之设置条件和掌握主动权的种种优点。关于一切游击战中主动权的重要性问题，毛泽东对我们谆谆教导：

> 一切战争的敌我双方，都力争在战场、战地、战区以至整个战争中的主动权，这种主动权即是军队的自由权。军队失掉了主动权，被逼处于被动地位，这个军队就不自由，就有被消灭或被打败的危险……主动权不是任何天才家所固有的，只是聪明的领导者从虚心研究和正确地估计客观情况，正确地处置军事政治行动所产生的东西。[2]

我们还可以运用因果关系和某种形式的“**预知**”，这样也可以对高级搜集基本原理做出贡献；如果指挥官愿意，他便可以进入这种预知的状态。总结一下我们前文关于预期哪些事情将要或可能发生的讨论，可知预知就是“关于未来事件或态势的知识”。[3] 指挥官可以通过因果关系进入预知的世界。我们需要明确阐释这一点，因为它对在非常规战争行动中做出决策来说是非常重要的。深度思考是一个独特的思维优势，且高级搜集人员和高级分析人员可以轻易进行深度思考，他们正是借助深度思考，通过两种方法来研究因果关系的。第一种方法，他们以类似法医取证的方式开展工作。也就是说，有事件发生了，比如简易爆炸装置攻击，人们会在

[1] David J. Kilcullen, “Twenty-Eight Articles: Fundamentals of CompanyLevel Counterinsurgency,” *IO Sphere* (Summer 2006), 3.

[2] Mao Tse-tung, *On Guerilla Warfare*, trans. and introduction Samuel B. Griffith II (Urbana: University of Illinois Press, 1961), 98–101.（译文引自：毛泽东,《毛泽东选集》[人民出版社，1991年第2版]，第410、412页。——译注）

[3] Dictionary.com, http://dictionary.reference.com/browse/pre-cognition (accessed September 7, 2009).

事发后蜂拥而至，试图及时寻找导致袭击的原因。这些原因可能是多个，也可能是一个。调查此类因果关系只是为了说明情况，因为它主要是通过预测敌人未来活动的方法，为趋势分析提供帮助。第二种方法是使用与预知有关的因果关系。在高级搜集行动中，在指挥官寻找并掌握主动权的过程中，它是最有希望的办法，因为它在寻找主动权时，专门使用了深度思考、解构、开发五种观察指标、搜集、利用重构将搜集到的数据转化为信息，以及通过综合将信息转化为具有可行动性的知识等方法。

这种类型的预知来自高级分析及构成它的认知要素之一——预期分析。高级分析人员和高级搜集专家针对他们认为将会发生的叛乱进攻行动，预测出为此开展条件设置活动等原因。这些原因（也是条件设置活动或措施）或是已经关联了即将发生的攻击或行动，或是很快就会通过联系与之产生关联。这些原因成型并成熟之后，它们中的一些就会开始延伸出不规则的联系连线，并随着时间的推进，延伸出一个、两个或成束的连线，关联上实际结果（袭击）。高级分析人员将使用高级搜集来搜寻这种现象，以便一旦出现上述原因和联系，指挥官就可以下令开展跟踪或实施操纵。然后，高级分析人员和指挥官便会与高级搜集专家合作，一起思考敌人必须做些什么，已经做了什么，以及将要做些什么，以推进他的目的、目标、战略、战术等。在这种深度思维中，像敌人那样思考是其中的重中之重。这涉及他的统觉、二元性和精神状态；他如何感知、思考、规划、决策、行动、评估、搜集、判断搜集质量、学习，以及自我适应；文化如何影响整个思维流程；统觉如何影响思维；社会习俗和模因如何影响这个流程等。在审查敌人可能的行动方案时，“高级分析—高级搜集”团队做出决策的依据，就是敌人为实现自己的目的和目标，可能采取的那些行动。在这种想定情景下，敌人会有一个目标，并计划对其采取行动——他必须采取行动，这样才能成为叛乱分子，才能为自己的事业做出贡献，否则叛乱就没有目的，也没有积极的能量。随着预期行动而来的还有先决条件的设置活动，敌人必须执行这项活动，才能让预期行动发生。事实上，这些条件正是导致结果发生的原因。为了帮助我们理解这种因果关系的思维现象，克劳塞维茨解释道：

> 象（像）世界上其他活动一样，在战争中组成整体的一切都是彼此联系着的，因此每一个原因，即使是很小的原因，它的结果也会对整个行动的结局发生影响，都会使最后的结果有所改变，尽管改变得很小……人们探讨的原因离开事件越远，人们需要同时考虑的其他原因就越多，并且还要辨别这些原因对事件可能产生多大的影响。如果找到一次会战失败的原因，那么当然也就找到了这次失败的会战影响整个战争结局的原因。[1]

有了预知，美国指挥官就能预料到如何以自己的方式开展条件设置活动，如何实施由此而来的先发制人举措，如何选择时间和地点，以及使用哪些手段才是对友军最有利的。如果参与指挥官下令开展的预知工作，人们心理上会感到这是极其难以完成的任务。尽管困难重重，但它可以为下令的指挥官带来积极结果。这正是高级情报分析人员和高级搜集专家所做的工作，以此直接帮助指挥官寻找、发现、夺取和保持主动权。在此过程中，高级分析人员承担了沉重的负担，因为他们需要进行深度思考，将假设的东西解构成五种观察指标。顺便说一句，这位高级搜集专家正在参与此次深度思考的预知演练，他肩负重任，需要弄清如何根据五种观察指标开展情报搜集，从而获得数据，好让指挥官可以借助预期决策的方法来掌握主动权。关于这一点，高级搜集人员必须思考敌人必然采取的行动，并予以打击或使之失效，从而欺骗、偏移或混淆美国的情报搜集活动。当然，这意味着高级搜集专家必须理解观察者与被观察者之间的理论关系，这一点我们已在前文多次讨论。有了主动权，指挥官就可以掌握必要手段，在决策、知识、节奏、动力、位置，以及行动自由和机动自由等方面获得优势。

关于高级搜集可对指挥官决策所做的最后一项贡献，就是它一直都会在指挥官制定的一套严苛标准的约束下工作。这些标准与指挥官的决策顺序有关；指挥官手下参谋人员使用这些标准，以指导有机的、支持性的

---

[1] Clausewitz, *On War*, 158-159.（译文引自：克劳塞维茨著、军事科学院译，《战争论》[商务印书馆，1978 年第 1 版]，第 148—149 页。——译注）

情报分析和搜集，甚至还有虚拟知识环境以及支持性的分布式情报搜集系统，并对它们下达任务。回顾一下，这些标准是及时性、特定性、准确性、相关性和清晰性，并将随着任务的波动、作战环境中的扰动，以及民众的不断参与而发生变化。高级搜集总是会在指挥官施加的约束下开展工作；指挥官判断高级搜集表现好坏的依据，就是看高级搜集的人员、机器和组织是否符合这些标准。

四、寻觅蛛丝

高级搜集还有很多基本原理，其中有一个非常适合整个高级搜集，即寻找和搜集与“蛛丝”有关的数据。这里所说的“蛛丝”，就是构成敌人网络的细缕（人类、机械、社会、功能和组织等“丝线”）。蜘蛛为我们提供了一个简单的类比，帮助我们了解叛乱分子或恐怖分子的网络是何模样。这种蜘蛛可以一直制造蛛丝——“经常可以看到无比精细的蛛网，飘浮在空中，或挂在灌木丛或草地上，就好像薄膜一样”。[1] 敌人的网络正如蛛丝一样——我们在某一瞬间可以看到蛛丝，但由于风和阳光的不断变化，再加上蛛网的轻微扰动，下一瞬间它就从我们的视野中消失了。敌人的网络本身会造就非常难以理解的模糊概念，所以为了更好地理解这种网络，让我们拓宽思路，思考一下“细缕”（wisp）这个描述性术语。细缕就是“薄薄的一丝或一缕，比如烟尘；或者是纤细的痕迹”。[2] 叛乱分子网络的联系就像是蛛丝或细缕。我们也可以把网络联系称作“鬼火”，它是“夜晚在沼泽上方盘旋或飞过的磷光，可能是由腐烂的有机物排放的气体自燃后引起的”。[3] 这种类比描述的是网络中、网络上、网络周围和关于网络的所有发生了联系和活动的能量消耗。网络的每一个联系和节点，虽然时断时续，但都在释放某种能量——人的能量、电的能量，还有活动的能量。敌人网络的人类支持者可以使用机器去游历这个网络，因为数据包能

---

[1] *American Heritage Dictionary of the English Language*, 4th ed., Dictionary.com, http://dictionary.reference.com/browse/gossamer (accessed March 3, 2008).

[2] Dictionary.com, http://dictionary.reference.com/browse/wisp (accessed March 3, 2008).

[3] Dictionary.com, http://dictionary.reference.com/browse/ignis fatuus (accessed March 3, 2008).

以这样或那样的形式，游历出入各个节点的联系，最后来到这些联系的起点。在这种运动的流程中，某种能量便会显现出来，就像我们刚才提到的蛛丝、细缕或鬼火一样。所有这些名称都在描述一个难以捉摸的网络，敌人通过这个网络，不停地切换他的计划、行动、功能和敌对活动。它是一个非常有效的组织结构，但也极其脆弱，无力防范高级分析人员和高级搜集人员所掌握的思维与机器的综合力量。

人们在寻觅蛛丝时必须保持耐心。这不是搜寻反复变化的人或组织。事实上，高级搜集专家是在寻找几不可察的微光、转瞬即逝的画面，以及重要事情通过犹大之眼（它是一种很小的“窥视孔”，是我们的潜意识与意识之间的传话者）从潜意识进入意识的运动。由此可知，只要我们发现蛛丝，就必须紧跟其后，努力找出它系挂于何处，并跟踪它变形和扭曲的情况。《黑天鹅》一书的作者用了这样一段文字，帮助我们更加深入地理解这个观点：

> 尼禄采用了一种被他称为“流血”的策略。你每天都在接连不断地失败，而且长期如此，除非发生一些事情，让你从中得到不成比例的高报酬。[1]

这个观点可以转化为现实，因为高级分析人员可以根据自己的预期分析或倾向分析，提出观察指标，搜集专家则设计出一种永久性的搜集手段，以此观察这些观察指标。在很长一段时间里，什么都没有发生；直到有一天，一个小小的线索出现并且消失——观察指标可以证实，解开谜题的关键部分出现了。在这场猫捉老鼠的斗争中，人们必须保持耐心，因为哪怕是最微小、看似最微不足道的事件，都会与其他事物产生关联，也会与其他事物产生意义。当然，这意味着如果我们努力地去寻找蛛丝，探索它系挂于何处，思考它是如何将原因与我们所说的结果联系在一起的，那么在上述关联当中，便没有任何东西是毫无价值的。

笔者曾在 2009 年夏天被蛛丝所缠绕。那是一张纤细轻薄的蛛网。笔

---

[1] Nassim Nicholas Taleb, *The Black Swan* (New York: Random House, 2007), 97.

者一头撞上，旋即后退，因为并不想打破这张精心织就的细网，于是开始寻觅它系挂于何处。我们很难看到丝线，因为它太过纤细和轻薄。最后，当大风、微风和光线变化至恰到好处时，笔者终于找到了孜孜渴求的东西。笔者不但看到了细网系挂于何处，也看到了这张细网。这张蛛网确实是一个工程学的奇迹。许多单元组成主网（节点）。每个单元执行一项功能。三根纤细但非常结实的单线架起了整个蛛网。除了架网并固定节点之外，每条单线（联系）都有多种用途。一个功能是让蜘蛛可以移动到自己的巢穴中休息。另一个功能是预警——如果单线移动或变化的原因并不是风，那么蜘蛛会警觉，并停止旋转。此外，这些单线还是一条高速公路，能让蜘蛛迅速移动到不同的位置，比如移动到安全的地方，喘息片刻。笔者看到了一只非常忙碌的蜘蛛，它用无比奇妙的联系，建造了这座“大厦”。

这个例子诠释了高级搜集必须找到的东西，因为我们通常看不到节点，但我们可以看到联系，前提是我们在寻找这些联系的时候，是在正确的时间、正确的地点，关注正确的活动，依据正确的观察指标。无论如何，我们必须意识到的一点是，我们寻求的东西通常都是存在的，但却是不可见的，或者只是偶尔可见的。作为猎手和采集者，我们必须考虑某些变化的变量，因为它们有可能影响“蛛网”（网络），可能与我们的情报搜集活动存在直接的相关性，也可能会对我们的活动产生影响。我们必须将它们保留在我们活跃的思维流程中，并理解那些能让变量变得敏感的环境影响，这样我们就可以在正确的地点和时间，观察这些敏感变量是如何让联系变得可见的。例如，如果暴风雨突然来临，信使可能就会被迫走进咖啡店喝咖啡，等待暴风雨结束。他可能会玩手机，也可能会害怕接触普通顾客，并且远远躲开。暴风雨结束之后，这位信使就会上路。但是现在，如果我们仔细观察，就可以非常清楚地看到这个迄今为止似乎并不可见的联系正在发挥作用。

五、现象的衰减

规划和开展高级搜集行动是非常重要的，事实上也是非常必要的，其中一项基本理由是，高级搜集必须应对衰减现象，并将其存在视为一种优势。“衰减”（decay）是指在强度、能量或能力等方面的减少或退化。[1] 那些可以引起我们兴趣的衰变，能够表明在任何非常规战争作战环境中，只要存在众多相互作用的联系、模式、趋势、数据、信息和知识，就会存在波动。高级搜集在高级分析关注重点的驱动下，可以搜索与观察指标相关的数据，而这些观察指标是对我们在本章和本书其他章节中讨论的六种需求进行解构之后得到的。高级搜集必须了解和搜索与多种衰减有关的数据，即联系、模式、趋势、知识、群体的衰减。

衰减是非常规战争中一种真实且重要的现象。我们之所以关注衰减，是因为它的出现会导致能力、熟练程度、信任、互动、交易、活动和行为产生变化，前提是假定我们已经开始有目的地寻找各种衰减现象，并且足够聪明，可以认出或找到它们，还要有足够的耐心，去观察衰减的结果。在联系、模式、趋势与知识的诞生、成长、死亡和重生中，衰减发挥了重要的作用。为了便于解释，我们深入探讨一下联系。如前所述，联系共有五种。联系在信任、熟练程度、使用频率和目的等方面具有强度。每种强度都会随着时间的推进而不断衰减；高级搜集必须监视衰减出现的情况，目的是让指挥官有机会去干预衰减、操纵衰减速度，或是什么也不做，只是观察衰减及其产生的二阶和三阶效应，并从中吸取教训。联系也有能量来源，比如电流（技术联系）、金钱（功能联系）、增加或招募行动人员或自杀式炸弹袭击者（社会 / 人际联系）、敌对活动倡导者的宗教热情（社会 / 人际联系）、其对某个愿景的信仰（思想联系）、对联系的清洗（组织联系），以及人们使用清洗的熟练程度（又回到了社会 / 人际联系）。每个联系的每个能量来源都将经历衰减。我们必须观察衰减存在的证据，因为它的存在意味着主动出击型指挥官及其手下“三巨头”——行动和规划人员、高级分析人员与高级搜集人员等的机会。

高级搜集在辨别模式衰减方面也很重要。模式是“前后一致，具有特色的形式、风格或方法”。[2] 在思考高级搜集和模式时，我们首先应当认识

[1] *American Heritage Dictionary of the English Language*, Dictionary.com http://dictionary.reference.com/browse/decay (accessed December 10, 2009).

[2] *American Heritage Dictionary of the English Language*, Dictionary.com http://dictionary.reference.com/browse/pattern (accessed December 11, 2008).

到有四种模式：技术模式、文化和人类模式、功能模式，以及组织模式。模式对于倾向和异常尤为重要，也包括趋势。

有时，模式看似已经衰减至不具备相关性的程度，但现实中，是“浴缸曲线”这种有趣的现象在起作用。浴缸曲线（bathtub curve）是什么？它为什么很重要？在一个叛乱部队或节点规划袭击的时候，其首脑必须设置条件，好让攻击能够取得成功。如果一段时间过后，叛军首脑成功发动袭击，那么他的条件设置活动就会开始呈现某种模式。在设置条件活动的早期阶段，美国情报搜集力量将会看到与模式有关的数据在重要目标周围出现。突然之间，模式消失，或至少降至城市噪声的水平。这就是浴缸曲线的缺点。一段时间后，叛乱分子或恐怖分子的首脑得到充足的数据，可以开始规划袭击了。因为叛军头目已经掌握所需数据，可以进行详细规划，让后勤支持就位并开始运转，所以便停止了针对目标及其周围的严密监视。这种监视和其他活动开始于攻击发生之前，此时设置条件这个原因便亮起灯光，散发能量，并在某些情况下，通过一个、两个或所有类型的联系，与结果产生关联。如果不知道模式的平静状态只是刚好处于浴缸曲线的底部（显示极少的活动或没有活动），那么美国情报搜集就会调整方向，去关注更有价值的目标。而当“高级分析—高级搜集”团队回头重新关注模式的时候，显然为时已晚，袭击已经发生了。

指挥官还有一种备选策略，就是必须在能够进行模式分析时，预见到这种攻击和浴缸曲线现象。他必须向一种或两种情报搜集能力，或是搜集能力的组合下达任务，目的是继续监视，确认曲线是否存在，并在实际攻击或打击发生之前，预警曲线何时将会不可避免地开始上扬。除了熟悉浴缸曲线，高级搜集专家还必须找到是哪些原因驱动其他模式具象为结果，并使之诞生、运行、衰减和最终永久死亡（而不仅仅是处于浴缸曲线的底部）。

高级搜集在寻找和发现趋势方面尤为重要。在本书中，趋势是“一般性的过程或流行的倾向”。[1] 再次重申，在思考趋势时，我们发现需要考虑四种趋势：技术、社会和人、功能，以及组织等趋势。趋势分析非常重

[1] Dictionary.com, http://dictionary.reference.com/browse/trend (accessed December 11, 2008.

要。有了它，分析人员就可以选取一个事件，仔细研究它的结果或后果，然后逆向分析，以了解到底发生了什么事情，才导致这个事件的发生。在高级分析和高级搜集中，我们称之为因果分析。这些以取证为导向的人员在时间表上逆向搜索，以求找到现存的模式和活动、互动、交易和行为，再使用搜集的数据得出结论，了解未来将会发生什么，然后开展观察，等待这些观察指标的出现。这是高级分析的一种非常正确的形式，前提是他们必须明白，在有的时候，在非线性的作战环境下，在与具有创造性思维的人类打交道时，不能使用直线型曲线来预测未来。事实上，他们必须认识到，人们做出意料之外的事情，或者虽然使用直线型曲线进行趋势分析，但在预测未来之后，却会提出创造性的观点，设法推进与预测相反的情况。此外，高级分析人员和搜集人员绝对不得单独使用趋势分析这一种方法来制定观察指标。相反，他们应该使用趋势分析，以及高级分析中 14 个认知要素中的其他要素，以避免犯下趋势分析固有的错误。

高级搜集人员必须认识到模式包含趋势，以及在模式衰减时，趋势也必然衰减。他们还必须认识到，趋势必然会有方向移动，或是向上，或是向下。没有方向，就没有趋势，只有模式。在思考模式这种现象和进行趋势分析时，还有另外一种有趣的方式，那就是将所研究模式中的衰减视为宏观原因，并且存在若干微观原因，因为只有通过深入且坚定的高级分析和高级搜集，才能察觉、看到或理解模式中的衰减。这种类型的高级分析和高级搜集绝非易事。需要投入大量的脑力和体力，才能思考和寻找所要研究的趋势。然而，正是现象的衰减导致了模式的衰减，也正是它让我们能够找到与整体模式的衰减有关，并且导致衰减发生的那些宏观和微观原因；这种整体模式在与其他模式聚合之后，便构成了我们所寻找的趋势。

针对多种衰减开展高级搜集，可以帮助高级分析人员理解联系、模式和趋势的状态，也就是它们的条件、强度和能量来源。再次重申，高级分析人员必须预测这种衰减，并对由此产生的需求进行解构，另外还必须提供离散的观察指标，以此指导高级搜集人员的工作。搜集工作的目的非常明确，就是为指挥官提供必要手段，使之能够干预衰减，从而掌握主动权，具体做法就是加快或延缓衰减进程，或是利用不同现象中存在的各种不同衰减提供的机会。

寻找和发现各种衰减的工作中，也包括其他一些虽然有用但似乎用处不是很大的内容，即联系、模式、趋势和知识等衰减。高级搜集可以在倾向、异常和聚合等分析中，寻找衰减的迹象。在非常规战争中，开展高级搜集，以及寻找和发现衰减等工作的作用是至关重要的，因为它与思维的潜在认知错误有关，并有可能导致根据过时的数据、信息和知识做出决策。此外，高级搜集在规划时必须考虑现象的衰减，也必须对此开展情报搜集，以帮助高级分析人员和指挥官理解这一事实：他们提出前提和做出假定的基础可能会发生变化。

关于现象的衰减，其固有问题之一就是它会“消逝”（evanescence）。换言之，它来去不定，时而出现，时而消失。这正是高级搜集和高级分析如此紧密纠缠在一起的另一个原因——事实上，二者之间的联系是不可阻挡的。高级搜集依靠高级分析来解读衰减和消逝，后者也在利用影响力来维持情报搜集工作，或重新指定搜集方向。此外，高级搜集必须在高级分析人员的指导下，寻找可以指导技术和人力等情报搜集工作的观察指标，以求发现复杂适应系统正在聚合成群体的实例、模式和趋势。群体出现后，高级搜集便放弃了适用于复杂适应系统群体的宏观视角，转而采用微观视角开展工作。如前所述，微观视角寻找的是能让群体凝结或聚集的“胶水”，能让群体爆炸并释放能量的“助推器”，能导致爆炸的“点火剂”，以及出现后引起一个或多个“点火剂”点火并且点燃“助推器”的敏感变量。这个流程极其关键，这期间高级分析人员和高级搜集人员通力合作，从宏观和微观视角开展分析和搜集，以求发现复杂适应系统的衰减和变形。

如果要进行更加深入的研究，那就是想象出一个观察者，他会假设“思考衰减”这项脑力劳动过于困难，因此我们的军事人员无法执行。毕竟，他们受限于自己接受过的训练和教育，所知道和所理解的东西，以及旅战斗队、团战斗队和连、营等层面的时间限制。考虑到这些限制因素，我们想象出的观察者将会提问：需要做到什么，才能按照要求的方式进行思考，才能影响我们的上级和下属，让他们也以这种方式进行思考，才能获得时间和专业知识，开展这种主动出击式的高级分析和高级搜集？我们的回答将从显而易见的内容开始。我们的军事分析人员能够学会思考衰减，但这需要机构、个人和领导等多方努力才能实现。尽管如此，第一步仍然是深度思考。在我们这个案例中，人们必须针对作战环境、敌人和民众进行深度思考，还需要对由此而来的下一个问题，也就是“如何思考高级搜集”进行深度思考。在技术方面，高级搜集专家可以使用辩证法（正题、反题和合题）。这位专家也可以带着好奇和怀疑，通过整体论（“这种理论认为，在任何整体中，各个组成部分必须与整体产生关联，否则既不可能存在，也无法被人所认知”[1]）这种学说来寻求搜集协同，即创造出最佳的混合方案，并且承认联系、关系和组合。这位专家还可以与高级分析人员缔结终生不渝的合作伙伴关系，并与内部和外部的虚拟知识环境中的人员、组织和机器合作，以完成高级搜集任务。高级搜集专家必须经常提出如下问题：“如果这样，将会怎样？”“如果是那样，接下来会是这样吗？”“会是这样吗？”

六、高级搜集与特定性

高级搜集可以回应“掌握非常规战争作战环境中固有的特定性”这个永远存在的需求。非常规战争既是最简单的形式，也是最棘手的形式，核心特征就是特定性要素。但谁才能了解足够多的情况，从而掌握足够多的特定性，在复杂并且棘手的非常规战争作战环境中成功开展情报搜集？我们应当如何集结人员、机器和组织（显性知识、机器力量、组织流程和联系）能力，以此帮助我们掌握特定性？

不幸的是，一般来讲，特定性往往都不是情报界分析人员手中的有力工具。为了帮助克服这一不足，美国空军正试图在情监侦策略中使用一种特殊的形式，他们称之为“情监侦浸没”（ISR Soak）。美国空军使用这项策略，着手解决在阿富汗战场对特定性的需求，以下文章摘录对此做出解释：

[1] WordNet® 3.0, Dictionary.com http://dictionary.reference.com/browse/ holism (accessed March 3, 2008).

> 这项技术被称为“情监侦浸没”，旨在让情报官员以连续不断的方式，从各个角度查看高优先级别目标所在区域……大量出动无人驾驶飞机和有人驾驶间谍飞机，以混合方式飞越某个地区的做法，意味着机组人员、地面行动人员和情报分析人员都将以前所未有的程度彼此连通，努力描绘战场的全景画面。[1]

情报界的搜集活动往往具有更普遍的性质，只有在出现问题或挑战的特殊情况下，比如叛乱中出现高价值目标、核武器爆炸或机动导弹发射时才会产生变化，具有足够程度的特定性。然而有时，在非常规战争作战环境下，国家层面的情报机构可以而且确实已经针对特定性开展情报搜集，比如美国的国家安全局和国家地理空间局，这些机构在伊拉克和阿富汗等国家，在使用特定性要素方面就做得非常出色。我们需要学习这些优秀榜样，推动高级分析和高级搜集人员使用特定性要素和由此得来的当前知识开展情报搜集，不仅特殊情况下如此，在所有时间里，在所有层面的非常规战争行动中，必要时甚至在排和班的层面也能如此。再次重申，我们又一次强调了需要让组织有序的虚拟知识环境就位待命这个概念，它可以作为补充，助力美国情报界采取措施，为寻找特定性的人员提供支持。前线部署的指挥官和其他领导者如果有需要，就必须能够在全世界的任何一个地方，借助网络和互联网，联络更多类型的专家、操作特定的机器和数据，以及访问非机密组织（比如学术界、企业、私人慈善协会）。此外，要想在高级搜集中掌握特定性，情报搜集专家就需要当前基线，并得到虚拟知识环境的支持。

七、针对有形和无形的焦点提供情报搜集支持

高级搜集还针对有形和无形的目标提供情报搜集支持。我们先确定情报搜集的有形部分和无形部分的含义是什么。首先，有形目标指的是开展

[1] “Air Force Employing ‘ISR Soak’ Tactic in Skies over Afghanistan, Inside the Air Force,” September 4, 2009, http://defensenewsstand.com/.

搜集工作，寻找、找到和汇集数据时所针对和涉及的对象。这样的例子可以是房屋、企业、桥梁、油井、道路、火车、公共汽车等。相比之下，无形的搜集目标指的是敌人的思维和意图，或是行为或活动的具象化显现；这种具象化是人们开展行动（比如指挥官为了改变人们的看法、态度、期望、解读和信念，从而设计出的信息行动和所采取的活动）造成的结果。在我们的研究领域，有位专家的观点较为极端，他撰文明确指出："所有人类冲突的目标，以及所有解决冲突的战场，都是人类的头脑。"[1] 但我们如何知道我们的行动是有效的——真正意义上的有效？确定有效性的唯一方法，除了口头承认（即使这样，我们也不知道这个人是在说真话还是在撒谎），就只有观察有效性是否会具象化，以行为、活动、互动和交易等形式显现出来。即便如此，口是心非、延迟响应或情绪郁积等随时都会出现，而且可能性极高；因此，为了确认有效性，我们必须开展情报搜集，掌握私人讨论、博客、电子邮件、书面文件，或是人们的私密谈话。

有形和无形搜集可以提供相关数据，让人了解指挥官为了尝试获得或维持主动权，采取的种种行动或活动。情报搜集活动中有一项是文化搜集，因为正是文化及其传承者，也就是统觉决定了人类行为的重要方面。回顾一下，统觉是"心理感知；尤指认识根据先前经验感知到的事物的流程；所有经验的总和"。[2] 文化分析是高级分析的重要组成部分，因为它是让我们去思考和搜集人类思想的具象化显现，比如看法、信仰、偏见、恐惧、希望、梦想、解读、期望，以及愤怒的来源。有人可能会说，我们不能搜集人们头脑中发生的事情；然而，我们可以搜集认知或情感活动的具象化显现，它们可以表现为源自心理和情感流程的活动、互动、交易和行事。

在非常规战争中，搜集无形目标远比搜集有形目标更加重要。然而，高级搜集可以针对有形和无形的目标，执行复杂的情报搜集行动，并可以将搜集到的数据提供给急切等待结果的指挥官和高级情报分析人员。不幸的是，任何非常规战争作战环境天然都是持续流动、不断变化的，要想适应，就必须开展持续的监视、解读和重新下达任务。这种动态需要高级分

---

[1] Richard Szafranski, "Neocortical Warfare? The Acme of Skill," *Military Review* (November 1994), 407.

[2] William James, *Psychology*, ed. E. G. Allport (New York: Harper & Brothers, 1961), 120.

析人员和高级搜集专家主动出击，擅长预测，采用非常敏捷的思维模式和组织流程。如果没有这些特征，结果将是显而易见的——情报搜集系统将在错误的时间和错误的地点，使用错误的观察指标，开展错误的情报搜集活动，寻找错误的东西。

八、高级搜集是高级分析的行动支撑

高级搜集还发挥着另一个我们虽未讨论，但却非常重要的作用，那就是在非常规战争中履行情报搜集的作用和任务，比如针对民众、敌人，以及中立方及其许多与美军目标和目的相悖的活动，发出早期预警。此外，高级搜集可以帮助实现情报搜集的其他特定作用，比如针对特定观察指标搜集数据。另外，高级搜集还可以帮助跟踪、标记和跟进种种作用和任务——此类活动目前仅载于关于特种作战的条令当中，但随着美国越发深入地参与世界各地的非常规战争行动，这些活动肯定会大举转移，进入陆军和海军陆战队的战术行动层面。我们已在本书中反复提到一点，那就是军队需要高级搜集成为高级分析的行动支撑。我们设计了本文所述的思维系统，它既能帮助各级指挥官和决策者思考、寻找和搜集五种观察指标所涉及的数据，也能更具特定性，只针对高级搜集专家、他们的传感器，以及能够帮助反馈和决策的人力情报搜集活动，开展深度思考。具体而言，高级搜集可以汇集的数据，涉及的是诸多群体，以及与之相关的“胶水”“助推器”“点火剂”，另外还有敏感变量，它与“点火剂”的能量消耗相关，并且可以导致能量消耗。此外，高级搜集的搜集目标还包括复杂适应系统及其模型、它的目标和目的、它与其他复杂适应系统的合作和竞争、问题解决架构、（情报搜集）反馈机制和流程、影响其内部模型的规则、模式，以及它的数据重构（处理、思考、接受或否定、学习，以及自我适应）。高级搜集也搜集与倾向和异常有关的那些数据，以及可以表明轻微或严重偏离标准或规范的态势或基线的那些数据。我们还为高级搜集设计了结构，以便提供相关数据，让人了解个人、二元体、个人组成的群体、周边邻里，以及人们的情绪、观点、感知、期望和解读，因为高级搜集有能力开展广域监视和点持续监视行动，针对宏观和微观目标进行情报搜集。

九、高级搜集及"作用—任务"混合体

高级搜集能够发挥低技术和高技术情报搜集的作用。有时，敌人会使用低技术手段进行通信，并执行其大量的设置条件的活动，以及所有扁平网络那种更加典型的被动功能。低技术活动可以使用信使进行交流，从而避免使用手机或符号。如果谈话发生在隔音良好或屏蔽信号的房间里，或是洞穴和掩体中，高级搜集就不能很好地辨别谈话的意图。关于这一点，如果事情发生在加深加固的掩体和指挥所里，那么即使对于高级分析和高级搜集所固有的高级思维来说，也是一个极其棘手的目标。如果叛乱分子和恐怖分子规划有形和无形的袭击，为之进行设置条件的活动、准备并实际发动，这时高级搜集也很难搜索、发现和紧盯可以为他们提供支持的众多网络。如果敌人的网络发生变化，这时高级分析和高级搜集的主要挑战就会变得尤其令人头痛。敌人迫切需要变化和改变，这种需求来自他们的生存本能，以及他们通过寻求和接收反馈、学习以及自我适应而获得的生存技能，因为幸存下来的叛乱分子和恐怖分子担心美国的情报分析和搜集力量会渗透他们（自以为）安全的网络。其结果是，他们会偏执多疑，给周围环境带来极大的压力，并且一直高度戒备、高度保密。高级搜集很快就会在网络空间开展规模更大的情报搜集活动。这时，智能软件就是搜集资产，它将针对敌人和其他竞争对手的数据流、数据包、数据农场和数据市场、存储介质、硬盘驱动器，甚至随机存取存储器和随机操作存储器等对象开展情报搜集工作。这种搜集活动将会发生在网络空间，因为数据将通过互联网传输，还会通过光纤电缆、交换机、服务器、调制解调器、个人计算机和大型计算机传输到世界各地，以及地下。这种争相访问和控制数据、信息和知识的斗争是非常重要的，可以让人们参与并赢得所有类型的冲突。

讲到这里，探讨高级搜集基本原理的本章即将结束。本章可以充当心理桥梁，承载着我们的思维，朝着特定性的方向不断深入。此外，本章提出高级搜集的 10 个基本原理。我们在本书的这个部分向读者介绍这些观点，目的是帮助读者理解高级搜集为何如此重要。此外，我们希望帮助读者理解高级搜集将以怎样的方式，与非常规战争产生特定的相关性，并希望提供更多关于高级搜集基本原理的细节，从而更加深入地解释多年来人

们针对这个主题所开展的深度思考。回顾一下，高级搜集理论的 10 个基本原理包括：

1. 情报搜集形成合力[1]；
2. 针对关系开展情报搜集；
3. 满足范围更广的情报需求；
4. 为非常规战争指挥官决策提供支持；
5. 寻觅蛛丝；
6. 应对现象的衰减；
7. 阐释高级搜集与特定性之间的关系；
8. 提供基本原理，阐释高级搜集如何针对有形和无形的焦点搜集数据；
9. 提供基本原理，阐释高级搜集作为高级分析行动支撑的作用；
10. 解释高级搜集，以及它与非常规战争中“作用—任务”混合体之间的关系。

我们已经充分了解这些基本原理，来到了相关思考的最前沿，所以可以进入下一章的讨论，去了解高级搜集的基础知识。

[1] 这一基本原理并未在本章单独展开论述。——编注

[第9章]

高级搜集的基础知识

我们现在已经做好准备，将继续深入探讨，介绍高级搜集的基础知识。在继续探讨之前，我们先来回顾一下迄今为止的思维旅程。我们首先讨论了作战环境和敌人。作战环境和敌人是相当棘手的，都将对指挥官，以及支持他的高级搜集专家和高级分析人员提出独特的挑战。我们还讨论了非常规战争的意外变化，以及它对高级搜集的意义。读者应该已经得出结论，知道高级搜集对非常规战争行动中的指挥和控制具有特别重要的作用。因为作战环境和敌人是相当棘手的，所以当我们思考如何改善情报对非常规战争的支持时，我们便思考了情报界在组织架构、哲学理念和关注焦点等方面的一些固有矛盾。我们还提出了一些方法，指出人们和组织可以共同努力，克服这些矛盾。接下来我们深入研究了高级搜集的具体内容，讨论了它的基本要素，以求达到应有的思维深度，掌握人们开展高级搜集所必须具备的知识。再接下来我们讨论了高级搜集的增强因素。这些因素如果形成一个整体，就能促使高级搜集成为一股强大的力量。而在思维旅程的最后一站，我们思考并介绍了高级搜集的基本原理。基本原理一章将作为一座桥梁，承载我们走向高级搜集的基础知识。

一、高级搜集是什么

我们需要做的第一件事，就是重申高级搜集的完善定义：技术、网络、人力和开源等搜集资产在所有领域，即陆、海、空、天、信息和网络的创造性设计和使用，以搜索离散的、不易察觉、差别细微，通常是转瞬即逝的观察指标、征候和特征。

高级搜集具有明确的目的性。它可以发现不易察觉、差别细微，通常是转瞬即逝的观察指标，以此明示深藏不露的敌人的存在和活动。它搜集观察指标，目的是为指挥官的决策提供反馈，因为指挥官往往会采取极其不易察觉的活动，并与各方竞相争取的民众开展口头互动，因此会尝试了解这些活动和互动的成果，另外也想了解民众在复杂的非常规战争中的活动、互动、交易和行事。此外，高级搜集还可以导致美国情报系统产生很大的变化，这样才能为在非常规战争环境中开展作战行动的指挥官和其他决策者提供必要的数据、信息和知识，使之据此做出快速有效的决策。

下面我们来研究一下高级搜集中某些恒定不变的价值。高级分析出现后，情报系统将一直能够超越现状，也将因此达到比过去更高的标准。它将以一贯高水平的优异能力和熟练程度开展工作，因为它有在复杂环境中开展工作的思维基础。有了高级搜集，指挥官可以不必担忧，因为高级搜集小组既有能力也有机会实现程度足够的特定性，也就可以了解和理解敌人，并就民众如何与在非常规战争中执行任务的人员对抗的情况，向指挥官提供反馈。

情报搜集能够取得成功的一个基本原因是，高级搜集可以帮助情报使用者获得必要的思维手段，规划搜集组合和最佳混合，以实现搜集协同。高级搜集可以提供必要的深度思考，让人们搜集五种观察指标，从而向指挥官反馈敌人、作战环境和民众之间的互动情况。此外，因为我们已经理解并开始运用高级搜集的基础知识，所以我们将会惊讶地发现，关于“高级搜集可以提供什么”这种旨在形成统一合力的主题或核心思想，居然可以轻易地提供尽可能最佳的情报，而且是向上至四星上将，下至排长的指挥链上所有指挥官和主官提供这种情况。

二、高级搜集的12个基本要素

接下来，我们将向读者介绍高级搜集的 12 个基本要素。虽然我们选择这些要素时相当谨慎，但它们并不是不可取代的。我们最有把握的就是，情报分析、情报搜集和非常规战争等领域的专家在头脑中进行必要并且敏锐的审查时，这份清单可能会扩大，也可能会减少。说到这里，对于我们为帮助讨论高级搜集而创建的心理模型（实际上它是一个非常庞大的综合体）来说，我们需要一个框架。就我们的目的而言，这样的框架正是詹姆斯·施奈德博士所说的“心理钉板”（mental pegboard），它可以用来展示观点的架构，当观点大致梳理出来以后，它就可以提供心理框架，供人们深入研究这个主题。[1]

（一）高级搜集的哲学

我们讨论高级搜集的各个特定性要素时，首先是从哲学开始讨论的。哲学对所有高级搜集专业人员来说都很重要。对于所有开展高级搜集，以此支持非常规战争指挥官的人员来说，在他们泛舟于波涛汹涌的大海时，哲学便是他们航行所用的指南针。在非常规战争作战环境下，情报搜集专家将会面临高级搜集方面的巨大挑战，这时，只要拥有关于高级搜集的真正哲学，就能在这个漆黑的房间里提供持续不断的光明——尽管亮度有所不同。我们的搜集哲学包括基本命题、要素、原理和公理。我们将在本书稍后部分逐一深入讨论。高级搜集的哲学是：

> 高级搜集是高级分析的行动支撑；它来自高级搜集人员的头脑，被注入了指挥官的意图、设想、指导和行动理念。高级搜集可以提供相应手段，将人类头脑中的思维变成具体的活动，也就是在正确的时间和正确的地点搜集数据，寻找正确的活动，并针对五种（文化、态势、技术、功能和生物特征）具有高度特定性的观察指标开展情报搜集。其目的是为高级分析人员和指挥官提供必要数据，供指挥官在决策时管理风险，以及减少不确定性。高级搜集一直在创造传统和非传统的搜集资产的最佳混合，以此实现搜集协同。高级搜集可以为指挥官提供相应手段，使之能够了解自己所开展活动造成的有形和无形

---

[1] James Schneider, “Thinking Like an Insurgent,” *Army* (July 2005), 34.

结果。它还可以帮助指挥官针对至关重要的民众，辨别他们不断变化的情绪、态度和看法，并辨别民众是如何解读指挥官发布的公报的。高级搜集专家在开展行动时，知道高级分析人员将会努力解读高级搜集生成的累积数据，从而维持高级搜集开始时便存在的积极的能量联系。

（二）批判性思维

批判性思维是高级搜集的另一项要素。关于批判性思维的定义是“一个审查假定、辨别隐藏价值、评估证据和评定结论的思考流程”。[1] 尽管批判性思维在高级搜集专家的一切工作中都很重要，但不幸的是，它已沦为陈词滥调。似乎许多人都对批判性思维有着自己的定义，各种观点很少可以统一。对于批判性思维来说，这种兼收并蓄的表述方法可能是正确的，但我们认为，所有表述高级搜集中批判性思维的方法，至少都应当包含我们在下文列出的九个基本要素。

在表述批判性思维的方法中，主题范围均与非常规战争相关，而且比大多数其他表述方法更加广泛，也更加深入。我们表述的方法中列出了批判性思维的九个基本要素，它们都是基于军事历史和理论，基于情报搜集的独特目的。关于高级搜集的九个要素，我们将在高级搜集的批判性思维一章中深入探讨。现在，我们只是简单地列举如下：

- ★ 深度思考；
- ★ 反省；
- ★ 像敌人那样思考；
- ★ 非线性；
- ★ 逻辑错误；
- ★ 辩证法；
- ★ 因果关系；
- ★ 层、包和关系；
- ★ 搜集协同、整体论和组合。

---

[1] David G. Myers, *Exploring Psychology*, 5th ed. (New York: Worth, 2003), xv.

（三）广义搜集规划与理论建设

1. 高级搜集规划与细节

高级搜集人员必须进行非常详尽的规划。他们深知所有计划都会在执行中有所变化；然而，周密的计划大有裨益，可以提供思维和组织上的敏捷性，以预测变化，并做好准备去执行后续行动，不管环境、民众、敌人的复杂性如何，也不管我们与作战环境中所有这些方面的纠缠究竟怎样。高级搜集人员必须进行深度思考，才能开展高级搜集规划。举例来说，高级搜集人员必须知道，自己的个人倾向可能正是使用错误的假定，从而犯了使用错误假定的逻辑谬误。

详尽的高级搜集规划工作将从多个视角展开。在宏观意义上，高级搜集规划通常不会是线性流程。然而有时也有例外，我们承认，高级搜集的条件设置活动必须发生在推演和执行之前。如此说来，许多高级搜集活动是同时发生的，或在时间上非常接近。焦点是第一优先事项，是一切活动的出发点。在所有非常规战争行动中，焦点就是指挥官的任务、意图、行动方案、指导，以及设想。第二优先事项永远是指挥官的优先情报需求和信息需求，因为它们与任务和行动理念有关。因此，它们是需求，也因此需要接受彻底的解构，以生成五种观察指标。与优先情报需求和信息需求密切相关的是（四种）分析需求，这些需求也与指挥官的任务、指导、设想等密切相关。高级分析人员会将这些需求解构成五种观察指标，当然，这些观察指标也为高级搜集活动提供了方向和焦点。

要在高级搜集规划人员荆棘密布的世界里开展工作，我们必须确定哪些东西是高级搜集专家必须了解和思考的。例如，高级搜集专家必须了解指挥官领受的任务和随后收到的指导。高级搜集专家在发挥自己规划的作用时，必须了解并理解作战环境中固有的种种关系，以及作战环境是如何影响敌人、友方行动（包括情报搜集行动）、民众行动、互动、交易和行事的。高级搜集专家必须了解和理解高级搜集与高级分析的关系。特别值得一提的是，他们必须了解和理解什么是解构，由此生成的五种观察指标，以及将信息转化为知识的重构和综合（这样做可以构建意义并获得态势认知）。所有这些都与驱动指挥官的决策有关，并且可以驱动决策。当然，高级搜集专家也必须深入了解敌人。

情报搜集规划是成功执行、评估和调整高级搜集的基本前提。有了高级搜集规划这门“艺术”，能够在非常规战争的所有领域参与竞争的新能力也就出现了。高级搜集规划人员需要一种“如何思考”的逻辑，以此作为开展规划的认知方法。本章讨论了这样一种方法，它可以运用理论，帮助我们思考和形成思维模板，开展高级搜集的规划工作。

在广义层面，高级搜集的规划人员一直都在考虑我们以问题形式提出的 11 个基本原理。这 11 个基本原理将在本书稍后部分，也就是我们深入探讨高级搜集的更多细节时再次阐释。它们是：

（1）我尝试使用情报搜集去完成什么？

（2）敌人和其他竞争对手将尝试以怎样的方法去扰乱我的行动，阻止我达成目的？

（3）敌人拒止情报搜集的目的是什么？

（4）针对我尝试拒止敌人情报搜集目的的做法，敌人的看法是什么？这对我的情报搜集活动有何影响？

（5）作战环境将以怎样的方式影响我的情报搜集目的？

（6）以阻碍或推动等方式影响我的计划的因素有哪些（比如阻力或文化）？

（7）如何减少或消除阻碍因素，如何利用能够帮助达成情报搜集目的的推动因素？

（8）在实现我的高级搜集目的（比如接近地下掩体）时，存在哪些限制因素？

（9）如何克服这些限制？

（10）我的行动策略是什么？

（11）观察者和被观察者之间的关系，将如何影响敌人的活动和思维方式？

我们现在必须开展探索，以确定理论是否能够帮助我们构建相应结构，规划高级搜集行动。这项工作的起点是，高级搜集的规划人员一直都能理解自己的使命或任务。这意味着他们能够执行自己的任务分析，能够理解特定任务和隐含任务。**他们使用情报搜集及其附带能力（计算和数据网络等）所做的一切，都与指挥官的任务和意图紧密关联，并将一直保持**

这种关联。情报搜集的规划人员一直都会对这个理论展开深度思考，因为他们知道，情报搜集任务必然存在于指挥官的任务和意图当中。随后开展的情报搜集行动必将与指挥官的任务和意图有关，并支持这种任务和意图，绝对不会直接偏离这种趋势，甚至不会间接偏离。情报搜集的规划人员始终牢记的是，情报搜集的目的就是搜集存在的首要原因；因此，其目的（任务和意图）仍将是执行和评估情报搜集，以及随后对其进行调整时的首要考虑因素。

深度思考是高级搜集规划人员的工作起点。**深度思考是花费时间，付出脑力，针对某个特定主题进行批判性思考和深度思考。**[1] 深度思考需要花费功夫，但对高级搜集行动的成败至关重要。高级搜集专家正是通过开展深度思考，才能理解分析解构出的结果，即：

> 把一个观点或活动拆分为基本的元素，以辨别意义或促进更加全面的理解。将功能、假说或活动拆分为组成部分或基本要素；将概念、观点、需求或下达的任务与其基本要素配对，从而获得见解、理解和必要手段，发现或观察其被分解的部分和片段，用这种方法来搜索并发现特定实体、活动、互动和行为等具有相关性的属性、特征、部分和片段。[2]

对于高级搜集规划人员来说，分析人员的深度思考是非常重要的推动要素。也就是说，高级分析人员通过深度思考生成五种观察指标。高级搜集人员也在进行深度思考。他们思考的是如何针对五种观察指标开展情报搜集，另外也在思考搜集资产、地点、时间、活动、观察指标、分析采样率、作战环境（包括民众和基础设施在内的所有因素）、敌人的反制措施等。重申一下，分析采样率是：

---

[1] Wayne Michael Hall and Gary Martin Citrenbaum, *Intelligence Analysis: How to Think in Complex Environments* (Washington, DC: Praeger Security, International, 2009), 98.

[2] Wayne Michael Hall and Gary Martin Citrenbaum, *Intelligence Analysis: How to Think in Complex Environments* (Washington, DC: Praeger Security, International, 2009), 77.

高级分析人员与搜集专家合作，设计出（技术、人力、开源）搜集的采样频率，以便在正确的时间、正确的地点，在正确的活动中，寻找特定的观察指标，并让后续搜集活动重点关注事件（活动和持续时间），同时考虑到以下四个因素：一是必要的时间长度，这样才能搜集充足的数据，做出准确的决策（也就是说，传感器精度本身往往就是关于情报搜集行动持续时间的函数）；二是事件持续时间；三是预计的事件发生频率；四是假警报的可能性。

在高级分析术语中，分析采样率就是正确的时间、正确的地点、正确的活动和正确的观察指标。

高级搜集规划人员也进行着他们自己的解构活动，因为在收到分析侧指导搜集侧的信息之后，他们可以根据需要，进一步解构五种观察指标，并解构他们考虑使用的每一种搜集资产，以了解能力、限制、时间和距离等影响因素、白天和夜晚等影响因素、供给和提示能力、组合和优化的能力、持续时间，以及可能遭到的破坏。他们还可以（在高级分析人员的帮助下）解构敌人的活动，从而理解分析采样率，理解自己应该在何时何地大幅提升情报搜集力度，创建最佳混合和搜集协同，以及理解如何以最快速度将搜集到的数据转交给决策者。此外，高级搜集规划人员必须了解基础设施（电力、电信、供水和污水处理、医疗保健等）的技术和流程等方面是如何运作的，因为正是基础设施提供的必要公共服务，让敌人得以隐藏其中，也让民众有所依赖。文化正是依靠基础设施这个框架，才造就了社会。当然，也正是社会及笼罩着社会的文化，决定了人们如何感知、思考、解读、期望、规划、决策、行动、评估，以及对评估提供的反馈进行自我调整适应。

正是通过深度思考，高级搜集的规划人员才能拟定解决方案，也就是高级搜集的增强因素，从而满足我们在第 7 章讨论的为高级搜集设置条件的要求。高级搜集人员正是在解构需求这个心理活动中，理解了分析的深度思维流程的。具有特定性的指导正是五种观察指标（文化、态势、技术、功能和生物特征），对此，我们在本书前文已有详述。这个心理流程对高级搜集规划人员来说非常重要，因为它可以生成指导和方向，以及五个标准（及时性、特定性、准确性、相关性和清晰性）。

然而，这里需要重申一下，高级搜集规划人员开展的设置条件活动共有四种：传感器、数据、知识，以及访问。它们是为高级搜集设置条件中最重要的四个类别，也是高级搜集规划人员在其规划工作中必须一直考虑的四项内容。高级搜集规划人员还需要处理高级搜集的七种基线。回顾一下，七种基线是：文化、技术、功能、人力资源、传感器、数据流和架构，以及通信。

叛乱分子需要有效情报。高级搜集人员依靠反监视和预警行动开展搜集，搜集目标是敌人针对其在社会中的目标和美军开展情报搜集的方法，以及他们以被动方式针对美国情报搜集活动开展搜集的方法。劳伦斯等人可以帮助我们理解来自各行各业的起义者是如何思考并尝试搜集数据的。劳伦斯是理论家、起义者、哲学家、作家和领袖，是一战时期一位非常厉害的起义领袖，曾经领导阿拉伯起义部队与土耳其军队作战。关于这一点，他告诉我们：

> 此类规则的必然结果就是完美“情报”，这样我们就能在确定无误中制订计划。首席特工必须是统帅本人；他的理解必须是毫无错误的，概率在此毫无用武之地。如果士气建立在知识的基础上，那它就会被无知所摧垮。当我们对敌人了如指掌时，才能不再如坐针毡。在搜集新闻时，我们必须比所有普通职员付出更多的努力。[1]

毛泽东在二战期间领导了反抗侵华日军的作战，又在二战结束前夕及战后，发动了反对国民党统治的斗争。他坚持认为必须获取优质情报，必须要让敌人无法针对己方开展情报搜集。以下观点可以帮助我们理解这两个原则的重要性：

---

[1] T. E. Lawrence, *Seven Pillars of Wisdom* (New York: Random House, First Anchor Books Edition, 1991), 194.

> 游击队情报网组织严密，无孔不入。在游击区，必须把每个人都当作特工，无一例外……当地干部应要求所有人提供各种能够想象得到的情报……结果就是，游击队员不会向敌人泄露关于游击队的一切情报，这让敌人笼罩在一层无法穿透的迷雾之中。国民党一直苦于完全无法获得情报……这正是一切游击战争的一大特点。敌人站在灯火通明的舞台中央，而在他周围的黑暗中，成千上万双看不见的眼睛正在专注地研究着他的一举一动。他想重拳出击，却只能命中空气，因为他的敌人虚无缥缈，就像月光下的影子一样无法触及，转瞬即逝。[1]

敌人的情报搜集分为两种类型。一是**主动的情报搜集**，它以主动出击的方式，寻求关于美国和东道国政府的意图、计划、行动、看法、响应和结果评估的信息，并根据评估提供的反馈进行自我调整适应。当然，这意味着敌人正在针对我们对其开展情报搜集的方法，以及我们对叛乱分子、民众和东道国政府采取的有形和无形行动，不断开展情报搜集。二是**被动的情报搜集**，也就是由来已久的反监视和预警等。它们往往是生活在贫穷困苦的第三世界国家的人民想出的办法，因为他们需要在镇压自己的警察和情报人员的窥探目光下谋求生存。

高级搜集规划人员必须时刻考虑敌人的反监视活动。特别值得一提的是，由于美国开展的情报搜集活动，规划人员应当考虑敌人将如何预测并调整自己的行动安全和具体行动。他将观察并警惕美国的情报搜集行动，并采取行动予以反制，或者逃走以求东山再起。这些发动叛乱的敌人永远都会是警惕、保密和偏执的，因为这些能力和条件是他们生存的关键，无论他们制造破坏的地方是哪里，笼罩着他们看法和思维的文化是什么，又或者他们的目的可能是什么。因此，高级搜集规划人员将与分析人员合作，使用毛泽东、劳伦斯、祖卡夫和孙子等人的理论开展规划。特别值得

[1] Mao Tse-tung, *On Guerilla Warfare*, trans. and introduction Samuel B. Griffith II (Urbana: University of Illinois Press, 1961), 22–23.（此处译文为译者观点。——译注）

一提的是孙子，他为我们提供了一些值得深思的观点，适用于我们在思考敌人的想法之后，进一步思考这个敌人是如何思考我们关于他的看法的，以及我们随后将如何运用我们最新的反叛乱武器系统，也就是高级搜集去跟踪这个敌人等情况，具体如下：

> 故形兵之极，至于无形。无形，则深间不能窥，智者不能谋。因形而错胜于众，众不能知。人皆知我所以胜之形，而莫知吾所以制胜之形。[1]

孙子还可以帮助高级搜集规划人员思考敌人使用的欺骗手段。叛乱分子极有可能擅长规划、实施和利用欺骗行动。在许多社会中，特别是在那些曾经有过镇压和政府秘密警察行动历史的社会里，人们为了生存，会在日常生活中使用某种形式的欺骗。此外，开展欺骗的手段是代代相传的，每一代都在改进上一代传承下来的手段。高级搜集规划人员必须能够像敌人那样思考，因为如此才能指导自己实施欺骗，因此，他必须开展推理，推理对象是敌人将如何进行感知、思考、规划、期望、解读，以及行为等心理活动。

可以肯定的是，发动叛乱的敌人甚至民众都将尝试欺骗美国情报搜集——显然，这正是非常规战争或不对称战争中武装分子和民众的做法。同样可以肯定的是，高级搜集规划人员总是能够预见敌人的欺骗行动，并采取适当的对策，以确保自己不被欺骗，又或者他们可以反过来利用敌人的欺骗活动，为美国指挥官赢得优势。这种欺骗能力会逐渐变强，因为敌人在不断地自我调整适应，也在变得更加聪明和狡猾，可以更好地将自己的活动隐藏在民众的生活和作战环境的噪声之中。孙子为我们提供了这样一种理论，它可以为所有从事规划、执行、评估或调整的高级搜集人员吹响战斗号角：

---

[1] Sun Tzu, *The Art of War*, trans. and ed. Samuel B. Griffith (London: Oxford University Press, 1963), 100.（译文引自：孙武，《孙子兵法》[上海古籍出版社，2006 年第 1 版]，“虚实篇”第 67—68 页。——译注）

> 兵者，诡道也。故能而示之不能，用而示之不用，近而示之远，远而示之近。利而诱之，乱而取之……故兵以诈立，以利动，以分合为变者也……难知如阴，动如雷震。[1]

高级搜集规划人员了解观察者的力量，也知道被观察者如果意识到自己正在或可能被人观察时，就会改变自己的行为。这是一个非常重要的观点，因为高级搜集规划人员必须考虑的是，被观察者在得知自己正在遭到各种美国搜集资产的观察之后，将会如何改变自己的行为。情报搜集规划人员还必须做出的预测是，在得知美国情报搜集力量认定敌人的情报或反监视行动正在观察自己之后，敌人认为美国搜集将如何做出反应。精明的高级搜集规划人员在思考如何执行高级搜集行动时，就会考虑到这些“思维游戏”。盖瑞·祖卡夫在《物理之舞》中的这段文字，可以帮助我们理解上述观点：

> 量子力学这门新兴的物理学科可以明确地告诉我们一点，那就是如果不改变现实，就不可能对现实做出观察……量子力学认为，并不存在客观现实这种东西。[2]

这段话可以为从事规划的高级搜集专家提供若干启示。第一，规划人员应当谨记，没有什么是绝对客观的；不论是美国规划人员，还是敌人、民众或当地政府官员，都会存在不同程度的主观性。我们想要了解的正是这种主观性，以及它是如何影响我们的思维的。第二，规划人员应当知道，情报搜集的观察者和被观察者是这个流程的组成部分，他们的参与可以改变作战环境中正在发生的态势。第三，搜集观察者应寻找并处理情报搜集中出现的矛盾。作战环境是流动的，因此他们必须迅速解决这些矛盾。第四，对于敌人网络中的人员，或是来自更加庞大民众群体的普通无

---

[1] Sun Tzu, *The Art of War*, trans. and ed. Samuel B. Griffith (London: Oxford University Press, 1963), 66, 106.（译文引自：孙武，《孙子兵法》[上海古籍出版社，2006 年第 1 版]，“计篇”第 7 页，“军争篇”第 76 页。——译注）

[2] Gary Zukav, *The Dancing Wu Li Masters* (Toronto: Bantam Books, 1979), 30–31.

辜平民来说，如果他们怀疑自己正在被人观察，他们会改变自己的行为。第五，观察者报告“被观察者”和作战环境的方式，通常会导致作战环境的性质和互动发生转变、变化或微调。

在任何一种叛乱中，在大部分时间里，情报搜集都必须是进攻性的。出于这个原因，各种高级搜集行动，无论是单独的、集结式的还是蜂群聚集的，总会引出克劳塞维茨所说的“顶点”（culminating point）。克劳塞维茨在《战争论》中对顶点进行了讨论，指出“进攻者的力量日益削弱……只要必然会到来的顶点一出现……等待的利益应该看作已利用殆尽了”。[1] 当顶点出现或发生，并且已被人们认识到的时候，就会出现一个搜集间歇或休眠的短暂时刻，可供敌人加以利用。出现缓冲，是因为已经到达顶点，而到达顶点的原因，是能量或位置出现耗散，或因位置问题导致能力下降，而如果是技术搜集设备，就是它需要翻新、改装、充电或移动。当敌人开发出可以迷惑美国情报搜集活动的手段，以及对情报搜集人员而言，当他们需要睡眠、放松，或走神并因此难以专注的时候，也可能发生这种情况。

在这类情况下，如果航空搜集资产耗尽燃料或发生机械故障，或是航空传感器失去位置优势，或是搜集人员生病或因敌人的反监视行动而寸步难行时，顶点也会出现。因此，高级搜集人员应当预料到搜集顶点的出现，并为之做好准备，以免未能发现敌人。为了缓解顶点问题，有时高级搜集规划人员可以制订计划，让一个单独的绊线式搜集器覆盖这些间歇时间，以确保不会在目标事件发生时未能发现；即使它不太可能发生，也应如此。

高级搜集人员规划情报搜集的对象，不仅是那些可以轻易辨别的东西，还有那些不可测量的东西和无形的东西。在各种类型的反叛乱行动中，针对看似不可测量的东西开展情报搜集的努力是不可或缺的。为了帮助高级搜集规划人员思考如何针对不可测量的信息开展情报搜集，从而向指挥官的决策周期提供反馈，通报他所采取的活动将如何影响（最为重要的）民众，以及敌人是否成功动摇了这些民众的看法及其他类似事项，身为物理学家和哲学家的戴维·博姆博士提供了这样一种观点：

---

[1] Clausewitz, *On War*, 528.（译文引自：克劳塞维茨著、军事科学院译，《战争论》[商务印书馆，1978 年第 1 版]，第 515—516 页。——译注）

> 在整个可测量领域，自发生成并且具有创造性的洞见，是来自不可测量领域的思维活动。因为如果这种洞见出现，它就不可能来自可测量领域所包含的思维之中，它必须来自不可测量的观点，而且后者正是可测量领域中所发生的一切情况得以形成的根本性原因。这样看来，可测量观点和不可测量观点就是一体两面的，因为人们确实可以看到，它们只是采取了不同的方法，去思考某个不可分割的整体。[1]

高级搜集专家一直都在寻找一种间接方法，以便运用自己的搜集资产，找到与敌人的位置、活动、条件设置，以及进攻行动前后的建制重组有关的蛛丝、细缕、联系、原因和结果。间接方法极有必要，因为在叛乱期间，要想使用直接方法去发现敌人活动或了解民众观点，往往都会失败，原因有以下几点：一是作战环境的性质是不断转变、不断变化、不断跳动的；二是敌人深藏不露，依靠保密和行动安全不断发展壮大；三是敌人的网络不断运动和变化；四是民众深受文化影响，其动机、看法和行为即使在理想情况下也是难以解读的，遑论他们因为极度的恐惧和生存的基本需求，处于巨大压力之下的时刻了。这并不是说在使用直接方法开展情报搜集时，有些事情将不会发生。在使用直接方法处理同一个整体时，人们往往会发现间接方法也是适用的，正如不可测量方法与可测量方法那样。

孙子和利德尔·哈特两位理论家可以帮助我们理解间接方法。如前所述，关于我们对普通力量和特殊力量的思考，孙子也有论述，具体如下：

> 战势不过奇正，奇正之变，不可胜穷也。奇正相生，如环之无端，孰能穷之？[2]

---

[1] David Bohm, *Wholeness and the Implicate Order* (New York: Routledge Classics, 1980), 32–33.

[2] Sun Tzu, *The Art of War*, 92.（译文引自：孙武，《孙子兵法》［上海古籍出版社，2006年第1版］，“势篇”第47页。——译注）

利德尔·哈特可以帮助我们理解使用间接方法开展高级搜集的重要性，具体如下：

> 在研究一系列军事战役的过程中，我第一次意识到间接方法优于直接方法……人们认为，如果问题里人类因素占据主导，而且人类潜意识对利益的担忧导致多种意志相互冲突，那么能否实现间接方法，便正是能否实际解决此类问题的关键……这种间接方法的观点，与一切"思维影响思维"的问题都有极其密切的关联——此类问题正是人类历史上最有影响力的因素。[1]

理论也可以为我们提供连通性的理念。高级搜集规划人员总是搜寻人员、事物、组织、机器等之间的连通性。当然，高级搜集专家也在寻找支撑连通性的联系（有时以此作为首要搜集策略）。下面的引文出自《物理之道》，作者弗里乔夫·卡普拉博士借此让我们谨记世间万物的连通性和统一性：

> 在东方世界观中，最重要的特点——几乎可以说这是它的本质，就是认识到世间万事万物都是统一的、彼此关联的，感受到世间万象都是某种最基本的同一性的具象化显现。[2]

这段文字可以帮助高级搜集规划人员谨记连通性和关系，谨记最终可以（将结果）关联至原因，也就是这些条件的联系。高级搜集专家以主动出击的方式运用搜集组合，最常寻找的正是这种联系和关系，而非某个人头脑中的实际节点或实际想法。

虽然乍看起来，连通性和关系似乎很容易理解，但事实上它们极难思考，也因此难以转化成实际活动。部分原因在于人们进行碎裂或分析时太过容易，但却未能将碎裂或分析的结果合并或综合，使之成为更高阶的存

[1] B. H. Liddell Hart, *Strategy* (London: Faber & Faber, 1954), xx.

[2] Fritjof Capra, *The Tao of Physics* (New York: Bantam Books, 1983), 116–17.

在或结果。戴维·博姆博士再次提出观点，帮助我们理解在高级搜集规划中，在出现认知错误的时候，我们需要考虑的到底是什么。他指出：

> 碎片来自……形成我们总体自我世界观的洞见的固化过程，而这种洞见遵循我们关于这些问题的通常是机械式、常规化和习惯性的思维模式。因为主要现实已经超越了这种固化的可测量形式所能包含的一切，所以这些洞见最终必然无法达到充分程度，因此会引起各种形式的模糊或混淆。然而，当整个可测量领域已经接受了这种自发生成并且具有创造性的洞见，不再存在任何固化的限制或障碍时，我们的总体世界观就不再僵化，整个可测量领域将会进入一种和谐状态，因为它内部的碎片已经不复存在了。[1]

优化、组合和搜集协同是高级搜集里三个非常重要的方面。要想深度理解这三个概念，就需要耗费极大的精力，还需要大量开展我们在前文提及的活动，也就是深度思考。再次重申，“优化”意味着尽可能做到有效、完美或有用；[2]“组合”意味着进入或加入一个紧密的联盟或整体，也就是联合起来；[3]“搜集协同”意味着创建一种可以包括人力情报、人力情报搜集和开源搜集的组合，好让组合能力优于简单的一加二等于三。搜集协同的目标，就是让情报搜集努力实现整体努力大于各部分努力之和的效果。

搜集协同正是高级搜集专家孜孜以求的目标。实现协同后，规划人员就可以创造出一个最优整体，让自己的搜集资产能够发挥极大的威力，完成情报搜集任务，其效果远远超过多个单体搜集资产，甚至远远超过多个二元体搜集资产。原因很简单，非常规战争作战环境的类型多种多样，加之深藏不露的狡诈敌人，以及文化背景相当复杂的民众，这些情况太过棘手，无法使用单一来源开展情报搜集。搜集协同才是解决问题的答案，但

---

[1] Bohm, *Wholeness*, 32.

[2] Dictionary.com unabridged, http://dictionary.reference.com/browse/ optimize (accessed February 9, 2010).

[3] Dictionary.com, http://dictionary.reference.com/browse/combine (accessed February 10, 2010).

这可能很难做到，因为机器之间很难自动对话，地面传感器很难与航空传感器对话，地面搜集人员很难与航空传感器和地面传感器对话，也很难与它们进行供给和提示。尽管困难重重，高级搜集规划人员应始终将搜集协同作为自己高级搜集策略中的一个具体目标。当高级搜集人员开始执行他们所认为的搜集协同时，他们就知道自己已经成功了，因为他们将能够穿透不可穿透的东西，能够窥视“摩耶之幕”[1]。这是一种扭曲现实的幻觉，笼罩着敌人、作战环境和民众，使他们的活动看起来似乎是不可见的；能够穿透就意味着巨大的成功，但如果不能让所有类型的搜集资产共同开展工作，他们就永远无法完成这一壮举。“摩耶之幕”是一种遮挡，可以阻止人们认识真理和现实。美国哲学家拉尔夫·沃尔多·爱默生曾经写下一首非常有趣的诗篇，贴切地描述了我们这些高级搜集人员必须穿透的“摩耶之幕”：

幻觉不可穿透，
织网数不胜数，
她的私密照片层出不穷，
堆叠如山，恍若一张又一张幕布，
丽人永远有人相信，
因为痴男渴望被骗。[2]

另一位诗人爱德华·阿灵顿·罗宾逊则对我们的朋友“摩耶”表达了这样的观点，认为她保护了我们所有人，让我们无须直面现实的严酷：

在空虚长夜中升华，
抛下肉体和自满，

[1] 就本书目的而言，摩耶之幕（veil of Maya）是以感官体验到的关于现实的幻觉，以及复杂适应系统（即人类）对现实的特性和属性产生的幻觉，来掩盖真相。（摩耶出自印度典籍《梨俱吠陀》，意为“幻”，人们需要破“幻”见“梵”，也就是永恒的真实。尼采在《悲剧的诞生》中采用的这个寓意，正是作者想在本书中表达的意思。——译注）

[2] Ralph Waldo Emerson, “Maya.”

彻底放下这份自满，
灵魂便可升到穹顶；
在他人视线无法企及之处，
是盲人亦会感到恐怖的地方，
灵魂遭遇意志，并再次被交托给，
正确并且至高无上的幻觉。

“上面发生了什么？”头脑问道，
“我所知道的尚未成真吗？”——
“绰绰有余，但对你却仍不够。”
堕落的灵魂说道：“在此黑暗之中，
你既最受景仰，亦最不为人所知，
你既声如狂雷，亦如寥寥火星。”[1]

当高级搜集规划人员考虑汇总各项要素的各种最佳混合，好让整体大于各部分相加之和的时候，他们便启帆远航，进入“整体论”这个奇妙的世界。回顾一下前文的讨论，整体论“认为在任何整体中，各个组成部分必须与整体产生关联，否则既不可能存在，也无法被人所认知；整体论认为整体大于各部分相加的总和”。[2] 正是借助以整体方式进行的思考，高级搜集规划人员才能开始设想自己将各项要素相加之后，所要实现的搜集整体到底是什么样的。情报搜集人员进行这种努力的结果，就是实现搜集协同。有些理论可以帮助我们理解相关的基础性观点。比如克劳塞维茨就经常谈到整体。在下面这段引文中，他便谈到越发庞大的整体中的连通和关系：

但是，象（像）世界上其他活动一样，在战争中组成整体的一切都是彼此联系着的，因此每一个原因，即使是很小的原因，

[1] Edward Arlington Robinson, “Maya.”

[2] WordNet® 3.0, Dictionary.com http://dictionary.reference.com/browse/ holism (accessed March 3, 2008).

> 它的结果也会对整个行动的结局发生影响，都会使最后的结果有所改变，尽管改变得很小。[1]

这意味着一切都是相关的，因果关系总是存在的，即使很难找到也是如此。对整体进行解构和碎裂是分析中一种重要的行为，也是拟定观察指标，供高级搜集人员开展情报搜集时所必需的。观察指标可以呈现整体的各个部分，高级搜集人员必须理解一切事物之间不可思议的连通性，然后寻找那些易于发现但看似并不相关的联系，因为这些联系可以将整体（群体）的各个部分与这些事物联系起来，也可以将这些部分与他们所寻找的搜集整体的其他部分联系起来。

笔者（此处指韦恩·霍尔）之前撰写的一部著作提供了另外一种视角，可以为高级搜集规划人员提供理论帮助。书中塑造了这样一位思想家，此人总是：

> 以整体视角去看待世界，或认为世间万物必然彼此关联，各种系统和关系相互交织，而且在这些系统和关系里，还包含人与人之间，以及人与环境之间的相互作用。在人们理解了世界相互关联的本质之后，这个逻辑前提就能让他们理解，或者至少直觉感知事情发生的原因。[2]

这段文字的含义是，一切都是彼此相关的；因此，发生在某一种关系上的事情，是可以影响其他关系的。由此可知，高级搜集规划人员一直都在设计情报搜集方案，以搜索和寻找关系。正是整体的各个部分的相互连通性，才能引导我们发现所要寻找的整体。当然，有时为了找到具有搜集价值的关键整体，高级搜集人员必须重点关注那些能够标示关系的联系、能够黏合或凝聚群体的"胶水"，以及能够导致群体产生运动

[1] Clausewitz, *On War*, 158.（译文引自：克劳塞维茨著、军事科学院译，《战争论》[商务印书馆，1978 年第 1 版]，第 148 页。——译注）

[2] Wayne M. Hall, *Stray Voltage: War in the Information Age* (Annapolis, MD: Naval Institute Press, 2003), 194.

的“助推器”。

关于如何运用理论来帮助理解高级搜集，还有其他的例子。我们可以借用米切尔·沃尔德罗普的观点，具体如下：

> 一个又一个例子传递着相同的信息：一切都是彼此关联的，而且往往具有令人难以置信的敏感性。轻微的扰动并不总是一直保持轻微。在适当的情况下，最细微的不确定性也会增加，直到系统的未来变得完全不可预测。[1]

赫尔曼·黑塞为高级搜集专家提供了一种令人兴奋的思路，可以用来研究最佳混合、组合和搜集协同；另外，我们尤其需要整体论学说，因为它可以将前述三个概念纳入一个新的行动整体当中。黑塞在《悉达多》中指出：

> ……世界为一个完整的关联体，没有缺陷，透明如一块水晶，不依赖偶然，不仰赖神灵的教诲……世界统一不可分割，一切事物相互关联，大小事物都包含在同一潮流中，诞生、发展和死亡都遵循着同一规律。[2]

最后，高级搜集规划人员应当考虑为取得成功而设置条件的工作。回想一下，我们之前讨论过为高级搜集设置的条件。简单来说，可以为高级搜集设置四种条件：传感器、知识、数据和访问。我们必须考虑全部四种，但设置数据条件尤其复杂和棘手，它可以将相关指导传输给情报搜集人员，推动搜集人员实现自动的供给和提示，在搜集人员之间开展通信，以及将搜集的数据传输给决策者；另外在大多数情况下，高级搜集规划人员必须依赖其他人员，才能成功执行此类尤其重要的条件设置活动。如果没有它，所有情报搜集活动都是徒劳无功的，因为指挥官将无法掌握所需的数

---

[1] M. Mitchell Waldrop, *Complexity: The Emerging Science at the Edge of Order and Chaos* (New York: Touchstone Books, 1992), 66.

[2] Hermann Hesse, *Siddhartha* (New York: MJF Books, 1951), 26.

据，也就无法生成必要的信息和知识，无法做出快速有效的决策。

2. 使用理论推导模型，开展高级搜集规划

在对理论世界进行简短尝试之后，我们现在可否将已经探讨的事项综合成框架，思考如何规划高级搜集行动？确实可以。因此，我们提供以下模板，以此作为思考高级搜集规划的起点。模板包括以下子要素：

- ✶ 任务、意图、指导和情报需求。
- ✶ 深度思考认知行动：
  - * 作战环境（基础设施、天气、文化、民众）、我们的看法、敌人的看法，以及我们在思考作战环境的影响（优势或劣势）时，敌人是如何看待我们的看法的；
  - * 敌人的任务、意图、目标、战略、情报需求；
  - * 敌人的反监视和欺骗。
- ✶ 五种观察指标。
- ✶ 高级搜集解构，找出搜集任务、资源、搜集资产的局限性。
- ✶ 局限性——背景、组织等局限性。
- ✶ 基线，包括以下“元素”：一是人力情报搜集；二是技术传感器；三是非传统的线人、观察人员、移动人员、设备安装人员和中立方或商业公司；四是计算机；五是数据网络；六是开源；七是数据路径。
- ✶ 虚拟知识环境。
- ✶ 设置条件：四项要素。
- ✶ 资源：时间、人力、资金等。
- ✶ 情报搜集策略：
  - * 在标准中找出观察指标；
  - * 资产避碰；
  - * 为人力情报搜集规划用以掩护身份的“故事”；
  - * 考虑跨域情报搜集；
  - * 规划情报搜集观察者的作用，及其对被观察者的影响；
  - * 摆脱敌人的反监视；
  - * 发现并扭转敌人的欺骗企图，将之转化为优势；

* 针对敌人（复杂适应系统）的努力开展情报搜集，具体内容包括敌人的竞争、合作、实现目标和目的、参与解决问题、寻求反馈，以及允许规则提供指导，驱动复杂适应系统开展上述活动；
* 针对复杂适应系统群体及其“胶水”“助推器”“点火剂”和敏感变量，以及导致变量变得敏感的条件开展情报搜集；
* 针对无形对象和不可测量对象开展情报搜集；
* 处理情报搜集的“顶点”；
* 使用间接方法，针对无形对象开展情报搜集，这是高级搜集策略的内容之一；
* 寻求连通性和关系；
* 寻求最佳混合；
* 寻求搜集组合；
* 寻求运用整体论；
* 借用搜集时间；
* 寻求并实现搜集协同；
* 集结、调动、蜂群聚集和解散搜集资产。

★ 向决策者提供高级搜集。

3. 关于高级搜集规划的更高层次思考

可以看到，高级搜集的规划人员已经进入了一个新的更高层次的思考领域。为何可以这样？目前有以下几种解释。

★ 第一，执行高级搜集规划人员的知识远远超过前辈。他们了解事实和能力，也理解关系。这样的了解和理解，远不止了解传感器能力、用于传输所搜集数据的数据路径，以及需求和请求流程那么简单。例如，高级搜集人员深知目标的性质是相当复杂的，不论是技术、人类和文化等方面的性质，还是三者结合，都是如此。在针对非常规战争作战环境中的叛乱分子和恐怖分子开展高级搜集行动时，高级搜集专家深知构成复杂作战环境的这个不可见世界是错综复杂的，也是极其难懂的。这个难以观察却又无比重要的世界，它的意义微妙难测，关于其因果关系的解读也是模棱两可的。高级搜集规划人员必须了解文化，理解能使文化变得强而有力的关系。

不论是现在还是将来，人员一直都是实施反叛乱行动的必要条件，所以在这种行动中，要想搜集关于民众如何感知、思考、感觉、解读、做出行为，以及期望什么等的数据，那么搜集的对象就应当是新建立的高级搜集“网络的网络”所指定的无形目标。此外，关于作战环境，高级搜集人员并不是只了解和理解文化与民众。值得一提的是，情报搜集人员应当了解并理解关于基础设施的许多情况。

★ 第二，高级搜集专家了解并理解如何在所有领域开展情报搜集，而且理解各个领域的活动和事件之间的连通性。

★ 第三，高级搜集专家知道如何开展情报搜集，以发现五种分析驱动的观察指标。这些观察指标的范围适当，可以让高级搜集专家将其构建成关于相关文化、技术和特定居民区的知识、关系和特定性；而相关文化、技术和特定居民区的构建不仅是敌人网络的功能，也是在自己文化范围内过着普通生活的普通民众网络的功能。

★ 第四，高级搜集专家对搜集来源的了解，比以往任何时候都更加广泛，更具相关性，也更加深刻。例如，某位专家了解并理解这样几类情况：第一，地面和航空的测量与特征情报的来源、能力和局限性；第二，信号情报和地理空间情报等各类情报搜集的能力和局限性；第三，航空、地面和太空等搜集资产的情况，以及它们如何沿着数据高速公路传输所搜集的数据。此外，高级搜集人员对人力情报搜集的了解，也胜过以往任何时候；在过去，传统人力情报搜集使用的是高级来源和方法，并且配有专案官。此外，高级搜集专家了解并理解低级搜集人员，也就是清楚如何下达任务、拟定掩护身份的“故事”、通信、“武装”先进的低技术光学设备、激励、培训，以及在正确的时间和正确的地点，针对正确的活动提取重要的数据，同时诱导这些搜集人员寻找不断变化的正确观察指标。此外，高级搜集专家了解并理解如何与非传统搜集资产及其他中立人员合作，以搜集所需要的数据。

★ 第五，高级搜集专家充分了解（地面和航空）技术传感器、搜集人员、非传统搜集资产、开源情报和网络搜集资产，其程度足以找出这些搜集资产的关系，并拟定组合和最佳混合方案，从而形成搜集协同。

- 第六，搜集专家充分了解（友方、东道国、联盟和非传统搜集资产的）现有搜集系统，其程度足以借用传感器或人力情报搜集时间，以支持建立传感器与人力情报搜集的最佳组合。高级搜集专家可以设计这些最佳混合，以便在正确的时间和地点，针对高级分析人员生成的观察指标和分析驱动的采样率开展情报搜集，寻找正确的观察指标。
- 第七，高级搜集人员了解并理解敌人将以怎样的方式，尝试隐藏、隐形、混淆或拒止美国高级搜集活动，使之无法成功。我们将在本章稍后部分进一步解释这项需求。正如读者推测的那样，我们所说的高级搜集需要大量准备和深度思考，这样才能达到并保持极高的水平。

4. 浅谈集结、优化、调动和蜂群聚集的总体规划基础——回顾与展望

当高级搜集专家思考如何集结与情报搜集有关的实体和流程时，许多考虑因素可以影响他们的规划。例如，在规划如何集结搜集资产时，规划人员总是会考虑时间和距离。这意味着需要回答各种各样的问题：搜集资产在哪里？必须将其移动到哪里才能生效？在收到预警并着手准备时，搜集资产需要多长时间才能移动到地面或空中的最佳位置？搜集资产能在目标附近停留多久？面对环境背景影响时，各种类型的搜集资产优化情报搜集的最佳时机是什么时候？敌人及其网络何时才会现身，以便高级搜集人员能够优化时机，开展点持续监视行动？

规划人员还应当考虑机械特性，比如技术传感器的平均故障间隔时间、地面搜集资产的电池电量、向人类和技术等地面搜集资产预警的网络，当然还需要确保所搜集数据可以快速流向用户。

高级搜集规划人员在为使用搜集集群而开展规划时，总是会考虑克劳塞维茨的“阻力”。如前所述，阻力是：

> 能让看似简单的事情变得极其困难的力量；意外的偶然事件；预先考虑不到的无数细小情况，它们的影响会让一切都进行得不理想，以致原定的目标远远不能达到。

考虑到阻力的必然性，情报搜集规划人员必须能够展现出敏捷的思维，这样才能迅速适应阻力的影响。因此，他们将竭尽全力进行规划，以预测事件、失败和难题，并准备好后备计划和后备行动。如果阻力真的出现了，他们既不会呆若木鸡，也不会毫无防备，因为那时他们已有拟定好的计划，可在突发情况下迅速采取行动，而不是需要一些时间，重新规划并重新同步他们的集结行动。

此外，如果规划人员想等全部或绝大部分搜集资产可用之后再对其进行集结，那他们就必须创建等待区。规划人员总是会考虑行动安全和敌人采取的反监视措施，因为敌人通过反监视措施肯定会发现我方试图集结，以开展点持续监视行动的尝试。在这种考虑中，很重要的一点就是，搜集资产集结之后，释放的能量场肯定会远远大于只有一两个搜集资产的情况。这种能量可能来自电子、人类活动的阴谋诡计，或是复杂适应系统的倾轧、碰撞、颠覆和联合。这些能量场呈现的信号特征，远远大于一两个搜集资产；因此，高级搜集专家必须既要预料到会出现这种辐射，并计划加以压制，同时又不能损害高级搜集资产的整体能力。因此，关于集结的计划也总是会设法消除这些增大的能量释放，直到集结的时机成熟为止，正如在点持续监视行动中一样。即使到了那时，对于这些与移动和运行相关的能量释放，也必须使用作战环境的噪声加以掩盖，或是使用在其他地方开展虚假搜集行动等欺骗性活动来迷惑敌人。此外，高级搜集规划人员将与技术人员合作，确保寻找数据网络，好让搜集的数据迅速流向高级分析人员，再由他们进行重构和综合。

在优化情报搜集的同时，高级搜集规划人员必须从两个视角去思考联系、模式和趋势。在第一个视角下，高级搜集规划人员必须考虑敌人和民众的联系、模式和趋势。一共有五种联系（社会 / 人际、技术、功能、组织，以及思维），四种模式（社会 / 人际、功能、组织，以及技术），四种趋势（社会 / 人际、功能、组织，以及技术）。在思考联系、模式和趋势时，高级搜集人员知道每一项都会随着时间的推移而衰减或退化。衰减将会影响搜集人员能否很好地找到或察觉联系、模式和趋势。在第二个视角下，在开展此类思考时，高级搜集规划人员必须始终考虑到优势和力量的来源。有趣的是，规划人员不仅要考虑敌人的联系、模式和趋势，而且必须考虑敌人对己方联系、模式和趋势的看法，另外还要考虑敌人对友方联系、模式和趋势的看法，以及敌人将以何种方式尝试影响这些因素。我们将在后文探讨高级搜集推演，届时可以更深入地讨论这一点。

此外，高级搜集专家总是会考虑集结后各实体间的供给和提示。因此，必须要有能将搜集到的数据传输给用户的数据网络，还要在搜集资产之间搭建数据网络并建立连接，让它们彼此间自动开展供给和提示，以便能让集结后的搜集资产提供具有相关性的输出，从而创造优异的性能。最后，高级搜集规划人员总是会考虑“视角”问题，从搜集资产到被观察对象或人的视线，从技术传感器到被观察对象的视场，从光学设备到目标的角度（不分昼夜，不定时刻，不定日期，不定月份……任何时间）。

集结意味着汇集或生成多个目的，因此不论是实际矛盾还是抽象矛盾，都更有可能在这些目的之间，以及在它们与其他正在进行的搜集力量之间爆发。这些计划的目的是优化组合，以便最大限度地在搜集资产之间实现彼此互补。在我们的工作中，“优化”的意思是“尽可能有效、完美或有用”。[1] 因此，高级搜集专家必须与其他规划人员合作，针对集结后搜集的聚焦对象，在空中和地面实现避碰，以确保能够在正确的地点和正确的时间，针对正确的活动实现最优搜集。要想做到避碰，以及把握时机以便建立搜集协同，就需要做到同步。“同步”是“在时间、空间和目的等方面安排军事行动，以便能在关键的地点和时间，产生最大的相对战斗力”。[2] 所有需要在特定时间和地点，以集结方式服务于特定目的的情报搜集，都必须遵守严格的同步要求。在确保同步的同时，还必须牢记以下几点：时间、距离、指挥官计划和意图等要素、其他行动、在其他指挥层面或组织层面发生的行动、其他情报搜集行动、分析

[1] Dictionary.com, http://dictionary.reference.com/browse/optimize (accessed February 9, 2010).

[2] U.S. Department of Defense, Joint Staff, Joint Publication 1-02, *DOD Dictionary of Military and Associated Terms* (Washington, DC), March 17, 2009, as amended through October 31, 2009.

驱动的采样率[1]、作战环境中的条件、民众的态势变量，以及当前和预期的敌人活动。

精心规划和认真执行同步，并优化搜集资产，我们就可以实现远比一两个搜集资产更高的能力。在优化和同步之后，在正确的时间和地点，汇集并集结正确的搜集资产之后，高级搜集专家设置好条件，可以实现所有搜集专家所渴求的最终目标——搜集协同。

更具体地说，为了规划最佳搜集混合，高级搜集规划人员需要考虑自己指挥官的任务和意图，深度思考情报搜集行动的目的或任务、敌人及其网络、环境、民众、搜集资产的优势和劣势等。为了创造最佳混合，高级搜集专家要寻求：第一，在正确的领域（陆、海、空、天、网络）创造搜集平衡；第二，在空中和地面等技术传感器以及搜集设备、计算机和开源之间建立自动化的供给和提示，并将数据用作一种搜集资产，在整个互联网和众多机密数据库里肆意搜索感兴趣的数据；第三，用其他搜集资产的优势，抵消每种搜集资产的劣势；第四，拟定搜集组合，实现搜集协同；第五，在给定约束条件以及作战环境和变量的影响下，创造最佳的搜集结果；第六，创建相应能力，针对具有相关性的复杂适应系统（人员、组织、城市、国家、团体），搜集其所固有的蛛丝或细缕，再由高级分析人员及其机器将它们编织成贯融的整体，也就是信息（这便是高级分析流程中的“重构”）。当然，要想进行优化，高级搜集专家必须非常了解每位情报搜集人员的能力、局限和潜力，以及此人是否有能力借助机器、人或人机结合来实现交互。

在思考搜集资产的调度时，高级搜集规划人员总是会把优势看作是具有**相关性**的术语。“相关性”是指**仅通过与其他事物的关系**，便可存在或

---

[1] 高级分析人员与搜集专家合作，设计出搜集（技术、人力、开源）采样频率，以便在正确的时间、正确的地点，寻找特定的观察指标和正确的活动，并让后续搜集工作重点关注事件（活动和持续时间）。这时还要考虑以下几项因素：一是必要的时间长度，这样才能搜集充足的数据，做出准确的决策（也就是说，传感器精度本身往往就是关于搜集行动持续时间的函数）；二是事件持续时间；三是预计的事件发生频率；四是假警报的可能性。

拥有的特定性质；它既不是绝对的，也不是独立的。[1] 如前所述，如果考虑在特定情况下使用调度以谋求优势，高级搜集规划人员在考虑搜集的性质时，就需要考虑它与对方、竞争对手、敌人和民众的相关关系。

规划人员在规划情报搜集的调度安排时，总是会注意到时间和距离。他们还会考虑调度定义中的相关性部分与谁相关，以及这种关系存在的目的。这意味着高级搜集规划人员总是需要考虑对方、竞争对手、敌人和民众，以及他们的战略目的、目标、战略、战术、手段和资源、面临的限制、对作战环境的看法，以及他们对限制因素，也就是美国及其自身的影响。[2] 规划人员需要考虑协调、避碰和同步。关于空中搜集资产，高级搜集规划人员需要考虑调动面临的潜在障碍，敌人等将如何尝试发现并挫败搜集资产的调动，以及他们将如何尝试通过反调动或自己的调动手段，重新获得七种优势中的任何一种。高级搜集人员必须注意敌人或目标的位置及其宣称开展的活动，并针对这些位置和活动开展调动，以尝试获取优势。这需要良好的态势感知 [3]、意义构建 [4] 和态势认知 [5]——所有这些术语都涉及人类和机器的努力，即搜集并汇集数据，通过重构将数据转化为信息，通过综合将信息转化为知识，并利用这些知识做出决策，以便决策的速度和质量都能胜过自己调动搜集力量所要针对的目标。高级搜集规划人员必须考虑设置条件的复杂活动，必须唤醒高级搜集增强因素中通常处于休眠状态的能力。他们总是设法设置条件，以便这些增强因素能够发挥作

---

[1] Dictionary.com, http://dictionary.reference.com/browse/relative (accessed February 9, 2010).

[2] 毫无疑问，这些术语本身都不会浮现于敌人或民众的脑海当中。他们甚至可能不会像我们那样带着明确的目标，专注于追求相对优势。但他们总会带有某种形式的目标、战略目的等；否则他们将无法发挥效用。因此，为了便于表述和统一理解，笔者选择使用上面讨论的术语。

[3] 掌握关于行动条件的知识受制于地理和时间等因素。参见 U.S. Army, *Field Manual 3-0*, Operations, February 2008。

[4] 它基本上属于一种认知活动，即：构建关于当前态势的假设心理模型，并辨别它将如何随着时间的推移而发展演变，各项活动很可能会遇到演变造成的哪些威胁和机遇，可能采用哪些活动作为响应或预防手段，预计这些响应手段会造成什么结果，以及驱动未来活动选择的假定及其价值（临时定义）。

[5] 分析并判断相关信息，以确定任务中诸多变量之间的关系，所得出的结论可以帮助做出决策。参见 U.S. Army, *Field Manual 3-0*, February 2008。

用，因为它们可以极大增强高级搜集的能力。如前所述，高级搜集增强因素共有九项：一是虚拟知识环境；二是搜集策略；三是五种观察指标；四是四种条件设置；五是七种基线；六是借用传感器时间；七是分析侧指导搜集侧的信息；八是访问；九是实验。高级搜集人员还必须考虑搜集资产的能量释放，以及它们可能与敌人这种复杂适应系统彼此间发生倾轧、碰撞、颠覆和联合。应当考虑到敌人的反监视和早期预警行动，考虑到搜集调动失败时的撤离计划。

我们在前文已经简要介绍了借用搜集时间的概念。在此重申，这是因为对高级搜集规划人员来说，这是一项特别棘手的任务。棘手的原因很容易理解，但却不那么容易克服。从本质上讲，这个问题涉及的概念是人们“占有”传感器（包括情报搜集人员），并且经常拒绝共享自己所占有的东西。有趣的是，并非所有搜集资产一直都在进行情报搜集，也并非一直都在发挥百分百的机械效能。如前所述，技术搜集设备经常需要返回基地，去补充燃料、接受维护或调整功能。它们还必须在空中上升或下降，转向或旋转。当这些波动发生时，我们便认为规划人员可以借取少量时间，让搜集资产重点关注必要的地点，从而创造出优化和搜集协同。如前所述，这种借用传感器时间的行为在很大程度上是一种自动化功能，但高级搜集人员必须在借用活动发生时规划此类行动，并评估行动结果。在本书稍后部分，在更加深入地探讨我们提出的观点时，我们将会更加详细地讨论这个有趣的概念。

蜂群聚集可以带来巨大的潜力，同时会带来重大的挑战。如前所述，“蜂群聚集”的意思是“大量聚集，并朝着一个目标移动，比如蜂群前往新的蜂巢，或是对攻击做出响应，或是某个群体朝着一个目标聚集或移动”。在我们的语境下，蜂群聚集的含义远不止只涉及成群昆虫的典型思维流程那么简单。蜂群聚集是非常规战争中的一种武器系统，它的视角更加广阔。我们讨论的到底是什么？在本书语境下，蜂群聚集是高级搜集中一个极其重要的观点，它意味着人员、技术传感器、搜集设备、数据网络、计算机、虚拟知识环境和带宽等群体，从包括网络空间在内的所有地方出动，蜂拥至“枪声”源头，为陷入困境的高级分析人员和高级搜集人员提供支持。又或者，蜂群聚集这种方法可以让指挥官超越敌人，或是可以集中大量注意力，识别无形行动的结果，这样指挥官就能以比敌人更快的速度去获得理解、自我适应和采取行动，从而获得主动权。

蜂群聚集并非新生事物。成吉思汗使用这种战术，让其赫赫有名的骑兵部队蜂拥而动，入侵欧洲。英国在二战初期开始使用蜂群战术，让己方飞机以蜂群方式聚集，迎击来犯的德国空军的轰炸机和战斗机。德国飞机在二战期间还以颜色，在盟军日夜不停地轰炸德国本土之际，以蜂拥战术迎击这些轰炸机编队。当时德军的 U 型潜艇也采用蜂群战术，它们先是在海上四散活动，在发现舰队后便聚集并发动攻击。1992 年发生了令人颜面尽失的“黑鹰坠落”事件，当时，索马里本土武装就是运用蜂群战术，向位于摩加迪沙的美军部队发动攻击。

对于蜂群聚集来说，自组织的重要性不言而喻，它是我们在进行概念思维和研发活动时，必须达成的目标。在高级搜集的语境下，自组织（self-organization）是指“一个吸引和排斥的流程，在此流程中，一个系统的内部组织（通常是一个开放的系统）的复杂性会自行增加，无须外部来源的指导或管理”。[1] 这是理想状态；但这种状态可以推动机器智能取得重大进展，加深机器蜂群与启动它们的人类之间的信任。在开展这种思考之前，所有参与人员都必须能够理解突现行为。“突现”（emergent）的意思是“由协同行动的各个部分构成的组织形式”。[2] 还有一个定义可以帮助理解这个重要术语：“在哲学、系统论、科学和艺术中，突现是复杂系统和模式的生成方式，是指它们可从多种相对简单的互动中产生出来”。[3] 我们通常认为蜂群聚集与突现行为是有关联的。在此语境下，任何以蜂群聚集形式存在的事物，都可以脱离任何一种实施控制的实体并自行运行，而且能与之通信。这一点虽然有趣，但却并不是我们想要讨论的东西。不过，突现确实有一些非常有趣的特点，对此，一位知名专家解释道：

> [蜂群聚集]的共同特征是：第一，极端新颖性（这种特征是以前未曾在系统中观察到的）；第二，贯融性或相关性（是指

[1] http://en.wikipedia.org/wiki/Self-organization, August 14, 2009.
[2] Kevin Kelly, *Out of Control* (Cambridge, MA: Perseus Books, 1994), 458.
[3] Wikipedia.

> 在一段时间内必定凝聚为整体）；第三，居于全局或宏观的“层面”（即存在某种“整体性”的属性）；第四，它是动态流程的产物（可以演化）；第五，它是“显性的”（可被感知）。[1]

与此同时，我们希望能在高级搜集的概念框架下将众多元素以蜂群方式聚集，并对其进行适度的人类和机器控制。如前所述，在我们的语境下，蜂群所能包括的领域，比传统观念中的昆虫或小型机器等蜂群更加广泛。必须具备这种广度的思想和能力，才能顺利理解复杂的非常规战争作战环境下的蜂群。

在这个技术日新月异的时代，考虑让来自世界各地的人才以蜂群方式聚集，这样做具有非常重大的意义。在真正的情报集团（统一、忙碌、虚拟和现实的情报活动，旨在实现明确的目标或目的，这些目标或目的不断变化，导致各前线部署组织不断进行动态的自我调整适应）中，从事相应工作的人才可以是一种非常强大的力量，因为这些人才，即高级分析人员和（或）高级搜集专家可以提供知识、创造性思维、批判性思维、红队、推演，以及不断更新的基线，并且帮助处理前线部署或正在战斗的人员没有时间完成的那些更加平凡的分析和搜集杂务。高级分析人员和高级搜集人员在执行其他任务，或以“思考预备队”的状态等待行动时，这些人才可以通过网络获得预警，然后蜂拥而上，援助那些需要分析或搜集援助的人员和组织。在这种计划安排中，必须要有一个中间人，还要有一些指挥和控制，才能以有组织的方式帮助那些陷入困境的分析人员或搜集人员，让他们做必须做的，而不是胡乱猜测的事情。

技术传感器可以蜂群聚集，尤其是那些天然具有移动性的传感器。在我们的设想中，技术传感器在以蜂群方式聚集时，可以在垂直方向汇集和堆叠，也可以在水平方向扩散，所有传感器都能以协同方式工作，彼此之间实现供给和提示，无须人类干预。这些可以堆叠的传感器有小型隐蔽地面传感器、开阔地形使用的系统（比如快速浮空器初始部署系统）、无人

---

[1] Jeffrey Goldstein, “Emergence as a Construct: History and Issues,” *Emergence: Complexity and Organization* 1, no. 1 (1999), 49–72.

机、固定翼飞机、国家技术手段，以及高低位置不同的固定传感器，这些都是已经发明出来并且通过了实验检验和运行测试。必须共享传感器，必须让位于反叛乱网络“边缘”的诸单元彼此间实现自组织，另外必须摒弃传统智慧中的“占有”概念，如此这种观点才能发挥效用。此外，如前所述，一切蜂群式搜集资产在运行时都将借用传感器时间，以便蜂群可以继续扩大，为此，甚至可以使用并非负责关注这个重要地点的资产。

如前所述，低级人力情报搜集力量既可以蜂群聚集，也可以移动和调动。在“预设”的居民区，我们可以部署并启动线人、观察人员、移动人员和（隐藏式地面技术传感器的）安装人员，让他们形成群体，再与其他群体连接，最终较好地实现低级人力情报搜集的蜂群效应，为其他类型的情报搜集提供补充。在某些方面，敌人正使用这种方法开展人力情报搜集，比如我们曾在前文有述，在二战期间，毛泽东认为应当发动民众，针对侵华日军开展情报搜集。[1]

高级搜集规划人员也可以设置条件，便于以蜂群方式聚集数据网络。也就是说，我们可以操作、调动和蜂群聚集数据网络，使用航空和太空载具、浮空器以及无人机等，支持有需求的人员。这些网络实际上就是大量的网络，它们可以为那些与网络联系的单位，发送和接收大量数据，其数量足以完成任务、减少伤亡和附带损害，并运用大量搜集策略，以便能够在命令驱动行动后，评估行动所能造成的有形和无形结果，能够自我调整适应，以及能够抢在敌人和民众的决策周期之前，快速做出决策。

（四）高级搜集推演

高级搜集推演是高级搜集中另一个非常重要的组成部分。在作战行动开始前，高级搜集人员会进行任务“彩排”，借助多个场景片段的活动、反应和反制进行推演，以拟定高级搜集的细节。人们很少进行搜集推演，原因有很多。比如说，它昂贵、耗时，要求高级人员提出需求，还要求使用本地人。或许，人们很少进行这种推演的最明显原因是，我们的情报人员没有接受足够的培训或教学，无法执行这种推演。

《战争论》中有这样一段话，可以帮助解释推演的必要性：

---

[1] Mao, *On Guerrilla Warfare*, 22–23.

> 既然敌对双方不再是抽象的概念……既然战争不再是抽象的东西，而是特殊的行动过程，人们就自然可以根据实际现象所提供的材料，来推断那些应该知道而尚未知道的将要发生的事情了。
>
> 敌对双方的任何一方都可以根据对方的特点、组织和设施、状况以及各种关系，按概然性的规律**推断出对方的行动**[1]，从而确定自己的行动。[2]

这种类型的推演适用高级搜集，因为高级搜集专家必须从以下几个角度去使用搜集推演。第一，高级搜集专家需要了解的是，自己手头的传感器和情报搜集人员在被派往特定的作战环境开展搜集后，将会如何开展工作。第二，这位专家可以运用推演，预测敌人将如何预测美国的情报搜集活动，以及敌人将如何采取对策，以求迷惑、欺骗和拒止我们的传感器和搜集人员。第三，高级搜集推演人员可以运用推演，将自己集结、调动和蜂群聚集搜集资产、以求实现明确的目标和目的的计划安排可视化。此人还可以运用推演，去创建搜集资产的组合，并在不同的背景下，以及在不同敏感变量的影响下，检验这些组合是否有用。因此，这位推演人员将设法针对不同的态势，创建不同的最佳混合。此外，推演人员可以运用推演，在所分配时间段内实现搜集协同。只要成功实现优化，并使用三维地理信息系统进行建模与仿真，就可以实现这一点。建模与仿真可以帮助识别敌人的反监视行动可能在哪里出现，它们可能如何通信，它们可能使用哪些人力和传感器支持，以及假定反监视与早期预警人员和传感器存在，那么这些人员和传感器所在不同位置的视线和视场，以及由此产生的死角都在哪里。第四，搜集推演可以帮助高级搜集专家理解自己手头的传感器和人力资产在组合之后，是否以及何时能够做出贡献，甚至理解情报搜集努力是否会“拍发电报”，通知友军前往特定地点开展行动。这种电报可以指示美军关注的地方在哪里，具体做法就是针对特定位置开展情报搜集

[1] 加粗为作者自行添加。——编注

[2] Clausewitz, *On War*, 80.（译文引自：克劳塞维茨著、军事科学院译，《战争论》[商务印书馆，1978 年第 1 版]，第 32—33 页。——译注）

活动，例如无人机在点持续监视的目标和区域上空盘旋时可以被人看到听到，从而指示美军关注的地点到底在哪儿。第五，高级搜集专家可以与高级分析人员和信息行动人员合作，利用情监侦资产去欺骗敌人。第六，请回顾观察者是如何影响环境和被观察者的，由此可知，高级搜集专家可以运用推演帮助自己想象一下，关于美国情报搜集和分析人员针对敌人及其不可或缺的网络活动所进行的监视和追踪，敌人会持有何种看法、思考、信念、期望和解释，又将如何据此自我改变。高级搜集专家的目标就是，当敌人认为美国情报搜集人员正在观察自己时，预测敌人将如何采取活动、做出反应或实施反制。

情报搜集推演的这六种使用方法可以提供思维推理，由此得出证据来支持以下主张或者警告：各军种及联勤的搜集人员必须学习并坚持使用高级搜集推演，以便为非常规战争指挥官和其他各类主官服务。应当进入这个思维“高地”[1]，因为这确实是更高层次思维的极致，所以必须将其作为一种人人企盼的认知技能，传授给联勤的所有高级搜集专家。

高级搜集专家可以运用推演得出结论，判断如何才能组织传感器、搜集人员和非传统搜集资产、网络搜集，以及开源情报等开展情报搜集，从而评估行动结果。在这些结果当中，一些会比另一些更加容易评估。请思考这样一个例子：评估使用“地狱火”导弹破坏炸弹工厂的结果。如果建筑已被破坏甚至损毁，传感器就可以轻易搜集数据，分析人员也可以轻易解读这些数据。这些传感器无法识别的，是居住在目标建筑周边的人们在认知和情感等方面生成的结果。具体地说，他们无法掌握或辨别这种攻击所造成的恐惧、仇恨、报复和焦虑的程度。此外，传感器无法生成充分的数据，因此无法让分析人员了解它们在聚合成群体之后，是否有可能以几乎自动的方式生成二阶和三阶效应。借助高级搜集推演，高级搜集人员力求了解需要搜集什么，以及自己需要观察什么。在推演中开展深度思考，分析人员就能明显看出需要高级搜集资产开展情报搜集的目标对象，不仅是关于现实破坏的数据，还有关于情绪、士气、期望、思维和看法的

[1] “高地”这个观点出自罗伯特·波西格（Robert Pirsig）的《禅与摩托车维修艺术》（*Zen and the Art of Motorcycle Maintenance*）。他使用“高地”一词，贴切地描述了高级分析人员和高级搜集专家是如何对认知行动开展深度思考的。

数据。由此可知，在高级搜集推演中，高级搜集人员将有能力了解哪些组合最有可能提供帮助，识别出哪些情况是必须了解的，哪些环境、机械和（或）人为限制可能导致情报搜集无法达到最佳效果，以及哪些行动方案可以帮助人们克服或消除这些限制。

毫无疑问，我们所说的情报搜集推演，对人类思维来说极具挑战性，而且极其困难，令人头痛不已。在这些困难当中，至少绝大部分都集中于我们口中的“钟摆思维”（pendulum thinking）：敌方对友方的看法，敌方的自我看法，敌方如何看待友方的自我看法和对敌方的看法，以及友方、中立方和东道国从上述视角出发所持的看法。我们需要极其优秀的思考人员，让他们运用这种推演，以及更加重要的，让他们开展推演所要求的深度思考，另外还要将关于敌人的深度认知，以及关于“大锅”[1]（我们称之为作战环境，包含基础设施、民众、中立方和商业利益等）中其他参与方的深度认知，一并加入推演当中。

高级搜集推演可以帮助高级分析人员和高级搜集专家，让他们更好地理解非常规战争作战环境中许多类型的人员，也就是中立方、敌方、支持敌方的人员、东道国、商业公司和无辜的旁观者等人员，在彼此间进行人类活动、互动和交易时出现的意外变化。所有这些人员都有自己的想法、观点，以及不同的态度。所有这些人员对自己的生活都抱有期望，对信息流的解读也会各不相同。所有这些人员，以及他们工作的组织都在通过某种方式，在他们彼此之间，以及他们与美国军方、美国的机构间伙伴和联盟伙伴之间，造成或形成竞争。

有趣的是，每个参与竞争的势力都会采取行动，以此制造结果，希望能够借以推动达成自己的目的。这些努力试图制造出理想的结果，同时用令人意外的举措和行动，去劝退、惊吓或恐吓自己的竞争对手，从而令其被动反应，开展防御。这就是主动权。高级搜集推演可以找到方法去搜集蛛丝马迹，并令其最终成为原因，造就或在今后造就争夺主动权这个结果（后果）；这种推演还可以让人着手准备，搜集相关数据，了解谁能控制

[1] 作者多次将作战环境比作“大锅”，仿佛女巫熬煮一般，将里面的民众、敌人和其他多种要素混为一体。——译注

主动权，谁不能控制主动权。借助可以表明主动权落于谁手的明显迹象，我们应该能够搜集数据，以便高级分析人员和领导者可以看到证据，了解到底是谁在掌握主动权，并让他们着手利用其他类型的优势，也就是**节奏**、**动力**、**决策**、**知识**、**位置**和**行动自由**等。

高级搜集专家一直都在进行多种棘手的推演。推演都有哪些类型？为什么高级搜集人员必须进行这些推演？关于这个问题，答案不止一个，所以请读者耐心地稍候片刻，待我们一一解释。

在第一种推演中，高级搜集专家参与指挥部军事决策流程行动方案可行性的分析和推演。理由之一，这种类型的推演可以为高级搜集人员提供宝贵见解，也就是关于指挥部将要执行哪种类型的行动，让他们了解具体的搜集规划情况。理由之二，这种推演可以帮助预测指挥官需要做出哪种类型的决策，以及在此情况下，指挥官需要高级搜集以数据形式提供哪些情报，用以开展规划、决策，以及随后采取的行动。

在第二种推演中，高级搜集专家运用各种传感器和人类的搜集组合以及搜集最佳混合，针对解构六种需求（优先情报需求、信息需求、假设、期望、预感和疑惑）后得出的观察指标开展搜集。

在第三种推演中，高级搜集专家的目标是智胜敌人，因为这个敌人可以预见我们情报搜集的努力，还会企图隐藏事实并欺骗我们，往往还会在喧嚣都市的噪声和运动中混淆并迷惑我们。因此，高级搜集人员应当谨记，敌人在发动进攻方面的需求是迫切的，并以残忍无情、主动出击和持续不断的方式，推动实现进攻性的目标、战略、战术和手段。若以这种方式开展行动，敌人肯定是偏执多疑的，另外所有叛乱和恐怖等武装分子也是如此，原因是他们往往担心会被定位，所以必然担忧美国情报搜集系统会找到自己的网络，以及支持自己网络的人员。

考虑到这些要点，敌人必须主动出击，既采取反监视行动，又实施主动和被动的安全行动，目的是实现保密和欺骗。为了有所助益，这个敌人在反监视和早期预警工作中，使用低技术和高技术的预警系统、传感器和通信手段。我们在进行推演时，应当假设他会尝试针对我们的搜集开展反搜集，会使用转移注意、掩人耳目和混淆真相等手段对我们的搜集实施欺骗，并会在机器的内部和搜集人员的头脑中播下混乱的种子。

我们未来的敌人将会明白，哪一方能够预测敌人的行动，并挫败或迷惑敌人，显著优势就将归于哪一方。因此，高级搜集规划人员只要具有前瞻思维，并且主动出击，就会拒止对方实施这种策略，具体做法就是极力推演出这个敌人将采取何种方法，去拒止美国的情报搜集目标。这位规划人员可以预测敌人能做什么，以及如何尝试去做，还可以设想敌人在这种尝试中可能犯的批判性思维错误，并利用这些错误，保护自己的行动和机动自由。

我们继续探讨高级搜集推演的概念。高级搜集人员不断寻求更加深度的知识，不断寻找更好的方法，以便根据高级分析人员提出的特定、细微但迫切的要求去开展情报搜集。高级分析人员可以提供分析采样率和五种观察指标，以此为高级搜集人员提供稳定的指导。这两种机制可以提供充分的指导，好让高级搜集专家能够搜集到相关数据，然后从中生成充分的信息和知识，帮助指挥官减少不确定性和管理风险。

在推演中，我们还可以深度思考那些可能影响即将开展行动的群体。为此，高级搜集专家可在高级分析人员的协助下，预测这些群体的形态，并设计情报搜集策略去发现它们。当然，这些群体还有许多重要的元素，包括：一是可能将它们与其他群体连接起来的联系；二是将这些群体黏合在一起的“胶水”；三是导致这些群体移动或震动的“助推器”；四是点燃“助推器”的“点火剂”；五是引起点火的敏感变量；六是导致敏感变量变得敏感并成为“点火剂”的条件。

高级搜集人员和高级分析人员在理解了这个流程之后，就可以设计情报搜集方案，以此寻找并发现其所研究的新生群体，连接新生群体与其他群体的联系，以及“胶水”“助推器”“点火剂”和敏感变量。高级搜集人员深知，自己必须找到群体的这些要素，因为只要发现并改善它们，就能让指挥官抢在结果出现之前，或是采取先发制人的措施，让这些要素成熟的可能性成为现实，或是影响这些结果的形成、影响力和能量，使之无法导致群体失能、萎缩和最终死亡。

关于高级搜集推演还有一点，就是高级搜集专家必须非常深入地了解自己所处的特定作战环境及其基础设施，同时也必须了解居住并使用相同空间、环境和基础设施的其他人员和组织。高级搜集专家在高级模拟与仿真领域的人员和机器的帮助下，**可以进入人工综合而成的环境，真切地行走、触摸、闻味和感知地面，穿过通信和数据网络，行至网桥之下，进入调制解调器和交换机，进入房屋和地下掩体；但所有这些都是虚拟的，都是在综合环境下进行的。**

高级搜集人员在虚拟现实中的历险，也就是在虚拟现实中进行替代旅行，由此部署自己手头的传感器和人力资源，令其扮演敌对、中立、骑墙和亲美的人员和组织，发挥开展活动、做出反应、实施反制等作用，并辨别高级搜集传感器和人力情报搜集计划在面对环境背景出现种种波动，以及敌人发挥作用并执行任务之际，将以怎样的方式在网络空间作战环境和基础设施中开展工作。在这场推演中，这位高级搜集人员将与得到各种民众支持的敌人一决高下（在这里，敌人由本地人模仿，而民众既有训练有素的敌人，也有街头支持敌人网络的未经训练的人员），并将根据结果调整计划。根据这位搜集人员短暂造访这个人工综合而成的世界所了解的东西，根据意外引发的阻力（意外的偶然事件），以及根据它如何影响智能软件和搜集资产性能以及人类的表现，高级搜集专家将会激发出思维敏捷性，具体做法就是规划自己可以动用的备选方案，用于面对不可避免的阻力情况。这种增强因素目前尚且无法向高级搜集专家提供，但我们将在稍后部分讨论它在理论和实践等方面的含义。

在高级搜集推演中还有一项考虑因素。美国军方传统上一直使用，并且至今仍然使用约翰·博伊德上校用以领先敌方决策周期的模型[1]，也就是“观察—定位—决策—行动”循环（OODA loop）。不幸的是，如果人们试图用这个模型，在流动的大城市作战环境下对抗那些与自己斗争的力量，他们就会落后于竞争对手所做的决策，并不断发现自己追求主动权的一切举动，都是虚幻的、妄想的、无法实现的。这是为什么呢？

博伊德模型中的观察者发现，自己已经以某种方式、样式或形式，参与斗争和采取行动。如果掌握技巧，再加上足够的运气，人们就可以偶尔在这些行动中抓住主动权。但如果人们是在打击嵌入城市的叛乱分子，只

[1] 1985年春，约翰·博伊德上校造访美国高级军事研究学院，当时笔者还是该校的一名学员。他当时关于“观察—定位—决策—行动”循环的讨论，多年来一直影响着笔者的观点。

是在不断尝试获得主动权，这时便不能声称自己已经掌握了战术主动权或是作战主动权。有太多的意外事件可能发生，因为城市里充斥着各种意外的偶尔事件或活动——这正是克劳塞维茨“阻力”的实例。

通过高级搜集推演，高级搜集专家可以预测竞争对手的反监视、早期预警、条件设置和因果关系等活动。他们通过可能的二阶和三阶效应开展情报搜集，并努力避免镜像思维。高级搜集专家可以开发出反制措施或先发制人的措施，还可以识别出可能的敏感变量，用于夺取相对于其他竞争对手的主动权（如果这些对手已经出现并且是可以利用的），同时保护自己免受变量操纵。高级搜集推演模型概念使用的是约翰·博伊德模型的增补版本，即“预期—推演—观察—定位—决策—行动—测量—修改”（$AWOODAM^2$）[1]。它迫使情报搜集专家去预测竞争对手的活动，或是竞争对手对友方活动所做的反应，以及竞争对手可能使用什么手段去寻找关于这种反应的数据。它可以引导高级搜集专家去了解敌人如何看待作战环境，以及敌人必须以何种方式尝试设置条件，以便开展自己的活动。这个模型还可以激励高级搜集专家，让他根据分析人员设计出的观察指标开展搜集，因为它们可以预警敌人即将采取的行动，以求夺取主动权。

高级搜集专家设计搜集方案，以此搜集与观察指标相关的数据，这些数据可以指示机会，也就是所谓的“机遇之门”或“机会之窗”是否存在甚至是否出现；对于在城市作战环境中参与竞争的所有各方来说，这些东西本是时隐时现、时有时无的。高级搜集行动可以预测和监视那些与观察指标相关的数据是否出现，从而预示（甚至在事后表示）敏感变量，以及它们可以利用或需要防范的那些潜在的“机遇之门”或“机会之窗”是否会逐渐出现，或突然出现。竞争对手也确实可以期望能够获得巨大的优势，前提是他们的检测方法可以击败我们的高级搜集人员，能够在非常规战争作战环境这个看似混乱的环境中，找出以不可思议的方式浮现出的意义。因此，高级搜集人员必须知道如何设计搜集方案，以帮助高级分析人员借助高级搜集推演这种方法，预测敏感变量是否出现，以及“机遇之门”或“机会之窗”是否也会随之出现。这种知识的复杂程度极高，其所

[1] Hall, *Stray Voltage*, 104–5.

需要的思维技能属于高级搜集的认知流程。

（五）低级（街头）搜集人员

我们必须重复本书前文的讨论，也就是必须再次深入探讨低级人力情报搜集。非常规战争中的高级搜集必须使用街头（低级）搜集人员。高级搜集在支持非常规战争时，如果没有这种人力情报搜集的数据，就无法履行使命。冲突具有人类属性，这意味着低级人力情报搜集（也被称为执法人力情报搜集）将是小分队指挥官获得有价值数据的主要来源。

请回顾前文关于低级人力情报搜集重要性的讨论。在那次讨论中，我们将人力情报分为三个截然不同但彼此相关的部分。

第一部分是正式人力情报来源导向的需求和批准系统。这种类型的人力情报很有价值，因为它涉及高级别的网络渗透、识别意图，以及供给和提示其他来源。这种人力情报需要大量的训练和精心的协调、避碰，以及准备。只有训练有素的人力情报人员才应当负责管理此类来源的行动和人力情报网络。

第二部分是经过培训和认证的搜集人员执行的战术人力情报。这是人力情报搜集的一项重要内容，包括正式来源、主动投诚者、审讯，以及文件开发利用。它虽有价值，但不论是此类人员还是他们所在组织的数量均不充足，无法提供所有类型的人力情报搜集，供复杂作战环境下分布式的反叛乱行动所用。

人力情报搜集还有一个非常重要的部分，可供主动出击、勇敢无畏和足智多谋的高级搜集专家及其指挥官使用，那就是低级搜集人员组成的“世界”。这很重要，而且应当在作战行动开始之前提供，当然也应当在非常规战争行动实际开展后提供。这种人力情报搜集正是我们现在正在回顾的那种。非常规战争，特别是在城市中的非常规战争，需要街头搜集人员生成数据，供小分队指挥官和其他领导者使用，因为他们往往在远离自己的营部或旅战斗队总部，经常需要做出许多对作战和战略等层面行动具有深远影响的艰难决策。黑姆斯是著名的第四代战争专家，他的观点可以帮助我们思考年轻领导者所处的艰难环境：

> 我们需要成为情报驱动力量。而更加困难的任务是，我们必

> 须把关注焦点放在人类网络、文化情报，以及第四代战争所特有的极长时间表上。我们不是把技术力量聚焦起来，寻找看起来和我们差不多的力量，而是需要大幅提高人力情报的搜集和分析能力。我们拥有世界上最先进的信息技术，但不幸的是，我们是把它的力量聚焦起来，寻找常规力量……不幸的是，我们的人力情报计划目前已被叫停了。[1]

当我们规划并开展这种低级搜集人员的活动时，知名法国反叛乱专家罗歇·特兰基耶为我们提供了一些思路：

> 由于现代战争主张全民皆兵，我们必须能在所有地方都了解情况。因此，我们必须拥有一个庞大的情报网络，如有可能，应在敌对行动开始之前就建好这个网络。[2]

这些思路对我们探讨的高级搜集之旅极具启发意义。由此可知，首先我们必须考虑如何实施运用低级搜集人员的相应策略。我们可能会得出结论，认为必须在叛乱正在酝酿的地方，从这个庞大的网络中招募人员，并在叛乱开始后，让他们继续提供低级搜集人员层面的信息。随着时间的推移，我们将借助这些来源去了解民众、街道和周边邻里，并了解羽翼未丰的叛乱分子正在做什么、他们是如何组织的、他们的首脑是谁、他们的行动方式是怎样的，以及他们未来的计划又是什么。另一个推论则是，我们需要大量（数百位）低级搜集人员。

使用低级搜集能力时并非没有挑战。人们若有意使用低级搜集人员，将面临许多更加严峻的挑战，比如：

★ 第一，将会不断招募和准备此类来源。目标价值总在变化，因此随着目标性质的变化，来源的价值也会不断波动。

★ 第二，情报搜集人员会为了各种刺激而开展工作，其可靠性可能存

[1] Thomas X. Hammes, *The Sling and the Stone* (Minneapolis, MN: Zenith Press, 2006), 265.

[2] Roger Trinquier, *Modern Warfare: A French View of Counterinsurgency* (Westport, CT: Praeger Security International, 1964), 31.

疑。我们付费购买他们的服务，但他们的输入可能是有问题的，因此必须在限定时间内尽可能予以核查。

- 第三，毫无疑问，我们至少也需要提供少量培训或演练任务，并借助假设任务，以预演方式化解执行任务人员及其上线的恐惧。无论如何，如果敌人能够做到这一点，那么美国指挥官、主官和人力情报人员也能做到这一点，因为他们有时间与许多非常低级别的情报搜集人员合作。
- 第四，这些情报搜集人员必须拥有必要的手段，可以通过短信、电话、图像、视频等方式，亲自报告自己的所见所闻；实现所有这些的，是功能强大、价格低廉、市场现成的设备，或是他们的口述。
- 第五，我们必须只向情报搜集人员提供重要的观察指标，即正确的时间、正确的地点、正确的活动和正确的观察指标。毫无疑问，他们会被太多且太复杂的观察指标所淹没。为了克服这一挑战，我们必须再次借鉴那些手段高明的敌人的做法，也就是使用熔断机制——只提供少量指标用以开展情报搜集，并且所提供的情况仅够他们完成手头的基本任务即可。这样可以提供帮助，克服此类讨论中总是出现的一些不可避免的行动安全关切。
- 第六，对于更具挑战性的任务，比如移动人员或观察人员开展点持续监视，就需要进行一些排练、演练讨论、假设演习，以及开发并使用制作粗糙但看似可信的掩护身份的“故事”，供友方、中立方或敌方等所有各方进行意义构建所用，因为各方可能都想知道为什么情报搜集人员会出现在行动区，执行看似卑微或简单的任务，比如在垃圾桶里翻找食物。要想拟定此类掩护身份的“故事”，至少需要进行些许人力情报搜集推演，以确保“故事”是可行的。
- 第七，需要已经开始操作数据网络，以支持来自低级搜集人员的多个数据流。这些数据无疑将使用商业通信渠道，但接下来必须先进行“清洗”，然后输入分布式通用地面站或受保护的军事数据处理系统。

不幸的是，我们需要多个“网络的网络”，并让它们散布在世界各地潜在的叛乱和恐怖主义热点地区。事实证明这是不可行的，原因是成本问题，从未发生过叛乱的地方回报低，以及总是担心这些人只是骗取金钱，或是提供虚假或非常粗略的数据——这是一个成本效益问题。无论如何，我们提出这个想法，供人们考虑。人力情报和支持性网络太过重要，而且如果爆发的是基于叛乱的危机，那么开发、规划和实施它们所需的时间也将太过冗长。开发我们正在讨论的这种人力情报搜集网络需要很长时间，而且需要耐心。整个思路就是设置条件，以便能够成功进行高级搜集。

有趣的是，关于如何在危机爆发前打造低级搜集人员网络的问题，特兰基耶提供了如下想法：

> 尽管这个情报网络规模很大，能够投入工作的特工的数量很多，但只需很少费用即可建立。这些……特工可以提供关于他们所在环境的信息，并通报敌人试图派去渗透民众的特工的情况……信息本身并无价值，尤其是在危机期间，如果不能被迅速利用的话更是如此。因此，我们必须建立一个能够兼顾情报和行动的机构，它应当能够在尽可能短的时间内，妥善利用本机构的信息……接下来，我们将把这些信息分发到人类活动的所有阶段——工厂、场院、行政办公室、大型公共服务机构。多亏有了这些信息，不论何地，只要有人聚集，我们便有如身临其境。[1]

这样的想法为我们提供了一种解决成本效益困境的方法：若能在危机前启动这些低级搜集人员组成的小型网络，成本不会太高。即使钱数不多，但对那些没有钱财的人员来说，也是很大的激励动力。要让这种想法成为现实，还需要解决许多问题（比如招募、报告、避免露富、付款、因效果不佳而终止付款等），但对于我们为高级搜集策略和高级搜集设置条件的工作来说，这些想法仍然是值得考虑的。此外，低级搜集人员可以很好地提供很有价值的信息，让我们了解不断变化的作战环境（我们的人员

---

[1] Roger Trinquier, *Modern Warfare: A French View of Counterinsurgency* (Westport, CT: Praeger Security International, 1964), 32.

可能必须在其中开展行动）、敌人设置条件的活动，甚至周边邻里的生活模式和潜在的异常，因为如果叛乱确实发生，那么高级分析人员和高级搜集人员便能够利用这些信息。对于高级分析人员和高级搜集专家来说，他们在了解非常规战争作战环境中某些更加根本性的方面时，需要依赖一些基线，而这种数据便非常贴合这些基线。

我们继续探讨对低级搜集人员提供数据的需求。现在可以拓展一下特兰基耶的设想，让情报搜集人员这个概念可以涵盖更多的人群。在我们的设想中，我们将这个概念扩大，包括“皮条客”、无家可归者、小贩、出租车司机、擦鞋男孩、“妓女”等，还包括居民区和社会中可能与叛乱分子和恐怖分子有联系的所有人员，以及与叛乱分子网络（这正是他们的重心）的管理者有联系的所有人员。如前所述，高级搜集把我们所说的人员分为观察人员、移动人员、线人和设备安装人员等四类。我们设想，在未来可能发生冲突的地区，这些低级搜集人员每天会提供数以百计，甚至数以千计的数据输入，这些个人输入对国家层面的高级分析人员来说价值不大，但在与其他数据输入融合之后，便可生成极有价值的数据，再通过重构成为信息，并通过综合最终成为知识。我们所说的这些数据可以成为人们思考的基础，不但可以用来生成态势感知，还可以用来构建意义和生成态势认知——所有这些都是极其必要的，可以用于指挥官的决策流程，用于环境感知，以及用于在作战、战区和国家等多个层面的其他传感器和搜集人员之间，实现供给和提示。这种情报搜集和分析工作的输出便是知识，供指挥官和政策制定者用来掌握主动权，以及以先发制人的方式，对付那些从一开始便与美国的目标背道而驰的活动。我们希望情报搜集系统能够生成充足的数据，足以用来制订计划和策略，以便在偏远混乱的地方，在叛乱形成气候之前将其消灭。

然而，如果我们采取这样一种策略和行动计划，我们就会因此需要一种能力，能够根据综合形成的知识迅速采取行动，在面对可以不断变化和自我调整的敌人网络，以及面对叛乱分子和恐怖分子那具有预见性和敏捷性的头脑时，做出相应的响应。同理，高级搜集行动负责管理这种人力情报搜集的“网络的网络”，而且在必要的时候，高级搜集人员必须规划并且执行点持续监视行动。这些非常特定、非常专注于目标的搜集行动，在非常规战争环境中是必不可少的，它的特定目标包括巡航导弹发射场、地下掩体系统、叛乱和恐怖分子的网络和安全屋、各个网络的弹药库、茂密丛林中的贩毒行动，以及大规模杀伤性武器的隐蔽地点。我们的计划是，预先设定这种点持续监视行动的激活方式，也就是由“内置”的低级搜集人员网络负责启动，那么当危机爆发时，这些网络便随时可用，能够为美国情报力量工作。如果真是这样，我们的点持续监视行动所用到的将不仅仅是航空传感器，还会用到技术传感器、地面传感器、已经进入所关注居民区的一线人员、传统人力情报、开源情报，以及网络搜集等的最佳混合。所有资产都将在采样率的帮助下，聚焦各自的关注重点；这种采样率由高级分析人员定义，并由五种观察指标推动。

既然我们认同街头搜集人员行动的重要性，那么我们必须做到哪些事情，才能确保在情报搜集这个重要领域取得成功？我们需要考虑以下几项重要因素。

首先我们必须学会思考的是，对于需要承担各种角色和任务的指挥官来说，有专为帮助他们做出决策的低级搜集人员行动，而我们必须学会思考在利用此类行动时，在情报搜集方面遇到的那些挑战。关于这一点，因为此类分布式行动有时与营部、旅战斗队总部或团战斗队总部的距离可达一两百公里，所以我们必须考虑低级搜集人员提供的数据，对于在连长层面管理风险和降低不确定性等所做的贡献将有多大。毫无疑问，小分队主官和指挥官相信低级搜集人员对自己决策是非常重要的。举例来说，请思考在伊拉克叛军势力最强大的时候，一名在伊拉克服役的连长对此事的看法：

> 各小分队必须不断搜集信息和监视政治活动，以确保重建工作朝着有利于全民的积极方向发展……我们希望在整个行动区建立一个可以依赖的联络网络，不论是用它来搜集关于叛乱活动的情报，还是仅仅为了了解当地民众对我们努力的意见……此类信息的最佳来源是居住此地的民众，以及在咖啡店无意中听到的对话。叛乱分子会在美军驻守的地方隐匿行踪，因此美军士兵几乎发现不了可疑行为，但当地人对附近发生的

事情却都了如指掌。[1]

这个观点是一位久经沙场的连长提出的，他认为叛乱活动是模糊至极、很难发现的，他的观点刚好印证了我们的观点，即认为低级搜集人员对连长及其手下主官来说至关重要。这种人力情报活动必须数量充足，如果是有价值的，主官就必须立即根据这些数据采取行动。官僚机构动作迟缓，态度冷漠，但不应任由它们阻碍这些低级搜集人员开展行动的速度。如果是在速度缓慢的指挥链上批准请求，或是等待接受过人力情报训练的人员去执行被斯坦顿少校称为联络的工作，在非常规战争行动中将是毫无意义的。

在更加全面地探讨低级搜集人员行动能够提供哪些有意义的贡献时，还有这样一项考虑因素，那就是使用此类行动时遇到的障碍或阻力。可能会有哪些障碍？

★ 第一个障碍是，我们往往并不知道应当如何看待自己面临的人力情报搜集挑战。因此，我们必须学会如何思考作战环境、敌人、民众、文化、自己的使命，以及我方主官的决策流程，然后努力辨别主官需要哪种人力情报搜集提供的数据、信息和知识，以便应对这种复杂到令人头晕目眩的事态。

★ 第二个障碍是，情报人员和机器必须融合数百名低级搜集人员可能的输出。关于这一点，我们必须考虑如何思考和理解数据，也就是把数据视为片段或“细缕”，它们在孤立时是零星的、零散的、毫无意义的，但聚合之后便极有意义，能以“组合”贡献的方式帮助理解整体。

★ 第三个障碍是，我们的研究往往不够深入，未能得出关于人力情报搜集的详细行动概念，也未能设计出开展此类低级搜集人员行动的组织形式。因此，我们必须学会深入细节，然后努力规划高级搜集行动，但这一切都必须先在情报搜集实验和演示环境中进行，然后

---

[1] Paul T. Stanton, “Unit Immersion in Mosul: Establishing Stability in Transition,” *Military Review* (July–August 2006), 62–65.

在实战中尝试这些想法。为此，我们的概念和行动方案必须详尽细致，深思熟虑，包括招募、培训、装备、付费、接收报告、下达任务、拟定掩护身份的"故事"等具体方法。然后，我们需要将这些概念和功能流程置入实验环境，检验哪些有效，哪些无效。

★ 第四个障碍是变化和创造性思维的宿敌，也就是传统智慧。有这样一个有效定义，认为传统智慧是"大多数人行动时普遍秉承的信念"。[1] 传统智慧可能是有益的，因为它给人们提供实现理解和执行流程的共同基础。它是人员和组织工作方式的基础。它还可以阻碍一时冲动的疯狂想法。探讨了积极方面之后，我们简单介绍一下传统智慧的消极方面。有时，传统智慧可以成为抵制变化的盾牌。人们如果沉溺现状，就会使用传统智慧去否定必要的变化，甚至让人没有机会去讨论和辩论新的观点。标准操作程序、商业规则、规章制度、政策甚至学说，都将增强传统智慧的力量，使得人们因循守旧。

在我们的讨论中，一些人员和组织反对使用低级搜集人员这个想法，因为传统智慧和官僚机构会说，过去有效的东西应该在未来继续延用，尽管作战环境、敌人、民众、文化，以及美国军队的角色和任务均已发生巨大的变化。有时，规章制度甚至学说都会阻碍人们讨论对非常规战争人力情报搜集的需求，并会扼杀新的观点。当然，因为没有拟出不错的概念，也没有什么手段可以检验人力情报概念、组织设计、工作流程和软件工具，所以情报人员并不愿意大胆前进，也不愿在保留过去做法中仍然适用部分的同时，去开发能够实施人力情报搜集的新方法。

那么我们现在的提议，相比过去的传统人力情报行动，更加重要的区别具体都是什么？

★ 第一，高级分析提供了特定的观察指标，以及时间、地点、可疑活动和标准（即高级分析术语中的分析采样率）等要素，可以用来指导高级搜集的人力情报搜集行动。

[1] Christine Ammer, *American Heritage Dictionary of Idioms*, Dictionary .com, http://dictionary.reference.com/browse/conventional wisdom (accessed October 2, 2009).

★ 第二，因为观察指标是不断变化的，所以低级搜集人员网络也是动态和流动的。我们所说的流动，是指数据将通过多种通信手段，从搜集人员处流出和流入。它还表示，我们的努力很可能随着敌人设置的条件（复杂适应系统正在准备，要以进攻方式与东道国政府开展竞争，有时竞争对手会是美军）、节点、（五种）联系、变化、变形，以及时隐时现而发生变化。

★ 第三，低级搜集人员行动将与其他类型的情报搜集合作，并为它们提供补充，以便不断推动最佳的搜集组合，以此提供最佳机会，去创造和维持我们在本书中反复讨论的搜集协同。

★ 第四，高级搜集专家一直在与高级分析人员和人力情报搜集专家合作，研究并反制敌人的反监视和早期预警能力。在进行这项工作时，规划人员会开展高级搜集推演（这是我们在前文讨论过的高级搜集的增强因素之一），并会获得访问大量的三维模拟与仿真的权限，因为这种模拟与仿真可以复制行动背景以及他们寻求数据的出处，也就是目标。根据这种推演和模拟与仿真的结果，人力情报搜集专家就可以辨别植入传感器的死角，观察人员对目标开展观察的地点，以及移动人员从所有角度和视角观察目标时所走的路线。

★ 第五，我们讨论的这种人力情报搜集规划人员也在与主题专家、高级分析人员、高级搜集专家和人力情报专家合作。这个团队可以为人员招募事宜进行详细的思考和规划，还可以拟定掩护身份的“故事”，不仅可供移动人员和观察人员使用，还可供安装人员使用，让他们用以植入和隐藏那些只有人类才能安全并且秘密安装的小型技术传感器。

★ 第六，必须进行大量的错峰活动、相互协调、选定时机和各方避碰，以确保情报搜集人员能够及时进行低级搜集，特别是当此类搜集的成功与否，取决于多种搜集类型开展合作，共同关注可疑的高价值目标时，是否能够彼此互动并保证搜集协同。

★ 第七，这种极其详细的人力情报搜集工作，需要与数据专家（负责建模、可视化、统计学等的人员）相互协调，因为移动人员，特别是观察人员必须将搜集到的数据传输至美国的服务器上，对其进行

"清洗"，然后输入分布式通用地面站或其他处理器。必须对这些网络进行架构设计和工程设计，以便能向使用人员（观察人员和移动人员）下达指令，以及输入数据，供美军即时使用。随着技术的进步，即使是美国支持的低级搜集人员，在使用手机时也将越来越多地面临干扰，原因是叛乱分子只要稍有头脑，就会在开展反监视努力时，针对各类通信手段开展情报工作，即使用设备进行截获和地理定位，从而制造越来越大的麻烦，让情报搜集人员更加难以将搜集到的数据传输至美国高级分析人员和高级搜集专家手中。

高级搜集专家完成自己的规划工作后，还剩最后一项努力：必须考虑自己在规划流程中可能遗漏了什么。因此，我们设计了一系列问题，如果使用得当，就可以激发我们动脑思考，从而成为一种支持手段，确保我们在开展情报搜集计划以支持非常规战争行动时，不会遗漏某些重要的方面。这些问题并非详尽无遗，只是作为工作起点和思想模板，让我们在规划时加以考虑：

- 我的低级搜集人员的目的是什么？
- 我是否已在使用他们的策略？
- 我有几种观察指标，可以让他们用来开展情报搜集？
- 我想让情报搜集人员具体做些什么？这些事情可行吗？
- 我该做些什么，才能确保情报搜集人员的生存概率是最高的？
- 如何以快速或慢速的方式寻找并招募情报搜集人员？
- 情报搜集人员不再有用之后，我该怎么做才能与他们切断关系？
- 社会网络分析能否帮我找到适合招募的人员，从事低级搜集人员的工作？
- 我该怎么做，才能让低级搜集人员与下级和上级总部的人力情报行动，以及与联盟和地方警察的行动错峰活动、彼此协调和相互避碰？
- 我们怎样招募低级人员？
- 我选择低级搜集人员、对其培训、为其提供掩护身份的"故事"，以及期望其提供输出等的理由都是什么？
- 我需要低级搜集人员在哪里，以及如何开展行动？
- 我可以移动我的情报搜集人员吗？如果可以，他们以多快速度移动才是安全的，不会引起不适当的注意？

- ★ 我的低级搜集人员的优势和局限都是什么？
- ★ 我需要我的观察人员在哪里开展观察，他们与我关注地点的距离应该是多远？
- ★ 敌人的反监视和预警等人员的部署地点是哪里，他们要寻找什么，他们使用的光学设备是什么，他们将如何把预警和观察结果传递给敌人？
- ★ 我希望我的移动人员选取哪条路线，才能足够接近我所关注的目标？
- ★ 我的观察人员是否足够警觉，与窗户的距离足够远，以消除光学透镜折射和反射的可能性？
- ★ 我该怎样训练我的观察人员和移动人员？
- ★ 我该怎样为我的观察人员和移动人员提供掩护身份的“故事”？
- ★ 我该怎样向我的观察人员和移动人员提供观察指标？
- ★ 我该怎样向我的观察人员和移动人员传递观察指标，以及分析驱动的采样率？
- ★ 我的观察人员和移动人员需要做些什么，才能避免被发现或识破？
- ★ 我如何使用情报搜集和分析推演，推动我的搜集人员取得成功？
- ★ 我的搜集人员的行动将如何为其他情报搜集活动提供补充？
- ★ 什么东西可以挫败我的计划？是敌人的行动、移动人员的行动、观察人员的行动，抑或是意外事件？

低级搜集人员并非不需要战术人力情报或高级战略人力情报等来源开展的行动。事实恰恰相反。使用大量低级搜集人员的情况，与今天大城市里警察的做法类似，也就是以物质激励的方式让“皮条客”、出租车司机、垃圾工人、公交司机、维修人员、擦鞋匠、乞丐、“妓女”、无家可归者等，在正确的时间、正确的地点，针对正确的活动，使用特定的观察指标开展情报搜集。因为这些低级搜集人员都是本地人，所以可以提供关于街道、周边邻里、民众意见、期望和解读等的极其重要的感受和知识。战术人力情报人员是在两个“极点”之间的真空区域开展工作的。我们必须面对事实。绝大多数技术传感器都是自行运行的，无法提取必要的重点，供指挥官思考并据此做出决策。在这方面的讨论中，有位知名专家在其文章中为我们提供了以下观点：

> 我们需要在默认使用的技术与被轻视忽略的人为因素之间，实现一种更加有效的平衡……在所有昂贵的情报搜集系统全都失败后，我们需要依赖贿赂、告密者和运气，需要去攻击非常原始的小屋甚至洞穴，而不是袭击指挥掩体和导弹发射井。[1]

我们还必须承认，在寻找非常规战争态势中指挥官需要的详细并具有相关性的数据时，不能只有少数来源，更不能只让专案官或受过人力情报训练的人员去招募和管理这些来源。在非常规战争行动中，排长和连长们需要在极其关键的当地层面和居民区层面，开展预测分析、态势感知、意义构建和态势认知，然后要做出决策，因此需要数量庞大的情报搜集人员，但这些人员并不稳定。坦率地说，美国军方既没有资源（即人员），也没有时间或文化方面的必要手段去招募和管理此类人员。

快速回顾一下。以下是四种低级搜集人员。不论出于何种考虑，最好是将四种视作整体，让他们以协同方式开展工作。

线人（informant）可以报告自己看到、听到、闻到和触碰的东西。他们的输入若以群体形式呈现，其价值将是不可估量的，因为这种输出可以描绘人们在做什么，在说什么，以及他们是如何行动的。一些输入是关于合法民众的，另一些则是关于我们的敌人和其他竞争对手的。我们的线人一般是本地人，但也有可能是外国人。同样，居住在美国城市的线人是警方搜集网络中不可或缺的组成部分，因为他们提供的数据可以表明他们生活和工作的居民区“有事发生”。这些线人提供的数据，可供高级分析人员用以提供关于街道、居民区和行动倾向的“要点”。

安装人员（emplacer）可以打着合法社交活动的旗号，安装低级搜集设备，从而看到、听到、闻到和触碰周围环境。例如，他们可以是垃圾工人、维修人员、快递人员、公交司机（可以停车或故意抛锚）、拾荒人员

[1] Ralph Peters, "Our Strategic Intelligence Problem," MR Insights, *Military Review* (July–August 2006), 113–14.

和家庭访客。虽然此类安装活动随时随地都在进行，但若搜集设备安装完毕，安装人员便能根据为数不多的几个特定观察指标，专注观察传感器安装的地点和周边环境。

观察人员（watcher）对高级搜集行动来说非常重要。在大多数情况下，观察人员必须是本地人。居民区的居民，通常都会知道周边邻里每个房子里住的都是谁。因此，我们必须抢在叛乱或危机爆发之前，在我们认为已是或将是热点的地方招募观察人员。做这件事时必须富有远见，并与高级搜集的条件设置活动（比如人力情报搜集架构）很好地彼此错开。与观察人员合作一事看似简单，实则不易。有位专家撰文指出：

> 公开观察的做法很有挑战性。在熟人邻里间，人们一眼就能发现陌生人，并迅速加以盘问，因此很难进行公开和静态的监视活动……因此必须建立各种专业化团队，让他们接受训练，学会近距离观察个人和其他有针对性的情报搜集方法，并使用这些团队。[1]

移动人员（mover）是低级本土搜集人员，我们雇佣他们，让他们在特定时间移动到我们正在观察的某个地方，寻找并报告他们看到、听到、闻到或是触碰的观察指标。当然，移动人员虽是本地人，但也仍然必须要有可行的理由才能前往，无论是步行、骑车还是开车，都是如此。不过，现在我们不会过度深入地讨论高级搜集中关于这个方面的具体细节。我们稍后会回到这个问题上来，更加深入地讨论高级搜集中这个非常重要的因素。

1. 浅谈低级人力情报搜集的总体规划基础

我们进入下一阶段的讨论，更加具体地研究高级搜集规划人员必须要做的一些规划考虑。至此，读者明显可以看出，为低级人力情报搜集行动进行规划是一项非常棘手的任务。因此，在本书此节的讨论中，我们将简要介绍一些关于高级搜集的高阶观点，规划人员在思考和规划低级线人搜

---

[1] Keith Maguire, “The Intelligence War in Northern Ireland,” *International Journal of Intelligence and Counterintelligence* 4 (1990), 80.

集活动时经常要考虑这些观点。

规划开始时，高级搜集规划人员应当考虑叛乱所能带来的冲突类型都有哪些，以及观察人员、移动人员、设备安装人员和线人开展的人力情报搜集为什么是重要的。从某种程度上讲，如果高级搜集规划人员受过完备的学术训练，必定记得克劳塞维茨所提理论的告诫。克劳塞维茨提出的命题具有绝对的预见性，在实际应用中也具有可替换性，这个观点非常奇妙：

> 因此，政治家和统帅应该首先作出的最重大和最有决定意义的判断，是根据这种观点正确地认识他所从事的战争，他不应该把那种不符合当时情况的战争看作是他应该从事的战争，也不应该想使他所从事的战争成为那样的战争。[1]

高级搜集规划人员应当通过自己的指挥官及其任务，了解自己参与的是哪种类型的冲突。在他们了解了自己参与冲突的类型之后，他们就会知道应当如何考虑情报搜集，才能在所研究的特定冲突环境下，支持这里的指挥官及其高级分析人员。如果他们最初的想法是错误的，那他们思考和规划情报搜集时的所有努力就一定是错误的。因此，情报搜集规划人员不应尝试将任何形式的情报搜集变成它不可能变成的东西。

在思考如何使用低级搜集人员（如线人、观察人员、移动人员和设备安装人员）的事宜时，高级搜集规划人员总要考虑访问问题。访问是指“一种接近目标的方式或方法”。[2] 访问的重要性在于某些特定的人力情报搜集需要访问权限，这样才能进入作战环境中某些危险或禁止进入的部分，才能看到、听到、闻到或触碰到敌人或民众的活动。不幸的是，在人力情报搜集赖以搜集数据的观察指标中，许多都是文化、态势、技术、功能和生物特征的观察指标，而且通常都是组合出现的。因此，搜集人员会根据这些观察指标调整自己的工作。因为观察指标都是不易察觉、模棱两

---

[1] Clausewitz, *On War*, 88.（译文引自：克劳塞维茨著、军事科学院译，《战争论》[商务印书馆，1978 年第 1 版]，第 45 页。——译注）

[2] Dictionary.com, http://dictionary.reference.com/browse/access (accessed February 11, 2010).

可、差别细微的，而且往往转瞬即逝，所以必须将搜集人员精心部署在正确的地点和时间，让他们能够看到这些观察指标，因为它们会迅速消散或消失。另外要想纠正他们的部署位置，也需要访问权限。

招募低级搜集人员是非常重要的事情，因为这样才能在叛乱作战环境下开展搜集工作。此事殊为不易，但却可为。最好是在冲突开始前招募低级搜集人员。这样一来，反叛乱部队就可以实施监视，可以制定基线，而且如果问题突然出现，还可以掌握少量街头层面的当地实况。这种类型的招募都是通过激励来实现的，因为正是激励推动了所有的人类活动。激励是跨文化和跨代的。我们必须找到合适的激励，好让合适的人员按照我们的愿望工作。《魔鬼经济学》一书的几位作者可以帮助我们理解激励的基本原理：

> 激励是现代生活的基石。理解它们，或者说，通常是找出它们，正是解开几乎任何谜团，也就是从暴力犯罪到比赛作弊再到网络约会等的关键……激励只是敦促人们多做好事少做坏事的一种手段……激励有三种基本形式：经济、社会和道德。通常，一个激励计划会包括这三种形式。[1]

这种观点非常适合高级搜集规划人员，因为他们会思考哪些激励可以成为动机，让人成为观察人员、移动人员、线人和设备安装人员。每个人都有自己的特定激励，愿意为此被招募为低级搜集人员，另外规划人员可以确认无误的是，每个人的动机都会包裹在文化统觉这个谜团之中。

叛乱一旦出现，那么在开始时和成熟期间，高级搜集规划人员，以及人力情报和文化主题专家等的规划人员将会继续使用激励，但提供给低级搜集人员并且被他们各自所看重的激励可能必须增加，因为他们一直担心会被怀疑，而且如果被人识破，可能就会丧命或遭受酷刑。在激励的诱惑下，往往整个家庭都会参与低级人力情报搜集行动。在这种情

[1] Steven D. Levitt and Stephen J. Dubner, *Freakonomics* (New York: HarperCollins, 2005), 13, 21.

况下，激励的丰厚程度可能极大，但可收获他们的长期信任，以及拒绝成为双重间谍（看似为美国搜集情报，实则搜集美国的情报），这种情况将对美军更为有利，因为他们具有家人可以信任、搜集轻车熟路、熟悉邻里关系等优势。

2. 人力情报搜集调动"回放"

大多数低级人力情报搜集规划人员会在未来考虑人力情报搜集的调动问题。一直以来，人力情报搜集行动都存在缺乏机动性和可移动性的缺陷。我们已在前文探讨过这个主题，在此重申（因此是"回放"），是为了提供更多的解释，探索更多的可能性。它很新颖，又极重要，值得进行简短的反复讨论。

让这些情报搜集人员单独行动，在某个城市四下走动，以了解关于某项活动的最新情况，这种做法往往是不可行的，原因就是在时间和空间等方面面临挑战。有趣的是，如果在开始进行人力情报搜集和招募行动之际，相应计划的开始部分就有关于调动的设想，那么高级搜集人员就可以调动搜集人员。支撑人力情报搜集调动的基本观点是，在我们迫切需要有人能够提供数据之前，就已经招募了相应的人员和家庭。美国和东道国的执法人员和专案官，会通过各种激励措施，招募低级搜集人员，让他们成为我们心中的"沉睡者"，并保持"休眠"状态，直到被预先设定的警报信号所唤醒；这种信号可以是电话、电子邮件、短信，甚至是指定的墙上或门上突然出现的符号。每个情报搜集人员都需要搜集辅助设备，需要美国提供用以下达任务的手段和自己上报情报的渠道，以及预先编写好的掩护身份的"故事"。当反叛乱行动接近休眠"群体"所在的特定位置时，这些低级人力情报搜集群体就会复苏，并开始根据要求报告所在居民区的情况。

当然，时至今日，高级搜集专家一直都很清楚，需要提供大量并且持续的沉没成本，才能控制这些搜集人员，以及将这些人力情报搜集群体聚合起来，加以控制。虽然这种方法存在弱点，比如双重间谍，或是有人在收到警报后并没有警觉等，但我们相信它的优点远远大于缺点。当"人力情报搜集群体"概念与点持续监视行动中"最佳混合"这个概念的其他部分结合在一起时，高级搜集规划人员就可以搜集许多数据碎片，因此不会过度依赖技术搜集设备的数据。事实上，因为这种人力情报搜集的错误率可能很高，所以高级搜集规划人员需要从多个不同的角度使用多种不同的方法，针对同一个目标开展工作，以搜集数据碎片，再让机器对其进行融合和关联。这样一来，搜集人员的数据便只是更加庞大的数据搜集全景中的一小部分，从而减少了潜在的误差幅度。

当然，若要访问被拒止或即将被拒止的区域，就要找到合理的理由，说明为什么情报搜集人员可以在正确的时间靠近关注目标，无论目标是疑似的犯罪分子或嫌疑人、敌人网络的支持人员，还是无辜的平民。高级搜集规划人员将与人力情报搜集和文化等方面的专家以及主题专家合作，为每个搜集人员拟定这方面的理由，以及一系列可信的掩护身份的“故事”，以便能够提供合理的理由，说明为什么此人会路过疑似的安全屋，为什么观察人员会借助公寓楼的窗户进行观察，或者为什么设备安装人员碰巧出现在附近。

搜集辅助是任何高级搜集规划人员在考虑使用低级人力情报搜集行动时，始终都会考虑的东西。搜集辅助可以是双筒望远镜、单筒望远镜、配有长焦镜头的照相机、助听器、视网膜显示器等设备，以及地震设备（比如用它检测土壤扰动，进而表明存在挖掘活动），等等。这些感官辅助设备应该是市场有售的消耗品，这样一来，哪怕被叛乱分子发现，也不会联系到联军头上。为什么高级搜集规划人员应该考虑如何使用搜集辅助？答案很简单：人们并不总是可以足够接近一个人、一家企业或一处可疑住所，进而看到、听到、闻到或触碰到自己奉命搜集的东西，所以他们需要一些不会引人注目的搜集辅助工具。这些设备应当是消耗品（一次性的），还必须易于操作，特别是易于传输，比如通过手机里预先设定的电路，向美军部队发送图像的手机摄像头。这些设备应该可以（以现实、电子和数字等方式）融入周围环境，不会因为格格不入而引起注意。

3. 下达任务和上报情况的注意事项

高级搜集专家会进行深度思考，看这些搜集人员如何才能在不影响任务和活动的同时，上报自己的观察和发现。线人、观察人员、移动人员甚至设备安装人员（他们需要通过安装的地面传感器获取情况）等低级搜集人员，需要的是非常简单的指示和简单的任务，不能给他们的记忆造成负担。

下达任务时必须非常具体，必须始终由上级或搜集专家在研究高级分析人员提供的观察指标后做出。有了这些类型的搜集资产，高级搜集规划人员就可以在料定阻力将会发生之后，针对这个不受欢迎者的出现来制订计划。规划人员可以避免不可避免的阻力，方法就是使用我们在讨论分析采样率时提到的时机，以此指导搜集人员何时可以去看、听、闻或触碰，以及如何处理搜集的数据（数据可以是观察结果或思考结果，比如图像，关于异常的看法，或是关于略微不正常的东西的观察）。回顾一下，分析采样率是：高级分析人员与搜集专家合作，设计出（技术、人力、开源）搜集采样频率，以便在正确的时间和地点，寻找特定的观察指标和正确的活动，并让后续搜集活动重点关注事件（活动和持续时间）。还要考虑以下几项因素：一是必要的时间长度，这样才能搜集充足的数据，做出准确的决策（也就是说，传感器精度本身往往就是关于情报搜集行动持续时间的函数）；二是事件持续时间；三是预计的事件发生频率；四是假警报的可能性。

举例来说，高级搜集规划人员，以及人力情报和本土居民区等领域的主题专家知道附近人们通常何时睡觉。他们还知道美国高级分析人员预测的敌人的活动时间。因此，规划人员从来不会考虑要求情报搜集人员一直去观察、触碰，或尝试去闻或去听；事实上，他们要求搜集人员在正确的时间、正确的地点，在活动按照预料的那样出现或未出现时，重点关注正确的观察指标。报告必须简单，因为受众人群压力极大、未经训练且疲倦不堪，所以绝对不能是复杂的。所搜集的数据必须迅速送达、接受“清洗”并被导入，在接受分析方面的解构和综合之后，迅速输入指挥官的决策流程。

虽然始终应当谨记需要让人力情报搜集行动彼此避碰，但若能从全局着眼去开展人力情报搜集，将是一个非常出色的思路；具体而言，就是考虑如何让人力情报搜集与其他搜集资产以最佳混合方案开展情报搜集，以求完成高级搜集任务。高级搜集规划人员的目的是实现搜集协同。为了实现协同效应，规划人员需要不断考虑各种类型的人力情报搜集应当如何相互补充、相互联系，从而形成人力情报搜集的组合或群体，进而创造出搜集协同的子元素，即人力情报搜集协同。

在本节对人力情报搜集规划的探讨中，最后一点就是线人、观察人员、设备安装人员和移动人员，应当接受至少是少量的培训和复制式演练

（如果时间和环境允许的话，还应当参加预演），培训和演练的内容是即将开展的行动，不仅包括情报搜集，还包括解释自己简单但有充分根据的掩护身份的“故事”。如果时间和态势允许，他们还应当提前演练许多在实际行动时可能出错的事情，以及演练如何才能娴熟地使用指定给自己的简单搜集辅助设备和报告工具。此外，如果阻力突然出现，如果时间允许，那么搜集人员的上级就会临时和他们一起工作。当然，他们也必须练习报告自己看到、听到、闻到和触碰到的东西。这些事情本身并不困难，但如果人们感到害怕或疲劳时，克劳塞维茨的“阻力”幽灵就会像美国中西部或得克萨斯州夏季风暴前云层积聚那样，在空中盘旋。如果高级搜集规划人员选择使用数百名低级搜集人员，那么显然他不可能对每个人都进行培训或演练。然而，每个群组会有一个主要的对话者，此人将接受培训和演练，并以此帮助本群组成员成为观察人员、移动人员和线人。当然，他们收到的激励也将远远超过高级搜集中的“步兵”。

（六）点持续监视

点持续监视是高级搜集中一项非常重要的元素。回顾一下，我们将点持续监视定义为：

> 传感系统（或多个系统的组合）用以提供高置信度的能力，让人相信重要事件发生时不会检测不到。持续监视的监视方案可以有效地消除时间、空间和频谱等间隙，同时保证端到端报告延迟处于可接受的程度，并将假警报率也保持在可接受的限度内。点持续监视可在正确的地点、正确的时间，针对具有特定性的观察指标开展工作，以发现文化、态势、技术、功能和生物特征等五种观察指标中的任何一种。[1]

点持续监视太过重要，因此在本书后文，我们将用整整一章的篇幅来详细解释。点持续监视很难规划、执行和评估。这些难题将会对此类情报

[1] Working definition, U.S. JFCOM JUOO, “Persistent Surveillance of Specific Points,” white paper, March 2007.

行动造成影响，原因在于：

★ 个人和组织必须能够敏捷地进行思维、规划和执行，但这种能力是很难具备的。
★ 需要向传感器的“占有者”借用传感器时间，但是目前，“占有”传感器的个人和组织，有时并不愿意出借。
★ 需要在分析采样率要求的时机，通过最佳混合来创造搜集协同，但这种能力并没有达到应有的水平。
★ 必须对多名人员和多台机器进行大量的同步、避碰、协调和聚集力量，但参与这些活动的元素越多，执行起来就越困难。
★ 目前在组织方面存在障碍（倾向于实施层层叠加的官僚主义和标准作业流程，这些都是由传统智慧提出并维持的，可以对抗敏捷性并维持现状）：官僚主义不但会扼杀想象力和主动性，而且会扼杀个人和组织的敏捷性。
★ 高级搜集专家必须具备深度思维能力和极其广泛的知识范围，各种能力出众的主题专家也须如此；但目前没有任何培训和教育计划可以帮助人们学习“如何深度思考”高级搜集事宜，也没有关于高级搜集的核心理念去补充高级分析。
★ 人们必须操作人员和机器，找出正确的传感器混合和组合，以及进行人力情报搜集；但我们的情报组织并不具备概念、培训和教育、材料（软件）、领导力和组织设计，无法达成高级搜集的这些要求。
★ 一定要有能力集结、调动和蜂群聚集搜集资产，好让这些资产能够在正确的时间、正确的地点，使用正确的观察指标，搜集正确的活动，然后将其解散。所有这些都需要情报行动的指挥和控制系统，但这样的系统是不存在的。

此时此刻，正好可以对点持续监视进行更加广泛的讨论。关于我们说起的针对目标开展点持续监视的问题，要想成功，就必须依照专门拟定的操作指南。

有一项宏观指导要求高级分析人员和高级搜集人员在工作时必须形成合力。这种合力可以帮助搜集人员指挥、集结和调动由传感器、人力情报搜集、开源搜集、数据网络，以及思维和机器等力量组成的最佳混合，在正确的时间和正确的地点，使用正确的观察指标，寻找正确的东西。

虽然在不同的搜集资产之间开展合作搜集的概念已经提出很多年，但这种情报搜集的敏捷性却从未达到本书呼吁必须达到的水平。此外关于我们的工作，本书除了倡导使用国家技术手段为其他搜集资产提供补充，还倡导国家技术手段与战区（有人和无人）航空搜集、人力情报搜集、战术人员、地面传感器和无人机搜集等开展合作。这样一来，我们就必须学会将国家技术手段与小型搜集资产同步，并为此设计组织和技术等方面的必要手段。在相当长的一段时间里，搜集活动一直在朝着这个不变的目标努力；然而，要想实现真正的协同和合力，上至国家层面、下至战术层面的各项资产必须有序整合，而且它们所能发挥的作用必须比我们现在能够看到的更加显著。当然，我们所说的所有这些努力，一直都是与指挥官的非常规战争任务、作战目标，以及意图传达载体，也就是他与高级分析人员和高级搜集专家的思维联系等有关。

任何一项行动，如果其中可以变动的要素很多，关注焦点也不止一个，那就必须将它们集中起来，让分析和搜集努力结成短暂的统一体。当然，不仅要让这项行动中的许多活动同步，还要让与这些活动有关的情报，与指挥官的矩阵和时间表同步。然而，尽管困难重重，高级搜集仍然可以依靠点持续监视来集中力量，搜寻、发现和搜集与我们在本书中反复讨论的五种观察指标有关的数据。同理，点持续监视是高级搜集中一项不可或缺的内容。没有它，情报对非常规战争的支持便无从谈起。

（七）隐蔽的测量与特征情报设备和隐蔽的摄像头

如前所述，航空和太空传感器搜集虽然非常重要，但并不能提供所需的全部情报搜集，因此无法让人在非常规战争作战环境中用来帮助决策。这些搜集资产虽然强大，但也需要地面测量与特征情报和地面电光摄像头提供补充，它们秉承的策略，就是创造高级分析与高级搜集的合力。这些地面传感器必须是隐蔽的，如此一来，备有出色掩护身份“故事”的相关人员就可以去安装它们，而且不会引起对方反监视小组的怀疑——领导这些小组的敌方头目痴迷于行动安全和严格保密，疑心极重。我们所说的这些传感器都是智能传感器。也就是说，它们可以保持“休眠”以节约电池电量，但可被指令唤醒，然后彼此联网，再与接收它们发送数据流的服务器联网。

在规划如何植入隐蔽的测量与特征情报设备和摄像头时，高级搜集专家必须考虑被观察者与观察者的现象，以及量子力学专家盖瑞·祖卡夫在《物理之舞》一书中提出的观点[1]，前者是指如果人们知道或认为某人或某物正在观察自己，就会改变自己的举止和行为，后者认为观察环境的行为举动会导致被观察者发生改变。虽然祖卡夫讨论的是量子环境，但这对我们也是有意义的，因为我们正在通过搜集观察，改变我们所观察的东西。于是我们又回到这样一个概念：如果被观察者相信自己被人监视，他就会改变自己的行为。观察活动在现实中造成变化之后，也会在观察者的头脑中造成变化，因为观察者会评定自己所观察到的东西，然后进行评估、学习和自我调整适应，这与本书前文关于复杂适应系统的讨论并无二致。此外，退役上校约翰·博伊德这位空军理论专家为我们提供了一些关于观察者本质的精彩观点和推论，他认为被观察者会因为存在被人观察的可能性，而去改变自己的行为：

> 这种反复以内省方式去解释现实中越发微妙现象的做法，暗示了一种令人不安的观点，即也许在某个时候，模糊、不确定、异常或明显不一致等情况可能出现，让概念与所观察现实间无法进行更加一般意义上但也更加精确的匹配……我们发现，从以前的观察结果和思维模式中分离出来的事实、知觉、观点、印象、互动等，已经彼此关联，形成了一种新的概念模式。换句话说，我们怀疑，现在正在进行的改善后的观察，最终表现出的精确性和微妙之处，会比以前的观察结果和思维模式的程度更高，或是有所不同。显然，如果预判出现任何一种或几种差异，就说明我们应该想到这样一种情况：新的观察结果，以及对这些观察结果所做的概念描述性预判，彼此之间是不匹配的。[2]

这种观察者和被观察者之间的互动，明显来自高级搜集推演时的两

[1] Zukav, *The Dancing*, 30.

[2] John Boyd, "Destruction and Creation," unpublished paper, September 3,1976, 3–4.

个视角。第一个视角，高级搜集人员必须预测被观察者的变化，并对此做出调整，因为被观察者会认为自己正在被人观察。第二个视角，如果友方搜集人员认为敌人的反监视特工正在观察自己，并认为自己确实正在被观察，且因此犯错，那么判断敌人认为友方搜集人员将如何改变自己的行动模式，就是高级搜集人员必须预测的事情。这种心理上的回环非常复杂，但却是高级搜集推演的基本要素。

如前所述，安装地面测量与特征情报设备和摄像头一事，对任务成败至关重要。安装人员必须有在特定居民区工作的正当理由，必须融入当地居民，比如成为本地人或本地工人。安装人员必须小心地安装地面测量与特征情报设备和小型摄像头，确保它们可以工作，隐藏它们，并在自己出入目标居民区时，关注作战环境中的各种活动。安装人员必须藏好地面测量与特征情报设备和摄像头，这一点非常重要，因为保密是至关重要的事情。当然，这意味着高级搜集规划人员必须推演阻力，以及地面传感器和安装人员可能同时遇险的情况；两者都很容易被发现，因为敌人甚至民众中总有非常好奇的人。

为保证高级搜集能够成功，我们需要将地面、空中和太空的传感器组成统一的阵列，也就是通过调动网络的方式将这些传感器聚集起来，供高级搜集人员开展“调动”，从而实现传感器的最佳混合，在高级分析人员预测将可能出现最佳结果的时间和地点，根据分析导出的观察指标和采样率，集中力量开展搜集。如果再加上开源搜集和人力情报搜集（即传统和非传统搜集人员），我们就掌握了一种强大的搜集力量——它首先可以在内部彼此同步，然后作为一个整体，再与指挥官的决策架构同步。有了这种情监侦同步（亦即人、组织和机器同步），我们在集结搜集力量时就可以达到程度惊人的同步和协调，从而在短时间内创造出让人梦寐以求的搜集协同，而这也正是每位高级搜集专业人士的梦想或想象。

（八）高分辨率手持式光学设备

观察人员负责在我们希望的地点和时间，观察我们希望观察的景象。然而，情报搜集必须不能被越发谨慎的反监视或预警探测人员和传感器，甚至不能被疑心极重的人看到或感觉到；疑心极重者会怀疑自己正在被人观察，并出于习惯和长期积累的生存技能，去观察所有人和所有东西，试图寻找最微小的行为或活动，从而证明自己正在被人观察。我们的观察人员和移动人员的活动和行动，在克劳塞维茨“阻力”的所有潜在来源眼中都必须是不可见的，因为根据我们的推测，这种阻力可能会让哪怕是设计最完美的点持续监视行动宣告失败。请回想一下克劳塞维茨“阻力”的概念本质：

> 在战争中，由于受到预先考虑不到的无数细小情况的影响，一切都进行得不理想，以致原定的目标远远不能达到。只有钢铁般的坚强意志才能克服这些阻力，粉碎各种障碍，当然机器也就受到很大的损伤……阻力大体上可以说是区别实际的战争和纸上的战争的唯一概念。[1]

这段话是这位伟大军事理论家对高级搜集人员的一次醍醐灌顶。很明显，高级搜集人员在一切工作中都需要考虑阻力。在意识到它的隐约存在之后，我们就应当驻足思考，意识到哪怕最完美的计划也永远不会像我们希望的那样实现。当然，这意味着我们的人、组织和机器必须是敏捷的，在高级搜集领域突然出现阻力之际，让我们在喘息片刻之后，能够重新聚焦我们的努力，继续完成任务。

这是一个令人信服的概念，所有高级搜集专家在规划如何使用高分辨率手持式光学设备时，必须始终牢记这一点。当高级搜集专家与人力情报专家合作，共同规划观察人员和移动人员将如何使用高分辨率光学设备时，他们必须进入错误和意外概率事件的世界，再对结果进行推演，好让人员、组织、传感器乃至观察人员和移动人员准备好解决方案，以备预料之外的重要人士使用。

关于高级搜集的这个方面，我们需要谨记的是，应当让观察人员和移动人员前往我们怀疑某些活动可能发生的地点，让他们融入所处环境，并观察和寻找我们想要的东西。要想识别这些活动，就要借助分析设计的采样率（请记住，观察人员不能每时每刻都在观察，移动人员不能在一天中

---

[1] Clausewitz, *On War*, 119.（译文引自：克劳塞维茨著、军事科学院译，《战争论》[商务印书馆，1978 年第 1 版]，第 95—96 页。——译注）

的某些特定时间，以合理理由步行或驱车经过关注的地点，而安装人员也不能在晚上以合理理由开展安装工作），并使用五种观察指标。虽然较为复杂，但大多数观察指标就是文化、态势和功能观察指标，还有一些简单的技术观察指标，比如嗅觉。因此，观察人员尤其需要光学设备在白天和夜晚开展观察。他们需要通过分析采样率来保持聚焦状态，需要具有特定性的观察指标或一个非常简单的清单，列出我们希望他们观察的内容，另外还需要一个报告机制。

这些人使用的光学设备必须具有高分辨率，能够在白天和夜晚捕捉图像，能够记录时间、位置和方向等元数据，并且应该尽可能让观察活动避免受到反射和折射的干扰。显然，观察人员必须在他们想要窥视的房间里找到合适的位置，这个位置应当远离窗户，接近或毗邻我们感兴趣的点目标。一位间谍专家以其专业的间谍思维，对光学设备展开了思考：

> 在房间里，你站得离窗多远并不重要；有时我们可以看到来自望远镜的杂散反射。[1]

我们不能冒着出现反射或折射（前者是光学透镜反弹的闪光，后者是指“光线、声音、热量等，从一种介质斜射入另一种介质并发生波速变化时，方向也将发生改变”[2]）的风险，因为任何一种都有可能破坏点持续监视行动。毕竟，在这种高级搜集行动中，只要一次电子发射造成的极小暴露，就可能引起怀疑，进而导致行动失败。此外，观察人员要想学会使用我们正在讨论的光学设备，并至少具备些许熟练程度，无疑是需要一些初级训练的。因此，负责招募观察人员的人员必须较为勤勉地开展这项工作，才能找到合适的人选，并给他们提供合适的激励。因此，我们的高级搜集规划人员应当开展深度思考，以制订适当的计划并予以执行，从而优化这些光学设备的使用方法。他们还将进行深度思考，以设计出培训低级线人或线人的方法，让他们能够以令人满意的娴熟程度，使用光学设备并

[1] Adam Hall, *The Quiller Memorandum* (New York: Simon and Shuster, 1965), 78–79.
[2] Dictionary.com, http://dictionary.reference.com/browse/refraction (accessed September 13, 2009).

汇报情况，也就是在感兴趣的事情出现，或是某项活动或行动发生时，可以通过手机或卫星电话系统，发送图片或短信进行报告。

观察人员使用手持式光学设备是相当危险的。观察人员会面临危险，认识观察人员并与之共同生活的人员也会面临危险。之所以危险，是因为有可能被发现，因为敌人一直观察我们正在观察的那些迹象。如果敌人的反监视网络业务娴熟，那么只需一次小小的异常，比如手机铃声响错了，就可以进行调查。因此，**高级搜集推演是非常重要的**，因为这样才能辨别时间和距离、视线可能的观察角度、观察人员的潜在错误、报告活动，以及死角。另外，这也表明高级搜集规划人员必须解决这样一个问题：观察人员、移动人员、安装人员或线人如何报告所见、所听、所触或所闻的东西。

（九）情报搜集架构

为什么我们要把情报搜集架构视作高级搜集的主要元素之一？为了回答这个问题，我们首先为情报搜集架构提供一下定义。搜集架构（collection architecture）是“用以描述主体力量、系统或活动的所有元素之间关系的框架或结构，它涉及信息的获取，以及将此信息提供给负责处理的元素”。[1] 其次，搜集架构可以描述能力和局限性。搜集架构并不是关于各项能力及其连通性的简单二维视图。事实上，从广义上看，搜集架构描述了高级搜集是如何组织心理冲突的，因为架构不仅描绘了人们是如何思考的，而且描绘了开展搜集所用的工具，这些工具的能力、关联、参与、依赖性、输出（搜集到的数据）流、带宽需求，以及对这些元素进行最佳混合和组合的潜力。为了帮助理解复杂性、互动性，以及某些情况下的相互依赖性，高级搜集架构需要找出开展情报搜集的理由，并将其可视化。最后，我们将简要地探讨一下当我们深入研究高级搜集构架的细节时，我们可以发现哪些情况。

作为探讨的起点，我们建议所有高级搜集架构都从一个标准基线开始，然后随着任务、作战环境、敌人、民众和竞争对手的碰撞、倾轧、颠覆和联合而扩展和收缩。这个基线是讨论的出发点，是所有相关人员在规

---

[1] 这个定义是将美国国防部第3–05号联合出版物中的“搜集”和“架构”两个术语结合在一起。

划、执行、评估和调整高级搜集行动时使用的知识参考，也是在任何时候（比如在危机时提供支持），判断什么是正常、高级和异常的标准。在我们的高级搜集基线中，共有七项要素：一是人力情报；二是技术传感器；三是非传统的线人、观察人员、移动人员、设备安装人员和中立方或商业公司；四是计算机；五是数据网络；六是开源；七是可以增强所有搜集能力的数据路径。所有这些要素都将发挥重要作用，可以左右高级搜集人员将以怎样的方式，开展集结、调动、蜂群聚集和实现搜集协同。我们将稍事周章，逐一做出解释。

第一，当我们一头扎进思维中的黑暗阁楼（思维“高地”），并在那里对搜集构架展开深度思考时，便会发现人力情报搜集。如前所述，人力情报是“使用人类作为来源和搜集人员，并将人类作为主要搜集工具的情报搜集科目生成的情报”。[1] 人力情报搜集是人力情报的一个子集，是在高级搜集中，以观察人员、移动人员、线人和设备安装人员等身份开展工作的人类来源。

在高级搜集中，一切人力情报架构都包括网络的技术要素、数据质量标准[2]、数据流、带宽、进入军方或政府安全网络等更加“干净”的环境之前进行的数据“清洗”，时间延迟，数据存储、输入和提取，所有这些都是围绕手头处理的事情或问题展开的。

第二，我们引入了技术传感器。为了认识、厘清和理解关系，我们通常将技术传感器分别划入我们所说的若干情报科目之中。这些技术科目包括信号情报[3]、测量与特征情报[4]，以及地理空间情报[5]。有了航空技术类传

[1] U.S. Department of Defense, Joint Publication 1-02, *DoD Dictionary*, as amended March 17, 2009.

[2] 质量标准包括：准确性（真实性）、服务质量、延迟、发起组织或来源的诚意、数据来源的不可否认性、潜在损坏的程度、新近度、相对性，以及标准与符合标准的程度。

[3] 信号情报（SIGINT）：这个情报科目包括了所有的通信情报、电子情报和外国仪器信号情报，不限传输方式，也不论是单独存在还是组合运行。参见美国国防部：《国防部军事及相关术语词典》，2009 年 8 月。

[4] 测量与特征情报（MASINT）：对来自特定技术传感器的（度量、角度、空间、波长、时间依赖性、调制、等离子体和磁流体）数据进行定量和定性分析获得的情报，目的是识别与辐射或发射设备相关的一切独特特征，以及协助后期对其进行识别和（或）测量。参见美国国防部：《国防部军事及相关术语词典》，2009 年 8 月。

[5] 地理空间情报（GEOINT）：它可以利用和分析图像和地理空间信息，以描述、评

感器架构的计划安排，我们可以掌握它们的能力、局限性、运行流程、使用或申请的程序，以及即时的使用和运行情况与所处位置或轨道（当然，这是在自动化和可视化模型的帮助下实现的）。技术传感器可以覆盖陆、海、空和网络空间等领域。有了地面传感器，就和有了航空和太空传感器时一样，我们便掌握了每个传感器的能力、限制、流程、程序、当前的使用情况和位置，以及随之而来的数据，还有通信网络及其能力。

我们的技术传感器架构需要人类指导来优化其有用性，需要数据来发布预警、激活传感器并向其下达指令，以及解释（人类尽可能向机器做出解释）使用传感器的理由，还必须报告传感器观察、汇集、搜集、处理（在某些情况下是在传感器上处理）和注入的数据。因此，即使我们只是使用高级搜集架构去检查和思考技术能力和局限性，我们也能同时了解高级分析技术搜集的整体情况。这就是说，我们在思考情报搜集时，还要思考相关数据的连通与流动，因为它们是这个技术架构不可或缺的内容。比如说，有了所有这些技术传感器，我们就掌握了一个数据链路，它可以为技术传感器提供指导，向传感器发出预警，将它们接入网络，并让它们根据技术标准开展技术活动，以及满足可以适用于一切情报搜集并且是由命令驱动的标准。相关数据流的架构包括带宽，以及最新活跃的流动图，因此可以显示当前数据流、延迟抑制因素，以及如果某个特定传输管道阻塞或故障（比如故意拒绝服务）时，可以显示分流或“调流”等备选方案。

我们关于高级搜集架构的设想，可以显示并且解释这种架构中的每一个元素，是如何与九个可以增强高级搜集的重要因素中的八个（实验因素省略）产生关联的，而且实际上它们是相互依赖的。这八个增强因素是：

★ 访问；
★ 五种观察指标；
★ 七种基线；
★ 为高级搜集设置的条件（数据、传感器、知识和访问）；
★ 使用虚拟知识环境；

估和直观描绘地球上的物理特征和与地理相关的活动。地理空间情报包括图像、图像情报和地理空间信息。参见美国国防部《国防部军事及相关术语词典》，2009 年 8 月。

★ 借用传感器时间并进行优化；
★ 分析侧指导搜集侧的信息；
★ 高级搜集策略。

因此，了解了关于这些相互依赖和彼此联系的知识之后，我们就可以猜测并了解为什么高级搜集架构现在是，并且将来仍然会是高级搜集的一个重要因素的大致理由。了解这些之后，我们就可以继续深入，更加具体地讨论高级搜集构架，讨论支持我们主张或假设的证据，以及解释性材料。

在非常规战争环境下，情报搜集架构是复杂的、非线性的。造成复杂性的原因是作战环境的非线性特征、敌人具有适应性和不对称性、民众及其感知，以及无比强大的文化——这种文化可以涵盖所有的感知、思想、决策、对数据的解读、期望、活动和行为。因此，高级搜集架构始终是动态的、可以自我适应的、可以预测的、自动化的和非线性的。

我们将稍事周章，提供关于这个重要假设的更多解释。第一，非常规战争搜集架构不仅仅是对相关能力所做的二维描述。这种搜集架构可以用于六个领域：地形、空中、海洋和河流、太空、信息，以及网络空间。在这六个领域中，每个领域都存在高级搜集活动、关系、数据流、限制、指挥官意图等。在高级搜集的每个架构和领域中，不仅有搜集，还有数据流和带宽大小、输出，以及不断变化的关系组合。专门设计的软件程序可以跟踪、更新、预警、警告，并针对每个领域，提供与之对应的搜集架构中每个要素的备选解决方案。

第二，正如前面几段所设想和描述的那样，搜集架构既是自动化的，又是动态的。也就是说，这种乏味无趣的工作，这种自动化可以出色完成被我们称为后台工作的东西，可以躲在高级搜集行动的帷幕之后运行，换言之，就是通过精密的自动化程序和智能软件来运行。此类软件适用于所有用户，在被高级搜集专家使用之后，它还可以学习该名专家是如何感知、思考、制订计划、体验限制、做出决策、下达任务、寻求反馈，以及根据反馈调整活动的。在这个并非线性的流程中，此类软件可以预测高级搜集专家的数据、信息和知识等需求，可以满足这些需求，或是先设置条件，再由高级搜集专家提出需求，以达到期望的目的。

第三，非传统搜集人员里包括低级搜集人员，我们可以将其细分为前文提到的移动人员、观察人员、设备安装人员和线人。这些人员可以在一个开展反叛乱行动的城市里，看到、听到、闻到和触碰到街头的风吹草动和地下的汹涌暗流。这些人会注意种种最为细微的变化，从中看到趋势和更加明显的异常。他们可以帮助美国高级搜集专家找到五种联系、四种模式和四种趋势。所有来源，不论是传统的还是非传统的，不论是人力来源还是线人，也不论是特定的人力情报搜集目标，还是可以定期发生的事件或活动发生当时的临时对话者，都必须有办法接收输入，也就是让那些掌握自己需求情况的人员，以数据、信息或知识的形式提供信息。这也意味着这些搜集人员必须掌握多种方法（主要方法和后备方法），来报告自己看到、闻到、触到或以其他感官感觉到的东西，比如感知振动，接收重新下达的任务，以及能够与处理程序通信，以澄清事项，或寻求并接收指导（这需在安全允许的范围内进行）。

第四，搜集架构必须包括可以高速处理数字、处理数据、关联数据和存储数据的计算机。高级搜集规划人员可以将这些计算机组合，组成一台或几台强大的超级计算机，其计算能力可以通过自动化的方式，提供决定性的优势，胜过敌人所拥有的一切。

第五，高级搜集架构总是包含数据路径。因为数据如同所有系统的血液，所以数据路径就像是动脉和静脉。根据这个比喻，要想移动大量数据，我们必须有宽大的数据路径，也就是带宽。所有情报搜集人员都必须规划数据路径，不仅要位于世界各地，方便访问人员、数据库和组织，而且要能够连接地面和空中的传感器、人力情报以及非传统搜集资产。

第六，高级搜集规划人员必须规划开源情报的使用方法。很多重要信息都包含在开源情报之中。然而，这里也确实存在真实性、不可否认性、及时性和延迟性、发起者诚意、损坏、非法进入和操纵等问题。但开源数据对情报搜集来说太过重要，因此必须将其视作所要搜集数据的主要来源——这意味着需要将数据本身作为一种搜集资产加以使用。

第七，高级搜集行动提供了相应路径，可以增强所有高级搜集能力。要想增强高级分析人员和高级搜集专家的能力，首先是要深度思考，其次是要制定关于思维和组织等方面敏捷性的规定，并在此其范围内开展行动。

在非常规战争作战环境下开展情报搜集行动，要求情报搜集的行动设计和执行等项工作的敏捷性和实际流动性，快过作战环境、敌人和民众的聚集速度。因为作战环境、敌人和民众总在变化、移动和自我调整适应，所以由人员、组织和机器组成的高级搜集网络，就必须更加敏捷，必须预见到其他行为体也是敏捷的，并且凭借自己的敏捷性先发制人。

搜集架构通常会是以下两种中的一种。第一种会在完成之后，盘踞在书架上某个尘封的角落，不见天日，无人问津。第二种会在启用之后，规定僵化的纸面和软件流程，让用户无法专心处理手头问题，只能忙于处理这些流程。这种搜集专家将沦为形式和流程的奴隶，无暇顾及实质，因此会尝试更新自己的能力并做出改变，但这样一来，就会在遵守程序时感受到官僚主义的枷锁。他们还努力让其他人相信自己的需求是有效的，努力正确地完成搜集架构的格式，并努力遵守严格的程序和规则。他们只顾应付这些流程，因此在搜集与指挥官意图相关的需求时，会忽视自己正在寻找的东西。

搜集专家的知识被边缘化，将搜集人员变成数据录入人员，这并不是我们对高级搜集所持有的初衷。事实上，我们需要聪明、知情、精明和主动出击的信息战士，他们已经做好充分准备，将与发动叛乱的敌人进行“智慧战争”。这时需要第二种搜集架构。为了满足这项需求，我们提倡打造可以预测的、自动化的、动态的高级搜集架构，它可以提供自动化的表格填写、数据输入、预警和警报，以及备选解决方案，以便高级搜集人员能够针对关系、组合和最佳混合开展深度思考，然后寻找并找到它们，这样就可以集中搜集力量，满足指挥官的即时、中期和长期需求。

（十）敌人的反监视

高级搜集专家必须考虑敌人是否有能力通过反监视，拒止我们情报搜集的努力。因此，高级搜集专家必须想敌人之所想，并智胜敌人，以挫败敌人旨在拒止我们情报搜集的努力。这是一个必不可少的思维功能，不可忽视。开展高级搜集所要求的思维，需要态度极其主动且又仔细缜密的高级搜集专家，他们既有主题专家的支持，也有计算机的支持。这两种支持都是非常必要的，这样才能在争夺知识的斗争中胜过敌人，不是互有胜负，而是在我们与非常规战争敌人开展的持续不断的智慧战争中，在每一次冲突、战斗甚至战役中都无往不胜。一位知名专家写下这样一段颇具启示的文字，可以帮助我们理解这场斗争错综复杂的性质：

> 安全部队使用更加巧妙的部署，让恐怖小分队绕道前往某条特定路线，并可影响恐怖分子暗哨，让他错误报告在特定安全部队基地或驻地周围发起行动所蕴含的风险。[1]

这段文字指出，应当思考叛乱分子或恐怖分子对安全和保密的绝对需求，强调此事极其重要。这项需求表明，叛乱分子或恐怖分子展开的反监视或早期预警，是所有叛乱设置条件和正式行动中的一项重要内容。他们不仅必须具备这种能力，而且必须精通反监视和早期预警，这样才能得以生存；因此，我们必须详细考虑这种能力，然后决定我们将以何种方式，对其反监视网络实施转移注意力或欺骗等手段。由于反监视是一切叛乱或恐怖主义行动中的重要内容，我们必须消除或削弱这种能力。

这个流程的第一步是知道这种能力，然后通过证据，了解和理解敌人的反监视是如何运行的，或者在没有证据的情况下，根据当前的环境和行动背景，了解和理解这种反监视网络应当如何运作。如果叛乱分子和恐怖分子认为自己的所作所为是重要的，那么他们就会一直具有反监视能力。关于这一点，我们可以借用著名游击队员的睿智箴言，以说明向敌人（在这种情况下是美国军方）拒止信息的重要性：

> 结果就是，游击队员不会向敌人泄露关于游击队的一切情报，这让敌人笼罩在一层无法穿透的迷雾之中……由于掌握信息优势，游击队总是可以自己选择交战环境；由于更加熟悉地形，他们能够将地形变为自己的优势、敌人的劣势。[2]

有这样一种可能的策略，就是高级搜集专家与高级分析人员和行动人

---

[1] Mark Urban, *Big Boys' Rules: The Secret Struggle against the IRA* (London: Faber & Faber, 1992), 207.

[2] Mao, *On Guerrilla Warfare*, 23.（此处译文为译者观点。——译注）

员以协同合作的方式，主动扰乱敌人的反监视网络，进而扰乱他的整个网络，好让观察人员和移动人员，以及地面和空中传感器的立体组合能够开展观察，并由此生成数据，让我们掌握叛乱分子的行动模式。

另一项考虑因素是，高级搜集专家可以预测敌人将如何排布自己的反监视和早期预警人员和传感器，并将其可视化。高级分析人员和高级搜集专家以团队合作的方式开展工作，将可能的人员、传感器和非传统或异常能力（比如，小巷中的绊线信号灯、墙头碎玻璃被人破坏时发出的微弱但仍能听到的噪声、睡着的猫狗受到惊扰等）列入模板。在这种部署中，既有高技术，也有低技术。高级搜集专家可以在特种作战人员、执法人员、来自支持性虚拟知识环境的主题专家，以及本地人（他们熟悉地点和文化等可以加速和阻碍情报搜集的因素）的帮助下，开展这种模板的制作工作；另外，这种文化方面的加速和阻碍因素，可以塑造并造就潜在敌人及其支持者的思想，以及他们的决策和行动。高级搜集专家还可以利用来自支持性虚拟知识环境的人员提供的帮助，对地点、人员、传感器和用以实施早期预警的可能的非传统方法进行四维（长、宽、高和时间）呈现。他们可以利用这方面的专业知识，帮助识别人员和传感器最有可能部署的位置。辅助计算机可从这些位置为人员提供视距，为传统和非传统传感器提供视场。

高级分析人员和高级搜集人员组成的团队会与传感器一起，共同预测反监视人员和传感器将如何向房屋、掩体、企业等里面的敌人提供早期预警，并对这些早期预警活动建模。这项任务相当棘手，因为敌人尝试以一种似乎并不可见的方式实施反监视，如下所示：

> 现场没有隐蔽或公开的监视，没有窃听器，没有人前来观察……更没有人在街头蹲守……什么都没有。[1]

这是反监视专家心目中的理想状态——没有可见的反监视，所有活动全都正常，没有任何不当之处会吸引美国情报搜集的窥探目光。虽然看

[1] Hall, *Quiller's Run* (New York: Jove Books, 1988), 33.

似极难解决，但高级搜集专家却泰然自若地应对着这种没有活动、很少活动或是虽有活动但不可见的情况，并努力让看起来不可见的东西变得可见——这便是**消除模糊性**（disambiguation），也正是所有高级搜集活动中并未明示的任务。

这些反监视和早期预警系统的目的很简单，就是向恐怖分子或叛乱分子提供预警，让他们警惕我们友方对其高价值目标构成的迫在眉睫的威胁。这些系统的规划人员和执行人员已经开发出非常出色的手段，监视他们认为必须监视的任何东西。这种情况持续了很多年，比美国开始与极不稳定的非常规战争作战环境、敌人和民众打交道的时间还要早上几十年。观察人员及其观察可以影响作战环境，也可以影响被观察的事物，因此，在理解高级搜集中这个非常重要的内容时，我们第一步应当开展深度思考，并开始理解观察者为什么会有如此强大的影响力。

在探讨观察者的影响力时，有这样一个考虑因素，同时也是在继续先前对此所作的讨论，即这种力量源自高级搜集专家对被观察者思维的影响。如果被观察者担心敌人的反监视系统、人员，以及能以直接或间接方式进行观察的传感器，那么被观察者就会改变自己的行为。为了帮助我们理解这个难以理解却非常重要的概念，盖瑞·祖卡夫对观察和被观察等情况做出解释：

> 量子力学这门新兴的物理学科可以明确地告诉我们一点，那就是如果不改变现实，就不可能对现实做出观察……量子力学认为，并不存在客观现实这种东西。我们不能把自己剔除在画卷之外。我们就是自然界的一部分，当我们研究自然界的时候，自然界也在研究它自己，这是无可回避的事实。[1]

在牢记这个观点的同时，我们面临的基本问题是：我们是否应该把量子世界或亚原子世界（在这种世界，仅仅因为被观察者知道或猜测有人正在观察自己，被观察者便会发生改变或变化）视为现实的一部分？另一种

[1] Zukav, *The Dancing*, 30.

观点认为，我们正在陷入错误类比的逻辑陷阱，也就是将量子世界与我们所处的物理世界进行类比。我们相信二者在现实这个整体中彼此结合、相互补充，并因此得出结论，认为量子力学的世界不仅具有现实性，而且极大地影响我们对高级搜集开展深度思考的方式。下一节将简要阐释秉承这种信念的理由。

我们高级搜集从业人员发现了这个概念中紧密相连的两个重要观点。第一，如果敌人甚至无辜人员相信有人或什么东西正在监视自己，他们就会改变自己的行为。高级搜集人员必须预见到这种思维与现实之间的因果关系，并据此调整搜集混合。第二，如果我们做了什么干扰环境的事情，比如使用无人机干扰作战环境，或者是在现场随机设置检查站，环境就会发生改变。

如果我们说得再详细一些，就需要从两个角度去探讨这种行为调整的重要性。第一，我们需要知道我们为何和如何相信自己正在遭到观察，以及我们的反应可能会是什么。我们可以在高级搜集推演中研究这个概念。第二，如果人们相信被观察者在得知自己正在遭到观察之后，就会改变自己互动、活动、交易和行事的方式，那么我们需要知道这种信念将以怎样的方式，触动并影响反监视和早期预警人员关于“我们如何看待他们关于我们的看法”这个问题的看法。此外，这样的调整可以具象化，显现为在活动、互动和交易中，略微偏离正常情况。我们知道，本书读者必须尽量让自己能够理解这个逻辑，但我们坚持认为这些问题非常重要，尤其是如果读者也认为敌人总是可以变得更加聪明，更具自我适应能力，当然也能在反监视和早期预警行动中表现得更加出色。因此，我们需要让自己的思维达到更高也更难的水平，不仅要在思维上胜过敌人，还要在决策方面胜过敌人。第三，我们正在讨论的行为调整，可以在敌人发现我们监视人员或技术传感器（网络、空中和地面）的任何蛛丝马迹情况下，驱动敌人将自己的观察人员、移动人员和传感器部署就位，以便检测我们是否正在深度监视他极力想要保护的高价值目标。第四，敌人将以观察人员的身份，观察友方的情报搜集。他开展观察的结果（比如针对我们对他进行的观察，调整他对此开展观察的方式），会让友方搜集专家猜到他正在开展观察，从而导致友方改变搜集方法。在敌人开展观察的同时，他还将对作战环境产生极其轻微的影响，具体来说，就是他因为预料到自己将会看到某些东西而做出改变，因此让自己的网络及支持者改用其他方式来提供功能、技术和文化等支持。所有这些非常重要的思维活动都可以通过高级搜集推演来发现，前提是推演做得非常仔细，而且贴近现实，以及我们可以发现自己有可能犯下认知错误，比如镜像思维、过度简化、后此谬误等。

这些思维努力很难在抽象层面展开，因为没有两次的结果会是相同的。物理学家布赖恩·格林提出以下观点，帮助我们理解观察者与被观察者的两难困境：

> 世界上最精确的测量设备可以证实这样一件事，能够以距离远近和持续长短加以度量的空间和时间，在每个人的体验中都是各不相同的……人们在相对于其他人进行运动时，对空间或时间的观察是不一样的……处于相对运动中的观察人员（在我们这里，就是相对于观察人员进行运动的移动人员）对距离和时间的看法就是不一样的。[1]

我们的人员在进行思考时，必须预料到人们对距离和时间的感知是存在差异的，并能够加以了解。格林博士的观点无疑让我们有理由对观察与被观察这个问题开展深度思考。敌人不仅会思考应在哪里设置开展反监视的观察人员和移动人员，而且肯定会考虑高级搜集专家（观察者）如何思考他自己及其反监视网络（被观察者）。仅仅是敌人着手思考我们如何思考，以及我们如何管理情报搜集行动的举动，就会迫使我们必须从他的角度出发，深度思考相对速度和相对观察，以及敌人认为自己可能遭到监视时将如何自我调整，以便更好地隐藏自己的活动——我们进行一切思考时，都必须考虑到敌人的文化视角，也就是他的统觉。对于任何高级搜集专家来说，这都是一种沉重的思维负担。

建模可以帮助我们进行充分的深度思考，从而为这个问题带去积极的结论。在我们的语境下，模型是“系统或现象的简化表现，用于科学或经

[1] Brian Greene, *The Elegant Universe* (New York: Norton, 2003), 25.

济学等学科当中，它需要假设来描述这个系统或解释这种现象，通常这种假设是以数学形式表达的”。[1] 高级搜集专家的工作是从建立关于反监视问题集的心理模型开始的。只有这样，这位专家才能继续向前推进，使用自动化模型去复制一个四维地理空间情报合成环境。建模工作的输出，以及大量运行关于态势的仿真等做法都是相当重要的。在仿真流程中，高级搜集专家不断改变变量，以便了解高级搜集行动是如何完成的。借助这种来自建模、仿真和我们头脑中的图景，我们就可以确定敌人的人员和支持性传感器能够看到什么，不能看到什么（亦即死角），还可以确定使用哪些高技术和低技术方法，将所见所闻通报给这个敌人，从而为其提供早期预警，并便于其可能采取逃跑行动。了解死角之后，高级搜集专家即可开展深度思考。这位专家需要决定在何时何地安装地面传感器，以及如何让低级观察人员在建筑的内部，使用市场有售的大功率光学设备来观察外部，如何让移动人员在搜集时只使用自己的感官，以求尽可能避免警醒反监视人员和电子传感器。

为了能在这场智慧战争中击败敌人，高级搜集专家会思考敌人是如何看待“自己是如何看待敌人的”这个问题。相关理论可以为此类深思提供帮助。孙子就可以帮助我们思考这个令人头疼不已的问题：

> 我让敌人把我的优势视为劣势，把我的劣势视为优势，同时发现他的劣势……我隐藏自己的行踪，让任何人都无法发现；我保持沉默，让任何人都无法听见。[2]

这些观点可以说明敌人及其反监视系统正在思考并尝试做到哪些事情，才能保护自己不被美国搜集活动的窥探眼睛所发现。

---

[1] Dictionary.com, http://dictionary.reference.com/browse/model (accessed October 7, 2009).

[2] Sun Tzu, *The Art of War*, 97.（此处译文为译者直译，因为并未在《孙子兵法》中找到对应原句。但《十一家注孙子》[孙武撰、郭化若译，上海古籍出版社，1978 年第 1 版] 一书第 133—134 页“虚实篇”中，“何（何延锡）氏曰：吾之实，使敌视之为虚；吾之虚，使敌视之为实……灭迹而不可见，韬声而不可闻”，与该译文所表达的意思高度吻合。——译注）

这种心理层面的回环还包括敌人关于“友方高级搜集专家将如何使用高级搜集”这个问题的看法，也包括敌人的安全人员关于“美国指挥官如何看待分析和搜集”这个问题的看法，以及更加重要的，即敌人认为高级搜集的能力到底是指哪些。当然，任何高级搜集专家在进行谋划时，都必须关注敌人的潜在认知错误，因为当敌人思考我们是如何思考的，以及对我们实际的人力和技术搜集能力做出假定时，就可能犯下此类错误。

高级搜集专家还有其他必须考虑的因素，包括：了解敌人如何向情报搜集下达任务，以及在传达此类指令和搜集意图过程中的延迟。这种延迟直接取决于敌人选择哪种手段与搜集开展通信，不仅是接收来自搜集的数据，还要下发搜集重点和搜集需求。如果敌人担心美国技术分析和搜集的能力，他可以选择使用低技术的通信手段，比如使用暗号、信使，甚至情景模式（situational pattern），如一天里房间的窗帘会在何时升起，何时拉下。因此，高级搜集专家需要考虑敌人反监视活动生成的数据是如何上报的，数据可能发生什么样的扭曲，以及报告送达敌人手中之后，他将如何据此采取措施。毫无疑问，低技术和高技术的反监视联合行动，将是高级搜集专家最难对付的一种情况。这种观察在以下情境尤其适用：预测敌人在任何给定时间可能使用哪种手段，他何时可能改变观察或通信的方法，提示改变的迹象可能是什么，以及对于我们必须规划、执行和评估是否成功的那些情报搜集行动来说，这种改变带来的是机会还是阻碍。

（十一）搜集资产的最佳混合与搜集协同

如前所述，任何高级搜集活动的目标，第一是必须满足需求，第二是必须能为决策者的决策做出贡献。要想同时实现这两个目标，就需要实现搜集协同。很简单，一个甚至两个搜集资产往往并不足以达成目标，它们分别开展情报搜集时更是如此。环境、敌人、民众和中立方不断变化，极难对其开展情报搜集。许多现代目标在嵌入、隐藏和伪装等方面做得非常出色，因此情报搜集人员发现，满足搜集需求是一项极具挑战性的任务。不管挑战如何棘手，他们的任务都是生成可以满足需求的数据，并找出不易察觉、差别细微并且负载文化的观察指标。因此，我们需要让搜集资产以组合方式开展工作。情报搜集专家应该优化搜集资产，尝试实现搜集协同。回顾一下，搜集协同是“创建（包括人力情报、街头人力情报、非传统搜集资产和方法、开源搜集）的搜集组合，好让组合能力优于简单的一加二等于三”。正是通过搜集协同，我们才能利用传感器两两之间以及集体内部的众多关系，并借助其他传感器和其他类型的人力、开源和网络空间等搜集以互补方式结成的组合，最大限度地减少这些手段各自的不足。当然，搜集协同不会也不可能随时随地出现。因此，高级搜集专家必须将努力集中于一点，利用分析采样率（正确的时间、正确的地点、正确的活动和正确的观察指标）和分析提供的观察指标，来优化搜集性能和数据输出，然后整理、集结和调动搜集资产，开发出能够提供我们所说的协同效应的搜集组合。他们执行手头的任务，但也知道这些新近设计的最佳混合不能持久。

从一般意义上讲，优化是“能使系统或设计尽可能有效或运行的一个或多个程序，尤其涉及数学技术”。[1] 我们所说的“最佳混合”一词的基本解释是：在高级搜集专家与高级分析人员进行协调，好让搜集资产能在正确的时间和正确的地点，针对正确的活动和正确的观察指标开展工作时，为优化搜集资产性能而创造出的最佳组合。

为了能够制定出最佳混合，我们首先必须进行综合这种心理活动。我们进行综合时，就是在进行被我们称为碎裂和聚并的认知行为。这就是说，高级搜集专家将他们正在处理的整体（观察指标）打碎，以了解它的部分、元素、构件、功能等。他们使用这些碎片来寻找目标的碎片，而不是试图从整体上寻找某个实体或整体。当然，此举的目的是让高级搜集人员找到目标整体的各个关键部分，具体做法就是通过情报搜集手段，寻找相应的部分或元素，然后找到并生成与这些部分或元素有关的数据。汇集这些数据之后，高级分析人员便将其重构为信息，然后通过综合将信息转化为知识，好让领导者可以帮助管理风险和减少不确定性。在高级搜集的术语中，我们的合作伙伴是高级分析人员，他们可以解构需求，从而生成我们的工作输出，也就是我们希望情报搜集发现的五种观察指标。高级搜集发现的这些观察指标，总是与初始的优先情报需求、信息需求、假设、期望、预感或疑惑等因素有

[1] *American Heritage Dictionary of the English Language*,4th ed., Houghton Mifflin, 2004, Dictionary.com, http://dictionary.reference.com/browse/optimization (accessed September 25, 2009).

关，原因在于它们总是与指挥官的意图、行动方案、设想和指导相关。

由此可知，高级搜集人员必然会参与解构工作。他们可以解构观察指标，并将他们得到的东西，与我们可能选择的每种传感器、人力情报或开源情报等能力被解构之后的能力和局限性进行匹配。他们可以通过这种解构活动来理解情报搜集人员的能力和局限性。因此，情报搜集专家必须具有广博而深刻的知识，才能设计出正确的搜集混合，针对高级搜集的硬目标开展情报搜集。有些搜集资产是技术类的，因此，搜集专家必须详细了解每个传感器的工程规格、功能、局限和架构关系。搜集专家还必须了解搜集人员和非传统搜集资产的特征、能力、弱点和局限性，以找到现有的最佳搜集混合或创建新的混合。此外，搜集专家必须了解和理解信息的公开来源，这在优化工作中将是非常重要的。最后，高级搜集专家必须了解网络搜集"机器人"的能力和局限性，因为在一切未来冲突的想定情景中，它们将是开展一切高级搜集的重要环节。如果高级搜集人员了解每种搜集资产的能力和局限性，以及这些资产与数据网络、虚拟知识环境和基线等的关系，这位搜集人员往往就可以发现每种搜集资产中看似微不足道的特征；如果将这些特征与其他传感器的其他特征结合在一起，就可以帮助提升整体的能力，亦即将各项能力进行最佳混合。毫无疑问，如果我们学会如何达成心理、机器和组织等方面的高难度需求，并在我们希望的时间、地点和期限将其变为现实，那么毫无疑问，这将是一种令人敬畏的强大能力。

有时，高级搜集专家不掌握技术知识，甚至并不掌握功能知识，因此无法以足够深入的程度，了解这种组合努力所需的搜集资产的能力。因此，这位专家通常希望咨询某位技术或其他领域的搜集专家，因为他们对相关搜集资产有充分的认识和了解，能够就特征和参数等提供可靠、相关和可用的建议。我们在进行这种咨询的同时，往往便获得了被称为虚拟知识环境的东西，如前所述，它是高级搜集的一个增强因素。在听取了此类建议之后，这位搜集专家就可以将各个搜集资产的能力编织成最佳混合；在借助五种观察指标，针对敌人和民众的活动开展搜集的工作中，这种混合比单独运转的传感器更加有效。

在许多情况下，搜集混合会迅速发生变化；在一个城市中，这些变化的速度和频率通常都是压倒性的，原因就在于民众、作战环境和敌人的互动方式。这种变化太过快速，因此人们很难创建和更新最佳混合，因为使用计算机计算最佳混合是需要时间的。在任何高级搜集系统中都必须使用计算机，因为它可以自动计算所需的变化，而且速度比人类要快得多。这种变化涉及距离、高度、传感器借用时间、视线、分辨率、优化、传感器的日用或夜用情况、传感器之间的供给与提示（比如图像和全动态视频可以自动提示地理位置），以及唤醒测量与特征情报传感器或地面传感器网络。这些实体以组成网络的方式相互连接，集中力量关注特定地点和环境，而毗邻航拍图像和地面搜集人员在地面拍摄的图像，将会自动提示这些传感实体，让它们从这些房屋和企业的上方及前后开展情报搜集。计算机运行算法和计算的速度极快，足以满足不断变化的作战环境、敌人、大量传感器和人工输入、民众、敌人和组织等作为复杂适应系统，彼此互动、倾轧、碰撞、颠覆和联合时的需求——这便是关于复杂适应系统的协同进化的经典描述。这正是米切尔·沃尔德罗普所说的“混沌边缘”[1]，一边是剧烈的动荡和变化的肆意蹂躏，另一边则是稳定、有序、恒定不变、完全不可能形成创造性思维或创新思维的环境。因此，除了对情报搜集进行优化和组合之外，我们还必须将这种对情报搜集所做的次优化，与对数据路径架构所进行的微观优化，以及位于战场、行动区域或专门为支持高级情报搜集行动而设计的组织有序、重点明确的分布式计算机网络中的计算能力等，进行组合和优化。

被我们称为优化和搜集协同的这种强大能力，只能通过集结和调动搜集资产来实现。然而，必须提前开展一些准备活动。具体有哪些准备活动？第一，我们需要软件，用它来借用传感器时间，分别为传感器和人员处理复杂的视场和视距，开展同步、协调和避碰，以及借助分析驱动的采样率和分析设计的观察指标，将搜集重心集于一点。第二，我们需要学说和战术、技术和程序等，以此训练我们的人员在头脑中和机器上，执行这些复杂的心理回环和现实回环。第三，我们的高级搜集和高级分析人员需要接受大量培训并开展大量实践，学会如何使用这些设备和程序。第四，

[1] Waldrop, *Complexity*, 12.

我们需要对技术、战术和程序，以及软件、思维流程、行动规则和同步矩阵等进行实验，确认哪些有效，哪些无效。完成准备之后，我们将与陆军、海军、空军和海军陆战队的战士一起，在困难、肮脏和紧张的前线环境中开展合作，以确保我们的规划、流程、机器和心理态度等全部就位，足以集结并调动测量与特征情报和地面、空中、太空的电光传感器，以及地上、地下和空中人类传感器，实现情监侦同步。到那时，也只有到那时，我们才会有绝对强大的传感器能力，足以应对非常规战争所固有的严峻挑战。

（十二）搜集形成合力

这个概念很容易理解，但要想彻底理解并学以致用，却难如登天。合力意味着人员、机器、知识、组织等所有资源都以团队方式开展合作，朝着一个共同的目标努力。它意味着人员、组织和机器之间开展对话，共享各自所见所闻、所作所为，为彼此提供即时帮助，以及将人员、组织和机器的能量结合起来，形成整体去完成任务。难题在于一些术语，虽然意思简单，但却是极其强大的“限制因素”：烟囱、组织的上下等级、势力范围、传统智慧、部落规定、规章制度、流程、奖励和惩罚。

幸好，我们有多种方法可以判断搜集合力的质量好坏和成功与否。要想做出最终判断，就要看在任务完成、指挥官或决策者决策、规划工作当中，情报搜集所做的贡献到底有多大。我们需要更多细节。我们必须通过以下细节来做出判断：一是人员、搜集资产和组织尝试和展示敏捷性的程度；二是人员与组织的协作程度；三是机器对话、供给和提示的程度；四是人类资产与机械资产的同步程度；五是人员、组织和搜集资产的自组织程度；六是人员和组织共享资产、数据、信息和知识的程度。这些问题看似简单，却难以思考、规划和实施，并且削弱了人员和组织开展思考、行动和评估的能力。情报搜集的合力行动极其复杂，因此人员和组织开始接受不完整的解决方案和平庸的性能，即使确有现成的完整解决方案并实现卓越的性能。

合力原本就是而且应当是高级搜集的要素之一，要想按照非常规战争行动的需求，让这种做法接连不断地取得成果，就需要睿智、强势而且精于官场之道的人员付出极大的努力，因为他们希望通过合力开展活动，击败这些极其重要的全球敌人。为了实现这个目标，我们可以而且应该做到很多事情。这些想法中的大部分已被讨论、重新讨论和精心研究，且实现这些想法的计划已经开始实施。然而，如果我们看清现实，就必须承认仍然存在前文提到的限制，它使我们的国家无法拥有尽可能最好的情报系统——这种系统应当是统一的、集团化的，既能支持反叛乱行动中的小分队指挥官，也能支持国家层面的政策制定者。我们尚未创建出这样一种理想的情报系统——这种系统可以让人们实现共享，践行心理、组织和机器的敏捷性，而不仅仅是徒逞口舌之利，在介绍设想、意图陈述和行动概念时大肆吹嘘。在这条发展道路上，我们似乎从未多走一步，不去寻求近在咫尺、一目了然、如低垂果实静待采撷的那份卓越。我们并不希望敌人和竞争对手抢在我们之前，“采下这个果实”。可惜，如果一味讨论却毫无作为的话，我们只能承认合力不过是一种理想目标而已。

认识到这一严峻现实之后，我们的选择是设计多个变通策略，以实现一种最小化策略，也就是让更小策略形成一个更大的整体之后，便可呈现当时尚未实现的理想目标。我们提倡另一种形式的情报合力，它可以在需要的时候聚集或解散，也具有足够的敏捷性，完全可以集中人员、组织和计算机，关注小分队的特定性，因为这些小分队会参加驻地东道国的战争，打击叛乱分子和恐怖分子，以及贩毒分子、犯罪分子和流氓国家。我们呼吁建立一个国家点持续监视中心，以便能在前线部署的小分队与战区和国家层面的搜集能力之间，开展协调、避碰、同步和组合，以支持特定的任务。我们设计这种能力的目的，是让合力能在短时间内取得成功。为此，我们将关注重点集中在可实现的目标上，也就是高级搜集的其他 11 个基本要素、最小合力，以及国家点持续监视中心。

当然，我们的核心方法是共享原则，虽然经常被人谈起，却几乎无人遵循。这是另一个虽然容易理解，但若要付诸实践便难如登天的想法。那些最擅长共享的人，处在与敌人、民众、东道国政府和非政府组织互动的边缘。那些最不擅长共享的人，开展工作的地点是行动边缘的千里之外。然而，如果没有一种集团式的方法，比如在人员、传感器、搜集资产、数据、信息、知识和组织力量之间，实现“真正”的共享和伙伴关系，就无法实现真正的情报合力。这将需要革命性的努力和冒险，随着时间的推移，我们的情报界已经学会将这二者视为诅咒，避之唯恐不及。我们的敌人在许多方面都具有革命性，经常会去冒险。因此，存在一个必须解决的矛盾。

> 同步是合力行动的一个重要方面，因为它能在正确的时间和地点，以聚焦的方式关注特定的目标，并使用正确的观察指标，关注正确的活动。同步是与其他重要思想和概念相关的描述性术语之一，其他的还有决策、搜集协同、位置、行动自由和敏捷性。有趣的是，同步还与两个概念相关，一个相当古老，是关于指挥和控制以及领导的，即任务型指令；另一个更加现代，是关于自相似（如俄罗斯套娃）、自组织和自同步的。同步是“在情报背景下，根据行动计划去运用情报来源和方法，以确保情报需求得到及时响应，从而影响它们所支持的决策”。[1]

同步是一项关键的影响因素，可以决定能否成功创建搜集资产的最佳混合，以及能否成功实现搜集协同。然而，当我们说起同步时，我们说的不仅仅是简单的时机和协调等问题。它是我们用以创建整体、以求胜过各部分相加之和的手段，指的是我们在正确的地点和正确的时间，将正确的搜集资产聚集起来，使用正确的观察指标，寻找正确的活动，另外它还是实现搜集协同的关键增强因素。当我们说起同步时，我们说的是：

- ★ 与指挥官的计划、指导和意图同步；
- ★ 使搜集资产与分析采样率同步；
- ★ 同步相似的搜集资产，然后同步不同的搜集资产，最后将所有搜集资产组合起来，组成一个可行的、充满活力的行动整体；
- ★ 使情报搜集与为分析和搜集设置条件的活动同步；
- ★ 同步我们能够集结和调动的搜集资产，以便能在正确的地点和正确的时间，关注正确的活动和正确的观察指标；
- ★ 使情报搜集与决策、活动和活动成果评估等同步；

[1] U.S. Department of Defense, *DoD Dictionary of Military and Associated Terms*.

★ 使情报搜集与指挥官直接权限以外的活动和行动，比如非政府活动、安保公司行动和人道主义救援行动等同步。

三、高级搜集与高级分析的关系

高级分析和高级搜集是不可分割的——它们是同一个整体，亦即情报行动的组成部分。从这一点来讲，它们是相互依存的。二者结合，可以在思维和行动上发挥巨大的威力。如果人们只做这个不做那个，虽也会有些作用，但相比高级分析和高级搜集在一个互补的整体中合作时所能产生的用处和力量，还是相去甚远的。我们探讨一下这两个概念之间一些更加明显的关联。

第一，对于高级分析来说，最重要的增强因素就是设置条件，以便传感器和搜集人员能够成功开展行动。这种类型的条件设置也适用于高级搜集，即高级搜集专家与高级分析人员合作来设置条件，以便传感器能够成功开展情报搜集。它是一项增强因素，对高级搜集来说至关重要。

第二，高级分析通过五种观察指标来驱动、聚焦和提示高级搜集。这些非常特定的观察指标源自高级分析人员和主题专家进行的详尽解构。解构的输出就是五种观察指标。观察指标极其复杂，因此需要极高等级的知识，而情报搜集专家没有也无法掌握足够的此类知识，所以无法制定观察指标。因此，搜集依赖分析。分析也依赖搜集，需要它为自己提供赖以生存的东西。当然，观察指标可以极大地向前推动情报搜集行动。在情报搜集的一切活动中，都有这样一条路径，开始时最简单的活动是提出问题等，结束时最简单的活动是在正确的时机转动旋钮等。高级搜集人员面临的任务是控制和操作过渡环境，因为在过渡环境下，情况会变得非常复杂，并受到大量的变量、限制和某种随机性的影响。高级搜集流程的最终产品是明确无误地下达任务。因为归根结底，情报产品将会受到下达任务和搜集人员能力等因素的综合限制。要想明确无误地下达任务，就需要巧妙地制定观察指标，以及高级搜集人员理解开展情报搜集的背景、理由和标准。

第三，高级分析和高级搜集都在使用分析侧指导搜集侧的信息。此类信息可将分析人员的想法传递到分布式、网络化的搜集系统。在美军的营部或旅战斗队总部、军或集团军总部，在华盛顿特区和其他存在卓越中心以支持前线部署战斗人员的城市里，我们都可以看到这种系统。高级搜集专家与高级分析人员开展合作，以生成这种消息，因为这对二者来说都很重要。它为支持部署部队的所有人员和组织提供了行动背景、五种观察指标、分析理由，以及标准。此类消息提供指导的对象，不仅是与高级分析人员以团队方式开展合作的搜集专家，还有分布式情报搜集网络。其中，后者既包括现实网络，也包括虚拟网络，由人员、机器和组织等组成，可以通过数据网络，与前线部署的分析人员和搜集人员实现连接，非常类似凯文·凯利（Kevin Kelly）所说的“蜂巢思维”。他在自己的书中写道，蜂巢思维是“一个既能感知又能记忆的分布式记忆体”。[1] 在昆虫世界，蜂巢思维是一种集体智能，其所构成实体的智力各不相同；这些实体独立工作的成效，远远逊色于彼此聚合并产生更高阶智力，亦即一种超级生物体之后的工作成效。在我们的语境下，蜂巢思维就是由数百个彼此连接、相互协作的实体组成的分布式情报搜集网络，也就是数百个人员、组织流程、计算机、数据网络和数据库以聚合群体方式形成的集体智力，它可以胜过一个、两个甚至十个人类大脑。回顾一下我们在本书中使用的关于蜂巢思维的临时定义：

- ★ 蜂巢思维是由人员、机器和组织组成的扁平、互联和聚合的网络，它可以学习、自我适应并且关注特征明确的目标，同时保持无限的敏捷性。
- ★ 它是由相似和不同的复杂适应系统组成的更大群体，这些复杂适应系统以集结、调动和蜂群聚集等方式汇集，共同移动，共同运行，共同创造能量和结果；如果发现或识别出某项需求，这个群体就可以共享关于不断变化的环境的数据，并在以自组织方式运行时进行自我调整。

昆虫的蜂巢思维与人类及人类组织的思维之间的共性是显而易见的。然而，我们正是在这里开始偏离这种昆虫共性，因为我们用蜂巢思维的目

---

[1] Kelly, *Out of Control*, 19.

的，是让蜂巢中的个体开展创造性的思考和行动，展现主动性，并不惮于挑战现状。此外，我们希望蜂巢中的人员能够纵向地与提出需求的人员，以及横向地在彼此之间交流和共享观点。试想一下，这样的“大观点”（big idea）将是何等强大，何等精彩。如果我们是“高级分析—高级搜集”团队，就可以针对行动背景的观点、观察指标、担忧或产生兴趣的理由，以及标准等四项要素，告知我们的蜂巢思维或分布式情报搜集系统；接下来，蜂巢思维，也就是高级搜集网络就会运用集体智力，开始工作。它的连通性可以造就一个临时实体，这个实体在人员、机器和组织等方面具备更加强大的能力，远远胜过各个分布式组成在彼此孤立、自行其是时的能力。这种高级情报完全有能力为前线部署的“高级分析—高级搜集”团队提供巨大的帮助。

如果没有分析侧指导搜集侧的信息作为信息的动力和渠道，分布式情报搜集系统的某些部分仍将处于极度缺乏知识的状态，信息和情报的水平必然低下，因此工作成效标准极低，输出质量极差。可惜，我们面对的是敌人的蜂群思维，他们通常会使用扁平、不断学习和自我适应的网络。詹姆斯·施奈德博士是美国陆军高级军事研究学院的前首席理论家，他可以帮助我们思考为何必须使用分布式情报搜集系统去与叛乱网络对抗：

> 最后，因为叛乱分子具有蜂巢那种控制论式流体结构的物理特性，所以他们拥有进化最完善的人类网络。[1]

在我们讨论的语境下，这是一个非常明确的告诫。如果我们没有学会发展出分布式情报搜集网络等网络，却用它去与叛乱分子的蜂巢思维对抗，那么不论按照哪种成功的标准，我们在与世界各地的敌人开展斗争时，都必然很难获取胜利。当然，我们并不会让智力低下、能力更加低下的无人机去发挥它们的主动性。但是，我们可以学习大自然的蜂巢思维，开发和利用属于我们自己的蜂巢思维，促进创新、创造力、协作，当然还有集结、蜂群聚集和调动搜集设备、人员、数据、计算机、数据网络、组

---

[1] Schneider, “Thinking Like an Insurgent,” 36.

织、知识和虚拟知识环境。斯坦利·麦克里斯特尔将军曾经撰写文章，题为《需要一个网络》。他在文中精彩地论述了我们需要什么样的网络，才能与其他网络对抗。[1] 我们需要情报主官了解他的理论，而且这个理论与我们提出的供读者思考和使用的观点完全吻合。

第四，高级搜集推演与分析推演密切相关。虽然我们已在第 7 章较为深入地讨论了高级搜集推演，但在这里，我们将继续深入，探讨更多细节。毕竟，搜集推演可以研究组合、关系、假设、复杂的作战环境、具有适应性的敌人，当然还有民众，不仅要检查情报搜集是否可行，还要预测敌人将会造成哪些困难和挑战、哪些克劳塞维茨"阻力"，以及使用什么方法才能借助预测，夺取情报搜集的主动权。高级搜集推演的输出是非常重要的。事实上，如果能与高级分析推演同时进行，高级搜集推演的效果才是最好的。

我们应该期待从推演中得到些什么呢？高级搜集推演的输出之一，就是我们应当非常深入地了解目标。我们还应当了解敌人或民众，以及他们在意识到有人监视自己时，将在功能方面做些什么，以便掩饰自己，或欺骗他人。此外，我们应该能够预料到敌人的反监视会把人员和传感器部署在哪里。了解并理解了这些情况之后，高级搜集人员就能够与高级分析人员开展合作，共同理解和利用死角、传感器视线和人类视场。有了这些知识，高级搜集人员就能知道应当在哪里部署地面传感器和观察人员，以及希望移动人员如何移动，从而搜集到高级分析人员需要的数据。

第五，高级分析的使用，实际上依赖于一种分析策略。高级搜集使用某项高级搜集策略，这项策略与高级分析策略密不可分。拥有高级搜集策略，就能让高级搜集专家指示搜集资产重点关注重要事项，确定优先事项，最大限度地发挥效力，寻求最佳组合和搜集协同，以及提出和最大限度地发挥搜集合力的概念，以帮助指挥官完成他的任务、意图、行动方案，并帮助他通过思维联系与下属建立连接。任何高级搜集策略，都是在与高级分析人员共同规划，并在收到高级分析人员以五种观察指标和"分析侧指导搜集侧的信息"形式提供的指导之后产生的。有趣的是，高级搜

[1] Stanley A. McChrystal, "It Takes a Network," *Foreign Policy* (March–April 2011), 1–6.

集专家可以提供帮助，即借助分析侧指导搜集侧的信息去集结搜集力量。这种集结是将部署前线的搜集专家看不到的人员、组织、流程、数据网络和机器等集结起来。在这种情况下，集结不仅是指人员、机器和传感器聚合的群体，而且实际上还是“非贯融粒子、部分或被认为可以构成某个整体的物体的集合”。[1] 集结完成之后，人们就能够调动所集结的力量，能够以蜂群方式聚集人才、搜集资产、数据、数据网络、组织、知识和虚拟知识环境等，根据前线部署的搜集专家所处的态势，为他们提供帮助。把我们发现的情报搜集的各个部分集结起来，就可以创造条件，实现搜集协同。高级搜集专家开展规划和深度思考后，就可以得出搜集策略。这种策略包括目标，对象，策略，技术、战术和程序，资源，限制，对于敌人、民众或基础设施的了解，成功的标志，以及标准。此外，这种策略可以处理阻力；当这些意料之外的偶然事件发生并影响到所有行动时，这项工作就会让人和组织的敏捷性显露出来。

第六，高级搜集可以在根据五种观察指标得出数据之后，搜集这些数据。这些观察指标来自高级分析人员，他们使用异常、群体、趋势、模式、联系、倾向、文化（包括符号分析）、技术、分析等来解构需求，生成观察指标。[2] 因此，高级搜集完全依赖高级分析的配合和输出，这样才能为许多情报搜集活动提供关注焦点、动力和理由。即使是最聪明的搜集专家也很难运用这些观察指标开展情报搜集。难点在于解构需求时需要高级分析工作，并通过解构，开发出特定性高到令人难以置信的观察指标。许多观察指标都会涉及文化的细微差别、不可察觉、模棱两可、技术活动、软实力的结果、人类思想、感知、情感、信仰、期望和解读等，而且许多都是转瞬即逝的。因此，情报搜集专家在拟定最佳混合和组合，以求找到分析人员想要寻找的东西时，总是不断面临挑战。

关于解构的讨论进一步强调了高级分析与高级搜集之间的密切关系。解构是高级分析中最初始也最基本的大脑行为，它可以生成五种观察指标，而这些观察指标可以将高级搜集中所有情报搜集活动的力量集中起

---

[1] *American Heritage Dictionary of the English Language*, Dictionary.com, http://dictionary.reference.com/browse/mass (accessed February 8, 2010).

[2] 这里的讨论出自笔者的《情报分析：复杂环境下的思维方法》。

来，驱动这些活动开展工作。高级分析认知要素可以为解构提供所需知识、思维能量和实施理由。更准确地说，解构的意思是：

> 将观点或活动分解成基本元素，以辨别它的含义，或促进更加全面理解它的意义。将功能、假设或活动分解成组成部分或基本元素；将概念、想法、需求或任务分解成基本元素，以获得洞察力、深刻理解和必要手段，以便搜索并找到特定实体、活动、互动和行为的相关属性、特征、部分和部件，具体做法是找到并观察它们分解后的部分和部件。[1]

"异常分析"（anomaly analysis）涉及相对于标准或正常的变化和偏离。我们把它定义为"辨别偏离正常或普通的秩序、形式或规则时的意义；或是辨别事物原本应当出现但却没有出现的意义"。[2] 当然，异常分析取决于三类最新基线，也就是技术、功能和文化等基线的存在和使用。"群体分析"（aggregation analysis）非常重要，因为它涉及整体，即群体；我们将其定义为"辨别少至几个，多至几百万个事物的意义，它们聚在一起，共同运动和工作，并被视为一个整体"。[3] 群体分析可以打开一扇大门，让人们理解二阶和三阶效应，以及被科学家称为"蝴蝶效应"的失控效应。群体分析可以造就将群体黏合在一起的"胶水"、导致群体运动的"助推器"、点燃"助推器"的"点火剂"、导致"点火剂"点火的敏感变量，以及导致民众、作战环境和基础设施中出现群体这种结果的原因。它还造就了群体的"内脏"，即复杂适应系统。复杂适应系统聚合起来，便形成了群体。在我们的语境下，复杂适应系统是人和由人组成的组织。复杂适应系统可以相互碰撞、颠覆、联合和倾轧。复杂适应系统可以彼此竞争或合作，完成目标和目的，并不断寻求反馈。有了反馈，复杂适应系统就可以为自己的模型提供数据。复杂适应系统的反馈机制让它能够完成上述所有工作，并参与解决问题。另外，复杂适应系统可以通过反馈来找出模式。有了模式，我们就能发

[1] Hall and Citrenbaum, *Intelligence Analysis*, 77.

[2] Hall and Citrenbaum, *Intelligence Analysis*, 218.

[3] Hall and Citrenbaum, *Intelligence Analysis*, 277.

现异常。笔者在这里是以间接方法介绍复杂适应系统，接着介绍群体，进而介绍宏观群体，也就是敌人的网络。

“模式分析”（pattern analysis）是高级分析中的另一个关键元素，也是高级搜集专家通常会通过情报搜集努力去寻找的东西。我们将模式分析定义为“辨别一系列彼此一致且相关的活动或事件”。[1] 模式总是涉及重复性行为，或偏离这种行为的情况，因为后者可能会成为异常。共有四种模式：社会 / 人际模式、技术模式、功能模式和组织模式。

“联系分析”（link analysis）对高级搜集来说非常重要。我们将其定义为“获得关于行为关系和功能关系，通信手段和连接方式，以及人员、组织、机械网络节点和网络之间的联系和关系到底是什么的理解和见解”。[2] 联系对高级搜集非常重要，因为它们可以连接群体；而在反叛乱中，群体就是节点和活动，并可以连接因果关系。在高级分析中，共有五种联系：社会 / 人际联系、技术联系、功能联系、组织联系，以及思维联系。在高级分析中，人们可以看到联系强度、联系的动力源，以及联系衰减。动力的来源可以是金钱、能量、信任、执行某项功能的能力和家庭纽带。强度的来源可以是信任、精通程度、使用频率、制造意外的能力、弹性和稳健性。联系衰减的意思是，联系的动力和强度可能会消散。这对高级搜集人员来说是一个重要的观点，因为他们将负责寻找和发现联系（动力和强度）衰减的证据，或至少是迹象。高级搜集负责发现、观察和搜集关于联系和联系分析中所有这些方面的数据。

趋势是在大方向上的运动，或随时间推移所做的运动。趋势的定义是“一般性的过程或流行的倾向”。[3]“趋势分析”（trend analysis）是“辨别过去发生的技术、文化和功能导向的事件、互动、交易、行为或活动的意义，以了解类似的事件或活动未来将如何发生”。[4] 共有四种趋势：社会 / 人际、技术、功能，以及组织。在某些情况下，模式包括趋势，二者都很重要，可以用于了解作战环境，辨别周边邻里、个人住宅、企业、基础设

[1] Hall and Citrenbaum, *Intelligence Analysis*, 139.

[2] Hall and Citrenbaum, *Intelligence Analysis*, 121.

[3] Dictionary.com, http://dictionary.reference.com/browse/trend (accessed December 11, 2008). 89.

[4] Hall and Citrenbaum, *Intelligence Analysis*, 155.

施、政府活动、非政府组织活动等当中，哪怕是最不易察觉、最转瞬即逝的偏离正常的情况。

“文化分析”（cultural analysis）可以生成文化观察指标，这在高级分析和高级搜集行动中都是至关重要的。文化分析是“了解某种特定文化，该文化下的民众，以及从传统且由文化造就的态度、行为、社会规范和条件等因素中衍生出的民众的行为模式”。[1] 文化观察指标来自文化分析或情报需求，它可以驱动高级搜集。我们将文化观察指标定义为“观察或测量到的有形或无形的属性，这种属性是从特定种族人群的生活方式中生成的”。[2]

“符号分析”（semiotics analysis）与文化分析是密切相关的。我们将符号分析定义为“辨别图示、图画、迹象、标志、照片、句法、文字、声音、肢体语言和涂鸦等反映出的文化迹象和标志的意义”。[3]

“预期分析”（anticipatory analysis）在高级搜集专家眼中是重要的，因为它是帮助指挥官寻找、发现、夺取和维持主动权的关键。它还与我们所说的预知有关；预知就是想象出问题集和被我们称为结果（后果）的相关子问题，思考需要怎样才能产生这种结果，把这些准备活动看作条件，并进一步把这些条件想象成与我们问题的结果或后果有关的原因。所有这些认知活动都会涉及问题集、子效应、条件设置、因果关系和联系，而且都发生在这些东西形成之前，或者在它们成熟的初期，目的是让指挥官能够先发制人。先发制人可以让人掌握主动权。预期分析是“利用思想、直觉、预知识（foreknowledge）、知识、经验或前科学，预先意识到敌人或竞争对手可能会做什么，并检验、证实或否定假设或假定”。[4]

“技术分析”（technical analysis）非常重要，可以用来理解人员和组织如何使用技术。技术分析可以辨别变化，因此与异常分析密切相关。我们将技术分析定义为“获得关于特定住所、基础设施、事件、态势、活动和交易的技术方面的知识和理解”。[5] 它对在大城市打击叛乱分子和恐怖分

---

[1] Hall and Citrenbaum, *Intelligence Analysis*, 235.

[2] Hall and Citrenbaum, *Intelligence Analysis*, 38.

[3] Hall and Citrenbaum, *Intelligence Analysis*, 32.

[4] Hall and Citrenbaum, *Intelligence Analysis*, 31.

[5] Hall and Citrenbaum, *Intelligence Analysis*, 31.

子网络特别重要，因为所有人都有使用技术的倾向，而技术可以产生技术排放。技术观察指标是“观察或测量到的有形或无形属性，它源自识别或认出作战环境中的技术部分，包括支撑某种文化的基础设施，以及任何作战环境中所固有的可见和不可见的电子活动和能量”。[1]

“倾向分析”（tendency analysis）也极具挑战性。我们把它定义为“通过思考和研究人们的一般性倾向，组织的行为和行动倾向，当前环境或态势的心理快照、事件、活动、行为、能量排放的散发和扩散，以及所有这些相互作用和相互交织可能预示的未来，辨别此中的意义”。倾向是朝着某个目的运动或变化的趋向或意向。和异常一样，对倾向的认识也取决于基线的可用性和通用性。叛乱或恐怖活动的倾向或轻微动向，可以是敌人直接所为，也可以是叛乱分子或恐怖分子密谋攻击时，其用于藏身的民众有意无意所为。[2] 有位备受尊敬的一线退役军人为我们提供了现实生活中的一个例子，即 2006 年伊拉克摩苏尔街头态势，并以此为例进行以下倾向分析和异常分析：

> 然而，他们可以通过日常惯例中的微小变化这种方法，间接地提供信息……换句话说，他们无法发现这种不易察觉的指标，除非他们知道正常情况是什么样子。不过，只要知道了，他们所在区域的细小变化将会变得非常醒目……士兵们开始了解在附近生活和工作的人们。这不仅有助于他们与当地人建立融洽关系，而且让他们能够发现异常和潜在的危险活动。[3]

因此，我们可以得出结论，在所有的反叛乱行动中，通过情报搜集去发现倾向和异常不仅是可能做到的，而且是必须做到的。然而，正如斯坦顿少校假设的那样，我们并不知道什么是异常的活动或行为，除非我们知道什么是正常的。知道什么是正常的，人们就可以通过情报搜集来发现什么是不正常的。当然，如前所述，要想辨别什么是正常的，最正确、最

[1] Hall and Citrenbaum, *Intelligence Analysis*, 31.

[2] Hall and Citrenbaum, *Intelligence Analysis*, 31.

[3] Stanton, “Unit Immersion,” 67.

可靠、最及时的方法就是拥有最新的基线（技术、文化和功能），以推动高级分析和高级搜集以团队方式合作，合力朝着一个共同的目标前进。此外，让士兵在街头日夜不停地与人们互动，这种做法有助于理解什么是正常的，什么是异常的。有时，如果小分队的主官经验丰富，那么他头脑中的所思所想便是基线——在与基线比较之后，这位主官对即使是一个看似无害活动的怀疑，也可以激发某项行动。[1] 最后要说的是，搜集到的数据必须通过重构（即以认知驱动和机器驱动的方式，将部件、组件、基本元素、数据和信息重新汇编）变成信息，以获得关于所思考整体的见解、知识和理解。重构存在于人和机器联合工作，将数据转化为信息的流程。综合是最后一步，它可以将信息转化为知识，是“人类的认知活动，可将物质、事件、活动或能量等要素结合起来，形成一个贯融的整体”。[2] 这种可以将数据转化为信息，再将信息转化为知识的巨大转变，让主官有能力做出决策，当然也让他有能力处理决策中的两大驱动因素，即管理风险和降低不确定性。

高级搜集需要目的，而高级分析人员可以提供这个目的。高级搜集是高级分析的行动支撑。高级搜集人员必须对分析人员负责，分析人员也必须对指挥官负责，这就是情报搜集作为行动支撑与决策之间的紧密联系。通过高级分析人员去支持指挥官的决策，这便是高级搜集存在的理由。高级分析人员掌握知识，或者与掌握知识的人员合作，便可解构指挥官的优先情报需求和信息需求，以及级联的分析流程中的假设、期望、预感和疑惑，从而提供具体的观察指标，驱动美国和联盟的搜集网络行动，去搜集与指挥官面临的问题和挑战及其提出的需求相关的数据，或是支持其规划工作的数据。这种情报搜集活动必须在正确的时间和正确的地点，针对正确的活动，运用非常特定的观察指标开展工作。

解构需求和制定观察指标的流程并不是线性的。我们常常会把高级分析和高级搜集的流程看成是线性的，但当我们运用高级搜集和高级分析的戒律时，许多现实活动和心理功能是同时发生的。通常，在我们的计划安

[1] Stanton, “Unit Immersion,” 67.

[2] *American Heritage Dictionary of the English Language*, Dictionary.com, http://dictionary.reference.com/browse/synthesis (accessed March 3, 2008).

排中，高级搜集专家团队实际上是与高级分析人员合作，共同开展解构工作，并共同设想如何能在观察指标驱动情报搜集后，将生成的搜集产品进行综合。高级分析人员和高级搜集人员将以团队方式合作，以寻找正确的数据，助力指挥官在所有领域进行的规划、决策、态势认知、意义构建和评估周期。

第七，高级分析和高级搜集都极度依赖批判性思维。它的基本性质对现代情报行动来说太过重要，因此我们将用整整一章的篇幅对其做出解释。在这里，我们只对这个重要概念进行简短讨论，为后面题为“高级搜集的批判性思维”的章节做出铺垫。高级分析的批判性思维有八项基本要素，高级搜集有九项；其中有几项是重叠的，比如辩证、反省、非线性、认知错误、深度思考、像敌人那样思考等。我们决定跳过关于高级搜集中“意志”的讨论；然而，高级分析却把这个至关重要的概念视作批判性思维的一项要素，所以意志距离高级搜集专家内心深处的思维并不遥远。不过，我们确实为高级搜集的批判性思维添加了一些独有的要素，它们是：创新与创造、因果关系和整体论。在我们的语境下，批判性思维是一个“检验假定、辨别隐藏价值、评估证据和评定结论”的思维流程。[1] 读者可以看出，如果没有关于批判性思维的广博而且深入的认识，我们几乎什么也做不了，因为它确实是高级分析和高级搜集中一项非常关键的内容。

有了高级搜集，人们才可以进行高级分析活动。前端分析可以针对情报搜集“网络的网络”应当做些什么这个问题，下达任务并提供指导（即其纲领）。高级分析人员开展前端分析，并最终开展解构，从而生成五种观察指标，供高级搜集专家用以制定最佳混合并指导搜集活动。高级搜集专家可以根据前端分析的要求，设计出具有创造性的情报搜集行动，以满足高级搜集人员、组织和传感器的需求。读者可以发现，高级搜集正是高级分析的灵魂伴侣。它可以生成数据，供高级分析人员进行重构和综合，从而执行后端分析。

如前所述，高级搜集对于异常分析和倾向分析来说都是非常重要的。正常或预期之外的变化，可以极大地左右非常规战争中所有行动的成败。

---

[1] Myers, *Exploring Psychology*, xv.

开展异常分析或倾向分析，然后根据由此生成的观察指标进行情报搜集，需要以极大的努力进行思考和开展行动，这样才能设计出相应的情报搜集方案，发现那些难以预料或即使看到也很难理解的东西。为何会是这样？敌人和其他竞争对手知道我们会寻找偏离正常态势的情况，并试图掩盖他们的偏离。但是，如果高级分析已为高级搜集指明正确方向，并使用非常特定的观察指标将高级搜集的努力汇聚一点，那么高级搜集就能够帮助我们找出人类犯错的倾向，特别是倾向于犯下正确搜集组合可以发现的错误。高级搜集可以提供必要手段，让人们搜索并发现哪怕是最轻微的偏离和背离标准，这一点要归功于高级分析人员和高级搜集专家预先开展深度思考的认知，以及将信息综合成知识的高超技能。它还可以极大地推动高级分析，因为它使用了三种不断更新的基线（技术、文化和功能），它们可以提供相应工作的出发点、标准和规范，让人判断变化和偏离情况。根据正确的观察指标开展工作，高级搜集便可使用搜集资产的最佳混合，去执行点持续监视行动，从而应对哪怕是涉及异常分析和倾向分析的最棘手的搜集挑战。

本章向读者介绍了高级搜集的基础知识。但即便基础，这些知识也很复杂；人们需要付出极大的心力，才能思考并理解它们，并为高级搜集的规划和实施创造条件。即使我们深知高级搜集的棘手之处，但因为意识到其尚未实现的潜力而产生的兴奋之情，也会让我们愿意主动进入庞大的世界，这里充满运动和变化，人们会发动心理战，会去尝试新型搜集资产，也会寻求搜集最佳混合，以拟定搜集协同这个至关重要的概念，为自己获取优势。在进入下一章之前，让我们快速回顾一下本章探讨的主要观点。

第一，本章介绍了高级搜集的定义，并对其进行了详细的论述。高级搜集是：创造性地在所有领域设计和使用技术、网络、人类和开源等搜集资产，以追求离散的、不易察觉、差别细微，通常是转瞬即逝的观察指标、征候和特征。

这个定义可以让一些非常独特的思维流程浮出水面。首先，这个定义讨论了情报搜集人员的创造性设计。这是高级搜集的基本思想。指挥官、高级分析人员和高级搜集人员必须创造性地开展设计工作，不仅设计高级搜集，还要设计搜集人员的最佳混合，以制造搜集协同。其次，我们可以回忆一下，搜集协同可以创造搜集组合，其能力优于将这些资产以简单的一加二等于三的方式相加之和。搜集协同的目标是执行搜集努力，这时整体努力大于各部分努力的简单相加。实现搜集协同并不是什么障眼法。当我们以本章为起点，继续以深度思考的方式对高级搜集开展更加深入的探讨时，我们会更加详细地讨论这种惊人的能力。

第二，本章阐述了深度思考和高级搜集的作用。深度思考是一个前提，由此开始，人们才能思考、规划、决策、执行行动、评估结果，以及针对评估结果进行自我调整适应。高级搜集人员需要进行有目的的深度思考，因为有些人很难做到，尤其当人们在小分队里，在执行规定了时限的日常行动时，更是如此。然而，深度思考之所以是高级搜集中一项不可或缺的内容，还有另一个原因：它是极其关键的，可以让人理解高级分析人员提供的用以驱动情报搜集的五种观察指标，以及深入理解各类情报搜集的各部分内容。

第三，本章向读者介绍了高级搜集的 12 个基本要素。回顾一下，这些要素是：

- 哲学；
- 批判性思维；
- 情报搜集的规划、推演和红队（检验）；
- 高级搜集推演；
- 低级搜集人员；
- 点持续监视；
- 隐蔽的测量与特征情报设备和隐蔽的摄像头；
- 高分辨率手持式光学设备；
- 情报搜集架构；
- 敌人的反监视；
- 传感器和人力情报的最佳混合；
- 合力。

第四，本章极力赞扬了以认真和深入的方式开展高级搜集规划的优势。在开展规划工作时，高级搜集人员会针对敌人的反监视和早期预警，以及他们的情报搜集架构和行动开展推演。推演可以得出一些观点，进而付诸行动：预测敌人的反监视、早期预警和情报活动等，以及或是先发制人，或是拒止敌人的此类行动，或是善加利用，帮助友军指挥官获得优势。为了克服个人和组织方面根深蒂固的限制及其对思想的错误影响，高级搜集专家会借助红队这种方法作为支持，去挑战自己的思维，进而发现情报搜集专家可能没有注意到的逻辑错误，并对搜集专家的推理提出质疑，特别是他们不断以危险方式使用假定时。

第五，本章深入探讨了高级搜集中一个永恒的主题，读者必须理解这个主题，并将其视作这项工作得以连贯展开的一个原因。这个主题是，要想执行高级搜集，友军指挥官就必须拥有低级搜集人员。此事虽然棘手，但使用低级搜集人员的做法，现在正是将来也会是所有非常规战争行动成败的关键。

第六，本章还讨论了点持续监视，它是高级搜集的 12 个基本要素之一。这一主题对所有高级搜集行动来说都是根本性的，是极其重要的，所以这里只简要提及它，但将在后面的章节成为讨论的核心。

第七，在本章最后，我们深入探讨了高级搜集与高级分析的关系。以此为背景，读者便可做好准备，继续高级搜集的学习之旅。因此，我们将下一章命名为“高级搜集行动的效能需求”，它更加具体地阐释了高级搜集的概念，令读者能够更加深入地了解高级搜集行动的设计和执行情况。

[第10章]

高级搜集行动的效能需求

本章将更加深入地探讨人们必须做什么，又必须如何去做，才能充分运用高级搜集。高级搜集是一门非常复杂的学科，所以人们想要去深究它的细节和特定性要素。这些细节和特定性要素所涉及的东西，远不止关于技术传感器的普通知识那么简单。高级搜集专家具体需要了解和理解哪些知识，才能履行职责？需要了解个人活动（比如如何思考），也要了解组织或功能（比如合力，或是低级搜集人员行动）。接下来，我们将继续深入探讨，看必须确保哪些事情发生，才能保证高级搜集行动取得成功。

一、如何思考

对于高级搜集专家来说，“如何思考”一事，需要的是将知识、关系，以及与当前态势和未来相关的认知活动混合在一起。如何思考是一个高层次的认知流程，旨在帮助人们思考、感知、关联、组合、综合和创造，以此获得知识和理解。

- ★ 这个认识流程的第一步，就是高级搜集人员必须思考如何利用高级搜集，帮助指挥官获得七种优势，即主动权、节奏、动力、决策、知识、位置，以及行动自由。
- ★ 使用高级搜集的人员必须深入了解和理解作战环境、敌人和民众的多重复杂关系，以及三者是如何联系、互动、交易和行事的。

★ 高级搜集专家必须思考、了解和理解指挥官的任务、意图、行动方案、设想和最终状态，以及这五项关键要素是如何相互关联的，又是如何驱动高级分析和高级搜集的。

★ 高级搜集人员必须懂得思考、理解和践行高级分析的基本原理。此外，高级搜集专家必须明白，从纯粹字面定义来看，高级分析和高级搜集之间的联系是不可分割、相互依存的。

★ 高级搜集专家必须知道如何思考自己掌握的所有搜集能力的无数关系。为此，这位专家必须针对空中和地面的技术传感器，非传统的搜集资产和方法，线人、移动人员、观察人员和设备安装人员，传统人力情报，开源搜集，数据架构，以及使用虚拟知识环境的做法等，深入了解并理解它们之间的关系。高级搜集专家还必须精通如何确定和理解高级搜集所需的不同类型人力情报搜集之间的连通性。例如，高级搜集人员必须了解人力情报的具体需求，比如拟定可行的掩护身份的“故事”，供那些在搜集目标附近安装地面传感器的人员、在目标旁边走过一次的移动人员，以及用日夜两用光学设备从远处观察目标的观察人员使用。

★ 高级搜集专家必须知道如何思考和运用高级搜集的理论基础，如何开展高级搜集推演，如何设计和传授高级搜集策略，以及如何运用高级搜集的各项要素进行思考。

★ 高级搜集专家必须是情报搜集规划人员。因此，这位专家必须规划搜集的访问方式，比如飞越上空，或是让搜集人员化身移动人员开展侦察。作为规划人员，高级搜集专家必须规划搜集组合和最佳混合，以创造搜集协同。这位专家还必须规划搜集活动，以便按照高级分析人员提供的指导，借助五种观察指标和分析侧指导搜集侧的信息去搜集数据。作为规划人员，高级搜集专家必须为情报搜集设置条件（传感器、数据、知识和访问）。同样是在规划模式下，高级搜集专家还必须进行搜集推演，以确定阻力、敌人“行动—反应—反击”周期，以及对美国搜集予以反制。

二、深度思考

对思维领域进行更加具体的研究，便可看出高级搜集需要深度思考，即“花费时间并投入心力，对某特定主题进行批判性的深入思考”。[1] 这种深度思考的认知功能需要时间和专注的努力。可惜，现在的要求往往是高级搜集人员必须对当下的需求做出反应。高级搜集人员如果落入这个有时不可避免的陷阱，就有可能面临被动反应、简化论和孤立无援的破坏性影响。在我们能够想象出的任何一种态势下，高级搜集人员都必须花费时间，对自己在实施情报搜集时面临的宏观图景开展深度思考。特别值得一提的是，他们必须留意高级搜集的戒律，以便优化情报搜集努力，并让它以主动出击的方式，支持积极主动开展预判工作的高级分析人员，以及在所有类型的非常规战争态势下，一直努力谋求主动权的指挥官。

三、敏捷性

要想在开展高级搜集时取得成功，人员、组织和搜集资产就必须具有敏捷性。在组织意义上，敏捷性是快速且轻松地移动的力量，亦即灵活性。如前所述，在思维意义上，敏捷性是“快速思考和得出结论的能力，亦即思维的敏锐度”。[2] 在行动意义上，敏捷性是改变方向的能力，目的是将情报搜集努力重新聚焦一个新的或意料之外的目标，或是利用一次机会。在打击叛乱分子或恐怖分子网络时，敏捷性至关重要。为何会是这样？一个原因是，叛乱分子和恐怖分子必须不断变化和改变。这种现象既可以产生机会，也会造成能力退化：敌人改变时，他就必须运动，即人员、功能、活动、条件设置等都会运动变化。有了运动和变化，就会出现错误和效能降级，这就为美国情报搜集能力提供了可乘之机，前提是美国情报搜集是敏捷并且善于利用机会的。再就是，如果美国情报搜集是以最

[1] Wayne Michael Hall and Gary Martin Citrenbaum, *Intelligence Analysis: How to Think in Complex Environments* (Washington, DC: Praeger Security International, 2009), 100.

[2] Dictionary.com unabridged, http://dictionary.reference.com/browse/agility (accessed September 30, 2009).

佳混合设置的，并且在多个方面开展协同的点持续监视行动，这时变化就会带来暂时的效能降级，通常需要空中、地面、非传统、开源和网络搜集行动等重新同步。这种重新同步需要耗费时间、精力、资源，需要重新思考结果和行动，特别是需要重建搜集同步和搜集协同。

敏捷性还包括可以形成搜集群体的能力。在思考和理解之后，我们就可以在所有的群体中，找到一种、两种或五种能够连接其他活动的联系。我们也可以思考、开发和使用能够黏合搜集资产的“胶水”。在这里，“胶水”就是任务、指挥官的意图，以及对支撑我们在对敌作战事业中所持的整体信念。“助推器”是五种观察指标。“点火剂”是搜集同步和优化的工具，它可以通过引导、指向、借用传感器时间、唤醒支持地面传感器的数据网络，以及将数据通过链路传输到机器上，从而让指挥官及其参谋能够理解这些数据等做法，不断启动传感器和人力情报搜集组成的较小群体。关于这一点，我们发展出自己的群体（它们可以展开成为更大的群体，也可以压缩成为更小的群体），这些群体构成了整体搜集力量，并以“网络的网络”的方式运行。运用群体开展工作时，需要人员、组织、计算机和搜集设备都具有敏捷性。

四、集结和调动

前文刚刚提到，传感器和人类可以组合成为实体或群体，并以这种方式完成高级搜集任务。在非常规战争作战环境下，为了完成打击叛乱分子和恐怖分子的任务，甚至是打击国家支持的游击队等任务，我们必须集结和调动情报搜集和各种支持性能力。如果是航空传感器，人们可以通过实践、优质软件、敏捷的指挥和控制，以及有效的深度思考，相当轻松地实现这种组合。良好的可视化和同步工具可以增强航空传感器的集结和调动能力。可惜，我们无法自动借用空闲传感器的时间，因此无法随时随地集结和调动搜集资产。

如果是地面传感器和人力情报搜集，集结和调动搜集力量时就要困难得多，因为重新部署这些搜集人员的位置需要时间，而且一旦搜集人员脱离自己熟悉的环境，就可能会面临危险。这个问题有两种解决方案，每种方案涉及的思维方式各有千秋。思考这个问题的第一种方式是，我们可以像往常一样思考，思考如何在现实中将人从 A 点移动到 B 点，这是一个时间和距离的问题。此外，这是一个邻里和文化问题，因为许多邻里都是当地社区；因此，外人往往对当地的文化习俗一无所知，会被怀疑。这些搜集资产必须被人移动或自行移动，以接近感兴趣的目标。即使这些资产可以轻易移动和安装（如果是地面传感器的话），安装地面传感器的人员以及移动人员和观察人员也必须要有完美的掩护身份的"故事"，并且接受过如何使用日夜两用手持式光学设备的少量培训。要想编排出文化上可行的掩护身份的"故事"，以此解释相关人员为什么会突然出现在某个邻里社区并安装地面传感器，是一件非常困难的事情。这个难题会因移动人员的移动和观察人员的就位而变得更加棘手；前者肩负侦察所关注目标这项明确任务，穿行于所关注的区域，后者则是在正确的时间和正确的地点，观察特定的兴趣点，这期间会专注观察正确的活动和正确的观察指标。

思考这个问题的第二种方式是，规划人员可以预料指挥官所开展行动将会用到低级搜集人员的时间和地点，并在这些特定的周边邻里着手招募数百名此类人员，以此为高级搜集设置条件。招募者可以使用金钱等激励手段，向情报搜集人员提供指令、手机、廉价光学设备和指示，让他们保持"休眠"，等待被人"唤醒"。在我们看来，这些由人组成的团体就是群体。我们可以建立多个上文讨论的那种群体。当我们的部队参与进来，而敌人的网络又开始变形之际，我们便唤醒这些群体，让他们也参与进来。当相关行动转移到其他地方时，原有群体将恢复休眠，而新的群体将被唤醒。这样一来，我们就可以集结和调动低级搜集人员，从而克服人力情报搜集中最重要的一项历史局限性——缺乏敏捷性和机动性。

此类活动需要人员、机器和组织都具有敏捷性。这种策略需要非常出色的"战斗指挥"去集结情报搜集力量，并为所集结的搜集力量提供"目的"，以及调动人员、（航空、地面、网络）搜集设备、计算机、数据、可以用来移动数据的数据网络、知识、组织，以及（本书定义的）虚拟知识环境等八种事项。与集结和调动作战部队时一样，集结和调动这八种事项的目的是为友军指挥官创造显著优势。集结和调动的目的还包括通过"发现他""抓住他"和区分正常与异常活动等方法，让敌人因此发生混乱。

高级分析可以提供目标并解读所搜集的东西，而高级搜集可以为所集结的搜集力量提供目的，根据五种观察指标开展情报搜集，提供数据，以及提供战斗指挥，以便集结和调动情报资产。

如前所述，在掌握了集结情报资产的能力之后，还必须有能力灵活地根据命令解散这些资产，再将其重新定向，好让这些资产能在不同的时间，针对不同的目标开展情报搜集。这需要开展复杂的同步，将所有资产齐心协力，在高级分析人员认为敌人或公众最容易受到影响的时间段集中力量开展工作——这就是用以描述分析采样率的观点。在真正的情报集团中，集结并调动传感器和其他搜集资产是常规行为；高级搜集人员能以蜂群方式聚集人员、搜集设备、计算机、数据、数据网络、组织、知识和虚拟知识环境，去帮助确有需要的人员。回想一下，蜂群聚集是指人或动物聚合在一起，在混乱中或大量移动时更是如此。[1] 大量可以开展搜集的群体被集结和调动之后，便有了蜂群；然而，也可以直接集结和调动搜集资产，无须制造蜂群。数量很重要，但蜂群聚集需要数百名搜集资产组成一个整体，来针对单一目标开展情报搜集。有位专家告诉我们：

> [蜂群聚集]的总体目标应该是一种可持续的脉冲——蜂群网络必须能够迅速且隐蔽地聚集，针对一个目标开展工作，然后立即分离，重新分散开来，准备重新组合，以生成新的脉冲。[2]

虽然使用集结和调动等手段，以蜂群方式聚集传感器的做法尚未成为情报搜集的主流，但在不久的将来会是这样。我们现在使用这方面的概念和技术，甚至考虑如何建立搜集的真正最佳混合（混合中包括人力情报搜集），这些做法都是有意义的。我们传感器的最佳混合应该能够分散、蜂群聚集、再分散、再蜂群聚集，如此循环往复。如果我们使用的是技术传

---

[1] *American Heritage Dictionary of the English Language*, 4th ed., Houghton Mifflin, 2004, http://dictionary.reference.com/browse/swarm (accessed February 8, 2010).

[2] John Arquilla and David Ronfeldt, "Looking Ahead: Preparing for Information-Age Conflict," in *In Athena's Camp: Preparing for Conflict in the Information Age*, ed. Arquilla and Ronfeldt (Santa Monica: RAND, 1997), 465.

感器，这个概念便很好理解。但如果是传统的人力资源，这种做法便效果欠佳，因为在搜集人员集结并组成最佳混合后，调动时还必须从一个地点移动到另一个地点。如前所述，如果我们有掌握大量以“休眠者”形式存在、可被激活唤醒的低级搜集人员，我们就可以让他们在所关注的城市区域进行观察和报告。在这种情况下，如果目标来到他们身边，或朝着他们走来，又或者是发生了某个我们感兴趣的活动，比如安全屋启用，这时一个低级人力情报搜集蜂群可能就被激活。由此实施的人力情报搜集努力的“调动”效果，或许比我们尝试使某个搜集人员从A点前往B点再前往C点……更为有效。虽然有了这种调动和条件设置，但被调动的人员必须被文化环境接受，才能发挥作用，也才能真正地不被识破。

在这样一个网络化和扁平化的情报集团里，一直储备着大量的传感器、智能（高级分析人员、高级搜集人员和主题专家）、国内和世界各地的并行计算，以及带宽等，它们可被用于形成“蜂群”，前去帮助身处危境的人员和组织。在此类网络化的系统中，当使用这种高级分析和高级搜集的“预备队”时，自组织的概念便会脱颖而出，在我们感知世界、开展思考、进行规划、执行计划、评估结果，以及调整高级分析和高级搜集行动时发挥作用。关于自组织在这方面的概念，米切尔·沃尔德罗普为我们提供了相当有益的解释，具体如下：

> （它是）复杂的，因为许多独立的主体都在以许多方式彼此互动……这些互动极其丰富，让系统能以整体方式自发进行自组织……这些有机组织可以通过进化，彼此间不断地根据对方调整自己，进而组织自己……寻求彼此适应和自我一致，设法以某种方式超越自我。[1]

思考一下，当我们把许多句子综合成一个更大的整体段落时，这一系列句子的含义将是何等深刻。也就是说，根据我们关于情报集团的讨论，

---

[1] M. Mitchell Waldrop, *Complexity: The Emerging Science at the Edge of Order and Chaos* (New York: Touchstone Books, 1992), 11.

大量人力和机械资产的“预备队”，即人员、搜集设备、计算机、数据、数据网络、组织、知识，以及所有等待处理问题或危机的东西，都可以自我组织，以满足指挥官提出的需求和优先事项。它们还可以帮助前线部署的高级分析人员和高级搜集人员，处理他们没有时间处理的日常琐事（比如更新基线），或是处理在与叛乱分子或恐怖分子进行生死斗争时，需要知识和机器才能解决的危机。它们能否有朝一日自我组织，满足某位专家描述的理想目标？

> 我从哲学家吉尔·德勒兹（Gilles Deleuze）那里借用了“机械门”（machinic phylum）的概念。他创造了这个术语，用以指代宇宙中所有自组织流程的整体集合。这些流程包括一组先前断开连接的元素突然达到临界点，开始彼此“合作”，以形成更高层次实体的全部流程。[1]

这位专家所说的“机械门”对我们意义重大，因为在我们希望集结和调动的安排中，这些搜集资产能够组成一个整体开展行动，希望人和机器能够彼此作为对方的延伸，组成一个整体开展行动和思考。机械门的定义是“自组织流程开始时所有奇点组成的集合——这个时点是物质和能量流动中的临界点，此时这些流动将自行获得一种新的形式或模式”。[2] 这个观点与我们在前文介绍和讨论的概念有关，它包含了关于分布式搜集网络的蜂巢思维、虚拟知识环境，以及有朝一日将会实现网络化、协作并且扁平的真正情报集团的观点。虽然这种观点现在看来似乎有些牵强，但它很快就会被接受并成为常态，而且现在和未来的人们在回想此事时，都会诧异于我们为何没能更早将其实现。

为了提高实现蜂群聚集和自组织的可能性，情报搜集人员必须非常准确地预测未来的行动和活动，并在重要地区“播种”低级搜集人员。因此，高级搜集专家在思考这种人力情报搜集播种时，必须着眼于搜集人员

---

[1] Manuel DeLanda, *War in the Age of Intelligent Machines* (New York: Urzone, 1991), 6–7.

[2] Manuel DeLanda, *War in the Age of Intelligent Machines* (New York: Urzone, 1991), 132.

组成的群体，并据此让他们做好准备。当行动快要接近这些地区时，高级搜集人员便会使用某种预警网络来唤醒这些群体，并通过修改后的分析侧指导搜集侧的信息，将“智力”植入蜂巢思维，使其某些部分具备智能，足以帮助它作为整体开展搜集活动，并针对非常当地化、即时化和专注化的搜集需求做出响应。集结、调动和蜂群聚集等工作，可能以整体方式开展情报搜集，并为实现搜集协同提供最大的可能性。

五、方向和重点

如果没有高级分析人员提供具体的指导、方向和关注重点，高级搜集就无法履行使命。这种关系是尤其密切的，因为如果彼此间没有直接的联系和不断的合作，不论是高级分析还是高级搜集都不可能存在，遑论运行了。在这种关系中，高级分析必须是地位更高的合作伙伴，原因在于知识环境是严谨的，并且提出诸多苛刻需求，还因为现代情报行动的前端（解构）和后端（重构和综合）的责任也要求如此。高级分析使用认知元素进行解构，输出的便是五种观察指标。然而，分析的参与并没有随着这种关系的深入发展而宣告停止；这只是高级分析与高级搜集之间相互依存关系中的早期阶段，而且是不可或缺的阶段。高级分析人员还将提供分析采样率，告诉搜集人员自己认为重要的活动将在何时发生，何地发生，以及到底都是什么。如果我们已经考虑到让传感器和搜集人员长时间“凝视”目标是一种不切实际的做法，就会发现这是一个特别重要的活动。对房屋或物体启用“凝视模式”，这对传感器和机器来说是很难完成的事，人类则更不可能。事实上，分析人员在假设活动之后，必须为情报搜集提供指导和指示，令其前往自己认为活动最有可能发生的时间和地点开展情报搜集。高级分析人员与为高级搜集设置条件的活动是密切相关的。因此，高级分析人员和高级搜集人员必须协调和同步各自设置条件的活动，因为这两种活动是相互重叠的，在某些情况下就是同一种活动。这个思路的最后一点是，高级分析人员必须制定并提供分析侧指导搜集侧的信息，以此提供关于背景、观察指标、分析理由和相关标准的详细思考，供搜集专家以及扩展的分布式情报搜集系统使用。同理，高级分析人员应该与高级搜集专家合作，共同设计、发布和不断更新这个特定而重要的信息，因为搜集专家随后将与这个分布式情报搜集系统中的人员和组织进行互动。

六、合力

虽然我们已在前文讨论了这个话题，但它太过重要，因此值得再次探讨。合力与我们关于集结和调动的思考相得益彰——事实上，这两者是不可分割的。合力与统一指挥这个古老的战争原则有关，但又不完全相同。统一指挥的意思是，所有活动都由一个指挥官领导。合力则是“协调多个组织的工作，使之朝着一个相近的目标努力。此举可以防止各组织在工作中出现误解，或是可以减少重复劳动”。[1] 合力对高级搜集理念来说至关重要，原因如下。第一，高级搜集需要依赖优化、关系、联系、组合和聚并，所有这些都需要志同道合的个人和组织开展合作，大家都在努力实现相同的结果。第二，合力对高级搜集来说也很重要，因为它意味着我们有一个明确的情报搜集焦点，可以让我们的人员、组织和机器组织起来，以求实现目标。第三，合力可以提供哲学和思维上的必要手段，以寻求搜集协同，朝着明确的目标努力。第四，合力是重要的，因为它的定义意味着有一个专门设计建造的复制网络，好让高级搜集和高级分析人员能够朝着一个特定的目标，集结和调动人员、搜集设备、计算机、数据、数据网络、组织、知识和虚拟知识环境，并在达成目标后解散集结（群体）。第五，合力可在必要时动用搜集资产和人员的预备队。[2] 这意味着可以为小分队配备供其执行特定任务的搜集和分析资产，

[1] Scott Lawrence, “Joint C2 through Unity of Command,” *Joint Forces Quarterly*, (Autumn/Winter 1994–95), 107.

[2] 我们不是在谈论传统意义上的预备队，比如步兵、装甲兵甚至野战炮兵。事实上，我们说的预备队指的是人员和机器，他们随时等待召唤指令，准备将（现实、思维和跨领域的）资源以蜂群方式聚集至一个、两个或多个正在开展行动的小分队麾下，并提供搜集协同和分析协同，使小分队主官能够思考、规划并做出比敌人更好的决策，能够评估自己行动的结果、学习并做出相应调整。关于这一点，有了分析和搜集的“预备队”，以及它们与国家点持续监视中心和小分队主官联合起来，就可以提供一种能为前线部署和参战的小分队主官带来巨大优势的“方法”。这种方法能将思考和行动（实

并将这些有机资产驻留在该分队。如果它们在优先清单上的位置足够靠前，就可以收到合力行动的慷慨馈赠，也就是将集团军和战区留作预备队的搜集和分析资产，以集结、调动和蜂群聚集等方式提供给这些最需要支持的分队。这也意味着，如果规划有误，我们还可以凭借敏捷性和必要手段回归正轨，重新组织并重新集中力量，从而一直保持思维和行动上的合力。

在合力的支持下，高级搜集可以提供思维和组织的敏捷性，这是指挥官在非常规战争中成功开展行动所必需的。我们在高级搜集方面的目标是，将国家情报界的人员、传感器、计算机、知识库和组织，与前线部署小分队相互结合。这种机器、人员和组织之间奇特的吸引与结合，发生在规划阶段，是在被支持的小分队与由国家点持续监视中心监督和协调的虚拟知识环境之间的互动下产生的。通过这种方式，前线部署部队的分析人员、搜集专家和指挥官可以寻求帮助来解决自己的知识需求，但是会以科目明确、训练有素和名副其实的方式实现。该中心还可以在前线部署人员需要援助时，酌情予以协助，但不会因此妨碍战斗人员。这种中心是一只隐藏的“手”，其力量突然爆发，成为知识和决策优势——当然，它是21世纪的“武器系统”，适用于必须在陆、海、空、天、信息和网络等所有领域工作的情报指挥官。我们已经简要讨论了点持续监视中心在规划中的作用，接下来将继续讨论专门为了推动搜集与分析的合力而成立的中心，将如何运行。

关于合力和高级搜集的讨论，最后一点就是如果没有正确和深度思考，行动便会毫无效果。再者，如果没有行动，正确和深度思考在反叛乱行动中也将是毫无价值的。因此，行动和深度思考相互结合，并在保持整体状态的同时保持合力，就可以为指挥官提供强大的武器。关于行动和思考结成统一整体的概念，我们可以用“实践”这个术语加以表述。“实

践）结合起来，从而奠定基础，让美国复杂适应系统的协同进化，比任何叛乱分子或恐怖分子网络速度更快，也更有效，因为知识和机器的力量可以为我们的协同进化和调整提供动力。当然，这种行动可以赢得主动权，而主动权又可以带来其他优势，比如节奏、动力、知识、决策、位置和行动自由。

践”的纯粹定义是“实际应用，或践行一门学科”。[1] 合力便是这个术语的例证，而且高级搜集必须以深度思考为支撑基础，并能将思考结果转化成可以满足总体目标的行动，否则将会无法运作。在情报集团中，所有的情报机构、组织、人员、机器和组织流程，都必须成为愿意主动参与高级搜集合力行动的合作伙伴。只有通过形成合力这种做法，我们的情报网络才有望变得非常扁平、敏捷、擅长适应和学习，足以在一场智慧战争中，在对抗敌人“网络的网络”（比如美国现在或是遥远未来将要面对的那种敌人）时，能够平分秋色甚至最终大获全胜。

七、国家点持续监视中心

我们其实不太想更加深入地讨论关于点持续监视中心的想法。通常，人们似乎倾向于重视组织设计（形式）、人员、结构、资源，以及处理任何给定问题时的工作流程，而忽略了需要组织执行的功能。其实应当由功能来决定组织设计或形式。毋庸置疑，我们主张功能胜于形式。然而，我们在相关讨论中多次指出，我们的结论是，为了正确执行高级搜集的许多功能，需要设立国家点持续监视中心。这个观点是一个命题。现在，我们将为这个命题申辩理由，并着重强调那些可以决定我们所倡导组织形式的关键功能。

我们认为，国家点持续监视中心可在与联合参谋部指挥中心及其他机构开展协调之后，将全国情报界的人员和机器汇集起来，再让这种联合力量集中起来，专注于帮助解决战术小分队面临的复杂点持续监视问题。国家点持续监视中心可对情报资产开展协调，并将其集中起来，专注于解决这些问题。国家点持续监视中心履行国家层面搜集协调中心的职能，负责对那些支持战术层面点持续监视任务的行动开展规划、同步、协调和避碰。因此，国家点持续监视中心拥有足够的权力，可以协调和同步为战术指挥官提供的顶层支持。

---

[1] *American Heritage Dictionary of the English Language*, Dictionary.com, http://dictionary.reference.com/browse/praxis (accessed October 1, 2009).

我们可以再具体一些。现在我们遇到麻烦了：负责规划和执行点持续监视行动的前线部署战术部队并不具备必要的能力，无法以最佳标准执行如此复杂的任务。这种情况是不可容忍的；事实上，我们应该为前线部署指挥官提供相应能力，让他们可以使用所有情报搜集、主题专家、数据处理器、计算机和可用带宽，以便他们可以选择以尽可能最高的标准去规划和执行点持续监视搜集。这种做法肯定会拯救许多生命，也肯定会节省国家的货币财富。营及以下层面是非常规战争行动的决胜关键。因此，我们必须利用国家情报界的强大能力，在需要的时间和地点，向战术层面决策者提供集中力量的情报支持，而且并非只在特殊情况下才会提供特定标准，而是坚持始终如此。

我们继续讨论。接下来是确定这种中心将会执行哪些必要功能，才能面向那些在非常规战争中开展行动的前线部署小分队，为他们提供尽可能最好的情报支持。我们认为，国家点持续监视中心应当执行以下八项特定功能：

★ 第一，它将向执行点持续监视行动的部队提供直接支持。我们会在第 11 章对点持续监视的机制进行拓展讨论。读者在阅读第 11 章并思考了相关推论之后，就可以了解点持续监视行动固有的复杂性，也可以理解为何在规划、执行、评估和通过反馈自我调整适应等方面，绝对有必要向前线部署战术小分队提供支持。但在这里，我们必须首先介绍点持续监视和国家点持续监视中心之间的联系，后面还会有更多的讨论。

★ 第二，它将与前线部署的指挥官和参谋人员合作，帮助他们清楚准确地陈述所提出的需求和标准。

★ 第三，它将对国家情报搜集资产和能力进行协调和避碰，以满足小分队在战术情报搜集方面的需求和标准。

★ 第四，它将使国家情报搜集资产与前线部署搜集资产保持同步，从而通过情报搜集合力，加强前线部署指挥官的决策周期。

★ 第五，它将集结、调动和蜂群聚集国家情报搜集资产，即人员、搜集设备、计算机、数据、数据网络、组织、知识和虚拟知识环境，以提供国家搜集合力，支持战术小分队指挥官极大地提升决策能力。

★ 第六，它将为前线部署小分队提供专注重点、科目明确、训练有素的分析和搜集监督，使这些部队能够在非常规战争行动中，实现最佳混合和搜集协同。

★ 第七，它将为小分队的规划、预演和设置条件等工作提供虚拟知识环境支持，以便在分析和搜集中取得成功；这反过来可以为情报工作设置条件，从而有助于推动作战指挥官开展的非常规战争行动，让它们可以取得成功。虚拟知识环境将为前线部署战术小分队的主官和参谋人员提供深度思考支持。虚拟知识环境支持是让前线部署小分队和国家点持续监视中心等充当“知识经纪人”（knowledge broker），他们召集由人员、计算机和组织组成的虚拟和现实中的小组，其目的非常明确，就是为了满足用户的知识需求。小组一旦圆满完成知识支持任务，就会解散。与此同时，其他小组会再成立、提供知识、解散，接连不断，一刻不停——所有这些都是为了支持前线部署战术小分队；而在所有这些支持中，这些“知识经纪人”……并不包括在内，因为他们将在各自的旅战斗队或团战斗队总部之外工作。虚拟知识环境需求可以用于开展需要深思熟虑并且时间敏感的规划，以及打造敏锐的“听力”，后者不但是反叛乱行动所必需的，而且需要思维、传感器、数据网络、知识和计算机等方面的敏捷性。虚拟知识环境能提供的知识支持，将远远超过国家情报界或战区情报力量，其具体做法就是借助搜集知识、统计分析、工程学支持和文化支持（帮助理解文化观察指标，搜集与文化观察指标相关的数据）等来实现。支持虚拟知识环境的人员将是世界级的人才，具有丰富的经验、创造力和奉献精神，可为前线部署小分队提供不对称的知识优势。

★ 第八，它将向前线部署小分队提供高级数据支持。数据可被用作武器系统，对此不可听之任之。身处前线部署地区的地面人员，需要帮助执行复杂的数据处理功能。这些功能应当是科目分明、组织有序的，并且需要由国内最优秀的数据科学家和技术人员负责执行。

具体来说，我们谈论的是：第一，执行社交网络分析，它可能超出了前线部署高级分析人员的能力或时间限制；第二，对点持续监视目标和方法进行四维和地理信息系统建模，并对高级搜集行动提供模拟和仿真等支持；第三，不断更新必要基线，供高级搜集专家和高级分析人员执行高级分析和高级搜集功能使用；第四，为前线部署的高级分析人员和高级搜集专家开展统计分析，以及相应的可视化；第五，在世界各地的数据库中执行高级数据搜索；第六，帮助前线部署的高级搜集专家开展数据有效性管理，具体做法是快速识别和判断关键数据的准确性、不可否认性、延迟、来源验证、损坏、新近度、相关性、诚意，以及对服务调度质量的敏感性；第七，使用专门设计的数据包（智能机器人），在网络空间、数据网络、服务器、交换机等当中充当搜集资产。

技术无法做到彻底的数据浸没。因此，领导者必须管理带宽、存储和处理，并将重心放在那些执行要求苛刻且时间敏感的行动的人员和组织身上。这些人员和组织将在带宽分配和分摊中获得最高优先等级。高级分析人员、高级搜集专家和行动规划人员并不专门满足局势和时间敏感任务等的要求，因此分配到的带宽会少一些。但他们在履行职责时面临的时间限制较少，不及那些执行时间敏感任务的同僚，因此他们可以容忍些许延迟。点持续监视中心的运行环境包括两个部分：扁平化的网络和分为不同层面的行动，它们协同工作，互为补充。前线部署的人员，以及那些在国家点持续监视中心以现实或虚拟方式工作的人员，都将接受训练，以便能在一个扁平、共享的环境下开展行动，并将能够在需要时向上或向下移至某个层面。

国家点持续监视中心将设在华盛顿特区。它将与情报界和相关的作战界密切合作，以支持前线部署小分队。它将拥有军人和文职人员在现实中履行基本职能。它也将拥有卓越中心和主题专家，通过早已签订的合同、协议备忘录和谅解备忘录，全天候地随时准备提供个人和组织支持。

在我们的探讨之旅中，我们已经介绍了高级搜集的一些特定性因素。现在我们必须回答两个额外的问题：第一，高级搜集都会做些什么？第二，它将如何为非常规战争做出贡献？高级搜集在这些方面的特定性因素，可以非常具体地帮助我们回答这两个问题，亦即帮助指挥官了解行动区域，并帮助他们在所有非常规战争环境下做出决策。

高级搜集要求我们思考并具体践行情报搜集的这项重要功能。高级搜集显然源于支持美国的搜集系统。然而，为了支持这场庞大的非常规战争，我们需要一种搜集辅助力量，它应当可以更好地对小分队的作战人员做出响应。顾名思义，这就是一种变通手段，能够根据作战行动所需的特定性和时间限制，完成情报搜集任务。我们还需要另一种变通手段，它能够创造搜集协同和思维协同，形成任何敌人都无法比拟的不对称力量。

我们在探讨中得出结论，认为我们的辅助力量必须提供持续的灵活性，能够迅速集中力量关注特定的兴趣点，针对五种观察指标而非仅仅一种开展情报搜集，并将结果数据及时提交给前线部署指挥官，以满足他们的标准。关于这一点，国家情报系统的作战、战区和战略等部门，已经学会如何在前线部署小分队指挥官提出的标准范围内为他们提供支持，而不是去强求这些身处险境的部署人员死守无法实现的国家情报系统标准。高级搜集坚持分析和搜集应当结成合力，认为这样可以超越战争中战术、作战和战略等层面的人为界限。它还通过设计并执行人力情报搜集、开源搜集，以及各种航空和太空情报搜集的最佳混合，为指挥官提供搜集协同。高级分析可以驱动高级搜集；因此，高级搜集将在多个层面为指挥官的决策周期提供具体反馈。这个周期可以让指挥官有能力寻找、发现和维持主动权。

我们还想提请读者注意的是，我们讨论了需要哪些因素才能执行高级搜集。我们的“预言”包括高级搜集的多个内容，因为我们认为它们是至关重要的，足以左右高级搜集的成败。高级搜集可以提供必要手段和关注重点，帮助人们了解如何思考情报搜集，以及搜集与高级分析之间千丝万缕的关系。我们的观点可以推动深度思考的概念；事实上，高级搜集的哲学要求高级搜集人员必须有目的地进行深度思考。回顾一下，深度思考是花费时间、付出脑力，针对某个特定主题进行批判性思考和深度思考；在我们这里，这个特定主题就是高级搜集及其能够包括的所有思维和思考流程。

我们还介绍了情报搜集合力自身固有的强大能力。有了合力，我们就能实现搜集协同；没有合力，我们只能使用孤立“部件”开展情报搜集，各自为战。我们需要在预期的时间和地点，在集中力量的主导下，将这些“部件”“统一”起来，以实现搜集协同，而不必理会我们所要搜集的目标有多棘手。即使有了搜集协同，我们可能仍然无法实现目标，因为作战环境是不可预测的，又是不断运动变化的，也因为由人员和组织组成的复杂适应系统彼此倾轧、颠覆、碰撞和联合。合力可实现三项密切相关的高级搜集能力：一是集结和调动；二是搜集资产的方向和重点；三是通过虚拟的分布式情报搜集系统和国家点持续监视中心，为这些搜集资产提供特定指导（这些搜集资产现实中驻留并隶属于所涉及的小分队）。

集结和调动搜集力量的观点对高级搜集来说极其关键。我们相信，**这种观点对指挥官的思考、规划、执行、评估和调整，以及思维和组织的敏捷性等来说也极其关键。就是说，指挥官必须有能力集结和调动由搜集人员、开源软件，以及地面、航空和太空机械传感器组成的“云”，以便发现稍纵即逝的观察指标并据此开展情报搜集**。

为了实现集结和调动，高级搜集提出了新的观点，也强调了旧的观点，即必须开展高级分析，为一切高级搜集行动提供方向和重点。这些重点和方向通常来源于高级分析人员和高级搜集人员之间的密切关系，他们通过分析侧指导搜集侧的信息，共同制定并实施提供给搜集人员（他们是有机的，存在于分布式情报搜集系统之中）的特定指导。

关于方向和重点的观点不但是根本性的，而且非常重要，与之密切相关的高级搜集，则阐释并强调必须为高级搜集设置四种条件，以求行动能够成功。设置的四种条件是：第一，处置搜集资产（包括人力情报、非传统搜集资产和开源情报）；第二，知识；第三，数据架构；第四，获得访问权限，使用所有类型传感器和人力情报搜集。这种脑力劳动和体力劳动必须在行动开始之前进行，否则高级搜集要想尽可能圆满地完成任务，还需要相当长的时间。高级搜集的用户还会知道，自己必须思考如何与低级搜集人员合作，并且落实思考结果，因为高级搜集依赖低级搜集人员的输入，这样才能感知城市的风吹草动、民众情绪，以及复杂作战环境中叛乱分子和恐怖分子的活动。

搜集特定性因素是人们对高级搜集应有的期望。高级搜集专家在这件事上别无选择，他们必须具有特定性，可以专门针对民众、作战环境及其复杂的基础设施，以及敌人及其不断运动但基本上不可见的网络等开展搜集。如果没有特定性因素，我们就总是在处理一般性问题，也就错过了大部分正在发生的事情，而且绝对可以肯定的是，会错过重要的事情。我们不仅必须思考特定性因素，而且必须向搜集人员和机器提供非常特定的指导，告诉他们应该在什么地方和什么时间开展行动，为什么开展行动，以及观察者和被观察者乃至作战环境之间互动应当产生什么结果。英国在北爱尔兰的经验为我们提供了高级搜集实际应用的宝库。举例来说，有位专家告诉我们说，小分队巡逻必须要有特定的针对性：

> 搜集关于某个防区内相关个人的大量数据，并向巡逻归来的士兵简报周边邻里的"感受"，这些工作在军事情报传统主义者看来，似乎并不是军人该干的事儿，但确实是有效的。[1]

这种观点必然有助于我们思考倾向分析甚至异常分析等高级分析概念。它假定必须使用情报搜集，以此肯定或否定我们关于某些特定周边邻里的假设、期望、预感或疑惑。这种搜集可以提供关于民众的倾向或意向，甚至支持性基础设施的人力和机械运行情况的信息，这些信息可能会因敌人的存在和活动而出现细微变化，因为这些人即使是在躲藏、训练、休养或招募时，也总是倾向于做些什么，以便最终可以采取进攻行动。

高级搜集要求开展极其详细的思考和规划。关于这一点，高级搜集太过复杂，因此如果只是针对大局进行思考和规划，则是无法开展工作的。高级搜集的这个方面需要开展一些工作才能得到改进，因为从历史上看，在大多数情况下，居于战略层面的人员不会直接处理小分队的规划和需求等细节。当然，这种判断也有例外。例如，在全球反恐战争中，国家情报界就曾为一些小分队提供了一些非常详尽而且出色的支持。多年来，这种支持也会定期提供给联合特种作战司令部。然而，我们呼吁的是拓展我们的思维和能力，好让国家情报界能够面向陆军和海军陆战队的常规小分队，为他们开展此类详尽规划并加以执行，而不是把这种做法当作例外。

这是关于高级搜集基础知识的关键章节，在即将结束之际，以下几

---

[1] Mark Urban, *Big Boys' Rules: The Secret Struggle against the IRA* (London: Faber & Faber, 1992), 84.12. American Heritage Dictionary of the English Language, Dictionary.com, http://dictionary.reference.com/browse/symbiotic (accessed October 8, 2009).

点必须向读者加以明确。第一，高级搜集是复杂的。第二，高级搜集专家必须涉猎广泛，并理解复杂关系。第三，必须在理论和组织设计方面进行改变，以便为前线部署小分队指挥官提供高级搜集支持，因为这是他们需要的，也是他们应得的。第四，我们需要学习如何通过高级搜集若干手段（技术传感器、人力情报搜集、非传统搜集资产和方法、开源情报，以及网络搜集）的最佳混合和组合，思考并实现搜集协同。第五，我们必须学会集结、调动和蜂群聚集人员、搜集设备、计算机、数据、数据网络、组织、知识和虚拟知识环境，以求最大限度地实现最优情报效果，支持指挥官的目标。第六，高级分析人员和高级搜集人员形成一种共生关系（“两个不同的有机体共同生活在一起，互利互惠”），以密不可分的方式彼此结合，创造了令人难以置信的协同效应。第七，为了能给前线部署指挥官提供尽可能准确的情报搜集，我们需要规划合力的方案并公开颁布，以便借助传感器、人力情报搜集、非传统搜集资产和方法、开源情报，以及网络搜集的最佳混合和组合的力量，为搜集协同设置条件。

从现在开始，我们将带领读者深入探讨点持续监视，关于高级搜集的批判性思维，高级搜集的哲学，以及高级搜集的意义。在了解了高级搜集的要点和特殊性之后，我们现在已经做好准备，可以继续探讨它的一个主要支柱了。那就是点持续监视，亦即下一章的主题。

[第11章]

高级搜集的点持续监视行动

对于所有非常规战争行动来说，点持续监视都是一项至关重要的能力。为何会是这样？第一，我们先来简单讨论一下作战环境。在非常规战争中，环境无所不能、无所不在，因为它是笼罩所关注区域中所有活动的背景。美军士兵会尝试在崎岖山区定位叛乱分子或恐怖分子，在复杂山区和开阔地形中寻找可移动的地对地导弹，在复杂城市地形中寻找彼此连通的地上和地下掩体，在茂密丛林中寻找毒品藏匿地点和生产场所，在大城市中寻找叛乱分子和恐怖分子。所有这些作战环境都有强大的影响力，都能为我们在非常规战争中的敌人提供许多优势，而且美国军方必须在所有类型的作战环境下开展工作。第二，与美军的传统优势相比，我们在非常规战争中的敌人通常都是弱小的。因此，他们通常会选择弱者最喜欢的策略——扬长避短。在此类冲突中，不对称战争专家将遵循两位非常有名的中国人，即毛泽东和孙子的信条。毛泽东关于游击战争的名人名言，完美地阐释了这位非常规战争专家提供的动机和启示。以下便是他的真知灼见：

> 由于掌握优势信息，游击队总是可以自己选择交战条件；因为他们对地形有很好的了解，所以他们能够利用地形为自己谋利，并使敌人陷入困境。因此，游击队要考虑情况，如果可以打时，就在当地打仗；如果不能打时，就应不失时机，迅速地转移

到另一方向去……领导者的聪明不在懂得灵活使用兵力的重要，而在按照具体情况善于及时地实行分散、集中和转移兵力。[1]

毛泽东指出：

游击战争要采取的战术有声东击西、避实就虚，即打即离、速战速决。当敌人过于强大时，游击队就要敌进我退，敌驻我扰，敌疲我打，敌退我追。[2]

非常规战争情报“三巨头”的第三种元素涉及民众。我们参与的战斗通常都会涉及民众。事实上，叛乱分子与其政府（及美国这个联盟伙伴）争夺的正是民众。叛乱分子可以从民众那里获取力量、生计和庇护所。民众的日常活动可以掩盖叛乱分子的行动，这样他们才能维系网络，强化网络联系，并为进攻行动创造必要条件。美军不能为了从肉体上消灭叛乱分子，就尝试同时公然杀戮和残害民众，以及破坏民众的财产。这样一来，我们或许可以打赢一场局部战争，结果却发现自己在这场叛乱中一败涂地，或者至少是丧失了主动权，并坚定了敌人和支持他们的民众的意志。

在思考了“三巨头”与我们自己的相互作用之后，我们可以得出结论，认为美军出于必要，必须始终以交战规则约束和管理自己，尤其讽刺的是，他们还必须服从指挥官施加的限制，从而忍受这份自我施加的约束，然而叛乱分子却不必遵守这些约束。因此，美国开展的各种军事行动，不论是有形的还是无形的，都必须经过仔细研究和预演，还要深思熟虑，也就是针对事情出错造成的后果、错误假定带来的影响、因果关系错误时思维产生的影响，以及在相对有力的控制下，可容忍风险和不确定性

[1] Mao Tse-tung, *On Guerrilla Warfare*, trans. and introduction Samuel B. Griffith II (Urbana: University of Illinois Press, 1961), 23.（译文部分引自：毛泽东，《毛泽东选集》［人民出版社，1991 年第 2 版］，第 414 页。——译注）

[2] Mao Tse-tung, *On Guerrilla Warfare*, trans. and introduction Samuel B. Griffith II (Urbana: University of Illinois Press, 1961), 46.（此处译文为译者观点。——译注）

的程度等，开展深度思考。

连及以下都属于小分队，他们处于反叛乱之刃的刀尖，并执行分布式行动。他们的指挥官和其他主官虽然年轻，但每次都在承受巨大压力，必须做出正确的决策。一方面，他们必须消灭叛乱分子，但另一方面，他们又做不到在杀戮或伤害无辜民众或摧毁他们的财产之余，还可以不引发众怒。他们总是会险些失去民众的好感，当然这会让这场比拼意志和争夺主动权的无形斗争越演越烈。由此可知，小分队需要在国家点持续监视中心的帮助下，掌握规划、制定、评估和调整点持续监视行动的能力。在了解了这些观点之后，我们可以得出结论，指出我们需要的点持续监视能力是低至行动层面的那种，当然，也就是让排、连和营层面的指挥部掌握这种能力。施奈德博士是军事理论家和历史学家，几年前曾在《陆军》杂志上发表过一篇非常犀利的文章。他在文中放大了这个概念，指出："我们必须开展持续监视，目不转睛地盯紧叛乱分子。" [1]

正是这种由人员、组织和机器等力量打造的"眼睛"，为小分子主官提供了机会和能力。如前所述，营、连、排等部队经常在远离上级部队的地方开展行动，有时距离可达一两百公里。虽然这对一些人来说似乎有些奇怪，甚至可能会很危险，但这却是一种行之有效的战术，可以用来在反叛乱中开展军事行动。这种行动方案要求小分队指挥官和主官根据任务型指令的指导，做出许多半独立的决策。我们认为，小分队主官做出的许多决策和开展的那些行动，其结果可以立即影响作战和战略层面的战争，甚至影响可在反叛乱中发挥作用的国家力量中的其他要素。由此可知，我们需要不断提供点持续监视行动，可以让一个内部紧密联系的情报集团借助这种行动，为上述小分队提供传感器、人员、组织和机器支持。如果没有这种支持，这些指挥官及其手下的行动便差强人意，从而增加他们的不确定性，并使风险超出我们在行使最佳情报和行动能力时所希望的程度。

我们之所以需要点持续监视，是因为还有另一个重要但更抽象的目的——它对被观察者和作战环境的影响。物理学家布赖恩·格林提出以下观点，帮助我们理解为何使用点持续监视：

---

[1] James T. Schneider, "T. E. Lawrence and the Mind of an Insurgent," *Army* (July 2005), 36.

> 每一个观察者都认为自己是静止的，对方是运动的。每个视角都是可以理解的，也确实是有道理的……每个视角都可平等地对真理提出主张……运动的概念是相对的。我们可以讨论一个物体的运动，但只能是相对于另一个物体运动，或是通过与另一个物体进行比较……如果物体不受外力，那么它的运动只有在与其他物体进行比较时才有意义。强调这一点非常重要，因为如果出现外力，并且施加在被观察者身上，那么这个外力就会引起被观察者的速率发生变化，也就是速度和（或）运动方向发生变化。[1]

对于高级搜集来说，这些观点非常重要，因为我们会让自己的思绪巧妙地潜入敌人的头脑中，思考他的机器，以及它们是如何“看见”和感知我们情报搜集产生的运动的，并思考前文提到的，我们所做观察产生的结果这个“幽灵”。这些情报搜集和观察努力可能会导致搜集裂痕，即敌人的“防御”（其反监视）出现裂缝，使他越发无法抵御我们的高级搜集努力。当我们思考观察的相对性、测量设备，以及（或者）人与机器的运动、速度甚至质量等引起的畸变时，就会发现那些看似微小的变化可能具有重大意义。此外，我们可以借助蜂巢思维，以直接或间接的方式去影响作战环境、敌人和民众，因为我们的观察会导致情报搜集人员产生运动，并因此对作战环境造成影响，虽然只是间接影响，但也会略微改变我们正在观察的东西，即被观察者。我们的人力资源，也就是被我们称为移动人员的线人，以及我们的蜂巢思维，这些要素的作用都是相当强大的。最后，格林博士的那段话更让我们坚定了决心，就是必须寻找并找到造成结果的原因。这些原因可能微小到难以察觉，但它们可能引出更加重要的原因，更重要的是可以导致正在规划或正在形成的结果。当然，我们关心的是找到能将我们关注的原因与结果连接的联系（一种联系或捆绑成束的多种联系）。我们的讨论必然可以提供一种工作方法，即先思考然后谋求实现“辨别因果关系”这种高级分析功能，以求激发指挥官实现预知和先发制人的可能性；有了这些，自然可以夺取主动权。

[1] Brian Greene, *The Elegant Universe* (New York: Norton, 2003), 28–29.

物理学家伊利亚·普里果金的观点可以帮助我们梳理思路，让我们形成更加完善的理论。他指出：

> 古典科学强调秩序和稳定；但是现在，我们在所有观察层面看到的都是波动、不稳定、多种选择，以及有限的可预测性。[1]

普里果金可以帮助我们理解这一作战环境：在这里，敌人建立了自己的节点和联系，并尝试实现自己的功能。但一切都是不稳定的，作战环境中的所有事物都会变化和波动。这对敌人也提出了挑战，因为他们必须尝试理解这种偏差和波动，以确定它们是自然形成的还是人为造成的。如果敌人得出结论，认为它们是人为造成的，就必须进行推理，以确定是什么人诱发了这种波动：是民众及其正常活动，还是美国情报搜集活动的观察人员，甚至是隐藏在自然变化和波动等噪声中的人为诱因。另一位专家也施以援手，他从思维的角度，帮助解释了点持续监视的使用理由中这个较难理解的部分：

> 普里果金得出正确结论，指出如果波动幅度过大，系统便无法吸收，于是就会被迫重组。普里果金继续指出，重组趋向于形成比之前更加复杂的序列，也更加无力抵御波动和重新排序的影响。[2]

这番话告诉我们，变化和波动可以迫使敌人的网络、节点和联系随之发生变化，变得比以前更加复杂；从积极的意义上讲，也变得更加易被发现。这些观点反过来可以帮助我们理解网络节点和联系的变形和自我净化等现象。敌人的复杂网络需要不断开展监视、检测和活动，以制造干扰。伴随着扰动而来的就是自我适应和协同进化。情报搜集必须跟踪自我适应和协同进化等流程，以了解这个网络的状态、功能、起源、造成我们看到

---

[1] Ilya Prigogine, *The End of Certainty* (New York: The Free Press, 1996), 4.

[2] Jeremy Rifkin, *Entropy: A New World View* (New York: Bantam Books, 1981), 241–42.

的网络扰动这种结果的原因，以及接下来的改变可能是什么。这种类型的情报搜集与行动的设计工作和具体活动存在关联，并可为我们提供见解，以判断改变将在何时何地发生。它还可以提供见解，让我们深入了解改变和重新排序带来的越发复杂的情况，当然，这种复杂性为高级搜集人员提供了突破口，可以借此了解更多关于敌人网络内部情况的信息。它还为指挥官提供了更多的机会，可以抢在原因真正变成结果之前先发制人。

这种高级搜集活动让人得以进入这个不可见的真实世界，了解竞争对手在这里争取主动权的斗争。它还可以提供更加强大的能力，让我们能以先发制人的方式影响敌人的行动，甚至可以影响敌人首脑的思维。这种类型的情报搜集是高级搜集的极致，也是普通的点持续监视行动刻意为之的副产品。对于所有矢志成为高级搜集专家的人员，我们的告诫是：这种搜集及其思维和理论基础，正是通过主动观察和有目的地干扰等方式，对这个网络的未来施加影响的；反过来，这些举措也可以帮助我们的指挥官，让他们有能力塑造我们正在对抗的网络和正在开展的活动等的未来。

我们沿着这个思路继续探讨。高级搜集的点持续监视行动还让指挥官有能力利用我们称之为“稳态”（homeostasis）的条件，它是指“系统，特别是高等动物生理系统倾向于保持内部稳定，原因是系统各部分针对可能干扰系统正常的条件或功能的一切态势或刺激，以彼此协调的方式做出响应”。[1]

稳态的概念非常重要，可以左右高级搜集行动的成败。当敌人的网络因某个节点或联系被干扰导致被“刺痛”时，或是当复杂适应系统彼此倾轧、碰撞、颠覆或联合时，我们相信这个网络的组成部分将会进入稳态。也就是说，这个网络将设法重建类似的节点和联系，而这需要耗费时间、精力和能量，并为美国情报搜集提供机会，使之得以窥视“摩耶之幕”之下的真容。[2] 这个观点虽然只是理论上的，但可以帮助高级搜集人员和高

[1] Dictionary.com unabridged, http://dictionary.reference.com/browse/homeostasis (accessed October 9, 2009).

[2] 摩耶之幕可以掩盖或隐藏“摩耶”，也就是实体或城市最深处的真实。我们希望高级搜集能力可以穿透这层幕布，因为它往往是一种错觉，会让我们无法看到现实。高级搜集让我们能够略微“揭开”摩耶之幕，看到现实的本来面目，而不是大自然、都市喧嚣，或者敌人在我们脑海中渲染虚幻想法的欺骗手段。

级分析人员思考可以用什么方法去监视和攻击敌人的网络。在这部分讨论的最后，请看下面这位专家关于稳态现象的观点：

> 人类系统具有某种程度的功能，并试图维持这种功能。当这种平衡被某种变化的影响所干扰时，系统将在一段时间之后，恢复到平衡的状态。这就叫作稳态。[1]

美国情报机构负责找出并消除叛乱敌军的节点、联系和网络。时至今日，这仍然是一项艰巨的任务。虽然在面对传统目标时，美国拥有的大量传感器是世界上最强大的，但它没有能力发现或察觉非线性作战环境中所固有的、可以指示叛乱或恐怖活动的某些观察指标。例如，我们的传感器通常没有能力针对特定点进行持续覆盖，无法观察细微活动的出现、显形和迅速消失。如果我们尝试开展点持续监视，通常就会使用航空视频或电光资产，并没有下定决心追加人力情报搜集、地面摄像头、测量与特征情报、开源情报，以及非传统的搜集资产和方法，因此没能形成整体努力并加以使用。此外，我们的传感器在夜间搜集时，难以获得足够的分辨率，因此无法识别面部特征和表情、手上和脖子上的珠宝、穿着细节（比如人们穿的是哪种鞋子），以及微妙的文化手势和面部表情。我们也很难通过不引人注目的搜集方法识别远处的气味。这些观察指标非常重要，可以用来辨别特定文化中人们所固有的异常、错误，以及细微的变化或活动。正是这些观察指标，再加上来自搜集网络的功能、态势、生物特征和技术等观察指标，可以为决策和行动提供足够的信息。如果没有这些观察指标，我们的部队就只能依靠敌人的愚蠢，或是听天由命，或是两者兼而有之。虽然这样的结果可能是有趣的，有时也很重要，但我们的指挥官要想做出尽可能最好的决策时，所需要的便不仅仅是敌人的愚蠢和自己的运气了。

我们的传感器可以获取大量数据。机器可以对这些数据进行关联和筛选，但这个流程往往无法生成具有可行动性的情报。如果情报分析人员在使用历史和非常典型的方法开展分析和搜集时，如果使用若干单独

---

[1] Uri Merry, *Coping with Uncertainty* (Westport, CT: Praeger, 1995), 32.

的观察指标，必然导致失败。如果我们的军方和民间情报机构不去学习如何制定大量的观察指标，并在正确的时间和地点，运用传感器和人力情报的最佳组合去监视这些观察指标，那么敌人的网络、节点、联系、活动和功能等，在很大程度上将可能一直不被发现，并因此毫发无损。关于这一点，正是因为作战环境和敌人的性质特殊，所以才更加需要点持续监视。这是一个持续不断的需求，只要美国参与全面的非常规战争，它就不会消失。

我们认为，美国军方需要另一种不同的框架和方法，以此打击那些在城市开展叛乱活动的颇有手段的敌人——这正是我们在前文提到的框架。我们的意图是提供更多关于点持续监视的细节，供读者思考。我们认为点持续监视行动将是常规，而非例外，它将出现在所有可能的非常规战争的想定情景中。前线部署部队必须有能力规划、执行、评估和调整针对特定地点开展的点持续监视行动。有位专家告诉我们说，不久前一些部队已经开始效仿这种能力了：

> 在堆叠情监侦资产的同时，我们还运用了混合搜集的原理，这样就可以让多个情报科目针对相同的目标开展情报搜集。[1]

虽然表面上值得称赞，但这种方法只用到航空搜集。如前所述，航空搜集本身确实非常强大，但并不能生成只有人类和地面传感器才能生成的那种数据。当然，世上最强大的做法，就是将航空和地面传感器以及低级搜集人员（我们将执行此类任务的人员简单称为观察人员和移动人员）结成最佳混合。

我们所说的点持续监视能力，类似美国执法部门的缉毒和诱捕犯罪能力。在军方中，类似的能力存在于特种作战行动当中，有时还存在于旅战斗队层面的作战行动当中。我们的想法是掌握这种能力，再让那些在非常规战争作战环境中开展行动的小分队掌握它，好让分散在城市

---

[1] Martin Schwerzler, "Collection Management in the COIN: A 3rd Infantry Division Perspective," *Military Review* (July–September 2008), 26.

和农村的小分队能够开展分布式行动。我们来为点持续监视做出一个临时的定义：它是一个传感系统（或多个系统的组合）提供高置信度的能力，让人相信在陆、海、空、天或网络空间的特定点上，在事件发生时不会检测不到；它是在特定区域或地点，监视特定时间发生特定活动的行为。

我们的框架提倡持续使用航空传感器与地面传感器和人力情报的最佳混合。当这种搜集的最佳组合得到正确的规划和执行时，就能提供一种独特的能力，让人看到并且注意到复杂的非常规战争作战环境中所固有的不易察觉且转瞬即逝的观察指标。我们的框架使用虚拟知识环境，目的是在使用情监侦系统对抗叛乱分子开展情报搜集时，在认知和机器等方面提供至关重要的努力。它倡导使用一种集团（上至国家情报层面，下至战术层面的非常规战争行动）的方法，去规划和执行针对目标开展情报行动，以及评估行动取得的结果。当然，各级主官可以根据评估结果进行自我适应和自我调整。这样一来，读者就可以根据决策周期中主官提供的反馈，理解点持续监视的重要性。情报集团由网络化的高级分析人员、搜集专家和技术专家组成，可以提供及时、精确、相关和特定的数据、信息和知识，从而以这种方式向那些在战术层面开展行动的美军小分队主官提供决策支持。我们的框架还提倡使用非传统的搜集人员，比如本土的观察人员（固定观察人员）、移动人员（移动观察人员）、地面传感器安装人员和线人。它主张使用小型隐蔽的测量与特征情报设备和摄像头，在正确的地点和正确的时间寻找（高级分析人员指明的）特定的观察指标，同时避开叛乱势力的反监视和预警人员的警惕目光。

我们的战术部队必须使用本土低级搜集人员，他们可以在特定地点履行观察人员和移动人员的职责，寻找美国分析人员制定的观察指标，也就是文化、技术、功能、态势和生物特征等观察指标。当看到、听到、触碰到或闻到可能感兴趣的活动时，他们或是立即报告，或是按计划报告。这些本土来源会使用手机等无害并且常见的通信设备，以此通报自己看到、听到或闻到的东西。他们需要使用的光学设备，应当适合同时在白天和夜晚开展观察行动，并且是市场有售的。

我们提倡的核心观点是，使用各种情报搜集来源的点持续监视，就是一种情报合力，它由高级分析汇聚力量和下达指令，可以发现或察觉特定的、不易察觉的、差别细微的观察指标，这些指标可以指示在特定地点和时间发生的行为和活动。这种能力可以提高行动、规划和决策等的质量和熟练程度，特别是当我们的部队在城市开展行动，并实施分布式行动来打击恐怖分子和叛乱分子时。它让指挥官可以掌握更多也更准确的知识，从而做出快速有效的决策，以及准备足够充分的条件去夺取主动权。

美军小分队（营、连、排）指挥官需要持续不断的必要资源，才能开展我们讨论的这些点持续监视行动。其所获得的数据和分析流程，在主题专家的分布式虚拟知识环境的支持下，可以提供指挥官需要的知识，让他们据此做出快速有效的决策。由此我们得出结论，认为国防部可以发展这样的能力。然而，要想规划和实施本书介绍的那种点持续监视，就需要国家情报界提供有组织的帮助。因此，指导我们思考的是这样一个基本假设：如果美军指挥官和情报人员学会使用航空传感器、地面传感器、开源信息、网络情报和本土人力情报（搜集人员）的组合，以此搜索和汇集特定的观察指标（文化、技术、态势和功能等指标），就可以发现或感知不易察觉且转瞬即逝的观察指标。在文化和其他技术专家的帮助下，他们可以充分理解这些搜集的数据，以此帮助友方指挥官比敌人更快地做出决策和采取行动。

高级分析和高级搜集结合之后，这些不易察觉且转瞬即逝的观察指标明显会变得重要起来，从而成为指定的观察对象。如果我们认识到这种转瞬即逝和不易察觉的观察指标是普遍存在的，并相应采取一些措施，那么对态势进行正确综合的可能性就会大大提高。

高级分析和高级搜集结合之后，上述这些不易察觉且转瞬即逝的观察指标，将成为整个蜂巢大脑的指定观察对象。因此，许多人会不断地去设法感知活动或振动，然后发现并观察它们。相比人们当时面临的情况，假如采用这种方法，将可以大大提高决策综合的正确性和及时性。也就是说，在人们尝试使用兼具速度和敏捷的能力，专注于搜集我们所说的这种不易察觉且转瞬即逝的观察指标时，使用的主要就是过去和现在的搜集方法论。这些方法过于缓慢和烦琐，无法实现速度和敏捷的双重目标。

情报分析和搜集在大型城市地区打击现代叛乱分子时，面临着军事情报历史上最棘手的挑战。原因何在？在众多解释当中，有七种似乎最为中肯。

- ★ 第一，叛乱分子嵌入并藏身于大型城市地区之中，而这种环境已被城市生活的流动性和噪声所包裹和渗透。
- ★ 第二，叛乱分子往往来自其所嵌入的民众。他们的支持者往往是自己的亲朋好友，彼此相识多年。这种关系让我们根本无法以不引人注目的方式，潜入敌人网络的亲密关系之中。
- ★ 第三，叛乱分子使用的网络单元或节点不分上下等级，只是松散地连接，有时根本不连接。
- ★ 第四，叛乱分子越发精通掩饰、隐藏和欺骗。
- ★ 第五，问题集不断变化。城市及城市活动就像一个不断运动、变形、变化、收缩和扩张的生态系统。因此，知识需求也在不断变化，给支持反叛乱行动的情报组织和流程带来压力。
- ★ 第六，在城市中开展行动以打击叛乱分子的情报和分析工作非常详细和具有特定性。在情报搜集中，人力情报搜集通常是克服这种特定性挑战的最佳甚至唯一手段。不幸的是，很难找到、招募和利用我们所需要的人力情报搜集。
- ★ 第七，我们的小分队和组织需要本地人提供帮助，这样才能规划、执行和评估在城市地区造成的影响和开展的行动。同样不幸的是，出于行动安全方面的关切，他们可能会停止这种支持。

由于所有这些困难和挑战，我们认为小分队必须学会规划、执行和评估针对特定地点开展的点持续监视行动。我们认为要想成功开展点持续监视，就需要 12 项要素作为基线：(1) 合力；(2) 人力情报搜集的关注焦点和部署选址；(3) 数据的流动和显示；(4) 空中和地面搜集资产的最佳混合，以实现搜集协同；(5) 具有足够灵敏度的传感器，以检测和辨别我们要找的观察指标；(6) 向本小分队并不“占有”的传感器借用传感器时间；(7) 传感器检测精度；(8) 足够的停留时间以开展观察；(9) 可以使用的采样率；(10) 充分的指挥和控制，足以对传感器进行同步，使之成为补充；(11) 持续聚焦重点，也就是在正确的时间和正确的地点，关注正确的活动和正确的观察指标；（12）一个可行有效的情报集团。要想成功实施点持续监视行动，能够发挥影响的要素包括：特定的观察指标；数据的及时性和质量；高级分析与高级搜集推演；预测并反制敌人的反监视；观察者与被观察者的关系；通过分析对数据"构建意义"的能力；搜集人员的可靠性；识别假阳性和噪声；异常和基线；可以减少搜集覆盖的变量；与其他优先事项的竞争；搜集人员的可用性。

在开展点持续监视情报行动中，高级搜集和高级分析的专家们不仅是在寻找恐怖和叛乱等活动的发动者（如果他们冒险以现实或电子方式发动这些活动），而且在寻找叛乱分子的致命弱点，即通过互动、活动和交易等手段支持其网络的民众。为了打破这些封闭的圈子和关系的纠葛，我们必须努力从内部转化相关人员，并使用间接方法进入关键节点，也就是叛乱分子的节点，以及可以支持民众活动的网络关键节点。那些支持敌人嵌入式网络的民众，可能并没有受过良好的训练或掌握间谍技巧，所以会犯错误，而点持续监视工作必须在监视中发现这些错误。高级分析人员可以为高级搜集专家及其传感器操作人员、语言学家、人力情报专案官和情报来源，以及非传统数据搜集人员提供特定知识，便于这些人员了解应当寻找哪些错误、活动、异常或行为，以及在何时何地寻找它们。

搜集的数据流入融合中心，就可以将这些数据重构为信息，再将信息综合为知识。这些数据、信息和知识可以迅速提供给指挥中心的情报和行动人员，好让他们能够抢在敌人开始行动，或改变当前活动之前采取行动。搜集的数据还可以与那些在目标地点搜集数据的机械传感器，以及在电子和网络领域开展情报搜集的信号情报来源融合，并为它们进行供给和提示。

从技术角度来看，持续监视到底是什么呢？点持续监视指的是传感系统（或多个系统的组合）的高置信度，让人相信所关注事件发生时不会检测不到。持续监视的监视方案可以有效地消除时间、空间和频谱等间隙，同时保证端到端报告延迟处于可接受的程度，并将假警报率也保持在可接受的限度内。"持续"这个概念假定存在先验背景：

★ 要检测和（或）计数的**事件类型**；

★ 需要监视的**空间领域**；

★ 监视发生的**时间间隔**；

★ 可以反映检测概率和假警报概率的给定**传感器精度**水平。

从最终用户的角度来看，这种监视系统的任务是就事件是否发生进行报告；如果事件发生但没有报告，那么情报需求就没有得到满足。同样重要的是，如果事件没有发生，系统就不应谎称事件已经发生。但事件发生后，要想对其进行检测，至少需要两个变量：一是传感器的**可用性**；二是传感器的**检测精度**。如果是低质量的传感器，也就是传感器灵敏度不足，无法准确检测我们关注的事件，那么即使它是可用的，对最终用户也没有什么用处。持续性主要与可用性有关，但它意味着可用的传感器必须具有足够的灵敏度，以检测、识别和准确报告我们关注事件的类型。从用户的角度来看，将这些因素综合起来，就能看出持续性意味着系统有能力提供极高的置信度，让人相信事件发生时可以检测到。

因为强调可用性，所以人们常有一种误解，认为"持续"监视就是"不间断"监视。但这是不对的。原因何在？某些类型的事件是有持续时间的；事件发生时（即事件活跃时的某个时间点），只要所用监视系统针对相关区域进行至少一次采样，就可以检测到事件确实发生，并满足情报关于持续性的需求。采样理论可以提供数学基础，将采样频率与事件持续时间联系起来。数学判断考虑的因素有：搜集足够数据以便做出准确判定所需的时间长度（也就是说，传感器精度本身往往是关于情报搜集行动持续时间的函数）、事件持续时间、预计事件发生的频率，以及假警报的可能性。

现举例阐释这个重要理论。假设有必要计算在特定的 24 小时内，进入某个特定建筑的人员数量。如果只有一个入口，且要想进入此入口，就必须穿过一个 15 米长的广场，那么只要安装一个不间断工作的摄像机来监控广场，应该可以满足这个情报需求。现在，假设需求是只计算进入该建筑的男性人数。显然，这给传感器系统带来了额外的负担，因为它必须具有足够的像素精度来区分男女。其他变量包括：种族需求（只计算进入该建筑的亚裔男性人数）、衣装（计算进入该建筑的身穿制服的军人数量），以及特定个人的身份（告诉我史密斯将军何时进入该建筑）。每一项需求都对监视系统提出了单独的要求。在每一种情况下，所需的传感器、其灵敏度和持续性的实际意义等要素，都会因情报需求的不同而有所不同。**因此，我们可以得出结论，指出人们必须在需要解决的情报问题这个背景下，思考持续监视的相关事宜。**

假设我们选择的传感器具有极高的精度和灵敏度，足以检测并报告事件是否发生。那么，会有一些能够影响持续性的因素，具体如下：

- 采样率或重访率，极端情况就是不间断覆盖；
- 传感器可靠性；
- 可以减少或破坏情报搜集覆盖的事件是否发生，比如针对传感器开展的敌对行动、恶劣天气、周围电力或通信不足、光线不足、利用能力不足；
- 传感器服务与其他优先度较高的情报问题存在竞争。

再次重申，情报搜集人员必须理解，**持续覆盖**并不等于**不间断覆盖**。从用词的差异上可以看出，可用监视资源是否得到有效使用。如果一个系统无须完全专门用于监视一个区域，它的服务就可以而且应该在处理多个情报问题时共享，因为传感器所能发挥的能力，通常会比单独使用时要大得多。我们认为，共享并不意味着持续性的丧失。如果采样率足以保持事件检测时的高置信度，那么尽可能高效使用稀缺的高价值监视资源的做法，其实是有现实价值的。另外，其他高效的来源都是可用的。例如，一个质量较差但价格低廉、具有（相对）较高误报率的传感器可以用作粗略的初步过滤器，只有当事件发生的可能性达到初始阈值时，情报搜集管理人员和分析人员才会使用质量更高的系统。一个昂贵的高质量系统可以在许多廉价的低质量系统之间实现共享。两种系统共同作用，可以满足持续性和质量等需求：低质量监视器可以提供不间断的低质量警报源，再由高质量监视器跟踪，以此提供持续的可用性。要想实现所有这些设想，前提就是具有共享传感器时间的能力。

另外，可以考虑将各种不同情报科目的传感器组合起来，这些传感器如果结成群体，并且运用时机得当，就可以提供所需水平的持续性。一个情报科目的资产进行的检测，可以提供提示信息，再由另一个（或多个）情报科目去继续和确认；或者，可以通过分配覆盖周期的方法，在监视责任从一个系统转移到另一个系统的时候，不会留下覆盖间隙；又或者，可以将一个较大的关注区域分解成不同的子区域，再把它们分配给不同的（持续）监视系统。如前所述，应当巧妙地使用现有资产，以提供所需水平的持续性，无须在分配资产时让它不间断地专注于某一个单独的情报问题。情报搜集管理的主要任务之一，就是尽可能高效地部署可用资产，以同时满足多个用户在持久性和质量等方面的需求。

在接下来的各节，我们将探讨持续监视在支持城市或其他棘手作战环境方面的价值，实施持续监视时面临的挑战，以及实施持续监视的系统和行动概念，最后一节还将探讨未来的道路。

倘若执行得当，点持续监视就能以多种方式支持非常规战争的行动任务。预警就是这样一种方法。预警的关键在于对事件检测工作的高置信度和极低的报告延迟。事件发生后，负责行动的小分队必须能够接到通知，并在短时间内做出响应；时间是至关重要的。相关示例包括异常态势、威胁、捕获或施加影响的转瞬即逝的机会等。点持续监视的活动链，即搜集、利用、报告等，可以将事件发生与行动响应关联在一起，而且必须将这些步骤中每一步的延迟（实耗时间）最小化。在这种语境下，点持续监视不仅意味着传感器在进行初始搜集时是可用的，还意味着在该过程的其他步骤（利用和报告阶段）也是可用和高效的，只有这样，才不会超出总体运行响应时间的预算。需要预警的事件类型在空间和时间上可以是离散的、不频繁的、不确定的。

建模是点持续监视支持行动的另一种方式。建模可以帮助我们处理此类行动中涉及的大量抽象和未知数。要想针对具有多种联系和关系的叛乱分子网络进行建模，关键在于拟定一种可以表现现实的方法，描述随着时间的推移，在某个关注组织（具有节点和联系的网络）内部，个人之间通过联系形成的社交网络。为了构建这个网络，应当根据访问、电话交谈、电子邮件、信件或包裹等各种事件类型的发生情况，推断目标人员之间的联系。检测这些联系事件时，允许模型填补缺失的联系或关系，并评估它们的强度。如果漏掉某个事件（即因精度不足或覆盖间隙而导致点持续监视失败），则可能会导致模型无法建立关键联系，或者对组织结构做出错误推断。同理，如果点持续监视在一段较长的时间内执行得当，就可以提供高置信度，让人相信已经找出所有重要的关联，因此判断对所关注社交网络的建模是正确的。

刺激和扰动也能支持非常规战争行动。在高级搜集工作中，分析人员必须有能力观察敌人是如何应对高度结构化的刺激活动的。我们事先并不知道这种反应可能会在哪里表现出来，如何表现出来，以及由谁表现出来，但我们知道一定不能错过。因此，有效的点持续监视的价值是不言而喻的。我们的高级分析人员和高级搜集专家必须坚信，在做出响应的时间框架和相关区域内，传感器系统不会检测不到。

注意，延迟（事件发生和最终检测之间的实耗时间）或许并不是这种想定情景的驱动要素，具体情况取决于具体环境。可能有充足的时间（几小时、几天或几周）去分析搜集到的数据，以确定它们的重要性。关键要素即使被隐藏或变得模糊，也还是可以在数据中找到的，进而证明点持续监视行动并没有因为传感器覆盖间隙、分辨率低，或一个传感器无法提示另一个传感器或人力情报去关注目标等原因，错过那些可以指示事件发生的数据。

有时人们把取证称为事后回溯。对此，有这样一个重要的示例，就是对简易爆炸装置进行回溯，直至找出它的网络节点。因为简易爆炸装置事件的发生是不确定的，所以精确监视任务就是观察可疑地点附近的所有相关活动，直到攻击发生。攻击发生后，分析人员可以研究搜集到的数据，以推断导致最终攻击发生的那些事件的发生次序（相关人员、他们的活动和行为，以及位置)。和建模一样，利用和报告延迟并不是点持续监视的任务；点持续监视得出结果后，只需简单存储，等待需要即可。然而，一旦事件发生，取证过程开始，可为取证活动提供“燃料”的数据就必须是尽可能完整和详细的。覆盖间隙（空间和[或]时间间隙）还有传感器的灵敏度或分辨率不足等问题，可能导致监视错过敌人网络中重要的联系和节点。再次重申，有效的持续监视可在确保数据的完整性和准确性方面发挥关键作用。

要想高效且有效地实施持续监视，可将面临的挑战分为三个大类，一是技术手段和基础设施，二是规划，三是后续开展的分析与融合。接下来的三个小节将分别讨论这三个大类。

一、情报搜集能力：技术手段和基础设施

我们的临时假设是，在满足点持续监视情报需求时，要想取得重大进展，并不需要开发新的传感技术。这里需要的是集成和同步的能力，它可以运用现有的指挥和控制功能及传感技术，开展点持续监视行动。我们认为，这个问题并不需要开发新的传感器，而是需要在执行现有角色和任务时，管理好既有能力的协调和借用时间等事项，而且不论指挥层级如何，都应如此。

在叛乱分子隐身和嵌入的民众所在的大城市区域，反叛乱行动往往只能散发出不易察觉和差别细微的观察指标。因此，在特定关注点开展的情报搜集必须是持续的（即在覆盖方面没有计划外的大量间隙）。此外，开展点持续监视工作时，必须做到有无日光均可，必须能在所有天气条件下、所有关注的位置上、不同等级的日夜分辨率下工作，还必须无视敌人是否主动尝试瘫痪或降低我们的感知能力。要达到如此苛刻的标准，必须利用包括人力情报在内的多种情报科目，而且开展情报工作时必须形成合力，另外还需要利用多种平台，因为情报搜集管理人员和分析人员需要这些平台来协调、同步和避碰情报搜集活动。关于我们介绍的点持续监视行动，举例来说，它包括一个传感器快速提示另一个传感器，令其进行详细验证的能力。如前所述，情报搜集人员将针对在棘手作战背景下活动的叛乱分子，参与一切为他开展的点持续监视行动。因此，航空搜集必须使用前线搜集资产，以及执行人力情报搜集任务的安装人员在持续监视目标附近布设的装置。低分辨率的广域搜索或跟踪能力（比如地面移动目标指示器），与高分辨率的识别和评估详细属性的能力（比如合成孔径雷达）彼此结合，就是一种已经提供或即将提供的能力，而且它在点持续监视的背景下价值极高。

关于情报利用和报告的时间表，以及通信基础设施等，都可以用来支持点持续监视行动，而且它们必须能够就持续监视问题发出预警（发出通知，要求立即响应），或是必须可以提示传感器。当这些报告方面的需求跨越情报科目的搜集边界时，安全保密和数字协议接口等事项就会提出集

成方面的挑战，并会增加响应时间。

如果单个传感器可以在大范围内支持多个点持续监视问题集（比如使用采样技术），那么就是传感器的敏捷性提供了显著的性能优势。在情报搜集语境下，敏捷性指的是情报搜集人员迅速指定地理上分散的目标地点，并对其进行情报搜集的能力。在规划和重新规划的语境下，敏捷性是指情报搜集系统迅速转向，去搜集新目标的能力。它还表示动态地采纳和执行新的情报搜集计划，以此对意外事件做出响应。

我们为执行点持续监视而选择的可用传感器套件，必须有能力对多种目标类型开展情报搜集。所有情报搜集科目都有可能被用在某种集成的点持续监视解决方案当中，具体情报视事件特征和选定的情报搜集策略而定。情报搜集专家和分析人员必须考虑并在适当的时候使用市场有售的摄像头和红外报警器，并将它们集成到持续监视这个庞大的拼图当中。

二、规划情报搜集，满足点持续监视情报需求

图 11-1 介绍了需要哪些主要步骤，才能制订相应的情报搜集计划，以满足点持续监视情报需求。

最终，情报问题必须从普通军事行动的启发式语言，转变成协调搜集资产下达任务时所用的详细技术规范，这样才能有效和高效地解决问题。这个流程分三个阶段进行。第一阶段，高级分析人员和高级搜集专家对点持续监视需求进行定义。任务是解构我们的优先情报需求、信息需求、假设、期望、预感或疑惑，以确定与感兴趣事件相关的观察指标、所需的采样频率和质量、应当遵循的供给或提示系统，以及可以满足详细需求的搜集资产能力。关于问题的性质，既有通用的部分，也有非常具体的部分，它们都可以驱动技术规范的制定工作。在确定了问题的大致类型之后，我们“分析—搜集”团队的成员便会查阅关于事件或目标的特征和观察指标的数据库，以确定哪些类型的传感器能够针对这些观察指标开展情报搜集活动。下一步，情报分析人员和搜集专家将与技术专家和其他专家协商，根据诸如体积、速度、质地、拒止和欺骗等问题特征，生成关于采样率、持续时间和质量的更具特定性的属性。在这个流程中，我们将初始的点持

续监视需求转化为特定规范，使之能够与可用搜集进行比较，从而确定情报搜集的可行性。

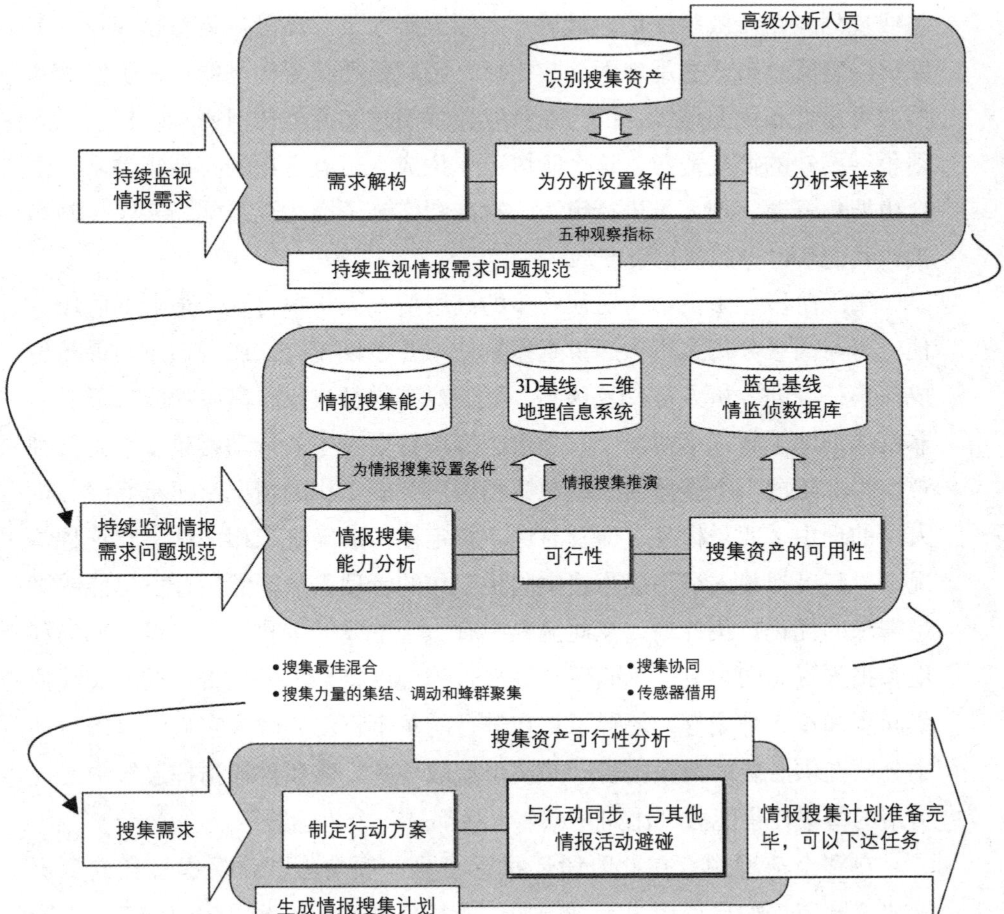

图 11–1　点持续监视搜集流程

第二阶段，确定情报搜集的可行性需要更多的技术专业知识，还需要得到一些专业化数据库和分析工具的帮助。例如，访问关注区域时可能会受到限制，或者可能会使资产暴露在敌对行动之下。处于原位的传感器需要放置、激活和定期维护或主动放弃。使用地理信息系统工具进行视线分析，以确保观察不受阻碍，死角不会干扰观察能力，或是找到合适的地方，好让人力情报资产可以根据详细的观察指标，在该地点监视目标活动。如果计划使用陆基移动平台，那么地理信息系统能力就可以协助进行路线规划和路线威胁评估。最后，高级分析人员、高级搜集专家和技术专家可以查阅分布式通用地面站数据库，特别是搜集架构基线，以确定传感器的可用性和优先等级，因为点持续监视问题和其他任何需求一样，也必须争夺稀缺的搜集资源。这个阶段可以生成（带有选项的）搜集请求，适合由搜集资源管理人员进行审查、批准和实施，因为正是他们实际控制和操作我们所讨论的搜集资产。

第三阶段，由负责情监侦同步的高级搜集人员执行这个最后的阶段。他们将与高级分析人员一起审查搜集请求并予以批准，或者通过与最初生成搜集任务的分析人员反复谈判，以便对其进行修改。高级搜集人员必须非常详细地了解以下情况：一是情报搜集将要发生的行动背景；二是五种观察指标组成一个整体或多组观察指标后开展工作的情况；三是高级分析人员的理由；四是标准，即及时性、特定性、准确性和相关性。在这种情况下，高级搜集人员将成为搜集同步工作的管理人员，然后开发出能够满足需求的优化搜集计划。在此流程中有一个重要的步骤，就是设计如何利用和报告资源的方案，以确保预警报告等可以符合延迟报告标准。高级搜集同步和搜集计划等，解释了正在进行的军事行动，因为它们可以向行动小分队提供必要的情报报告，并使用旅战斗队、营和排等指挥层级中常规可用的情报搜集能力（比如“每个士兵都是一个传感器”）。

在整个流程中，在此阶段还执行了另一项功能，就是提示和交叉提示协议规范。如果使用提示（例如，让高分辨率传感器［传感器 B］去验证来自低质量传感器［传感器 A］可能检测到的结果），就会生成临时需求，即要求进行一系列低延迟、高带宽的数据交换、重新规划和重新下达行动任务。当来自传感器 A 的提示送达时，传感器 B 的搜集专家及分析人员就会重新制订计划，并迅速重新向相关资产下达任务，尽量减少对自己承担的其他搜集职责造成的干扰。在这个规划阶段有一项重要的功能，即确定哪些传感器能够满足这种时间表要求，在重新下达任务时保证延迟是适当的，并调整这些传感器的搜集负载（比如将一些情报搜集活动转交敏捷性较低的传感器执行），好让它们在突发事件发生时是可用的。如此一来，当接受的任务是必须满足当前全部信息需求时，这样做就可以有效利用整个情监侦套件——这正是情报搜集管理流程的一个主要目标。要想支持先低分辨率跟踪、再高分辨率识别目标的做法，可能还需要另一项同步需求。使用低分辨率跟踪传感器（比如移动目标指示器）时，被跟踪目标简单显示为一个"斑点"，必须定期进行更加仔细的验证，以确保关注目标不会检测不到。再次重申，关于跨传感器支持和协调的详细规范，正是在这个流程中的这个阶段出台的。

三、分析与融合

如果点持续监视搜集的目标是支持取证或建模，那就需要大量的情报分析工具和程序，以帮助分析人员有效利用搜集到的数据。特别值得一提的是，分析人员必须及时跟踪线索并做出预感，以具有启发性和证据性的方式快速显示数据。因此，在搜集到的数据与用于建模或取证的分析工具之间，必须要有一个接口。如何对这些接口进行开发和维护，正是点持续监视行动面临的一项挑战。搜集到的情监侦数据的存储量可能极大，在对其进行交互式数据挖掘的同时，要保障适度的数据安全，同时还能允许插入来自其他外部来源的支持性模型和数据，这将是信息技术架构方面的一项挑战。

（一）点持续监视的系统概念

接下来分别介绍针对特定关注点开展点持续监视的系统概念和行动概念，重点强调对非常规战争或混合作战行动的支持。本小节讨论的依据是图 11-2 所示的顶层系统示意图，它显示了端到端系统的主要功能和组件。接下来将依次讨论每个组件。

1. 需求提交和问题分析

这个流程的第一步是提交点持续监视情报需求。用户可以通过模板启动这个流程，并可能会有在线"帮助"功能。在几种已知通用问题类型中，典型的点持续监视情报需求便属于其中的某一种；每种类型都有一个对应的数据库，我们可以从中获取关于特征和相关传感器的知识。其他特征，比如持续时间、速度、体积和信息质量等，每个具体问题都各有不同，且分别来自各自的用户。这个流程中有一个关键的步骤，就是确定是否已经存在既有情报搜集能力，足以满足点持续监视情报需求。如果存在，可以直接跳至第3步或第8步。如果不存在，情报分析人员和搜集专家就必须执行第2步。

关键在于必须区分时间敏感、需要加速处理的点持续监视情报需求，与时限充裕、要求进行交互式分析和开发的既有点持续监视情报需求。对于时间敏感的点持续监视情报需求，必须存在穿透系统的快速、低延迟的端到端路径（比如用于预警和快速响应），并且人们必须沿着该条路径工作。基于现有能力的模板可以为问题分析的步骤提供这项功能：用户只需选择理想的点持续监视情报需求类型，快速填写几个关键字段，然后提交点持续监视情报需求，并附带“加速处理”标记。问题分析功能检测到这个标记，才会发现点持续监视情报需求是可以使用现有能力开展情报搜集的，于是立即将点持续监视情报需求发至第3步，用于下达任务和开展情报搜集。

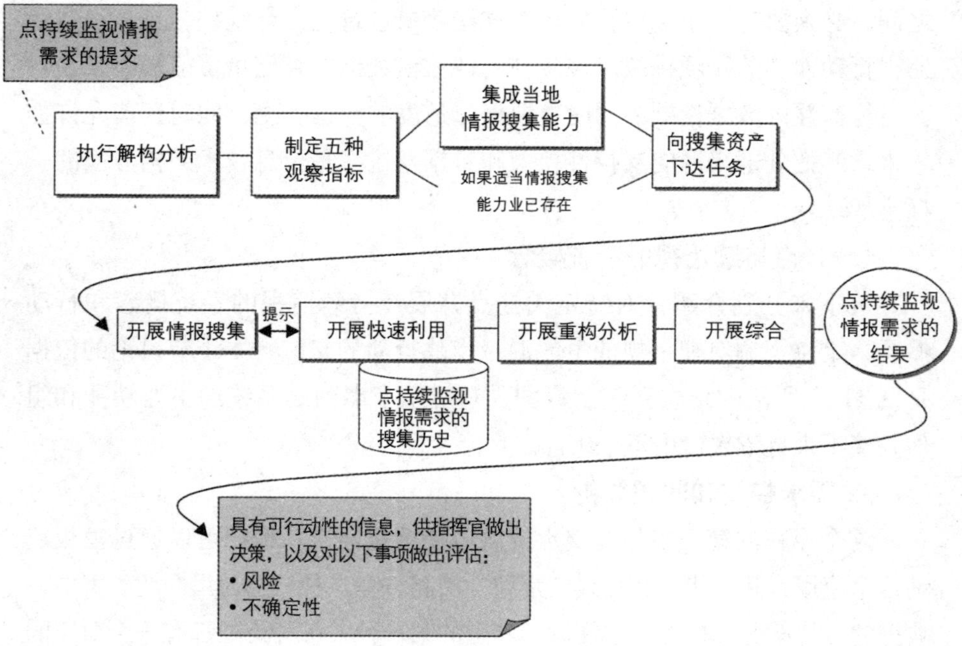

图 11-2 点持续监视端到端系统的功能和组件

2. 本地情报搜集能力的集成

或许点持续监视情报需求不能使用现有的搜集资产（国家技术手段、战区或本地资产）。尽管如此，情监侦高级搜集专家发现，满足这项需求的最好方法，就是安装新的本地监控资产（比如麦克风、窃听器、摄像头、原位传感器、人力情报搜集的观察人员或移动人员等）。如果这些必要服务并不存在，就需要指定并提供这些服务，而这一步正是负责处理该项需求的。在某些情况下，这种援助可能会是国家技术手段机构提供的服务（比如提供专业化的国家技术手段能力，以响应点持续监视情报需求），或是该项服务下达的任务。在其他情况下，安装和操作必要设备或部署人员的权力，可能本来就属于下达该项任务的指挥层级所有。

在低延迟想定情景中（比如临时点持续监视情报需求），应当避免这个步骤。一旦因这项活动提供设备并安装到位，这些资源就会被用来满足其他点持续监视情报需求。举例来说，人们安装摄像头的目的是为了满足某个监视目的（比如清点进入某个特定设施的军警人员数量），但它却被用来满足其他一些与该目的无关的点持续监视情报需求（比如观察一天中某个特定人员进出该设施的时间）。

可能有不止一种方法可以满足点持续监视情报需求，比如使用国家技术手段，或是战区资产，或是本地安装的设备，又或是三者的最佳混合。这种解决方案最初可能需要依赖国家技术手段和战区资产，直到本地设备可用并开始运行，然后可以切换，从而释放这些稀缺资产，让它们用于其他用途。最后，情报搜集能力之间的交叉提示可能是解决方案的一项内容，因此必须建立可以支持快速提示的通信能力和协议。

3. 下达任务

情报搜集规划已在上一小节进行了篇幅较长的讨论，这里不作赘述。下达情报搜集任务的关键问题是，有效地利用所有可用搜集能力，以满足目前所有活跃的需求。点持续监视情报需求只是情报需求的一种类型，必须根据优先等级和军事价值，与其他需求竞争稀缺而且宝贵的搜集资源。因此，明明某个指挥层级有点持续监视情报需求，但却选择使用自己统属的非共享资产（请注意，根据政策规定，一切情报搜集能力都有可能被选中，从而支持优先等级极高的情监侦需求）。

面对点持续监视情报需求，必须要快速做出端到端式系统响应，因此高度敏捷的资产如果可用，将是极有价值的事情。随着点持续监视情报需求变得越发重要，情报搜集能力将面临越发强烈的压力，须要求其以高度敏捷性提供结果。我们可以想象这样一个想定情景：用户提交的（高优先级）点持续监视情报需求，在短短几秒钟内，便通过问题分析（第 1 步）和搜集任务（第 3 步），直接传递给该系统的搜集管理和调度功能（第 4 步）。根据系统的敏捷性、访问时间表和快速利用的能力来判断，如果一项情报搜集能力可以响应点持续监视情报搜集需求，并且它的功能是完备的，就可以在一分钟内具象化，显现为实体并开始运行，这时它对关注事件的预警延迟时间，是在收到命令的几秒钟之内。今天的通信和传感技术可以做到这种程度的响应；目前，主要的挑战似乎是对传感器下达任务，以及关于安排调度的算法。

4. 情报搜集

在制定情报搜集策略并向资产下达任务之后，系统便开始针对特定的“点”，启动持续监视和上报相关情况的流程。如果点持续监视情报需求是长期的，这个流程可能会持续几天或几个月；如果点持续监视情报需求是临时的、快速响应的，它可能会持续几分钟到几小时。同样的搜集资产还可用来满足多个点持续监视情报需求；持续覆盖不同于紧盯、专注或不间断等方式的覆盖。事实上，对视频这种来源来说，单个“镜头”也可以被用于多个目的。此外，单个可调整指向的摄像头能够监视多个地点，具体做法是基于其所支持的各种点持续监视情报需求，根据该需求对重访目标的要求，使用事先编程的重访时间表来调整镜头指向。本地、战区和国家技术手段等资产组合之后，也可以在解决方案中提供合作，另外人力情报监视小组可以参与监视和报告特定观察指标的活动，甚至参与事件验证工作。情报搜集系统必须能够针对某些搜集资产损失（停电、损耗）或搜集条件不利（天气、照明、设备变差）等偶然事件做出响应，并且必须能够抓住机会，针对不可预见的情况做出响应。如果具备出色的规划功能，就会考虑到这种可能性，并相应地使用模型预测控制方法，去优化对资源下达任务和重新下达任务等工作。

为了支持点持续监视情报需求，我们可以通过两条主要路径去执行情报搜集功能。第一条路径其实就是与点持续监视情报需求相关的、对时间敏感的报告需求和预警需求。此路径指向利用能力，即快速处理原始搜集数据，以确定事件发生的阈值并向用户报告。这种利用功能也用来触发搜集资产，使之进行交叉提示。比如，当低分辨率资产检测到可能有事件发生时，高分辨率资产就会自动领受任务，前去验证。这样，用户收到警报，但却发现这是假警报的情况就不会出现。低分辨率与高分辨率可以组合起来，以有效的方式进行检测和验证，并以这种方式支持用户的行动需求。

执行情报搜集功能的第二条路径指向搜集档案。当点持续监视情报需求启动，可以活跃地下达任务时，这些档案就可以描绘关注区域的完整历史，并且可以在稍后进行检索，实现建模或取证等目的。

5. 快速利用

对于低延迟预警这项点持续监视情报需求来说，如果端到端系统响应时间是主要驱动因素，那么近实时事件检测功能就是非常必要的。这种检测能力可以是自动的（比如自动目标识别算法），也可以是“人在环中”，但都必须满足与点持续监视情报需求相关的生成报告的时间标准。如前所述，这项功能还支持跨情报科目提示，以验证或提高准确性。这项功能的主要输出是向提交请求的用户发出预警。

另外值得注意的是，未来的情监侦架构的一些行动概念把利用功能置于用户终端。其结果是，提供给用户的将是“原始”搜集结果，以及用于处理和利用的自动化工具。这种做法的缺点是，用户系统必须充当自己的过滤器，自行检测和排除假警报，而不是依赖利用功能去执行这项增值服务。

6. 具有可行动性的预警

在提交的点持续监视情报需求的有效期内，点持续监视系统将向提交需求的用户提供通知，通报在关注区域内发生（或未发生）的关注事件。关于这一点，用户或申请者必须坚信，持续监视系统不会在指定的端到端系统响应时间内，不去报告关注事件是否发生。

用今天的技术可以达到什么样的响应时间？这个答案会因所用搜集资产或系统的不同而千差万别，但对于许多战区和国家层面的技术手段资产来说，一分钟以内通知似乎是目前最高水准。对于本地组织“占有”的资产，响应时间可能会少得多，具体情况取决于系统的实施方式、下行链路和地面站的位置和操作熟练程度、检测和利用等活动的处理方式，以及分布式通用地面站快速注入数据的能力。对可预警事件进行近实时的持续响应，这在技术上是可以实现的。重要的是，同一个用户系统必须既能提交点持续监视情报需求，也能够接收预警。

7. 情报搜集历史

关于点持续监视情报需求，它的系统概念设想出许多长期的点持续监视情报需求，用来支持取证和建模。不论是取证还是建模，都需要在相当长的时间内，搜集大量准确的数据。长期点持续监视情报需求与临时点持续监视情报需求是不一样的，后者往往是短暂的、时间敏感的，而前者是在更长的一段时期里填充历史数据库，供后续分析所用。

如果有许多不同的搜集资产可以支持点持续监视情报需求，那就必须提供一个完全集成的数据访问路径，涵盖空间相关性、时间相关性和范围相关性。因此，对于点持续监视情报需求历史档案来说，逻辑和物理数据架构其实就是一个重要的设计问题。当提交长期点持续监视情报需求时，可能需要分配存储，并建立相关的模式和（或）本体。另外，还必须定义并提供来自各种来源的输入。

8. 数据分析

有多种工具和算法（数据挖掘、统计分析、社交网络分析、聚类等）可以支持建模和取证等点持续监视情报需求。通常，提交点持续监视情报需求的用户，就是执行情报功能的高级分析人员。但也可能是用户需要一个答案，去回答从现有数据中生成的特定问题。许多情况下，点持续监视情报需求申请是可以使用现有数据回答的，并不需要额外开展情报搜集。如果是这种情况，问题分析（第 1 步）的结果就可以直接传输至数据分析（第 8 步），完全绕开了任务下达和搜集等步骤。同理，还有可能出现这样的情况，就是分析显示，在问题分析流程中发现的现有情报搜集系统并不合适，无法以足够的准确度回答点持续监视情报需求提出的情报问题。在这种情况下，需要由数据分析（第 8 步）向问题分析（第 1 步）提供反馈，以便修订搜集需求陈述。系统概念在第 8 步与第 1 步之间建立了直接联系，这样既可以在不需要时绕开情报搜集，又可以在无法满足用户要求时更新情报搜集的需求陈述。

9. 结果

这是长期点持续监视情报需求申请的最终结果，它还包括相关的情报分析。无论点持续监视系统是人还是机器，都可以通过用于提交点持续监视情报需求申请的相同接口，将数据产品交付用户（详见前文讨论）。以交付报告为基本，用户接下来就可以提交追加的点持续监视情报需求申请，此举可能导致额外的搜集和（或）分析，也可能不会。这样一来，我们就完成了端到端的系统反馈循环。

（二）点持续监视的行动概念

在本小节，我们将使用以下四个具有代表性的范例，以此阐释这种系统概念。这些例子是：

✶ 监视一个疑似炸弹工厂；

✶ 监视一个武器库；

✶ 监视一个已知的安全屋；

✶ 监视一个疑似简易爆炸装置地点并发出预警。

1. 范例1：监视疑似炸弹工厂

这个范例可以阐释多个重要观点，它们可以左右点持续监视行动的规划、执行和评估等工作的成败。我们选择使用旅战斗队来加以说明。但我们认为，这种能力也应当提供给连和营的指挥官。当然，今天没有参谋人员来圆满地完成此事，他们也没有能力将自己的搜集与战区和国家技术手段等资产同步。正是因为无法做到，所以我们才会以概念形式提出点持续监视系统的观点。如果连和营在进行高级分析和高级搜集时，能以蜂巢思维开展规划，以执行我们正在讨论的那种点持续监视行动，那么他们就需要某个集团去提供强有力的支持——国家点持续监视中心便隶属于这个集团。我们认为，相关的旅战斗队参谋人员将在旅战斗队层面的行动中，精心安排许多活动的同步、协调和避碰事宜，并将在现实中，与上级总部的点持续监视节点以及国家点持续监视中心开展合作。但连或营的指挥官将提供计划、需求、所辖资产，以及优先情报需求、信息需求和其他情报需求，而上级总部将满足他们提出的需求和标准。请思考这样一种想定情景：驻扎在巴格达的一位旅战斗队指挥官怀疑，在某个动荡的逊尼派社区的某处住宅里藏有一家正在开工生产的炸弹工厂。指挥官不能只凭预感便贸然采取直接行动。因此，他命令参谋人员以该所住宅为目标，规划一次点持续监视行动。虽然参谋人员的许多活动其实都是同时进行的，但为了阐释目的，这里的讨论在某种程度上必须是线性的。在现实中，规划和执行工作将是线性和非线性的思考和行动的综合体。

在早期阶段，高级分析人员将借助虚拟知识环境，将指挥官的假设解构成五种观察指标。最终，他们将在虚拟知识环境中知识专家的帮助下，将这些观察指标映射到各种各样的传感器，以及传统和非传统的人力情报搜集当中；这些知识专家可以提供高水平的专业知识和普通知识，帮助规划和执行点持续监视行动。

与此同时，高级搜集专家可以使用搜集优化工具。他将与三维地理信息系统专家合作，以获得高度精确的三维基线，并在地图和图像上覆盖基础设施图层。高级搜集专家将借助这种工具，以获得传感器、视场、死角、采样率、观察角度、同步和避碰等需求的最佳混合，以及搜集资产的最佳组合，好在正确的时间进行观察，准确地在正确位置寻找正确的活动和观察指标。虚拟知识环境可以根据需要，为高级搜集专家提供帮助，让他使用这种工具，对人力情报搜集、市场有售的小型相机、不引人注目的小型无人值守地面传感器（用于发挥测量与特征情报能力）、红外警报、航空传感器和国家技术手段等进行同步和避碰。

与此同时，人力情报搜集规划人员和高级分析人员可以借助虚拟知识环境，开展社交网络分析，以了解此住宅内部及周边的个人和组织关系，这样他们就可以更好地了解谁有可能是潜在的搜集人员，以及如何接触和招募他们去从事点持续监视行动。他们为之设计掩护身份的“故事”对象不仅是本土观察人员和移动人员，还有那些将要去安装和设置隐藏摄像头、红外报警器和小型测量与特征情报设备的人员，也就是安装人员。他们可以与高级分析人员和三维地理信息系统专家合作，辨别敌人的反监视行动，以及布置在疑似目标建筑或附近建筑等屋顶上的观察人员的具体位置，以便了解安保人员、观察人员甚至儿童在白天、晚上以及在沙尘暴等气候变量的影响下能够看到什么。以这个分析的结果为基础，人力情报小组可以与分析人员和技术专家合作，让观察人员携带各种一次性的、市场有售的日夜两用光学设备，并在敌人最不可能发现的地方安装小型传感器。因为开展了三维地理信息系统分析，所以敌人的反监视小组发现业已开展的行动，以及旨在安装测量与特征情报设备和摄像头的条件设置活动等的概率也将降低。

与此同时，指挥官的参谋人员将通过分布式通用地面站向国家点持续监视中心提出请求，以履行多项必要的职能。例如：

★ 与申请人员协调任务，并支持需求。
★ 激活某个专门设计的虚拟知识环境。
★ 搜索数据，并组织社交网络分析与三维地理信息系统专家。
★ 帮助提出请求的小分队组织传感器和通信架构，以便实施点持续监视行动。
★ 找出可能可用的国家传感器，帮助前线部署小分队寻找并实现优化、同步和避碰。
★ 与反情报人员、执法人员、高级分析人员、高级搜集专家和人力情报搜集专家合作，招募观察人员和移动人员，并为他们提供适当的掩护身份“故事”，以及将他们部署就位。
★ 与申请人员和上级总部合作，从正在执行或计划执行的情报搜集行动中借用传感器时间。
★ 利用分布式知识环境，查找数据并进行社交网络分析。
★ 让情报界的支持聚焦这个战术层面的点持续监视行动上。
★ 通过主题专家和卓越中心提供高级分析支持。
★ 通过高级分析的重构和综合，帮助申请人员对所提供数据进行意义构建。
★ 与提出请求的小分队合作，对二阶和三阶效应、敏感变量、机会之窗，以及假设进行推演，并开展四方推演，以寻求、发现和掌握主动权。

指挥官的参谋人员还必须履行一些其他职能，以确保在这个复杂的行动中能够取得成功。这些为取得成功设置条件的参谋职能包括：

★ 查找数据，以针对住所、人员、企业、活动和亲属开展社交网络分析，并确保数据库是最新的。
★ 处理过去的问题（重要的活动、趋势、联系和模式分析）。
★ 查找图像（过去、现在、当前的图像，用于开展行动，检测连贯变化）。

★ 了解敌人如何利用反监视，对联军行动做出预警。

★ 就即将开展的点持续监视行动，向情报集团发出预警令。

★ 组建虚拟工作团队。

★ 部署三维地理信息系统数据和专家，以规划位置、视场和反人力情报。

★ 为推演和演练设定时间表。

★ 识别和修改传感器、通信，以及数据流和工作流架构。

★ 与情报界在分布式虚拟知识环境方面合作，以求获得国家层面的情报和通信等支持。

★ 研究周边邻里的日常宗教、商业和家庭活动，以发现并更新这三种基线，好让异常和倾向变得更加明显。

★ 与支持性虚拟知识环境的“知识经纪人”联系和协调，根据需要在分析工作、文化和社会认知、搜集，以及行动的技术方面等寻求帮助。

★ 识别可用的技术传感器（有机的、遍布整个情报集团的技术传感器）。

★ 识别传统和非传统人力情报能力。

高级分析人员、高级搜集专家与主题专家将在虚拟知识环境中开展合作，然后将观察指标映射到情报搜集系统当中。为了完成这项任务，他们使用高级分析的 14 个要素，以设计出尽可能最好的观察指标，以及了解使用这些观察指标时所涉及的相关阻力。接下来，高级分析人员和高级搜集专家将直接与分布式情报搜集系统进行通信。此举可以引入分析侧指导搜集侧的信息，它可以确保分布式情报搜集系统的蜂巢思维的所有组成部分，都知道其所开展搜集行动的观察指标和现实背景。分析侧指导搜集侧的信息还可以为蜂巢思维提供高级分析人员的理由和五项标准（及时性、特定性、准确性、相关性和清晰性），以此支持情报搜集。为了提供帮助，高级分析人员和搜集专家还会与旅战斗队的技术人员在虚拟知识环境中开展合作，将许多计算机连接成一个整体，并通过已开展的异常、倾向和基线等分析工作生成算法，再用这些算法来武装这些计算机。如此能够保证这些机器可以帮助高级分析人员针对可能的观察指标（特别是异常和倾向）发出预警，并就敌人手头的问题开展思考。

与此同时，指挥官的规划人员开始制订应急计划，并对可能的二阶和三阶效应、敏感变量和机会之窗进行推演，还要推演如果房子因“泄露”而被“污染”，将以怎样的方式在行动期间予以制止。他们将与情报分析人员合作，以准确描述所关注目标区域，并拟定抵消敌人反监视系统和预警等的方法。指挥官指示他们尽量减少破坏，并最大限度地尊重无辜民众的权利，因此规划人员将与虚拟知识环境的文化专家和本地人接触，以最佳方式克服指挥官行动遇到的一切负面文化阻力，并在信息领域掌握主动权。

参谋人员向指挥官进行简报，指挥官批准继续执行点持续监视行动。情报官向情报集团的必要部门进行简报，并请求提供支持，使搜集管理人员能够向并非由该旅控制的传感器借用时间，并且能够提供分析、搜集和文化知识作为掩护，开展行动。行动开始后，情报搜集人员便开始报告。传感器数据流入分布式通用地面站，并开始为指挥官的可视化机制填充内容。高级来源分析人员、他们提供的掩护支持，以及来自虚拟知识环境的知识主题专家等，可以作为这个集体式蜂巢思维的子有机体开展工作，以便对传入的数据构建意义，并将其转化成信息和知识，好让指挥官能够在风险和不确定性的程度尚可容忍的情况下做出决策。

2. 范例 2：监视武器库

这个范例阐释了点持续监视行动中的一个关键观点及主要概念，即“持续性”（从高检测置信度的意义上讲）并不等同于“不间断”监视。有这样一个典型的想定情景，假设有一个武器库，并假设有个身份已知的人员会定期访问那里，以检查它的状态。访问发生的时间是已知的（比如每天 20—22 时之间），持续时长也是已知的（比如 15 分钟）。任何偏离这个定例的情况，都说明拥有该库的组织存在某种异常（异常是高级分析的要素之一）：这可能是带有敌意的，也可能只是某种组织结构调整或其他变化。不论是哪种情况，必然存在一个已知的、稳定的、持续的正常状态，而点持续监视就是为了验证这种状态是否仍在继续，并就任何重大偏离发出预警。

根据这一描述，显然没有必要专门对该现场开展全天候监视，因为我们将这种手段称为“极高置信度”监视机制。任何重访方案，只要重访间隔小于 15 分钟，都将检测到有人正在访问该武器库（我们可以将其称为“高置信度”监视机制）。如果希望进一步减轻监视负担，这种重访机制可以只在每天 19—23 时之间实施。第三种选择被我们称为“中置信度”机制，它根据预测的事件发生时间，在监视时间前后各增加了 1 个小时。

情报搜集规划应当为上述机制分别提供点持续监视的选项，但只能是从中等上升至高等（然后再上升至极高等）置信度机制，以对检测到的异常做出响应。也就是说，只有在中置信度机制未能验证预测基线行为的情况下，才会使用高置信度机制。如此就会出现两个选项：或是高置信度机制表明该异常是虚假的（因此要求返回到中等机制），或是表明该异常是真实的，因此需要使用更高等级的点持续监视。关键在于，点持续监视计划可以预料到这些意外情况，并通过预先计划来提供这些必要资源，以处置这些意外情况。

在设定这种定期重访方法的前提下，有时监视系统可以不为该项点持续监视情报需求提供支持，这些时间就可被用于支持其他目的。**这种以最优方式共享稀缺的情监侦资源能力的做法，是情报搜集规划中非常关键的一环**。如果异常确实发生，并因此显示发生了某种重大变化时，该点持续监视行动的优先等级就会相应提高，并获得额外的情监侦资源，以便处理增加的工作负载。通过这种方式，监视系统就能动态地重新平衡搜集负载，针对意外事件和优先等级变化的情况做出响应。

关于这个范例的假设是：高级分析的工具已经定义了关于正常的稳态条件，而我们关注的异常便是偏离这种正常状态的情况（需要检测变化）。首先需要确定这种正常的状态，这个流程本身就是点持续监视情报需求的一项重要前兆，也将和其他活动共同构成为高级搜集设置的条件，以求能在持续监视行动期间实现最好的效果。关于正常状态，它是将一个或两个高级搜集基线，或多个高级搜集基线进行组合，然后得出的结果。关于设置条件，它属于建模的范畴。虽然可以从其他来源那里，以先验方式了解敌人组织武器库的运行方式（程序），但仍必须在最开始便核实“访问该武器库”这个需要关注事件的规模、速度和持续时间。相关模型被填充完毕并得到验证之后，中置信度机制（及高置信度和极高置信度等后备手段）就会启动。

要想提供所需的点持续监视能力，就需要有传感搜集套件、人力情报搜集套件或搜集的最佳混合，它们可从当前可用资源中选择，也可通过安装和集成获得。没有放之四海而皆准的方法可以应对这一挑战；任何一种解决方案都必须考虑面对问题的背景。各种本地和外部的机制都有可能适用，不论是单独使用还是结合使用，都将如此。

3. 范例 3：监视安全屋

在这个范例中，我们需要关于出入该地点的所有人员的完整记录。这里共有三个入口，必须确定每个人的确切身份。需要这项信息，预期用途是在文化基线中填充和维护关于敌方组织的社交网络模型。

从这项需求本身的特点来看，似乎必须开展永久性的现场监视才行。这就需要对地理态势开展详细分析，找出可以安装秘密监视设备的地点。重要的考虑因素包括功率、保密性、能否访问传感器以获取它们记录的数据，以及能否从多个位置、视角和视场进行感知。这种情报搜集行动绝不允许失败，但如果考虑不周，就无法预测出观察者和被观察者视角中的死角，所以人力情报搜集规划人员、高级分析专家以及高级搜集专家，将在这项条件设置活动中使用三维地理信息系统软件。如果将敌方人员以电子方式标记，被动传感器就可以帮助检测出某个身份已知（已被标记）的人员是否在场。另外，也需要让本地人力情报搜集人员开展监视，可在该设施附近或内部使用语音或音频接收器。

按照这种当前有效的点持续监视情报需求获得数据后，将其与其他来源的数据相互结合，再对它们开展深入分析。此举的主要目的并不是预警，也不是在后台"正常"开展监视，而是模型构建。再者，监视设备就位并开展运转之后，也有可能被用于其他目的。例如，如果我们正在计划一个"刺激—响应"行动，就有可能让这些传感器在一个更加庞大的方案中发挥作用，以确定敌人何时以及如何做出反应。那么在最开始，我们需要一个精心设计的新的安装和集成活动（"点持续监视的系统概念"中的第 2 步）。这个步骤一旦完成，这些资产就可以用来支持其他临时的点持续监视需求，或是低延迟类型的点持续监视需求。

4. 范例 4：监视潜在的简易爆炸装置地点

这种点持续监视情报需求的目的是，检测一个地点或该地点附近的某种行为，此行为可以表明可能存在尚处于早期阶段的简易爆炸装置袭击。从某种程度上讲，这种可以吸引袭击的地点的特征都是已知的；相比其他地点，符合这种特征的地点更有可能被敌人选中，用来发动简易爆炸装置袭击。再者，即使在使用这种初步过滤手段之后，仍有许多潜在的站点，而监视所有这些站点的任务也是不现实的。更好的办法是准备一个点持续监视搜集方案，利用随机采样的优势来完成任务。敌人无法事先知道在任何给定的时间里，哪个潜在地点将会受到监视；当简易爆炸装置开始放置、激活和控制时，他选择的任何地点都有可能被监视。于是，概率定律开始为我们带来优势：成功选择无监控地点的概率降低，而发现和捕获敌方特工的概率增加。

建立监视机制，以达成规定程度的持续监视信心，这项任务依靠的是基于采样理论的基本数学模型。可以提供工具来帮助开展这种分析，以及帮助在追加监视资源所造成的成本，与检测置信度提升之间进行权衡。另外，还可以根据这种点持续监视情报需求去搜集历史数据档案，再对其进行事后取证分析，以此改善和提高预测的准确性。如此一来，这个系统就可以学习如何使用数据挖掘工具来处理历史记录，并据此自我调整适应。以协同方式将近实时预警与事后数据挖掘和取证进行混合，人们经常通过这种做法，使用点持续监视开展情报搜集，并对它进行开发利用。

四、推论

在棘手的作战环境下，美国无法强迫发动叛乱的敌人遵循美国的传统作战方式，更无法凭此获胜。事实上，我们必须适应敌人以及彻底杂乱无章的作战环境，必须像敌人那样去思考和战斗（但需在合法范围内），必须改变我们开展情报行动的方式。本章讨论了许多推论，但重点讨论的是我们希望读者集中注意力和思考的四个观点。

（一）敏捷、扁平的情报指挥与控制

美国情报行动必须在思维、变化和组织等流程中保持敏捷。我们必须能够并且真正地针对情报搜集资产、分析人员、带宽和网络，以及计算机等，实现敏捷的指挥和控制，从而确保以尽可能最高的标准开展点持续监视。军事领域正在发展的扁平化网络，以及分布式指挥和控制等理论，可以帮助我们获得必要的敏捷性，让我们借以掌握主动权，领先于敌人的决

策周期。这其中还有更多的要求。这当然是一个值得追求的目标，但我们必须非常仔细地思考才能成功。我们的部队将在扁平化、分布式、数据交换和共享的环境下开展分布式行动。因此，我们的情报人员必须在规划和执行点持续监视行动时，快速共享数据、信息、知识和学习结果。因为我们所有人都是复杂适应系统，所以正是这种反馈努力和我们如何处理搜集到的数据，决定着行动的成败。获胜的先决条件之一是，我们的情报搜集人员和决策者必须学会以不同的方式去思考敌人、民众、东道国政府等和环境，并在蜂巢思维和技术推动分布式集体智能，进而不断助力高级认知技术之后，对这些技术加以利用。反过来，他们必须以更加整体的方式去思考情报搜集和分析，尽管我们已经开始运用整体论的结果，以便能让搜集的最佳混合进一步专注重点，也就是让地面搜集，以及观察人员和移动人员在正确的时间和地点，去寻找正确的观察指标。这是点持续监视行动的基础。然而，这种工作需要敏捷的人员、组织、搜集设备、网络和计算机，让它们合力开展工作，以便优化点持续监视行动，从而支持指挥官的决策流程。

（二）聚焦重点，推动快速有效的决策

我们必须使用数据、信息和知识，去武装我们的规划人员和决策者，以提高决策的速度和准确性。这意味着高级搜集必须提供有意义的输入，帮助决策者管理风险和降低不确定性。这个高标准所需的搜集数据便来自点持续监视行动。特别值得一提的是，高级分析和高级搜集必须提供数据、信息和知识，帮助指挥官管理风险和降低不确定性。这样一来，它们就能与指挥官的决策周期直接关联，并为其提供帮助。这是高级搜集重要性的关键所在，并且涉及本书前面的章节，即我们讨论质量及衡量标准的相关内容。在所有点持续监视行动中，高级搜集始终致力于满足指挥官关于特定性、及时性、准确性、相关性和清晰性的标准。迄今为止，国家情报系统还没有能力以非常有规律的方式满足这些标准，因此无法为战术规划和行动提供足够的支持；但在点持续监视的协助下，国家情报界可以满足战术指挥官的标准，并帮助满足他所提出的需求。

我们只有学会如何使用高级分析和高级搜集去规划、执行和评估点持续监视的行动，才能掌握最大限度的情报能力，去帮助指挥官做出决策。

因此，如果我们想在战斗中表现出色并为人们提供支持，情报系统便别无选择，必须与各级组织、联盟伙伴和东道国合作，以持续方式开发这种形成合力的情报方案，并提供给从营到排乃至更低级别的战术指挥官。

为了做出尽可能最好的决策，我们必须学会像敌人、民众、非政府组织、跨国公司等实体那样思考，并在它们与友军指挥官的目标和任务相关时预测它们的活动。这些知识肯定会推动我们的点持续监视任务。在人们能够想象的任何一种非常规战争想定情景中，指挥官都必须快速做出决策，了解冲突发生地的文化，回答棘手的文化、技术和基础设施等问题，降低并管理风险，以及理解敌人等，还必须预料自己将会采取的活动，减少不确定性，并以主动出击的方式争取信息领域的优势，特别是争取主动权。正如我们在本章和第 9 章所介绍的那样，点持续监视行动可以提供相应的手段和机制，改进我们领导者的决策流程。

（三）搜集的最佳混合

单凭一个来源或一门情报科目，几乎不可能找到重要的敌人、关键的单元和联系，或是我们所搜索的异常。我们的敌人非常擅长隐藏和欺骗，所以根据敌人的反馈、学习情况和适应周期，我们就可以猜测他们将会变得更加强大。他们的安全工作做得非常之好，被完美地掩盖在正常的外表之下。但如果没有民众明里暗里的支持，这些敌人是不可能生存的。民众就是他们最重要的压力点之一，甚至可以说是几个重心中最为重要的一个。不幸的是，叛乱分子与民众融为一体，将自己的网络活动和条件设置活动藏匿于城市生活的喧嚣之中，又或者如果是在城市以外的地区活动，那就是藏匿在农村、山区或丛林的生活节奏之中。因此，情报搜集面临的挑战难如登天，因为需要发现甚至察觉那些可以指示非法个人和活动的观察指标。鉴于这些困难，本章的主要推论是，我们需要改变思考、设计和执行情报行动的方法。此外，还有一些其他更加具体的推论。第一，我们必须掌握高级的、主动出击式的高级分析力量，推动高级搜集不断寻求主动权，拒止叛乱分子的力量来源和优势来源。第二，分析人员的想法必须是特定的，并用高级搜集人员能理解的语言，直接向他们提供这种特定想法以及幕后背景，而不是纠缠于官僚式反复演练需求的无尽压力之中。第三，高级搜集人员必须能够开展深度思考和复杂规划。他们必须能够设计出搜集的最佳混合，以此充分提供数据，便于指挥官做出比敌人更好更快的决策。我们关于点持续监视行动的理论和哲学规定，这种行动必须以整体形式展开。整体论是一种有趣的理论，它主张“有生命的物质或现实是由有机的或统一的诸多整体组成的，这种整体本身就大于各组成部分简单相加的总和”。[1] 我们在这个定义中增加了一项与贯融概念有关的内容。也就是说，当我们思考整体论时，必须知道这个整体的各个部分是如何与整体本身共同运转的，又是如何与之产生关联的，这样才能真正理解和运用整体论理论。因此，整体论理论包含我们关于搜集最佳混合的概念，因为它是作为一个整体运转，亦即创造搜集协同，这也正是我们希望实现的目标，因为这样才能优化高级搜集行动，从而支持指挥官的使命。换言之，我们必须设计**传统和非传统传感器的组合**，以搜索、监视和辨别特定的文化、技术、态势和功能观察指标——我们必须找到这些指标，这样才能找出敌人和我们关注的其他人员，进而认识敌人的网络。此外，为了支持每一个点持续监视行动，我们必须让高级分析人员、高级搜集人员、行动人员和决策者之间，在宏观层面形成合力，让他们的能量和活动形成整体，以这种方式开展思考和行动。此外，在微观层面也要做到合力。

了解这个观点之后，我们就可以讨论让多个层面的组织共同工作，让传感器、人力情报搜集、高级分析人员、高级搜集人员、计算机、网络和数据库的巨大力量聚集在一起，集结并调动它们，在前线指挥官需要时向他们提供这种支持。这样的想法非常重要。但要想在学说、组织、培训和教育、物资、领导力、人员和设施方面取得进展，还需要付出极大的努力。

还有一个与之相关的推论。关于优化情报搜集，本章探讨的许多工作与警务工作颇为相似，比如警察也会招募本地人充当低级搜集人员，并为他们配备光学设备、手机或掌上电脑，让他们报告自己看到、听到、闻到和触碰到的东西。他们还经常使用小型、一次性和精心伪装的摄像头，以图片和流媒体视频的形式向分析人员提供数据，再由后者将这些与其他数据编织成整体，供主官在了解情况后做出决策。再加上地面测量与特征情报设备、大量无人机和其他搜集资产，我们就有了进行点持续监视行动所需的一切资产。

---

[1] *American Heritage Dictionary of the English Language*, 4th ed., Houghton Mifflin, 2004, Dictionary.com, http://dictionary.reference.com/browse/holism (accessed October 11, 2009).

最后需要强调的是，我们必须学会使用航空传感器，比如有机的无人机、上级总部控制的无人机，以及战略无人机等的最佳混合或组合，以帮助我们在地面开展点持续监视工作。为了能够汇集我们所有的传感器，并对它们进行集结和调动，就必须尽可能减少所有权和势力范围等妨碍工作的概念，必须共享传感器和人员。这并不是说搜集资产会被突然撤走并用于其他地方，从而导致指挥官无法得到支持；而是说我们可以让传感器更加多样，也更加敏捷，具体做法就是各小分队的传感器在巡飞、返回基地、转向，或上升或下降时，允许借出传感器时间。它表明，如果在正确的时间，传感器处于正确的位置，可以“影响”我们关注的特定位置时，**美国军方就必须允许短期借出传感器，以最佳组合去支持点持续监视行动。这些最佳组合将在高级分析人员驱动的采样率、最佳视场、同步和时机选择，以及避碰等的支持下开展工作**。当然，必须为搜集和输入的所有方法设计数据架构。此外，必须升级分布式通用地面站，以接收非传统搜集资产传入数据，比如线人的手机来电。

（四）敏捷、快速的情报网络

前线部署部队并不能生成必要的高等级、文化导向的知识，也就无法让人们以此来操作敏捷、扁平的指挥和控制系统。我们面对的作战环境太过复杂，因此这些部队自身并不掌握足够的专业知识，无法提供不间断的信息，也就无法支持指挥官做出必要的快速决策，去应对各种各样的网络。因此，我们的支持性网络必须提供足够的专业知识，以减少不确定性和风险，解释敌人开展行动所处的环境，当然，还要能够帮助设计、实施和评估点持续监视行动。

我们必须将及时、具体、相关和准确的情报提供给各个层面的人员，从小分队主官到四星上将，从国务院低级别工作人员到大使，从情报特工到外站站长。关于这一点，必须要有一个可以集结和调动搜集力量的敏捷情报网络，这是我们不能忽视的情报需求。我们的网络必须能够瞬间从最低层切换至最高层的决策和规划问题，并形成合力，开展工作。这种网络可以提供非常特定的情报；这种情况来自高级分析、分布式主题专家和卓越中心网络的支持，来自在特定点寻找特定行动、活动、交易或行为的高级搜集，来自响应及时、提供及时的人力情报，也来自对敌人网络的多个部分持续施加的（有形和无形的）压力。

我们目前所知的情报系统必须经历质变，再以“网络的网络”的形式一直蔓延。它将从华盛顿特区出发，随着巡逻队穿过城市街道、山区或丛林，来到我们部队与民众接触并打击叛乱分子的任何地方。典型的角色、任务和接力（handoff）涉及“战术—作战—战略”结构，但它们却是一种人为设置的障碍，会妨碍我们孜孜以求的合力；不能认为这些障碍是合理存在，它们将为行动人员提供完全不同的情报支持。

这个情报网络必须优化自身能力，必须集结、调动和集中搜集力量，根据高级分析人员和指挥官提出的需求，在多个特定地点专注搜集具有相关性的特定数据。它必须以集团形式开展工作，在这个集团中，国家情报对战术小分队行动的支持应是常态，而非例外。在这个网络中，人员、机器和组织可以真正地开展协作与合作，实现各个部分的利益和整体的利益；这个整体就是我们在本书中探讨和主张建立的情报集团。这个关于情报的“网络的网络”，必须拥有一种不同的方式去规划和操作人力情报搜集。具体来说，我们需要使用多种不同的来源，并将他们的搜集力量集中起来，聚焦非常特定的观察指标，去观察在特定地点和时间发生的特定活动，另外必须在这个特定活动消失之前，迅速将搜集的数据上报融合中心。这种类型的观察人员或移动人员，可以为战术、作战，以及更高等级的人力情报来源的工作提供补充。

在本章即将结束之际，再次重申，点持续监视对于在任何非常规战争作战环境中的任何高级搜集工作都是至关重要的。点持续监视对于刺破“摩耶之幕”很重要，因为“摩耶之幕”会掩盖我们军事行动人员面临的现实情况。如前所述，“摩耶”是“关于现实的感官体验的幻觉，也是关于所体验的质量和属性本身的幻觉”。[1] 点持续监视相当重要，它可以帮助指挥官减少决策中的风险和不确定性，因为指挥官不敢犯错，不敢奢望在错误杀害无辜人员或肆意破坏私人财产之后，还能赢得民心，毕竟民众是最重要的现代重心之一。

如果民众远离小分队的上级总部，并且需要小分队以分布方式在民众

[1] Dictionary.com, http://dictionary.reference.com/browse/maya (accessed October 9, 2009).

中开展行动，那么这个设想便要求针对小分队、营及以下的部队，为他们配备常态化的点持续监视能力。这些陆军和海军陆战队的指挥官及其士兵会单独行动，其做出的决策往往会在战略层面产生影响。具体来说，他们的战斗是美军冲突、战斗、战役和战略的一部分，这时美军是在远距离指挥多个小分队开展行动，并为这些行动提供帮助。我们认为只有分布式行动才能打击叛乱分子并赢得胜利（根据我们对胜利的定义），这是唯一的方法，那么如果我们想继续使用这种行动，就必须设计出它的使用方法，同时使用点持续监视行动，帮助小分队主官做出非常快速有效的决策，并就这位主官所采取活动的影响提供即时反馈。这个反馈循环以前总是被人忽略，但它是非线性的一个特征，而在非线性的复杂作战环境下，我们拥有它才能开展工作。这个循环让小分队主官能够与敌人的扁平网络开展竞争，并真正抢在敌人决策周期之前，迫使敌人进入一种在恐惧中做出反应的行动模式。

本章讨论点持续监视的重要性，指出它可以处理“被观察者”（敌人或民众或作战环境）和“观察者”（点持续监视行动）之间的关系，也介绍了它在接下来能够提供的优势，即可以帮助认识和利用敌人使用他们自己的网络时出现的漏洞。点持续监视还能帮助高级分析人员和高级搜集专家寻找和发现因果关系，这种关系可以为指挥官提供必要资源，让他以先发制人的方式应对敌人采取的行动，从而比以往任何时候都更有可能掌握主动权。戴维·彭达利（David Pendall）中校虽是战士，但也是学者，他提出的精彩观点可以帮助总结点持续监视的诸多好处，以此构建一个更加完整的理由，便于支持开展点持续监视：

> 持续监视能够增加知识，并让各级指挥部以更快的速度共享和理解这些知识，前提是该系统是以整体方式开发的。[1]

本章还介绍了稳态的概念，它是网络试图保持内部稳定的倾向，即使面对不断反复的扰动时也是如此。敌人的稳态倾向提供了一个“必须影

[1] David Pendall, “Persistent Surveillance and Its Implications for the COP,” *Military Review* (November–December 2005), 41.

响”的目标，因为这正是我们想要利用的不平衡。放任敌人保持平衡的做法对我们极为不利，因为这是敌人相对于他的敌人的明显优势。这种观点以及在高级搜集方面的应用，特别是在点持续监视方面的应用，是非常理论化的，但如果我们更加仔细地思考这个问题，这也是有现实意义的。这种即使在受到干扰后仍能恢复到先前状态的倾向，其“坚持”或“弹性”的原因是渴望成功的意志、履行使命的信念、希望保持模式（即习惯性的行为或活动）、享受熟练的感觉，以及倾向于自相似性（偏好分形）。如果我们掌握点持续监视搜集能力，能够预料扰动后的这种“回归”或者说“调整”，敌人网络中的某个节点遭到摧毁，或是敌人在条件设置等活动中涉及的联系甚至模式的因故衰减等情况，那么利用敌人的稳态就可以为美军带来极其巨大的优势。

要想思考、规划和执行点持续监视，以及评估它的结果，这是非常困难的事情。高级搜集人员必须具有极强的能力和极高的教育经历，才能成功地执行相关的活动。因此，本章介绍了成功开展点持续监视行动的 10 项基本要素，它们可以影响人们设计培训体验和教育体验时的方法；也介绍了哪些工具可以帮助人们理解在开展点持续监视时，到底需要何等深度和广度的思维，以及哪些工具对成功实现点持续监视流程至关重要。这些要素是：

★ 合力；
★ 人力情报搜集的关注焦点和定位；
★ 数据的流动和显示；
★ 最佳混合（由软件完成大部分的计算、通信和调整工作）；
★ 高度敏感的机械传感器；
★ 停留时间；
★ 适用的采样率；
★ 同步情报搜集的指挥和控制；
★ 持续聚焦重点（正确的时间、正确的地点、正确的活动和正确的观察指标）；
★ 可行的情报集团（其核心是“网络的网络”）。

在本章总结的最后部分，我们讨论了一些推论；这些推论非常重要，可以将本章的观点连成整体，也可表明所有主要观点其实具有更加深远的意义。尽管我们将在后文使用整整一章的篇幅来讨论这些推论，但我们依然觉得有必要在这里介绍一些。在撰写本章之际，我们想到的推论有以下几点：

- ★ 必须建立一个敏捷、扁平的指挥和控制网络，以利于指挥官快速、有效地做出决策。
- ★ 点持续监视的目的是情报网络不断努力，以支持快速有效的决策。决策是整个情报网络存在的理由。所有的人，所有的组织，甚至所有的计算机，在日常工作时都需要牢记这一目的。
- ★ 我们始终需要使用搜集资产的最佳混合开展工作，以支持针对点持续监视进行的规划、执行和评估。为了优化我们的情报搜集，我们必须规划、集成和同步航空传感器的活动，以及人力情报搜集、地面测量与特征情报、开源搜集等；所有这些都在一起工作，所有这些都可以帮助实现搜集协同的持续状态。
- ★ 为了执行点持续监视行动，情报网络必须是敏捷的。敏捷性包括人员、组织、传感器、人力情报搜集、开源搜集、数据网络和计算机的快速协调、决策和同步。

现在准备进入下一章，即“高级搜集的批判性思维”。从许多方面来看，这个关于批判性思维的章节，与《情报分析：复杂环境下的思维方法》一书中关于批判性思维的章节非常相似。这是我们刻意为之，因为高级分析和高级搜集的关系是极其密切的。尽管如此，还是存在一些差异。我们在深入探讨高级搜集专家的批判性思维时，将会指出这些区别。

第四部分

高级搜集的综合

[第12章]

高级搜集的批判性思维

游击战争的领导者对于使用游击队，好像渔人打网一样，要散得开，又要收得拢。当渔人把网散开时，要看清水的深浅、流的速度和那里有无障碍，游击队分散使用时，也须注意不要因情况不明、行动错误而受损失。渔人为了收得拢，就要握住网的绳头，使用部队也要保持通讯联络，并保持相当主力在自己手中。[1]

——毛泽东

批判性思维是一种“检查假定，辨别隐藏价值，评估证据，评定结论”的思想流程。[2] 本章开篇便引用了毛泽东的著作。这段话蕴含一个非常重要的推论：作为领导者，高级搜集专家必须运用自己的头脑，针对高质量搜集行动，批判性地思考其中众多具有特定性的要素，以及它们之间的关系。对高级搜集开展的批判性思维，并不是某些闭门造车式思考的汇总。正如我们在《情报分析：复杂环境下的思维方法》一书中所讨论的那样，它与高级分析的批判性思维彼此交织，也因此密不可分。在本章中，我们提供了一个批判性思维的框架，供所有从事高级搜集这门艺术和科学的人员使用。本章介

---

[1] Mao Tse-tung, *On Guerrilla Warfare*, trans. and introduction Samuel B. Griffith II (Urbana: University of Illinois Press, 1961), 101–3.（译文引自：毛泽东，《毛泽东选集》[人民出版社，1991 年第 2 版]，第 413 页。——译注）

[2] David G. Myers, *Exploring Psychology*, 5th ed. (New York: Worth, 2003), xv.

绍和论述了构成高级搜集整体的关键要素。当然，必须对这些要素进行加法、减法和组合。介绍这些只是提供一个讨论的起点，如果有必要，还可以讨论这些要素的有用性和有效性，因为我们选择它们作为高级搜集批判性思维的“骨架”。另外还有一个有用的观点，可以为本章探讨的能量增添额外的动力，其中就有我们读者非常熟悉的一句格言：

> 培养批判性思维能力的唯一现实途径，就是“思考自己的思考”（通常被称为元认知），以及参考该领域一些卓有成效的思维模式，借此有意识地强化这种做法。[1]

高级搜集的批判性思维共有九个基本要素，而高级分析的批判性思维共有八个要素。高级搜集的批判性思维是为高级搜集专家量身定制的，供他们每天执行搜集任务时使用。高级分析人员的批判性思维略有不同，它是为高级分析人员量身定制的，供他们每天执行分析任务时使用。

人们听到和看到过许多关于批判性思维的定义，其中大部分都有一定的价值。虽然学习批判性思考可以让人们受益匪浅，但目前关于批判性思维这个主题的讨论，大部分并没有坚实的军事理论基础。军事背景下的批判性思维，尤其是高级搜集中的批判性思维，是一个极其棘手的研究主题。战士在进行批判性思考时，与那些在学术界或企业工作的人会有很大的不同。因此，某些版本的批判性思维，从思维角度来看既不够广泛，也不够深入，并不足以帮助情报人员完成认知工作。我们并不是说商业和学术性的批判性思维全然无用。但我们也确实做出如下假设：要想求得平衡，领导者就必须将非军事性的批判性思维，与纯粹的军事理论和军事领域的实月性问题等结合起来。我们所有人都应该谨记美国军方学者麦克马斯特的那句至理名言，他以此告诫我们应当深度、仔细和批判性地开展思考：

> [美国在越南实施的战略]忽视了战争的不确定性，也忽视了在涉及杀戮、死亡和破坏的活动中，人们那种让人无从预测的

[1] Alec Fisher, *Critical Thinking: An Introduction* (Cambridge: Cambridge University Press, 2001), 5.

心理……战争中的人类牺牲会演变出极其强烈的情绪，进而创造无法通过系统分析进行量化的动态。[1]

我们力求让本章适合帮助高级搜集人员，让他们学习如何从军事的角度进行批判性思考。但我们并没有故意摒弃在学术界和企业界开展批判性思维的人员的高见，比如加里·克莱因（Gary Klein）。在本章中，我们将介绍并讨论高级搜集专家开展批判性思维的九个基本要素，以此为批判性思维提供广泛的基础。这些要素是：

★ 深度思考；

★ 反省；

★ 像敌人那样思考；

★ 非线性的影响；

★12 个逻辑错误；

★ 辩证法；

★ 因果关系；

★ 层、包和关系；

★ 搜集协同、整体论和组合。

此外，我们还参考了克劳塞维茨、孙子、克莱因、博姆、莱布尼茨、霍耶尔（Heuer）及其他众多理论家的观点，为批判性思维提供理论基础。[2]

一、批判性思维背后的理论

高级搜集离不开批判性思维。人们总在思考，因此都会犯错。所有人

[1] H. R. McMaster, *Dereliction of Duty* (New York: HarperPerennial, 1997), 327.

[2] 在《情报分析：复杂环境下的思维方法》里，有一章与本章非常相似。我们做了部分修订，以契合高级搜集这个主题。我们选择这种策略，是因为我们相信《情报分析》中的那一章，在很大程度上正是高级搜集人员在提升自己思维时所需要的东西。我们已经调整了高级搜集的基本要素，并对《情报分析》中的某些观点进行了修订和改动，但我们希望读者明白这两章是相似的，理解我们对这种相似性所做的解释。

都会犯错，这是人类的负担。因为警惕于思维错误的“幽灵”，所以高级搜集专家一直都在担心会落入传统的心理陷阱，犯下逻辑和思维错误。高级搜集专家意识到，大脑可以轻易进行自我诱导，让它认为自己既没有犯下也不会犯下思维错误。不幸的是，所有人都需要努力提高自己的批判性思维，因为我们都会犯下思维错误，掉落陷阱。我们一开始相信自己是聪明绝顶的，永不犯错，结果却发现即使是最聪明的人也会犯错误。但高级搜集专家在开展自己手头最重要的分析工作时，可以有条不紊且持续不断地尽可能减少这种错误，并尽最大努力发现自己的错误，进而调整思维，避免这些错误导致不良决策并造成人员伤亡。

要想减少犯错的概率，或至少减少思维错误的影响，高级搜集专家需要一个明确的心理流程。在此流程中，我们应当采取若干步骤，限制思维错误的密度和影响。还有其他更为重要的步骤吗？其一，高级搜集专家需要承认自己会犯思维错误。由此可知，他们必须认识到自己最有可能犯下哪些类型的思维错误。其二，使用批判性思维的高级搜集专家，通常必须求助其他人或组织，以获得关于自己思维的建设性批评意见。比如，高级搜集专家可以设计创造性的搜集资产组合，针对点持续监视的目标开展情报搜集。在进行规划和协调之前，高级搜集专家可以寻求同僚的批判性意见，并在虚拟知识环境甚至分布式情报搜集网络中选择人员，帮助发现规划流程中存在的缺陷。其三，情报搜集专家可以搜索过去发生的类似挑战，从中获取相关材料，这样做的目的是对自己当前的工作做出判断，以及最为重要的一点——找出他们自己犯错的地方。当然，我们很快就会发现，使用历史类比这种做法本身就有可能犯错。

这种做法看起来既合乎逻辑，又切实可行。但人们还是会犯错。为什么即使我们意识到自己存在犯错的倾向之后，还会犯错呢？原因有如下几点。第一，大多数人非常难于承认自己是错的，或承认犯了错误。第二，人们通常都不善于反省。反省需要时间，更为重要的是，反省会危及我们自己的观点，因为如果我们是诚实的，往往会在反省中证明自己是错的。第三，当我们进行思考时，我们往往不想花费时间，去检查我们的思考是否正确，以及有没有犯错。我们太喜欢让自己的思考一直畅通无阻了。因此，虽然最开始我们可能有意回头看看可能犯错的地方，但最终还是败给了现实，而找出并纠正错误的可能性也就随之悄悄溜走。当我们意识到本该仔细检验的观点已经成为自己后续观点的基础，并让错误产生连锁效应时，这个问题就会变得尤为严重。第四，无论是人还是组织，都会妨碍对思维进行的批判，也会妨碍对批判结果的利用。我们可能不会对个人的心智能力，或者从更加宏观的角度来说，对人群的心智能力做出太高的评价。因为即使是搜集专家，在收到他人提供的正确输入之后，原本可以用来发现自己已犯错误或潜在错误的正确输入，但有时也会因为对方思维中的潜在问题，而断然予以拒绝。这就是个人偏好谬误。第五，如果搜集专家试图回顾过去和进行历史类比，以此发现自己的错误，那就必须进行批判性思考，针对自己所处的态势与妨碍进行历史类比的态势，研究二者之间存在的环境差异——但这就是错误类比谬误，人们一直身陷其中，无法自拔。[1]

这些问题都对正确思维构成了严重的挑战。优秀的高级搜集专家想要进行有效的批判性思维，应当做些什么？首要的就是高级搜集专家应当拥有并使用理论，以此奠定自己批判性思维的基础。在本章中，我们将提供一些高级搜集的理论基础。此外，高级搜集专家应当知道并理解高级搜集批判性思维中九个基本要素之间的关系。本章为这方面的讨论提供了基础。还有一种方法，高级搜集专家可以使用批判性思维的思维模板，帮助引导专家自己思考自己的思维（这就是元认知）。本章在阐释时会提供这种模板。此外，高级搜集专家应当了解批判性思维固有的一些挑战和问题，并知道如何应对这些挑战。

在我们的探讨之旅中，首要的就是研究批判性思维的理论基础。有一些理论基础可以帮助我们理解批判性思维的含义，以及如何以最优方式应用批判性思维。克劳塞维茨在《战争论》中提到批判性分析（critical analysis），它与批判性思维密切相关。克劳塞维茨说批判性分析是“把理论上的真理应用于实际事件，因此，它不仅使理论上的真理更加接近实际，而且通过经常反复的应用，会使人们更加习惯于这些真理”。[2] 他还

---

[1] Richards J. Heuer, *The Psychology of Intelligence Analysis* (Washington, DC: U.S. Government Printing Office, 1999), 38–40.（中译本《情报分析心理学》2015 年 4 月已由金城出版社出版。——编注）

[2] Carl von Clausewitz, *On War* (Princeton, NJ: Princeton University Press, 1976), 156.（译文引自：克劳塞维茨著、军事科学院译，《战争论》[商务印书馆，1978 年第 1 版]，第 144 页。——译注）

提出批判性分析方法的三个方面：考证历史上可疑的事实；从原因推断结果；对使用的手段进行检验。[1] 高级搜集重点聚焦因果关系。

我们原本可以轻易认同克劳塞维茨的观点，但必须稍作反对，因为他曾否定情报的价值，理由是任何战场都是喧嚣混乱的，而参与战斗的人们倾向于让自己的情感压倒理性思维。我们认为，情报如今比在 19 世纪初时重要得多，在不规则的混合战争中更是如此。我们认为，如果克劳塞维茨今天仍然在世的话，一定会同意我们强调的重点，即正确、及时的情报非常重要，可以用来做出快速、有效的决策。

有趣的是，批判性思维中的思维错误并不只发生在某一方——冲突中的各方和所有人员都会犯思维错误。和犯思维错误一样常见的情况是，人们（即竞争各方）试图通过事后回溯的方法，最大限度地减少他们的错误，从而为自己的思维方式构建合理的理由。关于这一点，他们真的是修正主义者，他们"试图根据新获得的标准，重新评估和重新陈述历史"。[2]

下面我们将讨论高级搜集的九项基本要素。这九项都很重要，但我们对某几项的讨论将比其他几项更加深入。

二、深度思考

我们称之为深度思考的认知现象，是批判性思维的一项基本内容。它是每一次成功的高级搜集行动的基础。尽管深度思考很重要，但它往往既没有被思考，也没有被理解。深度思考是**花费时间和精力，对特定主题进行批判性和深入思考**。

谁能否认深度思考在情报搜集工作中的重要性和需求？尽管很少有人会否认它的重要性，但事件、活动和组织环境等因素，将高级搜集专家困在一个不可能进行深度思考的工作环境中。此话怎讲？我们直截了当地提出命题：深度思考往往不可能得到执行。有时，高级搜集人员既没有受过

---

[1] Carl von Clausewitz, *On War* (Princeton, NJ: Princeton University Press, 1976), 156.（译文引自：克劳塞维茨著、军事科学院译，《战争论》[商务印书馆，1978 年第 1 版]，第 144 页。——译注）

[2] Dictionary.com unabridged, http://dictionary.reference.com/browse/ revisionist (accessed October 20, 2009).

深度思考的训练，也没有受过这方面的教育。有时，前线部署的军事力量在行动和活动中产生的噪声和能量，可以让搜集专家无法进行深度思考。有时，填写搜集表格和应付情报搜集官僚机构等压力，占据了高级搜集专家的所有可用时间。有时，官僚主义形成障碍，让高级搜集人员无法与高级分析人员建立伙伴关系。因此，深度思考与情报搜集专家的繁忙生活产生矛盾，令其无比痛苦，他们知道自己应当进行更加深度的思考，但却有心无力。他们还知道，因为陷入“将搜集请求输入系统”这个极其耗费活动和精力的旋涡之中，也因为一直都在从事忙碌不停的情报搜集人员那种无休止的日常繁杂工作，所以自己并没有做好准备，无法实施高级搜集倡导的那些思维技能。

情报搜集专家不断地被一连串的数据、任务、活动、搜集计划和各种简报“轰炸”；他们必须不断地使用计算机和通信设备，提出请求，跟踪信息请求，提交对信息请求做出的响应，并遵守行业规定和安全要求。很多时候，他们没有时间进行深度思考。因此，搜集计划有时漏洞百出，充满逻辑和思维的错误。此外，许多高级搜集专家没有机会学习如何进行深度思考。他们接受的培训都是关于自动化使用方法和传感器技术参数的，而不是学习如何开展高级搜集所需要的“对思考进行思考”，以及它与高级分析和指挥决策的关系。复杂的非线性作战环境、嵌入民众的狡猾叛乱分子、基础设施的技术需求、复杂的文化，以及对高级搜集进行更高层次的思考，所有这些都需要时间、精力，以及适合激发深度思考的环境。我们怎样才能纠正高级搜集人员面临的这种矛盾，或者干脆说是两难困境呢?

这种困境显然是对领导力的挑战。高级情报官必须设定标准，好让自己的搜集专家能够进行深度思考，情报组织的其他领导人也必须提供帮助，向高级搜集人员提供进行深度思考所需的必要资源。或许我们只应当有意识地向最优秀的高级搜集专家提供“隔离”时间，让他进行深度思考。无论如何，高级情报官必须认识到深度思考的必要性，并提供适当的环境，然后与高级搜集专家进行一对一的面谈，以开展深度思考。

当然，深度思考也是一种思考。确切地说，这到底是什么思考呢？开展深度思考，就是运用多种技巧进行思考。它意味着一种探索。它还是对未知事物或疑惑的不断深究，以及对以革新和创新方法处理搜集问题的不断追求。深度思考是一种还原论，认为可以通过综合，将被还原的东西重新组合，形成更加高级的思维。否则，还原论只会导致过分强调**思考的流程**，而不是**深度思考的结果**。高级搜集人员特别容易犯这种思维错误，因为他们需要不停地把搜集问题分解得越来越小。不幸的是，这种认知方法论可能意味着他们非常了解情报搜集的某个特定部分或要素（比如特定传感器的技术能力），但很容易陷入还原论的泥淖，永远不会尝试将自己的思维提升至更高的水平。俄国作家陀思妥耶夫斯基解释了还原论者面临的风险之一，即其缺乏将结果综合并赋予更高层次意义的意图。下面这段文字，我们在前文也引用过，它同样适用于批判性思维，所以我们在这里重复一遍：

> 人类是一种别扭的生物，或许就像棋手一样，喜欢下棋的过程，而不是棋局的结果。谁知道呢……也许人类在地球上努力的唯一目标，就存在于这个永不停歇的实现过程中；换句话说，在于生活本身，而不在于将要实现的事情。[1]

将还原的结果分解得越来越小，并因此为其赋予更高层次的意义，这便是还原论的目的所在。解构已经越发变得远非一种行为这么简单了。关于这一点，那些开展深度思考的高级搜集专家，当他们进行还原或解构时，头脑中就在进行综合。设计情报搜集的搜集人员这样做的目的是：第一，根据高级分析人员在解构时创建的观察指标去搜集数据；第二，确认或否定高级分析人员的设想。进入高级搜集专家头脑的这个设想，可以向这位专家展示搜集设想是如何与高级分析设想相互结合、彼此互补的。这样一来，高级分析人员的设想就包括了高级搜集人员的设想，而指挥官的设想则同时包括了这两种设想。

---

[1] Fyodor Dostoevsky, "Notes from Underground," *Existentialism: From Dostoevsky to Sartre*, ed. Walter Kaufmann (New York: New American Library, 1975), 77.

三、反省

高级搜集人员都会反躬自省。反省是指“深思自己的想法、感情和感觉；自我检讨”。[1] 反省有两个角度。第一个角度是最难做到的，它是思考我们自己，也就是我们内心最深处的自我，亦即潜意识。潜意识（undermind）是一个重要的概念，因为它对我们的表意识（overmind，即显意识）影响极大。克拉克斯顿可以帮助我们理解这个概念：

> 潜意识是人类心理活动的一个层面，它比意识更加丰富，也更加微妙。它可以记录和响应那些出于种种原因没有形成意识的事件。我们拥有一个熠熠生辉的数据库，里面装满了前概念信息，但许多是被意识所拒绝的，因为它们太有争议，或者太不可靠。有意识的觉知会自行决定什么是有效的并予以采信——但也因此错过了那些不和谐的模式和更加微妙的细微差别。[2]

这绝非易事。我们承认在对待事物时不可能保持客观，于是我们推测，高级搜集所提出的严格要求，需要我们尽最大努力去限制自己的个人偏见。因此，高级搜集专家须始终明白，他们倾向于认为自己制定的东西、所作所为、所想所写都是没有错误的，但事实上，完全不是这样。如果我们重视批判性思维的这个重要方面，我们就必须学会通过他人的眼睛和大脑，去审视我们的内在自我和所作所为，因为只有旁人才能提供建设性的批评意见。

如果高级搜集专家懂得反省，就会知道自己有犯错的倾向。例如，如果搜集专家知道自己犯了镜像思维的思维错误，就可以尽最大努力去避免这种错误，具体做法是让自己的思维推演自己试图模仿的人的思维。为此，他们需要美国和本土文化主题专家的帮助。这些主题专家也会对这些高级搜集专家的思维展开批评。开展这种思考的目的是：第一，意识到

[1] *American Heritage Stedman's Medical Dictionary*, Dictionary.com website: http://dictionary.reference.com/browse/introspection (accessed October 12, 2009).

[2] Guy Claxton, *Hare Brain, Tortoise Mind* (New York: HarperCollins, 1997), 117.

（镜像思维）这种倾向的存在，保持思维的纯粹性；第二，以积极主动的方式采取措施，克服这种思维错误的倾向；第三，利用主题专家、高级分析人员甚至红队人员，对自己的思维开展批评。当然，搜集专家必须根据批评的结果采取行动。目标是设计可行的备选结论或思维方法，并最终利用它们来获得正确的知识，以此支持指挥官的规划和决策。

除了个人的反省，批判性思维的第二个角度就是组织的反省。各个组织，不论是最小的还是最大的，都必须制定一定的方法，对个人和组织的行为和活动进行内部审查；在我们这个案例中，就是审查高级搜集行动。对于高层领导来说，这是一个重要的反馈循环。许多军事组织多年来一直在进行组织反省，比如事后审查（after-action review）。事后审查是一种非常有效的方法，可以用来观察组织在开展特定活动期间，在一段时间内的成效究竟如何，或是在组织的规划和执行方面的成效是好是坏。在这些事后评估中，必须提供坦率的反馈，但它不应导致组织或个人的敌意占据议事日程。要想发挥作用，组织方面的事后审查必须首先找出问题，接下来领导者必须带领组织改进表现，或纠正问题。

我们考虑自身反省问题的同时，绝对不能忘记敌人很可能也在反省问题。这是一个重要的考虑因素，因为我们必须考虑这样几个问题：第一，敌人是否会进行反省；第二，如果是，他如何进行反省；第三，他与何人合作，以帮助他在思考中尽可能保持客观。我们思考这个问题的方法，将会影响到我们对敌人的活动和行动，以及民众的活动和行动所做的预测。这个预测结果，将在复杂环境下的协同进化的流程中，左右我们所做出的决策、活动、评估，以及自我调整适应。

我们在反省的同时必须保持坦率。如前所述，所有人都会犯错，而且会不断犯错。因此，高级情报搜集专家必须清楚自己的认知缺陷，以及习惯会犯哪些错误，也必须努力克服这些问题，或者至少减缓它们的影响。此外，高级搜集专家应当知道，必须思考敌人是如何看待敌人自己的，如何看待友方搜集能力的，以及如何看待友方主官的思维活动的。所有这些挑战，都将在非线性作战环境这口沸腾“大锅”当中，烹饪出一道无比复杂的菜肴。

高级搜集专家如果意识到自己需要得到认知和知识等方面的援助，就会通过学习，了解应当向何人、于何时、以何法来寻求援助。他们不会一直需要援助。这句陈述特别适用于搜集专家，因为他们会在特定的地方，特定的文化中工作很长一段时间，因此非常了解关于敌人、作战环境和文化的知识。但任何一座城市都是极其庞大的，里面的种种活动高达数百万之多，而且环境是不断变化的，这意味着一直会有信息需求和知识需求，对此，即使最有经验的美国高级搜集专家也是需要援助的。高级搜集专家可以在本组织的红队中找到这样的援助。有了这些人，我们就有可能针对高级搜集人员的计划、想法、产品和搜集推演等，寻找和接收未经修饰的反馈。红队专家全都上过红队大学[1]，因此有着共同的思维方式。他们已经学会扮演对抗者和魔鬼代言人[2]。这意味着高级搜集专家总是可以从红队人员那里获得真相（即使是痛苦的真相）。另外，也有其他人员可以帮助个人和组织进行反省，那就是主题专家。

四、像敌人那样思考

如前所述，批判性思维是高级搜集中最具挑战性的主题之一。虽然思考是有趣的，并能产生惊人的结果，但它会导致我们出错并犯下思维错误。批判性思维就是在思考我们如何思考，敌人如何思考，以及我们开展行动时所处文化中的民众和领导者如何思考时，心理上的那种痛苦煎熬。这种思考活动远不止思考我们的竞争对手或我们可能如何思考这么简单。所有搜集专家都必须能够**在友军主官及其情报团队思考了敌人的想法及其随后将会开展的行动和活动之后，思考敌人将如何思考友军的这番思考**。反过来，友军主官及其情报团队不仅要思考敌人是如何思考敌人自己的，还要**思考敌人会认为友军主官及其情报参谋是如何思考敌人的，以及认为这些友军人员又是如何思考敌人的想法的，即敌人是如何思考敌人自己，**

[1] 2004年，美国陆军在美国堪萨斯州利文沃斯堡建立了“红队大学”，对外称为外国军事和文化研究大学。——译注

[2] 魔鬼代言人（devil’s advocate），就是模拟对手，提出质疑或指责的人员，类似“红队”。古时基督教封圣时，会让人假扮魔鬼的“代言人”，百般质疑即将被封的圣徒，用这种方法来证实此人确系品德高尚。——译注

以及敌人是如何思考友军主官及其情报参谋的。这个思路可以让人看出高级搜集专家生活和工作的世界何其复杂。

高级搜集专家必须通过他们的敌人、民众和更温和的竞争对手的眼睛，以及他们各自的文化棱镜来看待世界。所有人在经历这些心理活动时，都会体验各种感官的输入，并去思考和感知，以及进行行动和评估。对任何人来说，这些工作光是思考便已相当棘手，遑论完成了，原因是我们每个人都被自己的认知和背景紧紧约束。因此，我们再次重申统觉在高级搜集批判性思维中的重要性。回顾一下，统觉是"教育、文化、教养、宗教、历史、神话和习俗等，它们可以制约人的精神状态和身份认同，并能普遍影响人的思考方式，以及看待世界和解决问题的方式。统觉是人的知觉的本质，可以指导人对真理和世界观所做的思考"。[1] 为了理解统觉，高级搜集专家必须与高级分析人员和文化主题专家合作。运气好的话，他们可以找到一位经验丰富的非本地官员提供帮助。然而，即使是非本地官员，也没有勇气从文化角度深入研究这项工作中不易察觉、差别细微和模棱两可之处，因为这是只有本地土著的主题专家才能做到的事情。此外，如果是在一个完美的世界里，高级搜集专家就会在各路专家的观点之间求取平衡，从而设法消除偏见。高级搜集人员会接受能够找到的一切帮助，以此尽最大可能提升自己的能力。最重要的是，只要能够意识到需要像敌人和民众等那样去思考，就有助于避免思考中出现错误，而且至少还能提示搜集人员，必须保持警惕，需要知道他们自己的假设和预感可能是错误的，并且必须避免不确定性。

我们简要地集中讨论一下敌人。高级搜集专家应当像敌人那样思考，预料他可以采取哪些措施，去欺骗、隐藏、转移注意力和制造混淆，以求迷惑美国搜集和分析人员。敌人知道我们在监视，因此必须反制我们的活动。高级搜集专家不能放弃应当在这个问题上承担的责任，因为他们使命成败与否，取决于能否通过预期，掌握关于敌人活动的可靠预知识（也就是"在某事存在或发生之前就已经知晓"）。[2] 孙子可以帮助我们理解这种

[1] William James, *Psychology*, ed. G. Allport (New York: Harper & Brothers, 1961), 120.

[2] Dictionary.com, http://dictionary.reference.com/browse/foreknowledge (accessed October 20, 2009).

必要性：

> 先知者不可取于鬼神，不可象于事，不可验于度，必取于人，知敌之情者也。[1]

即使借助我们内心最深处的知觉，我们也很难想明白为什么自己会用现在这种方法去感知世界，为什么要把因与果联系起来，如何判断什么才是最重要的，如何看到以前看不到的东西，以及为什么别人更喜欢演绎推理，而我们却更喜欢归纳推理。大多数人没有时间进行这样的“思维训练”。但如果没有对我们的思维和思维方式进行思考，结果就是我们将变得天真幼稚，措手不及，而且也无法在事情的发展超出预料之际，理解敌人是如何进行思考和感知的。为了便于论证，我们现在假定自己是高级搜集专家，已经仔细研究过自己是如何思考的，并且拥有足够的专业知识，可以帮助自己克服文化障碍，进而深入了解敌人的统觉和思维流程。下面我们来探讨一下如何才能学会像敌人那样思考，学会避开潜在的陷阱。我们必须对敌人的思维和看法进行思考，然后据此思考一些问题和答案。

- ✶ 第一个问题，我们要问的是：**关于美国的分析能力、人力情报搜集和技术搜集，我有何看法**？要想从敌人的视角回答这个问题，我们需要让高级分析人员和文化领域的本土专家来帮助我们思考。此外，分析人员还会向监管分析工作的人员、审讯人员，甚至是与本土特工合作的人力情报和反情报人员提出相关问题，了解敌人是如何进行这种思考的。但我们扪心自问：我的思考可能会出什么问题？如果我错了，我怎么才能知道？
- ✶ 关于第二个问题，它对敌人来说可能会很重要：**我怎样才能躲过美国的传感器和人力情报搜集？** 美国搜集专家需要了解技术传感器、人力情报搜集、开源搜集和非传统搜集资产的优势和劣势。为此，他们需要利用技术和人力情报搜集专家以及文化专家，确定每一种

[1] Sun Tzu, *The Art of War*, trans. and ed. Samuel B. Griffith (London: Oxford University Press, 1963), 145.（译文引自：孙武，《孙子兵法》[上海古籍出版社，2006 年第 1 版]，第 144 页。——译注）

搜集资产的不足和劣势，并且必须假定敌人已经找到这些问题，将采取适当的对策。当然，我们的高级搜集专家必须理解这个观点。高级搜集专家可以系统地寻找敌人可能发现的死角。高级搜集人员确定潜在死角之后，就会设法使用地面、航空或人力情报搜集组合去覆盖死角，因为目标集（比如计划攻击某个关键输油管道发电机的敌人）对友方是有价值的。他们还会从敌人反监视或主动情报搜集行动的角度去思考死角，然后利用这种见解，安装美国隐蔽地面传感器。高级搜集人员可以广泛使用三维地理信息系统模型，识别敌人如何试图反制我们的监视或利用死角。和回答第一个问题时一样，高级搜集人员应该经常性地自我反省，找出自己在这个问题上的思维可能存在哪些漏洞。

★ 关于第三个问题，高级搜集人员让自己的思维去模仿敌人的思维，问道：**美国人怎样做会导致我的失败，我将如何暗中反击？**关于这一点，敌人肯定会知道并理解在设置条件、进行规划和执行计划等的时候，哪些方面对自己的成败是至关重要的。他担心自己必要的设置条件的活动会被打断。他担心美国人会先发制人，挫败自己的计划、设置条件和实际攻击活动。他担心美国人会搜索并找出自己的网络节点，因此导致自己提前撤离，并最终挫败自己对计划和活动进行同步的尝试。这个敌人始终都在预测美国搜集。考虑到这一点，高级搜集人员必须思考这个敌人是如何看待美国搜集能力的，以及他将采取哪些措施，去混淆他们自己的活动，或是迷惑我们的情报搜集机构。由此可知，高级搜集人员不仅必须考虑敌人对美国情报搜集人员优势和劣势的看法如何，还要考虑美国情报搜集部门将如何看待他（敌人）对美国情报搜集的看法，以及从美国情报搜集部门的角度来看，他可能采取哪些行动去挫败美国情报搜集。克劳塞维茨的理论刚好可以帮助理解我们所说的“钟摆思维”，而这正是高级搜集人员必须始终开展的一种思维。克劳塞维茨在《战争论》中如是说：

> 战争并不是活的力量对死的物质的行动，它总是两股活

的力量之间的冲突，因为一方绝对的忍受就不能成为战争。[1]

这种钟摆思维已经变得极其复杂，但却极为重要，因为任何类型的冲突都少不了智慧战争，必须借此才能战胜越发狡诈和博识的敌人。

★ 关于第四个问题，敌人想问的是：**美国人会在什么地方、以什么方式对我实施监视，或是主动搜寻我的活动？**这位聪明的叛乱分子对使用手机一事谨小慎微，除非是为了实施欺骗。在他的头脑中，总有一种不协调的声音，或者更准确地讲，一种不可能的现实是挥之不去的——显然，他无法控制所有支持其网络的人员不去使用手机。这个叛乱分子还会思考美国和联军的人力情报搜集行动。因此，他总是担心内奸或周围有人会向美国人提供对其不利的信息。当然，这意味着美国人力情报搜集的掩护身份"故事"必须没有破绽，在文化上也是无懈可击的。这意味着必须谨慎选择，看哪种方法能将所搜集数据传递给美国情报部门。此外，敌人担心被美国发现，因此总是考虑在深夜活动，而且只会在复杂城市住宅区的庞大迷宫之中，游走于街头巷尾的阴影之下。和回答其他批判性思维的问题时一样，在进行这种类型的批判性思考之后，高级搜集专家就可以自我反省，以审视自己的思维，并且问道：**我还是对的吗？我的思考是镜像思维吗？我是从文化角度去观察敌人的想法吗？我知道敌人最看重什么吗？**

★ 关于第五个问题，高级搜集专家从敌人的角度问道：**当美国寻找我的时候，我将如何继续自己的功能性规划工作，又将如何继续执行所规划的计划？**敌人会思考、规划和执行在他自己看来是有效的反监视措施，而且这种措施会利用文化。他选择的方法通常是低技术的，目的是躲避美国的高技术传感器。他会规划经过反复演练的逃跑路线。此外，对于这些非常聪明的叛乱分子来说，基线和异常也将会是一个问题。也就是说，叛乱分子会对"美国情报

[1] Clausewitz, *On War*, 77.（译文引自：克劳塞维茨著、军事科学院译，《战争论》[商务印书馆，1978 年第 1 版]，第 27 页。——译注）

分析人员和搜集人员将如何寻找他”这个问题展开深度思考。他将推测美国情报分析人员和搜集人员用来寻找和发现异常的重要基线，就是文化、技术、功能、（居住区独有的）态势和生物特征等。继续这一推理思路，可知美国搜集专家必须预测敌人将会针对己方的哪些活动开展思考，因为敌人的预警网络认为这些活动是预警危险将至的最好方法。因为敌人相信美国的技术搜集非常有效，所以毫无疑问，他将深度利用符号、信使和儿童游戏，并让儿童成为信使、观察人员和移动人员，为自己开展人力情报的预警和反监视。这意味着高级搜集人员需要思考大量敌人用以反制自己搜集努力的方法，包括欺骗、转移注意力、声东击西、有目的地重复节点和活动、文化偏差和符号、仅为欺骗才会使用手机通话，或是大量异常的手机通话，以求能给美国搜集人员和分析人员造成暂时的混乱。

✶ 关于第六个问题，高级搜集专家应当像敌人那样思考和提问：**为了维持我的网络，也为了执行那些对我的使命来说至关重要的任务，为此我需要履行许多职责，所以我该如何招募人员去履行这些职责？**敌人会考虑使用老人、乞丐、无家可归者、智力缺陷者、妇女和儿童，让他们去完成支持网络的任务。当然，这种做法让我们更加难以区分合法活动与非法活动，因为这些活动的场所遍布各地，从大城市的繁忙喧嚣，到荒无人烟之地，再到阿富汗的山间洞穴。高级搜集人员和高级分析人员应当非常密切地开展合作，应对这项挑战，因为它是真实存在的，而且很难克服。

五、非线性

非线性是一切非常规战争作战环境中的重要方面。因此，高级搜集专家必须学会思考这种现象，因为它会对所有情报搜集行动产生重大影响。高级搜集专家可以从两个角度思考非线性问题：自己的角度，以及他人和非线性作战环境的角度。这种差别非常重要，因为有些人的思维方式是线性的，另一些人的思维方式则是非线性的。当然，线性思维更好理解和预测，非线性思维则更加复杂，更加难以理解，遑论预测其未来的想法或行动了。我们所说非线性到底指的是什么？我们需要提供一个非线性的临时定义：

> 系统的一种属性，即输出与输入是不成比例的。非线性意味着包含非线性成分的系统的行为更加难以预测。非线性系统并不遵守比例相称原则或加和原则。它的输出可能是不成比例之大或不成比例之小，表现出不稳定的行为，又或者可能涉及“协同”互动，即整体并不等于各部分相加之和。[1]

我们认为非线性是高级搜集批判性思维的一项关键内容，因此在讨论流程中，需要先介绍一些复杂性理论家提出的一些非常抽象但却非常重要的观点。我们必须理解非线性作战环境中**万物连通性**。米切尔·沃尔德罗普是这样帮助我们理解连通性及其影响的：

> 一切都是相互关联的，拼图中的任何一个碎片都不能脱离其他碎片单独考虑：儿童的数量与社会的组织方式是相互作用的，而社会的组织方式与儿童的数量也有很大的关系。[2]

这当然意味着高级搜集人员是有选择的。因此，高级搜集人员必须与高级分析人员合作，去搜集或汇集引文提到的关于“儿童的数量”的情报，了解社会的组织方式，或者相反，搜集或汇集关于“社会的组织方式”的情报，了解引文中的儿童是如何与社会相互作用的。

弗里乔夫·卡普拉博士关于东方神秘主义的思考，可以帮助我们理解**非线性环境（运动和变化）的“燃料”**，具体如下：

---

[1] Alan D. Beyerchen, “Clausewitz, Nonlinearity and the Unpredictability of War,” in *Coping with the Bounds: Speculation on Nonlinearity in Military Affairs*, Tom Czerwinski (Washington, DC: NDU Press, 1998), 166.

[2] M. Mitchell Waldrop, *Complexity: The Emerging Science at the Edge of Order and Chaos* (New York: Touchstone Books, 1992), 27–28.

> 东方神秘主义的核心目的是，感受世间万物是同一个终极现实的具体表现。这一现实被认为是宇宙的本质，它潜藏在我们所能观察到的万事万物之中，亘古不变……这种强调运动、流动和变化的观点，不仅是东方神秘传统的特征，而且一直都是各个时代神秘主义世界观的一项重要内容。[1]

人类是不可预测的，宇宙（我们的作战环境）是动态的，复杂适应系统间的相互作用是复杂的，同时思考以上三点，我们就可以发现非线性。复杂适应系统是非线性的一项重要内容。我们在前文已经讨论过复杂适应系统，并深入探讨了复杂适应系统间相互作用的四种结果，即倾轧、碰撞、颠覆和联合。所以，在此我们只需强调一点，复杂适应系统是符合非线性的。对此，物理学家约翰·霍兰是这样解释的：

> 总之，我们将复杂适应系统视为一种系统，它由符合规则描述的、彼此相互作用的主体所组成。随着经验的不断积累，这些主体将会改变规则，以此做出适应。在复杂适应系统中，任何一个给定的自适应主体所处的环境，其主要部分都是由其他自适应主体构成的，因此任何主体的自适应努力，都有一部分需要用来适应其他自适应主体。这个特点正是复杂适应系统生成的复杂时间模式的主要来源。要想理解复杂适应系统，我们必须理解这些不断变化的模式。[2]

以此为基础，我们接下来开始下面的比较与对比练习，以此理解线性和非线性系统和环境之间的差异：

★ 第一，在线性系统中，小的输入生成小的输出。输出与输入成正比。如果输入增至三倍，输出也会增至三倍。在非线性系统中，小的输入可以生成大的输出。三倍的输入有可能会生成比三倍大得多

[1] Fritjof Capra, *The Tao of Physics* (Toronto: Bantam Books, 1984), 175.
[2] John Holland, *Hidden Order* (New York: Helix Books, 1995), 10.

（也有可能小得多）的输出，有时甚至是以指数式增加或减少。对于高级搜集人员来说，这是一个非常重要的现象。这意味着对于高级搜集的人员和机器来说，将会经常性地观察到能够导致群体（人员、组织、活动、事件）与更多群体“聚合”的原因出现，以及能够导致对初始条件极端敏感的突然性、爆炸式现象的原因出现——通常来说，这些原因出现后，造成的都是影响力较大的意外后果或结果。这意味着在非线性环境中，有时最微小的变化也有可能造成巨大到不成比例的结果。我们讨论变量，是因为有时环境中的条件（社会、基础设施、自然等条件）会导致敏感变量被激发出来。敏感变量成为点燃“点火剂”的“催化剂”，“点火剂”点燃“助推器”，进而导致群体有时会极端高速运动，这便是人们非常担心的失控的二阶和三阶效应。在这个逻辑轨迹中，看似微小的东西被激发出来，导致变量变得敏感，进而导致庞大输出流程的高速运动，其速度之快，往往会让领导者措手不及，因为他们没料到会出现这样的结果。

- 第二，在线性系统中，整体等于各部分相加之和。在非线性系统中，整体往往大于各部分相加之和。这就是旨在实现搜集协同的搜集最佳组合的核心目的：我们正在努力让整体搜集努力的效果，远远超过线性世界中各个单独部分的简单相加。我们使用高级搜集创造出的这种整体，其能力和力量远远超出了各部分简单相加后实现的功能。这个观点也与我们多次讨论的“合力”和“优化”密切相关。
- 第三，在线性系统中，预测通常是容易做出的，结果也是可靠的。在非线性系统中，预测往往很难做出，有时甚至是不可能做出的。这意味着高级搜集人员必须像高级分析人员那样，学会进入预期的世界，而预期远不如预测精确。高级搜集可以提供极大的助力，让我们对敌人的活动做出预期，进而让指挥官能够通过影响、欺骗、迷惑、转移注意力和消灭等手段，实现先发制人。
- 第四，在线性系统中，个体变量通常不是非常重要。在非线性系统中，个体变量可能非常重要；如前所述，一些被称为敏感变量的东西，通常是可以主导系统的行为的。事实上，在高级搜集中，我们正在以主动出击的方式，搜寻复杂适应系统的活动，以及群体，也就是联合在一起的复杂适应系统的形成、发展和运动。复杂适应系统由“胶水”黏合在一起，由“助推器”引发运动，被“点火剂”点燃，而点燃这个“点火剂”的便是敏感变量。这样一来，读者就能明白为什么在我们认识群体（它是高级分析中的认知要素）和复杂适应系统的相互作用时，非线性是如此重要。

★ 第五，在线性环境中，秩序是一种常态，可以轻易辨别。而在非线性系统中，行为看起来往往是混乱的。然而，在许多情况下，人们观察到的混乱其实都是虚假的，可以通过从不同角度观察系统的办法加以消除。我们可以在看似混乱中找到秩序，而且我们必须学会寻找它。克劳塞维茨为我们提供一种理论，可以帮助我们克服一切作战环境中的混乱：

> 战争是充满不确实性的领域。战争中行动所依据的情况有四分之三好象（像）隐蔽在云雾里一样，是或多或少不确实的。因此，在这里首先要有敏锐的智力，以便通过准确而迅速的判断来辨明真相……要想不断地战胜意外事件，必须具有两种特性：一是在这种茫茫的黑暗中仍能发出内在的微光以照亮真理的智力；二是敢于跟随这种微光前进的勇气。[1]

★ 第六，在线性系统中，因果关系是很容易确定的。在非线性系统中，因果关系往往难以确定。因此，高级分析人员要求高级搜集人员去寻找两种类型的因果关系：与已经发生的结果相关的原因，以及在成长和成熟流程中，将与尚未发生的结果相关的新生原因，后者可以让指挥官有能力采取先发制人的措施，处置迅速发展的因果关系，因为它发展成熟之后，便是非线性作战环境中一项极难辨识

[1] Clausewitz, *On War*, 101–2.（译文引自：克劳塞维茨著、军事科学院译，《战争论》[商务印书馆，1978 年第 1 版]，第 68—69 页。——译注）

的活动。通常，突现行为和协同进化都源于那些不易辨别的原因。这意味着高级搜集人员在寻找原因时，不论这些原因有多隐蔽、曲折或丰富，都必须深度思考，坚持不懈。

- 第七，在线性环境中，反馈通常很少甚至没有。在非线性环境中，反馈通常都是会有的。对此，阿朗·贝耶臣指出：

> 如果系统具备反馈循环、延迟、触发效应和质变，那么随着时间的推移，它就可以生成意外结果，通常是突然打破某个阈值，形成本质上完全不同的另一套行为系统。天气变化、流体湍流、燃烧过程、破碎或裂解、阻尼现象、生物进化、生物有机体中的生化反应，以及电子系统中的滞后等，都是非线性现象的例子。[1]

在复杂适应系统的碰撞中，这种反馈对观察者和被观察者来说都很重要。如果观察者（在我们这里就是美国情报搜集机构）能够确保搜集人员提供良好反馈，就可以智胜被观察者，并再次让指挥官有能力实施影响、迷惑、干预或摧毁等活动。然后，继续讨论我们这个案例。如果我们是复杂环境中的观察者，如果我们能够厘清从被观察者（例如网络支持人员）到敌人首脑的反馈机制和数据流，我们就可以调解并影响反馈，进而削弱敌人的能力。

- 第八，在线性环境中，关系是可解的，实体规则保持不变。在非线性环境中，关系是紊乱的，实体规则是变化的，而且复杂适应系统的相互作用可以生成新的特性，但它通常表现为整体的特性，而不是单个部分的特性。这意味着高级分析人员需要向高级搜集人员下达任务，去寻找敌对复杂适应系统正在使用的规则和模型，并将搜集到的数据提供给高级分析人员，让他们酌情去影响这些规则和模型。
- 第九，在线性环境中，目标环境的“居民”会按自己的节奏进化，有时甚至根本不进化。在非线性环境中，协同进化起到作用。协同

[1] Beyerchen, “Clausewitz, Nonlinearity,” 166.

进化是两个或多个复杂适应系统共同进化，每个复杂适应系统都在争夺支配权、开展学习和调整适应，同时也都在适应其他系统的变化。在关于高级搜集的讨论中，协同进化就是美国情报高级搜集人员和高级分析人员作为猎手（观察者），试图智胜作为猎物的叛乱分子或恐怖分子（被观察者），并预料他们的想法和随后采取的行动。然而，猎物并不是被动的，他也会预期、学习和适应。问题变得极其复杂，原因就是环境一直都在不停地发生变化，正如卡普拉在《物理之道》中指出：

> 另一方面，自然界是一个无限变化、无限复杂的世界，是一个多维的世界，它不包含完全规则的形状所构成的直线；在这个世界里，事件并非依次发生，而是同时全部发生。[1]

他还描述了被我们称为非线性作战环境的恒定运动：

> 研究表明，组成原子的亚原子粒子遵从动态模式，它们并不是以孤立实体的方式存在的，而是作为某个不可分割的相互作用网络的组成部分。这些相互作用是一种永远不停歇的能量流动，表现形式是粒子的交换；同时又是一种动态的相互作用，在这种相互作用中，在能量不断变化的模式中，粒子无休无止地被创造和毁灭着。[2]

非线性可以影响美军在非常规战争作战环境中开展的一切活动。因为作战环境本身就是非线性的，在作战环境中生活和工作的人都是非线性的，他们的组织结构也是非线性的，所以复杂性会倍增。这种复杂性和非线性将对人类及其组织和活动造成极大的影响，无论其构成的是网络结构、等级结构，还是两者的混合体。处于作战环境中的人们，会以个人或

[1] Capra, *The Tao*, 15.

[2] Capra, *The Tao*, 211.

组织等形式，在复杂适应系统中不断地相互作用；因此，动荡也在不断发生。尽管如此，在混沌或动荡中仍然存在秩序。但这种秩序往往很难看到，也很难理解，在大城市繁忙的活动中更是如此，因为有些秩序是可见的，有些似乎是不可见的。军事理论家孙子可以帮助我们理解“混沌中的秩序”这种违反直觉的概念，他指出：

> 纷纷纭纭，斗乱而不可乱也。浑浑沌沌，形圆而不可败也。[1]

一方面，城市中发生的一些事情是线性的（整体刚好等于各组成部分相加之和），比如声音、光线、电子通过一段光纤电缆、发电机在计算机的控制下启动和停止，以及在办公楼里通过计算机开关电灯。另一方面，许多事情又是非线性的，因为人员、组织及其相互作用是非线性的，即使在严苛的官僚规章、制度、政策和工作流程的监视和影响下也是如此。在很大程度上，这意味着人们几乎不可能预测出别人将会做些什么，他们会如何看待事物，以及他们将会如何活动、互动、交易和行事，哪怕只想做到些许精确性，也是力有不逮的。

克劳塞维茨还向我们介绍了一些关于非线性和预测的情况：

> 由此可见，在军事艺术中，数学上所谓的绝对值根本就没有存在的基础，在这里只有各种可能性、概然性、幸运和不幸的活动，它们象（像）织物的经纬线一样交织在战争中，使战争在人类各种活动中最近似赌博。[2]

虽然克劳塞维茨并没有说明在战争中使用数学值会出问题的原因，但我们可以揣测一下，克劳塞维茨在对战争现象开展这番经典思考时，一定也想过非线性的观点。我们相信，在人类开始发动战争以来的这几千年

[1] Sun Tzu, *The Art of War*, 92.（译文引自：孙武，《孙子兵法》[上海古籍出版社，2006 年第 1 版]，第 50 页。——译注）

[2] Clausewitz, *On War*, 86.（译文引自：克劳塞维茨著、军事科学院译，《战争论》[商务印书馆，1978 年第 1 版]，第 41 页。——译注）

里，他肯定是发现并适应这些现象的众多智者之一。在战争中，没有什么是有条理、有序或可以预测的；而当人类已被情绪所左右，陷入阻力（意外的偶然事件）不能自拔之际，战争终将变得不可预测，一片混沌。关于非线性，克劳塞维茨还提出了一个极有助益的观点，他指出：

> 理论应该考虑到人的感情，应该让勇气、大胆，甚至蛮干获得应有的地位。军事艺术是同活的对象和精神力量打交道，因此，在任何地方都达不到绝对和肯定。战争中到处都有偶然性活动的天地，无论在大事还是小事中，它活动的天地都同样宽广。[1]

借助深度思考，高级搜集专家可以理解万物之间不可思议的连通性。这样一来，搜集专家就可以理解因果关系、关系的扰动、敏感变量和机会之窗，以求操纵它们，或是抵御它们的威力。要想理解这些，就需要高级搜集专家开展深度思考，始终不断地寻找显性和隐性的联系。这将会产生二阶和三阶效应，可能会让一个看似微不足道的小小活动，演变成巨大的国际丑闻。敏感变量会在很短的时间内出现，并造成巨大的后果。如果这些变量及其巨大影响力取得主导地位，那么这个时间的最佳名称便是“机会之窗”。

非线性还有其他几项重要特征，并且颇有影响力。因此，高级搜集专家在考虑非线性时，必须考虑以下几点：背景对所有复杂适应系统来说都很重要；阻力（意外的偶然事件）的存在和影响是长期的；随机性是存在的，并且可能影响其他事物；观察者与被观察者之间的关系是非常重要的；异常值（它是程度严重的意外事件，已经超出了正常思维的元认知范围，可以在非线性环境中迅猛发展）将如幽灵般长期存在。[2]

关于复杂性，最后一点需要强调的是：在城市环境中，一切都在不停地运动和变化，人类也是如此。因此，城市是流动的，看起来是混沌的，没有秩序，也没有纪律。分析人员必须学会开展深度思考，研究这样一个

---

[1] Clausewitz, *On War*, 86.（译文引自：克劳塞维茨著、军事科学院译，《战争论》[商务印书馆，1978 年第 1 版]，第 42 页。——译注）

[2] Nassim Nicholas Taleb, *The Black Swan* (New York: Random House, 2007), xxiv–xxvii.

永远都在运动、一直都在变化、每每出人意料、看似陷入混沌深渊、实则只是站在深渊边缘摇摇欲坠的舞台。[1] 在了解了复杂性理论之后，人们就会意识到即使是在混沌之中，也会存在秩序。[2] 高级搜集专家可以借助批判性思维中的深度思考，思考和寻找隐藏的秩序，因为敲开保护的外壳之后，往往就会得到线索，进而了解敌人想在混沌的噪声中做些什么。

六、12种逻辑错误

在我们深入探讨批判性思维的研究之旅中，下一步就是讨论一些常见的思维和逻辑错误，因为高级搜集专家很容易犯此类错误。然而，这次讨论的不只是这些错误本身，还有开发相应能力，以便发现其他搜集人员和高级分析人员所犯的错误。我们不会对批判性思维中这些方面的任何一个进行非常深度的探讨，只是简单介绍认知错误，并提供一两个例子，帮助读者了解高级搜集专家的日常工作，并学以致用。讨论时会有两个例外，我们将对镜像思维和错误假定开展更加深入的讨论，因为它们似乎是人们最常犯下的，同时也是严重的逻辑错误。

（一）镜像思维

镜像思维是破坏力最强的思维错误之一。根据定义，镜像思维是“为了填补高级搜集专家自身知识空白，假定对方可能会以某种特定方式行事，因为美国人在类似情况下就会以这种方式行事”。[3] 镜像思维后果格外严重，因为它会导致拙劣不堪、漏洞百出并且流于表面的思维。这也表明进行这种思维的人员是相当傲慢的。镜像思维会让高级搜集专家、其所支持的高级分析人员以及他们自己的指挥官等，经常性地遭遇意外，但却不明白为何会是这样。我们知道为什么他们总是处于这种持续的困境之中，因为他们进行的是镜像思维，其实就是避重就轻，并没有真正从敌人的视角出发去进行思考。

高级搜集专家在开展批判性思考的时候，如何知道自己或别人的头脑

---

[1] Waldrop, *Complexity*, 252.

[2] Sun Tzu, *The Art of War*, 92.

[3] Heuer, *The Psychology*, 70.

里发生了镜像思维？最简单的方法就是观察关键词和关键短语。这种“触发”词包括：我使用敌人的搜集手段时，永远无法做到敌人要做的事情，**因为我使用自己以前用过的搜集手段就做不到**；敌人会采取行动来迷惑我的情报搜集，**因为这样做是有意义的**；敌人的情报搜集是**毫无道理的**；敌人不会采取某个特定的情报搜集行动，**因为这样做是没有意义的**。这些触发词应该可以提供预警，让高级搜集专家当心自己头脑中即将发生的镜像判断。

同样有趣的是，敌人无疑会成为这种思维顽疾的牺牲品。高明的高级搜集专家可以预料并利用竞争对手的这种共同倾向，以求掌握能够胜过敌人思维的优势。因此，主动出击型高级搜集专家会利用批判性思维去发现镜像思维，从而获得思维主动权，掌握优势。

为了防止镜像思维，高级搜集专家必须意识到自身存在落入这种陷阱的倾向，必须采取其他措施来避免这种认知灾难。比如，他们应该利用美国和本土的搜集主题专家，让他们批评自己的假定、结论和推理，再让红队小组来提供批评意见，并质疑自己的批判性思维。

镜像思维会在高级搜集推演中反复出现，并因此令批判性思维变得不堪一击。再次重申，红队人员和高级搜集专家可以发现镜像思维，并提请指挥官及其参谋警惕。然而，只把问题找出来是远远不够的。一名优秀的指挥官会感谢搜集专家发现了问题，但也会询问怎么做才能解决这个问题。高级搜集专家需要准备好一个或多个可以解决问题的建议，而且绝对不能敝帚自珍。

（二）错误假定

批判性思维可以发现的另一个问题就是假定。错误假定往往是规划和执行相应计划失败的唯一原因。人们通常会做出假定，以弥合已知与未知之间的差距。人们需要做出假定；否则完全无法规划或执行计划，因为在任何活动的规划阶段，人们都会存在严重的信息差距和知识差距。但他们需要警惕的是，假定有可能会导致思维错误。在《国防部军事和相关术语词典》中，假定是：

> 对当前态势的猜测，或对未来事件轨迹的推定。如果没有确凿证据，可以认为它们之中必有一真，或均为真。它是必不可少

的，可以让指挥官在规划流程中，完成对态势的估计，并就行动方案做出决策。[1]

如果是错误假定为思维提供了基础和框架，人们就会做出错误的决策，这可能导致执行计划和评估结果时漏洞百出。在《战争论》中，克劳塞维茨也认识到假定可能引发的挑战：

(战略……) 就是拟制战争计划；并且必须把达到这一目标的一系列行动同这个目标联系起来，也就是拟制各个战局的方案和部署其中的战斗。所有这一切，大多只是根据那些与实际并不完全相符的预想来确定，而许多涉及细节的规定根本不能在事先作好。[2]

如果做出了错误假定，就会导致错误的情报搜集，以及错误的规划和决策。一位作家指出：

经验告诉我们，如果分析判断被证明是错误的，这通常并非因为信息是错误的。原因在于分析人员做出了一个或多个错误并且未经质疑的假定。[3]

因为情报搜集专家不能亲临一线，不能与所有搜集人员共同开展情报搜集，也就无法确认假定是否正确，又因为他们每天都要提出多个假定，所以他们如何才能克服，或者说至少最大限度地减少提出和执行错误假定的可能性呢？我们将在下一段讨论这个关键问题。

首先，搜集专家必须认识到假定的重要性和力量。关于这一点，这位专家必须知道假定到底是什么，以及错误的假定有可能导致哪些潜在的错

---

[1] U.S. Department of Defense, *DoD Dictionary of Military and Associated Terms*, October 17, 2007, http://www.dtic.mil/doctrine/jel/doddict.

[2] Clausewitz, *On War*, 177.（译文引自：克劳塞维茨著、军事科学院译，《战争论》[商务印书馆，1978 年第 1 版]，第 175 页。——译注）

[3] Heuer, *The Psychology*, 69.

误。此人必须能够自省，对假定持谨慎态度，并且不停地担忧假定是否有效。此事看似简单，实则不然，因为人们总在做出假定，但当他们的头脑被其他思维活动占据之后，他们便会认定这些假定就是事实。其次，有一个检验办法：情报搜集专家必须询问其他人员，比如情报搜集集团内部的其他情报专家和高级分析人员，甚至是在外部虚拟知识环境中询问主题专家，又或者如果集团有红队小组的话，也可以询问他们，目的是检验和评判自己的假定。还有一种方法，就是高级搜集专家找出自己的假定，将每个假定视为假说，并验证它是否有效。最后，高级搜集专家可以与其合作伙伴，即高级分析人员开展合作，共同将重要的假定解构成观察指标，然后观察事件、活动、交易、交互或行为是否出现，从而确定所研究的假定有效还是无效。

现在，我们讨论一下高级搜集专家怎样才能做出尽可能正确的假定，并检验错误假定是否存在及其后续影响。高级情报搜集专家必须做出和使用假定，因为他们总是在与未知打交道，在应对非常规战争敌人和非线性作战环境里的许多方面时，或是在思考如何搜索并找到那些精于藏匿的敌人及其网络支持者时，更是如此。因此，高级搜集专家必须对敌人的战略、目标、目的、对象、技术、限制、禁令、资源和武器等做出假定。这些专家必须对敌人未来攻击的形式和实施这种攻击的方法做出假定。更具体地说，搜集专家必须一直针对“敌人为了发动攻击或开展行动，将如何设置条件”这个问题做出假定。假定可以驱动高级搜集专家决定以何种方式去思考未知，或是敌人未来的活动，比如某所房子中的“泄密者”被多个搜集资产所监视。假定是基础，它可以左右搜集专家以何种方式决策并执行情报搜集策略。因此，搜集专家将继续做出假定，因为它是批判性思维的一项重要内容，但如果他们提出并使用了错误的假定，就必须采取相应策略，去缓解错误假定对自己批判性思维造成的一切不利影响。

（三）专家证言

专家证言（expert testimony）是“一种论点，它的依据并非事实，而是专家的观点、信仰或理论，或是一定阶层人士的证词”。专家证言可以体现军队中一个非常典型的等级痼疾。有时，人们会因为另外某人的级别更高，便认为此人的想法或结论一定比旁人更好。在本书中，我们敢说这不是真的，而且我们可以毫不犹豫地说，位高权重并不等同于才智过人。然而，这确实是一个暗中为祸的难题，因为级别较高的人士拥有莫大的权力，可以肆意指挥下属。因此，级别较低的人员确实倾向于服从级别较高者的结论。这是非常危险的，因为地位较高的人士也会犯错。因此，级别较低的人员必须有申辩的机会，换言之，就是提供给这位搜集专家关于某个搜集问题的最优思考。如果这种观点与级别较高者并不一致，那就必须直截了当地陈述出来。优秀的领导者总是会与各级下属进行坦率的交谈，也会在交谈中认真倾听并且采纳下属的观点和想法。上级总部人员在与下级总部的前线部署人员共同工作时，也必须秉持这种态度。搜集专家不能因为搜集人员在上级部门工作，就默认他们的级别更高。讨论应当是探讨思维、观点和事实，而不是因为上级总部在搜集的等级系统处于较高位置，便认为对方拥有较高权威，进而对其卑躬屈膝。

（四）错误因果关系

因果关系（cause-and-effect relationship）是指一个活动或事件会生成另一个事件，以这种形式对该活动做出响应。[1] 因果关系对高级搜集来说至关重要；然而，如果人们在非常规战争中运用因果关系，这时便极有可能犯下认知错误，高级分析人员和高级搜集专家必须认识到这一点。

克劳塞维茨在下面的这段论述，可以帮助我们理解为什么因果关系在高级搜集专家的工作中如此重要：

> 批判的任务是探讨原因产生了什么样的结果，是探讨使用的手段是否同目的相适应，当原因同结果，目的同手段都很直接时，这一任务是容易完成的……但是，象（像）世界上其他活动一样，在战争中组成整体的一切都是彼此联系着的，因此每一个原因，即使是很小的原因，它的结果也会对整个行动的结局发生影响，都会使最后的结果有所改变，尽管改变得很小。[2]

---

[1] Dictionary.com's 21st Century Lexicon, http://dictionary.reference.com/ browse/cause and effect (accessed July 18, 2010).

[2] Clausewitz, *On War*, 158.（译文引自：克劳塞维茨著、军事科学院译，《战争论》[商务印书馆，1978 年第 1 版]，第 147—148 页。——译注）

如果高级分析人员和高级搜集专家在面对当前的或假设的后果或结果时，选择了错误的原因，就会发生错误因果关系。在非线性作战环境中，人类大脑犯下这种错误的倾向尤其强烈。复杂适应系统的倾轧、碰撞、颠覆和联合等活动是大量进行的，但又是完全不可预测的。对初始条件敏感的情况比比皆是，因此，这种思维工具的要求原本就十分严苛，这时的使用要求会变得更加复杂。复杂适应系统相互作用时，产生结果的原因通常是转瞬即逝的、不易察觉的、模棱两可的和数量众多的。于是，克劳塞维茨再次帮助我们去理解这些复杂的观点：

> 战争中事件的结果很少是由单一的原因产生的，而是由许多原因共同产生的，而且仅仅公正而认真地追溯事件的一系列根源还不够，更重要的是还必须弄清楚每个原因的作用。这样，就必须对原因的性质作进一步的探讨，于是批判的研究就进入了纯粹的理论领域。[1]

所有这些事情光是思考便已极其困难，遑论观察了。复杂性、运动、嵌入、欺骗和能量散发等，让情报分析人员和搜集人员有可能误判造成结果的原因，并因此追踪错误的目标。在非线性非常规战争作战环境中，往往是单一结果存在众多原因，并且这些原因会相互交织、彼此关联。

某个事件发生后，人们会开展取证分析，同时寻找原因。虽然找到已经发生结果的一些原因是一件相对简单的事情，但人们仍会犯错误。如果我们是在想象结果，并且提前确定哪些原因可能会与所研究的未来结果产生关联，再将这些想法形成需求，进而解构需求，制定观察指标，以此指导情报分析人员和搜集人员需要去搜索什么，那么这时处理因果关系的工作将是加倍困难的。克劳塞维茨还曾告诉我们说，距离在寻找原因的工作中可以发挥重要作用，因为一个事件距离它的原因越远，思维流程就越会充满错误。在这种情况下，距离可以是时间、空间、开展行动的层面、维

[1] Clausewitz, *On War*, 157.（译文引自：克劳塞维茨著、军事科学院译，《战争论》[商务印书馆，1978 年第 1 版]，第 145 页。——译注）

度（陆、海、空、天、信息和网络），以及来自不同文化的人们的思维方式。然而，既然已经认识到我们倾向于在因果方面犯下错误，也就是去追求错误的原因，那么我们在运用因果关系时，就非常有必要投入人类和机器的能量了。

（五）个人偏好

人们经常会在政治领域犯下这种谬误。个人偏好这种逻辑错误是在有人提出论点时，对他进行人身攻击，而不是去解决正在处置的事实和讨论。个人偏好是指"着眼于某人的偏见、情绪或特殊兴趣，而不是某人的智力或理性；攻击敌人的性格，而不是回应他的论点"。[1] 举例来说，情报搜集专家托马斯（Thomas）中士在设计搜集资产的最佳混合时，并没有讨论错误或分歧，也没有阐释自己的思考流程，因为他认为迈耶斯（Meyers）先生是个傻瓜。托马斯中士认为迈耶斯先生并不了解高级搜集的基本知识，并在很早以前就得出结论，认为迈耶斯先生不够聪明，没有能力在这场辩论中运用学识来阐述观点。当然，关键在于高级搜集专家必须倾听并理解迈耶斯先生说的到底是什么，并且必须先让他的观点得到公平对待，然后才能予以驳斥。

（六）循环推理

循环推理（circular reasoning）是一种使用推理的方法，即"前提依赖于或等同于结论，它是一种错误逻辑的方法，是'使用 A 来证明 B，再使用 B 来证明 A'；也被称为循环逻辑"。[2] 关于这种逻辑错误，仅举几例加以说明："在反叛乱行动中，全动态视频是最强大的一种情报搜集形式，因为它可以显示连续运动，但连续运动只有通过全动态视频才能看到；因此，全动态视频比其他所有类型的搜集手段都要强大。""我认为我是对的，因为我是对的。""盗版是不对的，因为它违反法律；盗版违反法律，因为它是不对的。"高级搜集专家必须时刻保持警惕，以免落入这个逻辑陷阱当中，因为人们确实很容易犯下这种错误。在我们的情报搜集工作中，结论应当符合前提，但结论不能就是前提。

---

[1] Dictionary.com, http://dictionary.reference.com/browse/ad hominem accessed March 23, 2008.

[2] *Webster's New Millennium Dictionary of English*, preview edition (v. 0.9.7), Dictionary.com, http://dictionary.reference.com/browse/circular reasoning (accessed March 23, 2008).

（七）过度简化

过度简化（oversimplification）的意思是“将事物简化到错误、扭曲或误解的程度”。[1] 举例来说，我们可以思考一下美国参加一战的时机。当时美国的思维错误就是过度简化，认为只是费迪南德大公遇刺一事导致了一战爆发。当然，我们知道这只是众多原因中的一个。如果高级搜集专家的思维陷入过度简化的逻辑当中，最终将会犯下其他错误，比如无前提推理和因果推理。

（八）轻率概括

轻率概括（hasty generalization）是一种假设的概括，因为证据太少或样本太小，所以无法得出结论，于是只能假设。刻板印象（stereotyping）就是一种轻率概括。再举一例，比如高级情报搜集人员认为自己进行监视时，只需覆盖地下掩体的一个入口即可，因为非常规敌人不够聪明，不可能设计进出掩体的其他方式，但事实上，那里有多个相互连通的入口和出口。这位高级搜集专家必须谨慎，以免落入轻率概括的错误陷阱当中。这位专家必须投入时间，去开展更加深度的思考，而且必须掌握必要资源，去形成关于情报搜集的概括，以及在处理搜集疑惑时，寻找其中最为重要的东西。

（九）后此谬误

后此谬误（post hoc, ergo propter hoc）的字面意思是“在此之后；因为这个，所以”[2]，即错误地认为，因为一个事件紧随另一个事件发生，所以第一个事件一定是第二个事件的原因。由描述可知，这种情况可能是真的，但也很可能是假的。在城市环境中，搜集专家特别容易受到这种逻辑错误的影响，即使是高级搜集专家，如果缺乏证据，有时也会成为它的受害者。请思考这样一个例子。高级搜集专家考虑使用某种特定的搜集资产，以此满足某项情报需求。这位搜集专家回顾了近代史上的历次重大袭击活动，并发现了类似的案例，另外还在美国陆军经验教训研究中心（Center for Lessons Learned）找到了过去遇到类似情况时，曾经行之有效的做法。他提出的逻辑是：“过去，当我们寻找敌人渗透后安

---

[1] Dictionary.com, http://dictionary.reference.com/browse/oversimplification (accessed March 23, 2008).

[2] Wikipedia, http://en.wikipedia.org/wiki/Post_hoc_ergo_propter_hoc.

装简易爆炸装置的迹象时，发现敌人总是会在距离安装地点500米的位置安排人手，让此人观察我们的搜集活动，发出早期预警。”在对历次重大袭击活动进行采样之后，高级搜集专家和高级分析人员得出结论，发现这种“哨兵”一直都是一名年轻男性，他坐在路边停着的一辆皮卡里。我们用无人机就能看到这个情况，而且每次都能看到；因此，我们在估计炸弹安装地点之后，让无人机前往与该地点距离相同的位置，这样就能找到正确的目标，因为我们的估计地点是正确的，选择的搜集手段也是正确的。可惜，此次这名男子只是无辜的旁观者，他的卡车抛锚了，位置刚好就在我们根据过去事件推断出的早期预警地点附近。此人碰巧在错误的时间和地点，卷入这个事件当中。但我们需要花费大量时间，才能厘清这种逻辑上的错误。搜集专家得出错误结论，认为因为早期预警B先于袭击A发生，所以袭击C将在相同的地点，在大致相同的时间发生，并且在相同的距离上会有人发出相同类型的早期预警，还会有人执行与过去相同的掩护行动。当袭击C在不同的时间和不同的地方发生，并且经过回顾，发现早期预警也出现在其他地方时，搜集专家才知道自己的逻辑在某个地方是错误的，但仍不知道自己的想法到底错在哪里。这种逻辑错误就是高级搜集中的后此谬误。

（十）假两难困境

假两难困境（false dilemma）指的是“在这种情况下，两种备选陈述被认为是仅有的可能选项，而实际上还存在一个或多个其他选项，只是没有得到考虑”。[1]这种做法的目的是，当事实表明复杂整体的各个部分之间存在灰色的渐变或阴影时，应当在这些部分之间划分出明显的界限，以此消除中间地带。比如，高级搜集专家计划监视位于阿富汗境内的一所住宅，他认为如果使用有机的无人机，或许可以回答自己的合作伙伴，也就是高级分析人员正在处理的疑惑，但或许回答不了。如果他认为只要不能回答，便不能解答疑惑，这时他便已经犯下错误。一旦他确定这个潜在选项是不可行的，就会放弃这个选项，转而选择其他选项，同时认为无人机不能帮助自己解答疑惑。他这时犯下的便是假两难谬误。这位高级搜集专

---

[1] Wikipedia, http://en.wikipedia.org/wiki/False_dilemma (accessed March 23, 2008).

家的想法应该是这样的：虽然无人机本身确实不能回答这个疑惑，但如果它与U2高空侦察机、地面人力情报搜集和陆基信号情报共同工作，应该可以推动得出答案。和高级分析一样，在高级搜集中，几乎没有是非黑白这样的明确答案。在我们军方开展行动的环境中尤其如此。这里存在一个奇妙的、模糊的灰色区域，每种类型的搜集手段只为整体贡献一个粒子，而在我们的案例中，就是只为整体贡献了一丝或一缕的数据片段，但再小也是贡献，因此不得低估。

（十一）历史类比

类比（analogy）是"推断一个事物在某方面与另一事物相似的推理，推断依据是事物在其他方面的已知的相似性"。[1] 许多人会使用历史类比来支持自己的论点。有的人披着传统智慧的外衣，背地里抵制变化，历史类比在他们眼中便如神赐的救命稻草一般——这样的情况实在是数不胜数。历史类比对高级搜集人员来说是有用的，但他们不可沦为这种类比可能生成的谬误推理的受害者。将历史类比用作思考和争论的手段有何不妥？高级搜集专家可以而且应该研究现在、过去，甚至古代行之有效的方法。然而，如果他们想要沿着这条思维道路继续前进的话，就要谨记一点：在将过去与现在的情况进行比较时，自己必须思考现在与过去有何差异。他们不仅需要找出比较的点，还需要仔细思考差异，因为正是这种差异，使得人们从历史类比中得出并不正确的结论。

（十二）无前提推理

无前提推理（non sequitur）是指"不是从前提中得出的推论或结论"。[2] 这是一个非常有趣的谬误。它通常表现为谈话或思维流程的突然跑题，让人莫名其妙，不知道对方是如何在谈话中渐行渐远，从而得出如此毫不相关的观点或结论的。在这种思维流程中，人们会突然跑题，或开始主张与自己的立场或前提毫无关系的事情。这时的讨论已经与最初的前提或命题毫无关系了。举例来说，一位高级搜集专家正在讨论如何针对叛军地下掩体开展情报搜集，然后突然跑题，开始讨论如何针对南美丛林中的

[1] Dictionary.com, http://dictionary.reference.com/browse/analogy (accessed October 16, 2009).

[2] Dictionary.com, http://dictionary.reference.com/browse/non sequitur (accessed March 23, 2008).

毒贩开展情报搜集。然而有时，偏离前提的情况并没有这么明显，实际上这是极其难以察觉，也非常难以辨别的。

七、辩证法

我们已经讨论了与批判性思维相关的一些错误，接下来，我们将在深度思考的旅程上继续前进。批判性思维的另一项重要内容就是运用辩证法。在本书中，我们所说的辩证法并不是指黑格尔那种纯粹的辩证法，或是马克思、恩格尔和苏联的辩证法。事实上，我们提出了一种辩证法的变体，用这种精妙的方法来进行创造性思维，具体做法就是充分理解事项、问题或论点等要素，以寻找并发现矛盾，进而进一步开展思考，不断寻找新的或不同的答案。本书的观点是，辩证法是一个不断变化，具有创造性且对现状不满的持续过程。

在讨论之初，需要说明这种辩证法是对更高层次思考的一种辅助。辩证法是：

> 特指与黑格尔有关的一种思维流程，它通过陈述一个正题，发展出与之矛盾的反题，再将它们分解并组合，形成一个贯融的合题，从而获得真理。[1]

辩证法由正题、反题和合题构成，并以矛盾这个概念作为其运动和思维能量的核心。不论是开展高级分析还是高级搜集，矛盾都是人们进行的思考中的一项重要内容。矛盾是“反驳或否定他人或自身，并且在逻辑上不一致的陈述或命题”。[2] 弗雷德里克·科普勒斯顿解读了黑格尔关于矛盾的观点，帮助我们理解它在辩证法中的意义和作用：

> 在黑格尔看来，矛盾是一种积极的力量，能够在更高的统一

[1] *American Heritage Dictionary of the English Language*, 4th ed., Houghton Mifflin, 2004, http://dictionary.reference.com/browse/dialectic (accessed March 23, 2008).

[2] Dictionary.com, http://dictionary.reference.com/browse/contradiction (accessed October 12, 2009).

> 或综合中，以抽象方式同时呈现正题和反题。“存在”（being）和“不存在”（not being）两个概念的统一体，就是“生成”（becoming）这个概念。但是，这种统一反过来又会生成“矛盾”，从而驱使思维继续寻找“存在”的意义，寻找“绝对”的性质或本质。[1]

辩证法依靠的是提出观点、命题或假设，其中任何一种都可以成为正题。当睿智的人们详细审视、讨论和辩论所研究的正题时，就会发现矛盾，它与正题在逻辑上是不一致的。矛盾可以让人们开展讨论、思考、辩论和论证。反题是“同样可以断言但又明显存在矛盾的命题”。[2] 很快，在更多的讨论和争论中，关于反题的矛盾出现了。讨论和论证越来越多，争论双方都想在解决方案或是推理方面，寻求并达到一个更加高级的层次。于是蜕变出现了，丑陋的毛毛虫变成了美丽的蝴蝶，它往往是全新的，或是全然不同的，这就是合题。在辩证法语境中，合题就是“在真理的更高层面，一对矛盾彼此调和，成为第三个命题”。[3] 然而，人们很快又会在合题中发现矛盾，因为人们会对所有或整体真相进行永不停歇的探索，于是又启动了这个流程。关于这一点，辩证法是更高层次思维的智力流程，是实现创造性思维和变化的催化剂。

塔利布在《黑天鹅》中指出，辩证法可以帮助我们思考“异常值”（outlier）。高级搜集专家应该搜集或汇集相关数据，去探讨关于异常值的可能性，因为这些异常值可能会带来不必要的意外和震惊。解释一下，多年以来，人们一直认为没有黑天鹅这种生物，因为没有人见过。因此，“黑天鹅”一词便用来形容不太可能或极不可能的事情。但事实上，黑天鹅确实存在，只不过非常罕见，正是被塔利布称为“异常值”的那种实体。高级搜集人员（通常会在高级分析人员的大力协助下）必须思考情报领域的黑天鹅，以便针对克劳塞维茨的“阻力”、意外活动和行动、异常行为、非理性行为，以及完全意想不到的事件，找出它们的因果关系。塔利布还用下面一段

[1] Frederick Copleston, *A History of Philosophy*, vol. 7, bk. 3 (New York: Doubleday, 1985), 192.

[2] Dictionary.com, http://dictionary.reference.com/browse/antithesis (accessed October 18, 2009).

[3] Dictionary.com, http://dictionary.reference.com/browse/synthesis (accessed March 23, 2008).

文字，帮助我们思考什么是“不可想象之物”：

> 我们这里所说的黑天鹅……是具有以下三个属性的事件。第一，它是异常值，因为它不在常规预期的范围之内，过去的任何东西都无法以令人信服的方式证明它有可能存在。第二，它具有极端的影响力。第三，尽管它处于异常值状态，但人性会让我们在事后为它的发生编造解释，使之成为可以解释和可以预测的东西。[1]

辩证法是可以识别黑天鹅的强大思维流程，因为不断出现的矛盾可以驱动它的正题、反题和合题，让它们迫使我们去思考相反情况，而不仅仅是备选选项。毕竟，反题与正题中陈述或提出的东西是截然相反的。如果我们正确运用辩证法，强迫自己思考矛盾和相反情况，就可以借助辩证法来预料黑天鹅将会突然出现的情况，并对其开展监视。更重要的是，我们可以利用搜集资产，去观察黑天鹅的意外出现和造成的影响，同时将为指挥官提供非常特定的手段，让他可以抢在这种现象聚集力量，试图影响我们的思维和行动之前，采取先发制人的措施，消除这种影响。

八、因果关系

高级搜集专家还有其他方法可以开展深度思考。比如说，当这位专家开展深度思考时，一些目的性很强的东西就会浮现，那就是因果关系。如果使用了不恰当的因果关系，可能会令批判性思维存在缺陷。如果使用正确，因果思维和因果关系可以极大地推动高级搜集专家的思考。克劳塞维茨可以帮助我们理解为什么因果关系在批判性思维中非常重要：

> 批判的任务是探讨原因产生了什么样的结果，是探讨使用

[1] Nassim Nicholas Taleb, *The Black Swan: The Impact of the Highly Improbable* (New York: Random House, 2007), xvii.

> 的手段是否同目的相适应，当原因同结果，目的同手段都很直接时，这一任务是容易完成的……但是，象（像）世界上其他活动一样，在战争中组成整体的一切都是彼此联系着的，因此每一个原因，即使是很小的原因，它的结果也会对整个行动的结局发生影响，都会使最后的结果有所改变，尽管改变得很小。[1]

在思考因果关系时，高级搜集专家首先应当了解实际的结果（这里所说的结果，是后果和活动的输出），并追溯是什么东西或力量造成了这种结果。每个结果都有一个或多个原因，每个原因都会通过五种联系中的一种、两种或者全部，与原因产生关联。可惜，在城市作战环境的复杂性中，每个后果或结果往往存在多个原因。但对于引起我们兴趣的结果来说，这些原因通常会有一个主要原因。即使在克劳塞维茨的时代，军事理论家也很难找到与单一结果相关联的单一原因；尽管这种因果关系是思维活动苦求不得的“圣杯”，但流程很少可以如此简单。关于这一点，克劳塞维茨认为结果或后果通常会有多个与之关联的原因：

> 战争中事件的结果很少是由单一的原因产生的，而是由许多原因共同产生的，而且仅仅公正而认真地追溯事件的一系列根源还不够，更重要的是还必须弄清楚每个原因的作用。这样，就必须对原因的性质作进一步的探讨，于是批判的研究就进入了纯粹的理论领域。[2]

多个原因与一个结果或后果关联的这种现象，为高级搜集专家的工作带来很大的困难。然而，因果关系这种现象是不容置疑的——克劳塞维茨的这番话可以激发我们开动脑筋，高级搜集人员也必须在高级分析人员和其他人员的指导下，通过这些线索（细微模糊的数据碎片）去查探过去已

[1] Clausewitz, *On War*, 158.（译文引自：克劳塞维茨著、军事科学院译，《战争论》[商务印书馆，1978 年第 1 版]，第 147—148 页。——译注）

[2] Clausewitz, *On War*, 157.（译文引自：克劳塞维茨著、军事科学院译，《战争论》[商务印书馆，1978 年第 1 版]，第 145 页。——译注）

经发生的原因，还必须在开展预知工作时，进行更多的推测性努力。如前所述，高级分析人员可以开展预知工作，预料结果或后果可能会是什么，然后解构这个想法，将可能的原因开发成观察指标，找出能将讨论的原因与结果关联起来的联系，并认识到原因是群体，这种群体是复杂适应系统组合而成的，以及这种复杂适应系统具备的模型、规则和模式。高级分析人员将与高级搜集专家合作，共同设计并执行情报搜集，以便能够从原因、结果以及连接因果的联系等要素当中，找到这些观察指标。**高级搜集专家必须了解和理解这些复杂的因果关系流程，才能有效开展工作。**哲学家戈特弗里德·莱布尼茨提出如下观点，可以帮助我们提高对因果关系，以及对它可能演变成为倾向的趋势所进行的批判性思维：

> 现在孕育着未来，并且满载着过去，一切都在协同并发，只要有上帝那样能看透一切的眼光，就能在最微末的实体中看出宇宙间事物的整个序列。[1]

这个观点具体阐述了高级搜集专家在开展批判性思维时所孜孜以求的东西，尤其是关于未来的问题。可叹的是，如果不能在学习批判性思维时获得极大的提升，要想从事此类思考活动，最好的情况也是极其困难的，而且事实上是不可能的。如果我们只处理碎片，而不是把碎片及其意义编织成一个更大的整体，那么因果之间的连线就会过于纤细，无法精确地把过去与未来连接在一起。作战环境、敌人和民众等复杂适应系统会不断地碰撞、倾轧、颠覆和联合，从而散发出能量踪迹，以及人类和电子“痕迹”。高级搜集专家预料到这种能量踪迹和痕迹，并着手搜集与两者相关的数据。不幸的是，这种复杂适应系统开展活动时会产生强烈的紊乱，从而模糊了将原因与结果连接在一起的连通性或联系。为了克服这个缺陷，高级搜集专家将以整体方式开展思考，使用综合和聚合，理解联系分析和五种联系，还会研究倾向，因为倾向能够使用后果（有时是以数据碎片形

[1] Gottfried von Leibniz, *The Philosophical Works of Leibniz, translated with notes by George Martin Duncan* (New Haven, CT: Tuttle, Morehouse & Taylor, 1890), 294.

式呈现的后果，有时最好被定义为指向原因的联系），为高级分析人员提供关于因果关系的提示。

九、层、包和关系

高级搜集专家必须始终对“层”（layer）进行批判性思考。每一个活动、互动、交易或行为，都会有许多层的含义、关系，以及隐藏真相或含义的“包”。因此，从批判性思维的意义上讲，高级搜集人员不能只看最外层，不能直接接受搜集人员或设备第一眼看到的情况。事实上，高级搜集专家必须首先开动脑筋，思考关于“层”的概念。“层”是各种各样的外壳，可以保护我们所追寻的柔软“内脏”。“层”可以是天然的，比如洋葱的层，也可以是有意为之的，比如虚假身份、虚假踪迹或人类的“信息素”。关于高级搜集专家必须进行的批判性思考，《魔鬼经济学》提出一个很有价值的观点：

> 这本书就是从现代生活的表面剥去一两层，看看下面到底是什么东西。[1]

高级搜集专家必须对“包”（wrapper）进行批判性思考。“包”可以掩盖抽象内容。也就是说，人们的动机、意志、诱因、激励、担忧等等，从来都不会直接说出。相反，为了透过人们故意用衣服、转移话题、欺骗动作、语言或活动等“包”所掩盖内核的含义，我们必须对这个问题进行“拆包”，研究它的内部。“包”会把我们搜集的目标包裹起来。它极像我们在本书前文讨论过的“摩耶之幕”。“层”只是提供一个外壳，但外壳并不能掩盖我们所追求的东西。然而，“包”不拘泥于形状，因此可以包裹弯折、弧线，以及我们情报搜集所追寻的其他绝大部分形状。可惜，“包”的某些要素可能会以“层”的形式出现，从而对高级搜集人员的思维造成混淆。如果高级搜集专家进行批判性思考，就要考虑层和包之间的

[1] Steven D. Levitt and Stephen J. Dubner, *Freakonomics* (New York: HarperCollins, 2005), 12.

关系，并意识到必须经常性地开始更加深入的情报搜集，不能只追寻任何目标或态势的“层”。“包”可能极度复杂，并且与其他事件、活动或信念相关。我们来探讨一个众所周知的“包”的示例——限制条件。限制条件是一种抑制或限制要素，是“可被限制或限定在规定范围内的状态”。[1] 第一种限制条件是自我施加的，比如美国军方的交战规则。第二种限制条件只针对敌人，比如炸弹零件或炸药的短缺，这就是叛乱敌军炸弹制造人员面临的限制条件。第三种限制条件涉及美国及其联盟伙伴与在城市环境中开展活动的叛乱分子之间的竞争，它可以妨碍各方的力量和活动。

高级搜集专家必须擅长处理关系，因为关系是复杂适应系统（人）与由复杂适应系统填充的组织（即复杂适应系统的群体）之间的连通性。这样一来，关系便组成了世界。有些关系是实体的，比如连接两个发电机的光纤电缆，而另一些是不可见的，但也是真实存在的，比如兄弟姐妹之间的血缘关系。对关系做出定义的做法可能会有帮助。关系是“一种联系、关联或涉及”。[2] 本书前文讨论过关系，但它对批判性思维太过重要，因此值得进一步讨论。高级搜集人员必须开展批判性思考，研究针对实体的和抽象的关系开展情报搜集。此外，关系的表现形式通常是联系（即技术、文化、功能、组织和思想等联系），在实际应用中可以连接“层”和“包”。这时，实体关系比抽象关系更好理解。对于抽象关系，搜集人员往往必须开展深度思考，想出最佳组合，以此观察抽象关系的具象化显现，即行为或活动。

十、搜集协同、整体论和组合

高级搜集人员应当始终思考搜集协同。为此，他们首先应当了解整体论的含义（定义稍后奉上），然后思考如何开发和应用可以充分交织和互补的搜集组合，以获取现代情报搜集的伟大“圣杯”——搜集协同。通常，搜集思考几乎只会开展分析，即“将一个整体拆分或分解为基本元素

[1] *American Heritage Dictionary of the English Language*, http:// dictionary.reference.com/browse/constraint (accessed October 18, 2009).

[2] Dictionary.com, http://dictionary.reference.com/browse/relationship (accessed December 11, 2009).

或组成部分”。[1] 通常，思考就是进行综合，这是“将物质、事件、活动或能量等元素结合起来，形成一个连贯整体的人类认知活动”。[2] 通常来说，人们的分析能力要强于综合能力，因为他们有时很难将搜集资产的优势和劣势合并成一个连贯整体；在这样一个整体中，这些资产彼此相辅相成，并尽可能扬长避短。当前，人们开展搜集思考和规划还存在一个缺陷，就是还原论（reductionism）：“将复杂的数据或现象还原为简单术语的程序或理论”。还原论是狭隘分析思维的奴仆，只会让人们开展孤立的分析。如果事实本身成为目的，并没有与外界产生关系和关联，这时发生的就是还原论思维。有时，高级搜集人员会自然而然地落入将需求还原为参数的陷阱当中，并且无法走出还原论的思维怪圈，也就不会明白如何使用组合、关系和聚并等方法，自然无法设计出具有协同效应的情报搜集。塔利布可以帮助我们思考如果没有综合，还原论将会犯下多么严重的错误：

> 为什么我们总是关注细节，而不是那些可能非常重要的大事？明明有证据显示它们有着非常巨大的影响力。[3]

高级搜集人员总是必须进行某种形式的分析思考；这种思考活动本身没有问题，除非人们以孤立方式开展思考，没有去寻求意义和关系。分析思考可以发现事实，增长知识，情报搜集要想取得成功，就必须进行这种思考。但它遗漏了这个难题中的关键一环——搜集人员需要将分析结果组合成一个整体，找到它的意义和相关性，并利用分析来补充这种对创造力来说至关重要的思维形式。我们绕了一圈，又回到综合上。当然，我们谋求实现综合，因为我们希望将搜集资产组合起来，找出它们的关系，并借助批判性思维设计出整体式搜集。因此，如果我们不在规划阶段就开始组合搜集资产，那么综合和组合流程将被延误，在分析和搜集流程中启动的时间就会变迟；如果我们使用的是整体式搜集，这个流程的启动时间就可

---

[1] Dictionary.com, http://dictionary.reference.com/browse/analysis (accessed October 21, 2009).

[2] *American Heritage Dictionary of the English Language*, Dictionary.com http://dictionary.reference.com/browse/synthesis (accessed March 3, 2008).

[3] Taleb, *The Black Swan*, xix.

以提前。

因此，为了进入这个令人愉悦的思维和行动领域，我们先来回顾一些解释性定义。第一步，我们首先回顾一下“搜集协同”的临时定义：创建搜集组合（包括人力情报搜集、街头人力情报搜集、非传统搜集资产和方法、开源），让组合能力优于所有资产的简单相加。搜集协同的目标是将努力汇集起来，让整体搜集努力大于各部分简单相加之和。

第二步，我们来回顾一下本书前文讨论过的“整体论”的定义，以及它与高级搜集和狭义批判性思维的相关性。整体论“认为在任何整体中，各个组成部分必须与整体产生关联，否则既不可能存在，也无法被人所认知；整体论认为整体大于各部分相加的总和”。[1]

第三步，我们将“组合”（combination）定义为“为了一个共同目的而进行的统一或集合”。[2] 在我们的案例中，组合的目的是将几个看似各不相同的搜集资产，组合成聚并体或联合体，从而极大地改善单个搜集资产的性能。这种统一起来的做法，可以保证所有这些搜集资产结成整体，集中力量，形成最佳混合，其能力和行动必将总是大于所有搜集资产相加之和。

于是，我们学习了关于三个高度相关的观点的三个定义。运用整体思维，有目的地寻找并组合搜集资产，就可以实现搜集协同。这是一个纯粹的思维挑战，因为现代技术搜集工具可以通过数据流，以技术的方式开展“对话”，而其他类型的情报搜集可以形成合力，在某个搜集整体中共同合作。当然，要想实现搜集协同，有以下两种催化剂：首先是考虑合力，其次是创造搜集组合，也就是所有类型搜集的组合，它让我们能够创造出搜集协同。

可惜，要想对搜集协同、整体论，以及组合和与之有关的联系开展思考，这对所有人来说都是一件难以实现的棘手工作。作家赫尔曼·黑塞在《荒原狼》中强调了这个观点，他指出：

---

[1] WordNet® 3.0, Dictionary.com, http://dictionary.reference.com/browse/ holism (accessed March 3, 2008).

[2] Dictionary.com, http://dictionary.reference.com/browse/combine (accessed October 19, 2009).

> 人们没有能力进行任何高层次的思考，即使是意志最为坚定并且具有极高修养的人，也习惯性地通过迷惑性的公式和拙劣的简化来审视世界，审视自己……因为所有人似乎天生就非常迫切地需要把自我视作一个整体。[1]

造成这个问题的部分原因是，人类无法在进行详细分析之后，再将部分、碎片、元素和思想综合，形成一个更大且更有意义的整体。如前所述，综合非常重要，可以帮助创造搜集协同，以整体方式开展思考，以及将群体组合成更大的、通常也是全新的观点、联盟、联合组织和伙伴关系。例如，虚拟知识环境可以形成虚拟“大脑”，也就是让各种主题专家和组织聚在一起，共同解决知识问题。高级搜集人员可以请求分布式蜂巢思维的搜集系统提供帮助，这意味着将有许多人员、组织和计算机聚在一起，共同研究非常特定的问题，从而创造出人与机器的共生体；当然，同时也通过搜集协同，产生了辩证法中的综合。物理学家兼思想家戴维·博姆提出了有益的见解，帮助我们在进行批判性思维训练时思考这个问题：

> 碎片本质上来自我们总体自我世界观的洞见的固化流程，而这种洞见遵循我们关于这些问题的通常是机械式、常规化和习惯性的思维模式。因为主要现实已经超越了这种固化的可测量形式所能包含的一切，所以这些洞见最终必然无法达到充分程度，因此会引起各种形式的模糊或混淆。然而，当整个可测量领域已经接受了这种自发生成并且具有创造性的洞见，不再存在任何固化的限制或障碍时，我们的总体世界观就不再僵化，整个可测量领域将会进入一种和谐状态，因为它内部的碎片已经不复存在了。[2]

为了能够通过整体论和组合等方式去创造搜集协同，我们必须学会以不同的方式进行思考，并说服其他人加入我们。世界太过复杂，几近混

---

[1] Herman Hesse, *Steppenwolf* (New York: Henry Holt, 1929), 58.

[2] David Bohm, *Wholeness and the Implicate Order* (New York: Rutledge Classics, 1980), 32.

沌，因此我们必须学会将世界视为杂乱、意外和混沌的场所，而不是一场有序的、能以科学方法控制的实验。博姆博士在另一部著作中提出观点，再次帮助我们认识到如果其他人员确实想从碎裂和停滞的角度进行思考，那么我们身为高级搜集人员，在与他们开展合作的时候，到底需要做些什么：

> 除非他们的思维有所改变，否则他们的行为不会得到纠正。现在，你所做的任何事情都不能改变他们的想法，只能以沟通方式告诉他们，他们是没有条理的——必须通过沟通，这样他们才会接受和理解。否则，你就是在尝试对思想诉诸武力，而这才真的是一种暴力。如果你说“有些人做事没有条理，我会试着让他们做事更有条理”，那么你就是在强迫他们。但他们确实一直按照原有方式进行思考。如果你比他们强大，他们会在一段时间内按照你的想法行事，直到你变得虚弱之后，他们就会开始对你实施报复。[1]

然而，我们使用博姆观点的方式会略有不同。也就是说，我们不希望人们重拾他们自己碎片化的观点。因此，我们会使用榜样力量、个人激励、责任，以及关于如何思考复杂态势的深刻理解。在我们继续推进，开始创造和释放这种奇妙的潜力之前，我们必须首先克服自己思维上的局限性。另外，我们在借助组合和合力等手段寻求实现搜集协同时，还存在一个障碍：我们必须克服组织上的规章制度、约束因素，以及官僚主义的限制，因为它们令我们无法以整体方式开展思考，只能困在“烟囱”里进行思考，无法思考最佳混合所需的组合，只能思考碎片化的零件和部分，无法创造搜集协同，只能满足于单打独斗。创造搜集协同、以整体方式思考，以及以组合方式而不是简单还原方式思考，这些需要更高水平的批判性思考，高于我们以前讨论过的情况。事实上，我们需要能够执行综合和聚合等认知功能的人员，让他们以整体的方式执行规划这种必要的心理功

[1] Bohm, *Thought as a System* (New York: Routledge, 1994), 17.

能，创造和实施搜集协同。高级搜集专家必须学会将世界，以及这个世界的种种阴谋诡计，视为旨在隐藏真正连通性的虚幻分离状态的具象化显现。自我认识和自我反省在这项努力中是非常重要的，但学习如何进行批判性思考，以及如何不断利用综合，这才是确保搜集成功的最重要因素。

十一、批判性思维的其他挑战

我们已经探讨了高级搜集批判性思维的九个基本要素，接下来需要研究一些更加实质性的挑战。高级搜集专家在寻觅相关知识，帮助自己理解敌人、民众和作战环境，以及搜集人员和指挥部的行动时，可能会面临哪些挑战和问题？为了便于讨论，如果读者不介意的话，我们可以借某位情报搜集人员之口，由他亲口提出可能会问到的问题，此举可以帮助理解知识与高级搜集批判性思维之间的关系。那么，我们探索之旅的起点，便是针对高级搜集专家必须理解和处理的知识，探讨关于这些知识的令人不安的假设。

第一个挑战是情报搜集人员倾向于采信自己遇到的初始知识。这是人们的一种自然倾向，而且如果搜集专家经验不足，又承受压力，时间紧迫，就更是如此。又或者，搜集专家可能忍不住去利用过时的知识来规划搜集行动，以及评估搜集资产在完成指挥官任务和满足其情报需求方面的表现。这样就会引发问题，因为知识是思考敌人、民众、作战环境、搜集资产的基础，也是思考所有这些将如何彼此混合，又将如何在碰撞、倾轧、颠覆和联合中产生结果的基础。因此，必须有一种不需要太长时间的方法，去验证一个人的知识是否准确。

第二个批判性思维挑战是，情报搜集专家可能会混淆数据与知识。就我们讨论的目的而言，数据是“一条单独的信息，比如事实、统计数据或代码”。[1] 信息是“事实或数据的集合”[2]，它是传递被讲述、阅读或告知的含义或事实，而这些含义和事实可能没被组织起来，甚至是没有关联的。

[1] Dictionary.com, http://dictionary.reference.com/browse/data (accessed March 22, 2008).

[2] *American Heritage Dictionary of the English Language*, Dictionary.com, http://dictionary.reference.com/browse/information (accessed February 1, 2010).

知识是“通过经验或学习而获得的熟悉、意识或理解”。[1] 知识是有组织的，也是相关的。人们很难构建和运用知识，因为它需要综合和判断，而这些需要训练、教育、直觉和经验，当然，还有访问其他知识。数据则不然。它通常是单数的，表示的是单个事实或统计数据，或者是一系列事实和统计数据。在情报工作中，数据可以是屏幕上的光点、单份报告、单张图像，又或是输入一台处理器的计算机语言。但一般来说，数据并不提供结论或含义，这需要机器和人类的认知去做工作，将数据重构成信息，再将信息综合成指挥官决策所需的那种知识。要想获得含义，就需要综合和评估等更高层次的思维技能。当数据到来的时候，它是原始样子，而当机器和认知处理之后，知识就是我们将它打造成的样子。这并不是说高级搜集人员不去寻觅和使用知识。他们只是利用知识，去了解敌人、民众、作战环境、自己的搜集资产，以及数据管道。他们还会利用知识，开发搜集资产的最佳混合方案，实现搜集协同，将搜集与命令驱动的决策标准同步，以及理解每种搜集资产工作时的功能、优势和劣势。

关于知识的最后一个可能挑战是，高级搜集专家需要特定的知识，而负责构建这些知识的人或组织有可能犯错，构建出错误的知识。为了克服这项挑战，高级搜集专家必须批判性思考知识的价值，以及知识出错的可能性。因此，专家们必须批判性地思考如何检验可能的错误或欺骗，具体做法可以是核查知识的来源，核查构建知识的人或组织，甚至核查他们是否使用来自情报集团或虚拟知识环境的主题专家去认证知识。这种批评活动是高级搜集专家在进行批判性思维训练的流程中，必须坚持的思维流程的内容之一。

接下来，我们探讨一些将会对高级搜集任务产生不利影响的潜在思维错误，以及高级搜集专家将如何帮助搜集人员克服这些错误。为便于理解，下列陈述将使用第一人称：

★ 与高级分析人员的连通性：

* 我可能有所忽略，没有将我的情报搜集工作与关于观察指标的确切描述联系起来；观察指标就是高级分析人员向我下达的情报搜

[1] *Webster's II New Riverside University Dictionary* (Boston: Houghton Mifflin, 1984), 669.

集任务。

* 我可能没有请求其他情报搜集专家和高级分析人员的支持。
* 我可能没有正确理解这项需求。
* 我可能把情况过度简单化了。
* 我可能对观察指标提出的问题中的未知情况做出了错误假定。
* 我可能犯了镜像思维的错误；因此，我可能有所忽略，没能正确识别敌人可能用来迷惑我本人、我的传感器和（或）我的情报搜集资产的战术，导致我无法识别潜在敌人针对我方情报搜集努力的反制措施。
* 我可能听信了情报集团、上级总部的情报搜集人员或其他权威人士的专家意见，因此未能通过敌人的眼睛、头脑和知觉去探索其他备选选项。
* 在设计优化的搜集组合时，在探索与基线有关的异常时，我可能使用了错误因果关系。
* 我可能制造了一个假两难困境，没有看到传感器、人类、开源数据库或非传统搜集资产对我整体努力的潜在贡献。我的整体努力的目的是，为高级分析人员提供有意义的数据，好让他们通过重构，将数据编织成意义，再通过综合，将意义编织成知识。
* 我可能选择了曾经发挥作用的传感器和人力情报搜集，因此没有意识到过去与现在和未来之间的差异（错误类比和后此谬误）。比如，我可能认为因为这个传感器在以前类似态势下是普遍有效的，所以当我这次使用它的时候，就会提供同样的输出。
* 我可能低估了敌人，因为我认为他太过愚蠢，不会使用他的反监视系统来反制我的监视活动。这就是过度概括的逻辑错误，有时也被称为刻板印象。

高级搜集专家可以采取哪些措施，去克服上述这些问题？在回答这些问题的时候，需要考虑三个涵盖广泛的思维手段。

★ **思维模板**。这是非常关键的一步，高级搜集专家梳理自己的思维，以摆脱自己的认知错误。这似乎是一个微不足道的结论；但在充满紧张、恐惧、疲劳、酷暑严寒、持续面临情报生产压力的忙碌世界中，组织工作绝非小事一桩。因此，明智的做法是使用高级搜集专家的思维模板，开展批判性思维。这种模板不应该是僵化的处方，即步骤A、步骤B、步骤C等。如果错误使用模板，可能导致只会依赖某个核对表。如果高级搜集专家抱着检查清单的心态，可能会得出结论，认为只需检查每个项目，就能保证得出正确的结果。但事实上，模板应当用来指导人们思考难题和挑战。它应当刺激人们去思考分析需求中的重要事项。它应当鼓励人们思考别人是如何进行感知和思考的，以及思考高级搜集专家是如何进行思考的。

批判性思维的思维模板应该引导用户开展思考，在高级搜集专家开展情报搜集工作，力求发现敌人隐瞒了什么，并希望继续隐藏什么的时候，思考敌人可能选择什么措施，反制我们在这方面的搜集努力。这种思维模板应当可以了解敌人将如何使用反监视、早期预警、逃跑路线、转移注意、掩人耳目、大量“泄露”和“骗局游戏”（让许多节点看起来非常关键，希望以此混淆美国的情报搜集努力，甚至诱导美国指挥官对错误的目标实施监视或发动打击），从而创造机会，夺取信息行动的主动权。

批判性思维的思维模板应该可以帮助高级搜集专家，让他们可以确定如何规划、创造和使用搜集资产的最佳混合，这样做的目的非常明确，就是为了生成搜集协同。它应当鼓励高级搜集专家深度思考那些需要广博知识和思维的难题，比如了解和运用文化，以获得搜集优势等。有效的批判性思维的思维模板应当鼓励创造性思维和更高层次的思维，具体做法是让高级搜集专家设计搜集方案，这种搜集方案允许（其实就是鼓励）高级分析人员将各种数据、信息或知识的碎片合在一起，再将它们编织成结论、一系列含义或一个整体，以回答下列问题：这个结果意味着什么？这个结果可以意味什么？这个结果的影响是什么？如果高级搜集人员总是可以与高级搜集人员共同开展这种高级思考，他们就可以在完成高级搜集使命方面取得长足进步，而且是以尽可能最高的标准做到的。

★ **运用文化，协助搜集**。高级搜集专家在某个作战环境开展行动时，会试图理解和利用这个环境的文化，此时就会犯错。这些错误大多都是因为对这个文化认识不足，因此无法为搜集提供帮助。其他错误则是在推断敌人如何利用这个文化及相关文化活动，以便混入民众当中藏身时犯下的。此外，高级搜集专家可能无法充分了解和理解这个文化，因此无法推断出敌人是如何利用这个文化，推进敌人自己的搜集和反监视行动的。这些潜在错误非常重要；因此，高级搜集专家首先应当始终清楚自己犯下思维错误的可能性有多大，其次应当采取适当行动，以消除或至少减缓这些与文化有关错误的影响。高级搜集专家在文化方面可能犯的错误，包括以下各项问题：

* 我可能没有考虑自己存在进行文化镜像思维的倾向，也没有加以抑制。
* 我可能没有深度思考和运用我的搜集组合，针对恐惧、仇恨、愤怒、报复和仇外心理等无形因素开展情报搜集；这些因素可以激励人类，并导致人们开展活动、互动、交易和行为，进而产生各种结果和输出。
* 我可能犯下认知错误，即使用过时的文化或不准确的数据、信息和知识等，设计并执行相关搜集组合，以满足文化或态势等观察指标。
* 我可能不知道如何针对文化功能开展情报搜集。
* 我可能没有在高级分析的认知活动（包括文化分析、异常分析、群体分析、综合分析和倾向分析）生成文化观察指标之后，设计出情报搜集方案，根据该项指标开展情报搜集。
* 我可能没有寻求和使用红队的专业知识，批评我在开展情报搜集工作时，针对如何处置文化事项所进行的思考。
* 我可能没有寻找本土主题专家提供专业知识或利用这方面的知识，帮助设计在特定外国文化中开展情报搜集的方案。
* 我可能没有寻找虚拟知识环境的文化主题专家、工程师和科学家提供专业知识或利用这方面的知识，帮助设计正确的搜集组合，以便针对文化观察指标开展情报搜集。
* 在技术搜集能力和输出都极小的作战环境和文化中，我可能过度依赖技术搜集设备。
* 我可能有所忽略，没有考虑低级搜集人员和开源数据，因此未能

增强我的搜集组合。

★ **了解技术环境**。高级搜集人员在针对民众、敌人和作战环境的基本要素（比如基础设施）开展技术搜集时，有时会犯哪些错误？犯下这种思维错误后，在开展探索时，可能存在这样几个问题。高级搜集人员在进行自我批评时，可能会担心自己过度简化了遮盖问题集的技术环境。过度简化的后果可能非常严重，会让人们认为这个不易察觉且不可见的技术世界既是不重要的，又是不可知的，并因此放弃对它的探索。因为这种态度，再加上由此导致的遗漏错误，所以高级搜集专家有可能无法针对有价值的观察指标开展情报搜集。这可能是因为这位专家未能巧妙设计出搜集组合，因此无法理解技术环境，无法消除环境的模糊性，使之变得“可知”和“可见”。

高级搜集专家可能无法像敌人那样思考，因此无法了解敌人是如何使用技术，去开展网络活动、设置条件、发动攻击，以及执行筹资和招募等功能性活动的。同理，高级搜集专家可能不会设计出特定搜集方案，去识别公众如何思考技术、如何使用技术，以及如何思考美国非比寻常的情报搜集实力的。在这种情况下，搜集专家可能会在无意中犯下认知错误，即过度概括，也就是将以刻板方式看待民众，认为他们不会使用高科技计算机和通信。这位专家可能会过度简化技术基线，又或者是没有寻求总部的技术专家、本土技术专家和虚拟知识环境专家提供协助，因此无法设计出相应情报搜集方案，不能在敌人设置技术条件时，发现因此可能出现的异常。高级搜集专家也可能会使用过时或不正确的数据，这种数据将“污染”这位专家的思维，使之错选针对特定目标开展工作的搜集资产。高级搜集专家可能可以在潜在高价值目标周围，发现若干敌方通信群体，但却无法将原因（比如，针对某些群体开展的欺骗，针对其他集群即将发动的攻击）与结果关联起来，导致出现因果关系的错误。

要想解决这些问题，也有变通的办法。比如说，高级搜集专家可以提醒自己应当考虑技术环境，还应当使用技术传感器，以及搜集人员、开源搜集和非传统搜集资产，让所有这些结成一个群体或各种团队，专门针对技术观察指标开展情报搜集。此外，当高级搜集专家意识到在所有技术分析问题中，至少都存在两个维度，也就是可见的现实世界（比如发电厂的发电机）和几不可察的非现实世界（比如非语言文化行为、射频能量、在互联网上高速传输的数据包）时，就会进行反省。搜集专家会在需要的时候寻求适当的专家提供帮助，以理解和利用这些维度，并为高级分析人员和指挥官创造优势。还有另外一种帮助开展技术分析的方法，就是高级搜集专家以系统化的方法使用搜集组合（全源），根据高级分析人员设计的技术观察指标，寻找、发现和提供数据。搜集专家可以在正确的地点和正确的时间，将这些组合的力量集中起来，根据正确的观察指标开展情报搜集。

在这个重要的章节即将结束之际，我们要强调一点：高级搜集人员必须不断进行批判性思维训练，也必须以此不断提升自我。可以说，开展自我批评比批评他人要困难得多。尽管如此，自我批评却不能只做一次，而是必须长期坚持。批判性思维非常重要，可以让人的思维处于最佳状态，因为它要求搜集专家从三个方面进行思考。第一，他们必须内化批判性思维，并考虑每个人应当如何进行思考。第二，搜集人员邀请外人（本地人和技术专家）帮助自己开展思考，并让他们批判性地检验自己的想法。第三，搜集专家批评其他人的思维方式，并学会发现错误。他们将不得不挑战看似错误的假定和想法。

在本章中，读者了解到在批判性思维当中，共有九项要素是与高级搜集专家有关的。它们是：

- 深度思考；
- 反省；
- 像敌人那样思考；
- 非线性；
- 认知错误；
- 辩证法；
- 因果关系；
- 层、包和关系；

★ 搜集协同、整体和组合。

读者了解了一些理论家是如何看待批判性思维的。本书作者借用克劳塞维茨和孙子的观点，帮助说明并解释批判性思维的一些重要内容。此外，读者了解了什么是深度思考，以及它对批判性思维的重要意义。本章列举并讨论了高级搜集专家容易犯下的多种思维和逻辑错误：镜像思维、个人偏好、过度简化、后此谬误、假两难困境、历史类比、无前提推理等。在本章的后半部分，读者还了解了一些与批判性思维相关的挑战，以及如何应对和克服这些棘手的挑战，又当如何成功地完成正确思维这项重要工作。

如果使用得当，批判性思维就是一股强大的力量。但要想充分实现批判性思维，高级搜集专家就必须保持谦逊，懂得反省。他们必须寻求并接受建设性的批评意见，还必须提高自己的认知水准。此外，现代作战环境是非常复杂的，因此要求搜集专家进行成功和有效的批判性思维，以获得其他搜集专家、内部或外部的红队专家、来自情报集团的人员，以及虚拟知识环境中的主题专家等人的帮助。

在下一章中，我们将探讨关于高级搜集的哲学。既然读者已经阅读了前面几章，就应当可以理解这个关于哲学的章节。在我们的思维中，到目前为止，我们阅读和思考时，一直都在进行**归纳推理**，即“从详尽事实到一般原理的推理”。[1] 为了继续介绍这种分析，下一章将探讨高级搜集的哲学，讨论以下四项内容：一般命题、元素、原理和公理。

---

[1] WordNet® 3.0, Dictionary.com, http://dictionary.reference.com/browse/ inductive reasoning (accessed October 20, 2009).

[第13章]

高级搜集的哲学

所有这些都是前奏和准备，一切都在急切地向前推进，事情的要点就要出现了。[1]

哲学是我们思考和行动的指路明灯——它是令人安心的灯塔，可以提供光明，照亮黑暗。伟大的哲学是所有伟大思想的基础。我们可以看到宗教哲学（《圣经》和《可兰经》）、战争哲学（克劳塞维茨、孙子等人著作），以及无数关于生活、思考和人生的哲学（苏格拉底、柏拉图、笛卡尔、梭罗、兰德、尼采、康德、叔本华、歌德、洛克等人著作）。然而迄今为止，我们还没有看到关于军事情报的哲学。我们可以看到有论文探讨情报活动的道德和伦理，但显然没有情报哲学，而且我们绝对可以肯定，除了 2009 年 12 月出版的《情报分析：复杂环境下的思维方法》中提到过新哲学之外，没有关于高级分析或高级搜集的哲学著述。也许我们渴求的哲学就在不远处的某个地方，但我们确实没有找到。不管怎样，和我们在撰写《情报分析》时一样，我们必须为高级搜集发展一套哲学。有了哲学，我们就可以把很久以前人们（见上文列出的哲学家）的思想和方法，与当前的棘手难题联系起来。哲学还可以提供贯融性，从简单解释军事情报的存在理由，到为我们的研究提供基础，从借助哲学类信息交流中心获

[1] Herman Hesse, *Steppenwolf* (New York: Henry Holt, 1929), 147.

取简单的联系，延伸到其他的思想领域。

我们选择把高级搜集的哲学放在这里，也就是全书结尾部分，而不是开篇探讨。我们之所以选择这种做法，是因为考虑到归纳思维的力量，即“从详细事实到一般原理的推理流程”。[1] 如果我们把哲学放在前面，它就会不断地要求读者使用演绎推理，而这是“从一般到特殊的推理”[2]，而且我们必须相信，随着思路的逐步展开，我们可以向读者展示使用这种概括方法的理由。所以在结尾部分提出哲学理论才更有意义。有了这样精心安排的结构，我们就可以慢慢地让细节和具体内容形成概括和原理，进而聚合成观点，紧扣这个思路中各个关键节点得出的重要结论。这些结论将在下章升华，届时我们将探讨此番思维之旅中一些更加重要的推论。

支撑高级搜集的知识体系需要宏大、详细、复杂的思想。高级搜集必须有高级搜集哲学作为基础。如果没有哲学，我们就无法对自己的观点融会贯通。如果没有哲学，我们在遇到困难时就无从求助。如果没有哲学，我们就会在思维的海洋上漂泊不定，没有锚点或系泊。

我们发展出高级搜集的哲学。它与高级分析的哲学密切相关。这是我们所能做到的最大努力，也是第一次尝试发展出一门哲学，如此就可以随着高级情报搜集知识体系编纂工作的启动，共同向前推进。我们的高级搜集哲学如是说：

> 高级搜集是高级分析的行动支撑。高级搜集是从分析人员的头脑中生成的，他们的头脑中充斥着指挥官的意图、设想、指导和行动概念。高级搜集能将人类头脑中产生的想法转化为行动，在正确的时间、正确的地点，寻找正确的活动，并根据五种（文化、态势、技术、功能和生物特征）非常特定的观察指标搜集数据。高级搜集的目的就是提供数据，然后这些数据将会变成指挥官决策所需的信息和知识，专门用于管理风险和减少不确定性。高级搜集始终谋求创造出（传统和非传统）搜

[1] Dictionary.com, http://dictionary.reference.com/browse/inductive reasoning.

[2] Dictionary.com, http://dictionary.reference.com/browse/deductive reasoning.

集资产的最佳混合，以此实现搜集协同。高级搜集使指挥官能够了解自己采取行动所造成的有形和无形的结果。它还可以帮助指挥官观察最重要的民众，辨别他们不断变化的情绪、性情和感知，以及辨别民众如何解读指挥官发布的公告。高级搜集专家深知，高级分析人员可以处理高级搜集生成的积累数据，对它们进行意义构建、态势认知和综合，从而维持它们自生成起便具备的积极的能量联系。

我们真诚地希望，随着时间的推移，人们可以不断地完善这门哲学，完善高级分析，为我们情报分析人员和情报搜集人员提供基石和基础，让他们可以继续开展这种极具挑战性的思考工作。

高级搜集哲学是我们“如何思考”命题的坚实基础；它是海上暴风雨肆虐时耀眼的灯塔强光，可以帮助分析人员度过他们最黑暗和最艰难的时刻，因为他们可以向它寻求建议、培训，以及重新强调重点。高级搜集哲学可以为高级搜集专家思想“脉络”里流淌的强大能量赋予意义。通过高级搜集，知识优势的双引擎（想象和创新）就可以增强力量，拓宽视野，但前提是人们必须认识到它们的重要性，并不断加以培养，让它们得以显现并影响思维。

高级搜集有一个积极的目的：它可以根据指挥官及其下属陈述的信息需求（优先情报需求、信息需求、假设、期望、预感和疑惑），提供与该项需求直接相关的数据。高级搜集提供的数据，将在领导者做出决策的流程，以及评估行动结果并据此做出调整适应的流程中，作为重要的反馈循环发挥作用。这个反馈循环在非线性行动中的重要性，与在传统的、更加线性的行动中的重要性是一样的。笔者（此处指韦恩·霍尔）曾在《杂散电压：信息时代的战争》中，探讨过高级搜集的这个非常重要的积极目的：

行动或活动开始之后，反馈系统就是极端重要的，因为它可以用来继续、改变或停止该项行动或活动。军队之间的反馈……是通过情报搜集系统实现的。不幸的是，因为人们信任能够为决策者提供反馈的搜集系统，所以这种系统可能是最容易被敌人操纵的。[1]

因此，高级搜集的隐藏任务是监视欺骗，追踪敌人的系统以获取反馈，并影响敌人用以影响友军指挥官反馈来源的方法。

高级搜集哲学本身就可以写成一本完整的著作。但就我们的目的而言，我们对哲学家世界所做的这次短暂探索目的明确，而且颇能服众。为免责声明，我们要说这门哲学的范围是有限的。也就是说，这门哲学可以作为基础，支撑高级搜集，因此主要侧重于情报搜集，目的是支持那些在非常规战争作战环境中，正在规划、准备或已经实施的相关活动，打击叛乱分子和非常规敌人的决策者。

就我们讨论的目的而言，哲学是“与某个特定领域或活动相关的思想或信念的集合”。[2] 有了高级搜集哲学，我们就可以提供哲学基础，供人们对旨在支持现代冲突的情报搜集进行批判性思考，也由此提出了一门可以影响高级搜集专家认知的哲学。可见，高级搜集可以与高级分析结合，成为知识的一个基础分支。二者都有可以指导人们思考这个主题的哲学基础，也都有各自的理论触角，可以刺激从事高级分析或高级搜集的人员的头脑，让他们进一步履行各自上级领导的使命，并让他们负责提供思考和解释的基石。高级搜集的哲学可分为多个部分，我们将逐一加以讨论。它们是：**命题**、**元素**、**原理**和**公理**。

一、高级搜集的命题

一些哲学命题可以成为高级搜集的基础。回顾一下，命题（proposition）是“提供或建议某事应当被考虑、接受、采纳或完成的活动”。[3] 因此，这

[1] Wayne M. Hall, *Stray Voltage: War in the Information Age* (Annapolis, MD: Naval Institute Press, 2003), 24.

[2] *American Heritage Dictionary of the English Language*, 4th ed., Houghton Mifflin, 2004, Dictionary.com, http://dictionary.reference.com/browse/philosophy (accessed April 20, 2008).

[3] Dictionary.com unabridged (v. 1.1), http://dictionary.reference.com/ browse/proposition (accessed April 21, 2008).

些命题对于高级搜集哲学来说非常重要，对于让情报搜集保持最佳运行状态来说也是非常重要的。

- ★ 小分队行动在非常规战争中是至关重要的；因此，国家情报搜集应当在用户定义的承受范围内，尽量为战术指挥官提供支持。
- ★ 高级搜集人员可以根据分析人员提供的观察指标开展情报搜集。
- ★ 高级搜集专家可以寻求搜集协同。
- ★ 搜集协同取决于搜集资产同步。
- ★ 高级搜集和高级分析应当始终以团队合作方式开展工作。
- ★ 搜集几乎无法找到完整的整体，但确实可以找到数据碎片。
- ★ 搜集的关注重点是观察、监视和搜集的对象、地点和方式。
- ★ 共享传感器时间是高级搜集的当务之急。
- ★ 可以集结、调动和聚集搜集力量，以实现效果最大化。
- ★ 搜集可以用来汇集数据，评估无形结果。
- ★ 数据本身就是一种独特的搜集资产。
- ★ 搜集需求是作战人员、决策者、规划人员和分析人员提出的。
- ★ 搜集组合比单源搜集更见成效。
- ★ 高级搜集会使用街头人力情报搜集来源。
- ★ 高级搜集会使用非传统的搜集资产和方法，也会使用传统的搜集手段。
- ★ 点持续监视在高级搜集策略中是非常重要的。
- ★ 搜集可以提供关于文化及其民众的相关数据。

二、高级搜集的元素

元素（element）是任何一门哲学中的一项重要内容。深入研究哲学的元素之后，人们可以开始理解哲学的内在原理、意义，以及它与相关思想和哲学的联系，另外还有关于这门哲学其他内容的伏笔，比如原理和公理。就我们讨论的目的而言，元素是“一个复合实体的基本的、必要的或不可简化的组成部分”。[1] 有了这个定义，读者就能理解为什么我们把探讨范围缩小为一个简短列表，并只列举构成高级搜集整体的 10 个元素。然而，考虑到读者可能误解其意，所以我们冒昧地提供一些观点，以此解释每个元素的含义。高级搜集的 10 个元素是：

★ **哲学**。高级搜集的哲学包括思考特定性要素，也就是拆分整体，然后针对这些具有特定性的部分进行搜集，以便高级分析人员能够将随后生成的数据综合成信息和知识。高级搜集哲学有一个基础观点，认为人和机器可以解决任何搜集问题，只要有正确的、具有创造性的和主动性的思维和技术来支持这种思维流程。高级搜集哲学强调特定的点与广泛的面之间必然存在联系。它包括整体式思维的力量，设想战略层面的人员会与小分队层面的人员开展合作，合力实现目标。它始终强调指挥官及其决策的重要性，而高级搜集正好可以为此提供数据。高级搜集哲学指出，人是这门哲学中最重要的内容。这一点在反叛乱行动和打击非常规部队的行动中尤其如此。当然，民众及其政治领袖在这种斗争中是最重要的，因为可以这样说，他们就是“奖品”，冲突各方正是为了争夺他们而开战的。也正是在民众当中，高级搜集专家找到了最擅长提供大量有意义数据的搜集人员，而高级分析人员最终会通过重构和综合等手段，将这些数据编织成意义。情报搜集专家始终会将自己的关注重点集中在人的身上，也就是他们自己、敌人、民众、东道国政府、机构间组织和中立方，并思考他们将如何以独立复杂适应系统的身份，进行活动、互动、交易和行为，以及与他人倾轧、碰撞、颠覆和联合。高级搜集专家认识到，自己必须设计出搜集方案，针对民众、植根于文化的组织、政治和政府机构以及领导人造成的无形结果开展情报搜集。此外，高级搜集专家必须借助己方搜集资产的感知机制，真正地进入作战环境，去寻找并搜集自己寻求的数据；无论搜集资产是人类、机械，甚至是数据本身，都将如此。

[1] *American Heritage® Dictionary of the English Language*, Dictionary.com, http://dictionary.reference.com/browse/element (accessed October 22, 2009).

★ **批判性思维**。高级搜集需要非常聪明、受过良好教育的人员，他们必须能够在日常思维流程中使用批判性思维的全部九个要素。这些要素是：第一，深度思考；第二，反省（个人和组织）；第三，像敌人那样思考；第四，非线性；第五，认知错误；第六，辩证法（正题、反题、合题、矛盾）；第七，因果关系；第八，层、包和关系；第九，搜集协同、整体论和组合。批判性思维的每项要素本身都很重要，但如果我们把它们合并成思想统一体并对其开展思考，就会理解高级搜集人员面临的思维挑战。然而，必须开展广泛、深刻、以军事情报为导向的批判性思考，才能将高级搜集中的这些观点变成现实。

★ **低级线人和线人**。人力情报搜集在我们将要开展行动的作战环境中非常重要，因为人是最重要的目标。我们的小分队主官必须定期使用低级搜集人员，让他们获取态势感知，使用可以评估行动结果的反馈机制，还要针对民众中的叛乱分子进行间接或直接的情报搜集。他们需要大量低级搜集人员，不仅是为了保护部队，也是为了让敌人受限于都市生活的熙熙攘攘，纷繁芜杂；而敌人也在利用这些藏身其中、掩盖行迹、混淆美国情报搜集，并尝试遮掩为发动进攻所设置的条件。

★ **点持续监视行动**。在非常规战争中，在打击叛乱分子和恐怖分子的行动中，以及与民众和东道国政府合作的行动中，都需要非常特定的情报搜集和分析。这种情报可以提供更加特定的情况，充当低级人力情报的补充，帮助那些在非常规战争作战环境中开展行动的小分队拟定规划，做出决策。作战环境包括这样一种文化：它其中的人员，连同他们的偏好和倾向，全都处于我们与叛乱分子战斗的中心。点持续监视行动非常关键，因为只有它才能在特定时间，监视特定的地点，寻找与指挥官的设想、指导、需求（优先情报需求和信息需求）和行动方案相关的特定观察指标。为了克服天然存在的妨碍成功的限制和阻碍，小分队主官需要得到点持续监视的支持，这种支持应当是情报形成的合力，其中不仅包括有机搜集资产，而且包括国家的、战区的、作战的，以及传统的和非传统的有机搜集资产组成的最佳混合。点持续监视行动涉及敏捷性（思维、传感器和组织的敏捷性）、在分析指定的时间内实现搜集资产的最佳混合、使用五种观察指标指挥情报搜集，以及在正确的时间集结和调动搜集资产。

- ★ **隐蔽的测量与特征情报设备和隐蔽的摄像头**。为了能够开展最佳搜集混合，以此实施点持续监视行动，高级搜集人员必须搜集非常特定的数据。如前所述，这些数据不能仅仅来自航空传感器或人类的孤立输入，甚至不能来自观察人员和移动人员的孤立输入。此外，高级分析人员需要访问那些只有性能极高的小型摄像头和测量与特征情报设备才能生成的数据，比如嗅觉（食物烹饪、绝缘材料、化学物质）、触觉（振动）、听觉（人们低语、小工具操作）、视觉（唇语，以及不易察觉、转瞬即逝的非语言行为）、热量（室内温度、电子设备），以及流出物、排放物和羽流变化（烟雾、污水、电子排放物）。高级搜集专家必须向分析人员提供其所寻求的专业化数据。
- ★ **高分辨率手持式光学设备**。我们一直讨论的观察人员和移动人员，需要使用不引人注目的、商业级别的和有效的手持式光学设备，在日间和夜间的情报搜集行动中，用它们来观察、记录和捕捉图像。从整体论的角度来看，这些设备非常重要，因为它们可以提供数据碎片，也就是提供更大拼图中的一块碎片，高级分析人员和机器则可以在高级搜集的重构流程中，将这些碎片“编织”成信息。
- ★ **情报搜集架构**。高级搜集必须具有能够正常运转的架构，然后才能成功开展情报搜集。这项元素的“近亲”正是为高级搜集设置条件，在前文中，我们将这种活动认定为高级搜集的增强因素，并对其进行了讨论。高级搜集人员必须思考、规划和搭建三种架构，这样才能在不可避免的阻力发动强势打击时，仍然可以设置条件，以求成功开展情报搜集，或成功做出调整。这三种架构分别是数据、搜集资产和知识。
- ★ **竞争对手的反监视**。如果听取了克劳塞维茨的告诫 :“战争并不是活的力量对死的物质的行动，它总是两股活的力量之间的冲突”[1]，我们就能肯定一件事，即敌人总是非常积极主动，并会采取行动，以夺取并保持主动权。当然，我们可以通过自身的经历，我们研究的反叛乱理论家的经历，甚至叛乱分子的经历，认识到这个观点是正确的。比如，劳伦斯在《智慧七柱》中对情报所做的深思，可以引导我们开展思考：

> 这样规定的必然结果就是提供完美的情报，这样我们就可以很有把握地开展规划了……我们在信息服务方面付出的努力，必须比所有普通工作人员都要更多才行。[2]

当然，这种观点可以印证我们的观点，即叛乱分子需要获得情报，这样才能生存发展，不断壮大，也才能预期并拒止美国旨在挫败叛乱分子进攻计划的分析和搜集行动。

克劳塞维茨的观点适用于情报搜集，也适用于普通行动。也就是说，敌人会思考我们的搜集能力；因此，我们必须预料到他的想法，并在这些想法付诸实践，对我们的搜集行动产生不利影响之前予以反击。我们别无选择，必须在思维层面进行无数次针锋相对、你进我退的活动、反应，以及轮流反击。因此，我们必须对高级搜集人员进行培训和教育，让他们能够开展情报搜集推演。正是在搜集推演中，我们的高级搜集人员积极参与“如何思考”，以预料和拒止敌人关于我们情报搜集活动的看法，以及他有可能针对我们的反制措施，实施哪些响应措施。正是在高级搜集推演中，高级搜集专家开发了必要手段，可以用来向高级情报官、高级分析人员，以及最终向指挥官建言，指出敌人准备开展哪些搜集反制措施，破坏我方指挥官的主要反馈机制（美国的高级搜集）。

---

[1] Carl von Clausewitz, *On War* (Princeton, NJ: Princeton University Press, 1976), 77.（译文引自：克劳塞维茨著、军事科学院译，《战争论》[商务印书馆，1978 年第 1 版]，第 27 页。——译注）

[2] T. E. Lawrence, *Seven Pillars of Wisdom* (New York: Random House, First Anchor Books Edition, 1991), 194.

★ **搜集资产的最佳混合，以实现搜集协同**。最佳混合是设计和实施搜集协同的关键。我们需要能够实现搜集协同的最佳组合，以此规划和执行持续监视行动，因为这种行动非常关键，可以搜集指挥官需要的特定数据，让他可以做出决策，并接收关于这些决策的反馈。不幸的是，在非常规战争作战环境中，条件和变量变化的速度很快；而这些变化要求搜集资产形成合力，开展工作，这样才能以极快的速度做出变化。因此，在点持续监视行动中，为了能够在正确的时间和正确的地点，提供尽可能大量的搜集行动，就需要保证最佳混合已经设计完毕，并且可以正常运行；这些都需要精心思考，而这种思考需要高级搜集人员、智能软件、既有的行动概念和强大的计算机等不断地开展协同进化。如果没有这些软件和硬件，我们就无法创造出搜集的最佳组合。如前所述，如果没有搜集资产的最佳混合，我们就很难创造搜集协同。如果我们不能将人类思维和计算机执行操作结合起来，优化搜集资产的混合方案，那么我们在开展点持续监视行动时，就只能（在及时性、输出，以及确保地面、机载和太空传感器不会忽视重要事件等方面）表现平平。

三、高级搜集的原理

一门哲学应该拥有一套由相互关联的观点或原理构成的有组织的集合。高级搜集也不例外。在本书中，原理（principle）是“基本的学说或信条”。[1] 我们选择的信条（tenet）的定义是“任何一种观点、原理、学说、教条等，尤指被某个专业、团体或运动的成员认为是正确的东西”。[2] 这个定义特别适用于我们在下文选中并列出的15条高级搜集原理。这些原理并非教条，我们希望它们出现后，可以引起人们的讨论和辩论，从而生成一个更加完善的原理清单，指导那些在非常规战争作战环境中，针对叛乱分子、

---

[1] Dictionary.com Unabridged. Retrieved October 23, 2009, from Dictionary.com website: http://dictionary.reference.com/browse/principle.

[2] Dictionary.com, http://dictionary.reference.com/browse/tenet (accessed October 23, 2009).

恐怖分子和其他敌人开展情报搜集工作的高级搜集专家开展思考。原理是一种必然生成的观点，它不仅可以帮助我们思考，而且可以帮助我们交流。我们的 15 条高级搜集原理是 ：

- **组合和最佳混合**。搜集资产的组合和最佳混合，可以提升高级搜集对决策反馈循环的贡献。
- **间接方法**。高级搜集人员总是寻求使用间接方法来开展情报搜集。
- **指挥官的反馈循环**。指挥官采取的行动会产生意料之中和意料之外的后果，情报搜集正是向指挥官反馈这些后果的主要渠道。
- **像敌人那样思考**。高级搜集人员要像敌人那样思考，去思考敌人是如何看待敌人自己，以及美国的情报搜集的。
- **敏捷性**。思维、搜集和组织应当保持敏捷性，以此为基础，我们才能成功对抗扁平化并且可以协同进化的敌方网络。
- **情报搜集人员**。在高级搜集行动中，低级搜集人员是不可或缺的。
- **符合标准**。包括国家情报在内的所有上级总部情报机构，都必须满足小分队设定的需求标准。
- **针对群体和复杂适应系统的情报搜集**。高级搜集行动要想成功，就需要发现、跟踪、监视和利用群体的四个元素，以及复杂适应系统的模型、规则及其对反馈的不懈追求之间复杂的交错互动。
- **搜集协同**。搜集协同是高级搜集的一项基本内容，可以提供搜集资产的最佳混合，还可以将它们同步。
- **分析人员提供关注重点**。分析采样率（正确的时间、正确的地点和正确的活动）和五种观察指标可以让情报搜集的力量专注重点。
- **集结和调动**。在集结和调动之后，搜集资产的工作才是最有效的。
- **为情报搜集设置条件**。设置条件是成功开展高级搜集行动的关键。
- **无形结果**。非常规战争作战环境是非线性的，因此需要搜集无形的结果。
- **观察人员的力量**。观察人员（情报搜集人员）可以影响被观察者的活动结果，也可以影响作战环境。
- **针对衰减的情报搜集**。高级搜集可以搜集关于联系、模式、趋势和知识衰减的数据。

四、高级搜集的公理

公理（axiom）是高级搜集哲学的最后一个重要元素。在本书中，公理是“不证自明的必然真理，或是所包含真理一目了然，任何推理或论证都无法再行解释的命题”。[1] 高级搜集哲学的 21 条公理是：

★ 规划和使用街头人力情报搜集，这是至关重要的。

★ 搜集协同是高级搜集的基本元素，应当始终谋求实现。

★ 特定性非常重要。

★ 预期敌人计划如何反制友方的情报搜集。

★ 在集结、调动、同步和聚焦之后，传感器将处于最佳工作状态。

★ 高级搜集人员可以设置条件，以获得最佳性能。

★ 要想消除模糊性，就需要混合运用高级分析和高级搜集。

★ 寻求在所有情报搜集行动中，实现思维、机器和组织的敏捷性。

★ 预判和主动权取决于高级搜集生成的数据。

★ 运用分析驱动的解构和生成的观察指标，指导高级搜集。

★ 分布式情报搜集资产可以构成能够直接提供支持的虚拟大脑。

★ 找出敌人依赖哪些情报，并加以利用。

★ 寻求搜集资产的最佳混合，为成功设置条件。

★ 了解敌人的情报搜集，并加以利用。

★ 了解敌人的反监视措施，并加以利用。

★ 要像敌人那样去思考自己的情报搜集和友方的情报搜集。

★ 深度思考可以提高认知能力。

★ 应当进行高级搜集推演。

★ 不断自我调整适应，这是成功的关键。

★ 深度思考敌人、民众、分析、搜集和作战环境。

★ 使用高级分析，提供可以指导高级搜集的特定性。

本章虽短，却为高级搜集提供了哲学理论。我们把它放在本书的结尾

---

[1] *Webster's Revised Unabridged Dictionary*, Dictionary.com, http:// dictionary.reference.com/browse/axiom (accessed April 21, 2008).

部分，因为我们希望读者能够以归纳方式加以学习；也就是说，在阅读和思考我们的观点之后，读者应该可以发现高级搜集哲学对他们是有意义的。

这门哲学并非教条；它是人们在对高级搜集进行深度思考时，使用的动态蓝图或棋盘。所有的知识领域都需要哲学，因为哲学可以奠定基础，供我们搭建思维结构，无论这些结构是线性的、非线性的，还是二者的组合。我们期望高级搜集哲学会随着时间的推移而不断改变，原因有以下几点。首先，这是我们所知道的唯一一次提出高级搜集哲学的尝试——可能还有其他尝试，但我们没有找到。高级搜集是困难的，也是重要的；因此，它的用户必须有足够的哲学基础，足以进行深度思考，规划、执行和评估高级搜集，以求达到最佳的效能标准。其次，由于复杂性理论、协同进化和文化变化，组织、敌人和民众也将随之发生变化。因此，随着我们的搜集人员、组织结构和计算机发生变化，我们的哲学肯定会自我适应，做出改变，或者至少调整其理论主旨，以应对未来的挑战。

在本章中，我们提出了命题、元素、原理和公理。我们引入这些概念，并不是为了提供任何类型的清单，甚至不是为了提供思维模板。事实上，我们是想为读者提供一个坚实的基础，让他们用来对高级搜集这个理念进行推理。这些原理和公理应该进入所有的高级搜集培训和教育项目当中，成为有益的学习辅助工具。现在，我们已经打下基础，让人们可以理解所有这些观点意味着什么，可能意味什么，以及我们需要做什么，才能让人员、组织和机器接纳这些观点。因此，下一章将探讨哪些技术手段可以增强高级搜集的理念和思维。

[第14章]

高级搜集的工具

尽管高级搜集主要是一种思维方式，但它也可以从相关工具中受益匪浅。在某些情况下，这些工具只能减少工作量和缩短时间，以此减轻高级搜集从业人员的负担，但在其他情况下，它们可以增强高级搜集人员的实力，让他提高产品的质量和相关性，或者完成原本不可能完成的任务。

工具一直在情报搜集管理中发挥着巨大的作用，因此它们能够支持高级搜集的事实既不令人觉得意外，也不会让人感到特别有趣。但真正有趣并且非常重要的地方在于，高级搜集的需求与传统搜集管理的需求之间有何不同，以及这些需求尤其要求一种全新搜集支持的原因到底是什么。这是情报搜集的新“风尚”，其目的是支持非常规战争中的高级分析，而这正是本章讨论的重点。

为了帮助读者理解高级搜集在工具方面的需求，我们将使用两种方法进行铺垫。首先，我们解释了传统搜集管理与高级搜集之间的差异，特别强调了这些差异可以形成基础，支撑新的需求。解释这一点并不困难。根据到目前为止的讨论，我们可以轻易找出高级搜集不同于传统搜集管理的五个方面：一是搜集任务下达与建模、分析和融合的紧密结合；二是协作的普遍应用；三是向后求援，向主题专家和虚拟知识环境求助；四是通过为高级搜集设置条件的科目，大力强调必须提前部署所有重要工作，即任务下达、搜集、处理、利用、传播和融合等；五是正式包括所有高级分析生成的观察指标，即文化、态势、功能、技术和生物特征等观察指标。

其次，我们定义了一个贯融的背景，在此背景下，我们可以为工具构建一个特定的识别流程。因为同时有人和机器的参与，所以情况复杂，使得这个流程颇为棘手。读者可以发现，本书在阐述时字斟句酌，一直在强调高级搜集的元素和增强因素，并没有建议一个端到端的线性流程。我们描述的高级搜集确有一些线性的部分，但大多数方法是非线性的。原因很简单：一个特定小分队采用的流程，应当准确反映出该小分队的任务、时间表、搜集能力、标准，以及技术、战术和程序。因此，如果我们认为自己能够充分预料到复杂作战环境中行动的这些方面，足以很好地完成这项工作，那就太过冒失了。因此，我们应当后退一步，提供一个概念流程或高级流程，以此捕捉关键的高级搜集功能，并指出高级搜集将如何应对（前文介绍过的）12 个矛盾带来的挑战。尽管在细节方面明显存在疑虑，比如流程中的各个步骤能否有效地组合在一起，或者它们的次序是否会在某些情况下发生变化，但我们预计这种策略可以满足我们的需要。

本章通盘考虑了所有这些因素，并据此组织思路，具体如下。首先是简要描述概念流程。然后是探讨问题的核心，也就是找出并介绍高级搜集需要的工具。这里选择的分类方法是我们认为方便有效的，但其他分类方法可能同样有效。最后是总结了我们的观察结果和一些结论。这样，我们便可指出哪些工具可以支持高级搜集的特定元素，并指出未来最能支持高级分析的高级搜集工具集看起来应该是什么样子的。要是我们的设想最后经受住了检验，应该会很有趣吧。

一、高级概念流程

图 14–1 可以阐释我们的概念流程。和传统的情报搜集管理一样，它自然地分为两个部分：初始化阶段和执行阶段。前者包括第 0 步至第 3 步，是为当前任务提供框架，并找出完成这些任务的条件；后者包括第 4 步至第 10 步，是开展情报搜集，执行分析和综合，以及持续做好质量保证。下面，我们将讨论每一个步骤，并仔细介绍每个步骤中可能适用的工具类型。

（一）第 0 步：识别和细化情报需求

高级搜集是从获取指挥官的关键信息需求开始。在我们的案例中，我

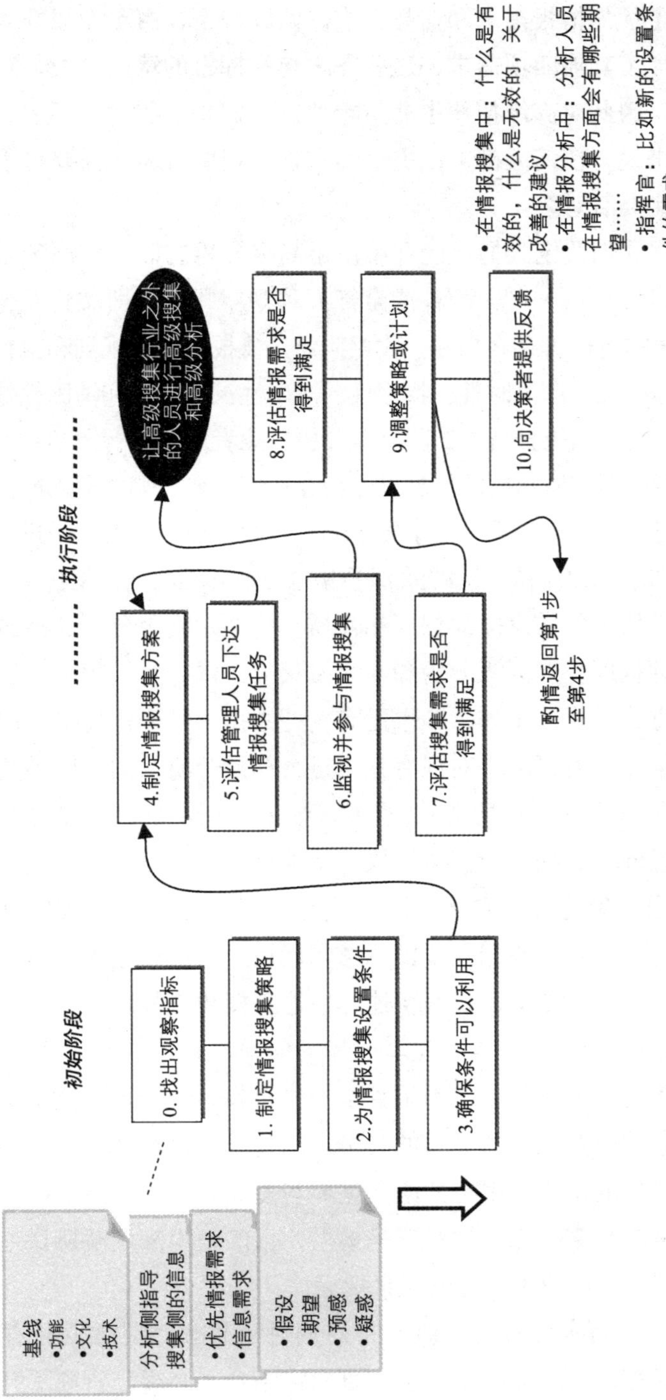

图 14-1 高级搜集的高级概念流程

们特别强调了优先情报需求和信息需求。回顾一下，由于作战环境是复杂的，我们增加了其他四项需求，这些需求与指挥官的意图有关，对高级分析非常重要，因此对高级搜集也非常重要。它们是：假设、期望、预感和疑惑。一般来说，任何人都可以提交需求，但指挥官通常需要让手下情报人员去批准此类活动。

在这里，我们假定人们已经开始使用高级分析的概念和原理去制定需求，并将需求解构成一种、两种或全部五种观察指标，即文化、态势、技术、功能和生物特征等观察指标。我们假定，情报搜集的规划和执行工作将始终遵循五项标准，即及时性、特定性、准确性、相关性和清晰性等标准。我们还假定，精通高级分析方法的高级分析从业者已经进行了初步的分类操作，确定了哪些需求所需要的信息是已经存在的，或是哪些需求所适用的传统搜集手段已经就位，并且是合乎要求的。因此，当信息需求报送至高级搜集资产那里的时候，人们早已确定高级搜集的方法和工具确实是合乎要求的。

这些需求所示的信息短缺程度和性质，将决定高级分析和高级搜集之间所需联系的程度，即高级分析和高级搜集应当以并行、串行，还是非线性网络化的方式进行。例如，如果已有一些数据，但还需要更多的数据，这时高级搜集专家可以准备对现有数据进行初始分析，同时其他高级搜集资产启动搜集流程（并行情况）。再者，如果数据不足，无法进行有效分析，这时高级分析流程可能需要等候，待高级搜集流程完成，收到搜集资产提供的数据之后再行启动（串行情况）。关于非线性的搜集活动，人们一直在执行许多功能，并相互提供思考和反馈，而机器也在一直关注每一步思考，紧跟每一项变化。如前所述，在这种搜集作战环境中，我们可以看到自组织和自同步。

高级搜集非常依赖以下三类工具：一是合作，目的是在高级搜集人员和那些与信息需求存在利益关系的人员之间建立直接沟通；二是手动和半自动的模板，目的是确保用户的语义世界与搜集和利用资源的技术世界之间，进行通信时是毫无障碍的；三是模型，目的是用来理解所讨论需求中蕴含的固有关系，以及用来提炼观察指标。

顺便指出，高级搜集与高级分析这两种流程显然是相互依存的，因此在整个信息需求处理流程中必须一直紧密结合。高级分析离不开高级搜集，反之亦然。因此，尽管我们的关注重点是高级搜集功能，但在接下来的讨论中，我们也将不断地适当提及这种紧密结合关系。

（二）第 1 步：制定情报搜集策略

从高级搜集的意义上讲，搜集策略就是确定搜集资产的最佳混合，并在时间和空间上对这个混合体进行部署和协调的一种全面高级的方法。从概念的角度上讲，“制定情报搜集策略”的步骤如图 14–2 所示。

这里简要介绍该步骤是如何运行的。高级搜集人员将根据当前的运行条件，仔细检验观察指标，再确定此策略需要哪些类型的搜集资产才能满足观察指标（步骤 a），从而启动搜集流程。接下来，根据自己和主题专家掌握的专业知识，高级搜集人员就可以制定合理的搜集资产的最佳混合，以此推动对搜集资产进行集结、调动和蜂群聚集，从而创造出搜集协同（步骤 b）。要想确定这些，就需要解决以下问题：

★ 哪些情报科目能够以所需质量搜集该项信息？图像情报？信号情报？测量与特征情报？人力情报？开源情报？

★ 哪种搜集资产是合适的？太空、航空、地面、人类？

★ 哪些搜集资产组合能够在搜集时间、交付时间、可靠性（例如，一天中的任何时间、预期的天气和环境条件）和标准方面，满足信息需求的种种限制条件？

★ 对于每个搜集资产组合来说，其所需要的相对资源都是什么？

在许多情况下，回答此类问题的方法都是直截了当的，只需要公认的经验支持的常识即可。在其他情况下，需要传感器模型和链路传播代码，但思考、规划、执行和评估仍然是相对简单的。然而，如果非常规战争，特别是城市反叛乱行动提出的需求变得更加苛刻（这在城市行动中时有发生），那么情报搜集活动很快就会变得非常棘手。

有两个因素会令情况变得更加复杂，值得高级搜集予以特别关注。第一是需要“协作式搜集”，在高级搜集术语中，协作式搜集指的是那些通常来自不同来源的数据，被系统化组合起来，以生成搜集协同的情况。一般来说，高级搜集承认三种类型的协作需求：融合、供给和持续监视。我们将简要地逐一加以介绍。

融合背后的驱动力是，某一种情报搜集及其输出（数据）往往无法

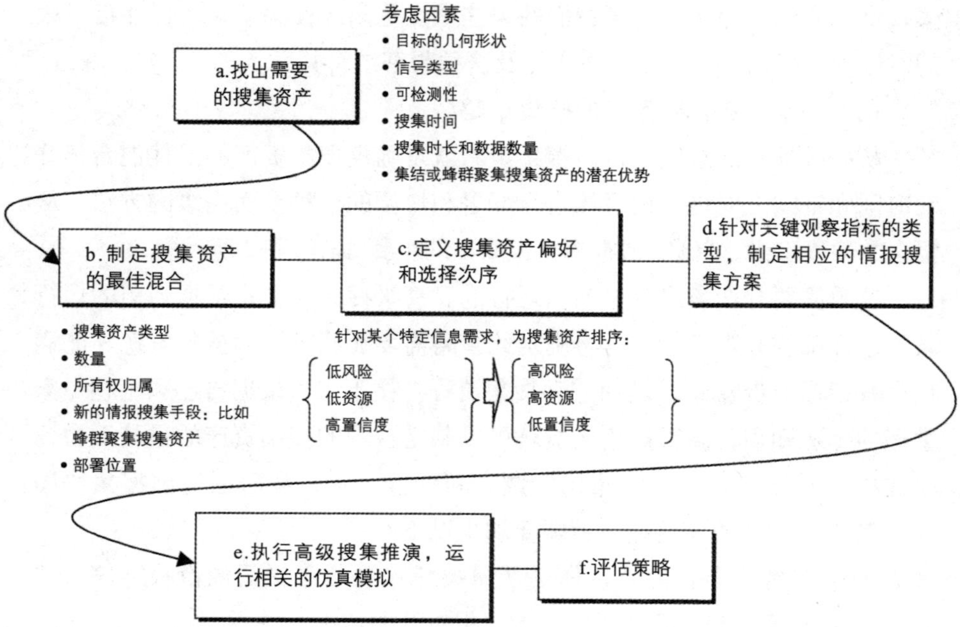

图 14–2 概念流程第 1 步：制定情报搜集策略

满足某个观察指标。个中原因大相径庭，但其中有一个原因尤为重要，那就是可检测性（detectability），即搜集人员感知信号或目标是否存在的能力。因此，常见的融合形式就是使用软件或硬件集成，将关于某个信号的许多观测结果组合起来，目的是对信号进行平滑，消除随机噪声，将信噪比提高到可以检测出信号的程度。另一个原因堪称与可检测性同等重要，那就是置信度不足，以及需要减少模糊性。这里的观点是，虽然一个观察指标或特征可能与某个特定活动相关，但它也可能与其他正常或至少是良性的、目前并不受关注的活动相关。因此，接下来需要进行的，（以高级分析术语来表述）就是某种形式的消除模糊性。

供给和提示对策略的制定工作都非常重要。有了供给，情报搜集就有可能提供一个完全出人意料的机会；比如，意外发现敌方小分队、高价值个人，或虽被忽略但有可能引起关注的敌方网络。如果是针对目标做出"提示"，那么情报搜集就倾向于提供有希望但不作保证的机会。这方面的例子包括：不论何时，只要低分辨率搜索发现某个特定类型的设备，便立即请求高分辨率图像搜集；或是不论何时，只要检测到特定类型的发射现象，便立即请求测量与特征情报搜集。不论哪种情况，关键点都是一样的：在名义上的规划周期之外，针对额外数据，以近乎实时（动态）的方式生成请求。除非借助有效的情报搜集策略和设置的条件，为系统设计出能够适应这种情况的结构，否则这种做法既非随时可用，又非毫无代价。

持续监视是会令情况变得复杂的需求。如前所述，在对目标开展持续监视时，如果采用不间断搜集的方法，效率将会很低，而采样这种做法的效率就要高许多。但采样时绝对不能随心所欲。必须根据目标动态和搜集资产能力（比如目标可检测性的持续时间，以及一次检测成功的概率），精心计算采样率，必须向搜集资产下达正确的任务，否则搜集成效或许（并很有可能）会远远低于预期。

还有其他制造复杂性的因素，它们都与高级搜集采纳新方法有关。这些新方法包括：以蜂群方式聚集搜集资产、安装搜集设备，以及使用非传统传感器，比如多光谱图像和高光谱图像设备、嗅觉设备，以及高分辨率和高速的视频设备。在这些传感器当中，任何一个所需要的搜集和分析，都与常规情况截然不同。例如，蜂群聚集需要针对那些相互协同工作的众多搜集平台，开发出适当的规则集合；安装搜集设备通常需要精确的地理信息系统、艰涩难懂的联系模型，以及作战环境动态模型；多光谱图像和高光谱图像设备需要现象模型、联系模型和作战环境模型。此外，虽然许多需求在概念上是可以实现的，但目前的搜集模式却无法轻易满足它们；还有，我们在制定和执行情报搜集策略的时候，应当保证仔细认真。

我们对混合一词定义的关键点在于：高级搜集工具在与高级搜集人员和主题专家协同工作时，必须能够智能地识别出传感器的类型，以及所需平台的数量和类型，以确保情报搜集可以在任何地方和任何时间执行。此外，这个团队不应拘泥于传统手段，而应当（在情况允许时）利用科学家和技术人员正在快速开发的并且不断调整以求能够使用的许多新的手段、平台、传感器和分析工具。

我们在找到混合方案之后，高级搜集便进入步骤 c（见图 14–2），也就是提供最优排序。通常，这需要遵循简单的经验法则，即高容量、高可靠性、低风险的搜集设备在前，低容量、低可靠性、高风险的搜集设备在后。在这个方案中，被称为无人吸尘器式的传感器往往端坐于这个链条的顶部，人力情报靠近底部。然而，部署细节在很大程度上取决于所有权、态势和目标，并且人们始终需要主题专家和虚拟知识环境的指导、传感器模型、敌人模型和环境模型等，以便针对特定情况，校准这个部署协议。

高级搜集专家制定备选策略时，高级搜集人员当然就会想要对其开展评估，这就是步骤 e 和 f（见图 14–2)。在理想情况下，这种评估是对混合方案、作战环境和目标动态进行建模。它还包括使用概率模拟（比如蒙特卡罗方法）或马尔可夫分析，确定这种混合在预期条件下的表现。搜集人员一直都在使用这种方法，将其应用在传统战斗这种想定情景之中。因此，在社会、文化和基础设施等模型成熟，并从实验室过渡到实际使用阶段之后，这种方法就可以轻易拓展到城市行动、反叛乱，以及其他极具挑战性的想定情景之中。

我们对工具的初步看法是什么？制定策略时必须处理大量计算，这样才能从基于计算机的辅助手段中明显获益。“大工具”（grand tool）是一种档案文件，包含对主题专家开发的参考策略所做的广泛采样，它可以大大减轻策略开发的工作压力。这样一来，高级搜集人员就可以在行动期间，选择一个非常贴近他们当前需求的策略，将其作为出发点开展深度思考。还有一项更加通用的功能，那就是可以真正从零开始，制定出混合方案的工具。在几年之前，这听起来还像是科幻小说里的情节；但在今天，相关规划方法可以包含进化算法、社会和文化模型、地理信息系统和人工情报，因此这些工具都是可行的，尽管还没有完全做好准备，去迎接自己的“黄金时代”。此外，情报搜集策略几乎肯定会利用一些更加浅显易懂的工具：比如针对新类型观察指标的搜集资产模型、用于评估策略成效的作战环境模型，以及工作流管理工具。我们将在后面的“工具”一节中，对它们进行更加详细的阐述。

（三）第 2 步：为情报搜集设置条件

确定需求之后，高级搜集人员就要开始设置条件。请回顾本书之前的讨论，设置条件是指搜集专家设置条件，以求取得成功的活动。为高级搜集设置的条件包括数据、知识、搜集资产和访问。从技术和工作的意义上看，要想为情报搜集设置条件，就需要人们使用一种思维流程，去分析端到端的工作流和数据流；它还要求人们必须了解工作环境。对于为成功开展情报搜集而设置条件的活动来说，有两项输入是极其关键的。第一，高级分析赞成分析侧指导搜集侧的信息。这种信息是分析人员提供给搜集人员的特定指导，它可以为搜集人员的努力提供指导，并将这种努力与指挥官的意图关联起来。这种信息可以明确哪些背景信息是高级搜集人员有可能感兴趣的，并确保高级分析人员和高级搜集人员“合奏同一张乐谱”。第二，高级搜集人员在制定搜集策略时，对拟定的搜集资产混合很感兴趣。这种策略的目的一直都是创造搜集协同，让整体大于各部分相加之和。这种策略可以建议需要哪种类型的传感器和平台，以及它们的数量、选址和基础设施（比如通信带宽），另外还有调动、同步、避碰和协调等需求。因为尚未执行的策略并不具备什么价值，所以在为情报搜集设置条件时，可酌情为拟定情报搜集策略的工作提供反馈，而且这两个步骤往往是迭代运行、同步进行的。

设置条件的活动通常涉及图 14-3 所示的步骤。

它的工作流程大体如下：高级搜集人员审查分析侧指导搜集侧的信息和策略，并启动这个流程。他们不断细化或澄清手头问题，以此不断深入开展工作。这就需要开发出关于环境的心理模型，并确定感兴趣的观察指标。根据高级分析理论，这些观察指标共有五种类型，即功能、技术、态势、文化和生物特征等；另外，这种模型虽然等级很高，但覆盖范围极广，可以囊括所有重要的战场行动体，比如敌人、友军、民众等。此类模型将在“工具”一节中加以讨论。

情报搜集专家分析了需求及其背后的意图之后，高级搜集人员就会确定是否可以用当前的长期需求去满足这些需求。要想使用长期需求去满足新需求，现有需求就必须与新需求在目标、时间表、质量需求和优先级等方面是匹配的。如果存在合适的长期需求（步骤 c2），就可以把它传递给处理现有需求的组织，由该组织负责开展所需的情报搜集。如果有一个贴近但不完全匹配的现有需求，流程就会复杂一些。在这种情况下，高级搜集人员应确定需要对现有需求进行多大程度的修改，才能满足新的需求。如果他们确定所需的修改可以在不破坏现有需求的情况下开展，他们就与这个主导组织合作，以适当的方式影响现有方法。

不论出于何种原因，如果没有找到合适的长期需求，那么这项情报需求

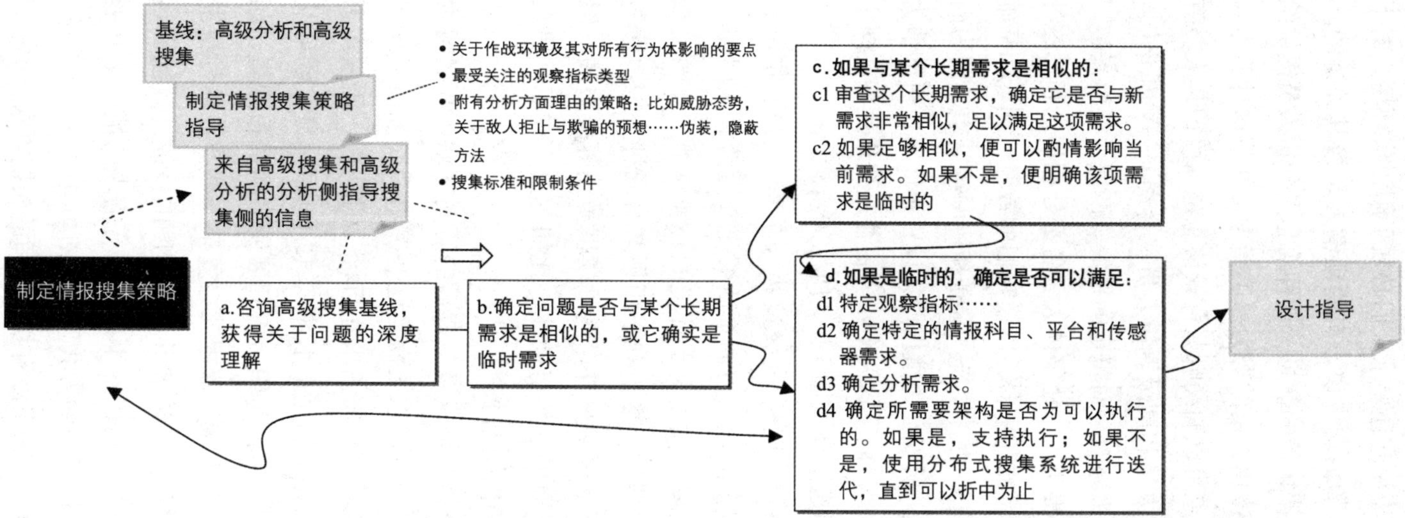

图 14–3 概念流程第 2 步：为情报搜集设置条件

就会被认定为临时需求（步骤 d），高级搜集人员将努力确保那些能够满足新需求的适当搜集条件的就位、同步和避碰。这个流程涉及三项准备行动。

第一，高级搜集人员针对相应的想定情景建模，并确定合适的情报科目，以搜集特定的观察指标（回顾一下，观察指标来自需求）。确定科目的依据是制定高级搜集策略期间进行的分析，并需要关于作战环境和搜集资产的模型（d1）。第二，高级搜集人员可以确定哪些特定的搜集组合有可能提供所需的情报搜集。再次重申，这个思考流程细化了在制定策略流程中开展的备选搜集方法分析（d2）。第三，高级搜集人员可以在分析人员、工具、协作和通信链路，以及数据库的类型和数量等方面定义分析需求（d3）。

在掌握所有关键信息之后，高级搜集专家可以支持以下两点：一是为情报搜集系统设计架构，二是分析支持机制（d4）。情报搜集架构至少可以定义搜集资产组合（即人力情报搜集类型、开源搜集、平台和传感器）、每种资产的类型、数量、协调、招募、装备、培训、避碰、同步、资产部署地点、通信需求，以及指挥和控制结构。但在这里，在制定策略的流程中，高级搜集与传统搜集之间的差异将再次发挥作用。高级搜集人员要想使用非传统的方法，比如以蜂群方式聚集搜集资产，使用大量低级搜集人员，以及安装小型搜集设备等，就需要大幅拓展设置的条件。我们需要设置这些条件及其他条件，以便能够部署或安装新型（比如社会、文化、行为度量和生物取证等）传感器、指挥装有实体遮挡物的搜集设备、为搜集设备供电、传感器联网，以及送出搜集的数据。这是一整套全新的挑战，但也是我们可以通过适当的准备，在正常情况下应对的挑战。

总结一下，我们已经识别出哪些类型的工具？首先，我们已经看到对关于目标的功能模型的需求。这些数据必须能够帮助找出观察指标、潜在搜集时间、采样需求，以及潜在搜集资产。其次，我们要求关于搜集资产的功能模型，能够与关于目标的模型对接，以支持检测概率、通信需求，以及对搜集资产的数量和选址等的需求。再次，我们需要架构设计工具，包括能够设计通信和计算网络的工具。最后也是同样迫切的需求是，我们需要能够描述非传统搜集需求的模型，比如需要可以融合（传统和非传统输入）的新的搜集资产。在当前的时间节点，一般来说并不提供此类模型，然而如前所述，如果高级搜集从业人员需要，那就可以提供。

（四）第 3 步：与高级分析人员协作，确保为利用活动设置的条件已经就位

在准备情报利用工作时，高级搜集人员会与高级分析人员协作，确保为利用活动设置的条件已经就位，并且是可以运行的。这项需求包含两个方面。

在高级分析方面，机器和人员接收到所搜集的数据之后，就可以对其进行有效利用。成败关键在于技术水平得当的高级分析人员、合适的分析工具、计算能力、协作媒介和数据库的可用性。为高级分析和高级搜集设置的条件必须安排妥当，以同步所有这些必要的能力。

在高级搜集方面，高级搜集专家需要作为辅助，帮助开展正常的条件设置活动，也就是确保高级分析人员接收的是特定形式的搜集数据，这样才能帮助他们克服分析挑战，满足分析标准。这个流程看似简单，但可能极具挑战性。正如我们一直强调的那样，高级搜集会使用非传统的方法和搜集资产，即使可以轻易获得所需的数据，也不能总是轻易地按照规定的清晰性和及时性，将它们传递给适当的分析人员。

要求特别苛刻的情况涉及搜集融合。这项挑战的影响涉及搜集和融合的折中主义性质：它们发生在许多不同的组织之间，可能在不同的安全等级上运行，可能相距很远（甚至数千公里），可能使用不同的数据格式，可能使用不同的主通信渠道和网络。因此，要想汇集各种搜集资产获取的数据，并对这些搜集资产进行同步，可能就需要跨越安全壁垒、获得在多个组织之间交换信息的许可、转换格式，以及在未联网的网络中移动数据等。这绝非易事，在时间紧迫时更是如此。这种情况绝非个例。在联军和联合作战行动中，往往会提出更加严苛的行动限制。

我们在这里介绍的利用所需条件的设置活动，其实并没有规定一成不变的方法。它需要的是仔细审查备选搜集方法，定义设置条件（例如通信条件）的需求，找出当前环境中的可用方案，并在仍然存在差距时拟定变通方案。一般来说，变通方案都是简单直接的，比如在通信方面，我们身边的“球鞋网络”[1] 比比皆是，但找出并实施临时解决方案并非总是小事一

[1] 球鞋网络（sneaker net），是指在现实世界运输存储数据的载体，比如让人、动物或交通工具运送硬盘等，而不是在电子世界直接传输数据。——译注

桩，往往需要听取主题专家的建议。关于利用所需条件的设置活动，一般方法如图 14–4 所示。

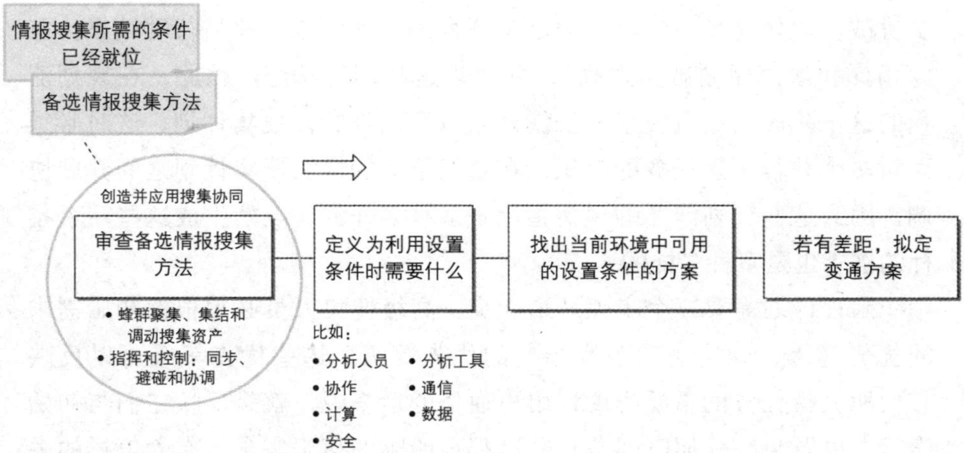

图 14–4　概念流程第 3 步：与高级分析人员协作，确保为利用活动设置的条件已经就位

就工具而言，有一件事非常重要：我们需要关于通信架构的精确模型，这样才能使高级搜集满足我们的期望。这些模型必须不断地找出最佳通信路径，找出必须绕开或克服的障碍，并估计传输时间表。这样我们才能开始调动和集结数据。

（五）第 4 步：为即将启用的时间框架制定情报搜集方案，并提交资产管理人员

在为搜集和利用设置好条件之后，高级搜集就进入了执行循环。这个循环的持续时间差异极大；如果使用这种循环，一次迭代的时间可能是几分钟到几天甚至几周，具体情况取决于条件和优先等级。而且关于吞吐量，还有另外一项重要的考虑因素：许多信息需求将同时处于活跃状态，并且每项信息需求都有各自的“节奏”，也都依赖各自特定的接口。当然，我们的目标是创建各种搜集资产的最佳混合，以此实现搜集协同，从而最大限度地发挥它们的优势，克服它们的不足。要想实现这种理想状态，就需要对太空、航空、人类、地面、技术和开源等搜集

资产，进行集结、调动和蜂群聚集，集中它们的力量，在正确的时间和地点，搜集正确的观察指标，同时还要挫败敌人所有的反监视和欺骗行动。正如读者推测的那样，高级搜集专家必须应对指挥和控制方面的许多挑战（比如同步，也就是满足指挥官的行动需求，评估行动结果，并为指挥和参谋规划做出贡献），以实现这种理想状态。因此，在规划流程的这个阶段，高级搜集人员便开始着手制订总体搜集计划，这时必须面对多个并行下达任务的组织，在它们下达的情报搜集计划之间开展协调，因为这些计划涉及的观察指标是多种多样的，当然生成这些观察指标的需求也是多种多样的。

制订计划需要三个步骤。第一步，高级搜集人员必须根据初始需求的优先等级，确定当前观察指标的优先等级。这些优先等级可以反映它们所支持任务的重要程度，用更通俗的话来说，就是反映它们与初始需求，以及与在任何时间节点通常都很明晰的衍生需求，有着怎样的关系。但高级搜集人员这时务必谨慎，因为需求及其衍生的观察指标的价值，可以随着时间的推移而发生巨大的变化，甚至很短时间内的变化也会很大。比如，当数据突然变得可用（也许只是偶然的），并极大地改变了情报工作局面时，就可能发生这种情况。作战环境是动态的，因此这种情况并不鲜见。

第二步，高级搜集人员应当计算这些单个目标的价值。这项计算工作需要考虑一系列因素，包括某个特定目标对当前观察指标以及生成该项指标需求的贡献有多大，总体需求得到多大程度的满足，有多少其他目标（如果有的话）能够提供相同或更好的数据，以及它在当前和稍后时间，对搜集某个目标的工作有多重要，等等。

第三步，考虑到所有目标，高级搜集人员应当与资产管理人员合作，开发一种复合搜集方法——我们将其视作一种“概念证明”[1]。必须强调的是，这种方法目前还不具备可执行性，原因有以下几个方面。其一，制订该项计划的这个阶段的是高级搜集专家，并不是获得授权、受过培训、知

[1] 概念证明（proof of concept）是对某些设想所做的较不完整的实现，以证明其可行性，目的是验证某项概念、理论或假说。它一般是具有重大进展的“原型机”，但并非真正意义上的完全实现。——译注

识渊博且经验丰富的资产管理人员，而后者专门负责在现实中将观察指标与特定的搜集资产联系起来。此外，这个阶段的思考并没有反映出整个目标，也没有反映出资产管理人员将要考虑的相关因素。其二，当前方法的基础可能并不是最新的、高精度的搜集资产模型。其三，它可能不会在评估高级搜集策略之后，从评估时制定的那些备选方案中做出最终选择。其四，这些方法通常都会生成一个与计划有关的分配方案（也就是哪个传感器专门用来针对哪个目标开展搜集）。然而，至少在响应高价值观察指标，以及在生成该项指标需求的时候，这个计划应当允许对预期成效做出较高的估计。图 14–5 总结了这个思维流程和工作流程。

就工具而言，有两件事非常重要。首先，模型不断发挥巨大作用。它们可以支持对需求、需求衍生的观察指标，以及对单个目标进行优先等级排序，支持确定观察指标可用时的特定窗口，支持计算采样率，支持情报搜集的限制条件，支持阐明时间限制，支持借用传感器时间，等等。其次，一个高级模拟的分配工具很重要。这种工具将会采用某种优化方案，因此应当模拟资产管理工具的性能，但只需模拟这项准备工作中的很小一部分即可。因为搜集资产调度工具虽然复杂，但大多只涉及一些较小的问题，所以这种工具应该是我们触手可及的东西。

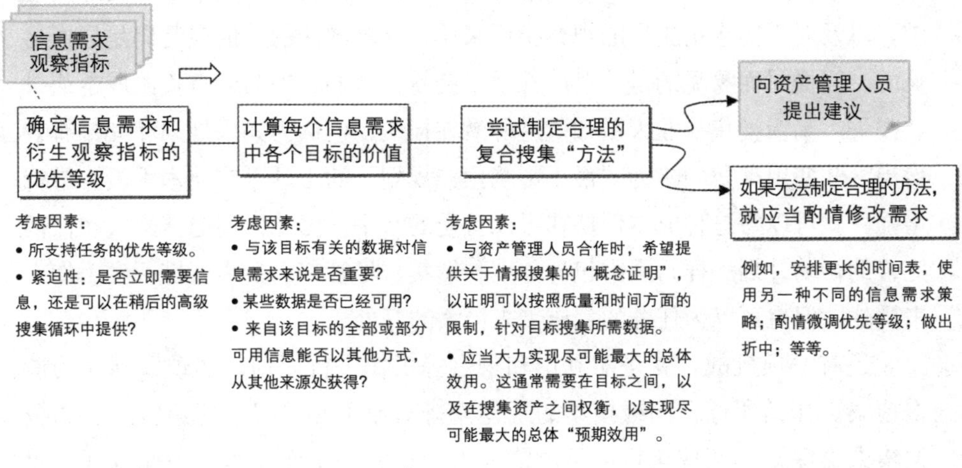

图 14–5　概念流程第 4 步：为即将启用的时间框架制定情报搜集方案，并提交资产管理人员

（六）第 5 步：资产管理人员根据计划，向搜集资产下达任务

上一步是审查需求及其衍生的观察指标，以及制定搜集方法。在这一步中，高级搜集团队，即高级搜集人员和高级分析人员与资产管理人员将密切协作，制订一个具有可执行性的计划。如果只有一种办法可以满足观察指标，又如果高级搜集的资产选址仅限传统搜集资产使用，问题就会相对简单，因为传统搜集的管理人员肯定可以非常出色地处理好这项工作。但搜集策略流程通常都会找出多种大相径庭的搜集方法（目的是创造搜集协同），这时便会使用搜集资产的不同组合，而且它们的依赖关系（时间、可访问性、视线、供给和提示等）相当复杂。此外，在高级搜集中，这些备选方法通常都会使用非传统的观察指标和搜集资产，而且这些将会体现在传递给资产管理人员的指导当中。因此，这时的工作不仅仅是为已经确定的一组任务安排方案，还要从每组备选方法中选择实例，置入选中方案，并在适当的时候将实例加入高级搜集人员的新的搜集资源当中。

另一个关于安排方面的挑战就是所谓的对冲保值（hedging）。如果优先等级很高，但搜集可能性很小，高级搜集有时就会使用对冲（备份或冗余搜集），以此确保可以满足信息需求。对冲可能采取的形式有：向不同传感器发出请求、向多个平台发出请求、向多个情报科目发出请求，又或者不管是什么，只要能对某个特定需求有意义，便向其发出请求。对于因此受益的需求，以及对于需求衍生出的观察指标来说，这种做法的价值最起码是显而易见的。同样显而易见的是，对冲几乎不会是免费的。通常会有资源成本或机会损失。高级搜集从业人员知道这种潜在损失，但认为如果规划和安排有效得当，并使用被我们称为“最小影响预先规划”的工具（或技术手段）进行增强，就可以将这种成本保持在可以接受的水平。因此，高级搜集（和任何完善的行动计划一样）通常包含分支和续集，尽管它们会为安排调度工作带来挑战，但也可以为任务的完成带来极大的好处。

还有一项挑战，就是对利用和融合等工作进行规划，实现端到端的情报搜集。如前所述，高级搜集的工作安排对象不必局限于搜集资产。高级搜集人员深知不同搜集行动可能需要大相径庭的工作流程，因此放开了对整个搜集、处理、利用、传播和融合链进行安排调度的可能性。和对冲保值一样，完成这种安排所需的工具现在都是可用的，高级搜集人员应该可

以在不久的将来真正使用它们。资产管理人员向搜集资产下达任务的概念流程如图 14–6 所示。

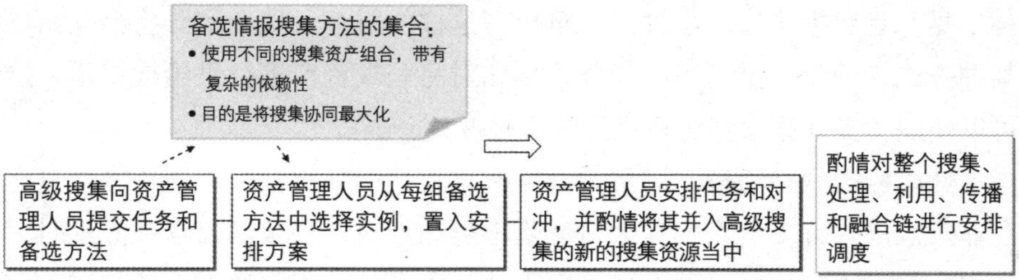

图 14–6　概念流程第 5 步：资产管理人员向搜集资产下达任务

关于高级搜集人员和资产管理人员的安排调度工作，它是一种已有明确定义的问题，属于运筹学研究人员口中的约束优化问题。例如，在搜集安排这个问题中，目标函数就是某种形式的预期搜集值，而约束条件包括对每个搜集人员可用资源总量的限制、搜集资产的视场、以目标为中心的视角，以及时间约束条件。因此，这里的关键工具就是可以创建计划安排的软件包，它可能基于某种形式的进化算法，也可能基于某种基于人工智能的规划协议。其他可能让我们感兴趣的工具还有行动流程模型，它使用的是从存档的性能日志中生成的工作流统计信息。

（七）第 6 步：监视并酌情参与搜集流程

高级搜集的规划和准备工作完成之后，高级搜集人员及高级分析人员就要监视并酌情参与搜集流程。这里涉及两个步骤。

首先，在为监视做准备时，高级搜集团队的代表与资产管理人员和高级分析人员合作，确定参与协议和监视媒介。不同系统的媒介差异极大，具体情况取决于处理时间表、控制系统位置和所有权。目前，这些联系可以提供一切所需，从普通但接近实时的状态评估，到针对实际搜集产品所做的执行观察。

其次，在情报搜集期间，由高级搜集人员和高级分析人员组成“分析—搜集”团队，将尝试实时地辨别情报搜集是否按照预期进行。如果没有，他们将积累尽可能多的关于缺陷的信息，找出到底是哪里出了问题，并制定实时微调方案进行改进。另外，同样重要的是，这个团队将会密切关注意外出现的搜集机会，也就是意外发现敌人袭击，可能发现高价值个人、民众做出的异常活动，或可能因某个立即开展的情报搜集而出现的各种罕见并且数据丰富的事件。一旦出现这样的机会，这个团队将会开始以某种方式，动态地重新下达任务，比如对另一项资产进行供给或提示，这可以拓展、提升或增强正在进行的情报搜集。

此时应当保持谨慎。滥用“高级搜集和高级分析参与”这个概念可能会非常危险，许多资产管理人员都毫不避讳地对这种做法表示强烈反对。他们宣称，现在已经是动态地重新下达任务了，并表示通常系统在这方面是正常运转的。我们认为：资产管理人员可能确实比任何人都更加了解这些资产，但只有高级搜集人员和高级分析人员才知道应当寻找什么，明白一组特定的观察指标可能预示什么，了解可以利用的异常是由什么构成的。因此，高级搜集人员和高级分析人员可以凭借自己独特的洞察力，发现非专业人士不会注意的东西，这只是意料之中的事。如果他们不能在机会出现的瞬间立即发挥特殊专长，就可能错过具有重大价值的情报。

这对高级搜集工具来说意味着什么？有趣的是，技术对这项挑战的影响并不算大。用于开展监视的工具已经存在于资产管理端，所带来的技能现在已是“高级搜集—高级分析”团队所固有的。因此，这个步骤往往是协议问题，而不是处理问题。

（八）第 7 步：评估搜集需求的满足情况

为确保情报搜集是有效和高效的，高级搜集人员需要不断地微调自己的计划。这需要积累和分析关于搜集“战利品”的统计数据，以及与没有得到满足的需求有关的数据，比如恶劣天气或设备故障。为此，高级搜集人员必须对这一步讨论的搜集效果，以及对下一步讨论的需求和观察指标的满足情况进行持续评估。

这里讨论的信息类型取决于系统。比如，对于图像情报搜集人员来说，它可能涉及各种所谓的“完成—需求”比，如所搜集的点目标数量与所要求的数量、所搜集的面积与所要求的大小，或是针对目标开展的情报搜集与需要的持续监视之间的最大差距。对于信号情报搜集人员来说，它可能包括以特定音质实施监听的总时长，与需求，也就是对目标开展持续监视的规定时长之间的差距。即使了解所有这些技术评估之后，要想真正衡量任何一种搜集能力是否有用，仍然需要回答以下三个问题：

1. 搜集输出是否帮助指挥官完成了任务？

2. 搜集输出是否帮助人们开展规划、做出决策和评估结果？

3. 搜集输出是否帮助指挥官以超过敌人或民众的速度做出适应？

高级搜集人员描述了定义和衡量标准之后，评估效果的工作往往就会简单明了，和记账没什么区别。但这确实需要工具。

所需工具的一般特征包括：第一，能够搜集与搜集资产性能有关的所有状态数据；第二，能够接收和显示环境（例如天气）数据，而这些数据可以影响搜集资产的性能，或其搜集所关注数据的能力；第三，能够显示关于每项搜集活动的信息，比如开始检测的时间、搜集持续的时长，以及所接收信号的强度。虽然从工具或技术角度来看，这些需求并不特别具有挑战性，但现有的连通性和归档能力往往并不足以满足高级搜集的目的，因此为了保证完整性，我们应当在这一步找出这些需求。

（九）第 8 步：评估情报需求的满足情况

当然，情报搜集本身并不是关键。高级搜集的存在理由是满足指挥官和高级分析人员的需求。

不足为奇的是，在执行此项评估时，判断需求在多大程度上得到满足，这是非常关键的一步，而这只需要简单地询问申请者即可。因此，评估工作需要高级搜集人员和高级分析人员以及规划人员、行动人员和决策者之间，开展实质性的合作。

然而，询问申请者的做法，不像人们想象的那样绝对可行，或是万无一失。高级搜集涉及一些不易察觉的地方，使得这种方法并不完备，而且差强人意，原因有以下几点。第一，基于申请者的评估是主观的。不同的分析人员往往会从自己的视角出发，并根据自己对情报搜集提供的数据所做的独特解读，做出大相径庭的评估。第二，要确保评估的有用性，就需要从两个角度进行分析。首先，单源搜集（比如信号情报）总是会用到分析，但只是在某一个特定情报科目中，以狭窄定向、心无旁骛的视角开展分析。其次，评估必须明确指出产品中的哪些部分可接受，哪些不可接受，产品可接受或不可接受的原因，以及关于如何在未来加以改进的建议。申请者和评估者都要谨记，开展评估的目的并不是为了报告相关人员确实适合从事这份工作，也不是单纯为了批评而批评，而是为了获得坦率、具有建设性的反馈意见，以改进现有的搜集流程。

有趣的是，第三个原因经常会影响搜集，并使其变得更加复杂：是否满足需求，可能与高级搜集人员的努力无关（在极少数情况下，甚至会背道而驰）。意外搜集往往就属于这种情况。关于这种搜集，如果给予搜集人员过多的信任，可能会引发问题。它可能会错误地表明，考虑不周的情报搜集方法实际上是有用的。这反过来又可能导致人们不合理地信任某种方法，或是学习了无效的“经验教训”。

工具如何在评估情报搜集成果方面发挥作用？事实证明，有几种工具是适合使用的：协作和其他通用的增强工具、通用的统计分析工具，以及通用的统计分析模型。如果使用得当，这些工具可以帮助高级搜集资产，使之快速发现、识别相关的模式、趋势和异常，并可以支持这些资产在第9步中使用这些模式、趋势和异常。

（十）第9步：酌情调整策略或计划

任何有过作战经验的人都知道，情报搜集计划和其他作战计划一样，很少能在“第一次接触”之后仍然“幸存”。造成这种现象的原因是多种多样的：对搜集条件所做的初步评估并不准确；条件发生变化，因此所选策略失效；关于敌人、民众、东道国或中立活动的模型并不准确；天气原因造成设备性能不足或故障；设备停运；敌人的反制对策；目标的优先等级不准确；任何“墨菲”[1]能够想象出来的东西。如前所述，克劳塞维茨的“阻力”对情报搜集计划的结果产生了重大影响。然而，无论偏离计划的原因是什么，高级搜集人员都有义务尽快找出问题，解决问题。

图14-7所示的调整流程类似于规划。指挥官必须通过反馈自我调整，以便能与作战环境、敌人和民众协同进化，高级搜集专家也必须如此。要想调整情报搜集，就需要找出当前问题，为其构建框架，再制定备选的解决方法，并选择其中最合适的方法。与规划相比，调整工作通常需

[1] 墨菲（Murphy）即墨菲定律，本意是只要有可能出问题，就一定会出问题，在这里是指一定会出的各种问题。——译注

要的时间很短，可供开展深度思考和改变的人力也较少，而且面临的挑战是对该流程中尽可能小的部分进行调整（因为正在开展的行动仍然非常依赖这个现有计划）。

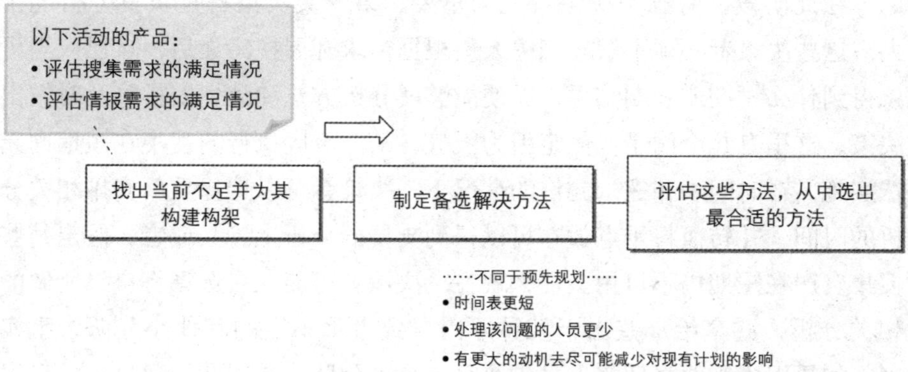

图 14–7　概念流程第 9 步：酌情调整策略或计划

高级搜集人员将有几个强大的“修复”支持机制供他们使用。第一，他们将得到对前两个步骤的评估。这些可以帮助确定是不是情报搜集本身存在问题，而不是问题框架不好或搜集规划不当的结果。第二，高级搜集专家将在条件设置和策略选择的规划流程中建立模型，使他们能够进行敏感性分析，并确定问题的根源。第三，也是最重要的，他们将有一个结构化的、协作的、敏捷的环境，可以随时适应各种变化，小到微调，大到对整个搜集策略进行“大修”。高级搜集专家的工作是迅速有效地使这些机制发挥作用。

调整搜集计划时使用了一系列工具，例如数据挖掘和统计分析、搜集人员模型、天气模型、联系和传播模型，以及广泛的可视化工具。然而，由于所调整的规划与初始规划非常相似，因此并不需要太多特别的工具。特别值得一提的是，它可以使用第 1 步至第 6 步中使用的相同模型、监视工具和生产工具，以及第 7 步和第 8 步中使用的相同评估工具。唯一的例外或许就是可视化，它关注的是历史上的搜集活动，而不是预期生产的产品。我们将在下一节中对此详加讨论。

（十一）第 10 步：向决策者提供反馈

如果没有采取行动，只靠评估和建议几乎不可能解决问题。因此，高级搜集必须明确包括这样一个流程，它将确保决策者可以了解搜集的现状，并掌握必要信息，以便能在充分了解情况之后，就接下来的步骤做出决策。

在此阶段，有三类决策者尤为重要。第一类决策者是负责分析的个人。这些决策者必须了解在相关人员根据需求开展搜集之后，自己应当可以得到什么短期或长期结果，以便能够就分析方法和计划安排等及时做出决策。这里有几个例子。假定因为天气，某个本应执行的搜集在短期内无法实施。在时间表和需求允许的情况下，决策者可以选择重新安排相关分析的时间，并转而将重点放在可以得到支持的分析上。又或者，假定某些搜集资产在短期内不可用。那么现在，决策者可能就会选择将自己所做的相关分析，共享给那些出于某种原因导致人手不足的其他小分队。事实上，如果因为需要将搜集人员借给另一个小分队，并因此导致自己的可用性不足，情况就会如此。这些例子仅仅触及表面；在经过几分钟的思考之后，读者可能就会想出自己经历过的其他许多可能性。

第二类决策者，即代表搜集和资产管理的决策者，他们也曾面临类似的情况。这时，重点在于将对搜集方式做出哪些改变，才能缓解短缺问题。因此，关键的信息反馈包括：搜集资产看起来是否正常、它们在搜集各种观察指标时的表现如何，以及作战环境当前是否适用于某种特定类型的搜集。有了这些信息，搜集决策者就可以对搜集资产做出有限调整，至少可以帮助缓解某些类型的不足问题。

第三类需要关注的决策者是指挥官，但在这种情况下，却是出于另外不同的动机。这里的问题与其说是制定解决方案的问题，倒不如说是执行解决方案的问题。在人们就解决方案达成一致之后，这个问题才是最重要的，但执行解决方案的手段却超出了分析人员和搜集决策者的权限。现在，指挥官可能必须着手处理并创建一套指挥链，这样才能解决问题。这可能需要获得更多的资产和资源，甚至改变行动时间表，以便情报能够更好地支持解决方案——但这些问题只有指挥官才会面对，也只有他们才有权予以解决。

关键在于，关于搜集对象的信息必须是及时的，如果也是全面和准确的，那么对于各种决策者来说都是非常有价值的；正因为这个理由，我们才会将这个重要但常被忽视的步骤包括在内。

简言之，这就是我们的概念流程。现在，我们将改变探讨方向，不再从流程的角度，而是从工具的角度去阐释这个问题。

二、工具

在本节中，我们将确定哪些类别的工具对高级搜集来说是非常重要的，并分别指出各类工具所能发挥的作用。在大多数情况下，这些工具目前都是存在的，或是市场有售，或是政府直接提供。我们也发现存在其他情况，即部分工具在技术上是可行的，但还没有提供给高级搜集人员。我们首先介绍目前已知最普遍的工具类型，也就是协作，然后依次介绍：用来对行为和基础设施建模的工具；用来对搜集资产建模的工具，以及支持制定搜集策略和计划的工具；制定融合和分析的方法；执行效果评估，制定调整方法；优化高级搜集和分析计划；对与高级搜集相关的输入数据和产品进行可视化；集合、调动、蜂群聚集、解散搜集资产（包括地面搜集人员和技术搜集工具）；创造和维持搜集协同；借用传感器时间。

（一）协作工具

在对端到端的高级搜集流程进行深入研究的过程中，我们发现对协作的需求是普遍存在的。确切地说，我们轻易便可看出协作共分四类：一是同步和异步；二是多级安全；三是同步文件编辑；四是平台和操作系统的独立性。每一类都有其独特的需求。简言之，以下便是我们对每个类别所做的思考。

关于同步和异步，必须要有同步和异步模式，这样所有利益攸关者才能在同一个网络会议时间在线，并提供各自的输入。尽管同步和异步这两种通信形式已经存在很长时间，但最新形式的协作软件工具可以集成语音、文本和图像，远比当面开会更加实用。

关于多级安全，我们要求实现多级安全的原因是，我们假定未来不论采用哪种高级搜集流程，都将面临严峻的安全要求。我们说的是一般意义上的多级安全，即推动不同等级的安全措施，目的是在协作环境中共存，无须依赖某个特定的技术解决方案。

关于同步文件编辑，它意味着多个协作者可以修改描述某项需求定义的文件，与该定义相关的文件（包括修改注释和评论），无论这个文件是文本、图片、图表、视频信号，还是其他格式的数据。比如，在描述某项需求时，某位利益攸关者可能希望在地图上进行标注，以解释自己的意图，或是希望在视频剪辑中添加注释，以指出哪里是自己感兴趣的部分，还需要哪些数据。关于同步文件编辑的需求可以保证的是，所有协作者最起码也能近乎实时地看到修改。

关于平台和操作系统的独立性，它可以允许各种现场使用的设备开展协作。这些包括：联网计算机、智能手机和平板电脑等手持设备、语音，以及通过无线电进行的数据传输。

鉴于协作非常重要，我们将在接下来的讨论中重新审视协作的作用。

（二）对行为和基础设施建模

高级分析和高级搜集都会进行结构化和科目分类的思维训练，并且都非常依赖形式模型。这种模型可以帮助情报分析人员和搜集专家对关系（因果关系、时间关系、组织关系等）进行识别、可视化和量化，可以推动他们使用需要结构化数据这种类型和格式的形式化分析工具，并且可以在我们所说的动态模型中，就态势随时间演变的各种方式提出观点。

高级搜集对多个建模领域都是极其感兴趣的。第一个也许是最重要的领域，是对敌人建模。这个类别的模型可以说明敌人可能是如何开展敌对活动的，并提供重要信息，让人了解敌人面临的限制条件，以及在时间、空间和行动等方面青睐的备选选项。第二个建模对象是战场空间或作战环境。这个领域通常包括我们所说的政治、军事、经济、社会、信息和基础设施等类别的模型，并使分析人员能够获得友军必须了解的关于能力或条件的重要信息。第三个建模对象是“其他战场空间行为体”，即针对红队（敌方）和友方（美军和联军）以外的行为体，比如民众、东道国政府、中立方、跨国公司等，构建关于行为或政治、军事、经济、社会、信息和基础设施等的模型。第四个对象是友军，如果是高级搜集，就是针对友军搜集资产建模。下面的简短示例可以说明我们头脑中的模型是什么样子的。我们的重点是敌人模型，但模型几乎不会孤立运行，所以其他领域也会发挥作用。

假定我们有意使用情报资源去研判某个叛乱组织，看它是否正在发展制造和部署简易爆炸装置的能力。如果我们在感兴趣的地方部署了搜集人员，那么我们手头就有多种可用策略。但如果没有，又或者如果已知目标敌人掌握有效的反监视能力，那么问题就会变得非常棘手。解决方法就是建立模型，以此说明敌人可能用来实现其目标的各种活动。这些活动可能包括：招募，培训，购买某些种类的材料和设备，侦察出可能的攻击地点，培养指挥和控制能力（包括购买通信设备和培训使用），等等。

反过来，上述这些活动中的每一项，都关联着可以指向目标活动发生的特定观察指标，或是残留痕迹（收据、金融交易、学校或其他记录、通信截获等）。这些观察指标单看的话并不显著，因为它们深埋于普通活动的“噪声”之中。但是，如果对敌对活动建立先验模型，以这种方法将一项搜集中的各个观察指标彼此联系（或者用高级分析的术语来说，就是聚合起来），那么它们的显著性累积起来，就有可能超过可接受的阈值。

这种敌人模型的通用版本如图 14–8 所示。

这种模型在运行的时候，能够实现多项重要功能。如果按照上面建议的方式运行，它就能够融合多个不同的观察指标，即使它们是在不同的时

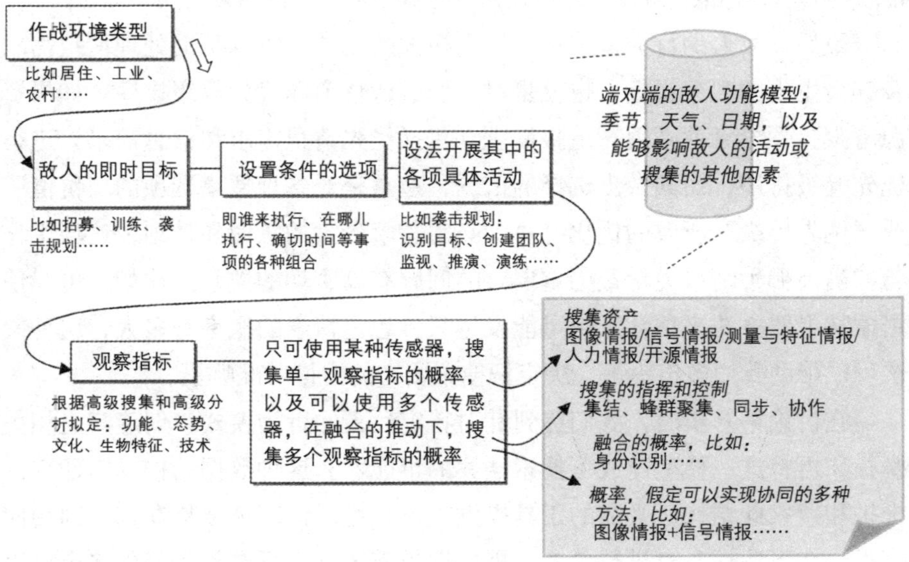

图 14–8　通用的敌人模型

间和地点搜集时也是如此。它还可被用来以主动出击的方式去规划搜集。比如，只要识别出一系列与敌人有关的活动，它就可以推动以下活动：第一，找出所有观察指标；第二，找出能够探测到这些观察指标的搜集资源；第三，开发数据结构和（或）模板，记录一段时间内的观测结果，包括在超过“探测阈值”时发出通知。

对于高级搜集人员来说，在对行为建模时有一点也很重要，那就是敌人的反监视行动，以及拒止和欺骗的方法。如果敌人手段先进，训练有素，那么采取这些行动就可以非常有效地发现我们的搜集努力，或是让我们的搜集资产无法发现敌人的意图，或是让我们的搜集资产找到他们投放的虚假或欺骗性材料，被其误导。

概念流程的第 9 步特别依赖这种模型，因为它问出这样一个问题：“我现在该做什么？”通常，要想回答这个问题，就要评估敌人在做什么，而敌人模型正是此中的关键。比如，在某些系统中，博弈理论模型可以根据我们当前对作战环境所做的评估，计算“最佳敌人策略”。反过来，我们也可以使用这个模型，帮助制定策略，检验关于敌人动机的假设。比如，如果敌人未能以“理论上的最佳方式”对友军的佯攻做出反应，那么这个敌人的意图可能就与人们在标准博弈论中，在使用“零和博弈”时的假定有所不同。

最后，敌人的行为模型可以提供极大的助益，可以帮助处理情报需求及其衍生出的观察指标，也就是对它们进行估值和优先等级排序。如果资源有限，领导者就必须对情报需求（包括优先情报需求和信息需求）进行优先等级排序，而其做出选择的依据，通常是对各种搜集选项的“价值”或“优先等级”所做的优化计算。必须了解敌人的意图和计划，这项工作与“当前哪种情报力量最为重要”的问题有着密切的关系。比如，可以使用蒙特卡罗方法来估计未来可能发生某种想定情景的概率有多大，这种做法可以帮助我们做出决策，决定把搜集资产的力量对准哪里。

在讨论第 0 步时，我们提到针对特定敌人的行为模式，创建与之相关模板，再将这些模型建成可搜索档案的可能性。这种数据结构（由建立、维护和搜索此结构所必需的工具提供支持）可以让高级搜集专家找到相应模板，在下达任务时进行参考，再根据当前案例进行调整；另外它也可以提供一种非常有效的方法，灵活处理当前正在开展的流程。同理，如果效果数据被归入档案，并且在处理后可以（比如说）按照模板类型搜索，那么人们就可以对特定搜集策略的预期效果做出评估，并迅速得出结论。只要使用得当，那么任何潜在有用的建模信息都不会被摒弃，也不会变得不可用。即使是实现概率很低的那些想定情景，也会保持活跃状态，等待机会——迟早有一天，在人们开发利用意外搜集的“金块”时，它们中的某一个会被证明是有价值的。

（三）对搜集策略建模

我们现在把注意力转移到友方搜集资产，以及搜集活动本身。为方便起见，我们将分别讨论用以处理以下问题的模型。这些问题是：传感器特性、统计和随机分析，以及工作流。

1. 传感器特性

在制定搜集策略时，高级搜集人员需要定期将观察指标（它们是在对敌人行为进行分析之后确定的）映射至可用搜集资产的搜集活动中。这种映射使用了可以具体说明手段的模型，其中就包括相应的备选方案，这些方案可以检测观察指标存在与否，也可以在这些观察指标被发现之后，或是如果被发现的情况下，检测它们的特征。进行这种映射需要了解搜集资产的特征，包括频谱、视线限制、视场、死角、功率和噪声、平台的能力和限制条件、可访问性模型、重新审视的模型，以及与其他用户开展的竞争。

例如，假设某个高级搜集专家的目的是确定一个已知或疑似目标——如在敌人组织中拥有指挥权的某人的位置。搜集专家为了获得这项信息，可以使用各种手段，比如：

★ 截获手机上的对话内容（通信情报）；

★ 手机信号中的位置信息（信号情报）；

★ 在监控摄像头上进行识别（图像情报）；

★ 与了解此事的人们交谈（人力情报）；

★ 隐蔽盯梢，跟踪此人（人力情报）；

★ 此人衣服上的残留物或污垢（测量与特征情报）。

在这些搜集策略（或策略组合）中，每一个都有自己特定的特点，具体情况取决于特定的关注目标的特点。模型可以将这些问题形式化，从而精确推断出获得所需信息的概率。这让高级搜集人员能够优化策略和搜集资产（比如，通过为资产选择部署位置、通过调谐到某个谱段，或者通过正确并且已经就位的翻译人员来解读接收到的信号等），从而制订有效的搜集和利用计划。

只需浏览上面的清单，就会发现高级搜集专家可用的资源种类繁多。所有主要情报科目都已能够提供关于本科目资产的模型，以及能让规划人员以直观和高精度方式使用这些模型的先进工具。此外，模型可用于规划、控制和描述如何实现搜集资产的最佳混合（包括集结、调动和蜂群聚集搜集资产），以提供空前程度的搜集协同。我们将在“集结、调动和蜂群聚集诸多‘系统’”小节中讨论这些模型及其用途。

在考虑和选择各种搜集方案时，高级搜集人员可以利用这些模型和工具，制定可行并且最佳的搜集策略（和备选方案）。通常情况下，如果将多种搜集手段组合起来，将可以提供最佳解决方案，此时可将其中一种手段用作初始筛选的粗过滤器，并在第一种手段从噪声中提取关注的信号之后，提示第二种手段进一步开展更加仔细也更加准确的跟踪。在搜集策略中，有一项内容就是开发这种“提示”依赖模型，并建立利用和数据通信通道，以便在所关注的搜集事件发生时，能够推动端到端策略及时做出响应。

2. 统计和随机模型

现在，我们将讨论一种不同类型的形式模型，它可以让高级搜集资产有能力处理部分或不完整的数据，或是处理采样。通常，在许多搜集方案中，完全和连续的覆盖（即持续监视）只能近似实现。重访率就是一个很好的例子，它是将某个（可能随时发生的）关注事件的持续时间，与负责在事件发生时对其进行检测的传感器的重访周期进行匹配。如果重访率少于事件持续时间，并且如果检测到事件的概率较高，就表示可以实现非常高的检测置信度。但现实往往不是那么美好。可实现的重访间隔可能比事件持续时间更长（即事件可能是在传感器访问的空白时间开始和结束的），或者检测到事件的概率可能小于100%（比如，因为敌人的拒止和欺骗）。这意味着，即使我们的传感器就位并记录了关注的场（或谱段），事件也可能检测不到。

在制定搜集策略流程中，应当了解这种统计和随机互动，并调整搜集策略，好让随机的效果达到可以接受的水平。这包括将相关的风险，以及降低这些风险所涉及的成本（比如，以增加传感资产数量和延长利用延迟等形式出现的成本）告知最终用户。如果“100% 检测置信度”这个选项并不合理，那么协商后可以降低的效果也必须达到足够的水平。但协商并非毫无代价。一个可行的流程需要各种模式和工具，以探索现有备选方案的空间，量化预估效果，以及评估如果效果降低会对任务造成的最大影响，从而确保所有任务伙伴、行动和情报等都能够充分了解所有后果。

统计分析可能支持的另一个流程是评价需求，或评定优先等级。经验丰富的分析人员深知，需求的价值不仅应当反映出所搜集数据对需求编写人员和最终用户的重要性，还应当反映出在当前情况下需求能够得到满足的概率；二者结合，就可以表示某种“预期效用”。如果搜集资源被用在绝对无法搜集但价值极高的目标上，这些资源就是被浪费掉了，因为它们原本可被用于更加合理但价值较低的目标，并产生收益。

通常情况下，备选搜集的价值取决于其他搜集的状态，而且这个属性可以随着时间的推移而发生变化。请思考以下请求：五个目标为一组，针对其中三个开展搜集。如果五个中任何一个都没有检测到，那么它们的价值是相等的（比如说，均为中等程度优先）。然而，一旦检测到其中两个，那么剩余三个的价值都将增加，因为只要搜集到其中任何一个，就可以完成需求。另外，一旦检测到第三个，并且满足需求，那么剩余两个的价值就会立刻降为零。因为（在这个例子中）搜集的分布虽然在某种程度上是已知的（或已被建模），但仍被认为是一种随机事件，所以我们面临的是最优随机流程中的一个经典问题，对此，有可用工具帮助高级搜集专家去认识和选择备选方案的问题。

3. 工作流模型

在执行端到端的高级搜集流程，也就是从传感器到利用再到用户的流程时，高级搜集资产将使用多种规划和监督工具。通常，这些工具属于传统管理科学的范畴，它们是用于开发生产计划的工具，需要考虑输入输出的依赖关系，以及各个步骤的预期延迟。我们在第一节“高级搜集的高级概念流程”中介绍的高级搜集概念流程，就是关于这种流程的示例。每一步的输出都是下一步的输入，每一步都需要消耗资源——在高级搜集工作流当中，时间（延迟）和行动人员才是最重要的。然而，对于任何给定的需求和与之相关的观察指标来说，这些值都在变化，进而反映了作战环境和高级搜集小分队（被视为一种生产设施）的状态变化。

正如这些考虑因素可以驱动搜集行动的效果一样，一切关于某个特定利用链条的工作流模型，也可以根据给定需求，驱动达成预期的效果。在实践中，许多不同的需求同时处于活跃状态，关于每个单项需求的各个工作流加在一起，总和就是高级搜集及其所使用服务的总体工作负载。比如，如果高级搜集专家收到一个新的信息需求，也就相当于让自己的可用资源加载了额外的负载。如果它当前并没有满负荷运行，那么这项新的需求可能并不会影响为其他用户提供服务的水平。然而，如果可用的生产带宽接近饱和，那么每项新的需求都将占用资源，从而导致平均延迟增加，预期服务质量下降。

有多种工具可以帮助高级搜集人员了解这些影响，以及开发出能够有效协调可用资源的工作流模式。事实上，只要直接改变目标功能，那么高级搜集人员在制定策略和不同的行动方案时所采用的优化方法，其实就可以很好地支持这种协调。在这种情况下，优化是根据某个度量执行的，这个度量应当是综合了当前所有活跃需求的价值和优先等级。如果下一项需求为这个度量增添了新的内容（比如，使用当前仅部分加载的资源），那么一切都会正常。但如果收到的下一项信息需求导致总体效用大幅下降，那么高级搜集管理就必须厘清这一现象，并制定指挥政策和流程，以便合理地应对这种情况的出现。

目前最先进的工作流工具，使用蒙特卡罗模拟和“模型预测控制”随机处理这些问题。这种方法认为，负载（可按需求价值加权）本身就是一种可以模拟的随机流程。高级搜集管理人员负责监视和评估高级搜集专家采用何种措施，应对随着时间的推移而出现的各种负载情况，并调整当前行动的任务下达工作，以便在本地（目前正在发生的事件）乃至全球（更广泛时间内发生的事件）实现优化。同样，高级搜集人员负责选择搜集策略，选择所利用的工作流；在预测的高级搜集负载水平上，以及在支持性关键服务（比如高级分析及其主题专家）的负载水平上，所选策略和工作流应当都是可行的。

我们似乎遇到了一项意外的惊喜。高级搜集的管理和工作流优化流程，既可以处理高级搜集本身，也可以处理各种并行的活跃需求链条，因为它们可以有效借鉴一些原本用于高级分析的形式模型和工具。

（四）用于融合与分析的工具

我们在本章开头几段已经讲过，高级搜集与传统的搜集管理并不相同，它是围绕“不同搜集资产开展复杂融合”这个理念建立起来的。如果说这种融合的理念与高级搜集的概念结合之后，可以推动整个搜集流程，一点儿也不夸张。在接下来的两个小节中，我们将探讨支撑这一理念的技术增强因素：高级分析人员与资源的紧密结合；可以将多个传感器输入集成起来，并入一个统一且高度自动化的搜集流程的模型、数据结构和工具中。

1. 高级分析元素在高级搜集中的作用

除了负责向高级搜集下达任务、提供分析侧指导搜集侧的信息，以及执行需求分类之外，高级分析人员还可以发挥重要作用，帮助评估高级搜集支持的数据输出。反过来，高级搜集也可以支持高级分析，帮助开发出当时需要的由搜集和分析工具组成的最佳组合，创造下达任务的动态机会，以及制定可行并且协调一致的搜集方法。显然，高级分析和高级搜集这两种功能实际上是相互关联的，而且联系极其紧密，因此我们预计分析和搜集之间的传统界限将会变得模糊，事实上我们对此持欢迎态度。

高级分析和高级搜集之间强烈的相互作用表明，高级分析中使用的许多工具，都可用于开展搜集管理。这种观点认为，一个复杂的情报问题通常会随着时间的推移而发展演变，而且变化开始时往往并不明显；也就是说，新的数据被发现（搜集）之后，可以排除一些可能性，但又开启了其他可能性，这反过来又导致做出新的假设，而新的假设又需要进行解构，以指导搜集资产搜集额外的数据，用于确认或驳斥新的假设。收到所搜集的数据后，可以逐步运用高级分析的专业分析能力，处理这些数据，于是目标问题及其所需的搜集支持也将适时地朝着新的方向发展。如果只考虑高级分析对主题专家的依赖，那么一个结论便会呼之欲出：如果单独使用，那么搜集功能可能就会错失良机。

为了保证完整性，我们在下面列出高级分析中使用的一些分析工具，这些工具可以用于支持对搜集资产进行分析、改进和重新下达任务：

★ 关于敌人的逻辑和动态模型：

  * 关于其他作战空间中行为体的逻辑和动态模型；

  * 政治和政府、外交、经济、社会和文化、军事和信息，以及基础

设施等模型。

- ★ 文本搜索：
  - * 简单查询和搜索，即谷歌；
  - * 基于概念的搜索，分析人员可以用它来描述感兴趣的材料、实体和实体关系，但不必提供精确的关键字；
  - * 多语言搜索，它应当足够强大，允许“面临语言挑战的分析人员”利用多种语言的文章。
- ★ 分析联系的工具，它应当足够普遍适用，可以确定不同类型实体之间的联系，比如人与设施、人与日期之间的联系。
- ★ 社交媒体分析，它可以根据通信截获数据和报告，对组织进行识别、定性和脆弱性分析。
- ★（定量）属性和情绪监测，它应当足够强大，能够以定量方式，评估可以由模型定义的一切属性和情绪的演变。
- ★ 模式检测，即监督聚类分析和协同过滤技术。
- ★ 时间表和年代表分析，它使用主题检测和跟踪，以及二者的拓展应用。
- ★ 事件和变化检测，比如从文本，以及最终从视频中检测（即美国国防高级研究计划局的视频和图像检索分析工具）。
- ★ 创建分类，它可以支持分析人员确定当前关注主题的范围。
- ★ 融合，它是基于模型的智能手段。
- ★ 论证支持，即国防高级研究计划局“热那亚”计划[1]和基于人工智能的增强功能。
- ★ 统计（例如蒙特卡罗方法和马尔可夫链）模拟。
- ★ 敏感性分析。
- ★ 博弈论。
- ★ 假设检验，例如对相互竞争的假设进行分析。
- ★ 分析推演的工具和协议。
- ★ 地理空间信息系统。

[1] 美国国防高级研究计划局启用“热那亚”计划(GENOA)，目的是让人类与计算机“共同思考”，极大提升情报分析人员、决策者与秘密行动人员之间的协作。——译注

这些工具中的每一个都有自己的工具套件，它们是根据所使用的模型或算法的类型量身定制的，而且任何一个都可以适用于广泛的高级搜集框架。

借助下面假设的想定情景，我们可以展示这种“二元论”工具是如何在实践中开展工作的。在对一个疑似叛乱分子安全屋进行突击搜查后，在查获物品中发现了一些身份不明人员的照片，这显然是在一个放松的社会环境下拍摄的。指挥官要求高级分析人员跟进这条线索。照片分析显示，照片中的四名男性中有三人裸露手臂，上面的文身图案相同。高级分析人员向一位主题专家咨询这个图案并了解到，尽管这个文身比较陌生，但它与已知激进组织使用的其他几种文身有着共同的特征。他们提出一个假设，认为出现了一个新的组织，现在的问题就是以更加充分的理由来验证这个假设，以及确定该组织的首脑和目标。

为了支持这个假设，高级分析人员要求高级搜集专家监视一个非常有名也极受欢迎的社交场所，寻找纹有这种文身的人员。高级搜集专家采取的策略是，安装一个隐蔽遥控的高光学地面摄像机，拍摄出入该地点的人员。经过一周的监控，摄像机记录到一个明显有此文身的人走进了这个地点。在与最开始找到的照片进行比较后发现，此人也在照片之中。

至此，搜集策略发生变化，重点转为人力情报搜集。搜集人员（观察人员、移动人员和线人）随时待命，这让监控手段变得几乎是实时和持续的。观察人员奉命占据有利位置，尽可能将预料反监视手段出现时所能造成的死角干扰降至最低。他会携带一台装有变焦镜头的高倍相机，这样他们就可以藏身室内，在目标对面开展观察。高级分析人员提供了一个分析采样率，以减少搜集人员专注观察的时间，因为他们不能一直这样观察（回顾一下，在高级搜集术语中，分析采样率是：正确的时间、正确的地点、正确的活动，以及正确的观察指标）。当此人再次出现（点持续监视）时，情报搜集人员将跟踪目标，进一步确定他的住址和同伙。

现在，读者可以自己推动故事向前发展：监控手机活动，跟踪同伙，逐步拼凑出这个组织、它的首脑以及动机的全貌。很明显，高级搜集在三个重点节点发挥关键作用：最初开展的广泛监视，使用低级搜集人员开展的点持续监视，以及后来关于嫌疑人行动的低延迟“供给”。在这三种情况下，高级搜集与高级分析及其分析能力将密切配合，以评估所有搜集手段的情报价值。同理，高级分析人员将高级搜集专家视为持续的资源，可以填补缺失的空白，并检验合理的假设。当然，在作战行动的世界里，这种场面并不鲜见，所以，高级分析和高级搜集之间的概念联系是一种常态，而非例外。

2. 搜集管理模板

在前文讨论中，我们指出两种模型：一是关于敌人活动和观察指标的模型；二是关于传感器能力和限制条件的模型。我们将在本小节介绍一种方法，它可以将这些模型以及衍生模型集成起来，并入一个连贯统一的数据结构当中，而这样的结构可以极大地促进对数据和信息状态的监控、搜集任务的下达，以及对任务所做的调整。

我们的方法有时也被称为“框架”，即搭建一个结构，使之包含数据字段（data field）、与这些字段相关的规则，以及可以调用这些规则的模型。这个结构可以在多种模型中使用。在这种结构形成实体并成熟之前，人们会一直使用名义模式（nominal mode），而在这种模式中，用户将使用规则和模型作为临时指导。这便需要通过正在开展的搜集去更新数据字段，利用这些规则来确定何时已经超过指定阈值（数据字段的功能），以及利用这些规则来进行一致性检查，并确定是否需要额外开展搜集。从本质上讲，这些规则和模型将具备针对特定问题的“帮助”功能。

在更广泛的模式下，事情将会有非常不同的进展。这时，分析人员将调用模板，确定优先等级，也许还有时间表，然后在一旁观察事件将如何自行发展。接下来，这个模板将负责处理状态监视、数据维护、搜集任务下达和信息开发等多个流程中的绝大部分任务，如此分析人员就可以腾出手来，专心保证质量，以及将信息转化为知识，因为最后这项工作只有人类才能完成。设想不必就此止步。我们可以想象存在一种高级执行方法，可以让模板利用在特定案例中得到的经验自主学习，评估搜集，以及运用预测模型主动修订搜集计划。

尽管这个设想看起来有些牵强（至少这个更加广泛的版本稍显牵强），但实现它所需的一切东西都是现成可用的，并且已经在工业界和情报界得到使用。值得一提的是，它包括主动模板技术、我们所说的基于规则的生产系统、允许用户监视所有状态并提供自动化决策的可视化，当然还有作为支撑基础的建模方法论。因此，要想在高级搜集中实现这一设想，需要的只是想要修改既定协议和偏好的意愿，以及一些可靠的工程学知识。

（五）评估效果和调整方法

毋庸置疑，评估效果与调整方法这对亲兄弟，都是高级搜集中非常重要的功能。如前所述，关于搜集对任务的完成、规划和推演等方面所做的贡献，指挥官评估意见是至关重要的。但这并不是唯一的考虑因素。事实上，我们在概念流程当中，为这种功能专门设立了三个完整的步骤：第 7 步，评估搜集“套件”的技术性能；第 8 步，评估“套件”返回数据的情报价值；第 9 步，根据第 7 步和第 8 步中提供的评估采取行动，酌情调整目前的搜集方法。

在这三步中，第一步是**技术性能评估**，主要是高级搜集人员（而不是提出需求的申请者）对它颇感兴趣。它可以提供关键指标，证明搜集资产正在工作。因此，这种工具可以发挥重要作用，因为它可以将基础功能半自动化，并允许高级搜集资产仅在“例外情况下发出通知”，以此简化这种监视活动。从工程学或行动流程的角度来看，这个监控流程是一个预测滤波器（用控制理论的术语来说，就是我们所说的卡尔曼滤波器）。它的工作原理如下：使用现有可用的模型，将系统的预期行为与流程生成的实际值进行比较。若比较结果接近，也就是处于某个特定的范围之内，系统就在“正常轨道”上，这就像是现代飞机上的自动飞行控制系统一样。然而，如果某些不同寻常的事情发生（预期的测量值和实际的测量值相差极大），那么系统就是遇到了小故障（比如飞机意外进入低压区），这时就必须由人力情报搜集管理人员（“飞行员”）直接控制。

第二步是**情报价值评估**，它的着眼点是申请者的满意程度，并可支持高级搜集资产，具体支持措施就是判定其方法能否有效地支持实际情报需求。这里的问题更加棘手。如前所述，评估是非常主观的，并且随着运行条件的变化而迅速改变。因此，虽然申请者可以表达本人的满意程度，从而支持这种评估意见，但我们需要更多东西。比如，高级搜集人员必须清楚什么时候信息搜集是偶然的（比如某个资产刚好在正确的时间，出现在正确的地点），什么时候搜集错过目标是因为运气欠佳（比如某个资产突然停止工作）。在与高级分析人员开展互动之后，他们必须在搜集未能按照设想正常工作的情况下，判定这是否因为在观察指标的制定、开展搜集的地点和时间等方面出错，或者寻找的是错误的活动。如果未能发现这些因素并做出解释，结果就是在实际上没有必要改变的情况下，采取了旨在做出改变的措施。

要想考虑这些因素，就需要进行分析，也就需要以下四种类型的工具。第一种工具是可视化。如果高级搜集人员需要在了解情况之后再决定搜集方法，以及在多种搜集资产之间做出权衡，那就需要强大的可视化功能，好让自己能够全面地查看问题空间，也就是查看以下几点：各种资产的“健康”状况；在目前和不久的将来，以分散形式和聚合形式存在的可用资源；各方争夺有限资源的情况；在规划包括不可控变量在内的元素时，最好的情况和最坏的情况；等等。我们将在“可视化”小节进一步讨论这个主题。

第二种工具是敏感性分析。在支持评估时，这种分析可以帮助高级搜集人员和高级分析人员，让他们仔细研究搜集和分析流程的细节，并进行基于模型的德尔塔分析，确定哪种搜集可对当前知识状态做出最大的贡献，以及哪些小故障会造成巨大的负面影响。

第三种工具是支持敏感性分析和可视化的模型。这些模型包括心理模型，以及流程和逻辑模型，它们可以帮助高级搜集人员获得对当前形势的高级理解。另外还包括动态模型，它可以帮助他们了解搜集活动是否处于工作状态，从而帮助高级搜集专家确定是否应当予以调整。

第四种工具是调整。这种工具的重点仍是高级搜集人员，但关注焦点已经从当前搜集方法存在什么问题，转移到要想解决问题，需要做些什么，以及如何去做。一般来说，应对措施就是细化观察指标，重新审查我们预料的时间、地点和活动，修订基础策略或搜集方法，目的是让这时的工具和方法，与制定策略和搜集行动方案时所采用的工具和方法相似，尽管无法做到完全相同。这包括用于制定策略和调度资产的优化工具，模型支持的敏感性分析（这是控制这些优化流程所需要的），以及再次提及的可视化。“不完全相同”这个警告是非常重要的。关键在于，调整流程必须遵守的关键限制条件，对初始规划来说却不一定是非常重要的，而这正是我们所说的“最小影响调整”。我们将在下面“借用和共享传感器时间”小节对此进行更加详细的讨论。

当然，为了能够评估性能和调整方法，我们需要相应工具去创建和维护模型，比如数据挖掘工具，也就是“对搜集策略建模”小节中指出的那些工具。我们在前文已经指出（参见“高级分析元素在高级搜集中的作用”小节），和在高级搜集中的其他每个步骤一样，这些工具的作用仍然是至关重要的。

（六）优化

运筹学和情报界的人员深知，在过去二十年间，优化领域获得了极大的关注。这其中有很多原因，包括：业界对大规模优化方法的迫切需求；可以提供足够计算能力的计算机问世，能处理一度被认为非常棘手的问题；启发式（比如进化）算法的出现，它让分析人员可以处理被种种条件所约束的优化中那些非常普遍的问题；用以处理规划问题的人工智能和新的规划“语言”已经成熟。即使不谈动机和细节，如今哪怕是一个普通的工作站，也可能有效地处理涉及数千个变量和数百个严格约束条件的优化问题。

正如我们在流程概述中指出的那样，高级搜集对这种优化有以下几项关键需求。第一，最重要的一项是，优化应当帮助人们开发搜集计划，并将它分发给资产管理人员。这里的工作是汇总大量需求，因为每项需求都有各自的功能规定、位置、时间和协调要求，所以开发出的需求分配方案应当是可行的、有效的，能够同时处理不同的资产。这项工作相当复杂，需要考虑许多不同的现象学问题（比如产品质量对比搜集人员位置、产品质量对比搜集人员资源、搜集人员之间相对资源的对比、截获概率对比时间）和诸多约束（例如搜集人员的资源、可访问性、“飞行”路径等）。但是现在，从技术上讲，已经有商业软件可以用来处理这个问题。

第二，高级搜集人员可以运用优化来制定策略。在这里，理想结果是根据每项需求、需求组合或观察指标，去设计搜集活动，形成备选的搜集方案。这些方法通常侧重于满足协调方面的需求，即供给与提示、点持续监视、对冲、集结、调动、蜂群聚集、安装（设备）、与行动和计划同步等。因此，这项工作既是在设计概念，本身也是在进行调度安排。然而，会有新的优化形式得到应用，人们可以轻易想象出这样一个流程，其中通用的协调需求就是输入，而那些使用多种搜集资产同步工作的方案组成的备选组合就是输出。

第三，优化的方式类似制定策略，它也可以支持条件设置。借助关于搜集和分析流程中各种元素的模型，我们可以定制一个优化包，让它帮助确定这些流程元素（人员、设备等）的规模，确保可以满足时间表的要求。事实上，我们可以轻易想象出这样一个优化包，它被认可为输入，并将面临各种约束：现代作战环境、所有备选系统，以及所有需求，特别是时间表方面的需求。另外，它还可以像高级搜集概念所倡导的那样，创建出可行的架构。

（七）可视化

可视化技术飞速发展。各种软件包层出不穷，有的甚至可以嵌入电子表格当中，只需点击几次按键，就可以实时创建出复杂但对用户非常友好的可视化。

然而，仍有许多工作有待完成，这样才能将该项技术应用于各个特定的应用领域。在高级搜集中，每个步骤都可以从定制的可视化中受益，但迄今为止，人们几乎没有发掘出它的潜力。我们认为，如果高级搜集工具套件的功能足够强大，就应该能让分析人员迅速将以下内容可视化：

★ 当前需求及其衍生的观察指标所构成集合的所有方面：
  * 当前状态，按照申请者、高级分析人员和高级搜集人员提出的需求分类；
  * 预期的未来状态，假定搜集按计划进行；
  * 呈现任何时间点的预期状态与实际状态之间的差异，列举在判定造成这种差异的原因时，所需要的所有要素。

★ 正在执行的计划的各个方面：
  * 计划的关键属性，比如相对优先等级，等等。

★ 正在进行中的搜集行动（全源）：
  * 搜集行动状态刚刚发生的变化；
  * 刚刚生成的产品（比如原始视频）。

★ 所有高级搜集数据网络的状态。

★ 现有虚拟知识环境的状态，包括接触点信息和带有选择标准的数据库。

★ 与正在进行中的搜集或分析有关的实时预警。

可视化的具体形式应该是根据用户量身打造的；事实上，应该有可能让用户根据自己在特定时间的特定偏好，在几十种格式中做出选择。

许多网站和著作都在重点研究可视化这个领域，哪怕只是稍事浏览，也能从中发现大量高级搜集人员可以利用的东西：从（二维和三维）地图，到组织结构图，到因果关系图，再到能在用户输入新信息后立即显示新信息贡献（比如，新信息将如何影响当前活跃的假设）的交互式工具。

（八）集结、调动和蜂群聚集诸多“系统”

第 9 章提出了一个令人难以抗拒的设想，就是让高级搜集人员集结、调动和蜂群聚集所有搜集资产，以便在正确的空间和（或）时间，根据苛刻的观察指标开展有效搜集。不幸的是，尽管这个设想看似纯粹自然——毕竟昆虫一直在做同样的事情，但实现起来绝非易事。传统的实施方法或是需要将大量人力投入到“搜集资产控制器”当中，或是需要动用大量计算机进行优化和控制。有趣的是，非传统的方法可能迅速提供可行的备选方案；同样有趣的是，这些方法借鉴了大自然为昆虫开发的那种“技术”，也就是被称为“自组织”的流程。为什么适用昆虫的东西同样适用我们某些技术最先进的设备？答案是令人惊讶的，因为在较高并且抽象的层次上，两者运行时所处的环境有许多的共同点。二者都需要处理大量相似的“设备”，这些设备的计算能力（大脑）很小，通信能力极低，不可能进行及时的中央控制。此外，二者的目标在较高的层次上也是相似的。对于昆虫来说，需要搜索广泛的区域，这样才能找到充足的食物来源，而对于搜集资产“蜂群”来说，需要搜索、识别和描述所谓的高价值目标。

现在，似乎昆虫莫名其妙地“知道”了游戏规则，比如说，如何有效地搜索广阔的区域，以及如何使用极少的带宽去交流所发现结果。昆虫或是通过学习来掌握这些规则，或是让这些规则嵌入自己的 DNA 当中。但是，我们的人造蜂群控制器并没有这样的优势；它们必须（几乎全部依靠自己去）制定适合任何情况的规则。

通常，人们在制定这种规则时，使用的机制是一种集成工具，它能通过创新方式，将模拟和优化集成在一起。它需要在进化算法中嵌入一个基于主体（借助规则来增强）的模型，并通过达尔文自然选择（比如通过遗传算法）来进化规则库。美国国防高级研究计划局和其他研发组织已经开始使用这种方法，并且生成了许多令人赞叹不已的原型工具，这些工具的投入使用只是时间问题。

毋庸讳言，集结和蜂群聚集的对象并不仅限于搜集资产。概念结构有时被称为“信息空间”（infosphere），它可以推动这种方法扩展应用的范围，用于分析所搜集的数据，集结和调动人员、搜集设备、计算机数据、数据网络、组织、知识和虚拟知识环境，甚至是传播信息，最后还可以管理整个情报和行动支持系统。请思考以下关于未来情报集团的设想：所有资产，不论是与搜集相关的还是与分析相关的，都“生活”在信息空间。这包括搜集资产本身、分析工具、通信联系、协作工具、数据、情报产品、工作流和人事管理系统，以及处理能力。不同于当前显得有几分静态的网络，信息空间不断地对自身进行重新配置，以优化自己的性能。这需要：酌情将“处理器”放置在距离数据源较近的地方，从而最大限度地减少数据处理的延迟和带宽需求；将数据移至“前线”，以确保服务的质量；基于当前的需求，开放通道，重新分配带宽和计算力量；基于当前的需求和状态，开发出搜集的最佳组合；同样基于当前的需求和状态，确定和安排最佳分析混合、人员和工具。如何管理信息空间？管理工作由嵌入式管理人员承担，他们又被称为“移动特工”，可以在网络中随意移动，监控状态，识别潜在问题并预防其发生，实现各种形式的自我修复，优化资源，以及“让一切都忙个不停”。我们认为，这是一个值得追求的未来。

（九）创造和维持搜集协同

高级搜集的三个步骤，即制定搜集策略、制定搜集方法，以及调整策略或计划，在很大程度上依赖于创造和维持“搜集协同”这种能力。因为搜集协同是非常重要的，所以人们认为，确保协同的机制将会得到妥善建立，其所需要的工具将会到位，并随时可以使用。然而，经验丰富的情报搜集从业人员深知，情况并非如此。虽然大多数分析人员和搜集管理人员在谈起搜集协同时都能说得头头是道，也深知创造搜集协同到底需要什么，但很少有人准备在实际行动中用到搜集协同。一般来说，问题出在两个方面：既缺少工具，又缺少能让工具以协同方式工作的数据。

再次重申，这个关键的工具就是“优化”。在这里，优化的对象是四种类型的数据：第一，一组各不相同的观察指标，它与高级搜集的正常情况一样，包括五种高级分析观察指标；第二，对可用搜集资产所做的描述，包括所有适用的平台和情报科目；第三，关于敌人、战场民众和重要行为体活动的模型，它可以呈现我们期望看到的观察指标的类型，以及各种观察指标结成组合的可能性；第四，当前性能数据，可从搜集需求满足情况评估流程和情报需求满足情况评估流程中获得。有了这些数据，优化流程就可以制定备选搜集资产组合，然后对照效果和机会成本等标准，对这些组合进行评估，并确定在当前时间执行它们的可行性。

要想开展这样的优化，就会给问题规模和执行时间表等方面带来巨大的挑战，但多亏有了进化编程（它可以设计出“解决方法”，而不是只给出答案）等由规则生成的现代技术，这些限制条件不再让人望而却步。

这里所说的相关数据不足，是指没有足够的数据可以提供给优化，具体分为两种情况。在搜集人员一侧，它包括与某个特定搜集机会有关的各种概率，比如说，探测到那些单个观察指标的概率、可能感兴趣的观察指标组合的概率，呈现观察指标的概率，以及认清它们到底是什么的概率。而在活动一侧，它需要数据来定义搜集环境，比如说，关于在什么时间和什么地点，才有可能以分散形式或不同组合形式提供观察指标的信息，以及在判定所观察活动是善意还是恶意时，关于观察指标的相对重要性的估计。关于这些搜集资产和观察指标，部分数据可从原始规范（比如搜集资产规范）或数据储存库（比如地理信息系统）那里获得，但另一些（比如探测概率）则必须使用环境和现象学模型来计算。如前所述，现在无法保证这些数据确实是定期可用的，但不排除可用情况。科学家和技术人员目前正在开发活动流程和逻辑模型，用于处理许多反叛乱和非常规战争的想定情景；如前所述，科学家和技术人员正在设法让全面的传感器数据库变得可用，好将它们提供给任何需要它们的分析人员。这一问题正在得到解决，在今后几年，情况有望得到显著改善。

（十）借用和共享传感器时间

从效率的角度来看，情报搜集还有很多不足之处。不幸的是，我们经常遇到这样的情况：即使潜在用户对搜集资源提出强烈要求，搜集资产（不论是技术还是人力资产）也只能发挥全部能力中的一小部分。

有趣的是，出现这个问题既是因为技术方面的挑战，也是因为情感上的担忧。在情感方面，人们不愿依赖别人控制的资产，也不愿因为共享自己的资产，从而削弱了自身的灵活性。在技术方面，人们面临的挑战是，必须制定有效的、保证密集式共享的共享策略、分配方案和执行计划，尤其在无法依赖共享资产的情况下更是如此。这是软件和组织等方面的挑战。

必须强调的是，强大的优化工具可以缓解部分问题。前文提到的那些现代优化技术，可以让人们对搜集资产进行高效的多路复用，并且能够在总体性能几乎没有损失的情况下增强共享。此外，只要做好这一点，再加上提供可视化和统计数据，向用户解释共享是如何实现的，以及为什么他们可以依赖由此生成的计划，就可以让用户产生信心，减轻对所有权的担忧，或是对所有权不足的担忧。

我们提倡的适用战术行动的优化形式，与适用制定战略和搜集计划的优化形式有所不同。它需要用到的东西有时被称为多搜集资产优化或多段优化，本质上就是多个优化同时进行。至少从概念上讲，人们可以强行做到这一点，也就是将各“段”优化后连接起来，创建一个规模极大的问题集，并一举解决问题。但在实践中，这样做会带来三个问题。第一，它需要不同类型的搜集资产（比如人类、国家技术手段、空基和陆基等）彼此进行前所未有的重大合作。第二，它需要庞大的计算能力。第三，它无法采用我们所说的“最小影响调整”（即调整而非全面规划），因此可能必须改变正在进行的行动。

不久前人们开发出一些方法，可以解决第二和第三个问题。例如，可以将搜集问题划分为多个“航段”，并对各段采用同一种规划方法，它被称为“模拟退火”（simulated annealing），是进化算法的变体。这些方法不仅能够以可接受的时间表，在传统的工作站做出计划安排，而且允许人们进行更改，而无须开展大规模的重新规划。

就第一个问题，即申请者的“情感”而言，技术并不是关键答案。不过，如果可以提升协作和可视化，就可以为申请者灌注信心，至少可以帮助减轻那个高度情感化的问题，亦即传感器时间“共享”所造成的不利影响。要想获得更加全面的答案，就需要在协议方面做出重大修改。有这样一个协议，相关的情监侦文献中已经有所讨论，它需要使用一个较不直接的链条（即，申请者→负责的搜集管理人员→搜集管理人员的搜集资产套件），去替换掉名义上的任务下达链条（即，申请者→负责的搜集管理人员的“漏斗”[它包含来自所有申请者提交的所有任务] →多搜集资产和多段优化器→搜集套件)。

在我们看来，关键在于需要达成一个新的协议，它在与某个最小影响调整方案结合之后，可以提供三个收益极大的好处：一是共享资产的能力得到增强，几乎不再需要大量分析人员进行互动；二是处理协同、协调、动态任务下达的能力显著提高；三是整体流程效率和合力得到显著提升。当然，这是学说编纂人员应该考虑的事情。

三、总结与展望

我们首先介绍了几个非常重要的观察结果。第一，我们发现搜集模板和支持这种结构的模型如果得到普遍推广，将会造成什么影响。在人们努力钻研，力求全面实现高级搜集，进而支持高级分析的流程中，我们在本章讨论的这些工具，可以用来取得最大化的成果。所有必要的技术都是存在的，但在各情报科目中仍有一些小的概念证明。我们需要跨越情报科目来实现这一点，进而支持高级搜集所需要的那种复杂融合。

第二，我们观察到协作的重要性。当然，考虑高级分析和高级搜集之间紧密结合的关系，这一点应该不足为奇。高端和高价值分析的未来，取决于是否有能力在虚拟知识环境中，迅速集结并部署训练有素的主题专家，处理具有高情报价值的非传统问题。同样重要的是，高级分析需要对搜集资产（人员、搜集设备、计算机、数据、数据网络、组织、知识和虚拟知识环境）进行最佳混合、集结、调动和蜂群聚集，搜集点持续监视的目标，即游离于网络之外的敌人，以及民众、地方政府、中立方和跨国公司。

第三，我们观察到，没有哪类工具只适用于某一个思想或功能的领域。我们识别出的工具，不论是单独使用还是成套使用，都将在整个端到端流程中都发挥有益作用，在只生效一次的阶段和反复自适应的循环中更是如此。

[第15章]

最终结论：非常规战争的情报搜集挑战

为了克服突如其来的危险，也为了与对手和敌人战斗，最基本的条件就是冷静和有头脑。前者是指“意志”沉默时，思维才能行动；后者是指“意志”面临事件的压力时，思维却可以不受干扰地行动；因此，前者是后者的条件，二者关系密切；它们几乎不会被人发现，即使发现也总是相当有限。但它们拥有不可估量的优势，因为它们让我们只在最需要思维的时候才会使用思维，因此赋予我们决定性的优势。如果没有思维，人们只能在机会流逝之后，才知道自己本应做些什么，或说些什么。[1]

据我们所知，至今无人能在探讨高级搜集这个主题时，达到本书这样的深度。要想规划、执行、评估和调整**在复杂作战环境中开展的非常规战争行动**，到底需要哪种情报支持？我们将投入大量时间和精力予以讨论，本书就是这场讨论的第一步。接下来，情报专家和知识分子肯定也会投入更多的工作。所以，我们当然必须感谢我们的读者，感谢他们完成了如此深邃难懂而又意义深远的思考。

首先我们可以肯定，读者会同意我们提出的这个命题：高级情报搜集

[1] Arthur Schopenhauer, *The World as Will and Idea*, trans. K. B. Haldane and John Kemp (London: Kegan, Paul, Trench, Trubner, 1909), 430.

是一种异常复杂的脑力活动。因此，人们要想开展这种复杂的脑力活动，就需要一套“思维体系”，而且我们在本书中提供了这个思维体系。回顾一下，关于我们的高级搜集活动，以下是适合它的思维体系：

- ✶ 它是由命题、元素、原理和公理组成的科目明确、组织有序的严谨集合，其传播手段包括以下几种：思维模型、心理流程、解读，以及专为支持高级搜集这种思维而设计的各种定义。
- ✶ 它是认知流程，也就是在涉及高级情报搜集的线性和非线性环境和具体态势下，人们拥有能够“对思考进行思考”的必要手段，足以进行推理、深度思考、做出决策和解决问题。
- ✶ 它是认知心理路径，可以让搜集从业人员攀登思维“高地”并最终登顶，这是开展“深度思考”的必要条件，因此任何从事高级搜集的人都必须理解它，使用它。

我们相信，本书将为情报搜集提出第一个组织有序的思维体系。话虽如此，但我们这个思维体系是不完善的，它需要拓展内容、发展概念和经过实践检验。此外，我们还有另外一句较为广泛的结论：本书提供了关于当下情报搜集的思考，同时也在勇敢地探索未来。我们试图将现实的这两个方面综合起来，这样才不会囿于眼前的紧急情况而裹足不前，不去思考长期斗争或是未来思想和技术的发展演变。因此，我们在本书中提出的一些观点，对读者来说看似全新，但其实许多只是针对已在使用的搜集手段和程序，特别是针对人们在危险时急中生智创造出来的东西，进行了组织和重新包装。其他的想法则是全新的，读者在彻底接受之前，需要进行思考和检验。

本书提出的这些观点，大部分都有很好的理论基础，可以追溯到孙子和克劳塞维茨，以及特兰基耶、加吕拉和基尔卡伦。本章结论较为简短，只会提及四个紧密相连的主题：第一，高级搜集的重要观点；第二，培养假设能力的必要性；第三，接受这些观点时面临的制约因素；第四，克服这些制约因素。

简要回顾一下我们提出的观点，这样做有助于介绍我们提出的这些结论。在本书讨论的数百个观点中，有 20 个重要观点是最为关键的。我们热切期盼这些观点能够成为号角，呼吁人们开展行动，将高级搜集的所有元素付诸实践。这 20 个观点是：

★ 创造和利用搜集协同。
★ 设计搜集资产的最佳混合和贯融组合。
★ 学习如何针对人员、搜集设备、计算机、数据、数据网络、组织、知识和虚拟知识环境，以及它们的相关属性，开展集结、调动和蜂群聚集。
★ 开发和使用国家点持续监视中心，以支持小分队行动，并针对我们预计会在未来面对的非常有限且非常专业化的硬目标开展搜集。
★ 利用高级搜集评估无形和有形结果。
★ 认识到小分队主官使用低级街头搜集人员的重要性，批准这种使用活动，并培训这些主官学会巧妙地使用这些资产。
★ 搜集数据碎片，将其编织成有意义的整体。
★ 在小分队中使用点持续监视行动。
★ 改变组织流程，培养自组织、蜂群聚集和敏捷性（心理、组织、机器、搜集资产的敏捷性)。
★ 让搜集人员和分析人员组成永久性团队开展工作。
★ 将分布式搜集系统用作蜂巢大脑，并通过分析侧指导搜集侧的信息为其提供情报。
★ 以小组形式对情报和行动人员进行培训和教育，使用苏格拉底式的教育方法，通过模拟仿真和视频等强化学习效果。
★ 提供虚拟知识环境能力，以支持高级搜集。
★ 承认和使用高级搜集中的非传统、开源和网络等搜集手段。
★ 在所有非常规战争行动中培养人员、组织和搜集设备的敏捷性。
★ 建立一个实验性情报组织。
★ 建立一个情报集团，在合力原则指导下开展行动，以支持非常规战争行动。
★ 以高级分析驱动高级搜集，并让高级搜集聚焦重点。
★ 使用五种观察指标搜索和汇集数据。
★ 将高级搜集视为一种武器系统；领导者将在军事决策流程中，向高级搜集人员提供早期指导和设想，以优化这种新世纪武器系统。

本书概述了许多必要观点，可供我们的领导者在非常规战争和混合战争行动中思考和使用情报时运用。许多观点并不是新的，其实早已有之。这些观点和手段在过去已被人用过，多年前便有编纂成文的必要。情报在现代战争的所有战场上都是极其重要的，因此它必须被视为一个知识领域。

知识领域必须具有理论基础、哲学思想，以及关于观点和定义的概要。本书不但提供了所有这些元素，而且提供了其他更多的内容。我们不能说本书完美无瑕。它只是我们的第一次努力尝试（它与《情报分析：复杂环境下的思维方法》中的分析工作密切相关），希望它能够奠定基础，让情报可以成为知识，并因此将我们正在参与和在可预见的未来将要参与的战争作为出发点，进一步开展思考。它能够以史为鉴，提出一种改进情报的方法，并提议开展高级情报搜集和高级分析，以此作为在未来非常规战争、混合战争和常规战争作战行动中的首选武器。作为一种武器系统，情报并不意味着取代可以致人死亡的战斗力——战争一直都在制造暴力、死亡，以及给无辜百姓带来痛苦。但它确实意味着思考非常重要，高级搜集人员需要像高级分析人员一样，参与心理战争。

然而，美军传统情报系统虽然能力强大，但并不能完全满足情报、非常规战争和混合战争的需求。我们并不主张美国放弃优势。但我们确实认为，美军正在培养高级搜集这种额外的作战能力，以此作为**非常规战争和混合战争中的补充**，弥补以更加宏观、更加根深蒂固的方式思考和执行情报行动这种做法的不足之处。有位作家指出，变化和反馈可以引发后续变化，这似乎是一种再正常不过的事情：

> 重复放大这种现象被称为迭代。迭代描述了事物重复变化的情况，并且后一次变化都将受到前一次变化的影响。一次变化的结果被反馈给系统，成为下一次变化的基础。[1]

有了这些变化作为补充，我们无须太长时间便可培养出高级搜集的能力，好让战术小分队主官可以针对非常规敌人开展行动，以及竭力影响民众的想法和看法。然而，毫无疑问，要想实现这种转变，就需要加倍的努

[1] Uri Merry, *Coping with Uncertainty* (Westport, CT: Praeger, 1995), 28.

力、（个人和组织的）思维定式的改变、大量的资源，以及用于高级搜集的思维体系，当然还要有愿意恪尽职守的主官去参加整个非常规战争中的各类冲突。

不论是现在还是将来，我们的军事主官都将面临一系列冲突，其中必然包括非常规战争和混合战争。因此，我们必须发展足够的情报能力，不仅可以发挥传统“商品”的角色和任务，去提供数据、信息和知识，而且可以让指挥官用作武器系统。指挥官需要像使用普通武器系统那样去使用情报资产（人员、搜集设备、计算机、数据、数据网络、组织、知识和虚拟知识环境），以寻找、发现和维持本书以及介绍高级分析的《情报分析：复杂环境下的思维方法》一书极力提倡的七种优势。

我们强调在情报行动中“合力”的重要性。由于存在种种限制条件，我们并不相信能在有生之年实现这个美好的目标。因此，我们故意选择了一种较弱的能力，也就是倡导“真正”情报集团所能带来的优势，它的自组织活动包括情报储备、搜集协同、优化搜集资产，选择搜集资产的最佳组合，以及集结、调动和蜂群聚集搜集资产等。从整体论的意义上讲，这些概念蕴含强大力量，其所主张的“整体”，比我们平时单独评估每个部分的简单相加之和要强大得多。而我们提倡的合力这种方法，哪怕只是形成最低限度的整体，也绝对大于各个部分的总和。事实上，合力和力量相加的概念是古已有之。莎士比亚提出了一系列非常独特的观点，可以让我们意识到如果人们真正实现了合力，将会积累多么巨大的力量，而且我们也想与读者分享这一发现。许多年前，莎士比亚以极其优美的文字，描述了真正合力所蕴含的巨大力量：

> 我的结论是：
> 许许多多的事情只要围绕着一个共同的目的，不妨分头进行；
> 就像从各个不同角度发出的箭，射向同一个目标；
> 东西南北的道路都通向一个城镇；
> 千百条淡水的河流汇聚在一片咸海里；
> 许多线条交汇在日晷的中心点——
> 就像这样，千头万绪的事业一旦动手，

> 为了共同完成一个使命，什么都必须顺利进行，
> 不会有一点儿差错。[1]

作家赫尔曼·黑塞也在沿着高级搜集整体思维这个思路不断探索，他的观点可以帮助我们思考综合和整体。他记叙了自己创作的人物悉达多与佛陀之间的互动：

> 您教诲的一切都清清楚楚、确凿无疑，您把世界比作一圈永不断裂的链子，一圈因和果连接成的永恒链条……您视世界为一个完整的关联体，没有缺陷，透明如一块水晶，不依赖偶然，不仰赖神灵的教诲……世界统一不可分割，一切事物相互关联，大小事物都包含在同一潮流中，诞生、发展和死亡都遵循着同一规律，所有这些，都已为您的崇高教诲做出了阐明。[2]

这段文字可以奠定基调，好让我们在拟定可以涵盖高级搜集的概念，并为其赋予生机和活力时，知道应该努力争取什么东西。可以说，这段话代表了一种理想的存在状态，因此也是一种设想。阻力将会到来，也必将到来。不管阻力如何诱惑，我们都必须努力寻求整体，知道群体就是整体，但同时也是更大整体的组成部分，而我们会处理这些更大的整体，好让这些群体能以连贯、敏捷、极具适应性的方式彼此结合，相互联系。有了这样的想法和行动，就能产生一种强大的力量——它极其强大，因此任何敌人都无法承受它的顽强，以及往往是“软”和“硬”两种力量的猛烈作用。

我们指出，当前还存在一个重要的道德问题，而且我们只能以问句形式提出问题，希望可以激发领导者开展思考。也就是说，如果我们提倡的对人员、搜集设备、计算机等构成的整体进行聚并和利用，能够激励和增强情报，使之超越当前我们掌握的能力，那么我们为什么不进行必要的

[1] Shakespeare, William. *King Henry V*, Act I, Scene II, Canterbury dialogue, The Life of King Henry the Fifth, http://shakespeare.mit.edu/henryv/full.html, (accessed October 23, 2009).

[2] Herman Hesse, *Siddhartha* (New York: MJF Books, 1951), 26.

变化，为小分队主官提供这种能力呢？如前所述，按照这个问题的逻辑，它应该由身居高位，能够且应该回答这个问题的人来回答。如果让我们回答这个问题，那么答案将是：由于这里提出的观点已经相当流行，美军各军种、联合参谋部和国防部的情报和行动人员，需要将其实例化，形成一种真正的部门性的合力，以规划并执行短期、中期和长期策略，从而使高级搜集成为现实。人们在开展这项努力时，会利用当今人才所做的出色工作，将它们与新的观点融合在一起。这样一种策略可以提供目标、资源、管理计划，以及人力和组织等方面的活力、决心和想象力，以此实现这些关于高级搜集的想法，从而为"情报支持非常规战争行动"这项任务带去指数级提升。

毫无疑问，本书的部分内容可能惹来争议。争议可能来自我们极力强调的东西：我们强调在非常规战争和混合战争中，应当将高级搜集置于思维的前沿地带，并将其视为一种武器系统，这种变化将从根本上改变人们在思考、请求和提供情报搜集时，一直使用的那种方法。在推动这个核心观点时，我们呼吁人们能够接受并使用多种不同的观点和方法，以此开展情报搜集，尽管我们的主张是对当前开展情报行动的方法进行重大变革，以此支持非常规战争。事实上，很多年前就该有人站出来撰写本书，因为早该有人为美国情报专业人员提供理论基础，让他们以此作为出发点，去思考为反叛乱和反恐行动提供的情报支持。

几千年来，情报行动一直是战争的重要内容。举例来说，请思考中国军事哲学家孙子是如何盛赞情报的重要性的，他就间谍、欺骗，以及了解敌人的想法等展开讨论，指出这些能让己方抢在敌方计划启动之初，便对其发动攻击。他说：

> 是故百战百胜，非善之善者也；不战而屈人之兵，善之善者也。故上兵伐谋……[1]

[1] Sun Tzu, *The Art of War*, trans. and ed. Samuel B. Griffith (London: Oxford University Press, 1963), 77–78.（译文引自：孙武,《孙子兵法》[上海古籍出版社,2006 年第 1 版],"谋攻篇"第 23、25 页。——译注）

> 此兵之要，三军之所恃而动也。[1]

历史学家约翰·基根指出，凯撒在高卢的复杂作战环境中，也使用了情报：

> 他［凯撒］积累了详细的民族志知识，非常了解敌人的部落特征和分裂，并无情地运用这些知识打败了他们。然而，除了这种战略情报之外，凯撒还拥有一个高度发达的战术情报系统，可以在他进行作战的时候，派遣短程和中程侦察部队，侦察自己主力部队前方三十公里处的情况，窥探地形和敌军部署。[2]

这种军事行动极度棘手，情报也极度重要，因此不能任由己方在运筹帷幄时，所依据的基础却是无本之木。如果我们能够认识到这种优势，并且如果我们愿意按照本书倡导的方法进行思考和行动，美国就可以掌握一种强大的能力，使我们在未来能够拥有真正的不对称优势，足以力压所有敌人或竞争对手。如果领导者想象力丰富，愿意投入时间进行必要的深度思考，以学习如何使用高级搜集和高级分析，那么这种优势就可以为他们提供协同效应。有了这种深度思考和由此获得的理解，我们就会得到美好而又强大的综合。这种综合是个人、组织、数据网络、搜集设备和计算机之间的合力——所有这些资产，既隶属于国家情报系统、各战斗指挥部、军、师、旅战斗队、勤务部队和战术小分队，也听命于那些参加现代冲突，通过创造最佳混合和组合的方法，集结、调动和蜂群聚集搜集资产的领导者。

我们发现，非常规战争都是发生在非常棘手的作战环境中，都是在对抗不择手段、令人生畏、适应性强并且意志坚定的敌人。他们的意志非常坚决，因此我们必须找到激励和诱因，去影响他们的意志。如果没有这

[1] Sun Tzu, *The Art of War*, trans. and ed. Samuel B. Griffith (London: Oxford University Press, 1963), 149.（译文引自：孙武，《孙子兵法》［上海古籍出版社，2006 年第 1 版］，“用间篇”第 150 页。——译注）

[2] John Keegan, *Intelligence in War* (New York: Random House, 2002), 9.

种诱因或动机，我们就必须找到他们，扰动并击毙他们中很大一部分人员，毙敌数量应当足以摧毁他们的意志，或至少使之意志动摇，受到我们意图和行动的左右，进而为我所用。不幸的是，敌人可以选择发动非常规冲突的竞技场；毛泽东告诉我们说，这正是非常规战争士兵手中掌握的优势：

> 游击部队不应久留一地，要像流水和疾风一样，迅速地移动其位置。兵力转移，一般都要秘密迅速。经常要采取巧妙的方法，去欺骗、引诱和迷惑敌人，例如声东击西、忽南忽北、即打即离、夜间行动等。[1]

通常，非常规战争面对的竞技场都是棘手、杂乱、肮脏、不道德和看起来极其混乱的作战环境，并不利于对美国情报行动或常规军事力量的现有能力进行优化。如果我们认为有能力，那就是在自欺欺人。尽管如此，如果运用适当的思维定式、条件设置，以及组织和军备方面的调整，就都可以帮助美军和情报部队，让他们更好地与所有敌人开展竞争。有位备受尊敬的作家曾经对此开展深度思考：

> 如果我们能够理解战争一直都是混乱的，就会知道我们永远无法做到“完美”地认识战场。战争总是充满迷雾、阻力和不确定性。它的复杂性可以保证没有指挥官能够明确理解自己看到的材料，遑论他面前信息显示屏上展示的数以百万计次的互动。[2]

情报行动需要变化，这样才能支持非常规战争和混合战争作战行动。我们已经提出许多关于变化的建议，以加强旨在支持非常规战争作战行动

---

[1] Mao Tse-tung, *On Guerrilla Warfare*, trans. and introduction Samuel B. Griffith II (Urbana: University of Illinois Press, 1961), 103–4.（译文引自：毛泽东，《毛泽东选集》[人民出版社，1991 年第 2 版]，第 414 页。——译注）

[2] Thomas X. Hammes, *The Sling and the Stone* (Minneapolis, MN: Zenith Press, 2006), 285.

的情报行动。本书的主题是“如何思考”，而不是“思考什么”。这些命题、原理和思维技巧大有用武之地，适用于从非常规战争到常规冲突，到国土安全，再到维和，甚至还有商业竞争等。因此，本书并不是只写给战术级别的战争的，也不是只写给反叛乱和反恐行动的。我们撰写这本探讨情报搜集理论和实践的作品，目的是让它适用于所有各级战争中的所有活动，包括战斗、重建、非战斗人员撤离行动、维和，以及部队保护。

变化势在必行，但不幸的是，人员、组织和官僚机构经常会抵制变化。对于情报组织来说，抵制变化是一种具有异常力量的“幽灵”，非常难以克服。它会使情报搜集和分析中的变化显得格格不入，极其可怕，让人避之唯恐不及，原因在于那些阻止或妨碍所需变化的人和组织是势力强大的，也是根深蒂固的，并且受到传统智慧无所不能的力量鼓动，因为在过去的60年里，这股力量不断增长、肆意扩张，已然变得牢不可破。在微观层面，人们有时会说自己赞成宏观意义上的变化，但随后会在自己所在的特定组织里，或在履行特定的任务时抵制变化。这个矛盾必须得到解决。德国哲学家叔本华可以帮助我们理解这种抵制情况：

> 模糊着未经训练的个体的视线，好像印度人所说的摩耶之幕一样。对于这样的个体，呈现出来的不是自在之物，而只是在时间空间中，在个体化原理中，在根据律其他形态中的现象。在他有限的认识这个形式中，他看不到事物的本质，那是唯一的；而只看到这本质呈现的现象是特殊的、分立的、数不尽的、极不相同的，甚至是相反的。[1]

另一个阻碍进步的限制因素来自人们的自然倾向，因为人们倾向于把世界看成支离破碎的各个部分，而不是一个和谐统一的整体。备受尊敬的物理学家兼哲学家戴维·博姆提出了一些观点，虽然只是对人类世界的管中窥豹，而且相当宽泛，但却可以准确地代表那些在庞大官僚机构中混迹多年的人员。这些人的思维定式很好理解，但却是被误导的，再加上他们

[1] Schopenhauer, “The World,” 712–13.

的偏见，这些便是他们世界观的驱动因素：

> 碎片本质上来自我们总体自我世界观的洞见的固化流程，而这种洞见遵循我们关于这些问题的通常是机械式、常规化和习惯性的思维模式。因为主要现实已经超越了这种固化的可测量形式所能包含的一切，所以这些洞见最终必然无法达到充分程度，因此会引起各种形式的模糊或混淆。然而，当整个可测量领域已经接受了这种自发生成并且具有创造性的洞见，不再存在任何固化的限制或障碍时，我们的总体世界观就不再僵化，整个可测量领域将会进入一种和谐状态，因为它内部的碎片已经不复存在了。[1]

此外，人们往往会不由自主地把停滞视为一种心照不宣的策略，作为那只重要的，具有重大影响力的"看不见的手"背后的驱动力，因为它的反题涉及努力、风险和不可避免的变化。他们认为变化太过困难，也太过混乱，因此不会参与。经济学家约翰·肯尼思·加尔布雷斯可以帮助我们理解这种困境：

> 经济行为和社会行为是复杂的，要想理解它们的特征，人们就必须费尽心思。因此，我们会像紧紧抓住救命稻草那样，牢牢坚持那些可以阐明我们理解的观点。[2]

加尔布雷斯的观点让我们再次回忆起传统智慧，它是强而有力的抑制因素，内在逻辑非常危险，却又令人无法抗拒。如果我们认同加尔布雷斯对情报行动中传统智慧所做的解释，我们就会变得软弱无力，决心不足，无法踏入本书描绘的世界之中。因此，人们需要在个人和组织层面进行认真的反省（检查自己的心理和情感状态），然后采取行动，纠正自己在自我认知和自我理解的荆棘旅途中发现的东西，一跃进入"我们将来可以做

---

[1] David Bohm, *Wholeness and the Implicate Order* (New York: Routledge Classics, 1980), 32.
[2] John Kenneth Galbraith, *The Affluent Society* (New York: Mariner Books, 1998), 7.

到什么”的领域，而不是在“我们今天所在的地方”停滞不前。

有人会反对高级搜集诞生所必需的变化，对此，我们认为他们肯定会反对，因为他们没有认识到变化的必然性，哪怕变化是如此奇妙，如此强大。同样，他们既无法认识到问题所在，也无法承认自己顽固地不肯接受必要的变化。然而，我们给出的告诫是，在变化这个问题上，与其听命于人，倒不如由自己主导。我们想象以为，人们认为变化是混乱或动荡，他们看到的却是危险或异常。他们害怕陷入他们认为的这种混乱当中。但他们不知道的是，必须心甘情愿地接受某种程度的动荡和变化，如果这种状况并不存在的话，我们还要加以创造。作家米切尔·沃尔德罗普将这种境地称为“混沌边缘”，也许我们需要学会如何生活在这片“幽冥之地”，以保持创造力和创新性，不让自己成为停滞、现状和传统智慧这种“癌症”的受害者。以下是沃尔德罗普对这个问题的看法：

> 相反，所有这些复杂系统都以某种方式获得了将秩序和混沌归于一种特殊平衡的能力。在这个平衡点（通常被称为混沌边缘）上，系统的各个组成部分永远不会固定在某个位置上，但也永远不会溶解在动荡之中。在混沌边缘，生命具有足够的稳定性可以自我维持，有足够的创造力可以赢得“生命”之名。在混沌边缘，新观点和创新性永远蚕食着现状的边缘。[1]

接下来，我们将简要讨论克服上述限制因素的部分方法，以此结束讨论。在讨论之初，我们描述了非常规战争的种种意外变化，以及由此产生的一些早期影响。在总结阶段，我们首先提供一份简短列表，列举哪些意外变化能够影响我们关于这些早期影响的思考：

- ★ 城市一直在运动和变化。
- ★ 作战环境中存在一种特殊的逻辑，涉及以下几点：第一，持续的动荡（混沌）；第二，不断变化的任务；第三，几乎没有犯错空间的

[1] M. Mitchell Waldrop, *Complexity: The Emerging Science at the Edge of Order and Chaos* (New York: Touchstone Books, 1992), 12.

快速决策；第四，广泛的角色和任务；第五，在复杂环境中，需要知识去降低风险，去降低不确定性带来的持续压力；第六，情报面临的持续压力；第七，情报分析人员和搜集人员面临的巨大压力，要求他们生成必要的数据、信息和知识，便于指挥官管理决策中的风险，降低它的不确定性。

★ 情报分析和搜集面临着巨大的压力，必须要能针对作战环境的意外变化，提供宝贵的数据、信息和知识。

★ 决策周期比其他类型军事行动中的周期要短。

★ 数据、信息、知识、联系和模式的衰减，在复杂的非常规战争作战环境中是非常普遍的，同时具有很大的影响力。

★ 主动权总是非常重要的，也总是被各方所争夺。在不断争夺主动权这场斗争中，高级搜集和高级分析正是其中的两大关键元素。如果掌握主动权，就能打开通往其他各种优势的大门，获得节奏、动力、决策、知识、位置和行动自由。

★ 预知现象让领导者能够看到、理解、改变或塑造原因，而这时的原因正在成型，尚未产生结果或后果。由此，高级搜集和高级分析才能推动先发制人，进而推动与之直接相关的活动，去寻求、夺取和保持主动权。为了进行预知，高级搜集专家必须了解因果关系、（我们和敌人）设置的条件、聚合，以及复杂适应系统背后的理论。

★ 因果关系在非常规战争作战环境中至关重要。但在这个复杂的时代，结果往往会有多种原因，它们经常出现然后消失，或在出现后衰减，使得高级搜集和高级分析变得越发困难。

★ 最后，非常规战争是非线性的，这个性质可以保证所有活动必然极其困难，并具有潜在的深远影响。这种环境几乎是不可预测的，原因是非线性的影响，环境的不断变化，复杂适应系统间的倾轧、碰撞、颠覆和联合等现象与系统本身的相互作用，以及对初始条件的敏感性（在复杂性领域，它被称为“蝴蝶效应”）。此外，非线性还提出了协同进化的概念，即复杂适应系统彼此互动、竞争，从竞争中学习，并根据关于它们的模型和规则，快速做出自我调整适应。

★ 由于非常规战争和混合战争充斥着复杂性，敌人可以并将会表现出突现行为。因为在复杂的相互作用中，有一部分是随机的，所以这种突现行为是不可预测的。突现行为既不是那种因为敌人获得情报而造成的技术、战术和程序上的变化，也不是敌人根据在战场上获得经验教训而导致的建制和战术上的演变。我们所说的突现行为，可能是能够自我复制的有机体在依赖、评估和使用反馈的基础上生成的产物。这种现象丝毫没有减少对高级分析或高级搜集的需求。相反，这些突现行为的特点是：第一，可被预料和发现；第二，可在被唤醒的早期接受影响和指导，以便变得更加良性；第三，可在混沌边缘部署限制条件，以遏制它们的形成；第四，可被利用；第五，可被用作激励，推动我们的搜集和分析能力发展演变。我们呼吁开展深度思考，聚集力量，并因此实现变化，于是这些事情就可以交由高级分析和高级搜集去处理了。

我们编写了一门关于综合的课程，课程内容来自人们针对非常规战争作战环境的意外变化，以及人们可以采取哪些措施，在这种极其动荡、看似混乱的作战环境的意外变化中脱颖而出等问题，开展深入思考后得到的一些初步推论。这些可以引起人们深思的新推论包括：

★ 高级搜集是一种武器系统，它可以开展集结、调动和蜂群聚集，也可以创造行动和结果。
★ 高级搜集必须能够搜索并找出因果关系。
★ 与现行做法不同的是，指挥官必须在非常早期的阶段，为高级搜集人员和组织提供指导，以便为复杂的高级分析和高级搜集设置条件。
★ 绝对需要非常详细的高级搜集推演。
★ 高级搜集始终要求能够即时访问最新、准确和相关的数据、信息和知识，以便规划、执行和评估搜集活动。
★ 搜集组合、搜集协同，以及它们与有效指挥和控制之间的关系非常重要。
★ 通过预知来实现先发制人和掌握主动权，这是高级搜集这个主题中最重要的观点之一。
★ 必须评估指挥官推动的无形和有形的行动。
★ 必须制定判定情报搜集是否成功的标准，因为它直接关系到小分队战术指挥官能否完成任务。

情报搜集矛盾在本书开篇不久便已作讨论。我们用了整整一章的篇幅，相当深入地探讨了情报行动中的 12 个矛盾。此章还提供了一些克服或满足矛盾的方法，它们是 ：

- ★ 关联国家支持与战术非常规战争行动。
- ★ 判断情报搜集的质量。
- ★ 创造搜集协同效应。
- ★ 借用搜集时间。
- ★ 小分队主官使用低级人力情报搜集。
- ★ 提供永久虚拟知识环境。
- ★ 在点持续监视目标的内部及其附近，植入并使用小型隐蔽的地面测量与特征情报设备和电光装置。
- ★ 小分队主官规划和使用点持续监视行动。
- ★ 需要进行高级分析，以便始终为高级搜集行动提供指导、地点、时间和理由。
- ★ 国家层面的情报搜集力量需要习惯性地与战术层面的小分队互动，以实现合力。
- ★ 存在并持续存在一个关于特定性的悖论。
- ★ 国家层面的人员和组织，与在指挥和战争中居于战术层面的小分队人员，彼此之间存在并将长期存在视角上的冲突。

我们介绍了一些能够克服矛盾的重要办法，并在全书多处予以讨论。这些办法包括 ：

- ★ 建立国家点持续监视中心。
- ★ 将搜集评估与小分队主官任务完成情况挂钩。
- ★ 改进机器和组织流程规则，以加强国家层面与战术层面之间的联系。
- ★ 对各级人员进行培训和教育，使他们了解其他人员的需求，了解其他人员是如何开展情报搜集工作的。
- ★ 推动当地的小分队主官规划和使用低级搜集人员。
- ★ 建立一个永久性的虚拟知识环境，为高级搜集和高级分析提供知识支持。

★ 建立真正的高级情报搜集集团。
★ 要求国家、战区甚至行动层面的情报搜集人员能够满足小分队主官提出的五项标准。

当然，所有矛盾的解决方案都很困难，代价也很高昂。尽管如此，我们仍可以而且必须制定解决方案，以优化高级搜集，供给在非常规战争中开展行动的指挥官使用。

接下来，我们简要回顾一下关于高级搜集的一些基本观点。它们是：

★ 了解和理解作战环境。
★ 像敌人那样思考。
★ 承认民众是高级搜集行动的必要条件。
★ 必须认识到高级分析、高级搜集和行动等应当结成整体式“三位一体”，形成合力。
★ 制定和执行高级搜集策略。
★ 高级搜集的效能度量必须与非常规战争指挥官的任务完成情况、对需求的支持情况，以及对指挥官定义的标准的遵守情况联系起来。
★ 高级搜集应当进行五种解构，对象为：民众中的叛乱分子、黏合群体的“胶水”、连接群体的联系、移动群体的“助推器”，以及点燃群体“助推器”的“点火剂”。
★ 非传统搜集资产，以及由小型隐蔽地面传感器结成的组合并不常见，但都是必不可少的。
★ 情报集团必须支持执行非常规战争行动的指挥官。
★ 必须使用间接方法开展高级搜集行动。
★ 情报搜集的敏捷性对人员、组织、搜集设备和计算机至关重要。
★ 深度思考是高级搜集行动成功的必要条件。
★ 所有高级搜集的重点是指挥官及其非常规战争作战行动和活动。
★ 高级搜集必须能够访问现实、网络空间、思维等领域，这样才能取得成功。
★ 高级搜集人员必须在规划、执行和评估高级搜集行动中发挥创造性作用。
★ 低级搜集人员是非常规战争行动取得成功的基本条件。

★ 寻找有用数据是所有高级搜集行动的基本任务。

我们讨论了人们和组织追求的一些关于高级搜集的理想目标。以下是本书列举的 10 个理想目标：

★ 第一个理想目标是，让情报工作重点关注战术和作战层面的小分队主官，满足他们的意图、需求和标准。
★ 第二个理想目标是，优化情报搜集，以此进行规划、执行计划、评估结果和调整计划，开发出正确的搜集组合，创造搜集协同，从而最大限度地提高情报搜集活动的效果。
★ 第三个理想目标是，将情报搜集视为一种武器系统，可供指挥官集结、调动、蜂群聚集和解散情报搜集力量。这种武器系统生成的数据、信息和知识极其重要，可以左右指挥官任务的成败。为此，我们可以在作战环境中进行集结和调动，加大执行优先行动的力度，并借助有效的同步，快速切换关注重点，聚焦位于遥远位置的小分队，而且切换速度需比在繁忙的城市中移动资产要快得多。
★ 第四个理想目标是，在搜集数据的帮助下，非常规战争指挥官能够评估其软行动和硬行动的结果。这里需要高级搜集组合搜集的数据，它必须涉及信息行动的结果，心理行动，与民众共享真相，民众对数据的解读、期望和感知，以及在美国指挥官引发刺激之后，民众进行的互动、交易、活动和行为。
★ 第五个理想目标是，组织、人员、搜集设备和计算机是敏捷的，这是未来冲突的一个重要方面。高级搜集人员必须要像敌人那样思考，了解并理解他的任务，他思考、规划和执行任务的方式，以及他对美国情报搜集能力的看法，另外还有他能够采取和将会采取哪些措施，来对抗这些他所认为的能力。
★ 第六个理想目标是第五个理想目标必然导致的结果，它是从美国情报分析和搜集部门的视角、敌人的视角，以及民众的视角，去了解和理解作战环境的。
★ 第七个理想目标是，在规划、实施、评估和调整成果时，使用非传统的搜集资产和方法，包括使用低级搜集人员。
★ 第八个理想目标是，国家层面情报机构的人员、机器、组织和知识库，可以不断地为战术和行动层面的指挥官提供支持，同时满足战术指挥官的标准，满足情报搜集成功的判定标准。

★ 第九个理想目标是，高级搜集人员可以利用美国富有创造力的人员，设计出一个高级分析和高级搜集的系统，它不仅涉及航空和太空搜集，而且包括有效的地面搜集。这种地面搜集就是大量释放小型、网络化、可消耗的传感器，把它们精心安放在预期热点及其周边，以此来为航空、太空、网络和人类情报搜集行动提供补充。

★ 第十个理想目标是，高级搜集人员始终进行深度思考（花费时间并投入心力，对问题进行深度思考和批判性思考）。高级搜集人员应当学会如何思考，为“思考什么”这个一直都很重要的工作提供补充。

我们提出了九个可以优化高级搜集的基本增强因素。每个增强因素都很重要，但当我们把它们聚合成一个整体时，它们就变成一个单独的、强大的增强因素。因此，高级搜集专家总是极力使用所有增强因素或是它们的组合，以求尽可能最大限度地提升高级搜集的有效性。这些增强因素是：

★ 访问；

★ 五种观察指标；

★ 七种基线；

★ 为高级搜集设置条件（数据、传感器、知识和访问）；

★ 实验；

★ 使用虚拟知识环境；

★ 借用传感器时间并进行优化；

★ 分析侧指导搜集侧的信息；

★ 高级搜集策略。

我们介绍并讨论了高级搜集的基础知识。该讨论围绕高级搜集的 12 个基本要素展开，它们分别是：

★ 哲学；

★ 批判性思维；

★ 情报搜集规划；

★ 情报搜集推演；

- ★ 低级搜集人员；
- ★ 点持续监视；
- ★ 隐蔽的测量与特征情报设备和隐蔽的摄像头；
- ★ 高分辨率手持式光学设备；
- ★ 情报搜集架构；
- ★ 敌人的反监视；
- ★ 搜集资产的最佳混合；
- ★ 合力。

在本书的酝酿过程中，我们提出了许多有趣的想法，其中最有趣的就是蜂巢思维。虽然这个概念看起来像是未来的东西，但其实不是——今天的我们就可以创建和使用蜂巢思维。然而，我们必须让蜂巢思维更智能。我们必须命令手下的能人志士对这些想法展开深度思考，编纂概念，并使之成熟完善。如果说将分布式情报搜集网络看作蜂巢思维，那么人们只需从自然中寻找示例，并思考如何使用它们来处理我们面对的问题集即可。大道至简，其中蕴含了美妙与连贯。它的互动极其明确，它的关系极其关键，它的结果与其他结果的联系也极其紧密，并且可以一直延续到未来，因此我们有时便会错过它与我们情报工作极其相似的类同之处。这正是作家凯文·凯利在《失控》（*Out of Control*）中对蜂巢思维的讨论内容。

我们的蜂巢是已经存在的分布式情报搜集、分析和虚拟知识环境。我们看不到它们，但知道它们是存在的，当我们在某个遥远的地方陷入困境时，我们知道它们正在帮助我们处理问题集。我们读过凯利的著作后就会知道，蜂巢里的每只蜜蜂只掌握少量的情报，孤立来看的话并不算多。但是当蜂巢开始以蜂群方式聚集的时候，每只蜜蜂的情报就会被激活（和更新），当蜂巢开始蜂群聚集的时候，它的组合情报就能以指数级增长，因为这种组合知识可以将情报力量集中在某单个目的上。当高级搜集人员使用他们自己的蜂巢思维时，他们就必须使用非常特定的指导，去点燃它的"灯芯"，也就是使用分析侧指导搜集侧的信息，提升蜂巢思维的智能，让蜂巢思维形成合力。有了这样的启示，我们的蜂巢将把大量人员、机器、组织和战术知识汇聚成蜂群，让它们重点关注我们面对的特定问题。要想实现蜂巢思维，就需要进行深度、持续的整体式思考（切记，整体论

"认为在任何整体中，各个组成部分必须与整体产生关联，否则既不可能存在，也无法被人所认知；整体论认为整体大于各部分相加的总和"[1])。

另一个有趣的观点涉及对人员、搜集设备、计算机、数据、数据网络、组织、知识和虚拟知识环境进行集结、调动和蜂群聚集。再次重申，这个观点看起来像是未来的东西，但其实并非如此。当然，集结、调动和蜂群聚集需要良好的思维、组织的扁平化、"真正的"情报集团、情报搜集的"预备队"，以及人员、组织、搜集设备和计算机的敏捷性。

在我们的计划中，指挥官可以像以前使用动能武器系统那样，使用高级分析人员和高级搜集人员（以及他们的"效应器"，也就是思维和搜集）。他们可以集结、调动和蜂群聚集搜集设备，以及人员、计算机、数据、数据网络、组织、知识和虚拟知识环境。他们可以根据需要，转移这些"火力"。他们可以利用这些蜂群，研究、解决和支持非常棘手的问题。他们可以利用这些蜂群，创造动态和非动态的结果。他们可以放心，因为高级搜集必将在极端情况下支持他们。

高级搜集的理论非常庞大，因此需要大量的思考、实验和辩论，好让这些观点发展成熟、发挥影响，反复灌输进入我们的人员、组织和机器的思维流程当中。但我们向读者提出的建议却是，不能放任这种巨大的不对称优势处于休眠状态，只是坐等它汲取养分，慢慢发芽，打破现实外壳，最后才绽放出来。它的力量将是令人敬畏的，我们现在必须开始孕育它。我们必须努力应对这一挑战，并驾驭这种力量，但要以整体方式予以展开，让它可以最有利于国家的防御。

在这些最终评论收尾之际，我们要感谢读者拨冗驱繁，阅读本书。在我们看来，这些观点非常重要，可以用来保卫我们美好的国家。这本关于高级搜集的作品是阴，而《情报分析：复杂环境下的思维方法》则是阳，阴阳交互，合为一体，这便是我们称之为情报的东西。我们能够为读者提供的最佳建议，就是把这两本书看作关于情报理论和实践的整体论述，精心阅读，深入思考，这样做不仅可以推动现在的工作，也是在思考未来，

---

[1] WordNet® 3.0, Dictionary.com, http://dictionary.reference.com/browse/ holism (accessed March 3, 2008).

以及做好准备迎接未来。

在与读者告别之际，我们希望分享罗伯特·勃朗宁（Robert Browning）精彩的诗作摘录，题为《阿布特·沃格勒》（“Abt Vogler”）。阿布特·沃格勒是一位著名的风琴手兼即兴音乐演奏家。这首诗赞颂了人类的伟大精神，因为它推动我们不断进取，将我们的想象延伸为可以渴望并且能够实现的东西。这首诗鼓励人们想象、梦想和渴望攀登新的遥不可及的高峰，为我们美好的国家带来新的开始，新的能力。由此，人们便可以福泽后世，让他们大量拥有我们已经拥有的东西——财富、自由、勇气、幼有所养，以及热切期盼子孙后代可以青出于蓝，出类拔萃。这首诗的部分内容摘录如下 ：

> 我不知道，除此之外，
> 人类是否获此天赋，
> 为“艺术”升华一笔，
> 令它彻底改头换面，
> 成为绽放异彩的明星。[1]

现在奉上最后一个观点。美国情报工作的领导者必须大胆、果断，坚持不懈。我们需要专注、睿智和强硬的领导者，这样才能克服现有的阻力和障碍，创造条件，以便成功创造高级搜集能力。有了这种能力，我们就能先后发展高级分析和高级搜集，让它们像阴与阳那样结成不可分割的整体，也就是未来的情报行动，不断地运动、变化和进步，保障我们国家的安全和福祉。

[1] 原作为“And I know not if, save in this, such gift be allowed to man, That out of three sounds he frame, not a fourth sound, but a star”。意思是为“艺术”（art）添加一个“s”，不是变成“艺术”的复数（arts），而是成为“明星”（star）。——译注

致谢

我要感谢许多高级分析专业的学员，感谢他们对于高级搜集抱有的兴趣和提出的观点，因为我们历经 3 年时间，举办 30 余场研讨会，努力研究高级分析的复杂难题。看了他们的评估和经历之后，也为了将自己在编写和教授高级分析这一思维体系时产生的需求变为现实，我发现自己别无选择，必须投入时间撰写本书。我还要感谢与我合作的美军各军种高级退役军官给予的启发，他们在我的高级分析研讨会上，为各小组提供了精妙的指导。这些研讨会帮助 713 名情报分析人员学会了“如何思考”，并让我自己得到极大的提升。

还有其他许多人士需要感谢，可惜数量实在太多，无法在这个简短的致谢中一一列举。在此，我只能感谢其中的一部分。若我无意忽略了谁的名字，在此向您致歉。在本书的创作过程中，许多人为我提供了莫大帮助：退役上校亨利·希拉（Henry Shirah）投入很多时间阅读手稿，非常仔细地检查了意义构建、错误和冗余文字。退役上校迈克·坦克斯利（Mike Tanksley）投入宝贵的时间，阅读并评论了本书的前几章。非常感谢这两位优秀的军官，因为他们帮助我完善了此书的创作。

我还必须感谢克里斯·杰克逊（Chris Jackson）先生。这位学识渊博、专业知识得到公认的情报搜集从业人员，一字不落地读完了本书初稿，并为我提供了相当有益的意见。他的评论详尽周到，足以证明撰写本书的必要性。他提供的见解也帮助我完善了手稿。

此外，我需要感谢多位曾经与我开展讨论的人士，相关讨论帮助我理解了美国情报搜集部门面临的许多挑战，这时它们的竞争对手是那些不对称的常规敌人，经常在非线性作战环境下出没。这些交流大部分发生在几年之前，以直接或间接的方式提供助益，帮助我思考情报搜集的问题。很多人都参与了这些偶尔离题至情报搜集的分析讨论，他们是：迈克尔·朔伊尔（Michael Scheuer）、医学博士比尔·安德森（Bill Anderson）、吉恩·波蒂特（Gene Poteat）、弗兰克·安德森（Frank Anderson）、退役上校卡罗尔·斯图尔特（Carol Stewart）、玛莎·凯斯勒（Martha Kessler）、退役上校帕特·朗（Pat Lang）、退役上校哈里·巴肯（Harry Bakken）、退役上校苏·布朗宁（Sue Browning）、退役上校拉里·布伦斯（Larry Bruns）、艾德·莱维特（Ed Levitt）、马克·芬克尔斯坦（Mark Finkelstein）、坡莱塔·奥迪斯（Pauletta Otis）博士、罗丝·葛兰（Russ Glenn）博士和安德烈·凯斯特洛（Andre Kesteloot）。

我还要感谢罗杰·奇里罗（Roger Cirillo）博士。是他鼓励我写出了第一本书《杂散电压：信息时代的战争》（*Stray Voltage: War in the Information Age*，2003），同时他还极力帮助我保持创作热忱，最终令我出版了第二本书《情报分析：复杂环境下的思维方法》。时至今日，他一直非常支持我的工作，帮助我出版了这本关于情报搜集的书籍。罗杰为人正直，坚忍顽强，热爱阅读和思考，一直致力于推进美国陆军协会（AUSA）的书籍计划，以便陆军士兵能够以合理的价格购买图书，读到各类军事和安全领域的书籍。

最后，最重要的是，我要感谢我的妻子——退役上校桑德拉·霍尔（Sandra Hall），感谢她提供的思路和编辑工作。多年来，她提供了很多宝贵的观点，以此激发我不断前进，其中许多观点已被编入本书。在我撰写此书之际，她一直忍受着我的情绪波动和疲惫之态。她多次编辑手稿，始终热烈地与我讨论复杂性问题，以及与高级情报搜集相关的问题——美国需要高级情报搜集来保卫国家，以及支持高级分析这个复杂的世界。如果没有她的支持和鼓励，本书绝难成稿付梓。

韦恩·霍尔

参考文献

书籍及节选（Books and Book Chapters）

Adams, James. *The Next World War*. New York: Simon and Schuster, 1998.

Arquilla, John, and David Ronfeldt. *In Athena's Camp: Preparing for Conflict in the Information Age*. Santa Monica, CA: RAND, 1997.

Barzilay, David. *The British Army in Ulster*. Vol. 2. Belfast, UK: Century Books, 1975.

Berkowitz, Bruce. *The New Face of War.* New York: The Free Press, 2003.

Beyerchen, Alan D. "Clausewitz, Nonlinearity and the Unpredictability of War." In *Coping with the Bounds: Speculation on Nonlinearity in Military Affairs*, Tom Czerwinski. Washington, DC: NDU Press, 1998, 161.

Bohm, David. *Thought as a System*. New York: Routledge, 1994.

Bohm, David. *Wholeness and the Implicate Order*. New York: Routledge Classics, 1980.

Capra, Fritjof. *The Tao of Physics*. New York: Bantam Books, 1983.

Cairncross, Frances. *The Death of Distance*. Boston: Harvard Business School Press, 1997.

Card, Orson Scott. *Ender's Game*. New York: Tom Doherty Associates, 1977.

Clausewitz, Carl von. *On War*. Princeton, NJ: Princeton University Press, 1976.

Claxton, Guy. Hare Brain, *Tortoise Mind*. New York: HarperCollins, 1997.

Copleston, Frederick S. J. *A History of Philosophy*. Vol. 7, Bk. 3. New York: Doubleday, 1985.

De Jomini, Baron. *The Art of War*. Translated by Captain G. H. Mendell and Lieutenant W. P. Craighill. Westport, CT: Greenwood Press, 1862.

DeLanda, Manuel. *War in the Age of Intelligent Machines*. New York: Urzone, 1991.

Dostoevsky, Fyodor. "Notes from Underground." In *White Nights and Other Stories, The Novels of Fyodor Dostoevsky, Volume X,*, from the Russian by Constance Garnett (New York: The Macmillan Company, 1918), 75.

Downes, Larry, and Chunka Mui. *Unleashing the Killer App*. Boston: Harvard University Press, 1998.

Fisher, Alec. *Critical Thinking: An Introduction*. Cambridge: Cambridge University Press, 2001.

Forno, Richard, and Ronald Baklarz. *The Art of Information Warfare*. Universal Publishers/upublish.com, 1999.

Friedman, Thomas L. *The Lexus and the Olive Tree*. New York: Anchor Books, 1999.

Galbraith, John Kenneth. *The Affluent Society*. New York: Houghton Mifflin, 1958.

Galula, David. *Counterinsurgency Warfare: Theory and Practice*. Westport, CT: Praeger Security International, 1964.

Glenn, Russell W. *Heavy Matter: Urban Operations' Density of Challenges*. Santa Monica, CA: Rand, 2000.

Greene, Brian. *The Elegant Universe*. New York: Norton, 2003.

Hall, Adam. *The Quiller Memorandum*. New York: Simon and Schuster, 1965.

Hall, Adam. *Quiller's Run*. New York: Jove Books, 1988.

Hall, Wayne M. *Stray Voltage: War in the Information Age*. Annapolis, MD: Naval Institute Press, 2003.

Hall, Wayne Michael, and Gary Martin Citrenbaum. *Intelligence Analysis: How to Think in Complex Environments*. Washington, DC: Praeger Security International, 2009.

Hammes, Thomas X. *The Sling and the Stone*. Minneapolis, MN: Zenith Press, 2006.

Hesse, Herman. *Siddhartha*. New York: MJF Books, 1951.

Hesse, Hermann. *Steppenwolf*. New York: Henry Holt, 1929.

Heuer, Richards J., Jr. *The Psychology of Intelligence Analysis*. Washington, DC: U.S. Government Printing Office, 1999.

Holland, John H. *Hidden Order*. New York: Helix Books, 1995.

James, William. *Psychology*. Edited by G. Allport. New York: Harper & Brothers, 1961.

Keegan, Keegan. *Intelligence in War*. New York: Random House, 2002.

Kelly, Kevin. *Out of Control*. Cambridge, MA: Perseus Books, 1994.

Kilcullen, David J. *The Accidental Guerrilla*. New York: Oxford University Press, 2009.

Kitson, Frank. *Low Intensity Operations—Subversion, Insurgency, and Peacekeeping*. St. Petersburg, FL: Hailer, 1971.

Klein, Gary. *Sources of Power: How People Make Decisions*. Cambridge, MA: MIT Press, 1998.

Lawrence, T. E. *Seven Pillars of Wisdom*. New York: Random House, First Anchor Books Edition, 1991.

Leibniz, Gottfried Wilhelm. *The Philosophical Works of Leibniz*. Translated with notes by George Martin Duncan. New Haven, CT: Tuttle, Morehouse & Taylor, 1890.

Levitt, Steven D., and Stephen J. Dubner. *Freakonomics*. New York: HarperCollins, 2005.

Lewin, Roger. *Complexity*. New York: Collier Books, 1992.

Libicki, Martin. "The Small and the Many." In *In Athena's Camp: Preparing for Conflict in the Information Age*, John Arquilla and David Ronfeldt, 191–216. Santa Monica: RAND, 1997.

Liddell Hart, B. H. *Strategy*. London: Faber & Faber, 1967.

Mao Tse-tung. *On Guerrilla Warfare*. Translated and with an introduction by Samuel B. Griffith II. Urbana: University of Illinois Press, 1961.

McMaster, H. R. *Dereliction of Duty*. New York: HarperPerennial, 1997.

Merry, Uri. *Coping with Uncertainty*. Westport: Praeger, 1995.

Myers, David G. *Exploring Psychology*. 5th ed. New York: Worth, 2003.

Owens, William, with Ed Offley. *Lifting the Fog of War*. New York: Farrar, Straus, and Giroux, 2000.

Persig, Robert M. *Zen and the Art of Motorcycle Maintenance*. New York: Bantam Books, 1974.

Plato. *Republic*. Book 7. Translated by B. Jowett. Edited with introduction by Louise Ropes Loomis. New York: Walter J. Black, 1942.

Prigogine, Ilya. *The End of Certainty.* New York: The Free Press, 1996.

Rifkin, Jeremy. *Entropy: A New World View*. New York: Bantam Books, 1981.

Schopenhauer, Arthur. *The World as Will and Idea*. Translated by K. B. Haldane and John Kemp. London: Kegan, Paul, Trench, Trubner, 1909.

Schopenhauer, Arthur. "The World as Will and Idea." In *The European Philosophers from Descartes to Nietzsche*, edited by Monroe C. Beardsley, 648–727. New York: Random House, 1960.

Shakespeare. William, *King Henry V*, Act I, Scene II, Canterbury dialogue, The Life of King Henry the Fifth, http://shakespeare.mit.edu/henryv/full.html

Shakespeare, William. *Macbeth*. In The Globe Illustrated Shakespeare: The Complete Works Annotated. Edited by Howard Staunton. New York: GramercyBooks, 1993.

Shakespeare, William. *Macbeth*. The Harvard Classics. Danbury, CT: Grolier Enterprises, 1980.

Sun Tzu. *The Art of War*. Translated and edited by Samuel B. Griffith. London: Oxford University Press, 1963.

Taleb, Nassim Nicholas. *The Black Swan: The Impact of the Highly Improbable*. New York: Random House, 2007.

Toffler, Alvin and Heidi. *War and Anti-War*. Boston: Little, Brown, 1993.

Trinquier, Roger. *Modern Warfare: A French View of Counterinsurgency*. Westport, CT: Praeger Security International, 1964.

Urban, Mark. *Big Boy' Rules: The Secret Struggle against the IRA*. London: Faber & Faber, 1992.

Waldrop, M. Mitchell. *Complexity: The Emerging Science at the Edge of Order and Chaos*. New York: Touchstone Books, 1992.

Wolf, Fred Alan. *The Spiritual Universe*. Needham, MA: Moment Point Press, 1999.

Zukav, Gary. *The Dancing Wu Li Masters*. Toronto: Bantam Books, 1979.

已发表论文（Published Papers）

Hall, Wayne M. *The Janus Paradox: The Army's Preparation for Conflicts of the 21st Century*. The LandWarfare Papers, no. 36, October 2000.Washington, DC: AUSA.

Kilcullen, David J. *Twenty-Eight Articles of a Counterinsurgency*, March 29, 2006. Select Bibliography 483 UNPUBLISHED PAPERS

未发表论文（Unpublished Papers）

Boyd, John. "Destruction and Creation." Unpublished paper. September 3, 1976.

Hall, Wayne M. "Shaping the Future: A Holistic Approach to Planning." Unpublished paper, National War College, Washington, DC, March 1992.

Hall, Wayne M., and Gary Citrenbaum. *Advanced Collection White Paper Executive Summary*. Unpublished paper, November 19, 2007.

Luck, Gary. *Joint Operations Insights and Best Practices*, 2nd ed. Joint Warfighting Center, U.S. Joint Forces Command.

文章（Articles）

Aylwin-Foster, Nigel. "Changing the Army for Counterinsurgency Operations." *Military Review* (November–December 2005), https://milnewstbay.pbworks .com/f/aylwin.pdf.

Davison, Ketti. "From Tactical Planning to Operational Design." *Military Review* 1 (September 2008), http://usacac.army.mil/CAC2/MilitaryReview/Archives/ English/MilitaryReview_2008103_art009.pdf.

Deretic, Vojo, and Daniel J. Klionsky. "How Cells Clean House." *Scientific American* (May 2008), http://www.nature.com/scientificamerican/journal/v298/n5/full/ scientificamerican0508-74.html.

Downey, Scott A., and Zehra T. Guvendiren. "Intelligence, Surveillance and Reconnaissance Collection Management in the Brigade Combat Team during COIN: Three Assumptions and Ten 'A-Ha! Moments' on the Path to Battlefield Awareness." *Small Wars Journal* (2008). ©2008 Small Wars Foundation, smallwarsjournal.com/mag/docs-temp/132-downey-guvendiren .pdf.

Eilstrup-Sangiovanni, Mette, and Calvert Jones. "Assessing the Dangers of Illicit Networks." *International Security* 33, no. 2 (Fall 2008): 7–44.

Fitzsimonds, James R., and Thomas G. Mahnken. "Military Officer Attitudes toward UAV Adoption: Exploring Institutional Impediments to Innovation." *Joint Forces Quarterly* 46 (3rd Quarter 2007), http://findarticles.com/p/articles/ mi_m0KNN/is_46/ai_n28025344/?tag=content;col1.

Flynn, Michael T., Rich Juergens, and Thomas L. Cantrell. "Employing SOF Best Practices." *Joint Forces Quarterly* 50 (3rd Quarter 2008), http:// findarticles.com/p/articles/mi_m0KNN/is_50/ai_n28072547/?tag=content;col1

Gellman, Brian. "Intelligence Synchronization on a Nonlinear Battlefield." *Military Intelligence* PB 34-04-3, 30 no. 3 (July–September 2004), http://findarticles .com/p/articles/mi_m0IBS/is_3_30/ai_n13821809/.

Goldstein, Jeffrey. "Emergence as a Construct: History and Issues." *Emergence: Complexity and Organization* 1, no. 1 (1999): 49–72.

Hammes, Thomas X. "Countering Evolved Insurgent Networks." Military Review (July–August 2006), http://www.army.mil/professionalWriting/volumes/ volume4/october_2006/10_06_2.html.

Jackson, Brian A. "Counterinsurgency Intelligence in a 'Long War': The British Experience in Northern Ireland." *Military Review* (January–February 2007), http://findarticles.com/p/articles/mi_m0PBZ/is_1_87/ai_n27135949/. 484 Select Bibliography

Kilcullen, David J. "Countering Global Insurgency." *The Journal of Strategic Studies* 28, no. 4 (August 2005), smallwarsjournal.com/documents/kilcullen.pdf.

Kilcullen, David J. "Twenty-Eight Articles: Fundamentals of Company-Level Counterinsurgency." *IO Sphere* (Summer 2006), http://www.au.af.mil/ info-ops/iosphere/iosphere_summer06_kilcullen.pdf.

Lawrence, Scott. "Joint C2 through Unity of Command." *Joint Forces Quarterly* (Autumn/Winter, 1994–95), http://www.dtic.mil/doctrine/jel/jfq_pubs/c26.pdf.

Maguire, Keith. "The Intelligence War in Northern Ireland." *International Journal of Intelligence and Counterintelligence* 4, no. 2 (1990): 145–65.

McChrystal, Stanley A. "It Takes a Network." Foreign Policy (March–April 2011), 1–6. McHugh, Josh.

"Return of the Hive Mind." *Wired* (November 2008), http:// www.wired.com/culture/culturereviews/magazine/16-11/pl_print.

Odierno, Raymond T., Nichoel E. Brooks, and Francesco P. Mastracchio. "ISR Evolution in the Iraqi Theater." *Joint Forces Quarterly* 50 (3rd Quarter 2008), http://www.dami.army.pentagon.mil/site/dig/documents/ISR-Evolution -N-Iraqi-Theater-Odierno-JFQ-2008.pdf.

Ollivant, Douglas A., and Eric D. Chewning. "Producing Victory: Rethinking Conventional Forces in COIN Operations." *Military Review* (July–August, 2006), http://findarticles.com/p/articles/mi_m0PBZ/is_4_86/ai_n26968782/.

Pendall, David W. "Persistent Surveillance and Its Implications for the Common Operating Picture." *Military Review* (November–December 2005), http:// www.au.af.mil/au/awc/awcgate/milreview/pendall2.pdf. Peters, Ralph. "Lessons from Lebanon: The New Terrorist Army." *Armed Forces Journal* (October 2006), http://www.armedforcesjournal.com/2006/10/2069044/.

Peters, Ralph. "Our Strategic Intelligence Problems." MR Insights. *Military Review* (July–August 2006), http://findarticles.com/p/articles/mi_m0PBZ/is_4_86/ ai_n26968789/pg_3/.

Petraeus, David. "Learning Counterinsurgency: Observations from Soldiering in Iraq." *Military Review* (January–February 2006), http://www.au.af.mil/au/awc/awcgate/milreview/petraeus1.pdf.

Prensky, Marc. "Digital Natives, Digital Immigrants." *On the Horizon*, 9, no. 5, October 2001), http://www.marcprensky.com/writing/prensky%20-%20digi tal%20natives,%20digital%20immigrants%20-%20part1.pdf.

Rhodes, Christopher, and Loretta Chao. "Iran' s Web Spying Aided by Western Technology." *Wall Street Journal*, June 22, 2009.

Schneider, James J. "T. E. Lawrence and the Mind of an Insurgent." *Army* (July 2005): 31–37.

Schwerzler, Martin. "Collection Management in the COIN: A 3rd Infantry Division Perspective." *Military Review* (July–September 2008), findarticles.com/p/ articles/mi_m0IBS/is_3_34/ai_n42852077/.

Shultz, Richard H., and Roy Godson. "Intelligence Dominance: A Better Way Forward in Iraq." *The Weekly Standard* 11, no. 43 (July 31, 2006).

Stanton, Paul T. "Unit Immersion in Mosul: Establishing Stability in Transition." Military Review (July–August 2006), http://findarticles.com/p/articles/ mi_m0PBZ/is_4_86/ai_n26968783/.

Szafranski, Richard. "Neocortical Warfare? The Acme of Skill." *Military Review* (November 1994).

Wolfberg, Adrian. "Full-Spectrum Analysis: A New Way of Thinking for a New World." *Military Review* (July–August 2006): 35–42.

政府出版物（Publications）

U.S. Army. *Field Manual 2-0*, Intelligence. Washington, DC: Headquarters, Department of the Army, September 11, 2008.

U.S. Army. *Field Manual 2-22.3*, Human Intelligence Collector Operations. Washington, DC: Headquarters, Department of the Army, September 2006.

U.S. Army. *Field Manual 3-0*, Operations. Washington, DC: Headquarters, Department of the Army, February 2008.

U.S. Army. *Field Manual 3-24*, MCWP 3-33.5, Counterinsurgency, Washington, DC: Headquarters, Department of the Army, Headquarters, Marine Corps Combat Development Command, 15 December 2006, http://www.fas.org/irp/doddir/ army/fm3-24.pdf.

U.S. Army. *Field Manual 3-24*, Counterinsurgency. Washington, DC: Headquarters, Department of the Army, December 2006.

U.S. Department of Defense. *DoD Dictionary of Military and Associated Terms*, October 2007, http://www.dtic.mil/doctrine/jel/doddict/.

U.S. Department of Defense, Joint Staff. *Joint Operations Concept*, Irregular Warfare. Washington, DC: Joint Operations Concept Irregular Warfare, Version 1.0, September 11, 2007.

U.S. Department of Defense, Joint Staff, Joint Publication 1-02, *Dictionary of Military and Associated Terms*. Washington, DC: March 17, 2009.

U.S. Department of Defense, Joint Staff. *Joint Publication 2-0*, Joint Intelligence. Washington, DC: Joint Publication 2-0, June 22, 2007.

U.S. Department of Defense, Joint Staff. *Joint Publication 2-01*, Joint and National Intelligence Support to Military Operations, Washington, DC: Joint Publication 2-01, October 7, 2004.

U.S. Department of Defense, Joint Staff. *Joint Publication 3-0*, Joint Operations. Washington, DC: Joint Publication 2-01, September 17, 2006, Incorporating Change 1, February 13, 2008.

U.S. Department of Defense, Joint Staff. *Joint Publication 3-05*, Special Operations, Washington, DC, 18 April2011, http://www.fas.org/irp/doddir/dod/jp3-05.pdf

U.S. JFCOM JUOO. "Persistent Surveillance of Specific Points." White Paper. March 2007.

U.S. Joint Forces Command. *The Joint Operational Environment: The World through 2030 and Beyond*. May 2007.

军方文件（Military Papers）

McMaster, H. R. *Crack in the Foundation*. Student Issue Paper, Center for Strategic Leadership, U.S. Army War College, Vol. 503-03, November 2003. 486 Select Bibliography

专著（Monographs）

Davison, Ketti C. *Systemic Operational Design: Gaining and Maintaining the Cognitive Initiative*. U.S. Army Command and General Staff College (CGSC), School of Advanced Military Studies (SAMS), AY 05/06.

演讲（Speeches）

Gates, Robert M. Speech at National Defense University, September 2008.

Mattis, James. "Joint Warfare in the 21st Century." Foreign Policy Institute Speech, March 2009.

报刊文章（Newspaper Articles）

West, Diana. "Pay Attention to Jihad." *Washington Times*, May 31, 2007.

作者简介

韦恩·霍尔，美国陆军退役准将，是一名职业情报官，在情报行动领域有着超过40年的经验。在过去10年间，他一直与军方和私人公司合作，提供与情报相关的咨询服务。他拥有美国内布拉斯加大学学士学位，堪萨斯州立大学硕士学位，美国陆军指挥与参谋学院军事科学硕士，以及乔治·华盛顿大学教育学博士学位。霍尔担任准将期间，曾在指挥与参谋学院、高级军事研究学院和国家战争学院进修。他的首部著作《杂散电压：信息时代的战争》于2003年4月出版，第二部著作《情报分析：复杂环境下的思维方法》于2009年出版。这本关于情报搜集的新书是其第二部著作的姊妹篇。他现在是霍尔咨询服务有限公司（Hall Consulting Services, Inc.）的总裁兼首席执行官。目前，他把大部分时间用来周游美国乃至海外，主持为期一周或两周的研究会，探讨他提出的高级分析思维体系。

加里·西腾鲍姆博士，近40年来一直在为美国国防部、能源部和情报界解决复杂问题。他擅长开发前沿概念和行动概念，也在系统设计、开发、效用评估和部署等方面开展了大量的工作。西腾鲍姆的工作涉及大量的现实问题：在过去，他的关注重点是条约监督、行动规划、电子作战与联合压制敌方防空、传感器的设计与开发，以及情监侦系统的综合分析与管理；但在今天，他已经转而专注于制定相关方法以分析和缓解国际危机，以及开发相应工具以处理与反恐有关的问题。西腾鲍姆也在关注当前问题，包括：机构间规划方法、运用现代启发式手段实现大规模优化、通过建模来评估现代自动化指挥系统（C^4ISR）的关键效用，以及下一代情报分析。西腾鲍姆现在担任系统之系统分析有限公司（SoSACorp，是一家总部位于美国弗吉尼亚州费尔法克斯的小型商业机构）的总裁兼首席科学家。

英汉对照表

Access 访问
Accuracy 准确性
Active intelligence collection 主动情报搜集
Adaptation 适应
Ad hominem 个人偏好
Advanced analysis 高级分析
Advanced collection 高级搜集
Aerial collection 航空搜集
Aggregate 群体
Aggregation analysis 群体分析
Agility 敏捷性
Analytic guidance-to-collection message (AGCM) 分析侧指导搜集侧的信息
Analytic sampling rate 分析采样率
Analytic wargaming 分析推演
Anomaly 异常
Anomaly analysis 异常分析
Anticipation 预期
Anticipatory analysis 预期分析
Antithesis 反题
Apperception 统觉
Artificial intelligence 人工智能
The Art of War《孙子兵法》
Assumption 假定
Asynchronous collaboration 异步协作
Autophagy 自噬
AWOODAM² model “预期—推演—观察—定位—决策—行动—测量—修改”模型

Bandwidth 带宽
Baseline 基线
Bathtub curve 浴缸曲线
Behavioral modeling 行为建模
Biometric observable 生物特征观察指标
Borrowing collection time 借用搜集时间
Borrowing sensor time 借用传感器时间
Brigade combat team (BCT) 旅战斗队
Butterfly effect 蝴蝶效应

Cause and effect analysis 因果分析
Cause and effect relationships 因果关系
Chaos 混沌
Circular reasoning 循环推理
Clarity 清晰性
Coalescence 聚并
Co-evolution 协同进化
Cognitive dissonance 认知失调
Collection synchronization 搜集同步
Collection synergy 搜集协同
Command and control (C2) 指挥和控制
Communication baseline 通信基线
Complex adaptive system (CAS) 复杂适应系统

Complexity theory 复杂性理论
Concept of operation 行动概念
Condition setting 设置条件
Connectedness 连通性
Contradiction 矛盾
Conventional wisdom 传统智慧
Counterinsurgency (COIN) 反叛乱
Countersurveillance 反监视
Creativity 创造性
Critical thinking 批判性思维
Culminating point 顶点
Cultural analysis 文化分析
Cultural baseline 文化基线
Cultural observable 文化观察指标
Cyberspace 网络空间

Data analysis 数据分析
Data pathway 数据路径
Dead space 死角
Death of distance《距离的消亡》
Decay 衰减
Deception 欺骗
Decomposition 解构
Deconfliction 避碰
Deductive reasoning 演绎推理
Deep think 深度思考
Denied area 拒止区域
Deviation 偏离
Dialectic 辩证法
Disaggregation 解聚
Disambiguation 消除模糊性
Distributed common ground station (DCGS) 分布式通用地面站
Dualism 二元论

Edge of chaos 混沌边缘
Effect 结果
Electro-optics (EO) sensor 电光传感器
Emergent behavior 突现行为
Emplacer（设备）安装人员
Enabler 增强因素
Ender's Game《安德的游戏》
Expert testimony 专家证言

False dilemma 假两难困境
Faulty assumption 错误假定
Faulty cause and effect relationship 错误因果关系
Feedback 反馈
Field of view (FOV) 视场
Foreknowledge 预知识
Fragmentation 碎裂
Freedom of maneuver 机动自由
Full-motion video (FMV) 全动态视频
Functional baseline 功能基线
Functional observable 功能观察指标

Geospatial intelligence (GEOINT) 地理空间情报

Hasty generalization 轻率概括
Hedging 对冲
Heuristic algorithm 启发式算法
High-confidence 高置信度
High-level source 高级来源
High-resolution hand-held optic 高分辨率手持式光学设备
Historical analogy 历史类比
Hive mind 蜂巢思维
Holism 整体论
Homeostasis 稳态
human intelligence (HUMINT) 人力情报
Human source baseline 人力资源基线
Hunch 预感
Hybrid warfare 混合战争
Hypotheses 假设

Igniter 点火剂
Imagery intelligence (IMINT) 图像情报
Improvised explosive device (IED) 简易爆炸装置

Incentive 激励
Indicator 征候
Inductive reasoning 归纳推理
Informant 线人
Information operation (IO) 信息行动
Information requirement (IR) 信息需求
Infosphere 信息空间
Initiative 主动权
Intelligence, surveillance, and reconnaissance (ISR) 情报、监视和侦察，简称“情监侦”
Introspection 反省
Irregular warfare (IW) 非常规战争
Iteration 迭代

Joint Special Operations Command 联合特种作战司令部
Judas eye 犹大之眼

Kalman filter 卡尔曼滤波器

Latency 延迟
Lifting the Fog of War《消除战争迷雾》
Linearity 线性
Line of sight (LOS) 视线
Link analysis 联系分析
Link decay 联系衰减
Low Intensity Operations《低强度行动》
Low-level human collector 低级搜集人员

Macro perspective 宏观视角
Managing risk 管理风险
Maneuvering 机动
Markov analysis 马尔可夫分析
Massing 集结
Measurement and signatures intelligence (MASINT) 测量与特征情报
Mental error 思维错误
Mental model 心理模型
Metacognition 元认知
Military decision-making process (MDMP) 军事决策流程
Mirror imaging 镜像思维
Modeling and simulation (M&S) 模拟与仿真
Motivation 动机
Movement 运动，移动
Mover 移动人员

Named areas of interest (NAI) 指定关注区域
National point persistent surveillance center (NP^2SC) 国家点持续监视中心
National technical means (NTM) 国家技术手段
Nonlinearity 非线性
Non sequiturs 无前提推理
Nontraditional collector 非传统搜集资产

Observable 观察指标
Offensive action 进攻行动
On War《战争论》
Open source data 开源数据
Open-source intelligence (OSINT) 开源情报
Operational environment (OE) 作战环境
Operations security (OPSEC) 作战安全
Optimization 优化
Optimizing tool 优化工具
Optimum mix 最佳混合
Outlier 异常值
Out of Control《失控》
Overgeneralization 过度概括
Overmind 表意识
Oversimplification 过度简化

Passive intelligence collection 被动情报搜集
Pattern analysis 模式分析
Pattern decay 模式衰减
Pendulum thinking 钟摆思维
Performance assessment 效能评估
Persistent surveillance 持续监视
Point persistent surveillance (P^2S) 点持续监视

Point persistent surveillance intelligence Requirement (P^2SIR) 点持续监视情报需求
Porosity of borders 边境孔隙
Post hoc, ergo propter hoc 后此谬误
Precision 精确性
Precognition 预知
Prescience 前科学
Priority intelligence requirement (PIR) 优先情报需求
Probabilistic simulation 概率模拟
Proof of concept 概念证明
Propellant 推进剂
Proposition 命题

Randomness 随机性
Reach/reach back 求援和向后求援
Recomposition 重构
Red herring 掩人耳目
Red team 红队
Reductionism 还原论
Reflection of light 光线反射
Refraction of light 光线折射
Regimental combat team (RCT) 团战斗队
Relationship 关系
Relevance 关联
Revisit rate 重访率

Sampling theory 采样理论
Second-order effect 二阶效应
Secrecy 保密
Self-cleansing 自我净化
Self-organization 自组织
Self-synchronization 自同步
Semiotics analysis 符号分析
Sensitive variable 敏感变量
Sensitivity analysis 敏感性分析
Sensor baseline 传感器基线
Seven Pillars of Wisdom《智慧七柱》
Sharing sensor time 共享传感器时间
Signals intelligence (SIGINT) 信号情报
Signature 特征
Simulated annealing 模拟退火
Situational awareness 态势感知
Situational observable 态势观察指标
Situational understanding 态势认知
Smart sensor 智能传感器
Social network analysis (SNA) 社交网络分析
Source 来源
Standing P^2SIR 长期点持续监视情报需求
Stare mode 凝视模式
Stasis 停滞
Statistical model 统计模型
Stochastic model 随机模型
Street-level collector 街头搜集资产
Subject matter expert (SME) 主题专家
Swarming 蜂群聚集
Synchronization 同步
Synchronous collaboration 同步协作
Synthesis 综合
Synthetic environment 综合环境

Tasking 下达任务
Technical analysis 技术分析
Technical baselines 技术基线
Technical collection 技术搜集
Technical observable 技术观察指标
Technical sensor 技术传感器
Techniques, tactics, and procedures (TTP) 技术、战术和程序
Template 模板
Tempo 节奏
Tendency analysis 倾向分析
The Accidental Guerilla《意外的游击战》
Third-order effect 三阶效应
Three-dimensional geographic information system (3D/GIS) 三维地理信息系统
Time lag 时间间隔
Timeliness 时间表

Tools for advanced collection 高级搜集工具
Trend 趋势
Trend analysis 趋势分析
Tyranny of time 时间的暴政

Uncertainty 不确定性
Unity of effort 合力
Unity of opposites 对立统一
Unmanned aerial system (UAS) 无人航空系统
Unmanned aerial vehicle (UAV) 无人航空载具
Unpredictability 不可预测性
Urban OE 城市作战环境
Virtual knowledge environment (VKE) 虚拟知识环境
Virtual reality 虚拟现实
Visualization 可视化

Wargaming 推演
Watcher 观察人员
Weapons of mass destruction (WMD) 大规模杀伤性武器
Window of opportunity 机会之窗
Workaround 变通方法
Workflow model 工作流模型
Working hypothesis 临时假说

国家安全与保密参考书目

情报与反情报丛书

《情报搜集：复杂环境下的规划与实施》 [美] 韦恩·霍尔　加里·西腾鲍姆
《战略情报：为美国世界政策服务》 [美] 谢尔曼·肯特
《以目标为中心的网络建模 》 [美] 罗伯特·克拉克　[丹] 威廉·米切尔
《情报欺骗：反欺骗与反情报》 [美] 罗伯特·克拉克　[丹] 威廉·米切尔
《情报搜集：技术、方法与思维》 [美] 罗伯特·克拉克
《情报搜集的五大科目》 [美] 马克·洛文塔尔　罗伯特·克拉克
《情报分析：复杂环境下的思维方法》 [美] 韦恩·霍尔　加里·西腾鲍姆
《战略情报：情报人员、管理者和用户手册》 [澳] 唐·麦克道尔
《分析情报：国家安全从业者视角》 [美] 罗杰·乔治　詹姆斯·布鲁斯
《情报分析案例·实操版：结构化分析方法的应用》 [美] 萨拉·毕比　伦道夫·弗森
《情报分析案例：结构化分析方法的应用》 [美] 萨拉·毕比　伦道夫·弗森
《情报分析：结构化分析方法》 [美] 小理查兹·J.霍耶尔　伦道夫·弗森
《情报研究与分析入门》 [美] 杰罗姆·克劳泽　简·戈德曼
《战略情报的批判性思维》 [美] 凯瑟琳·弗森　伦道夫·弗森
《情报搜集技术》 [美] 罗伯特·克拉克
《情报：从秘密到政策》 [美] 马克·洛文塔尔
《情报分析心理学》 [美] 小理查兹·J.霍耶尔
《情报分析：以目标为中心的方法》 [美] 罗伯特·克拉克

国家战略预警研究译丛

（“十三五”“十四五”国家重点图书出版专项规划项目）

《情报为何失误：案例、方法与分析》 [美] 罗伯特·杰维斯
《战略预警情报：历史、挑战与展望》 [美] 约翰·金特利　约瑟夫·戈登
《情报与突然袭击：战略预警案例研究》 [美] 埃里克·J.达尔
《减少不确定性：情报分析与国家安全》 [美] 冯稼时
《珍珠港：预警与决策》 [美] 罗伯塔·沃尔斯泰特
《预警情报手册（完整解密版）：国家安全威胁评估》 [美] 辛西娅·格拉博
《先发制人：国际冲突的先制与预防》 [美] 迈克尔·多伊尔
《突然袭击：被袭国的视角》 [以] 伊弗雷姆·卡姆

国家安全译丛

《现代英国保密史：国家秘密与国家治理》 [英] 克里斯托弗·莫兰
《秘密与泄密：美国国家保密的困境》 [美] 拉胡尔·赛加尔
《美国政府保密史：制度的诞生与进化》 [美] 戴维·弗罗斯特
《数据与监控：信息安全的隐形之战》 [美] 布鲁斯·施奈尔
《21世纪犯罪情报：公共安全从业者指南》 [美] 理查德·赖特
《恐怖主义如何终结：恐怖活动的衰退与消亡》 [美] 奥德丽·克罗宁
《国家安全与情报政策研究：美国安全体系的起源、思维和架构》 [美] 伯特·查普曼
《秘密情报与公共政策：保密、民主和决策》 [美] 帕特·霍尔特
《网络战：信息空间攻防历史、案例与未来》 [美] 保罗·沙克瑞恩
《全民监控：大数据时代的安全与隐私困境》 [英] 约翰·帕克
《骗中骗：克格勃与中情局的无声战争》 [美] 爱德华·爱泼斯坦
《情报术：间谍大师杜勒斯论情报的搜集处理》 [美] 艾伦·杜勒斯
《谁来监管泄密者？：国家安全与新闻自由的冲突》 [美] 盖里·罗斯

其　他

《情报战图文史：1939—1945年冲突中的无声对决》（精装彩印）
[美] 尼尔·卡根　史蒂芬·希斯洛普
《密战图文史：1939—1945年冲突背后的较量》（精装彩印） [英] 加文·莫蒂默
《希特勒的间谍：纳粹德国军事情报史》（全译本，上下册） [美] 戴维·卡恩
《破译者：人类密码史》（全译本，上下册） [美] 戴维·卡恩
《偷阅绅士信件的人：美国黑室创始人雅德利传》 [美] 戴维·卡恩
《大西洋密码战："捕获"恩尼格玛》 [美] 戴维·卡恩
《间谍图文史：世界情报战 5000 年》（精装彩印） [美] 欧内斯特·弗克曼
《斯诺登档案：世界头号通缉犯的内幕故事》（修订版） [英] 卢克·哈丁
《二战后的美国对外政策》 [美] 史蒂文·胡克　约翰·斯帕尼尔
《金融情报学》 王幸平

……后续新品，敬请关注……